中国国际广播新闻奖

2005 2006

年度获奖作品选

主　编　陈敏毅

副主编　胡　木　万淑华

（上）

中国国际广播出版社

前　言

　　《中国国际广播新闻奖2005～2006年度获奖作品选》出版了。它集纳了"中国国际广播新闻奖"2005和2006年度对外广播节目评选的部分优秀广播作品，共计121篇。这是我国从事国际广播工作者心血与汗水的结晶，也是对我国国际广播工作者在对外报道中努力探索、勇于创新所做工作的展示。

　　这里需要说明的是，"中国国际广播新闻奖"的前身为"中国彩虹奖"。2005年，经过对全国各类评奖工作进行大范围整顿，"中国彩虹奖"取消，代之以设立"中国国际广播新闻奖"，以便全面准确地检阅我国对外广播报道业务的成果和业绩，及时总结、推广优秀节目及其成功经验，进而促进改革，倡导创新，提高我国对外广播队伍的专业水平，鼓励多出人才，多出精品。

　　"中国国际广播新闻奖"下设"年度优秀对外广播节目奖"、"年度优秀在线广播节目奖"、"年度优秀海外落地节目奖"、"年度优秀对内广播节目奖"、"年度广播技术奖"以及"综合类奖"等奖项。参加评选的作品中，除有国际台工作人员自己采编制作的节目外，还有所有地方台与国际台合作的节目，这使该奖项成为全国对外广播工作者交流经验、互相学习、互相促进的平台，为推动国际广播大外宣格局的构建与完善发挥了积极作用。

　　事实告诉我们，注重对外广播节目评奖工作对于加强对外宣传十分必要。首先，我对外广播节目数量近年来成倍增加，中国国际广播电台不仅正在打造英语环球广播、华语环球广播和多语种环球广播，而且节目的海外调频或中波落地、在线广播、对内广播、多媒体和新媒体等业务也在迅速发展；同时，随着我国进一步改革开放，各地方台的对外广播宣传得到有效加强，涌现出越来越多的优秀对外广播节目。因此，为增强我对外广播节目的国际影响力，十分需要对节目的导向质量，内容与形式予以正确引导。其次，在中央有关领导部门与国家广电总局的指导和支持下，我国对外宣传的主力军——中国国际广播电台与各地方台合作的大外宣格局已逐步形成并日趋成熟，因此全国对外广播工作者越来越需要通过评选优秀节目来加强合作与交流，扩大视野、开拓思路，创新内容与形式，促使大量具有贴近性、针对性、可听性和感染力的优秀作品出现，提高我国对外宣传的整体水平。

正是基于上述原因，我台一贯重视"中国国际广播新闻奖"的评选工作，重视以党的对外宣传方针引导节目的评选，不断提升我对外广播节目的质量与水平。我们欣喜地看到，这一宗旨正在得到实现。我们衷心地希望，我国对外广播将为营造客观友善、与我有利的国际舆论环境，树立我国良好形象，提升我国文化软实力发挥更大作用！

编者
2008 年 6 月

目　录

（上）

中国国际广播新闻奖 2005 年度获奖作品一等奖

优秀栏目

创新节目

优秀特别节目

2

优秀文艺节目

优秀合作节目专题

中国国际广播新闻奖 2006 年度获奖作品

优秀栏目

创新节目

优秀特别节目

一等奖

二等奖

（下）

优秀系列节目

一等奖

优秀文艺节目

优秀论文

优秀合作节目

11

编后记

中国国际广播新闻奖
2005 年度获奖作品一等奖

优秀栏目

《文化大观》

(2005 年 11 月 13 日播出)

李宁静　沈汀

《文化视野》：清远湖州——文化遗产之乡

主持人：美丽的江南古城湖州位于浙江省北部，距离首府杭州不远。文房四宝之一，闻名遐迩的湖笔即产于此。在湖州 2300 多年的漫长历史中，无数远近闻名的文人墨客、书画奇才流连于此，在这里创造了各自艺术上的辉煌，也为这古城留下了氤氲的人文气息。近日，我们的记者王珊珊不仅将这江南美景尽收眼底，还亲身感受到了这座江南古城的文化魅力。

记者：山从天目成群出，

水傍太湖分港流；

行遍江南清丽地，

人生只合住湖州。

这首元代著名诗人戴表元写于 700 多年前的诗，不仅充分描写了古城湖州入画的自然风光，还展现了这里舒适的人居环境和百姓们富足的生活。确实，这座拥有 250 万人口，以丝绸业起家的小城曾是历史上中国最富有的地方。它的财富甚至曾经超出过清政府的全年财政收入。然而更令湖州人民深感自豪的则是他们数不尽的巨大文化遗产。对于这一点，湖州市市长黄萌毫不掩饰他的自豪：

"众所周知湖州的毛笔文化是独一无二的。文房四宝，湖笔居首，'湖颖之技甲天下'。湖州的书画文化也源远流长，历史悠久。中国书画史半部在湖州，即有一半是湖州人创造的。湖州的建筑文化很独特，名人名宅很多，中西结合的建筑风格走遍中国也找不到第二个。"

正如黄萌市长所说，这座小城最著名的就是湖笔。作为文房四宝之首，毛笔在中国古代数千年里都曾是唯一的书写工具。制作精良的湖笔是毛笔中的佼佼者。湖笔讲究圆、齐、劲、利，也就是说，一支好的湖笔要肚圆，笔尖捻开齐，合拢时尖，而且要韧性好，书写有力。有了这么多的优点，难怪历史上书画家和文人墨客都对它青眼有加。

或许是这上乘毛笔的魅力，抑或是绝佳自然风光的吸引，自古以来许多著名的书画家都曾在湖州久往。从三国时期的曹不兴、元代的赵孟頫到近现代艺术家吴昌硕、沈伊默，这些名人全都出自湖州。即便是在今日，书画艺术在这里依然很繁荣，或许哪天你正坐在某家茶馆里消磨时光，就能轻而易举地撞见一群书画家们也坐在那里激烈地讨论着他们的某一作品。

湖州书画名气不仅在中国家喻户晓，甚至连外国人都耳熟能详。让我们来听听一些最近参加了第二届湖笔文化节外国人书画大赛的外国选手们的评价吧：

"嗨，我叫威斯特·凯利，来自美国的加利福尼亚州。我到中国来是为了学习中国书法和毛笔画。我十分喜欢中国人民，欣赏中国文化和毛笔画。"

"大家好，我叫捷盖。我来自遥远的喀麦隆。我现在在北航读航天博士。来这里参加这个书画大赛，我特别高兴，我爱死湖州了。"

和捷盖一样，很多选手都讲一口地道的中文，了解很多中国的文化知识，包括对湖州都很了解。捷盖还为大家表演了一段关于湖州的灌口。

（音响：捷盖）

刚刚捷盖为我们讲了段灌口，说的是项羽的故事。项羽是中国 2000 多年前的一位将军，追随他到最后，也是最勇猛的 8000 江南子弟兵就都是湖州人。

不过，在进入决赛的十几个选手中脱颖而出，取得最终胜利的是来自孟加拉国的小伙子达菲。他是特地来中国学习陶艺和绘画的。他说：

"我是上大一时开始学习国画的，那时就知道湖笔。但这还是我第一次亲手尝试用湖笔。"

然而，湖州的独特之处不仅限于书画艺术。漫步城中，你会发现保存完好的古代名人宅第和花园隐匿于参天古树之下。当然，要了解湖州的全貌，你就要走出城市，到周围的古镇上去转转。就以古镇南浔为例，在那里，你会发现到处都是优雅别致的拱桥、灰石砌成的平坦街道和蜿蜒的水巷。富丽的豪华宅邸与白墙灰瓦简致的民居相间并列在街道两旁。

湖州的古典建筑是典型的南方建筑园林艺术的代表。亭台楼榭、奇石怪树，被园中莲花池连接起来；房屋的木窗、窗棂和窗台满是精美的雕刻。在某些建筑中，西方的建筑元素与中国传统观念被和谐地统一到一起。不论走到哪里，都可以感受到浓浓的文化气息。

隐身于一座传统南方花园中的嘉业堂是一座私人藏书楼，是南浔首富之一刘墉的孙子刘承干于1924年建成的。这座2层的建筑曾藏有珍贵古典书目16万本之多。连中国的末代皇帝溥仪都对它另眼相看。来听听导游的解说吧：

"这个是宣统皇帝溥仪赐给嘉业堂藏书楼主人刘承干的九龙金匾，对他藏书以示嘉奖。这块板上的撰文是'钦若嘉业'，就是说如果你要对皇帝忠诚，你需要有个崇高的事业和追求。"

告别了藏书楼，我在附近的一座石桥上坐了下来，满脑子都是在这几天看到的书法、绘画作品、雕花的窗门、美宅深巷。一瞬间，这些图像随着水波荡漾了起来，我的耳畔顿时响起了千百年的嘈杂的声音。我听到自己对自己无声地说，这就是湖州，古典与现代完美结合的湖州。

《文化时尚》：第二届澳大利亚电影节将在北京召开

主持人：继去年在北京成功举办了首届澳大利亚电影节后，澳大利亚驻华使馆再次举办了今年的澳大利亚电影节。此次影展将分别于11月4日至6日和11日至13日两个周末在东方剧场新世纪影院举行。下面请听本台记者詹姆士·维斯特为您介绍本届电影节将要展映的部分影片。

记者：参加本次影展的10部最新电影题材广泛，全部由澳大利亚演员主演。其中喜剧片，如《喜剧明星》、《悔过自新》、《梭鱼》、《老妈求学记》、《强手杰克》等都在澳洲本土取得了非常好的票房收入。此外，参加影展的还有历史剧《脱泳而出》、《末路小狂花》，戏剧有《沙漠情怀》、《三块钱》，还有一部惊悚片《银行》。

澳大利亚驻华大使艾伦·托马斯博士说，今年影片的选择充分考虑到了各方面的欣赏品位。他说澳大利亚电影业致力创新，为世界电影作出了一定的贡献。他希望北京的观众喜欢本次电影节展映的影片，并希望此次电影节能使更多的澳产影片进入中国，为全中国人民所欣赏。

澳大利亚驻华使馆文化参赞席恩·凯利进一步解释了此次电影的选择。

"中国观众看到的澳大利亚影片不是很多，所以，此次我们带来了澳大利亚近年来最好的片子，也都是近期拍的片子。我们还会在上海电影节上展出这些影片。这是中国观众看到我们近年来拍摄的最佳影片的一次好机会。"

此次展映的影片有一大部分是喜剧片。席恩参赞说这是因为澳大利亚是个拥有特殊幽默感的民族。

"澳大利亚拍摄了很多喜剧。我们是一个拥有不动声色的幽默感的民族。我们喜欢喜剧。即使是像《梭鱼》这样的严肃的题材，也少不了喜剧的元素在里面。"

席恩认为，虽然电影以澳大利亚式的幽默为主要特点，但仍然可以被中国观众理解和喜爱。

"去年电影节上我们放映了不少喜剧，反响不错。所以我相信今年也会收效不错。我认为中澳两国人民在许多方面有一种相同的幽默感，包括形体喜剧和讽刺幽默。我们精心准备，确保字幕可以很好地体现出这种幽默。那样当观众看字幕时，就可以理解它的含义。"

电影节开幕式，澳大利亚影坛名人云集北京。其中，有魅力四射的澳大利亚年轻女演员克里斯蒂·辛斯以及冉冉上升的新星——性格演员本·门德尔森。克里斯蒂于1980年出生于悉尼，和父母一同住在昆士兰布里斯班远郊的一座牧场上。早在十几岁时，克里斯蒂就开始做模特。随后，她决定移居纽约。这次，她在电影《临时演员》中领衔主演，这是她第一次在故事片中担任女主角。她饰演的凯瑟琳·阿来纳是一部巨片中的女主角。《临时演员》是一部浪漫喜剧，讲述了一个平庸男子看着男影星们轻而易举地赚钱，俘获女孩们的芳心而妒火中烧，不断自问"为什么不是我呢？"

克里斯蒂简短地介绍了这部影片。

"这是部喜剧。和吉米奥因合作拍它很有趣。事实上剧本就是他本人写的。影片开头有趣的背景信息实际上就是根据现实中这部片子产生的真实情况拍的。当时，吉米奥因走进制片人的办公室，放下剧本说，'我想拍这部电影'。他以为只要他向公众宣布说他要拍这部电影，那么拍摄经费就会自己冒出来呢。幸运的是我们票房不错。我拍这个电影时很愉快，希望你们也可以像我们拍摄这部影片的人一样喜欢它。"

另一部在电影节上放映的喜剧《梭鱼》说的是沿海渔镇的生活。《梭鱼》是一部描写爱情、人际关系、澳大利亚人解决问题的方式的温馨喜剧。本·门德尔森在其中饰演埃迪。埃迪三年前悄然离家出走，三年后独自回来面对一切。

本·门德尔森认为这是一部关于归属感、家庭、爱情的影片。然而，许多人奇怪为什么选择梭鱼这种特别的鱼作为整个故事的主线。本是这样解释的：

"梭鱼在澳大利亚有好多的解释。其中一种是白痴。它是一种人们最不愿吃的鱼，但却又是形容钟爱的情感的一个术语，最近还成了一种发型。所以梭鱼这个名词在澳大利亚是代表了很多含义的。"

另一部要放映的是《末路小狂花》，是关于澳洲土著人生活的故事，由澳大利亚传奇式电影拍摄家克里斯托弗·迪奥里拍摄。故事内容我们已经在几个星期前的节目中详细讲过了。如果你错过了那期节目，你可以登录网站 www.crienglish.com 去看，或者，你也可以在文化频道查找进行收听。

今年澳大利亚电影节上放映的 10 部澳大利亚近期影片将会成为沟通中澳文化的桥梁。欲知详情，请登录 www.australia-online.net.cn 查询。这可是个不容错过的视觉大餐哦！

《中国音乐》：孙楠《忘不了你》

主持人：孙楠是中国乐坛最好的男歌手之一，他美妙的歌喉、宽广的音域、激情的表演征服了无数歌迷。最近，他推出了新专辑《忘不了你》。这张专辑被看作是孙楠回归他的经典情歌唱腔的一个力作。下面就请本台记者晓华带我们听听看孙楠的情歌是不是还是那么令人感动。

（歌曲：《忘不了你》，渐入，混）

记者： 你们现在听到的是《忘不了你》，孙楠新专辑的同名主打歌，由世界著名作曲家戴安·瓦伦作曲。瓦伦是一名很成功的作曲家，曾经三次获得格莱美奖，六次获奥斯卡奖提名。这次创作的这首歌曲使孙楠的声音得到完美的体现。下面请大家好好欣赏一下《忘不了你》。

（歌曲：《忘不了你》，渐出）

为了适应不同的音乐潮流，孙楠尝试过多种曲风，甚至演唱了那种作曲极其复杂，因而将歌手的声音完全湮没的作品。孙楠对此一直不满意，因为这些歌没有使他独特的嗓音魅力得以完全体现。他似乎对节奏感有一种天生的偏好，来听听他新专辑中的这首轻快的歌曲《只要有你一起唱》，你就能够感受到这一点。

（歌曲：《只要有你一起唱》）

《忘不了你》被认为是最能展现孙楠歌唱特色的专辑。表面上，孙楠似乎不再追求音乐的现代感，转而完全依赖于他个人纯粹而放松的歌喉来满足他的听众。接下来的这首歌《天使》更是这张新专辑的音乐特点的完全体现。

（歌曲：《天使》）

现在大家听到的就是《天使》，歌词是：

"you are my angel
让我相信真爱存在
一千年，一万年
都不会更改，my angel
黑夜因你亮了起来
因为你我才能够勇敢
你是我不变的真爱，my angel"。

这首真挚得有如爱情宣言的《天使》，其实给了孙楠很多声域方面的挑战，但他最终应付自如，轻松地拿下了这首歌。

孙楠的演唱一直是激情四射，活力不减当年，因此他也一直保持着中国乐坛的领先地位。下面我们将再为您播放一首孙楠活力四射的歌曲——《美丽的神话》，这首歌是功夫片皇帝成龙的最新功夫大片《神话》的主题歌。这部影片自从 9 月份公映以来备受好评。节目最后我们就在孙楠和著名女歌手韩红合唱的《美丽的神话》的优美旋律中结束今天的《中国音乐》吧。

（歌曲：《美丽的神话》）

刚才是晓华为我们介绍了孙楠的新专辑《忘不了你》。到这里我们本周的《文化大观》也将近结束了。希望孙楠的歌曲和我们的节目带给了您一段愉快的时光。如果您对我们的节目有什么意见和建议，请来信告知我们。我们的地址是：石景山路甲 16 号，中国国际广播电台，英语中心，邮编 100040。您还可以发电子邮件到 spotlight@ cri. com. cn。

年终特别节目：2005 年中国文化大事回顾
（2005 年 12 月 25 日播出）

各位听众朋友，欢迎收听中国国际广播电台《文化大观》节目，我是主持人李宁静。在 2005 年即将过去，新的一年即将来临之际，我们有必要对 2005 年中国的一些重要文化事件作一下盘点。2005 年我们大饱了法国文化的眼福，也曾亲历了关于复兴国学的争议；我们曾徜徉于新生的文学作品的世界中流连忘返，也曾为在今年里永远离我们而去的几位伟大的文学、艺术巨匠而黯然神伤。所以，今天，就请大家和我们一起重温一下 2005 年中国文化界的大事，重新回味一下我们曾经历的欢笑、眼泪和戏剧人生吧。

第一部分：中法文化年

主持人：2005 年对于渴望了解异域文化的中国人来说是幸福的一年。这一年里，有许多外国艺术演出团体、各种展会都来中国开发新市场。其中规模最大的就是在中国举行的法国文化年。继 2003 年 10 月，中国文化年在法国举办之后，法国文化年于 2004 年 10 月在中国揭幕，直到 2005 年 9 月顺利拉下帷幕。从香榭丽舍大道到长城，中法在过去这两年中进行了大量文化的交流活动。今天我们请来的特约嘉宾是原中国驻法大使吴健民先生。吴健民先生于 1998 年到 2003 年在任。期间，他和其他一些人为中法文化年的产生作了大量准备工作。吴先生，欢迎来到我们节目。

问：您是中法文化年设想的最初构想者和准备者之一，能和我们分享一下这背后的故事吗？

答：这个构想最早产生于 1999 年，由当时任文化部副部长的李援朝向法国方面提出的。2000 年 10 月，法国总统希拉克访问了中国，他非常热爱中国文化，那次，他的中国之行首先到了时任中国国家主席江泽民同志的故乡扬州。我应邀陪同希拉克总统乘飞机到南京和北京。在飞机上，希拉克总统问我："假如我向江泽民主席提议办中法文化年，你觉得怎么样？"我说"好主意呀"。他接着又问，"江主席会接受吗"？我说，"当然会了，毫无疑问的。"第二天，当两国领导人在人民大会堂会晤时，希拉克总统就提出了这个建议。江主席立刻表示赞同，说"这实在太棒了"。于是就有了2003 年在法国举行的中国文化年，以及之后在中国举行的法国文化年，直至今年全部落幕。

问：在中法文化交流中，中法互为对方文化年活动做东道。这其中，有没有哪些活动给您留下了特别深刻的印象？

答：许多活动都给我留下了深刻的印象，比如在香榭丽舍大街举行的中国文化的巡游，那真是太出色了！法国人喜欢极了。观看的人多极了，以至于法国警察都有点不知所措了，因为去看的法国人实在太多了。据说当时有70 万法国人观赏了这个游行。其实，很多时候文化交流仅限于一小部分文化精英们参与，但在这一年，中法两国开展了成百上千的活动，它的覆盖面很广，影响也是很深远的。比如说，中国普通百姓也能有机会看到印象派画展了。我妹妹是一位大学教授，她花了 5 个小时看了印象派画展，喜欢得不得了。这些活动加深了中法两国人民之间的友谊。

问：您认为这次文化年给中法两个国家都带来些什么呢？

答：我们带给法国人民的是中国的活力，我们从法国那里学到的是创新。这恰恰是我们彼此需要的。要知道，在初期准备阶段，我们曾打算多展示一点中国现代化的成果或者是中国古代文明，但法方提出了不同意见，他们想要全面地了解中国。他们提议把中国文化年分成三部分：第一部分，古老的中国；第二部分是多彩的中国；第三部分是现代的中国。我们在巴黎还有很多其他法国城市都举办了很多的文化活动。这些活动让法国人看到了中国的进步，看到了我们有着古老文明的中国正在大步前进。中国的活力和多样性给法国人留下深刻的印象。而中国也向法国人学到了创新精神。创新会带来创造力，而创造力正是当今中国迫切需要的，它可以让中国更加进步，更好地发展。

问：中法文化年是迄今为止中法双方举办的规模最大的双边文化交流活动。很多人把它看作是东西文化对话的重要的一步，就这一点您怎么看？

答：不同文化的对话在当今世界是尤为重要的。不同人民之间产生摩擦、互相憎恨有多种多样的原因，其一就是误解。文化交流对话使各国人民之间增进了了解，从而更容易找到合作点。中法文化年就是中西文化对话的很好例子。我们彼此都学到了很多，这是个双赢的活动。

主持人：节目最后再次感谢吴健民先生来到我们的节目。

第二部分：菊斋书院与国学复兴之争

主持人：高卢文化让人目不暇接，然而我们国内文化界的一件事也颇值得我们关注——国人一直为是否复兴国学的问题进行讨论。所谓国学，指以孔子儒学为中心的中国传统文化及历史的研究。而不久前苏州的一家旧式私塾——菊斋书院的建立、开课，则如一石激起千层浪，使得关于复兴国学的辩论愈加激烈。下面本台记者王姗姗为您做详细报道。

（音响1：童子读古文声音）

记者：菊斋书院是新中国成立以来建立的第一家私塾。书院的名称象征着高洁的贤士风范。这里，学生和先生们都身着宽袍大袖的传统服装，坐在完全仿古式的教室里学习。屋子正中央高挂着孔子的画像，每次开课时学生们都要鞠躬致敬。先生除了教授中国古代散文外，还传授中国传统音乐、国画和茶艺。

然而，就是这样一家小小书院的建立，却似乎比去年9月中国人民大学建立国学院引起的反应更加强烈。人大国学院建立时，也只在学术圈招来了一些赞扬之声和不太激烈的抱怨。然而，菊斋书院里传出的稚嫩的诵读声显然让举国上下沸腾了起来。先来听听想把孩子送入这间私塾的家长们怎么说吧：

（音响2：家长一）

"问题的关键不是它到底是国家办的还是私人办的，问题是目前我们的标准教育体系里缺乏这一块的教育。没有孔子儒学，我们的传统文化就失掉了最基本的东西。"

（音响 3：家长二）

"我希望通过在这儿学习传统文化能让我的孩子思维更开阔，有良好的性格。"

与此同时，对菊斋书院的反对之声也不绝于耳。黄女士是苏州一所幼儿园的老师，她认为建这个旧式私塾毫无意义。

（音响 4：黄女士）

"在我看来，让孩子背几段古诗远没有让他们与父母多相处一会儿，多跟孩子们交流一下，帮他们发现这个世界上的美好事物更重要。"

其实，关于复兴国学的话题在国内已经讨论了很长时间了。但直到现在，这仍然是个让一些人敏感的话题。因为在上个世纪 70 年代，特别是文化大革命时期，以孔子学说为代表的国学曾一度受到批判和禁止。但是，最近几年，越来越多的人对国学的观点日趋客观，开始重新审视祖先给我们留下的文化财富。张立文是中国人民大学新建立的国学院的院长。他坚信中国当代年轻人需要掌握一些中国传统文化。

（音响 5：张）

"今天的中国大学生也许对外国文化比对中国传统文化了解得更多。他们可以将莎士比亚、托尔斯泰、泰戈尔等东西方文坛巨斗的名字倒背如流。但很少有人能背出唐宋八大家的名字。"

关于这一点，很多人都是心有戚戚焉。然而，他们更担心私塾的出现会扰乱现行的教育体系。关于这点，私塾的建立者张志义做了如下反驳。

（音响 6：张）

"我并非是要对抗现在的教育体制，我只是想将私塾建成标准教育体制之外的有益补充。多少年来，我们一直在讲复兴国学，我认为光说还不如做点实事。"

北京师范大学的赵仁珪教授是国学泰斗启功的学生。一方面，他强调复兴国学的必要性，另一方面，他也呼吁我们在复兴国学时必须注意的一些问题。

（音响7：赵）

"人们开始关注国学，关注传统文化是一件非常好的事情。但是，我一则以喜，一则以忧。复兴国学的关键不是先生和学生穿什么衣服，而是你教给学生什么。我们的传统文化中有很多精华，但也有些不适合当今的东西，应该取其精华，去其糟粕。而不是不加取舍地一股脑什么都教给学生。老师的素质也是同等重要的。国学老师应该具备很多素质，但现在的私塾先生们具备了吗？"

说得太好了。我们当然需要复兴国学，但不是做表面文章，而是把真才实学传授给下一代，并使之为其所用。

第三部分：道别逝者

主持人： 2005年是文化辉煌发展的一年，然而，我们也遭受了无可挽回的巨大损失。就在今年，我们告别了好几位人民爱戴的艺术家、文学巨人，以及著名学者，其中包括著名作家巴金，国学家和书法家启功，还有著名的画家陈逸飞。记者艾伦将带领我们一起道别这些伟人。

记者： 10月17日晚，巴金，中国最受人尊敬的作家，在上海的一所医院永远地闭上了眼睛。在经历了与癌症长达六年的斗争后，这位101岁的文学传奇人物永远地离开了我们。他留下的许多不朽的作品曾影响了好几代国人。

作品《家》确立了巴金当代中国最伟大作家的地位。著名作家舒乙是这样描述这本书对中国过去年轻人的影响的。

（音响1：舒乙）

"这件作品就像是一粒石子投入了平静的湖水中，在年轻一代的心中激起了千层巨浪。事实上，它影响了很多代中国人。它的主题是反封建，批判了封建旧式家庭加在年轻人身上的精神枷锁。这本书中，巴金鼓励年轻人为了自由和美好的未来而努力。那时很多年轻人看到这本书十分激动，因为这给了他们启示。可以说，这本书就像是一座学校，培养了很多革命战士。"

巴金是一位出色的多产作家。他的一生共完成了约20部小说，有许多作品被改编为影片或戏剧。他的激流三部曲《家》、《春》、《秋》，还有爱情三部曲《雾》、《雨》、《电》，以及其他著作都是传世之作。

但是，除了文学作品，巴金迷们更为他的伟大人格所感动。萧乾，另一位已故作家，是巴金的好朋友，他生前是这样评价巴金的：

（音响 2：萧乾）

"巴金给我留下了三种印象。第一是他的真诚，第二是他的热情，第三是他的谦虚。谦虚是他最为突出的品质。"

（音乐进）

就在巴金辞世前不久，我们刚刚告别了另一位伟人——书法家和国学家启功。他于 6 月 30 日辞世，享年 93 岁。

启功是满族皇室后裔，是古典文学艺术界的全能冠军。他被认为是我们时代最伟大的书法家，大名远扬海内外，在日本和韩国都很有名。他写一手漂亮的变体书法，遒劲有力，秀美典雅。虽然他作为书法家的名声最大，但他其他的成就也同样毫不逊色。

北师大的赵仁珪是启功先生在北师大的第一个研究生。他后来成了启功的学术伙伴。由此，他得以更好地了解启功作为古典学者的一面。

（音响 3：赵）

"启功先生是一个不世出的学者，也就是说不是每个世纪都会有的，几百年才可能出现一个这样的全才。他是位古典文学大师，精通古典文学，对古典文学作品和写作手法无所不晓。他是一位古典文献学家，创办了北师大的古典文献学系。他还是一位语言学家，他关于古典音韵学的作品开拓了这一领域的新视野。他还是一位诗人，擅长写古体诗；最后，他还是一位一流的艺术鉴赏家，不但懂鉴赏而且还懂艺术品的内涵。"

作为一位教育家，启功先生亲自书写了北师大的校训："学为人师，行为世范"。北师大出版社的前任副社长胡云富这样回忆起启功的谦虚品格。

（音响 4：胡）

"有一次，先生主动带了一幅珍贵的唐朝的书法真迹来给我看，指点我其中的妙处。可以想象一下这是怎样的一种教法！一般人用复制品就不错了。先生是个非常谦虚的人。不论什么时候，我把自己写的诗拿去给他看，他都会立刻提笔帮我修改润色。"

启功先生的去世是我们无可挽回的巨大损失，但令人欣慰的是，我们已经在尽最大努力保护整理他遗留给我们的文化财富。实际上，在他去世之前，赵仁珪教授等人就已经放下各自手头的工作，着手整理启功先生的作品。

（音响5：赵）

"我们已经给启功先生的《论书绝句100首》，也就是他以绝句形式写的关于书法理论的著作加上了注脚。这项工作在启功先生还在世时就已经开始了。我们也为他的古诗集《启功韵语集》作了注释。我们已经出版了《启功口述历史》，就是由他本人口述、我们记录的他的生平传记。目前，我们正在编纂他的私人信件，里面体现了许多他的文学观点。"

作为一代古典文学艺术大师，启功自己就是一本巨大的书。他的人生和作品都为后代提供了宝贵的阅读材料。

在我们继续下一个节目之前，让我们对另外两位今年去世的两位伟人表示悼念，他们是著名学者和社会学家费孝通和知名艺术家陈逸飞。后者由于过度疲劳，病逝时年仅59岁，但与费孝通、启功和巴金一样，他们在文化艺术领域都成绩斐然。

第四部分：2005 年最佳图书

主持人： 2005 年被誉为长篇小说年，因为国内很多知名作家，包括苏童、贾平凹、阿来和余华等，都在今年发表了他们的力作。在年底媒体进行的全国评选中，贾平凹的农村题材小说《秦腔》和杨志军的《藏獒》被评选为本年度最佳小说。记者涂云带我们一起回顾一下 2005 年的主要图书作品。

记者： 在年末评选中，《秦腔》被专家评选为年度最佳小说，而《藏獒》则在同时展开的网络评选中被网友评为年度最佳小说。

经常收听我们节目的听众也许还记得，我们曾在前些日子的《文化大观》节目里详细介绍过这两部小说。这里简要回顾一下：《秦腔》讲述的是中国改革和城市化的进程中，陕西西部农民生活所发生的变化；《藏獒》则集中刻画了一只体形庞大的藏獒的生活。它勇敢而诚实，对它的人类朋友无限忠诚。这本书赋予了这只犬像人一样丰富的感情世界和心理活动。

《藏獒》的作者杨志军在欣慰于读者对他的厚爱的同时，也分析了自己成功的原因。

（音响1：杨）

"我认为这本书之所以吸引读者，是因为我将他们带入了一个新奇陌生的世界。我的作品是建立在西藏的地理、宗教和文化的背景上的。读者欣赏这种全然陌生的文化的能力，表现出他们读书品味发生了改变，已经不再停留在单纯反映城市生活的流行文学上了。我的书之所以畅销还有个原因，那就是它涉及到了人类敏感的道德底线问题。藏獒所具备的品质正是我们当今社会急切需要提倡的。"

《秦腔》是专家而不是读者选出来的年度最佳小说。有些读者认为它晦涩难懂，部分原因是它里面的所有对话都是由陕西方言写成的，有些难懂。也有人批评这本小说缺乏一条明晰的情节主线。在我们之前的节目中，作者贾平凹对此已作出了回应。

（音响2：贾）

"我的家乡是棣花街。我的故事是清风街。棣花街是月，清风街是水中月。不管这些街对我来说有多么美好，里面的生活还是免不了疾病、死亡、离别、团聚，吃喝拉撒睡这些琐碎的日子。我不是不懂得更有意义的形式，也不是我没有写过更加戏剧化的情节，只是因为我要记录农村生活的日常琐事，这本书就只能这个样子写。"

前面所提过的《藏獒》的作者杨志军，也诚恳地评价了贾平凹的这本书。

（音响3：杨）

"如果我是一名评论家，我一定也会投《秦腔》一票。这些年来，有不少关于农村题材的作品，但都没有真正地描绘出农村生活的真实面貌。在那些作品中，每个人都幸福美满，无忧无虑，但这并不是农村生活的全貌。《秦腔》真实地反映了一些农民在改革开放和城市化建设中所感受到的精神压力。它也表现了面临全新的生活方式时，农民所经历的心理历程。贾平凹用沉重的笔调写下了一个厚重的故事，虽然也许它并不符合大众读书口味。"

除了《秦腔》和《藏獒》外，还有另外3本小说获得了评论家和读者的高度赞扬。它们是余华的《兄弟》、阿来的《空山》以及毕飞语的《平原》，这些作家早都已经是声名远播的著名作家了。虽然它们没有像《秦腔》和《藏獒》那样取得成功，但每本书都有各自可圈可点的独到之处。例如，《空山》也是一本关于西藏的书，但它是从藏民的角度来写"文革"的。

好书就像精神食粮，滋润着我们的心灵。所以在以后的节目中，我们将进一步全面介绍这些图书。彼时，再请各位听众朋友们来评价你们各自心中的 2005 年最佳长篇吧。

感谢涂云给我们带来精彩的图书回顾。我们这期《文化大观》特别节目——2005 年文化回顾到这里就结束了。在我们即将迈入 2006 年的时候，我们希望我们的节目能继续给您带来中国文化前沿的精彩报道。我们也希望您能继续收听我们的节目，并就我们的节目发表宝贵意见和建议。我们的电邮地址是 spotlight@cri.com.cn。我是李宁静，祝您新年一切顺利！

简 评

《文化大观》是国际台英语广播的文化类栏目，百分之八十以上的内容为自采自编。这个栏目旨在向海外听众展示既有悠久历史文化，又有鲜明独特魅力的传统与现代相结合的中国，播出六年以来，一直受到国外听众的喜爱，在听众中享有广泛的知名度。该节目开设了《文化视野》、《文化时尚》、《中国文学》、《中国音乐》四个板块，多角度、多方位地展现中国文化的方方面面，是外国听众了解中国的重要窗口。该节目制作精良，形式多样，活泼流畅，极具时尚特色，是符合听众欣赏口味的精品栏目。

《中国时事》

新闻中心

中国将一如既往地支持联合国的崇高事业

60 年前的今天（24 日），联合国正式成立。它的诞生是当代世界历史上的重大事件，对二战后国际政治的发展产生了巨大影响。作为联合国的创始国和安理会常任理事国，中国与联合国的合作不断深入。中国外交部部长、前中国驻联合国代表李肇星表示，中国将一如既往地支持联合国的崇高事业。以下请听详细报道：

1945 年 6 月 26 日，50 个国家的代表在美国旧金山签署了《联合国宪章》。同年 10 月 24 日，《联合国宪章》开始生效，联合国正式成立。以后，联合国将这一天定为"联合国日"。

联合国是二战中的反法西斯同盟国为巩固战争胜利成果、维护战后和平与安全而创建的国际组织，其宗旨是维护世界和平，促进各国之间以尊重人民平等权利和自决原则为基础的友好关系，促进国际间的经济、社会和文化方面的合作。

中国外交部部长、前中国驻联合国代表李肇星说：

（音响 1：李肇星讲话）

"中国是联合国创始会员国，是第一个签署《联合国宪章》的国家，也是安理会的常任理事国。"

1949 年中华人民共和国成立，按照国际惯例和公认的国际法准则，中国在联合国的合法席位应由新中国取代。但当时的美国政府从其全球战略利益出发，以种种借口对联合国施加压力，企图长期把新中国拒之于联合国大门之外，为此，新中国为争取恢复在联合国的合法席位进行了长达 22 年的曲折斗争。

（音响 2：李肇星讲话）

"1971 年 10 月 25 日，第二十六届联大以压倒多数通过了第 2758 号决议，恢复了中华人民共和国在联合国的一切合法权利，它掀开了中国与联合国合作的新的篇章。"

凌青先生曾参与中国恢复席位后进驻联合国的筹备工作，并于 1980 年至 1985 年间任中国常驻联合国代表。他认为，无论对中国还是世界来讲，恢复中国在联合国的合法席位都是一件大事。他说：

（音响 3：凌青讲话）

"中国进入联合国这样一个全世界最大的政府间的国际组织，这应该说是中国外交的一个巨大胜利。从世界的意义来讲呢，当然也是一个很大的胜利，因为中国的外交是维护世界和平、促进共同发展的，是支持第三世界的，这是我们的基本方针政策，这样一个政治力量进入到联合国去，会发挥它的影响。"

中国奉行独立自主的和平外交政策，倡导和平共处五项原则。在联合国中，中国始终致力于维护《联合国宪章》的宗旨和原则，支持联合国在国际事务中发挥重要作用。30 多年来，为维护世界和平、促进共同发展，中国在联合国的框架内作出了自己应有的贡献。比如，在国际和地区热点问题上，中国一贯主张通过谈判、对话等政治和外交手段，和平解决争端，反对在国际关系中使用武力或以武力相威胁。

1990 年至 1993 年任中国常驻联合国代表的李道豫先生上任仅两月就爆发了第一次海湾战争。他认为，处理这次海湾危机是冷战结束后联合国安理会在解决热点问题上发挥作用的最高峰，作为五个常任理事国之一的中国在其中发挥了积极的作用。他说：

（音响 4：李道豫讲话）

"在这个过程中，中国主持正义和公道，我们开始就明确地反对伊拉克武装入侵，我们维护科威特的独立和主权，反对侵略，这是一个最根本的正义立场。同时我们也维护了在这次海湾战争中利益受到损害的国家的利益。同时，我们也看到，伊拉克是错的，但是伊拉克作为一个国家，它本身的主权应该受到尊重。最后通过的有关决议中，中国都作了很多努力。"

60 年过去了，国际形势发生了深刻变化，联合国遇到的问题和挑战也发生了变化，各成员国都希望联合国进行改革以适应新的需要。中国是联合国改革的最早倡导者和有力支持者之一。中国支持对联合国进行全方位、多领域的改革，加强联合国权威，提高联合国效率，增强联合国有效应对全球性威胁和挑战的能力，更好地为全体会员国服务。

曾在 1998 年至 2002 年任中国常驻联合国副代表的中国外交部部长助理沈国放先生说：

（音响 5：沈国放讲话）

"在联合国整个的这次改革的磋商中间，我们既要考虑到我们是常任理事国，同时也要考虑到我们是发展中国家。总体上，我们当然是维护发展中国家的利益的，应该说发挥了非常突出的作用。"

回顾联合国走过的 60 年，是不断迎接挑战、不断取得进步的 60 年，有成功的经验，也有失败的教训。李肇星认为，联合国的 60 年总体上为维护世界和平、促进共同发展发挥了不可替代的作用。展望未来，他说：

（音响 6：李肇星讲话）

"我们可以相信，联合国只要顺应时代潮流，回应世界人民的呼声，遵循《联合国宪章》的宗旨和原则，紧跟时代步伐，就能够为维护和平、推动发展发挥更大作用。我们将一如既往地支持联合国的崇高事业。"

温家宝作政府工作报告　强调要建设和谐社会

中国最高国家权力机关——全国人民代表大会的年度例会今天（5 日）上午在北京开幕，中国国务院总理温家宝向大会作了政府工作报告，报告提出了中国政府今年的工作思路和主要目标及措施。有关报告的主要内容，请听本台记者龚万鹏的报道。

（音响 1：温总理作报告开场音响，作背景声）

这份大约二万字的报告由"过去一年工作回顾"、"2005 年工作总体部署"、"积极发展社会事业和建设和谐社会"、"坚持和平发展道路与独立自主的和平外交政策"等七个部分组成。

通观这份报告，可以发现以下几个引人关注之处：首先是中国政府总体的发展观和施政思路得到了延续并更加清晰。具体而言，就是：政府更加重视经济发展与各项社会事业的发展相协调、更加重视城乡发展的协调和不同区域之间发展的协调、更加重视经济发展与能源资源利用的协调。同时，近几个月来中国主要领导人在不同场合多次提到和阐释的和谐社会的概念也首次出现在政府工作报告中。这个概念的主要内涵包括：民主法治、公平正义、诚信友爱、充满活力、安定有序、人与自然和谐相处。

其次，按照这样的发展观和施政思路，中国政府在经济、社会、政府自身建设等领域去年开始实施的一些主要措施在今年的计划中也得到了延续、加强或拓展。这些措施包括：为防止经济出现大起大落，政府将坚持加强和改善宏观调控；为缩小城乡贫富差距，政府将合理调整国民收入分配格局，更多地支持农业和农村发展，把原定在5年内取消农业税的目标改为在3年内实现；关于政府系统的改革和建设，政府工作报告提出，要建设服务型政府，强化行政问责制，并进一步扩大公民、社会和新闻舆论对政府的监督。

第三，为加强和改善对经济的宏观调控，政府在政策方面也作出了一项重要调整，这就是，今年将由过去实行的积极的财政政策转而实行稳健的财政政策。就此，温家宝总理在报告中解释说：

（音响2：温总理讲话）

"1998年以来，为了应对亚洲金融危机影响和国内需求不足的问题，中央（政府）实行了积极的财政政策，取得了显著成效。鉴于目前投资规模已经很大、社会资金增加较多，有必要也有条件由扩张性的积极财政政策转向松紧适度的稳健的财政政策。"

温家宝的报告提出，今年中国实施稳健的财政政策的具体措施是，削减财政赤字，削减幅度约为6.2%，并继续减少长期建设国债的发行规模。

在去年的政府工作报告中，温家宝提出的预期经济增长目标是7%，而当年实际增长速度达到了9.5%。关于今年的预期增长目标，温家宝在报告中说：

（音响 3：温总理讲话）

"中央提出今年经济增长预期目标为 8% 左右，是为了使预期目标符合实际情况，兼顾了就业、物价等其他预期目标的要求。经济应有较快发展，但增长速度也要适当。"

与以往一样，温家宝在政府工作报告中还再次重申了中央政府对香港和澳门特别行政区一贯坚持的"一国两制"、"港人治港"、"澳人治澳"、"高度自治"的方针，并强调对香港和澳门的前景充满信心。同时，他还重申了中国政府坚持以"和平统一、一国两制"的基本方针解决台湾问题的主张，并表示，本次大会将要审议的《反分裂国家法（草案）》，表明了全中国人民维护国家主权和领土完整、绝不允许"台独"分裂势力以任何名义、任何方式把台湾从中国分割出去的共同意志和坚定决心。

关于外交政策，报告特别指出，中国社会主义现代化建设道路是一条和平发展的道路，中国将一如既往地奉行独立自主的和平外交政策，永远不称霸。

简　评

此稿采写于 2005 年 10 月联合国成立 60 周年之际，记者采访了四位不同时期中国常驻联合国代表，从不同角度介绍了中国恢复联合国合法席位 30 多年来，在联合国中发挥的积极作用。此稿题材重大，音响丰富，采访对象权威性强，历史感重，极具广播特色，对外针对性强，文字朴实，是一篇很好的外宣稿件。

《听众信箱》

王晓东　英德拉南德

（一）

（2005 年 12 月 18 日播出）

（《听众信箱》开始曲）

（出男主持人英德拉南德声音，以下简称英德拉）

亲爱的听众朋友，周末好！又到了《听众信箱》节目时间了。和往常一样，在今天的《听众信箱》节目里，国际台僧伽罗语部主任王晓东先生以及卡萨帕和我一起来到这里，与大家一起共度这 40 分钟的美好时光，我是英德拉南德，现在僧语部主任王晓东先生与我将就一些听众朋友关心的、重要的问题进行讨论和解答。王先生，这一段时间以来，每天我都看到有大量的听众寄来有关《中国的宝岛——台湾》知识竞赛答卷。《中国的宝岛——台湾》知识竞赛活动上周已经正式结束了，怎么样，今年的特等奖是否已产生？

（王晓东声音出）

啊，还没有。我在前几次节目中多次说过，参与此次竞赛活动的斯里兰卡听众也是有机会获得特等奖的。无论结果如何，我们对斯里兰卡听众的积极参与是非常感动和感谢的。

（出英德拉声）

我看到你手中有许多很特殊的答卷。它们和一般的答卷有很大的不同。

（王晓东声音出）

一般答卷是指听众或听众俱乐部根据我们寄出的答卷填写答案后通过邮寄

的方式寄来的，这些占我们收到的答卷的绝大部分。有些是听众复印了我们寄出的答卷并填写好答案寄来的，还有的是听众在收听我们节目的过程中，手写的答卷。在这里我特别要说的是，有不少听众寄来的答卷非常精美。许多听众在收听完知识竞赛系列节目后，又收集大量有关台湾宝岛的资料和图片，精心制作了答卷，其中，有制作成 CD 光盘的答卷，也有制作成精美图书的答卷。在此，我谨向参与答题并寄来答卷的所有斯里兰卡听众朋友们表示衷心的感谢。

（出英德拉声）

王先生，在过去的几期节目中我们都提到要为广大的斯里兰卡听众制作收听证。今天你能就这个问题再次说明一下吗？

（王晓东声音出）

到目前为止，我已经向设立在科伦坡的全斯听众协会电邮了 500 多家听众协会的名单。全斯听众协会将会及时与各地区听协联系，获取包括听众协会成员照片、姓名等制作收听证所必需的信息。我们将尽早启动制作听众收听证的工作。

（出英德拉声）

另外，最近一段时间那马扬迪、阿吉德、普累马拉特那、萨米特拉克马里以及佩雷拉等斯里兰卡各地的许多听众，花了许多邮费，为我们寄来知识竞赛答卷。王先生，我想，他们其实没必要付邮资，完全可以使用商业回函信封的。是吧？

（王晓东声音出）

是呀。对此我当然是得多说几句的。当初我们启用商业回函免费信封就是为了减轻广大听众朋友的经济负担。听众使用我们提供的信封后，在邮寄给我们信件时是不需要再付邮资的。我们也希望听众能尽量使用这种商业回函信封。需要信封的听众可以来信或通过电子邮件来索取。

（出英德拉声）

谢谢王晓东主任对听众关心的几个问题所作的详尽解答。

（出《听众信箱》片花曲）

（出英德拉声）

现在我们将为听众朋友们选播几封来信。这是一封英文信。是我们忠实的听众比优马里写来的。她在来信中列举事实，说明了中国僧语广播节目取得进步的原因。在来信中，她认为僧语部王晓东主任为中国僧语广播节目、为斯里兰卡听众倾注的热情和付出的辛劳是中国僧语广播取得成功的最大原因。在来信中，她说，自己作为斯里兰卡众多学生中的一员，从中国的僧语广播节目中学到了大量的知识。为此，非常感谢中国僧语广播工作人员的辛勤劳动。另外，她在来信中特别指出，收听中国的僧语广播节目，已经成为自己日常生活中不可或缺的重要组成部分，每天都会按时收听来自中国的僧语广播节目。她也呼吁所有斯里兰卡在校就读的学生都来收听中国的僧语广播。

还有一封信是来自斯里兰卡偏远地区安巴尔的听众协会主席巴尔素里亚写来的。在来信中，巴尔素里亚特别感谢中国国际广播电台的僧语广播为斯里兰卡广大在校学生及时了解中国、了解世界所付出的努力和作出的贡献。他说，特别是对于身处偏远地区的斯里兰卡广大农村学生来说，中国僧语广播已经成为了他们感知世界的最有效、最及时的窗口和途径。

经常给我们来信并寄来大量收听感受的听众卢帕辛格先生在来信中说，很高兴能够经常在《听众信箱》节目中听到自己所在地区听众的收听感受和创作的作品。他在来信中说，中国僧语广播节目中的《中国烹调》节目非常有实用价值，许多听众听完《中国烹调》节目后都照着节目中教的方法自己试着做中国菜。他特别建议将播出的《中国烹调》节目的菜谱登载到僧语报纸《友谊桥》上。

由于僧语部主任王晓东先生的重视和亲历亲为，僧语报纸《友谊桥》现在是越办越精彩，内容也越来越引人入胜。我想，听众的需求一定能够得到满足的。说到僧语报《友谊桥》，我还想多说几句。我知道，明后天新的一期僧语报《友谊桥》就能与听众见面了。在这一期报纸上，听众朋友们将看到中国僧语广播与斯里兰卡听众协会联合举办的《庆祝中国国庆56周年征文比赛》的部分获奖征文。今年我台知识竞赛特等奖获得者之一，我们的听众南德西里先生有幸来中国出席颁奖仪式并进行了为时一周的参观游览活动。回到斯里兰卡后，南德西里先生将自己在中国的感受和参观游览的情况写成了一本书，内容详实而有趣。王先生决定分几次将南德西里先生寄来的《中国行纪实》在僧语报纸上刊登以飨听众。本期僧语报纸选登了南德西里先生所写的这本书的部分内容。我相信，本期僧语报纸《友谊桥》的内容将更加引人入胜。希望你们能喜欢。也别忘了及时将你们的读后感写下寄来，与我们一起分享。

现在我们进入《俱乐部之声》时段。

（出《俱乐部之声》开始曲片花）

（出英德拉电话录音声）

亲爱的听众，今天，在《俱乐部之声》节目中我们将请中国僧语广播斯里兰卡全国听协秘书长马杜尚先生来谈谈关于为斯里兰卡各听众俱乐部成员制作收听证的情况。马杜尚先生，现在你来介绍一下有关制作听众收听证的具体情况。

（马杜尚电话录音声）

今年9月底，王晓东先生率领的中国国际广播电台代表团访问了斯里兰卡。代表团与我们见面时提出将为听众制作收听证。我们非常赞同并表示愿意全力提供支持和协助。我们最近已经给500多家听协组织发出协助函，希望为我们提供听众的照片和详细资料。此项工作正在顺利推进。我们将及时为中国僧语广播部提供所有听众的照片和资料，以便早日制作完成听众收听证。

（出英德拉电话录音声）

收听卡是为听众协会全体成员制作的吗？

（马杜尚电话录音声）

根据王晓东先生的建议，制作首批听众收听证的范围仅限于各听众协会组织的主席、副主席、秘书长、副秘书长等主要成员。

（出英德拉电话录音声）

那么，据你所知，听众又是怎样看待制作收听证这一举措的呢？

（马杜尚电话录音声）

得知这一消息后，遍布斯里兰卡各地的听众组织和听众都非常高兴。他们认为，这是中国国际广播电台僧语部作出的又一重大决定，将极大地鼓励更多的斯里兰卡民众加入到收听中国僧语广播节目的队伍中来。各个听众协会组织也都表示，将随时为中国僧语广播提供全力支持和大力协助。

（出英德拉电话录音声）

我还想问几个问题。在不久的将来，将会有不少中斯两国关系中具有重要历史纪念意义的事件发生。比如说，我们将迎来中斯建交50周年大庆等等。那么，作为全斯听众协会，你们有没有什么计划和打算呢？

（马杜尚电话录音声）

最近我们刚刚为此召开了会议。会议决定，从现在起，我们要精心准备，高度重视，并且联合所有斯里兰卡听众和各社会团体，共同迎接斯中两国建交50周年大庆的到来。

（出英德拉电话录音声）

最后，我想问一下，斯里兰卡听众是如何评价王晓东先生此次对斯里兰卡进行的访问的？

（马杜尚电话录音声）

9月份，王晓东先生率领的中国国际广播电台代表团对斯里兰卡进行了成功访问。这期间我有幸与他们相处了几天。我感觉，斯里兰卡听众和各界人士对中国国际广播电台的此次访问给予了高度重视和高规格的接待。我也看到，以王晓东为首的代表团在短短的几天里走遍了斯里兰卡各地，与听众进行了认真、坦诚的交流。

在与各地听众的交流中，我感受到了我们斯里兰卡听众对中国僧语广播电台的热爱，对于以王晓东先生为代表的中国僧语工作者为斯里兰卡听众所做的不懈努力、为巩固和发展斯中传统友谊所作的贡献，他们表示了由衷的钦佩和赞许。

（出英德拉声）

亲爱的听众朋友，刚才你听到的是《俱乐部之声》节目。今天来到《俱乐部之声》作客的是中国僧语广播斯里兰卡全国听协秘书长马杜尚先生。在这之后，你将听到的是《听众之声》节目。

（《出听众之声》开始曲片花）

（出英德拉声）

亲爱的听众朋友，在今天的《听众之声》里，将为你播出的是卡德鲁加尔地区中国国际广播电台的热心听众卢帕辛格先生有关收听我们节目后的感想。

（出卢帕辛格电话录音声）

我是卢帕辛格，很早就开始收听中国的僧语节目了。我最早是受了南德西里先生的影响，后来就一发不可收，一直坚持收听中国的僧语节目了。我住的地方远离城镇，是地处偏远的农村。长期以来，我们就是靠收听中国的僧语广播节目来了解世界、了解中国的。我在这里代表我们所有的农村听众对你们表示感谢，感谢你们 30 年来为斯里兰卡偏远地区人民及时了解世界的变化及中国的进步与发展所作出的杰出贡献。我是长期从事教育工作的，深知知识对青少年成长的重要。现在每周我都要将周围的人集合起来，询问他们每周里收听的情况和收听后的感想、感受。现在他们中的许多人也开始直接给你们写信，谈自己的收听感受并寄给你们一些自己的创作作品。现在，我们这里的人，几乎都在收听来自中国的僧语节目。许多人没有收音机，他们通常是集中到有收音机的听众家里一起收听你们的节目，然后，大家就会谈论当天收听节目的感受。

去年以来，中国国际广播电台又出了僧语报纸。这对我们来说真是一大福音。广播节目只能收听一遍，有时因为天气等原因，收听的效果很不好，或者根本就收不到信号。有了僧语报纸，我们可以反复阅读。

另外，我们觉得《听众信箱》、《听众之声》、《俱乐部之声》以及《周末之夜》等节目播出的时间太短了，能否延长 10 分钟？还有，我们这里有许多少年儿童，能不能开办一些适合他们收听的节目？再有，早上播出的节目收听效果不是很理想，能不能增大发射功率？

我们非常喜欢收听来自中国的僧语广播节目。我们非常感谢中国朋友为斯里兰卡人民所做的这一切。在此，我愿意再次代表我们所有的听众对你们表示衷心感谢。

（出英德拉声）

亲爱的听众朋友，你刚才收听的是我们的热心听众卢帕辛格先生在《听众之声》节目中谈收听我们节目后的感想。我们在此也要感谢卢帕辛格先生多年来坚持收听我们的节目并积极向广大斯里兰卡民众推广我们的僧语广播。

现在又到了听众点歌的时间了。今天请听一首由斯里兰卡著名歌唱家达拉马达萨先生演唱的僧语歌曲。这是听众贾亚尼点播的。现在让我们大家与贾亚尼一起来欣赏这首动听的歌曲吧。

（出僧语歌，歌词略）

（出英德拉声）

在一曲歌后，卡萨帕将为你带来《听众来信摘播》。

（出卡萨帕声）

你们好，听众朋友们。现在由我来为你选播一些听众的来信。2005 年即将逝去，新的一年又要到来。从听众朋友大量的来信中，我们感受到了你们期盼新的一年到来的迫切心情。是呀，新的一年一定会为我们每一个人带来新的希望的。12 月在中国是隆冬季节，可是在斯里兰卡却依然是烈日炎炎。12 月和 1 月是北京最冷的时期。这几天尤其寒冷。但是，无论天气如何地寒冷，你们来信的热情、你们收听我们节目的热情始终温暖着我们。我们珍视与广大听众之间建立起来的真诚友谊，我们愿为进一步巩固和发展这份友谊而努力工作。我们从你们的大量来信中获得的力量和动力是不可低估的。我认为，《听众信箱》已经成为联系我们电台与亲爱的听众朋友们的最为牢固和有效的桥梁。

接下来要为你播出的这封信是波迪哈米尼女士写来的。她是中国国际广播电台最忠实的听众之一。一提到她的名字，我相信听众朋友们就都知道她是谁。因为波迪哈米尼女士是收听中国僧语广播节目时间最长、与我们交换来信最多、最积极的听众之一。当然，收听我们节目是不分年龄大小的，也不分时间长短的。只要是我们的听众，我们就始终是一视同仁的。本周，波迪哈米尼女士在来信中，寄来了一首含义丰富的诗，模仿古印度词赋风格，却又清新、自然。诗中赞美了大自然的造化以及人类创造力的神奇。

接下来是比里扬德拉地区听众帕瓦尼的来信。帕瓦尼也是我们中国僧语广播节目的热心听众。她现在在大学里就读，每天都坚持收听我们的节目。她同时也是一个听众俱乐部的主席，今天的这封信是她自己创作的一篇散文作品。

我们接下来要播出的是库马里寄来的一篇很优美的散文。散文的题目为《欢唱的鸟儿》：清晨，一缕晨曦中，传来鸟儿清脆的歌声。在鸟儿清甜的歌声中，人们开始了又一天辛勤的劳作……

拉特拉塞卡拉也是经常给我们来信的热心听众。今天拉特拉塞卡拉寄来的信是一篇歌颂中斯传统友谊的文章："斯里兰卡与中国，虽然远隔万里，但是，印度洋也无法阻隔我们的友谊。法显法师、丝绸之路，是斯里兰卡与中国紧密相连的使者与桥梁……"拉特拉塞卡拉先生的文章为我们描绘了中斯两国人民间牢固的友谊情深。

亲爱的听众朋友们，时间在不知不觉中飞逝，今天的《听众来信摘播》节目又到了说再见的时候了。我是卡萨帕。我们下周见。

（出《知识竞赛听众名单》片花，《知识竞赛听众名单》24）

（出英德拉声）

听众朋友，现在向你播出中国僧语广播开播 30 周年知识竞赛听众名单第 24 期。

（出张秀梅、英德拉播出的《知识竞赛听众名单》24，名单略）

（出英德拉声）

亲爱的听众朋友们，你刚才收听的是中国僧语广播开播 30 周年知识竞赛听众名单第 24 期。

亲爱的听众朋友们，在结束今天的《听众信箱》节目之前，我们要向中国国际广播电台素维林听众协会表示我们最诚挚的感谢。该听众协会的哈西里听众给我们寄来一把产自她们自家田里的谷穗，以此祝愿中国的僧语广播的丰收收获。她在来信中说，一分耕耘一分收获。希望中国僧语广播在 21 世纪的今天取得丰硕成果。

我们的每一分成功都属于你们每一位听众。

亲爱的听众朋友们，在哈西里的美好祝福中，我们今天的《听众信箱》节目到此就全部播送完了。僧语部主任王晓东以及卡萨帕和我本人，英德拉南德，对你们说再见！

（出网址推介，结束曲）

（二）

（2005 年 12 月 25 日播出）

（《听众信箱》开始曲）

（出男主持人英德拉南德声音，以下简称英德拉）

亲爱的听众朋友，今天我们又相会在周日《听众信箱》的美好时刻。和往常一样，在今天的《听众信箱》节目里，僧语部主任王晓东先生以及卡萨帕和我一起来到这里与大家一起共度周日这 40 分钟的美好时光。今天是今年最后一期的《听众信箱》节目。啊，王晓东先生，你刚才说想先讲几句话，是吧？

（出王晓东声）

是的。今天是圣诞节。因此，我在这里向斯里兰卡的基督教徒们以及广大听众致以节日的问候，祝大家圣诞快乐。

（出英德拉声）

现在请你回答几个听众十分关注的问题吧。

今年以来，广大听众对你及时调整了有关节目表示了极大关注和感谢。那么，在明年你还会对节目进行怎样的调整呢？

（出王晓东声）

是的。明年，我们将根据听众的要求和我们的实际情况，对广播节目进行适当的调整。其中，我们将开办《成语故事》，同时为了满足听众的要求，我们将周末的新闻时间缩短5分钟，将《周末之夜》和《听众信箱》两档专题节目的播出时间再延长5分钟。再有，就是把原来10分钟的《中国见闻》节目加长5分钟，也就是说，在播出来中国参观、访问的斯里兰卡听众以及各界人士接受我们的采访，谈他们对中国的感受和自己在中国的所见所闻的节目之外，再新增5分钟的《游历中国》新内容。其他的节目仍保持不变。

（出英德拉声）

现在播出的10分钟的《科教卫生》节目将缩短为5分钟，是吗？

（出王晓东声）

是的。

（出英德拉声）

在过去的几个月里，拜西尔普拉南德、达亚巴尔阿迪卡尔等听众来信，要求在《周末之夜》节目中再重新启动每月的"有奖收听"活动。对此，你的意见是什么？

（出王晓东声）

我们高度重视听众的这一建议，从明年起，我们将在《周末之夜》节目中开办有奖收听。每月我们都将从答对问题的听众中抽出几位幸运听众并为他们送出小礼品。

（出英德拉声）

在上周的《听众信箱》节目中，我们谈到最新一期的《友谊桥》僧语报纸即将印出。听众们也期待早日能得到新一期的《友谊桥》。

（出王晓东声）

今天，我可以高兴地告诉广大听众朋友，新一期的《友谊桥》僧语报纸已经印出并已向斯里兰卡各听众协会寄出。听众朋友们将很快就能读到本期报纸。

（出英德拉声）

今天我们要特别感谢王晓东先生为我们大家介绍了明年中国僧语广播节

目的变化、安排。

（出《听众信箱》片花）

亲爱的听众朋友们，在过去的一周里，我们收到了大量听众来信。尼鲁桑、拉克马里、贾亚维拉西拉特等听众寄来了好几封信，尤其是贾亚维拉西拉特还给我们寄来了自己一周的收听报告。对于广大斯里兰卡听众对中国僧语广播的支持和喜爱，我代表王晓东主任在此表示衷心的感谢。普拉帕尼、南德西里、阿马里以及卢帕辛格等听众也寄来了好几封信。在我的记忆中，普拉帕尼应该是今年来信最多的听众了。几乎每天都能收到她写来的信。另外，尤其要说的是，我们的热心听众，海顿地区格布林亚尔女子中学的许多学生寄来了她们收听节目的感受和为《听众信箱》写来的作品。南德西里先生在来信中说，盛莉女士在斯里兰卡"黄金电视台"播出的僧语新闻节目"中国报道"现在已经成为最受欢迎的节目。斯里兰卡各地的听众和观众每周都期盼着通过中国国际广播电台在黄金电视台播出的僧语新闻"中国报道"来了解中国的最新发展和动态。同时，《周末之夜》节目中有关文化——教育和社会各方面的内容越来越多，吸引了更多的斯里兰卡民众。高质量、大信息量的中国僧语广播节目越来越受到斯里兰卡听众的喜爱。

我想，本周会是南德西里先生难以忘怀的一周，因为新一期的《友谊桥》僧语报纸上登载了他的一篇长文。听众将有机会很快读到。

阿马尔普德拉女士来信对中国僧语广播大加称赞，她说，中国僧语广播为斯里兰卡的广大青少年提供了了解世界的便捷途径，为他们增长知识、开阔视野作出了巨大贡献。特别是中国僧语广播部主任王晓东先生每周日在《听众信箱》里的讲话，对广大斯里兰卡听众来说是极大的鼓舞。她指出，也只有中国的电台才如此重视听众、尊重听众。

现在，我们到了《俱乐部之声》时段。

（出《俱乐部之声》片花）

亲爱的听众朋友，在今天的《俱乐部之声》开始之前，请先听一段我们以前播出过的口播新闻。这是我们的报道员当时从斯里兰卡库鲁奈加尔地区发回的现场报道。

（出报道员口播新闻声）

中国国际广播电台斯里兰卡库鲁奈加尔地区听众协会今天正式成立。库鲁奈加尔地区教育局长阿索卡贾亚辛格先生当选为该听协主席。贾亚辛格先生在协会成立大会上指出，中国的僧语广播为斯里兰卡广大听众提供了及时了解世界、了解中国的大量信息。库鲁奈加尔地区听众协会将积极组织更多听众来收听中国的僧语广播、参与相关活动。

（出英德拉声）

听众朋友，当时被选为库鲁奈加尔地区听众协会主席的教育局长阿索卡贾亚辛格先生上周来到了北京。我们对他进行了采访。

（出采访录音）

（出英德拉声）

贾亚辛格先生，上次见你是在库鲁奈加尔地区听众协会成立大会上。你当时被选举成为该听众协会的主席。成立大会的情况当即就通过我们的僧语广播向斯里兰卡全国播出了。请你谈谈协会的情况，好吗？

（出贾亚辛格声）

我们成立了中国国际广播电台库鲁奈加尔地区听众协会。成立协会的主要目的是更好地组织该地区的听众收听中国的僧语广播节目。在我们库鲁奈加尔地区有众多的听众，他们中有学生、教师，也有在各行各业工作的职员。他们每天都收听你们的节目。作为中国人民的老朋友，作为你们电台的忠实听众，我觉得，我有义务为中国的僧语广播，为斯里兰卡的男女在校学生们做点事儿。成立听众协会，能够很好地将听众组织起来，共同分享收听你们节目的快乐。因为，从你们的僧语广播节目中，我们能够及时获得有关世界、有关中国的信息。当然，我们更多关注的是有关中国的事情，中国的文化、教育、体育、宗教等各个方面的发展情况。我们每天都能有1小时的时间通过中国的僧语广播来了解发生在中国和世界各国、各地区的重大事件。这对于我们，尤其是在校的男女学生来说是非常值得珍惜的事情。因此，我们现在更多地是在各个学校里发动学生积极收听并参与你们开展的各类活动，包括知识竞赛、征文比赛、绘画比赛等有益的活动。大家的积极性都非常高。

（出英德拉声）

亲爱的听众朋友，你刚才收听到的是我们与上周来到北京的斯里兰卡库鲁奈加尔地区听协主席阿索卡贾亚辛格先生进行的对话。

现在请随我们一起进入《听众之声》节目。

（出《听众之声》片花）

（出英德拉声）

亲爱的听众朋友，在今天的《听众之声》里，我们请盖加尔地区的热心听众内卢卡尔来谈谈收听我们节目的感受。

（出内卢卡尔电话录音声）

事实上，我和我的家人每天都按时收听中国的僧语广播节目。我们非常认真地收听。我们尤其对今年以来你们作出的许多有益的节目调整表示赞赏。因为这更加贴近了我们的收听需要。我们从你们的节目中获得了许多关于科技、文化、教育等方面的知识和信息，还有有关奥林匹克体育运动方面的信息。现在的节目内容越来越引人入胜。同时，我们也很喜欢收听有关烹调方面的节目。烹调节目对我们的日常生活很有帮助。

（出英德拉电话录音声）

我听说王晓东先生在斯里兰卡访问期间与你见了面并进行了交谈。

（出内卢卡尔电话录音声）

是的。我们是在科伦坡相见的。能见到王先生我非常高兴。我与王先生就如何进一步开展听众工作进行了交流并听取了他的建议。我也向他介绍了我协助波迪麦尼克女士在盖加尔地区组织听众欢迎中国国际广播电台代表团的情况。我们盖加尔地区的听众都非常喜爱收听中国的僧语广播。

（出英德拉电话录音声）

你见到很早就从收音机里熟悉的王先生后有什么样的感想呢？

（出内卢卡尔电话录音声）

说实话，我们斯里兰卡国内的媒体人士，特别是从事广播和电视的媒体人士都应该很好地向王先生们学习怎样去吸引听众和观众，怎样去为听众和观众做更多有意义、有吸引力的节目。我们非常感谢王先生，是他和他领导下的中国僧语广播全体工作人员为我们提供了增长知识、扩大视野的机会。

（出英德拉电话录音声）

我想问一下，你们地区的听众，在收听了中国的僧语广播节目后，对中国有什么样的了解呢？

（出内卢卡尔电话录音声）

我们的听众对中国有着天然的亲切感。因为我们同处于亚洲，有着共同的文化背景。我们通过中国的僧语广播，了解到了中国的科技发展、教育和体育的普及。我们的听众，无论年老年少，也不分男女，全都是通过中国的僧语电台来感受中国经济、文化的发展的。我们真的是应该向中国好好学习，学习中国人的勤劳、智慧，学习中国的科学技术特别是发展农业生产的技术。

（出英德拉电话录音声）

另外，我们的《听众信箱》节目根据听众要求，作了一些改变，对此，可不可以谈谈你的看法呢？

（出内卢卡尔电话录音声）

这也正是我想说的。我们对中国僧语广播部不断对节目进行改版始终是高度赞赏的。因为，这全是为了使我们更密切同中国的联系、更好地了解中国的发展、变化。中国僧语广播对我们听众的意见和建议一直是十分尊重、高度重视的。我在这里想特别强调的是，因为中国的僧语广播，盖加尔地区的许多民众也纷纷开始关注起中国来了。最近我们地区图书馆协会的官员们也成立了一个中国国际广播电台听众协会。由此，可以看出中国僧语广播在我们斯里兰卡的影响力有多大。

（出英德拉电话录音声）

感谢你今天来到《听众之声》节目里作客。谢谢。

（出英德拉声）

亲爱的听众，接下来，你将听到的是《听众点歌》。在今天的《听众点歌》

时段里，我们将为你送上由埃尔巴特、桑芒德、金德格、阿马拉辛格等听众点播的一首中文歌。我想，还是请王先生来说一下歌名吧，我的发音不太准。

（出王晓东声）

这首歌的名字叫《抓不住爱情的我》，用僧伽罗语说的话就是……

（出英德拉声）

（僧语）《抓不住爱情的我》。

（出王晓东声）

对。

（出英德拉声）

王先生，是谁演唱的呀，这首歌？

（出王晓东声）

这是由中国的年轻歌手林志炫演唱的。

（出英德拉声）

我们来一起欣赏吧。

（出歌曲《抓不住爱情的我》到歌曲完）

（出英德拉声）

亲爱的听众朋友，现在又到了我们的《生日祝福》时段了。今天，我们将为以下几位听众朋友送上我们对他们生日的美好祝福。他们是：拉特拉塞克拉女士、拉克萨米、普拉迪帕、库马拉、梅达迪维、贾亚辛格、比亚迪那克。还有明天过生日的伊雷桑素玛迪，在此也请接受我们衷心的生日祝福。

（出《知识竞赛听众名单》片花，《知识竞赛听众名单》25）

（出英德拉声）

听众朋友，现在播出中国僧语广播开播 30 周年知识竞赛听众名单第

25 期。

（出张秀梅、英德拉播出的《知识竞赛听众名单》25，名单略）

（出英德拉声）

亲爱的听众朋友们，你刚才收听的是中国僧语广播开播 30 周年知识竞赛听众名单第 25 期。

（出英德拉声）

亲爱的听众朋友，在圣诞快乐的祝福声中，我们跟随卡萨帕进入《听众来信摘播》节目时段。

（出卡萨帕声）

今天是全世界基督教徒的共同节日，也是全世界各国各地人民尽情欢乐的喜悦日子。祝大家圣诞快乐！亲爱的听众朋友们，今天是公元 2005 年 12 月 25 日，是耶稣诞生的日子。全世界的基督徒们今天都在庆祝这一为世界带来光明和福音的伟大日子。斯里兰卡和全体斯里兰卡人民，无论是不是基督徒，今天也会怀着喜悦的心情，欢庆这一全世界人民共同的节日。我们大家都知道，圣诞节在斯里兰卡早已不是严格意义上的宗教节日，它和其他传统节日一样为所有人接受。圣诞节期间，每家每户都会张灯结彩，置办圣诞树，就好像过新年一样地热闹。我们在此向各位听众朋友们祝贺圣诞，祝愿所有斯里兰卡人都能拥有一个和平、喜庆的美好节日。我们在此也祝愿全世界各国人民都享有和平、幸福。

在今天的《听众来信摘播》节目的开始，将是一位没有署名的听众的来信，他在来信中请求在今天播出他对所有听众和我们大家的圣诞祝福。感谢这位听众。

接下来的这封信是我们的一位热心听众那德尼为纪念海啸一周年写来的。是呀，明天将是海啸发生一周年的忌日了。去年的 12 月 26 日，突如其来的海啸给亚洲各国，特别是南亚各国带来了巨大的生命和财产损失。斯里兰卡有 3 万多人在此次海啸灾难中失去了生命，数十万人流离失所，无家可归。面对斯里兰卡人民遭受的巨大灾难，我们在及时表达深切同情的同时，也给予了我们力所能及的援助。我现在选读一段那德尼为纪念海啸一周年写来的这封信。

那德尼在信中写道："每天我们都会高兴地沐浴着海风，呼吸着海的味道。海是我们兰卡人最亲近的朋友。我们怎么也没有想到，就是这印度洋大海，将我们难以承受的灾难降临到我们的身上！这究竟是为什么？母亲的生命，随着呼啸的海浪与我们永别，我们最亲密的朋友为何要将如此巨大的痛苦加诸我们身上？祝愿灾难永不再来！期盼亲人不再被阴阳相隔，我们亲密的朋友，请别再施暴。"

在这里，我也代表中国国际广播电台僧语广播，向去年在海啸灾难中所有遇难者家属表示最深切的哀悼，向所有在海啸灾难中遭受巨大财产损失的斯里兰卡民众表示最深切的同情。我们期盼世界和平、繁荣，我们期盼此类灾难永不再有！

听众帕瓦尼在本周寄来了好几封信。作为一名在校学习的大学生，在紧张的学习之余，还坚持收听我们的节目并经常写来自己收听节目的感受。对此，我们表示衷心的感谢。

接下来是我们的一位老朋友写来的信。今年几乎每天我们都能收到他写来的信。他就是可杜鲁卡尔地区的卢帕辛格先生。在来信中，卢帕辛格先生谈到了最近几天来收听我们节目的感受。

在今年最后一期的《听众信箱》里是少不了达亚巴尔先生的来信的，要不就将是很大的缺憾了。作为中国僧语广播最热心、最忠实的听众之一，达亚巴尔先生为我们提高广播节目质量，更好地为听众服务提出过许许多多好的意见和建议。我们在此也要衷心感谢他 30 年如一日对中国僧语广播的支持和关注。

亲爱的听众，2005 年即将过去，我们将迎来新的一年。在圣诞节的喜庆气氛中，我们今年最后一期的《听众信箱》节目就要结束了。我是卡萨帕。明年见！

（出英德拉声）

亲爱的听众朋友，今天的《听众信箱》节目到此就全部播送完了。僧语部主任王晓东以及卡萨帕和我本人，英德拉南德，对你们说再见！

（出网址推介，结束曲）

简　评

　　《听众信箱》虽为常规节目，但能把长达 40 分钟的节目做得有声有色，实属难得。节目内容丰富、制作精细、层次分明，很有吸引力。

　　主持人以轻松、自然的对话形式将整个节目巧妙组合，体现了作者对广播形式把握的艺术性。节目内容衔接自然，不留痕迹；节目针对性强、信息量大，却不乏生动有趣。尤其在节目中穿插电话连线，与听众直接进行对话，凸显了《听众信箱》节目与听众的息息相关、相互依存，体现了现代广播的互动特性。

《龙行天下》

刘丽斌　李红　包涛　田巍　张意　时岱

"赤子功勋"
——南洋华侨机工的抗战故事
（2005 年 9 月 2 日播出）

（《龙行天下》开始曲）

（片花：一种精神穿越历史；一段岁月波澜壮阔；一曲动听的《告别南洋》，唱出了海外赤子们的爱国之情。纪念中国抗日战争胜利 60 周年专题节目："赤子功勋"）

开始语——

听众朋友，在中国昆明著名景点西山的半山坡上，立有一块纪念碑，上面镌刻着"南洋华侨机工抗日纪念碑"十一个大字。

"南侨机工"，对于大多数中国人来说已经很陌生了，但在 66 年前，它却是一个光荣的名字。因为由 3200 多名从南洋回国支援抗战的华侨汽车司机与修理技术人员组成的"南洋华侨机工回国服务团"，在三年多的时间里，用自己的生命、鲜血和汗水在滇缅公路上架起了一座"抗战输血管道"，将国际援华物资及时送到中国各抗日战场，在华侨爱国史上谱写出了可歌可泣的壮丽诗篇。

今年是中国抗日战争胜利 60 周年，为此，三位年逾古稀的南侨老机工将向我们讲述他们抗日的艰辛历程。

（音响 1：音乐渐混）

1937 年 7 月 7 日，卢沟桥事件的爆发，拉开了中国全面抗战的序幕，到了 1939 年，中国抗战进入了一个最为艰苦的阶段——沿海口岸及对外交通要道先后沦陷，国际军援运输濒临断绝。

但此时，1939年1月10日新开辟的滇缅公路（1938年动工修筑），则成为中国继续抗战的生命线和唯一的输血管。

新抢修的滇缅公路，由于山高谷深，地势险恶，急需大量技术娴熟的司机与修理工。但当时国内驾驶人员十分匮乏，于是，国民政府将目光投向了海外，致电华侨领袖陈嘉庚先生，希望代为招募华侨机工回国服务，以救燃眉之急。

（音响2：《告别南洋》歌曲出，渐混）

国家兴亡，匹夫有责。2月7日，陈嘉庚发表了《南侨总会第6号通告》，号召华侨中的年轻司机和技工回国服务。消息一经传出，广大南洋华侨青年踊跃报名参加，在南洋各国掀起了抗日救国的热潮。

现年91岁的翁家贵是当年回国参加抗日战争的3200多名南洋华侨机工中的一员。1939年，当他得知祖国正处于危难之中并急需大量机工时，就和其他热血青年一样，在马来西亚吉隆坡报名参加了"南洋华侨机工回国服务团"。

（音响3：翁家贵讲话）

"日本侵略中国时，强奸妇女，什么坏事都干了。亡国奴不好当呀，当时广东沦陷了，海南也沦陷了。1938年滇缅公路修通了，但由于抗战物资太多，而又没有多少人会开车，我有技术，我就志愿报名回国参加救国去了。"

翁家贵说，来自南洋各地的3200多名应征者共分15批回国服务，他们其中既有普通司机，也有富家子弟、工程师、学生等，还有4名为了能够回国抗日而女扮男装的女青年，而他自己则是第5批回国服务的，被分配到西南运输处第14大队。

翁家贵告诉我们，滇缅公路虽然在1939年就全线通车了，但相当长一段时间内他们是边开车边修路，经常要清理塌方和铺路。

（音响4：翁家贵讲话）

"滇缅公路相当危险，路况不好，弯道多，山高路陡。从保山到昆明这段公路，不下雨的话，要跑上七天。下雨时路面就很滑，我们就要找石头来垫路。由于我们每天只有四角钱的出差费，因而经常是几个司机带一个伙夫跑长途，自己做饭吃。"

被称为"搓板路"的滇缅公路，蜿蜒在横断山脉中，在海拔500多米至3000多米的沿途中，不仅有悬崖、峭壁，还尽是险谷、深流，令人惊心动魄，满载军火物资的卡车行驶在如此险峻的路上，稍一不慎，就会车毁人亡。

但是，风餐露宿，日夜兼程的南侨机工们从不叫苦，他们把自己开的车幽默地称为"硝烟中的汽车旅馆"。

（音响5：翁家贵讲话）

"我开的车是'道奇'牌的，我们叫它'道奇旅馆'，由于我们不住旅馆，就经常在驾驶室里睡觉。当时各种牌子的车都有，像雪佛莱、万国、吉姆卡……你开什么车就住在什么'旅馆'里。"

当年的汽车旅馆可不比现在的房车什么条件都有，翁家贵说，那个时候，缺医少药，他们最怕的就是开车途中遭遇疾病，因为滇西至缅北一带，是世界上有名的"烟瘴之地"，毒蚊猖獗，恶疟流行，这对每位机工都构成了很大的威胁。

（音响6：翁家贵讲话）

"当时我即使是生病了，打摆子了，也还是要开车的。比如一次我行驶在遮放到惠通桥路段时，刚一上桥，摆子就来了，并发起了高烧，我只好停下来，不敢再向前开，等烧退了以后，我又一路慢慢地将车开到保山。"

（片花）

（音响7：音乐渐混）

据史料记载，1939年7月至1942年7月，滇缅公路运输的军需品和其他物资共计452000吨，而南侨机工的平均每日军事物资输入量则保持在300吨的水平以上，因而他们被誉为抗战运输线上的"神行太保"。

如此的运输效率，使滇缅公路成为1939年以后日军的眼中钉，尤其是1940年日军占领越南，开始使用越南的空军基地后，滇缅公路便成为日本空军的重点轰炸目标。

每当说起在滇缅公路上与日本空军斗智斗勇的经历，原南洋华侨机工，现年88岁的王亚六老先生都会露出自豪的神情。

（音响8：王亚六讲话）

"我出生在新加坡，18岁开始在当地开中巴。'七七'事变后，中国号召华侨们有钱出钱，有力出力，以抵抗日本。当时我没有出力的机会，而到了1939年初，我开始有出力的机会了，因为陈嘉庚先生号召有技术的华侨回国支援中国抗战。"

当年王亚六就是带着"宁负父母，不负国家"的决心，回国参加抗日的，并义无反顾地奔波在滇缅公路上。1941年1月23日，当他与其他机工驾驶的15辆军车刚刚抵达澜沧江上的功果桥桥头时，日军飞机就来空袭了，守桥的宪兵们发现后立即封锁了桥面，而王亚六等人只好下车钻进路边石崖上凿好的防空洞中躲藏。他说：

（音响9：王亚六讲话）

"日本人轰炸功果桥后，桥就被炸断了，而桥身的一边又被炸到了江里，为此我们用钢丝绳将汽油桶拴起来固定住，以防止被水冲走，当时木料相当多，我们就用它来铺桥，桥铺好后车子还要在上面试一下，以便汽车通过。"

当功果桥被炸时，日本广播幸灾乐祸地说："功果桥已经被炸断，滇缅公路三个月之内没有通车希望。"

然而，聪明无比的南侨机工却从附近仓库中取来了成百个汽油桶和木板，仅10个小时就用钢索扎起长达300米的大浮桥，并冒着巨大的风险把满载军火物资的车队开过江去，保证了这条抗日大动脉的畅通无阻。

王亚六是第一个把车开过浮桥的司机。

（音响10：王亚六讲话）

"记者：你会不会特别害怕？

王：不害怕，因为我们回国时，陈嘉庚先生讲了一句话，他说：'你们南侨机工是代表800万海外华侨回国抗战的，你们不抗战，就要当亡国奴，你们不拿起武器，就会当亡国奴。'所以我们回来不是结婚娶老婆，是回来和日本人拼的，没有考虑过生死问题。当时我一点都不害怕，而我又会点水，所以当车子开上桥时，我就将车门打开，万一车掉下去了，人还是可以游出来的。"

（片花）

（音响 11：杨保华讲话）

"我叫杨保华，出生在马来西亚，1937 年日本侵略中国以后，我就经常参加当地募捐活动，像卖花等等。1939 年，陈嘉庚先生开始召募'南侨机工回国服务团'，我第一个报名。但当时我不知道家里已给我定婚了，他们说结了婚再回去吧，我说不行，这是去抗日。"

当年惜别未婚妻而奔赴抗日疆场的南侨老机工杨保华如今已经 92 岁了，在回忆当年在滇缅公路参加抗战的经历时告诉我们，南洋机工们能在如此险恶的条件下，出生入死，恪尽职守，是与当地少数民族的帮助分不开的。

杨保华当时属于西南运输处第 13 大队 37 中队，由于他方言懂得比较多，因而一开始就担任了班长，他的主要任务是在畹町、芒市至保山之间抢运军用物资。有一次遇到了暴风雨，道路都被冲垮了，车队就被困在了芒市附近的荒山野岭之中。

（音响 12：杨保华讲话）

"三天了道路都没有修好，而我们的米又都吃完了，修路工告诉我们，七天后才能上路，怎么办？大家只好饿着肚子，靠在车轮边上晒太阳。这时一个傣族小孩跑过来说：'你们这些人好奇怪呀，天天不吃饭，就靠在车上晒太阳。'我听后就用傣语跟他说：'小孩过来，小孩过来。'小孩当时惊奇地问：'大哥，你是傣族吗？'我就开玩笑地说：'我是广东的傣族。'"

杨先生说，他就是靠着与当地傣族的"亲戚"关系，使得整个车队得到了粮食补充。后来，他与当地的傣族人建立了良好的兄弟关系，他们一看到他的车子，就送吃的喝的，并大哥大哥地称呼他。

1942 年 5 月，滇缅公路中断，盟军供应中国的武器及军用物资，就只靠飞越喜马拉雅山的中印航线，因此印度丁江机场急需一批汽车司机。为此，杨保华与刚从滇缅公路撤退下来的机工们踊跃报名参加，并与 50 名战友第一批赴印度等地参加驼峰航线的运输工作。

（音响 13：杨保华讲话）

"我们把轮船运来的汽油、炮弹等运到机场，装上飞机，然后驼峰飞行大队再将其运往昆明。他们（飞虎队）是天上飞，我们是地上跑。我仅用三个月的时间就会说印度话了，在当地能用很便宜的价钱买来面包。后来由于珍珠港事件爆发，飞虎队调离到那边去了，我们就在朋友们的帮助下，搭乘美国的'空中霸王号'飞机回到了昆明。"

南侨机工对中国抗日战争的贡献是巨大的。从 1939 年 3 月至 1942 年 5 月，他们与国内的机工一道，运送了 10 万中国远征军入缅作战，并抢运了 45 万吨军火。此外，他们还在西南运输线上，抢修了上千辆军、民用车。与此同时，南侨机工也付出了很大的牺牲，当年 3200 余名南洋机工，约有 1000 多人为国捐躯，1000 人复员返回南洋，1000 人留在国内。

现在滇缅公路上，"南洋机工"的名字已被深深地印刻在这片红土地上，他们用自己鲜活的生命铸造了一座"赤子功勋"的历史丰碑，我们应该记住他们。

（音响 14）

"翁家贵：工作再苦也要干，因为我们回来是打日本的嘛！

杨保华：回国抗日期间，苦也吃了，罪也受了，但是我无怨无悔，因为我是一个中国人，应该做这样的事情。

王亚六：我们不愿意当亡国奴。我们回来那么多的人没有一个当逃兵。"

好了，听众朋友，感谢收听，这次由刘丽斌、何方采制的专题《赤子功勋》，这次《龙行天下》节目是由张意、时岱为您主持的，感谢您的收听，我们下周同一时间再会！

再会！

风雨同舟　重建家园
——华侨华人谈应对印度洋海啸灾难
（2005 年 1 月 28 日播出）

男： 各位好，这里是中国国际广播电台华语台《龙行天下》节目，今天为各位主持节目的是包涛和林江。

女：各位好，我是包涛。很长时间没有和听众朋友在《龙行天下》节目中见面了，不过今天坐在演播室里心情却是沉甸甸的，总有一种挥之不去的伤痛的感觉。

男：的确，在节目中，我们常说一句话：《龙行天下》，关注华人华侨，在一个月前遭受了印度洋巨大海啸灾难的南亚各国就居住着大量的华人华侨，特别是地震震中附近的印度尼西亚美拉务和班达亚齐地区，灾情非常严重，据印度尼西亚卫生部公布的数据，印尼遇灾死亡人数已有 17 万多人，其中亚齐省死亡人数占 90% 多，另据了解，印尼华人人数大约有 1000 多万人，灾难发生至今，当地华人的生活情况怎么样了呢？

女：正好前不久，印尼美拉务市的海啸幸存者刘秀丽小姐和苏北省华人社团赈灾委员会负责人廖章然先生来到北京，向居住在北京的众多印尼归侨介绍当地情况。今天的《龙行天下》节目，就让我们来听听他们的讲述。

（音响 1：刘秀丽）

"发生地震那天正好是星期天，地震后，我们很想走过去看看那些倒塌的房屋，是不是有人被压住了，想要把他们救出来，但是不久之后，我们就看到很多人从海边往里跑，一边跑一边喊海水来了，我们跑到了楼顶上，很快海水就淹了上来，我们马上转移到另外一座屋子，那是一个华人的比较高的三层楼。很多房屋都倒塌了，我们的屋子也给海浪冲毁了，冲走了。那晚我们就住在这个华人家里，海水来来回回地涨落，不停地听到外面的呼喊声，非常恐怖，从窗户往外望去，是一片无边的黑色，海水是黑的，倒塌的屋子也是黑的。"

男：应该说，21 岁的刘秀丽是幸运的，她和她的爸爸、妈妈还有弟弟都幸运地躲过一劫，在地震海啸大灾中奇迹般地活了下来，但对于李志隆和他的妻子来说，印度洋海啸带给他们的除了震惊，还有无尽的哀痛。

女：李志隆是中国铁道科学研究院铁道建筑研究所的一名研究员，如今居住在北京，但他和他的妻子都是印尼归侨。李志隆出生在班达亚齐，他的妻子出生在美拉务，李志隆说，得知印度洋地震海啸的消息时，他正在深圳出差，他实在想不通的是，为什么他和妻子的出生地偏偏都是受灾最严重的地方？这次突如其来的地震与海啸让他们一下子失去了十多位至亲。

（音响 2：李志隆）

"我当时在深圳，后来看了中央电视台的有关报道，我大吃一惊，坏了，是在美拉务，当时我感觉就不好，弟弟在香港，他打电话问我知不知道一个叫阿贞的，我说，有啊有啊，那是我妻子的大外甥，他说，听说这人不行了，当时一下子我简直就没有办法了。"

男： 如今李志隆幸存的亲人和其他华人，大约有七千人逃到了印尼北苏门答腊省的棉兰市，由苏北省华社救灾委员会在美德村接待他们，大部分安顿在他们自己的亲戚家里，另外还有一千多人就安置在美德村里的村民家里或接待站里，由苏北华社赈灾委员会负责给他们提供饮食和生活必需品。苏北华社赈灾委员会负责人廖章然先生介绍说：

（音响 3：廖章然）

"棉兰救灾情况，首先是把灾民集中在美德村，它是离棉兰市中心大约 6 公里的一个小镇，这个小镇住有 400 多户华人，现在他们组织了美德互助部，由于他们非常熟悉亚齐的情况，他们当中很多人就有亚齐的亲戚朋友，所以我们这个救济站首先就设在美德村，由美德村的村民作为主要骨干，然后由印华总会、苏北印中商务理事会出面协助他们，在外面广作号召，结果就有很多救济物资运到救济站，有很多人到救济站来捐钱了，有很多人把粮食送到救济站来。"

女： 我们知道，由于历史的种种原因，印尼华著居民和土著居民之间曾经有过隔阂，那么在这次灾难中，两个族群之间的相处怎么样呢？我想，所有的听众朋友对这件事情都是非常关心的。

男： 是这样，所以这次廖章然先生和刘秀丽小姐的到来，为我们带来了很多关于这方面的信息，他们用自己的亲身经历证明一点，就是没有谣传当中的专门针对华人的抢劫事件，相反，大灾难让不同种族更加团结，互相帮助，共度难关。

（音响 4：廖章然）

"在灾情发生当中，发生了很多很多令人感动的事例，比如在班达亚齐，有一个叫梁生太的华人，他的妻子叫温丽秋，他们两夫妻经营一家批发商店，有自己的仓库，有自己的店铺，他的一部分仓库被水冲走了，还有一些完整的，里面有很多粮食，有饼干、米等很多食品，当他看到灾民正在挨饿的时候，他就主动把仓库打开，让灾民自由地去拿来吃，当这件事情正在进行的时候，刚好有一个印尼的部长去巡视灾区，有一些陪同部长的军官、警察官看到这个情况，立即走上前去抱住这个华人老板，流下了眼泪。像这样华人帮助印尼人、印尼人帮助华人的动人的事情还有很多。比如，从美拉务要向北逃难到亚齐，或者向南逃难到棉兰，因为没有交通工具，一路上只能靠步行，走路要经过很多乡村，去哪里找吃的？就到印尼人家里去找吃的，他们照样给吃，所以说，在患难中，两个族群之间的关系相当和睦、相当友善。"

女：应该说，这样一次大灾难，其实影响到的不仅仅是直接遭受灾难的灾区的人，我想可能很多人都会因此而改变对人生、对生命的看法，就以我个人来说，我觉得在大自然面前，人类是渺小的，生命是脆弱的，所以我们更应该团结、更应该彼此接纳和相融。

男：的确，"世界一家"，我们不仅是某个国家的人，不仅是信仰某种宗教的人，同时我们也是"世界人"，这样的观念让我们对海啸灾区伸出了友善的援助之手，据联合国最新的统计数字，来自世界各国的各项援助资金已经超过了30亿美元，其中中国政府已经捐助了近6亿元人民币，还有许多来自中国民间的各项捐款，截止到目前已经累计接受民间捐赠到账资金超过1亿元人民币。在捐助款物的同时，中国派出了多支医疗队，在印尼、泰国和斯里兰卡等重灾区的一线展开救援。其中也发生了许多感人的故事。

女：的确，如果说捐助者和救援者更多的是出于一份对灾区居民的同情之心的话，那么来自印尼归侨们的捐赠则带着浓浓的乡情与亲情。

（音响5：印尼归侨）

"印尼归侨在北京大概有2000人左右，我们有一个组织叫北京印尼归侨联谊会，是在15年前成立的。知道这个海啸地震的消息后，我们觉得非常沉重，我们毕竟是在那里出生、长大的，有很重的故乡情结，当地老百姓，无论华人也好，土人也好，都是我们的亲人，现在亲人有难，我们更要尽我们的力量来援助他们，所以我们就发起了一个募捐活动，联谊会下面的各校友会以及所有的印尼归侨都非常踊跃，纷纷过来捐钱。像一个从加里曼丹回来的归侨，患病多年，是尿毒症，做透析就花费很多，但是他无论如何也要捐出钱来，虽然不多，只有100元钱。我们都劝他，你不要捐，我们可以代替你去捐，但他无论如何不同意，最后还是捐了 10 元钱，钱捐出去后两三天，他就去世了，非常令人感动。再有，一对 70 多岁的老人家，天冷，他特地冒着寒风，到邮局把钱寄过去，这样的例子很多。"

女：其实印尼归侨们献上的不仅仅是金钱，更是一颗颗对故土家园的眷恋之心。灾难发生至今已经一个月了，廖章然先生告诉我们，震惊和悲痛过后，人们现在想得更多的是"重建"两个字，当地政府也正在大力鼓励灾民们勇敢地面对现实，重返故土，重建家园。

（音响 6：廖章然）

"印尼政府的重点也在于鼓励灾民重返灾区，前两天印度尼西亚总统特地派人去美德村看望灾民，鼓励灾民，要勇敢地回灾区和印尼人民重建亚齐，目前我们正在登记，让灾民填表，询问他们的意见，愿意回去吗？99% 的人都愿意回去。"

女：林江，不知道你记不记得有一首歌《共有的家园》？

（音响 7：混进歌曲《共有的家园》，混）

男：当然记得，这是 1998 年中国发生了百年不遇的特大水灾过后，众歌星们演唱的一首歌，它激励人们擦干泪水，无论身在哪里，团结起来，共同建设自己的家园。

女：在我们今天节目的最后，我们就把这首歌送给灾区的朋友们，衷心希望他们携起手来，共同度过目前的难关，也希望所有的听众朋友们给他们以支持，就像这首歌中所唱到的：你在岸边，我在岸上，让我们共同承受风雨，捧出一颗心，献出我们的爱。

（歌声放大）

简　评

《龙行天下》是中国国际广播电台华语广播（对外称"CRI 华语台"）近

年来遵照中央领导提出的对外宣传"三贴近"原则（即：更好地贴近中国和世界发展的实际、贴近国外受众对中国信息的需求、贴近国外受众的思维习惯），经过主创人员比较周密的前期调研及策划而推出的针对性很强的重点栏目之一，也是我国对外华语广播近年来取得明显传播实效的载体之一。

该栏目的主要受众是旅居海外的华侨华人和留学人员，还包括中国内地以及台港澳地区前往国外的经商人员、务工人员和旅游者。

该栏目于2004年4月份创办时，就确定了"服务为重"的宗旨。运行近两年来，这一宗旨体现得越来越突出，也越来越得到海内外受众、尤其是"海归派"（归国创业人员）的认同和赞许。

具体地说，该栏目有如下几个值得称道的特点：

第一，具有很强的针对性。该栏目将报道的重点放在海内外受众最关注的问题上，比较深入地反映了世界各国和各地侨界发生的新闻事件及其具有代表性的新闻人物。比如："中国政府关注南非侨胞的安全"以及"印度洋海啸灾区华侨华人的生活现状"等内容，都在2005年度的节目中做过及时、深入的独家报道。

第二，信息量大，服务性强。该栏目不仅向受众提供了相当丰富和实用的侨界资讯，还在"版主留言"这一固定的小栏目中，为受众及时发布中国各级政府陆续出台的一系列侨务政策和留学归国人员政策以及实施成果，从而深受海内外受众的欢迎。

第三，广播特点突出。该栏目由主持人串连、特邀嘉宾讲述、记者现场报道、实地音响效果和海外听众越洋电话连线等多种声音元素组合的有机运用，极大地增强了节目的生动性、可听性和感染力。

《中国少数民族》

台林珍　年永刚　邢博

中国少数民族语言文字的保护与发展

（音响 1：蒙古语歌曲《吉祥三宝》出，渐混）

听众朋友，您现在听到的是一首目前在中国网络上十分流行的蒙古语歌曲，歌曲的演唱者是国际台一位蒙古族员工和他的家人。配上现代音乐，他们用母语重新演绎了一首蒙古族古老的童谣。这首歌经网络传播后，深得大家喜爱，许多人还把它设为手机铃声。尽管多数人根本听不懂歌词，但歌曲那明快的节奏，浓郁的民族特色，还是深深地吸引了他们。或许听众朋友也很想了解，在中国，少数民族歌曲之外，他们的语言文字有着怎样的发展环境。在今天的节目中，我们就来谈谈这方面的情况。

中国是一个统一的多民族国家，汉族占人口的绝大多数，他们使用的汉语和汉字是官方语言文字。除了汉族外，中国还有 55 个少数民族，这些少数民族中绝大多数都有本民族的语言文字，其中不少民族使用两种以上语言文字。目前，中国共有 80 多种少数民族语言，20 多种少数民族文字。像我们节目开始介绍的蒙古族，有自己的语言、文字，而且随着时代的发展，蒙古语还吸纳了一些新的名词、术语。

（音响 2：萨满跳神表演录音，满语）

但是，有些民族语言的境况就没有那么乐观了。听众朋友，您现在听的是居住在中国东北地区的满族在举行祭祀时唱的祭词。尽管中国有 1000 多万满族人口，但目前会说满语的人还不足 100 人。

流行于 200 多年前的满语，是中国清朝的官方语言之一。但随着清朝统治的结束，满语很快不再被人使用了，却留有大量的满文资料。为了更好地了解历史，中国有关部门制定了详细的规划，组织民族语言专家，对像满语这样的濒危语言进行记录、整理，出版语言词典、音像资料，以达到有效保护。

一些民间人士出于对本民族语言文化的热爱，也自发地做着努力。他们自发地学习、整理濒危的少数民族语言，让本民族的语言传承下去。

作为民族文化的载体，民族语言有了良好的保护，便可以起到传承文化的目的。中国国家民族事务委员会少数民族语言文字工作办公室主任安清萍女士介绍说：

（音响3：安讲话出，汉语）

"我们国家的《宪法》和《民族区域自治法》对少数民族的语言文字权利都作了明确的规定，各民族使用本民族语言文字的自由必须得到充分的尊重和理解，不能忽视他们的存在，更不能用强制的方式加以改变。"

据统计，中国现有5000多万少数民族人口在使用本民族的语言文字，中国政府在法律、行政、教育、社会环境等各方面采取措施，来保障少数民族语文的自由使用。比如，在行政司法领域，中国政府年度会议的文件都会提供蒙古、藏、维吾尔、哈萨克、朝鲜、壮、彝等民族文字版本，并在开会期间设置同声翻译。

为了使少数民族语言文字不断发展完善，中国政府从上世纪50年代起就着手对民族语文进行调查研究，整理出系统的少数民族语言文字资料。从中央到各级地方政府，都有专门的机构，负责指导和组织少数民族语言文字工作。在中国各民族地区，从小学到高中，都可以实现用民族语言授课。有些民族还开设了用本民族语言讲授的硕士、博士等研究生课程。

周加才让先生就是其中的一位，他在中央民族大学藏学研究院用藏语授课。

（音响4：周加音响出，藏语）

"我主要讲授藏族宗教史和汉藏语言翻译课程，（用藏语）向学生讲授西藏的历史、宗教与文化，以及汉藏语言间翻译的理论与实践。我的学生毕业后主要从事少数民族文化的传播工作。"

（音响5：民族广播的录音）

目前，中国各级广播电台每天用21种少数民族语言进行广播，有80多家报社用 15 种少数民族文字出版报纸。另外，在市场上还有用多种民族语言文字出版的杂志、图书、电影以及音像制品。

在当今电脑普及的信息时代，推动少数民族语言文字信息化工作已经成为当务之急。经过近 20 年的研究，中国少数民族语言文字的信息化处理工作至今有了一定程度的发展。已有多种少数民族文字信息技术建立了国家标准，开发出应用软件，其中一部分民族语文软件已经实现产业化。

国家民族事务委员会少数民族语言文字工作办公室主任安清萍女士对此介绍说：

（音响 6：安讲话出，汉语）

"几乎所有的少数民族文字都能进入电脑，而且大多数都能在 Windows 系统下运行。少数民族用户在网上免费下载部分系统软件即可浏览维吾尔文、朝鲜文、蒙古文网页，甚至在网上聊天，这些都可以使用民族文字操作。"

看来，面对快速发展的时代，少数民族语言、文字也面临着如何发展的问题。

听众朋友，今天的节目到这里就结束了。谢谢收听，再见！

藏族农民罗布丹增和他的糌粑加工厂

（片头曲）

听众朋友，1965 年，西藏自治区成立。对于生活在这片土地上的人来说，如果在自治区成立那年出生，今年该是 40 岁了。40 岁正是人生的黄金时期，家庭、事业该是一片红红火火的景象。为了使听众朋友更好地了解西藏，了解生活在这里的人们 40 年来的情况，我们特地选取了一组西藏各个行业的年满 40 岁的人物，向大家介绍他们的事业、生活情况，欢迎收听。

今天我们节目的主人公是西藏南部日喀则地区白朗县的一位普通农民——罗布丹增。几年前，罗布丹增办起了当地第一个糌粑加工厂，创立了一个在西藏家喻户晓的糌粑品牌。请听本台驻西藏记者站记者德庆白珍发来的报道：藏族农民罗布丹增和他的糌粑加工厂。

（音响 1：记者白珍口播音响，藏语）

"我现在正在西藏日喀则白朗县贵热村的糌粑加工厂采访。尽管现在西藏非常寒冷，但我在这个加工厂却看到了一派热火朝天的景象。1000 多平方米的工厂里，各个加工车间都在忙着生产；工厂门口，一个个装满精加工糌粑的货车，排成一条长龙，驶出厂子，驶向西藏其他地区。这种景象，让人在严寒中感到了无限生机。"

这个糌粑加工厂的老板，就是贵热村农民罗布丹增。黝黑的皮肤，憨厚的笑容，看上去有些腼腆的罗布丹增，很难让人把他和一个有着经营头脑的私营企业老板联系起来。

罗布丹增生长的白朗县，土地肥沃，雨水充沛，是西藏自治区重要的商品粮生产基地。虽然这里生产的青稞以优良的品质而闻名，但罗布丹增家由于地少、劳动力少，单靠农田有收入，一家人的生活过得很拮据。为了过上好日子，罗布丹增曾外出打过工，也曾用贷款买的大卡车跑过运输，但还是不能从根本上改变全家人的生活。

后来，罗布丹增做起了小生意，在村里、县里卖一些生活用品。可是，他从顾客那儿换来的，只不过是一袋袋当地盛产的青稞。罗布丹增回忆说：

（音响 2：出罗布丹增讲话，藏语）

"当时我卖东西，是拿不到现金的，因为大家都穷，他们只能用粮食来换。这样，我还是要想办法卖掉这些青稞。我去拉萨卖、去山南卖、去那曲卖，去了很多地方、想了很多办法，但青稞也不好卖，有时候连往返的车费都赚不回来。"

就在为卖青稞发愁的时候，一个偶然的机会，罗布丹增了解到糌粑加工业正在西藏别的地方悄然兴起。原来，糌粑作为藏族的主食，是将当地出产的青稞磨成粉制成的，吃时可以用酥油或水加上糖调和一下。传统的制作糌粑的做法是，人们将青稞用石磨磨碎，非常费时费力。而正在兴起的糌粑加工业则是用发动机来带动石磨的运转，极大地解放了人力。

了解到这一信息后，罗布丹增灵机一动，他心想，糌粑的市场潜力巨大，而家乡白朗县又盛产优质青稞，加工糌粑，应该是一个投入少、见效快的行业。

当机立断，1999年，罗布丹增在当地建起了第一个糌粑加工厂，并给产品注册了"洛丹"商标。然而，创业之路并不容易。由于没有经验，开始时，他的加工厂做出的糌粑因味道不好而卖不出去，浪费了很多青稞。

经过不断总结教训，两年后，罗布丹增终于成功了。回想起当初的情形，他深有感触地说：

（音响3：出罗布丹增讲话，藏语）

"我真是觉得有志者，事竟成。（经过不断改进）当我把糌粑拿到日喀则市场的时候，非常受欢迎。他们都说我的糌粑口感好、味道香。当时我的内心真是无比喜悦。"

这之后，罗布丹增的糌粑加工厂的生意越来越好。为了不断改进产品质量，他对加工的工序、经营方式等一一进行了研究、思考，并针对存在的问题加以改进。特别值得一提的是，他还自己设计、制造了一系列加工设备，不仅节省了购买设备所需的资金，还大大提高了生产效率。说到这些小发明、小创造的时候，罗布丹增激动得眉飞色舞地跟我们说：

（音响4：出罗布丹增讲话，藏语）

"青稞要脱皮，做出的糌粑才会香。之前，在去皮的环节，我们遇到了很大的困难。传统作法都是把青稞装在麻袋里踩，效率特别低，有时候皮还去不干净。我照着别的机器，摸索出了一种简单的脱皮机；（另外）要吹干脱皮后的青稞，以前都是靠自然风。没风了，也就不能工作了。为了解决这个燃眉之急，我照着电风扇，做了个风干机，用起来效果非常好，而且效率也比过去提高了很多倍。比如以前吹好3000斤左右的青稞，需要10个人左右。现在利用风干机，吹完比这多20多倍的青稞只需3个人，而且一天就能吹完。"

在通过办糌粑加工厂富起来后，罗布丹增并没有忘记村里的乡亲们。他雇佣的工人中，90%来自贫困家庭。据统计，当地群众每年从罗布丹增的糌粑加工厂获得的收入就达27万元人民币左右。另外，在收购青稞时，罗布丹增总是按国家收购价优先在整个县里收购。白朗县县长同·达娃对罗布丹增的做法给予了积极评价：

（音响5：出同·达娃讲话，藏语）

"他的加工厂一直在大量地以国家收购价格收购附近农民的青稞，吸纳贫困农户到他的工厂就业。去年，白朗县人均收入是1970元人民币，而罗布丹增加工厂工人的收入是3400元人民币。所以说，他对整个乡、县农民收入的提高，以及乡、县经济的发展都起到了很好的作用。"

据悉，为支持罗布丹增发展糌粑加工业，西藏自治区政府给他提供了5万元人民币的资金；日喀则乡镇企业协会还给他提供了20万元人民币的三年无息贷款，用于改造设备。

经过几年的运营，目前，罗布丹增的加工厂已从建厂初期只有几个工人的手工作坊，发展为现在雇佣70人、年销售总额超过230万元人民币的私营企业。最近，国家有关部门还为该企业生产的"洛丹"牌糌粑颁发了出口证书，也就是说，"洛丹"牌糌粑已获得了进入国际市场的"通行证"。

罗布丹增有一个幸福的三口之家。办了加工厂后，他陪妻子、女儿的时间少了很多，但她们特别支持他的事业，有时候还送饭送菜到加工厂。家人的支持让罗布丹增感到非常欣慰。他说，他对加工厂未来的发展很有信心。

（音响6：出罗布丹增讲话，藏语）

"现在我们生产的糌粑分别有50斤装、20斤装、10斤装等，这和国外一些轻巧、时尚的食品包装相比，都显得笨重。所以现在我想做'方便糌粑'，即做出供人们一次性食用的碗装糌粑，里面用袋子另外包装好所需的白糖等。我很希望能尝试一下。"

经过多年研究，农业专家已经证实，糌粑具有降血脂、降低胆固醇和提高免疫力等重要医疗价值，因此糌粑这一藏族人传统的主食，现在正被越来越多的人所认识和接受。罗布丹增说，他有信心，把糌粑市场拓展得更大。

简　评

《中国少数民族》栏目是国际台新闻中心国内部常年开设的专题栏目之

一，主要向海内外听众介绍中国的民族政策、各民族风情以及中国少数民族文化，其中以西藏和新疆为报道重点。这档节目是国际台各语言广播的常设节目，听众反响强烈。这个栏目的报道内容十分丰富，具有鲜活性和可听性，其中大部分稿件都是记者亲赴少数民族地区采访或是地方记者约稿而成的。这一年，为配合宣传新疆维吾尔自治区成立 50 周年，西藏自治区成立 40 周年，《中国少数民族》栏目推出了《新疆百姓生活》和《西藏·人物·40 年》两个系列报道（每月发稿一篇），增强了有关宣传的声势与力度，受到了听众好评。

《中非彩虹》

雷霞　汪渝

尼日利亚总统的北大之行

（2005 年 4 月 19 日播出）

　　听众朋友们，你们好！欢迎收听《中非彩虹》节目。4 月 15 日的北京风和日丽，万里无云。这天，正在中国访问的尼日利亚总统奥卢赛贡·奥巴桑乔及其夫人率领由外交、科技、商业、运输、水利资源、电力钢铁、通讯部部长和 Enugu 等四州州长及大学校长、记者等组成的 100 多人的代表团访问了北京大学，并被授予北京大学名誉博士学位。

　　（音响 1：掌声起）

　　上午十点三十分，奥巴桑乔总统一行抵达北京大学英杰交流中心，并受到了等候在那里的中国外交部、教育部领导、北京大学校长许智宏等学校领导以及北京大学学生代表的热烈欢迎。

　　十点四十分，荣誉博士授予仪式开始。北京大学校长许智宏院士代表全校师生致辞，热烈欢迎奥巴桑乔的到来。

　　（音响 2：致辞）

　　在讲话中，许校长高度评价了奥巴桑乔总统在国内和国际事务中所作的突出贡献。他说，1979 年，作为当时军政府首脑的奥巴桑乔将国家政权移交给民选政府，成为尼日利亚第一位还政于民的军政府领袖。之后，他于 1999 年当选尼日利亚总统，并于 2003 年顺利蝉联。此外，奥巴桑乔还是非盟的主席及 1991 年联合国秘书长候选人。他在维和领域的重要贡献为他赢得了无数的荣誉，其中包括英·甘地和平奖和哈佛大学名誉博士。许校长说，

（音响 3）

"鉴于他的杰出成就及对和平与民主的不懈追求，北京大学授予他名誉博士学位。"

（音响 4：授学位音乐起）

随后，奥巴桑乔总统发表了演讲，感谢北京大学给予他这项荣誉。他说：

（音响 5：奥巴桑乔讲话）

"北京大学在中国有着重要的地位，因为它在中国的政治、经济进程及发展中扮演着重要的角色。更为重要的是，今天我看了世界著名大学的排名，北大名列前茅。"

谈到中国，奥巴桑乔说：

（音响 6）

"中国一直以来都和我们站在一起。此时此刻，我们要加强中非关系，进一步加强中非间相互的学习和了解。我很高兴中国有非洲研究项目，我也希望将来在我们国家的大学里会开设中国研究课题。因为要成为真正的朋友和搭档，必须对你的朋友和搭档有更多的了解。"

演说结束后，奥巴桑乔向北京大学图书馆赠送了他的著作《人性论》(This Animal Called Man)，并接受了在北京大学求学的非洲留学生代表赠送的纪念品。

听众朋友们，本期节目到此就要结束了。我们下周同一时间再见。

中国与非洲携手进步

——非洲驻华使团庆祝"非洲日"42 周年

（2005 年 6 月 14 日播出）

听众朋友们，你们好！欢迎收听《中非彩虹》节目。

5 月 25 日是"非洲解放日"。非洲国家驻华使节每年都会举行活动，庆祝这个象征着非洲人民争取独立与自由、进步与发展的日子。2005 年 6 月 9

日，非洲驻华使团在非盟轮值主席国尼日利亚驻华使馆举行了庆祝"非洲解放日"42周年招待会。国务委员唐家璇出席了此次招待会并发表了讲话。

唐家璇说，

（音响1：唐家璇祝词）

"我谨代表中国政府和人民向非洲各国政府和人民致以热烈的节日祝贺。"

他说，"非洲日"承载着非洲人民对和平、稳定与发展的期待，寄托着非洲人民对美好安宁生活的渴望。无论是对非洲人民来说，还是对世界人民来说，1963年5月25日都是历史性的日子。这一天成立的非洲统一组织为实现非洲解放、维护团结统一、谋求和平稳定和促进非洲一体化谱写了不朽的篇章。3年前非洲联盟诞生，接替非洲统一组织，为非洲应对新的挑战和实现复兴注入了新的活力。纪念"非洲日"既是为了缅怀独立和解放，也是为了关切发展和进步，更是为了展望明天和未来。

他表示，中非相距遥远，但中国人民永远心系非洲。中国和非洲有相似的历史遭遇，在长期艰苦战斗的岁月中双方相互支持、相互同情、相互帮助，结下了深厚的友谊。双方领导人都高度重视中非关系，在过去的几十年里高层互访频繁，经贸合作发展迅速。

2000年成立的中非合作论坛已成为中非进行集体对话的有效机制和开展务实合作的重要平台。在论坛框架下，中国免除了非洲最不发达国家和重灾国家105亿元人民币的到期债务，提供给他们输华商品免关税待遇，开放12个非洲国家为中国公民旅游目的地国，四年来为非洲培养各类人才10000人。新形势下，中非合作潜力巨大，前景广阔。他重申，

（音响2：唐家璇讲话出）

"中国永远是发展中国家的一员，永远是非洲的真诚朋友。中国将坚定不移地走和平发展的道路。"

他表示相信，中国的发展必将为包括非洲在内的世界各国带来新的机遇；相信非洲人民完全有能力、有智慧以自身的发展为世界和平、稳定与繁荣，作出更大的贡献。中国愿在长期稳定、平等互信、全面合作的基础上，与非洲各国共同推动中非友好事业取得更大的发展。

作为东道主，尼日利亚驻华大使乔纳森·奥卢沃莱·科克尔在招待会上

发表讲话说，今年"非洲日"庆祝活动的主题是"创建高效非盟，发展新非洲"。接着，他回顾了非盟的建立、非洲发展新伙伴计划的提出。他说，毫无疑问非洲已经进入了一个全新的发展阶段，她需要非洲人民以及全世界关心非洲的朋友们的认可和支持。在谈到中非之间的关系时，他指出，在过去的几年里，非洲国家与中国之间的关系发生了显著的飞跃。这种新关系所带来的好处，在每个非洲国家都可以看到。他代表非洲国家驻华大使和外交官们向中国政府表示感谢，感谢她创立了中非论坛，并且出席了具有历史意义的2003 年亚的斯亚贝巴峰会。他表示，非洲国家驻华大使们对中非关系的积极发展表示欢迎，同时希望能够与中国政府进一步紧密合作，以早日实现2003年亚的斯亚贝巴峰会上提出的目标。他说，非洲感谢中国在她需要帮助的时候伸出友谊之手。在像中国这样的友好国家的帮助之下，通过非洲人民的努力，一定能够使非洲走上复兴之路。

（音响3：科克尔讲话，英语）

"非洲一定能够走出贫困、走向繁荣，走出黑暗、走向光明，停止手足相残、实现团结友爱，摆脱致命的疾病、带来健康和幸福，终止分裂、组成一个联合的大洲。"

好，听众朋友们，本期节目到此结束，我们下周同一时间再见。

简　评

《中非彩虹》是国际台豪萨语广播部的一个自采栏目。该栏目创办于1997 年，主要以采访和报道中国与非洲国家，特别是中国与尼日利亚之间的友好交往与合作内容为主。该节目在听众中产生了一定的影响，形成了独特的品牌效应。

创新节目

广播剧《选择》

(2005 年 12 月 31 日播出)

印尼语部

编剧：陈彩霞
导演：陈彩霞　金　锋
制作：陈彩霞　金　锋等
音效：陈彩霞
监制：金　锋
旁白：谢英华

主要演员

陈彩霞……斯丽甘蒂（女儿）　　　　王　鑫……迪托
林天智……神羊大侠（父亲）　　　　黄顺英……土豆魔女（母亲）
刘　立……王苏乐　　　　　　　　　吴金平……翁马郎
张海山……中医　　　　　　　　　　金　锋……牧师

群众演员

全体印尼语部工作人员

（歌声，混播，演职人员介绍）

旁白：传说，在一个美丽山村里居住着一户三口之家，父亲、母亲和女儿。据说，这个姑娘的父母身怀绝技。父亲人称"神羊大侠"，一旦他将全村的羊群的膻味释放出来，简直无人能敌。而号称"土豆魔女"的母亲也不是等闲之辈，一旦发功，她能让种在地里的土豆一个个蹦出来，砸向侵犯之敌。由于他们拥有着非凡的神功，全村居民得以安居乐业，衣食无忧。这对老夫妻受到了村民们的尊敬和爱戴。但夫妻俩最得意的是,除了他们武功盖世外,还有一个美貌的独生女儿——斯丽甘蒂。

(音效:厨房里传出的声音)

母亲: 哎呀,快点收拾收拾,看你披头散发的,快把头梳梳,一会儿还要去村头看露天电影。哦,对了,把那串绿色的钻石项链戴上。就你现在这个样子,哪像"土豆魔女"和"神羊大侠"的女儿?

甘蒂: 知道了,知道了,妈!电影晚上八点才开始,现在才下午两点。刚和羊群玩一会儿就让去打扮。等一会儿啊,妈。你看"班迪"和"班多"(注:羊的名字)正玩"藏猫猫"呢。

母亲: 你到底怎么回事啊?和羊玩起来没完了,将来你身上的味道和羊一样。

(音效:开门声)

甘蒂: 好了好了,我本身就是"神羊大侠"的闺女!"神羊大侠"的闺女怎么可能和马身上的味道一样呢?妈,我出去一下,一会儿回来打扮。(对两只羊喊道)"班迪","班多"!别跑远了,一会儿找不着你们了。

(音效:羊叫声,鸟鸣声,音乐)

旁白: 绿草茵茵的小山冈是斯丽甘蒂最喜欢去的地方。她总是把父亲的羊群赶到这里吃草。山坡上有一眼清泉,羊群可以在这里尽情享受,而斯丽甘蒂也可以这里游泳嬉戏。没有了母亲的唠叨,她感到非常地惬意。就在这座小山冈上,她结识了邻村的牧羊人——迪托。

(音效:河流声)

甘蒂: (奔跑后发出的喘气声)哎!迪托,等了很久了吧?

迪托: 甘蒂,我也刚来不一会儿。

甘蒂: 对不起,我刚才去找"班迪"和"班多"了,它俩变得越来越调皮了。

迪托: 没什么,能见到你我就挺开心的。

甘蒂: (微笑着)迪托,你看,我从家里给你带好吃的来了。

迪托：啊，真香呀，谁做的？

甘蒂：我妈。

迪托：是吗？哎，你母亲也和你一样那么漂亮吗？

甘蒂：你自己去看呗，迪托，上我家玩去，好吗？

迪托：（有些犹豫地）甘蒂，我……我不敢。你也知道，我不过是个普通放羊的，你父母怎么可能接受我呢？我现在正拼命攒钱呢，等有了钱，我想开个烧烤店。等烧烤店的生意好了，那时我才敢去你家。

甘蒂：那好吧，我等着。现在最重要的是我们能在一起。

（音效：歌声）

（音效：村民们在看电影时发出的鼓掌声和低声的交谈声）

甘蒂：爸，这电影挺好看的。

父亲：是不错。

甘蒂：那演员也挺帅的，是吗，爸？

父亲：是挺帅的。你整天挂在嘴上的就是"帅"。好，我想让你认识一些爸爸的朋友。他们可比刚才电影里的演员帅多了。

甘蒂：谁呀？

父亲：他们在那边的茶馆里等我们呢。你看，就在街那头。

甘蒂：到底是谁呀？爸。

母亲：一会儿你就知道了。

（音效：脚步声）

翁马郎：晚上好，大侠！

王苏乐：晚上好，大侠！

父亲：晚上好，小伙子们！介绍一下，这是我的独生女，斯丽甘蒂。

王苏乐：我叫王苏乐，我是北京大学毕业的，学兽医的。我母亲是玛琅人，父亲是中国人。

翁马郎：我叫翁马郎。我是上海人，不过我是在瑞士大学毕业的。我现在在一家国际基因公司工作，我们公司研究克隆羊。

甘蒂：（表情冷淡地自我介绍）斯丽甘蒂，放羊的。

母亲：斯丽甘蒂这孩子就是谦虚，她也是大学毕业的，工程师。毕业后，她帮她父亲发展牧业。甘蒂还帮着村里其他人呢。

翁马郎： 啊，还真行呀，这么漂亮聪明的女孩儿还能想着为家乡服务。甘蒂也喜欢看电影？正好我从中国带来了一些电影 DVD。你看过《如果·爱》吗？是一部歌舞片，挺好看的。

甘蒂： 刚公映就有 DVD 啦？是盗版的吧？

翁马郎： 不，是正版的。甘蒂喜欢看成龙的电影吗？

王苏乐： 或许甘蒂更喜欢去大自然里面走一走吧？咱们绕着山边走走，好吗？

甘蒂： 好的，但是我要带上我的羊群。

王苏乐： 啊？带几只羊啊？

甘蒂： 不多不少刚好 150 只。

王苏乐： 嗯……好吧。明天早上 8 点钟，我在这里等你。

（音效：公鸡打鸣的声音，歌声，偶有羊叫声，随后夜色）

旁白： 和斯丽甘蒂在美丽的村庄边散步，享受浪漫的约会，是多么美好呀！可事情并非王苏乐想象的那样。斯丽甘蒂总是故意冷落王苏乐而和羊群玩耍。另外一个小伙子翁马郎也试图接近她，但也被她拒绝了。在斯丽甘蒂心里，迪托才是她真正的心上人。

一天夜里，一个黑衣蒙面人悄悄溜进了村里，在羊圈里投毒。第二天清晨，村民们发现许多羊染上了从未见过的疾病。

（音响：七嘴八舌的议论声）

村民甲： 哎呀，怎么会这样呢？我的羊突然变得无精打采，不想吃东西，出现红色的肿块。

村民乙： 是啊，我的羊也是这样。它们病成这样，卖都卖不出去，更别说宰了吃肉了。

村民丙： 这样的病毒不会是上天对咱们村子的惩罚吧？

村民甲： 啊，不可能吧，多少年来咱们村可都是平静和谐的，谁也没少给神仙上供。上天怎么会降罪于我们呢？

村民乙： 大侠，昨天有人看到一个黑衣蒙面人从伯交大哥的羊圈里跑出来，会不会是其他村子的人使坏，想让他们的羊比我们的羊更好卖吧。

村民丙： 是呀，很有可能是这么回事。咱们应该采取行动，大侠。

父亲：大家不要慌，安静点。咱们大伙必须同心协力解决这件事。

母亲：村民们，现在最重要的是先停止把咱们的羊卖到城里去。如果城里人吃了后染上了这种病，那他们就不会再买咱们的羊了。

父亲：对，从今天起，咱们要轮流守夜，保卫村子的安全。我来亲自领导巡夜小队。

（音效：歌声，小提琴声）

旁白：王苏乐是一位兽医。虽然他竭尽全力医治那些患病的羊，可还是死了不少。

王苏乐：大侠，请原谅我。我已经尽我所能医治生病的羊群了，可还是不见好转。我以前从未碰到过羊得的这种病。

翁马郎：我是遗传学专家，我建议立刻杀死所有的病羊，然后寻找新的种羊重新饲养繁殖。

甘蒂：你说什么啊?! 不行！小"班迪"和小"班多"不可以死！

翁马郎：甘蒂，你听我说，这些羊染上了严重的传染病。如果让它们活着，只会威胁到其他的羊。我们应该重新培育具有优良遗传基因的羊，这些羊会对这种病产生免疫力。

甘蒂：说得好听。难道所有的东西都可以像汽车一样拆装吗？也许你这个遗传学专家的确可以制造出具有防御传染病基因的羊，但是我不会让我的"班迪"和"班多"白白死去。

父亲：甘蒂，不许这样没礼貌地大喊大叫。爸知道，我们也都很为难。就算"班迪"和"班多"死了，你还会有新的小羊的。

（音效：摔门声，随后歌声和小提琴声）

旁白：这几天，迪托的心里很烦躁，都一个星期了，他没能见到心上人。由于羊群生病，斯丽甘蒂没有带它们到山泉边吃草。那里正是她和迪托经常约会的地方。终于，迪托按捺不住心中的思念，在一个风高月清的夜晚，他壮着胆子悄悄来到了斯丽甘蒂的家。

（音效：夜色，石头砸窗户声）

迪托：（轻轻的喊声）甘蒂，甘蒂！

父亲：那是谁呀?!

旁白：迪托一时不知所措，拔腿就跑。但"神羊大侠"和"土豆魔女"决不会轻易放过了他。

父亲：咳！你别跑！

母亲：小偷！别以为你能跑得掉！

父亲：好你个小偷！尝尝我羊臊功的厉害！

旁白：迪托立即被一股浓烈的羊膻味所包围。然而，他毕竟是个牧羊人，常年和羊群混在一起，羊膻味对他并不起作用，可是紧接而来的袭击却是他始料不及的。

母亲：瞧我的土豆功！

旁白：一时间，无数的土豆从四面八方向迪托袭来，他实在招架不住，身上被砸的青一块紫一块。

迪托：（痛得叫出声来）：哎哟！啊……饶命啊……大侠饶命啊。

父亲：什么人？报上名来！

迪托：我叫迪托。

母亲：快说！你来我们村有什么目的！

迪托：我……我……

父亲：我什么我！你还想给我们村子带来什么灾难？！

迪托：不是的，大侠……我不想带来什么灾难。我……我……想见见甘蒂。

甘蒂：（气喘吁吁地跑过来）爸！妈！别伤害他！迪托！你怎么被打得鼻青脸肿的？妈妈你为什么使出看家本领来打他？

父亲：甘蒂！你认识这个人吗？

甘蒂：爸，妈。他是我的朋友。我们不光是朋友，我们相爱。

父亲：什么？！他是潜入咱们村给村里的羊下毒来的。你明白不明白，他是在利用你？！

迪托：大侠，我没这个意思。我已经一个星期没见甘蒂了。平常我们都是在山腰的泉边见面的。我实在太想甘蒂了。

母亲：你胆子够大的呀你，被逮住了才承认是来找我女儿！听好了，年轻人！要是你真没别的想法，那就把我们村的羊治好！谁有这个本事他才能配得上我女儿。

迪托：伯母，我明白，我只是个放羊的。我没有钱也没受过高等教育，所以我不敢追求甘蒂。但我现在正在存钱而且读了好多管理方面的书。我准备自己做生意。

父亲： 做生意？做什么生意？你以为做生意容易呀？滚开，我不想再见到你，除非你能治好村子里的羊！

（音效：小提琴声）

旁白： 几天来，迪托深感无奈和绝望。他不过是个普普通通的牧羊人，没有更好的办法来医治那些生病的羊群。此时此刻，他心中只有他爱恋的斯丽甘蒂。然而，有一天，在迪托放羊的时候，他被突然出现的一位中年男人吓了一跳。

（音效：流水声，鸟鸣声）

中医： 对不起，年轻人。你正坐在银叶草上呢。

迪托： 啊，对不起，先生，我不知道。您要是想采草药的话就请吧。

中医： 这可不是普通的草。银叶草和别的绿叶草不一样。看，在叶子的顶端有粒粒银色的孢子。猛一看的话是看不到的，但这些孢子却是神奇的药。

迪托： 先生，您不是本地人？

中医： 我祖籍是中国的云南省。我一直在世界各地收集和记录各种草药。

迪托： 那正好，先生。您会给羊看病吗？

中医： 这个吗，来，说说羊得了什么病？也许我能帮帮你。

迪托： 事情是这样。对面村的羊都染上了怪病。羊都软弱无力没精神，全身红肿。

中医： 哦，我好像在越南时见过这种羊病。我看看能不能想办法找些当地草药来治治这种病。

（音效：歌声，鸡叫声，敲门声）

旁白： 这段时间，迪托和中医大夫忙于寻找医治羊群的草药。而王苏乐和翁马郎也没闲着。他们在城里四处打听能医治病羊的西药。当迪托带着中医大夫的草药来到斯丽甘蒂家时，显然王苏乐和翁马郎已经带着在城里买来的西药捷足先登了。

迪托： 有人吗？

甘蒂： 迪托……拿到药了吗？

迪托： 甘蒂，拿到了。是中草药。我们这几天到处采集草药。希望"班迪"和"班多"能早日康复。

父亲：（冷冷地说）我们已经有药了。

甘蒂：爸，西药不一定有效。我们必须检验这两种药。把羊分为两拨。一拨用迪托的药来治，另一拨用王苏乐的药来治。

母亲：好！看谁的药有效，我们就把女儿嫁给他。

甘蒂：妈！别拿我的婚事当儿戏。不管发生什么，我都要嫁给迪托。

母亲：闭嘴，甘蒂！从现在起，你必须接受王苏乐的求婚！

（音效：小提琴声）

旁白：经过几天的治疗，病羊一个个好起来了。王苏乐别提多高兴了，因为他找到了治愈羊病的西药。看到王苏乐在这场情感的竞争中获胜，"神羊大侠"和妻子心里也踏实多了。当斯丽甘蒂得知王苏乐的药更灵验的时候，她伤心得病倒了。在婚礼筹备期间，她整日以泪洗面。就在这时，中药也发挥作用了，尽管比西药慢些。这对迪托来说，一切似乎来得太晚了，因为今天正是王苏乐和斯丽甘蒂结婚的日子。

牧师：王苏乐，你愿意娶神羊大侠的女儿——斯丽甘蒂为妻吗？

王苏乐：我愿意。

牧师：斯丽甘蒂，你愿意接受王苏乐为你的丈夫吗？

迪托：（急促的脚步声）等一等！等一等！

（音效：羊咩咩叫声）

迪托：等等！牧师，等一等！各位来宾。大侠，我只想把"班迪"和"班多"送还给甘蒂。

（音效：羊咩咩叫声）

甘蒂：（高兴地说）"班迪"，"班多"！你们都好了……

（音效：羊咩咩叫声）

迪托：大侠，原谅我冒然打断了你们的婚礼。我只想告诉你们一件事。那位中国大夫的草药很简单。我们可以就地取材。虽然疗效没西药那么快，但可以在我们村找到。村民不必到城里买贵重的药。我和大夫将把药方传授给村民。这种药最适合我们村。（停顿片刻）大侠，也许您觉得，王苏乐先生更适合您的女儿。但我将证明，在这个世界上，我才是真正能使她幸福的人。

世上任何事情都会随着时间的推移而改变。今天，我不过是个牧羊人，明天，也许我能开一家烧烤店。如果一切顺利的话，到那时，您可以看到，我是否能养活得起甘蒂。请允许您的女儿嫁给我吧。

（音效：歌曲《选择》）

旁白：出乎大家的意料，"神羊大侠"和他的妻子被感动了。他们同意了斯丽甘蒂和迪托的婚事。五年时间过去了，斯丽甘蒂和迪托有了自己的孩子。迪托烧烤店的生意也日渐红火，他还在周围的村庄里开了不少分店。

（全剧终）

中国国际广播电台的各位主持人：

你们好。我叫库尔尼亚迪。我收听国际台印尼语广播已经三个月时间了。我是一个家庭主妇，一般都是在孩子放学以后收听你们的广播。我非常喜欢听你们的新闻时事节目，每天都按时收听，也非常喜欢收听《拾趣大观》、《社会生活》等比较轻松且有趣味性的栏目。

在刚刚过去不久的 12 月 31 日，我们全家欣赏了 CRI 的新年特别节目《选择》。这个广播剧非常有意思，让人印象深刻。我很喜欢广播剧里面迪托这个角色，他说起话来就像卡通人物一样可爱，但却是一个性格坚强、敢于面对挑战的男孩子。

希望 CRI 能够多多播放这样的节目，我们一家包括上小学的孩子都非常喜欢收听。希望 CRI 的印尼语广播越办越好。

简 评

印尼语广播剧《选择》是由国际台印尼语广播部全体员工与外籍专家一起精心策划和制作的。该剧人物特色鲜明，角色表现到位，音响效果丰富，节奏紧凑明快，选用印尼听众耳熟能详的歌曲《选择》作为主题曲，体现了节目的本土化和现代广播特色。该节目播出后马上受到了听众的好评。这档由印尼语部人员自编自演的广播剧节目，题材新颖，制作精细，演播水平达到了较高的水准，这在国际台非通用语言广播中较为少见。

优秀
特别节目

白杨树讲述的故事
——留在中国大地的日本人墓园
（2005 年 8 月 15 日播出）

王丹丹　王小燕　周莉　谢宏宇　付颖
林叔孟　夏文达　齐鹏　朱丹阳

（开始曲）

第一部分：

录音间现场

王：每年的 8 月 15 日对日本、中国、韩国以及很多的亚洲国家来说都是一个特别的日子。今年是第二次世界大战胜利暨中国人民抗日战争胜利 60 周年，在这样一个特别的日子里，我们想带大家去一个地方，听那里的白杨树讲述一些不为人知的故事。今天我们还请到一位亲身经历过那场战争的嘉宾来到录音间，他就是原文化部副部长，现任中国对外文化交流协会副会长的刘德有先生。刘会长，欢迎您的光临！

刘：听众朋友晚上好！我是刘德有。

王：刘会长，您是 1964 年第一批派驻日本的中国记者之一，此后在日本工作的时间长达 15 年，是一位地地道道的日本通了。

刘：哪里哪里，我已经好久没机会说日语了，舌头有时候可能不太灵活，还请大家多多关照。

王：您太谦虚了。会长您是亲历了那场战争的，对 60 年前的今天还有印象吗？

刘：当然有了，而且印象还很深刻。那时候我还是个小学生，那天正和同学一起在劳动，忽然学校的大喇叭里面就广播让大家到操场集合有重要通知。然后我们就听到了日本战败投降的消息，大家高兴啊！以后再也不用给日本人义务劳动了，再也不用说日语了！

王：那以后您是怎么开始从事对日工作的呢？

刘：长大以后，在毛主席的教导下逐渐转变思想，开始从事对日工作，慢慢才了解到，其实在战争当中，普通的日本国民也是受害者。特别是在战争初期，在日本政府的怂恿下到我国东北来开拓土地的开拓团，这批人在日本战败后大部分没有回到日本，就死在中国的大地上。

王：他们都是日本军国主义侵华战争的牺牲品啊。不过，我了解到，1963 年，我国政府给这些开拓团的日本平民特别修建了一个公墓，公墓的位置就在现在黑龙江省哈尔滨市郊区的方正县。

刘：是啊。这个公墓就叫做"方正县日本人公墓"，是我国唯一的一座日本人公墓。当年是在周恩来总理的特批下建立起来的。即使在"文化大革命"当中，公墓也在当地人的保护之下没有遭到任何破坏。

王：会长，其实最近我们刚从那里回来，在公墓所在的白杨树林里听到了一些非常感人的故事。我们一起到现场去感受一下吧！

第二部分：

（公墓现场音效：风声，知了的鸣叫，自然音效）

（现场报道1）

"这里是中国唯一的一座日本人公墓——方正县日本人公墓。1995 年改称为'中日友好园林'。这里除了公墓的墓碑之外，还有纪念馆、和平友好纪念碑等9 个建筑物。整个园林占地面积约1500 平方米，到处绿树成荫。尤其是1963 年公墓建立当初环绕公墓种下的白杨树林现在已经长成了参天大树。清风吹过，白杨树发生动听的沙沙声，仿佛在对我们讲述着什么……"

（现场音效：风吹过白杨树林的沙沙声）

（现场报道2）

"带我们来到公墓的方正县外事办公室的王德君主任，他给我们一一介绍了公墓里面各种纪念建筑物的来历。"

（王主任话声出，中文）

　　"沿着东西轴而建的都是日本友好团体的纪念物。这个是山梨县出资建立的中日友好往来纪念碑，上面刻的 8 个字是山梨县知事的亲笔。这个是植树纪念碑，它旁边的是和平友好纪念碑，往西那个大的是日中友好世界和平纪念碑。它的东边种的是哈尔滨市的市花丁香，西边种的是日本的国花樱花。其中有 5 棵是 60 年代从日本直接移植过来的，现在都长成大树了。"

（现场报道 3）

　　"另外，关于公墓的来历，王主任还向我们披露了一段鲜为人知的历史。"

（王主任话声出，中文）

　　"日本战败的 1945 年，方正县的日本开拓团大都集中在 3 个地方。有些离哈尔滨近的跟日本军队一起撤离了，但是方正县以东桦林地区的几个县的日本人很晚才得知战败撤退的消息，已经来不及跟着军队一起撤走了。他们知道中国人恨日本人，不敢走大路，尽拣险要的山路向大连方向撤离。到达方正县附近的时候正值 10 月中旬，北方这时候的天气已经相当寒冷，死于严寒、饥饿、疾病以及自杀的日本人大概有 5000 多人，剩下的大约 1 万人左右一半以上都是妇女和孩子。除去在中国政府的帮助下回到日本的一部分人之外，大约有 4000 人被当地人收留。"

（王主任话声出，中文）

　　"1962 年，在山上开荒的当地人发现了很多尸骨，据留下来的日本人说，这些尸骨都是当年撤退时死在中国的日本平民的遗骨。1963 年，在周恩来总理的关怀下，方正县为这些日本人建立了一座公墓，把他们的遗骨收葬在一起。即使在'文化大革命'当中，这座公墓也没有遭到破坏。"

录音间现场

　　刘：战败 18 年后，这些日本平民的魂灵终于有了安息之所啊。不过，中日两国的一般老百姓好像还不太知道这个公墓的事情，小王是什么时候知道的？

　　王：我是最近偶然在网上看到设在日本东京的"方正地区支援交流会"

发布的消息才了解到这个公墓的。关于公墓的情况我们还电话采访了这个交流会的大类善启局长。

（大类善启话声出，日文）

"1987 年还是 1988 年，我跟随方正地区支援交流会去了方正县，果然见到了（这座公墓）。那是一座十分规整漂亮的墓园。如果日本站在相反的立场是不是也能做到这样宽大的事情？从这个意义上来讲，这次旅行印象非常深刻。具体来说，我一直不断跟身边遇到的人讲方正县日本人公墓的事情，但是实际上日本有很多人知道哈尔滨，却不知道还有个方正县，就更不知道还有这个日本人公墓了。就连一些在中国常驻过的日本记者，被称为中国通的人也不了解这个情况。因此，为了让更多的日本人了解这个公墓的情况，我们出了一本书叫《哈尔滨方正县物语》。特别是现在，两国的政治关系转冷的情况下，让日本人了解到中国政府早在 1963 年就为日本开拓团的平民修建了这座墓园、了解到中国政府和人民的宽大胸怀是非常必要的。这座公墓就是中国这种宽大胸怀的最好说明。尤其在这个时代，特别是日本的政治家们有必要了解这些情况。方正地区支援交流会成立的时间还不长，希望各位听众理解我们的活动，支持我们的活动，加入到我们当中来。"

刘：方正地区支援交流会的朋友们，你们辛苦了。

王：方正县日本人公墓自从建立到现在已经整整 42 年了，当年的年轻人现在也都成了古稀老人。就在十几年前，公墓的旁边又起了一个墓碑，那是为收养日本残留孤儿的养父母们修建的，已经故去的中国养父母们都长眠在那里。我们造访公墓的当天刚好有一位老人的安葬仪式在那里举行，周围的人都亲切地称她为"石妈妈"。

公墓现场

（音效：长笛《送别》）

（日本残留孤儿代表话出，女，中文）

"石妈妈去了，我特别难过。我也是日本孤儿，和我的日本亲人曾经取得过一次联系，但是后来就音讯皆无了。我一直在中国生活，和石妈妈是在红十字会的活动上认识的，她对我特别好……"

王：那么，石妈妈究竟是一个什么样的人，她又有着什么样的故事呢？请听石妈妈的三儿子给我们讲述。

（石金凯话出，中文）

"我是老三，老大是妈妈收养的日本孤儿。其实我二哥应该是家里真正的长子，但是按照妈妈的意思，我们从小就叫日本哥哥大哥。我大哥的中国名字叫石金峰，有个小名叫来福，他的日本名字叫小林义明。听妈妈说，那年冬天特别冷，一个来家里修理家具的木匠是个日本人，穿得特别少，我妈妈看他冻得厉害就给了他一件棉袄，日本人特别感动。他见我父母当时没有孩子，就说你们愿不愿意收养一个日本孩子？他挺可怜的，快要病死了。其实我父母当时刚结婚，我妈妈才 20 岁，妈妈没有工作，家里就靠父亲给人修鞋过日子，特别穷。但是，我父母还是收养了这个孩子，当时他才 4 岁。经过 1 年多的调养，他的身体才慢慢恢复。"

刘：这两位养父母真是伟大啊！后来怎么样了呢？

王：后来，石妈妈生了两个男孩，按照中国的传统，分别给自己的两个亲生孩子依照老大的名字排序，起名为石金民和石金凯。

刘：那，石妈妈有了亲生孩子之后，老大石金峰的处境怎么样了呢？

王：是啊，大家可能都会担心，这个日本孤儿是不是要开始被冷落了呢？让我们听听石家兄弟的讲述。

（老三石金凯话出，中文）

"大哥和二哥小时候有一次都得了天花。天花是传染病，那个时候很难治好。而且家里没那么多钱，只能送一个孩子去医院。当时，父母商量了一下，决定保大哥，送大哥去医院，而把二哥交给了邻居一个会扎针的阿姨。幸运的是，后来二哥也活过来了。"

（老二石金民话出，中文）

"我是老二石金民。当时我是 6 岁还是 7 岁，大哥比我大 4 岁。当时父母送大哥去医院我也并没有恨大哥，觉得家里穷，这也是没办法。"

（老二石金民话出，中文）

"我和大哥从来没打过架，大哥很细心，什么都会干，总是帮家里做事。

跟我们周围的孩子关系也都处得特别好。中日关系正常化以后，大哥找到了日本的家人。妈妈心里很难过，舍不得跟大哥分开，但是大哥走之前，我们还是全家人一起给他祝贺，送行。"

王：1982年，石家的长子石金峰，也就是小林义明跟日本的家人取得了联系，带着妻子儿女回到了在日本熊本县的老家。回国以后他一直通过书信与中国的亲人保持联系，还曾经3次接石妈妈去日本团聚。可惜的是，在石妈妈去世之前他始终没有机会回中国来看看。石妈妈生前曾经多次跟两个儿子说，他也很不容易，你们要理解大哥。虽然如此，两个弟弟还是对大哥在母亲去世的时候没能来为她送行感到十分遗憾。

（老二石金民话出，中文）

"我很想我大哥，我想问问他，怎么不回来看看我们。"

（老三石金凯话出，中文）

"大哥，妈妈去世之前说你是她最好的儿子，是我们最好的大哥，说你很不容易，叫我们理解你。有些误会就让它过去吧，你和我们一起共同生活了几十年，我们相信你不会忘记妈妈的。妈妈已经走了，你多保重身体。让我们像妈妈期待的那样，永远做好兄弟！"

（邻居庞春英话出，女，中文）

"我是他们的邻居，我叫庞春英。金峰大哥是看着我长大的。石妈妈是多好的人啊，（哽咽……）她的一生都在为别人着想，从来不考虑自己。石妈妈不仅养大了金峰大哥，还带大了他的孩子。就像刚才两个哥哥说的那样，金峰大哥，你真应该回来看看，看看石妈妈（哽咽……）这是我们大家的希望。"

（音效：长笛《送别》）

录音间现场

王：刚才我们听到的是发生在中国黑龙江省方正县的故事。现在我们回到录音间，请今天的嘉宾，原文化部副部长，现中国对外文化交流协会刘德有副会长谈谈他的感受。

刘：刚才听到了一个感人的故事，认识了一位伟大的母亲"石妈妈"。中国人有个传统美德就是"以德报怨"，方正县日本人公墓和"石妈妈"的故事正是中国这种传统美德的具体体现。我相信人做了好的事情必然会得到回报。

王：事实正是如此。这里我还要跟您和听众朋友再说一个发生在方正县的真实故事。1980年，有位偶然来中国旅行的日本友人来到了方正县日本人公墓。参观过后，他深深被中国人的胸怀所打动，决心要为中国做点自己力所能及的事情。此后，他先后7次来到方正县，自费、义务传授当地人种植高产水稻的方法。在他的帮助下，不仅方正县，黑龙江全省的水稻产量都成倍增长，这项技术日后更是传播到除台湾以外的中国的所有省和自治区。这个人叫做藤原长作。

1998年8月17日，藤原长作先生辞世。方正县政府在中日友好园林旁边为他修建了一个墓园，遵照先生死后骨灰一半留在日本一半送到中国的遗愿，藤原先生死后得以长久地守望着方正这块热土。为藤原先生设计墓碑的就是现在县政府外事办公室的王德君主任。他给我们介绍了墓碑的含义。

（王主任话出，中文）

"墓碑顶部的稻穗图案象征先生一生为之奋斗的事业。墓碑高2米72，这是先生初次到方正时第一块实验田的亩数；下部基座长87厘米，象征先生活了87岁；墓碑周围环绕的7条栏杆象征先生为了传授水稻种植技术先后7次来到方正县的经历。"

（王主任话出，中文）

"先生说过一句话我印象特别深，那就是：虽然我没参加过战争，但是我要用我的实际行动来为日本在战争中犯下的罪责赎罪。虽然我不是共产党员，我也知道加拿大有个白求恩哪。"

王：自从1963年5月方正县日本人公墓建立以来，在战争中成为牺牲品的日本开拓团平民、养育了日本残留孤儿的中国养父母以及被墓园感召为中国的水稻种植作出巨大贡献的藤原长作先生，都先后长眠于此。这些人和这些故事也许并不广为人知，但是，园中的白杨树林、丁香、樱花都可以作证，这份存在于两国普通国民之间的深厚情谊，几十年来穿越中日关系的风风雨雨从未改变。

第三部分：

录音间现场

（结束曲渐入）

王：节目的最后，我想再请今天的嘉宾，中国对外文化交流协会的刘德有副会长谈谈他的感受。

刘：刚才我又听到了一个令人动容的故事。然而，当前的问题是今后要怎么处理中日关系。我认为，最重要的还是要继续加强相互的理解，相互信任。首先，必须要加强人际往来；第二，加强文化交流。所谓文化交流实际上是心与心的交流，是在人们的心中架设理解桥梁的工程。我非常希望今后在这座心灵之桥上往来的人能越来越多。第三，要努力创造一种开诚布公的气氛，使双方成为什么都能说，而且是说真心话的朋友。中国人把这种朋友称为"净友"，希望中日两国人民成为这样的朋友。另外，还想就中日两国的未来谈谈我的看法。中日两国人民世世代代友好下去是十分重要的。为什么这么说呢，中日两国是亚洲两个非常重要的国家，这两个国家友好相处不仅符合两国的切身利益，还关系到世界的和平。因此，毋庸置疑，友好、合作、和平对中日两国来说都是必要的，相反，对立、反目、敌对是十分有害的。对于目前正处于改革开放当中的中国来说，最重要的就是社会的安定和周边环境的和平安宁。我也衷心希望我们的邻国日本能继续走战后和平发展的道路。

王：好的，感谢刘会长今天光临我们的节目并跟我们分享您的战争回忆和发生在方正县的这些动人故事。谢谢您的合作与支持！

刘：不用客气。

（结束曲）

简　评

2005 年是中国人民抗日战争暨世界反法西斯战争胜利 60 周年纪念年。

《白杨树讲述的故事》正是在这一背景下推出的特别节目。作品以中国东北一座日本人公墓背后的故事为切入点，反映了中国人民"以德报怨"的博大胸怀，以及普通日本民众对中国人民友好情谊的回报。

该节目选题独特，角度新颖。在当年众多反映抗战主题的广播作品中，可谓独辟蹊径。作品围绕中国境内唯一一座日本人公墓背后的一个又一个感人故事，表现了中国民众的善良和朴实，以及中国人优秀的民族精神对日本民众的感染。立意高远，由点到面，层层深入，引人入胜。

作品主要来自记者的实地采访，融入了丰富的现场音效，加之精心选择的背景音乐，增强了节目的可听性和感染力。

录音间主持人的对谈和穿插其间的记者采访，转切自然，形式活泼，使整个节目在声音的表达中呈现出场景的变幻。节目的表现手法新颖，尽可能地发挥了广播在声音表达方面的独特优势，达到了吸引听众的目的。

节目邀请了日本问题专家、原文化部副部长刘德有先生以嘉宾身份进行点评，更增加了节目的厚重。

从反馈情况看，节目取得了很大的成功。

聚焦中韩贸易

范韩生　包涛

聚焦中韩贸易（上集）
——异军突起
（2005 年 11 月 28 日播出）

（开始曲）

（音乐中混）

　　嘉宾甲："今年年内，中韩贸易额有望突破 1000 亿美元。"

　　嘉宾乙："两国经贸飞速发展的最重要的原因是以互补型为基础的经济利益。"

　　嘉宾丙："保守一点估计的话，在现有基础上，到 2010 年，我们的双边贸易额能达到 1500 亿至 2000 亿美元的规模。"

　　主：中国国际广播电台、韩国国际广播电台联合制作特别节目：聚焦中韩贸易。

　　包：听众朋友，大家好，欢迎收听由中国国际广播电台和韩国国际广播电台联合制作的特别节目《聚焦中韩贸易》，我是中国国际广播电台的包涛，今天我将和韩国同行金博一起，共同为您主持今天的节目。

　　金：大家好，我是韩国国际广播电台的金博，本次节目我们将分为上下两集播出，今天首先请听上集——"异军突起"。

　　包：在开始我们今天的节目之前，让我们首先来了解一组新闻。

（音响 1：快节奏音乐声中）

　　一组中韩交往的热点新闻：

　　1. 香港《大公报》消息：中国汇率改革，并未被国际间普遍关注的韩元入选中国央行的"一篮子货币",此间金融专家揭示,持续增长的中韩贸易额是韩元入选的必然结果。

2. 新华社消息:韩国电视连续剧《大长今》在中国热播后,"女人要学大长今,男人就爱大长今"成了中国社会的一句流行语。此外,《大长今》的边际效应开始扩展到人们的生活中,图书、影碟、旅游、饮食等诸方面均出现了"长今热"。

3. 韩国KBS消息:到去年为止,在中国境内的外国留学生共有来自178个国家的110844名,其中韩国留学生占了近40%,这意味着在中国,五个留学生中就有两名是韩国留学生。

金:包涛,听了以上消息,不知道你的感受是怎么样的?

包:让我想到了一首中文歌曲《牵手》,尽管这首歌讲述的是人与人之间的亲情,不过我觉得此时用来形容中韩两国之间的关系,也是很贴切的。

金:当然,我和包涛只是中韩两个国家中的普通公民,我们的看法更多地代表了老百姓眼中的中韩关系,那么专门致力于中韩两国关系的专业人士他们的看法又是怎样的呢?宁赋魁先生和金夏中先生分别担任中国驻韩国大使和韩国驻中国大使,让我们来听听他们的观点。

包:首先有请中国驻韩国大使宁赋魁先生。

(音响2:宁赋魁大使讲话)

"中韩两国自1992年建交以来,经贸合作关系全面迅猛发展,两国已互为重要的经贸伙伴,目前中国是韩国的第一大贸易伙伴、第一大出口市场、第一大海外投资对象国以及第二大进口来源;韩国则是中国第四大贸易伙伴和第三大吸引外资来源国,中韩双方在多边和区域合作方面,比如WTO、APEC、泛环渤海地区合作等领域都有良好的合作关系,两国的FTA民间研究也正在积极进行。总之,两国间的经贸合作日益密切,给两国人民带来了实际利益,有利于两国的共同繁荣与发展。"

金:接下来有请韩国驻中国大使金夏中先生:

(音响3:金夏中大使讲话,1′21″)

"13年前,韩中两国建交,之后两国关系在所有领域取得了突飞猛进的发展，比如说我们建交时不过 50 多亿美元的双边贸易额，到 2004 年已经达到 900 多亿美元，今年还将突破 1100 多亿美元，这意味着韩中两国平均每天 3 亿美元的贸易往来，目前有 420 多个航班穿梭于韩国的 6 个城市和中国的 24 个城市之间，预计今年访问中国的韩国人将超过日本游客，达到 350 多万人次，所以很多人说（韩中）两国的发展史在近代外交史中是没有先例的，2003 年 7 月，韩国总统卢武铉先生对中国进行国事访问，当时与胡锦涛主席一起把两国关系确定为全面合作伙伴关系，现在两国关系正卓有成效地朝着全面合作伙伴关系大步迈进。"

包：可以这样说，在热络的两国交往中非常亮丽的一道风景线就是中韩贸易，有这样几个数字可以作为例证：1992 年中韩两国建交时，贸易额仅为 50 亿美元，2004 年达到了 900 亿美元，增长了 17 倍，据中方统计，目前韩国已经上升为中国的第四大贸易伙伴（不算欧盟和东盟），据韩方统计，2004 年中国已经跃升为韩国的第一大贸易伙伴和出口市场，今年年内，中韩贸易额有望突破 1000 亿美元大关，提前 3 年实现两国领导人达成的在 2008 年前将中韩贸易额提高到 1000 亿美元的目标。

金：为了帮助听众朋友理解这些数字，我们再来作一个对比，中韩建交十三年来，双边贸易额年均增长 27%，同期，中国和东盟的增长率是 23%，和美国、欧盟的增长率是 21%，和日本的贸易增长率是 16%，毋庸置疑，中韩之间是最快的。

包：另外，中日两国从恢复邦交到双边贸易额超过 1000 亿美元花费了 30 年的时间，而中韩双边贸易额到达这一数字只花了 13 年的时间，这一现象在世界贸易史上都是不多见的。

金：的确，数字最有说服力，不过中韩两国经贸关系发展如此迅速的重要原因是什么呢？让我们来听听专家的分析。韩方专家、韩国忠北大学国际通商系教授朴相洙认为：

（音响 4：朴相洙，30″）

"韩中两国交易与投资不断得到扩大的背景在于两国产业结构的互补性，这是促使两国经济交流的原动力。除此以外，韩中两国的文化具有很多相同之处，这就使韩国企业较容易地进军中国市场，同时也是韩中交流日趋活跃的主要原因。"

包：中方专家、中国国务院发展研究中心对外经济研究部张小济部长总结了三点原因：

（音响5：张小济，1′21″）

"第一，中韩都是全球非常有经济活力的国家，这两个国家又是邻国，经济活力相互感染、相互促进，贸易发展特别快，投资发展也特别快。第二，中韩两国有互补性，中韩两国之间企业把这种互补性不仅发展到双方市场，而且联合起来，向第三国、全球开拓市场，把这种互补性形成一种合力，表现在第三国市场上，这样两国发展的空间就非常大，第三，中韩两国企业分享两国体制改革和市场开放的成果。这些年中国一直在实行以市场为导向的改革，特别是加入WTO后，市场更加开放，韩国在经历了亚洲金融危机后，也一直在推进改革、产业结构的调整，这种改革就会产生活力，创造了很多新的需求，克服了双方交易中的很多障碍，降低交易成本，这也是促进双方经济迅速发展的重要因素。"

（片花）

金：如果说把今天庞大的中韩贸易量比喻为滚滚江水，那么我们在寻找它的源头的时候，发现，其实它也只是涓涓细流，而且很有意思的是，由于中韩建交相对较晚，所以中韩之间初期的贸易采用的是间接贸易的方式。

（音响6：中韩贸易历史回顾，音乐声中，1′24″）

"回顾中韩贸易发展的历史，大体可以分为三个阶段，第一个阶段是从上世纪70年代末、80年代初到1992年中韩建交，第二个阶段是从中韩建交到2001年中国正式加入世贸组织，第三阶段是从中国加入世贸组织一直到现在。从70年代末开始，中韩之间通过香港、新加坡等地开始了小额的间接贸易，1988年汉城奥运会和1990年北京亚运会的召开为两国之间的经贸往来提供了弥足珍贵的契机，随着中韩之间人员往来开始增多，民间方式的直接贸易也慢慢开始有步骤地开展起来。之后，在双方商界发展经贸关系的实际要求之下，1991年中国国际商会和大韩贸易振兴公社在汉城和北京互设代表处，1992年2月和7月，中韩民间贸易协定和投资保护协定分别生效，1992年8月，中韩两国建立正式外交关系。

由此，两国在贸易、投资、劳务、技术培训等各领域的合作更加迅猛发展。"

包：听完这段介绍，我们会发现，在中韩经贸发展史上，中国国际商会和大韩贸易振兴公社在汉城，也就是现在的首尔和北京互设代表处是一个具有标志性的事情。

金：是的，那么设立代表处的目的是什么，它又起到了什么作用呢？我们采访了大韩贸易投资振兴公社上海代表处次长朴汉真和中国国际商会驻首尔代表处首任首席代表徐大有先生：

（音响 7：朴汉真和徐大有，45″）

朴汉真："进入 1980 年代以后韩中两国经贸交流开始持续增长。但是因为两国之间还没有正式建交关系。因此两国政府在 1990 年在两国首都互相设置经贸代表处。当时双方代表处的机构是：韩方是大韩贸易投资振兴公社，中方是中国贸促会。这个代表处在下一年也就是 1991 年开始正式运作。后来在 1992 年 8 月 21 日两国进入了正式建交的时代。"

徐大有："中韩之间有资料可查的交往是从 1983 年开始的，当时民间经贸关系主要是间接的，需要经过香港等地，间接贸易带来很多问题，对于双方企业界来说，都有进行直接经贸往来的要求，希望有一个渠道来推进双边企业界的了解、沟通，促进双边的投资合作。另一方面，在宏观环境下，随着中国对外开放的深入扩大，也提出了类似的问题，不仅要对建交国家开放，也要与还未建的国家进行民间往来，这样就为我们双方之间建立一种形式，比如民间机构的设立提供了可能性。"

包：经过前后四次谈判，1991 年，大韩贸易振兴公社驻北京办事处和中国国际商会驻首尔代表处先后正式成立，徐大有先生被任命为中国国际商会驻首尔办事处首任首席代表。

金：徐先生说，代表处成立以后，主要为双方企业界的了解、推动企业之间的直接贸易、寻找企业之间合作方面提供了很多便利与资讯，代表处成为中韩企业间开展直接贸易的一座桥梁。

包：其中一个最有说服力的数据就是代表处成立以后，从 1990 年到 1991 年，一年间两国人员往来增加了 53.9%，双边贸易额增加了 68.7%，其中直接贸易额所占比例超过一半以上。徐先生说：

（音响8：徐大有，24″）

"当时我和大韩贸易振兴公社驻北京代表处负责人会晤的时候，曾经提到，代表处的主要作用就是推动中韩直接贸易，能不能在我们的任期内让中韩直接贸易额达到50亿美元呢？现在看来，这个目标实现了。"

（积极向上的氛围）

（音乐中混）

包：如果说时任中国国际商会驻首尔代表处首任首席代表的徐大有先生在韩国工作期间经历的是中韩经贸发展从无到有的萌芽阶段的话，那么之后的两个阶段则被相关人士评价为加速期和飞跃期。中国国际贸易促进会韩国主管韩利先生告诉我们：

（音响9：韩利，1′30″）

"第二阶段从1992年建交到2001年中国加入WTO，可以说这是中韩贸易发展的一个加速期，这十年间的双边贸易额年均增长率达到近30%，第三阶段从2001年中国加入世界贸易组织到现在。这一阶段中韩双方不仅在双边贸易的数量上保持了一个飞快发展的速度，而且在经济合作的质上有了飞跃的发展，主要表现为三方面：双边贸易额不断增加，韩国对华投资方向也在转变，这也说明，韩国企业已慢慢融入中国经济发展的脉搏中，另一方面，开始有中国企业到韩国去投资、去收购韩国企业，我认为，这一时期可以说是中韩经贸发展的飞跃期。"

包：其实无论是萌芽阶段还是加速期、飞跃期，中韩经贸发展的一个最重要成果就是成就了一批成功的中资和韩资企业。

金：对，从它们的成长过程中，我们也可以触摸到中韩经贸发展的强劲脉搏。

（音响10：韩国产品广告，15″）

金：因为不是家电或日常用品，所以韩国大宇重工烟台有限公司的名字在中国消费者听来不像LG或三星那样熟悉，但作为中韩两国工程机械领域的领军企业，大宇重工的产品在业内是人所皆知的著名品牌。

包：谈到当初为什么选择到中国来发展，1992 年中韩建交以后，就立即前往中国并考察了广州、上海、北京、哈尔滨等很多地方的大宇重工总经理蔡奎全先生介绍说：

（音响 11：蔡奎全，56″）

"那个时候，我感觉中国市场空间很大，发展潜力也很大。我还感到惊奇的是，我们在学校学习的时候，知道中国是一个红色的共产主义国家，我很害怕，担心去中国会有很多麻烦发生。但是到了中国以后，知道中国也有很多灵活性，在某些方面比韩国还显示出市场经济的影响，发展空间很大。"

金：看重中国市场发展潜力的大宇重工于 1994 年 10 月落户中国烟台经济技术开发区，自 2000 年开始，连续三年占据中国挖掘机市场份额第一位，产品除在中国、韩国销售外，还出口到欧美市场，蔡先生也因在海外产业发展方面的突出业绩获得时任韩国总统金大中先生亲自颁发的"铜塔产业勋章"。

包：就在今年 7 月，韩国著名财团斗山集团正式公开接手大宇重工，并把大宇重工改名为斗山工程机械（中国）有限公司，依然担任总经理一职的蔡奎全先生表示，此次集团并购和公司更名为企业发展增添了新的动力，公司预计到 2015 年，将实现在挖掘机市场上进入全球前五名的目标。

金：与蔡奎全先生领导的韩国斗山工程机械（中国）有限公司相似，名列中国信息产业部电子信息百强企业排名第二位的中国京东方科技集团也是与韩国企业合作较早的中国企业之一。

包：对，早在中韩建交初期，京东方就与韩国企业进行贸易往来，不过，2003 年 1 月京东方科技集团通过收购韩国 HYNITX 半导体的 TFT－LCD 业务，投资设立集团的韩国子公司 BOE HYDIS，成为当时中国业界的一条轰动新闻，因为它意味着中国企业开始有实力投资韩国。京东方科技集团助理总裁赵铮骁先生介绍说：

（音响 12：赵铮骁，43″）

"京东方集团通过收购成立 BOE HYDIS，是中国的资本与韩国的技术相结合的典范，达到了双赢的效果，京东方集团得以在短时间内进入 LCD 产业。随着集团在 TFT－LCD 领域持续扩大的投资，与韩国企业间的贸易规模日益增长，例如，随着北京的 5 代线的启动，京东方集团在从韩国的 100 家 LCD 设备厂商、零部件厂商共采购了 5.5 亿美元的设备与原材料。在此过程中，我们还为韩国的中小企业联系中国的投资者为其解决资金困难的问题，这些都加速了韩国零部件厂商进入中国寻求发展的进程。"

包： 中国有一句俗话叫 "窥一斑而知全貌"，通过斗山工程机械（中国）有限公司总经理蔡奎全先生和京东方科技集团助理总裁赵铮骁先生的讲述我们可以感受到，无论是 1994 年登录中国的大宇重工、还是 2003 年收购韩国企业的京东方科技集团，其实正应和了中韩贸易发展的节奏与脉搏。

金： 是的，中国商务部亚洲司司长吕克俭先生这样评价中韩经贸关系：

（音响 13：吕克俭，31″）

"建交 13 年来，两国经贸发展迅速，经贸合作关系日益紧密，两国互为重要经贸合作伙伴的关系不断得到巩固和发展，中韩两国对对方的贸易依存度大大加大，已形成你中有我、我中有你的贸易格局。"

（充满人间温情音乐中混）

包： 我们手头有这样一组数据，截至 2004 年为止，在韩国 2250 万就业人口中有 6.5% 约 150 万人从事的是对华出口业务，包括家庭成员在内，约有三四百万人的生活与中国经济有关。目前在中国居住的韩国人已有 30 万，预计，到 2010 年在中国居住的韩国人口将达到 100 万。

金： 在北京东北部的望京社区，就居住着很多到中国工作的韩国人，因此那里的韩国商品店也就特别多。今年 36 岁的洪淳植先生经营着一家食品公司，专门销售进口的韩国食品。虽然公司成立时间并不长，但洪淳植的生意可是越做越红火。

（音响 14：洪讲话，17″）

"我们（公司）主要经销韩国食品，成立也就是三年多吧，发展挺好的。以前（我经营的）是一个非常小的店，也就是三四十平（米）那么大。现在

（我们公司）有5家分店，（仅这些店的）房租（一年）就要几十万块钱（人民币）。"

包：洪淳植告诉我们，不仅周围的韩国人喜欢到他的店里来买东西，现在随着中国"韩流"的升温，到他店里采购韩国食品的中国人也多了起来。

（音响15：中国普通消费者，16″）

"我很喜欢吃韩国的东西，平时也会到韩国人开的食品店去买一些泡菜、酱料等等，我还特别喜欢到韩国的餐厅去吃饭，我觉得这些东西很好吃，而且就餐环境很舒服，服务也很优雅。"

金：与中国人对韩国产品的喜爱相对应，韩国市场上也到处可见 MADE IN CHINA 标志的商品。在韩国一家媒体工作的朴英娥小姐告诉我们：

（音响16：朴小姐，31″7）

"在韩国，接触到的中国东西挺多的，比如说小孩子的玩具、衣服等等，以前中国的东西虽然价格便宜，但是质量没有韩国产品好，但是现在中国产品质量也好，价格也便宜，所以韩国人很喜欢中国的东西，连电脑零部件等高科技产品也挺多的。"

包：韩国市场上物美价廉的中国产品让韩国普通百姓得到实惠的同时，也让在韩国长期工作的中国人有了更熟悉的"家"的感觉，不过，一不留神，也会闹点小笑话。常驻韩国的上海航空公司驻首尔办事处总经理成军介绍了他的一段亲身经历：

（音响17：成军，40″）

"我不来韩国真的不知道，现在的中国产品可以说充斥了韩国的各个领域。你可以随便到大的超市、东大门市场、南大门市场，到处都是中国的产品。说一件非常好笑的事情。我在韩国看到几个非常精致的包，我认为，我到韩国来以后，应该给我爱人带点这样的礼品回去。我当时买的时候根本就没有注意，我回去之后送给了我的爱人。等我再回到首尔，又一次打电话回家，我爱人告诉我，这个包是中国产的。"

（结束氛围）

包：尽管会有笑话产生，但毫无疑问，两国迅猛发展的经贸关系在为两国GDP作出贡献的同时，也为两国人民带来了非常具体的生活上的便利与好处。

金：是的。回顾中韩经贸发展的历程与特点，我们不难得出"异军突起"这样一个结论，但是随着国际环境的不断变化，中韩经贸发展还能延续以前的高速度吗？中国国务院发展研究中心对外经济研究部张小济部长作出这样的回答：

（音响18：张小济，1′14″）

"我认为会的，因为中韩两国双方市场的互补性依然很强，韩国在技术、资金密集型企业方面的优势依然存在，而中国在劳动密集型、资源密集型产业方面对韩国来说也有明显优势，这方面还有很大的发展空间。同时，最重要的是中韩两国通过投资、合作在国际市场上的发展空间更大，因此我认为双边贸易的高速度依然会保持一段时间，中韩贸易的前景我们作了一些预测，保守一点估计的话，在现有基础上，到2010年，我们的双边贸易额能达到1500亿至2000亿美元的规模。"

（音乐中混）

包：专家作出的预测无疑有着巨大的诱惑力，但要达到这样一个目标需要中韩双方共同的努力，因为中韩13年来的经贸发展并非一帆风顺，也曾有过曲折、有过纷争，毋庸置疑，解决好这些问题是中韩经贸发展继续高速行进的前提。

金：是这样，那么，中韩经贸发展过程中曾经出现了哪些纷争、给了我们什么样的启示、还有哪些有待解决的问题呢？在明天《聚焦中韩贸易》的第二集《柳暗花明》中，我们将继续探讨。

包：听众朋友，中国国际广播电台和韩国国际广播电台从2001年开始每年都联合制作特别节目，今年已经是第五次合作，我们今年的节目主题是《聚焦中韩贸易》。到这里，今天的上集部分"异军突起"就全部结束了。

金：主持人金博、包涛代表节目导播宋银淑，节目监制白升烨、范韩生感谢各位的收听，我们相约明天同一时间再会。

包：再会。

聚焦韩中贸易（下集）
——柳暗花明
（2005 年 11 月 29 日播出）

（开始曲）

（音乐中混）

嘉宾甲："今年年内，中韩贸易额有望突破 1000 亿美元。"

嘉宾乙："两国经贸合作飞速发展的最重要的原因是以互补型为基础的经济利益。"

嘉宾丙："保守一点估计的话，在现有基础上，到 2010 年，我们的双边贸易额能达到 1500 亿至 2000 亿美元的规模。"

主：中国国际广播电台、韩国国际广播电台联合制作特别节目：《聚焦韩中贸易》。

金：听众朋友，大家好，您现在收听的是韩国国际广播电台与中国国际广播电台联合制作的特别节目《聚焦韩中贸易》，我是韩国国际广播电台的金博。

包：大家好，我是中国国际广播电台的包涛，本次节目分为上下两集播出，在上集《聚焦中韩贸易——异军突起》节目中，我们为您介绍了韩中两国在经贸合作方面的快速发展和重大成果，并且预计，到 2010 年，双边贸易额能够达到 1500 亿至 2000 亿美元规模。可见，韩中两国经贸合作方兴未艾，还有着相当大的发展余地和驰骋空间。

金：我们在今天《聚焦韩中贸易——柳暗花明》节目里，将为您介绍韩中经贸发展过程中出现了哪些纷争、给了我们什么样的启示、还有哪些有待解决的问题。好，听众朋友，在今天的节目开始之前，让我们首先来了解一组新闻。

（音乐中混）

1. 韩国主要媒体大量报道了中国泡菜铅含量严重超标的新闻，引起韩国人对中国产泡菜的恐慌。泡菜销量明显下降。

2. 中国有关方面也检测出韩方生产的食品中含有寄生虫卵。中国出入境检验检疫机构近期从韩国生产的 10 种泡菜产品中检出寄生虫卵，中国国家质检总局就此发布公告，当日起停止相关产品的进口入境。

　　3. 韩国外交通商部长官潘基文就愈演愈烈的"中国泡菜风波"正式表示，韩国对进口泡菜的问题感到忧虑，但不能让泡菜问题影响中韩关系的大局。

　　4. 中国驻韩国大使宁赋魁指出，中国政府认为，不应因为个别企业的产品存在问题，就认为所有产品都有问题。他表示，韩中两国政府应携手合作，防止泡菜问题演变成大问题。

金：十多年来，韩中两国经贸合作达到了飞快的增长，在快速增长之下，难免有纷争和摩擦。这就好像无论多么要好的朋友，有时候也会意见不合，兄弟之间也有吵嘴的时候。

包：是的。韩中两国不仅最近发生了泡菜寄生虫卵的问题，在 2000 年也曾有过大蒜纠纷。回顾一下当时发生纠纷的原因以及问题是如何妥善解决的，我想，对于促进韩中贸易的良性发展是有裨益的。那么，当时两国为什么会出现大蒜纠纷呢？有关这个问题，我们听一下专家的解释。中国国际贸易促进会韩国主管韩利介绍说：

（音响 1：韩利）

"由于中韩是近邻，我们在饮食习惯、气候、农业生产条件方面非常相似，农产品种类和质量差距也不大，但是中国农产品成本非常低，大部分产品的价格只相当于韩国产品的 20% 至 30%，所以开展农产品贸易，中国产品的比较优势很明显，不仅大蒜贸易会出现这种问题，以后随着中韩两国农产品贸易的扩大，中国农产品对韩国农业某些部门产生冲击是不可避免的。"

金：三星经济研究院首席研究员郑常恩介绍说：

（音响 2：郑常恩）

"由于中国出口韩国大蒜激增，使韩国大蒜批发价格暴跌，对韩国农村百姓家庭造成损害，所以 2000 年 3 月韩国政府宣布将对进口大蒜的关税由 30% 提高到 315%。对此，接受中国政府的要求，韩中两国分别于 4 月和 5 月在北京与首尔举行'韩中大蒜谈判',但是其谈判都破裂。2000 年 6 月 1 日,韩国全面实施保护性关税措施。对此,中国采取报复行动,于 6 月 7 日宣布暂停进口韩国手机。韩中两国经过多次磋商,7 月 15 日,双方终于达成了协议。按照协议,中国每年向韩国出口一定数量的大蒜,其进口税为 30％,并解除对韩国手机的进口禁令。"

　　金:正如专家所言,在紧密的经贸联系中,韩中两国发生贸易摩擦是在所难免的,但重要的是我们如何解决。

　　包:韩中就大蒜贸易问题进行谈判,总算圆满地达成了协议。任何事情,只要双方能退让一步,为对方着想,没有什么事情是不能解决的。

　　金:对!我们在上集节目中也曾说过,韩中经贸关系飞速发展的根本原因是两国产业结构的互补,从整个经济来说,好的方面要大于负面影响。那么,应该如何来预防两国发生贸易纠纷呢?我们听听韩中两位专家的意见吧!他们是韩国三星经济研究院首席研究员郑常恩和中国国务院发展研究中心对外经济研究部部长张小济:

　　(音响 3:郑常恩)

　　"韩中两国之间发生的大蒜纠纷是韩中建交以来最大的贸易纠纷。此次贸易摩擦产生了因韩中贸易暂停而引起的金钱方面的损失,但是,更大的损失是此次事件严重破坏了两国之间的信赖关系。双方应建立一套有效的相互沟通机制,不是情绪应对而是积极依法应对贸易摩擦,以便防止类似事件再次发生。但更为重要的是,两国之间要建立相互信赖的合作关系。"

　　(音响 4:张小济)

　　"大蒜风波在中韩贸易之间算一件大事,但在中国与其他国家的贸易中并不算大事,这只是经贸合作主旋律中的插曲,而且这些问题我们能迅速地解决,这也增加了我们双边合作的信心,有问题我们能很快解决。我想,企业之间的矛盾,应该遵循 WTO 规则和本国的法律来解决,双边政府也应该通过对话交流、沟通信息来尽可能避免类似案件的发生,需要考虑一个双赢的局面。"

　　(音乐混入:紧张氛围)

　　包:除了大蒜等农产品引起了贸易摩擦之外,在经贸合作方面,两国企业也曾有过一些不成功的例子。

金：没错。就以韩国企业来说，这些年来，韩国企业纷纷前往中国投资，但是并非所有进军中国的企业，都能如愿以偿地在中国立足，很多企业对中国投资尝到了失败的苦果。那么，为何有些企业会遭到失败，其原因何在？怎样才能获得成功呢？我们采访了韩国中小企业振兴工团国际合作部科长金相佑先生：

（音响5：金相佑）

"中国是韩国最大的投资对象国，韩国对中国的贸易也是顺差。虽然如此，但是据调查，在进军中国的韩国企业当中，经营失败的不在少数。主要是由于在技术方面不如外国企业，在价格方面，不如中国当地企业。并且，很多韩国企业是在未做好事先准备的情况下，贸然前往中国投资，难以适应中国当地的文化。因此，只是为了人工便宜和节省费用而前往中国投资是不会成功的，必须靠技术，以先进的技术为基础才能成功。在前往中国投资以前，应该和专门机构一起研讨中国市场，并且学习中国语、了解当地的文化，这是事业成功的捷径。"

金：除了上述问题之外，韩中贸易的不均衡也是一大问题。在韩中经贸交流中，中国对韩贸易出现逆差问题一直没有获得有效解决。

包：是的，2004年中国对韩贸易出现了344亿美元的逆差。从双边经贸长远和谐发展考虑，两国应该改善这一问题。

金：那么，如何看待韩中之间的贸易不均衡现象，在维持两国贸易平衡方面，有什么对策方案呢？我们就请韩中两国的专家来谈谈这个问题，我们请到了韩国驻华大使馆经济公使申凤吉和中国国务院发展研究中心对外经济研究部部长张小济：

（音响6：申凤吉）

"贸易不均衡的原因，主要是由于两国的产业结构有差异，并且进军中国的韩国企业，从韩国大量进口原材料，从而造成了贸易的不均衡。关于这一点，进军中国的韩国企业，应该考虑到是否对中国的出口贸易有帮助，是否能为中国人提供就业机会等等，韩国企业首先应该想到对中国作出贡献。目前，我们韩国政府也认为应该推动两国贸易的均衡发展，并为增加中国产品的进口作出努力。"

（音响 7：张小济）

"如果按国家来排，韩国是对中国贸易顺差最大的国家，同时韩国对中国的投资远远超过中国对韩国的投资，这是一边倒的情况。这两个不平衡是全球化背景下国与国之间经常发生的情况，比如说中国对美国、欧盟有大量的贸易顺差，同时对韩国有大量的贸易逆差，而且中国对其他地区投资会多一些，比如东南亚等，所以在国际上投资与贸易不平衡是一个普遍现象，都应该放在全球范围内来考虑，而不能单纯考虑双边的问题。"

金：虽然两国存在着贸易不均衡现象，但是两国交易量仍然保持着 27%的增长。而且两国在均衡扩大双边贸易交流方面正作出不断的努力。

包：事实上，为了两国贸易的均衡发展，韩国方面也作出了积极努力，韩国进口业协会组团前往中国采购就是个最好的例子，我们听听韩国进口业协会国际通商组次长姜成勋的介绍吧！

（音响 8：姜成勋）

"为了寻求韩中两国贸易的均衡，韩国进口业协会一年一次或两次派遣采购使节团前往中国，每次都到中国各地的三四个城市去访问，在当地采购和举行洽谈会。我们每年还举行进口产品展示会，中国商务部为了增加对韩国的出口，每年都派代表团前来参加。我们举办进口产品展示会是为了介绍中国产品，向韩国消费者和进口商提供更多的信息。此外，中国各地代表团前来韩国的时候，到我们协会来访问，我们会为他们安排和国内进口商进行洽谈。"

（音乐混入：转换气氛）

金：回顾以往韩中经贸发展，我们会发现在传统制造业产品和农副产品等进出口领域出现一边倒现象，而且制造业所占比例较大，为了摆脱这种一边倒现象，将产品交流领域扩大到其他领域已经刻不容缓。

包：是的。其实随着两国经贸合作的进一步深入，两国还有非常广阔的合作领域。据报道，目前两国正在推动十个领域的合作，包括下一代 IT 及 BT、NT 等未来尖端技术，电力事业、资源开发、高速铁路、环保事业、金融、流通、支持北京奥运会以及中国西部大开发等等。

金：从两国经济互补性、邻近的地理位置、相似的文化以及频繁的人际交流等方面来看，两国还存在着巨大合作潜力。在各自充分发挥自己优势以后，两国在具体交流方面将会获得更大的成效。

包：接下来，我们请中国商务部亚洲司司长吕克俭和韩国驻华大使馆经济公使申凤吉谈谈这些问题吧！

（音响9：吕克俭）

"2005年中国进入加入WTO的后过渡期，后过渡期的主要标志之一就是服务业的进一步开放，如服务贸易中银行、保险、证券、分销等所享受的过渡期将逐步结束，除少数部门外，大部分部门将取消限制，允许外商独资或控股，贸易权的放开。随着中国进一步放开服务业，韩国服务业企业在中国大有发展空间。"

（音响10：申凤吉）

"韩国有韩流，中国也有汉风，中国的汉风将对增进两国国民之间感情上的交流大有裨益。现在虽然韩流强劲，但是相信在不久的将来，中国的汉风将席卷韩国及所有的周边国家。问题是，迄今韩国企业对中国投资的很多，而中国企业对韩国投资较少，我们希望中国在'走出去'的政策下，更多的企业能够前来韩国投资。据统计，截至9月底，韩国对中国的投资共为300亿美元，而中国对韩投资还不到20亿美元，两国相差悬殊。此外，韩中两国为了推动贸易和投资的全面发展，今后需要以向前看的态度来研讨签署自由贸易协定的问题。"

（片花）

金：除了上述的问题之外，两国政府还有必要在法律上采取有关措施，保护和鼓励企业进一步加强经贸交流。在政府的合作和努力下，两国经贸合作才能走上正常轨道。

包：对！我认为两国政府必须建立健全法律制度，比如修改投资保障协定等，构筑完善的制度体系。

金：在这一问题上，韩中两国在今年10月20、21日在首尔召开的务实性会谈中，就修改1992年签署的投资保障协定原则上达成了一致意见，实在令人感到欣慰。

包：那么，为什么要修改投资保障协定呢？我们听听中韩两位专家的意

见吧！中方专家、中国社会科学院亚洲太平洋研究所所长张蕴岭介绍说，

（音响11：张蕴岭）

"1992年刚刚建交时，（投资保障协定）是为了推动投资等比较初步的东西，1992年之后，情况发生了很大变化，出现了很多新情况，涉及到资本的管理、知识产权的保护、投资的部门、国民待遇等问题，所以修改投资保障协定的需求是共同的，通过签订这个协议，能够更好地处理这些新的问题，更重要的是为今后长期经贸关系的发展奠定一个稳定的基础。"

金：韩方专家、韩国三星经济研究院首席研究员郑常恩介绍说：

（音响12：郑常恩）

"韩国和中国的经济交流有关协议和制度的发展却停滞不前，赶不上两国之间经济交流的发展，已经成为制约两国经济交流进一步扩大的不利因素。投资协定中保证企业开展商业活动的自由权，其所覆盖的范围比投资保障协定所涉及的范围还要广。要签订投资协定来放宽制约对华投资的各种限制，进一步扩大韩国企业对华投资是对韩中两国来说是非常鼓舞的。由于韩中两国之间的经济交流规模已经得到了扩大，这一趋势可能会持续下去，因此，韩中两国应该采取措施，建立有效机制，进一步加强经济合作。"

金：我们从前面的介绍中可以看出，虽然还有许多问题有待解决，但是韩中两国经贸交流出现了前所未有的飞速增长。令人感到欣慰的是，两国在发展经贸交流关系方面并没有出现重大的原则问题。

包：但是不可否认的是，两国企业在进军对方市场的过程中也会遇到许多意想不到的困难。那么，为解决这些问题，双方政府应该做哪方面的努力呢？韩国忠北大学国际通商系教授朴相洙的看法是这样的，

（音响13：朴相洙）

"为了预防两国发生贸易纠纷，最重要的是建立完善的解决纷争的体系。最近韩国产业资源部在韩中经贸共同研究中提出了几个方案，首先，为了减少贸易摩擦，应该对发生贸易纠纷的原因及经过情况进行共同研究和调查，并且对两国的贸易措施和有关制度交换信息，（今年）10月24日

和 25 日举行的韩中贸易结构合作会议就是个很好的例子。此外，为了增进两国的贸易来往，需要为消除两国的贸易障碍作出努力，对此，两国需要在批准、认证和检疫等方面加强合作，并且在提高法规和政策的透明度方面作出努力。"

（音乐混入：明亮气氛）

金：考虑到两国贸易和投资扩大的趋势、产业互补性等，两国加强双边友好合作关系是理所当然和不容置疑的。然而，我认为，光是加强两国间的合作关系还不够，必需以此为基础，进一步迈向世界。

包：我也有同感，韩中两国经贸关系不全是相互竞争的关系，而是通过相互合作，把蛋糕做得更大，并朝着机制健全的方面发展。

金：没错，那么两国在经济合作关系发展领域应该谋求何种方案呢？我们听一下中国社会科学院亚洲太平洋研究所所长张蕴岭的介绍吧！

（音响 14：张蕴岭）

"中韩之间不是简单的贸易，而是经济发展的区域的融合，中韩关系也不仅仅是双边的，而是一个大的地区、东北亚、乃至东亚地区，所以中韩之间产业结构的联系还会扩大到整个东亚地区，如今东亚地区也在进行十加三的合作，所以我们应该扩展这样一个合作的基础。"

金：的确，韩中两国的发展空间是不可限量的！应该挖掘东北亚地区的成长潜力，面向未来，从长计议，签订自由贸易协定，乃至进一步发展到成立东北亚经济合作区。

包：是的，地区合作和全球化是当今世界经济发展的两个主要因素。例如：欧盟加深地区统合、美洲国家正在促进签署自由贸易协定的工作等等，可以看出，世界各国签署的地区贸易协定也在不断增加。

金：因此从长远来看，韩中两国必须签署自由贸易协定，甚至成立东北亚经济合作区。韩中两国通过建立自由贸易协定民间共同研究机构等，对双边自由贸易协定的具体内容进行探讨。

包：对这一问题，我们来听听三星经济研究院首席研究员郑常恩的意见。

（音响 15：郑常恩）

"要得到两国之间经济合作的健康发展，必须签订韩中自由贸易协定。

很多韩国人认为，韩中自由贸易协定比韩日自由贸易协定应该更早一点签订。韩中自由贸易协定的签订将会给韩国带来比韩日自由贸易协定更大的有利影响。中国也对韩中自由贸易协定的签订持积极的态度。因为韩中自由贸易协定可能推动区内贸易的发展，就能够有效地应对区域化进一步加强所导致的对欧美出口减少。韩中两国企业家对建立东北亚自由贸易区寄予浓厚的期望。虽然包括农业和服务业在内的领域仍然存在很多问题和矛盾，需要较长时间才能建立韩中自由贸易区，但是我相信能得到具体的成果。"

（音乐中混）

金：如今，根据 2003 年 7 月两国领导人达成的共识，中韩双方开展了双边经贸合作发展规划的联合研究，日前已完成了研究报告，提出了中韩经贸合作关系的中长期目标。

包：长期目标就是双方经贸界人士所期待的推进经济一体化，实现东北亚和东亚区域的共同繁荣。从中，我们可以看到中韩两国之间经贸交流的美好未来。对此，韩国驻华大使金夏中先生和中国驻韩大使宁赋魁先生也谈出了他们的看法：

（音响 16：金夏中）

"中国拥有巨大的市场、众多的优秀人才、基础雄厚的科学技术，韩国拥有丰富的发展经验、资本、科学管理和生产技术，两国相辅相成，又是互补，（在我们共同的）积极推动下，肯定能为两国经济发展带来双赢的局面。无论是中韩之间以互补型为基础的经济利益还是以韩流、汉风为代表的文化上的交流或者是以传统文化为基础的亲切感都促成了两国之间的零距离交流。过去 13 年来，在以上众多因素的共同作用下，两国关系取得了令人瞩目的发展，我相信，今后两国关系还将更上一层楼。"

（音响 17：宁赋魁）

"中国国家主席胡锦涛不久前对韩国进行国事访问的时候，与卢武铉总统就进一步扩大双边经贸合作、实现互利共赢再次达成重要共识，双方高度评价两国联合研究小组根据 2003 年两国元首的共识完成的《中韩经贸合作中长期发展规划联合研究报告》，认为这个报告应该成为今后两国扩大贸易、投资等中长期经贸合作的重要指针，双方还同意积极努力推动两国贸易在发展中逐步实现平稳。胡主席这次访韩期间，韩方还宣布承认中国的市场经济地位，这是韩方的一项重大和正确决定，中方对此表示赞赏，并相信韩国承认中国的完全市场经济地位将为两国经贸合作创造更加良好的环境，有利促进双边经贸关系的全面发展，并推动两国2012年贸易总额达到2000亿美元的宏伟目标能够尽早实现。"

（音乐中混：结束气氛）

金：听众朋友，以上您收听到的是韩国国际广播电台与中国国际广播电台联合制作的特别节目《聚焦韩中贸易》。

包：本次节目分为上下两集播出，在上集《聚焦中韩贸易——异军突起》节目中，我们为您介绍了韩中两国在经贸合作方面的快速发展和重大成果。在今天下集《柳暗花明》节目里，为您介绍了韩中经贸发展过程中出现的纷争和由此给我们带来的启示。

金：好！听众朋友，韩国国际广播电台与中国国际广播电台联合制作的特别节目《聚焦韩中贸易》上下两集全部播送完了。

包：主持人金博、包涛代表节目导播宋银淑、监制白升烨、范韩生感谢您的收听！

金、包：再会！

简　评

中国国际广播电台华语台与韩国国际广播电台共同策划、采访、制作的专题节目《聚焦中韩贸易》是一个策划精心、制作精良、播出效果好的优秀作品。

节目以中韩近年来贸易往来为主线，通过对各方面人士的采访，介绍了中韩贸易交往中取得的成果和遇到的困难。节目客观地反映了中韩贸易的发展状况，不回避分歧与差异，真实可信。节目进行了大量的采访，既有双方的大使、经贸官员、商界精英、专家学者，也有普通的消费者。不仅具有权威性，而且体现了客观性。

节目运用了大量的音响效果，且制作精良，较好地突出了广播节目的特点，具有很强的可听性。

节目的结构严谨，内容广泛而深入，叙述十分流畅。

此外，该节目由中韩双方共同采制，更增加了节目的厚重，是一次成功的合作尝试。

从听众的积极反馈看，效果是不错的。

太空奇遇话神州

——国际台俄语广播2006新年特别节目

（2005年12月31日播出）

范冰冰　金钟　刘玉明　王德禄　苏怡　尼古拉

（背景音乐起）

画外音： 亲爱的听众朋友们，大家新年好！在新的一年到来之际，我们邀请大家和我们一起共同进行一次太空旅游。此次太空之旅的机组成员由一位来自俄罗斯的圣诞老人和一位来自中国的月亮女神——嫦娥姑娘组成。故事就在"神舟号"飞船的轨道舱内展开。

（背景音乐结束）

圣诞老人： 啊，好冷呀！如此美的景色和天气都是特意为我准备的吧?! 一切准备就绪，该上路了。全世界的大人小孩儿都等着我呢。噢！带上我的魔杖、礼物袋子……穿上我的大红袍。

（音响1：出飞船启动的声音）

圣诞老人： 什么声音？是谁在那儿？

（音响2：出飞船开舱门声）

圣诞老人： 啊？这难道是给我的新年礼物吗？真是太漂亮了！

嫦娥： 亲爱的圣诞爷爷，您好啊！我是中国的玉帝派来的，我叫嫦娥，是中国传说中的月亮女神。我将陪您一起完成这次新年之旅。

圣诞老人： 这真是妙极了！一位这么漂亮的中国姑娘从天而降！现在我们的"神舟"号机组已经满员了。由谁来驾驶飞船呢？有这只麋鹿跟着我，还真是有点儿不太方便……

嫦娥： 那好吧，圣诞爷爷，就由我来驾驶吧。您知道吗？我的"神舟"系列飞船驾照可是中国的加加林——杨利伟亲自为我颁发的！

圣诞老人：真的吗？那你一定是个不错的宇航员！那我们就抓紧上路吧。

嫦娥：好嘞！圣诞爷爷，您可千万别忘了系好安全带，我们这可是星际旅游，一定得注意安全。

圣诞老人：哎呀，真是太惨了！全身都是安全带。

（音响3：出飞船行进的声音）

嫦娥：圣诞爷爷，您快看！我们前方好像有一处光亮。

圣诞老人：是吗？让我看看。噢！这亮光说不定是外星人在向我们问好呢！

嫦娥：什么呀！圣诞爷爷，您弄错了。这不是中国的"神舟六号"宇宙飞船吗?!

圣诞老人：是吗？那我倒有个建议：咱们和"神舟六号"对接，正好给中国的宇航员送上我们的新年礼物。

嫦娥：好的！我们现在就来启动飞船的对接程序！

（音响4：出飞船飞行声和操纵机器声）

嫦娥：圣诞爷爷，在我们和中国宇航员见面前，您还是先打开咱们的超级计算机吧！要先输入网址 www. cri. cn，再进入俄文界面，那样我们就能了解到"神舟六号"的全部飞行状态了。

圣诞老人：好的。现在网页已经打开。真是太有意思了！

嫦娥：您看到了什么，圣诞爷爷？快给我说说！

圣诞老人：还是别听我给你说了。你直接听中国国际广播电台的声音吧。难道你不知道，他们现在正在进行网上直播呢？只要我们选择在线收听，马上就可以听到与"神六"有关的情况介绍。

（音响5：出俄语现场直播声）

"10月12日北京时间九点整，从酒泉卫星发射中心将发射中国第二艘载人航天宇宙飞船。我们正在北京航天飞行控制中心做现场直播。"

（音响6：倒数计数，飞船发射声音）

"5，4，3，2，1，点火！发射！"

嫦娥：圣诞爷爷，我们已经与"神舟六号"成功对接了。让我们现在就去拜访中国航天员费俊龙和聂海胜吧。快看！他们正在和地面通话呢。

（音响7：出聂海胜与地面通话音响）

"太空的生活是美妙的。我们可以从太空俯瞰美丽的家园，可以拍摄我们的太空生活，还可以听听音乐。此时此刻，我们最想对自己亲人说：'请你们放心，我们一定会为你们争气，为祖国争气！'"

（音响8：出俄罗斯歌手柳德米拉·泽金娜歌颂航天员的歌曲）

圣诞老人：让我们把这首歌献给世界上所有的宇航员吧。感谢他们为人类探索太空所作出的巨大贡献。

嫦娥：快来看，圣诞爷爷！从太空看，地球真是太漂亮了。它就像一个巨大的蓝色气球一样。

圣诞老人：你说得太对了。我们的地球看上去是那么的漂亮，但在无边无际的浩瀚宇宙当中，它好像又让人觉得是那样的孤独和无助。

嫦娥：不，我们全世界的人民都会共同来保护它。正像60年前那样，全世界爱好和平的人民共同粉碎了德国法西斯和日本军国主义。

圣诞老人：你说得太对了。2005年全世界人民共同庆祝了反法西斯战争胜利60周年。

嫦娥：是啊，整个世界都庆祝了这一胜利。5月9日这一天，来自世界50多个国家和地区的领导人汇聚莫斯科，参加了宏大的庆典仪式。中国国家主席胡锦涛也出席了这次盛会。

圣诞老人：胡锦涛主席还在莫斯科会见了曾经参加过中国抗战的俄罗斯老兵们，并为他们颁发了勋章。

嫦娥：中国也举行了隆重的纪念活动。在中国大地上，伟大的抗日战争从1937年到1945年共持续了8年，中国人民最终取得了伟大的胜利。

圣诞老人：9月3日中国国家主席胡锦涛在会见二战老兵的时候说：

（音响9：胡锦涛讲话音响）

"我们隆重纪念那一场伟大事件，就是为了不忘历史，珍惜和平，共同创造美好的未来"。

嫦娥：圣诞爷爷，你知道吗？中国政府还邀请了一批曾经在中国参加过抗战的原苏联老兵来到北京，与60多年前曾并肩战斗过的中国的老兵们欢聚一堂。让我们感到自豪的是，这批老兵当中还有我们中国国际广播电台的忠实听众呢！

圣诞老人：这是真的吗？那你快告诉我，他叫什么名字？

嫦娥：他就是弗拉季米尔·波利卡尔波夫。你知道吗？他现在已经是我们中国国际广播电台的名人了。60 多年前，弗拉季米尔·波利卡尔波夫曾在中国的满洲里参加了对日作战。他说，从那时开始，他就深深地爱上了中国。这次能来中国故地重游，他简直是太高兴了。他也得到了胡锦涛主席授予的中国人民抗日战争胜利 60 周年纪念勋章。

圣诞老人：嘿嘿！嫦娥姑娘，你说的这个人我认识，他可是我的老朋友。我还知道，波利卡尔波夫先生曾多次在国际台俄语广播知识竞赛中获奖呢！

嫦娥：噢！原来是这样。那您一定知道他还是位诗人啰？下面我们就来听一听他专门为庆祝反法西斯战争胜利 60 周年创作的一首诗歌，好不好？

（音响 10：背景音乐起）

> 我们飞往东方的中国，
> 飞往这个只出现在梦境中的伟大而神奇的国度，
> 即使在梦中，也闪耀着节日里北京的光辉。
> 看！盛装的人们在大地上欢腾！
> 听！凯旋之音在空气中跳跃！
> 经历过与侵略者艰苦卓绝斗争的民族，
> 正体验着正义胜利的喜悦。
> 经历过战火洗礼的老兵们，
> 心中仍存为自由而战的誓言。

（诗结束，音乐先渐起再渐弱，转入背景音乐）

嫦娥：圣诞爷爷，在这美好的新年之夜，我想许个愿，您能帮我实现吗？

圣诞老人：那是当然。只要我的神奇魔杖在手，保证你所有的愿望都能实现。

嫦娥：我想现在就能听到一首欢快的新年歌曲，并把它送给全世界的朋友们。

圣诞老人：没问题！看着我的魔杖。听，音乐来了！

（音响 11：俄文圣诞歌曲《小枞树》）

圣诞老人：怎么样，这首歌大家都喜欢吧。唱着它迎接新年再合适不过了。

嫦娥：谢谢你啦，圣诞爷爷。我怎么听着周围的星星好像都在说什么悄悄话似的？好像是说 2006 年中俄两大邻国之间又要有什么不寻常的事情发生？

圣诞老人：还真让你说对了，嫦娥姑娘。早在 2004 年底中俄两国领导人在北京会晤时就宣布，2006 年将在中国举办俄罗斯国家年，然后 2007 年在俄罗斯举办中国国家年。

嫦娥：噢！那天国际台好像播了这条消息。不过月球上那天正赶上风暴，我什么也没听清。到底是怎么回事啊，您还是赶快给我讲讲吧！

圣诞老人：这可是中俄两国的大喜事，一定得好好办办。据说到时候俄罗斯总统普京还将亲自到北京，他将和中国国家主席胡锦涛一起共同出席在北京人民大会堂举行的俄罗斯年在中国的启动仪式，然后还要在中国美术馆举办盛大的俄罗斯艺术节。在整个 2006 年，还要有数十个俄罗斯艺术团体来中国演出……

嫦娥：这真是太棒了！圣诞爷爷，你知道吗，我已经梦想很多年了，一直就想看看莫斯科大剧院的芭蕾舞表演。这次能行吗？

圣诞老人：没问题！这次不光莫斯科大剧院要来，圣彼得堡的马林斯基剧院也要来中国展示它们的经典佳作。同时还会有一系列两国间的精彩体育赛事。其中与我们有直接关系的就是由国际台参与的"中俄友谊号"汽车拉力活动，队伍将从北京出发，横跨欧亚大陆直达莫斯科。

嫦娥：这样的话，我真想下凡到人间啊！

圣诞老人：好啊！那你就代表我去中国旅一趟游吧！因为到时候天气太热，我恐怕去不成。我想，到时候那里肯定是游客云集，那你不就什么都可以亲眼看到了嘛。

嫦娥：哇塞！这可是给我的最好的礼物了！

圣诞老人：不过，我可得提醒你，过节也不能忘了工作和学习呀。明年肯定会有很多事情等着我们去做。在俄罗斯年期间，还将会有各种商务活动、学术交流与论坛等等。这可是中俄两国各界朋友交流的最好机会。

嫦娥：是的。到时候两国的企业家、学者等都将汇聚北京。噢！对了，圣诞爷爷！你知道去年7月份发生在莫斯科的那件大事吗？

圣诞老人：什么大事啊？快给我讲讲！那时候天儿那么热，我肯定错过了。

嫦娥：好的。这件大事就是中国国家主席胡锦涛和俄罗斯总统普京在莫斯科会晤期间共同签署了一份非常重要的文件，那就是《中俄关于21世纪国际秩序的联合声明》。

圣诞老人：是啊！现如今的国际秩序也是该整顿整顿了。你看看，世界上盗匪日渐猖獗，恐怖活动也屡屡发生。

嫦娥：请注意了，圣诞爷爷！我们的神舟飞船已经进入了新一周的绕地飞行。啊，真是太棒了！在太空旅游可比地面上方便多了。您瞧，既用不着办护照，更用不着签证啊！

圣诞老人：而且坐飞船也比我的雪橇快多了。要是驾着雪橇去中国，再办签证，那可不知道……

嫦娥：您还不知道呢吧，中国和俄罗斯早就简化旅游手续了。边境地区的居民只要出示公民护照或身份证明，就可以到邻国旅游三天。

圣诞老人：那可真是太好了！

嫦娥：不过，这也是两国努力的结果啊。圣诞爷爷，要不这样，咱们到中俄边境去看看那里是怎样迎接新年的，好不好？

圣诞老人：好主意！

嫦娥：那我现在就给飞船下指令。

（音响12：出飞船转向声音）

圣诞老人：飞行状况正常。

（音响13：出俄罗斯传统民歌）

嫦娥：我们现在已经飞到了贝加尔湖地区了。快看！圣诞爷爷，下面一大片篝火，人们正围着篝火歌唱跳舞呢！欢欢乐乐，辞旧迎新，好热闹啊！

（音响14：出歌曲《呼伦贝尔大草原》）

嫦娥：再看这儿，爷爷！这是中国的满洲里，转眼已经变成一个大城市了，记得20年前这里还只不过是个边陲小镇而已。这个城市完全是随着中俄关系的发展而壮大起来的。这里的俄罗斯游客很多，有时候走在街上您还真是有点儿分不清，这里到底是中国还是俄罗斯。这大概也应该算是近年来开展"民间外交"的一份结果吧。您怎么不说话了，圣诞爷爷？

圣诞老人：啊，我在思考一个问题，而且很想让我们的听众来回答这个问题：请说一说，在我们中俄两国的边境上究竟有哪些大城市呢？答对的听众，按照惯例，将得到我们的新年礼物。你看我这个主意如何？

嫦娥：太好了，圣诞爷爷！

圣诞老人：你再看那儿啊，新年到了，我们两国间的铁路运输好像是更忙了。那不是从满洲里开进俄罗斯的火车嘛，真是一列接着一列。

嫦娥：是啊，有太多的货物需要运输了。因为中俄两国早就定下了未来几年的贸易发展目标。

（音乐停）

圣诞老人：是的，这条铁路真是太重要了，难怪人们把它称作是第一条亚欧大陆桥啊！我现在有个小问题要问你，我们给听众朋友们准备的新年礼物是不是也要通过这条铁路运过去呀？还有，嫦娥姑娘，国际台有那么多的听众，我很想知道，你们和听众交流一般用什么语言或文字呢？

嫦娥：可以说什么文字都用。有时用对方的母语，也有时用汉语。您知道吗？现在有不少人会说多种外语呢，简直就跟我们飞船上的超级翻译机差不多。我们的听众中就有很多人已经学会了中文，他们多数都是跟着我们的《教汉语》广播学会的。难道您不知道我们这个节目吗？它的全称叫做：《你说我说大家说，我们一起说汉语》。

圣诞老人：慢着，慢着！你……说，我……说，大……家……说，哎，有点困难。你的意思是不是说，全世界的人都在学说汉语呀？

嫦娥：难道不是这样吗？我说圣诞爷爷，比较起来，您的中文水平可是不怎么样啊！您刚才说全世界的人都在学汉语，这在今天已经不是什么新鲜事儿了。去年夏天，好像是7月20号到22号，还在北京召开了世界汉语大会呢！来自世界各地的许多汉学家代表应邀参加了这次大会。他们在一起都说汉语。

圣诞老人：亲爱的嫦娥姑娘，你还别笑话我！别看我现在的汉语水平还不行，但我以后一定坚持收听国际台的汉语教学广播。你相信吗？我的汉语水平不久就会超过你的。哈—哈！

　　嫦娥：圣诞爷爷，你别夸口了！最好还是来听听汉语课吧，听听安娜和萨沙老师在讲什么呢。

（音响15：教汉语片断）

　　萨沙：你们好，亲爱的听众朋友！
　　安娜：您正在收听的是《你说我说大家说，我们一起说汉语》节目。
　　萨沙：不久前公布了北京2008年奥运会的吉祥物。
　　安娜：是的，这5个吉祥物非常可爱。
　　萨沙：他们分别是鱼、大熊猫、奥运圣火、藏羚羊和燕子的化身。
　　安娜：他们很有中国传统特色，我非常喜欢他们。
　　萨沙：安娜，你知道他们的名字吗？
　　安娜：那当然，他们叫贝贝、晶晶、欢欢、迎迎和妮妮。
　　萨沙：现在你试着将他们的名字连起来念一遍。
　　安娜：贝贝—晶晶—欢欢—迎迎—妮妮。怎么了？
　　萨沙：要是单个字念呢？再试一下。
　　安娜：贝—晶—欢—迎—妮。啊，我明白了，这五个字连在一起的谐音正是"北京欢迎你"。对不对？
　　萨沙：你太厉害了！完全正确。
　　安娜：我还知道这5个吉祥物统称为"福娃"（кукла счастья）呢！
　　萨沙：是的。俄语词"кукла"是"娃娃"的意思。
　　安娜：而"счастья"是"幸福"的意思。
　　萨沙：两个词连在一起"кукла счастья"就是"幸福的娃娃"的意思。

　　嫦娥：怎么样，圣诞爷爷，听懂了吗？
　　圣诞老人：嗯，好像是在说什么娃娃、小动物似的。
　　嫦娥：啊，您还真行！刚才安娜和萨沙老师说的是关于2008年北京奥运会的吉祥物。
　　圣诞老人：这我可知道。北京奥运会一共有5个吉祥物，他们统称为"福娃"，意思是……
　　嫦娥：等等，等等，爷爷！要说到"福娃"，还是让咱们细心的听众来回答一下吧，"福娃"一词是什么意思。
　　圣诞老人：好主意，咱们的新年大礼还没有得主呢。
　　嫦娥：这五个娃娃叫——

（音响16：童声音响）

"我叫贝贝，我叫晶晶，我叫欢欢，我叫迎迎，我叫妮妮。"

嫦娥： 这五个小朋友名字的第一个字连在一起正好组成一个完整的句子。

圣诞老人： 的确是这样。不过还是让咱们亲爱的听众来回答这个问题吧。

嫦娥： 我还是再重复一遍刚才提到的两个问题吧："福娃"这个词是什么意思？五个福娃名字的第一个字连在一起又是什么意思？

圣诞老人： 还是让我来说说这五个小娃娃的故事吧。他们分别是大熊猫、藏羚羊、奥运圣火、鱼和燕子的化身。他们是五个活泼可爱的小娃娃，最有意思的是他们各不相同的头饰。

嫦娥： 是的，他们的确很可爱。圣诞爷爷，快看，咱们的飞船飞得多么快啊。这可是第一宇宙速度。看，我们的正下方就是世界屋脊——青藏高原。

（音响17：歌曲《青藏高原》片断）

圣诞老人： 噢，这里的喜马拉雅山我可知道，它位于中国和尼泊尔的交界地区。山的主峰珠穆朗玛峰是当今世界最高峰，中国科学家已经测量出了它的最新高度是8844.43米。山的北麓就是中国的西藏自治区。

嫦娥： 您说得完全正确。2005年是中国的西藏自治区成立40周年。当时那里举行了盛大的庆祝活动。在这个美丽漂亮的雪域高原上，具有独特而迷人的自然风景，有风味独特的酥油茶和牦牛肉，以及西藏独具特色的地域文化。由于这里海拔最高，所以一直被称作"世界屋脊"。

圣诞老人： 你是从哪儿知道这些的啊？

嫦娥： 从书上呗！现在有很多介绍西藏的书籍。藏族人还有自己的语言和文字呢。可是在中国西藏自治区成立之前，这里识字的人并不多。今天的西藏已经完全不同了，这里光大学就开办了好多所。

圣诞老人： 我亲爱的嫦娥姑娘，你大概还不知道吧，我可是西藏的常客啊！

嫦娥： 是真的吗？

圣诞老人： 那可不是吗?！因为那里常年有积雪，夏天也很凉快，特别适合我呀！只不过去一趟西藏还是比较费劲儿的。

嫦娥： 有什么费劲儿的，圣诞爷爷？难道您还不知道吗，青藏铁路的铺设已经完工了。这条世界上海拔最高的铁路很快就要开始运营了。如果铁路开通的话，从北京到拉萨只要两昼夜就可以了。

圣诞老人： 太好了！这真是个奇迹！嫦娥，你快朝下面看！这是什么地方，这么漂亮？简直就是一块绚烂多彩的大地毯。你听，就连美妙歌声都传到我们的飞船来了！

（音响18：新疆传统民歌）

嫦娥： 圣诞爷爷，您连这里都不认识了吗？我们已经飞到了中国新疆的上空。只不过音乐是我这儿传来的。我刚刚从咱们的超级电脑上找到了中国国际广播电台正在播出的俄语专题节目《走进新疆》。

圣诞老人： 还是让我们一块儿听听吧！我知道一首新疆歌是这么唱的："我们新疆好地方……"

嫦娥： 您唱得不错。可是您知道吗，新疆的多姿多彩不仅仅是因为这里有如画的自然风景，还因为新疆是中国少数民族居住最多的地方。

圣诞老人： 你说得没错。这里的民族多，所以生活也就更丰富多彩！嫦娥，赶快打开飞船的投掷舱门，把我们给新疆各族朋友准备的新年礼物发给他们吧！他们一定会很高兴的。

（音响19：投掷声音，礼品舱顺利分离）

嫦娥： 圣诞爷爷，您知道吗？2005年新疆人民可是收到了来自全中国和世界各地的大量礼物和祝福啊！

圣诞老人： 这又是怎么回事呢？

嫦娥： 难道您还不知道吗？2005年是中国新疆维吾尔自治区成立50周年！

圣诞老人： 啊？！50年！这可是半个世纪啊！的确值得好好庆祝一下。你快看，嫦娥姑娘，那好像是一条什么线似的？从西到东一直贯穿了整个中国。

嫦娥： 啊，这是中国的西气东输管道。因为新疆是中国最大的石油天然气基地，通过这条管道可以将能源一直输送到上海等东部大城市。

圣诞老人： 那另一条横穿沙漠的带子又是什么呢？

嫦娥： 噢，您问这个呀！它是中国最长也是最现代化的沙漠公路。这条公路是连接新疆油田的大通道，它也为当地人们的出行带来了很大方便。

圣诞老人： 新疆人民真是不简单啊！我一定要去新疆看看。你还不知道吧，我已经拿到了去新疆的邀请函。

嫦娥：真的？快给我看看。您是从哪弄来的？

圣诞老人：这你就不知道了吧。我这是从中国国际广播电台俄文网站申请的。你看这不写着嘛：《欢迎到我们新疆来》。

（音响20：出敲击声）

圣诞老人：嫦娥姑娘，你快听，这是什么声音？是不是我们的飞船出毛病了？

嫦娥：不。你看，好像是什么人在敲我们的舷窗。他们像是想和我们说什么。

（音响21：不明语言）

圣诞老人：哎呀呀！我明白了，他们是外星人，好像是想跟我们要什么东西。可我们听不懂他们在说什么啊。

嫦娥：别急，让我试试咱们的同声传译机能不能帮上忙。

（音响22：外星人的金属声音）

外星人：请给我们新一期的《中国风》报纸。

嫦娥：啊，我听出来了，圣诞爷爷！原来他们想要我们的俄文报纸《中国风》。真是太不可思议了，连外星人都知道国际台的俄文报纸了！

圣诞老人：哦，我认出来了，他们是火星人。真是太不可思议了！不过新年之际有人求是好兆头。既然他们想看报纸，赶快把我们那个装着节日版报纸的密封舱发往火星吧。

嫦娥：我们以前还从来没和外星人打过交道。这可是扩大我们国际台覆盖区域的好机会。

圣诞老人：太好了。

（音响23：外星人的金属声音）

外星人：谢谢，希望能够经常收到你们的《中国风》报纸。

圣诞老人：咦！嫦娥姑娘，这是一袋什么东西啊？我可是只有一个礼物袋儿呀。

嫦娥：圣诞爷爷，这口袋可是最贵重的。您知道里面装着什么吗？

圣诞老人：这可不知道。

嫦娥：这里面装的是世界各地的听众朋友给我们俄语广播部的来信。其中有很多是祝贺新年的，有诗歌，有散文，有各种形式的新年祝福呢！

圣诞老人：是吗？我在北极也收到了来自世界各地的很多信件。所有人都希望在新的一年里实现更多、更美好的愿望。你看看这封信是怎么写的。

（音响 24：雷日科娃女士致圣诞老人的信）

"亲爱的圣诞老人，我非常喜欢旅游。但你知道，旅游的费用是很高的。我听说东方的东西非常精美，真想亲眼去看一看，哪怕只看一眼也行。圣诞老人，这是我唯一的愿望。"

嫦娥：没问题！我非常乐意帮她实现这个愿望。

圣诞老人：是真的吗?!

嫦娥：那当然！这对我来说简直是小事一桩：亲爱的雷日科娃女士，您只需锁定中国国际广播电台的频率，参加国际台组织的知识竞赛和答题活动，您就有机会赢得世界东方中心国度——神秘的中国之旅。

圣诞老人：这真是太好了！我是不是也能参加国际台的知识竞赛呀？

嫦娥：当然可以。您的竞赛答案可以寄到北京，也可以寄到国际台驻莫斯科记者站。那里的具体地址是：莫斯科，大别列雅斯拉夫街 7 号楼，109 室。

圣诞老人：那我能不能直接去北京到国际台俄语部作客呢？

嫦娥：为什么不能？我现在就把地址告诉您。听好了：北京市石景山区石景山路甲 16 号。如果写信的话，邮编是 100040。

（音响 25：电话铃声）

嫦娥：是谁给我们打电话呢？……喂！

听众（彼得·罗古廖夫）：喂，喂！我是奥姆斯克的听众彼得·罗古廖夫，请允许我通过你们的广播，祝愿中国人民在新的一年里健康、幸福，取得更大的成就。希望你们的国家更加富足，人民更加幸福！

嫦娥：谢谢，非常感谢！也祝您新年快乐！……喂！喂！

听众（弗拉季米尔·费留林）：亲爱的朋友们！请允许我衷心地祝中国国际广播电台的同事们新年快乐。希望在 2006 年里你们的节目能够更上一层楼，能够让我们更多地了解中国。我们期待着 2006 年的俄语广播节目更精彩！

嫦娥：谢谢！……喂！喂！

听众（伊戈尔·桑尼科夫）：我祝中国国际广播电台的节目越办越好，祝所有的听众新年快乐！祝中国在 2006 年取得更大进步。同时我也希望，2006年俄中两国的关系更加友好，友谊更加牢固！

嫦娥：谢谢！也祝您新年快乐，万事如意！

圣诞老人：嫦娥姑娘，刚才是谁打来的电话？

嫦娥：都是我们的热心听众。他们是奥姆斯克的罗古廖夫、圣彼得堡的费留林和来自基洛夫的桑尼科夫。圣诞爷爷，我们好像该着陆了，请您打开自动导航仪吧。

圣诞老人：好的。哪个按钮呢？这个吧？

（音响 26：扭动按钮声音，有声音出现：国际台呼号）

嫦娥：哎呀，圣诞爷爷！您把什么打开了？这不是中国国际广播电台的俄语广播呼号吗？好吧，那咱们就干脆听一会儿吧，听听他们给听众们准备了什么样的新年节目。

（音响 27：俄语广播部主任范冰冰新年祝辞）

（背景音乐起）

"亲爱的听众朋友们！2005 年即将过去，新的 2006 年马上就要到来。过去的一年里有什么最令我们难忘呢？新的一年里等待我们的又是什么呢？

2005 年是世界反法西斯战争胜利六十周年，这是一场善恶之战。来自世界各地的二战老兵应中国政府之邀，来到北京参加胜利庆典的一幕幕感人场景至今我们仍历历在目。当站在曾和自己并肩战斗过的战友的墓碑前，回忆起那残酷的战争时，他们含泪细语：'朋友们，你们没有白白地牺牲，你们是为和平而战的'。

2005 年，中国的航天成就令全世界瞩目。当我们在北京航天飞行控制中心进行'神舟六号'宇宙飞船发射直播时，我们就已经向全世界宣布：中国的宇宙飞船是世界和平的使者。

2005 年同样也留下了不幸，但全世界的人们亲身体验到了悲喜与共、相互支援的伟大亲情。

2005 年让人们再一次认清了这样的事实，那就是：我们同在一片蓝天下，友爱本该无国界。世界的未来掌握在人类自己的手中。正因为如此，我们才应该互相帮助，共同遏制和消灭一切企图破坏和平的力量。为此，我们真心地祝愿世界和平、友好、和谐、友爱。

感谢所有人对中国国际广播电台俄语广播的大力支持，并希望来年能够得到大家更多的支持和帮助。再次祝愿大家新年快乐！幸福安康！"

（音响28：音乐渐起）

圣诞老人：快看，咱们的飞船已经在北京着陆了。听！这是新年的钟声。
嫦娥：是啊，这浑厚的钟声预示着，崭新的2006年正向着我们走来！

（音响29：新年钟声，国际台俄语广播部同事的新年祝福）

（音响30：电影《五分钟》插曲起）

（结束曲：《茉莉花》，58"）

简 评

作为新年特别节目，一般来说容易落入简单的一年大事回顾和空洞的新年祈望的老套。中国国际广播电台俄语广播部的新年特别节目《太空奇遇话神州》却令人耳目一新。

该节目最突出的亮点可以说是创意的新颖。节目主持人选择了对象国民众所熟悉的"圣诞老人"和在中国人人皆知的"嫦娥姑娘"为模拟对象，以神话人物遨游太空、轻松对话的形式，向听众讲述他们的所见所闻。形式活泼，突出了广播节目的口语化特色。

节目精选了在2005年发生的和在2006年将要发生的重要事件作为主要内容，其中包括"神六"成功发射与返回、中国人民抗日战争暨世界反法西斯战争胜利六十周年纪念活动、中俄国家年、2008奥运会吉祥物亮相等。这些事件的选择是准确、恰当的，既是中国的，也是世界关注的，有的是与对象国密切相关的，体现了很强的对外针对性。

　　节目的整体结构严谨，自然流畅，内容丰富，音响运用得当，具有很强的知识性和趣味性。特别值得一提的是，节目在讲述重要事件时，注重通过人物展开故事，其中包括中国航天员费俊龙和聂海胜、前来北京参加中国人民抗日战争暨世界反法西斯战争胜利六十周年纪念活动的原苏联老兵波利卡尔波夫、参加中国国际广播电台知识竞赛活动的俄罗斯听众雷日科娃女士等，使节目更加丰满，更加生动。

　　该节目从形式到内容，都体现了很好的策划功力。再加上制作的精良，使创意与效果实现了良好的统一。

优秀
系列节目

胜利的回忆

赵雪予　苑听雷　涂延民　马骏　王学俭　郭亚杰

正义永恒
（2005 年 5 月 16 日播出）

听众朋友们，第二次世界大战期间，中国人民的抗日战争和苏联人民的卫国战争都是世界反法西斯战争的重要组成部分。在这场正义之战中，作为反法西斯的两支主要力量，中国和苏联的命运紧紧联系在了一起，他们在政治、道义、物资和人员上互相援助，并肩作战，结下了深厚的友谊。在反法西斯战争胜利六十周年之际，中国国际广播电台俄语广播派出多位记者，历时两个多月的时间，走访了中俄两国的军事学家、历史学家以及许多当年亲身经历过这场战争的人们，采写了系列报道《胜利的回忆》，从今天起，我们将在每周四的《空中交流》栏目中为您播出。请听第一集：《正义永恒》。

（间奏）

哈尔滨，中国黑龙江省的省会，一个位于中国东北部的、充满活力的城市。在这座城市的中心，耸立着一座高约 8 米的纪念碑，上面用俄文刻着："为自由和解放而牺牲的苏联英雄们永垂不朽！"纪念碑的顶部，两位苏联红军战士高举着苏联国徽，眼望着北方——祖国俄罗斯的方向。在这座纪念碑旁边，记者采访了一位路过的市民：

（音响 1：记者与路人对话，汉语）

记者（男）："您好，您知道这座纪念碑是为什么而立的吗？"
路人（女）："这个纪念碑啊？是纪念苏联红军的吧！大概是 1945 年，苏联红军帮助中国解放东北，牺牲了好多人，就立了这座纪念碑……"

这位路人所说的这段历史，发生在 1945 年 8 月，在中国人民抗日战争胜利前夕，苏联正式对日宣战，出兵中国东北，与中国军民一起向日本侵略者发起了总攻。苏联的这一举动，大大加速了抗日战争胜利的到来。不到一个月之后的 9 月 2 日，日本代表就在美国"密苏里"号巡洋舰上签署了投降书。

随后，我们的记者又来到了位于哈尔滨市的黑龙江省革命历史博物馆，在这里，我们看到了一个飞机上使用的锈迹斑斑的仪表盘，底部印着"CCCP"的字样。仪表盘的旁边，还有一把同样破旧的信号枪。博物馆的馆长刘加量先生向我们介绍了这两件文物的来历：

（音响 2：刘加量讲话，汉语）

"1945 年 8 月，苏联空军在牡丹江海林地区与日军作战时，一架飞机失事，飞行员不幸牺牲。我们收藏的就是这架飞机的仪表盘和飞行员使用的信号枪。我们至今仍然收藏着不少当年苏联红军遗留下来的文物，就是为了让人们看到这些物品，能够想起过去的岁月，想起苏联红军与中国人民并肩战斗时的情景。"

在整个第二次世界大战期间，中国与苏联既是邻国，又都是世界反法西斯的主要力量。共同的命运促使两国相互帮助、相互支持。中国人民解放军海军舰艇学院的历史学家王真教授对记者说：

（音响 3：王真讲话，汉语）

"第二次世界大战期间，苏联对日作战支援了中国，而中国也以自己长期艰苦的抗战有力地支援了苏联。中国战场成为抗击日本法西斯的主战场，支援了苏德战场的苏军作战。此外，中国在抗战期间，还通过古老的'丝绸之路'向苏联提供了大量的钨砂、锡、锌、桐油、毛皮等战略物资。"

除了物质上和战略上的支持外，第二次世界大战期间，中苏两国的军队之间也不断地进行着人员上的支援。今年已经 88 岁高龄的李东光老人，二战期间曾经是一名在中国东北地区参加抗日斗争的游击队员。1938 年，由于作战失利，李东光和其他几十名战士一起与主力部队失去了联系，转移到了苏联境内。苏联红军热情地接待了他们，在共同信念的感召下，李东光毅然加入了苏联红军，当起了侦察兵。回忆起当时的情景，他说：

（音响 4：李东光讲话，汉语）

"到了苏联以后，我们一共 13 个人，由一个排长领头，加入了苏联远东边防军侦查队。1938 年到 1945 年期间，我和其他几个战友当时主要搞日军的军事情报，做一些电话窃听一类的工作。这个工作很危险，经常与日军遭遇，打过几次仗，我还受过一次伤，但是我总算活了下来。不少跟我一起参加战斗的中国人，都牺牲了。"

李东光老人对记者说，在与苏联将士们相处的日子里，他们之间也建立起了深厚的友谊。直到今天，他还会时常怀念起那些并肩作战的苏联战友们。

战争期间，苏联政府在对日本正式宣战之前，允许本国飞行员以志愿者的身份加入中国军队。1937 年底，首批苏联志愿飞行员刚刚抵达中国南京，就立即投入到同日本空军的激战中。在南京空战中，苏联飞行员表现出高超的战斗技巧，第一天就击落敌机 6 架。而在 1938 年夏天持续三个月之久的武汉空战中，苏联志愿飞行员共击落日本战机 62 架，沉重打击了日本侵略者。据统计，整个抗日战争期间，来华参战的苏联志愿飞行员约数千名，其中在中国的土地上英勇捐躯的有 236 人。

中国外交部部长助理李辉先生认为，中国人民与苏联人民在第二次世界大战期间结下的深厚情谊，是中国和苏联以及中国和俄罗斯人民友谊史上的光辉篇章。两国人民永远不会忘记那些为正义而牺牲的人们！他说：

（音响 5：李辉讲话，汉语）

"中国和苏联人民在伟大的反法西斯战争中，互相支持，并肩战斗。很多中国公民在苏联参加了卫国战争，为苏联人民最终取得胜利作出自己的努力。同样，在中国的抗日战争中，也有许多苏联军人参加了战斗，甚至有不少人为此献出了生命，中国人民永远不会忘记他们，因为他们都是为正义而牺牲的，他们的精神将永存！"

听众朋友们，您刚刚听到的是纪念反法西斯战争胜利六十周年系列报道《胜利的回忆》的第一集《正义永恒》。下周同一时间，我们将继续为您播送这一系列报道，欢迎您到时收听。

这里是中国国际广播电台，稍后请继续收听我们的节目。

血色童年

（2005 年 5 月 18 日播出）

听众朋友们，在今天的节目中，我们继续为您播出纪念世界反法西斯战争胜利六十周年系列报道《胜利的回忆》。卫国战争期间，曾经有几十位中国儿童在莫斯科同苏联人民一起度过了漫长的战争岁月，他们的父辈，都是中国近代革命史上叱咤风云的人物，这些孩子们原本是被送往苏联学习的，然而法西斯的突然袭击却让他们卷入了战争。于是，他们勇敢地同苏联人民一起投入到了反抗法西斯侵略者的战斗中。今天的节目中，就让我们去回忆一下那段战火中的童年。请听系列报道《胜利的回忆》第四集：《血色童年》。

（间奏）

（音响 1：儿童院学员演唱的歌曲《神圣的战争》）

对于每一个曾经经历过卫国战争的人来讲，这段旋律应该是再熟悉不过了。而您现在听到的这首《神圣的战争》，却是由一群六七十岁的中国老人演唱的，在卫国战争期间，他们都是"伊万诺沃国际儿童院"的学员，尽管当时他们尚未成年，但是却勇敢地同苏联人民一起抗击法西斯的侵略。

创建于 1933 年的伊万诺沃国际儿童院位于莫斯科东北部 20 公里的伊万诺沃市，是一所由苏联政府创办的，专门抚养、教育世界各国共产党人和革命烈士后代的学校，曾经先后有 100 多位中国儿童在这里学习、生活。其中包括毛泽东的两个儿子和一个女儿，当时中国共产党领导人刘少奇的女儿，以及朱德、林彪、高岗将军的子女等。

回忆起童年时在儿童院里的生活，曾经在那里学习过的中国著名的革命家，广州起义的领导者黄平的儿子黄健告诉记者，起初，孩子们在国际儿童院的日子非常幸福，大家一起学习、游戏。但是 1941 年 6 月 21 日，一切都变了。他说：

（音响 2：黄健，俄语）

"那天天气特别好，特别晴朗。我们一群男孩在操场上踢足球，我们玩得正起劲的时候，突然听到大喇叭里传来一个非常严肃的声音，说是有重要的消息要发布。我们就停下来，认真地听。我们得知法西斯德国开始向苏联发起进攻了，占领了很多个城市……这一天在我的记忆里特别清晰，因为天气那么好，我们本来玩儿得那么开心，却突然听到了战争开始的消息。"

战争开始了，儿童院里的男孩子们纷纷要求上前线作战，黄健也是其中的一个。为了上前线，15 岁的他偷偷更改了自己的出生年份，报名参军，但最终还是被识破了。不过，到了第二年的冬天，黄健终于有机会当了几个月的"军人"，直到今天，他对此仍然感到十分骄傲！当时，他的任务就是每天把从前线运来的战俘押送到儿童院里参加劳动。他说：

（音响 3：黄健，俄语）

"机场距离我们儿童院很远，大约有三四公里吧！为了押送这些俘虏，老师们从话剧社给我找来一件又肥又大的军大衣和一顶旧式的军帽。而且还给我配备了武器！其实并不是真正的武器，只是一支老式猎枪，而且还没有子弹。第一次看到那些俘虏的时候，我发现他们都非常高大，至少都比我高一头——我当时只有十六七岁。我看着他们，说实话，心里特别害怕，万一他们发现我的枪里没有子弹怎么办？不过我还是壮着胆子开始执行任务，他们在前面走，我跟在后面，指挥他们前进。"

就这样，黄健在其他男孩子羡慕的目光中开始履行军人的职责。当时，跟黄健同班的还有一个 19 岁的中国小伙子，人们都叫他谢尔盖·永福，几乎没有人知道，他就是毛泽东的儿子——毛岸英。从战争开始，他就坚决要求参军上前线，但是根据当时中国共产党同苏联共产党的协定，为了保护中国革命者的后代，儿童院的中国孩子们不去前线作战。倔强的毛岸英屡次被拒绝之后，就给斯大林写了一封信，在信中，他写道：

敬爱的斯大林同志：

我是一名普通的中国青年，我在您领导下的苏联学习了 5 年，我爱苏联就像爱中国一样。我不能看着德国法西斯的铁蹄蹂躏您的国土。我坚决要求上战场，请您一定批准我的请求！

毛泽东之子毛岸英

一九四二年五月于伊万诺沃

信寄了出去，但是很久没有收到回音。一天，一位苏联将军来儿童院视察，毛岸英第一次来莫斯科的时候，曾经见过这位将军。毛岸英意识到，这是个难得的机会，便向将军提出了参军的请求。在这位将军的帮助下，毛岸英顺利地进入了伏龙芝军事学院学习。回忆起当时的情景，毛岸英的妹妹、毛泽东之女李敏说：

（音响4：李敏，汉语）

"毛岸英当时是大班的，我是小班的，我们差好多年级。战争的开始，我的大哥哥（毛岸英）参加了伐木、收割庄稼等活动。但是后来，他坚决要求上前线，后来，苏联终于同意了他的请求，他被送到军事学校去学习，并在学校里加入了苏联共产党，还被授予苏军中尉的军衔。"

1943年，就在苏联军队向法西斯德国军队发起反攻的时候，毛岸英终于如愿以偿，参加了苏联白俄罗斯第一方面军。后来，毛岸英一直随苏军部队打到了捷克、波兰。战争结束前夕，毛岸英回到莫斯科，斯大林特地接见了他，并赠送给他一把手枪以示奖励。

就在儿童院的男孩子们光荣地履行着"军人"的职责时，女孩子们则开始做一些诸如伐木、收庄稼、缝衣服一类的后勤方面的工作。当时中国共产党领导人刘少奇的女儿刘爱琴就是其中的一个，回忆起那时的情景，她说：

（音响5：刘爱琴，俄语）

"当时我只有13岁，跟我的同学们一起，做着我们力所能及的事情。比方说，当时所有的年轻人都去前线了，后方没剩下多少人，于是，我们就被组织起来，去乡下收割庄稼、伐木。后来，我们女生成立了缝纫组，为前线战士缝棉袄、手套、斗篷。我们有五六台缝纫机，大家轮流工作，人偶尔休息一下，但是机器没有停下来的时候。"

儿童院里，还有一个名叫李特特的十分漂亮的中国女孩，她的父亲是当时的中共领导人李富春，母亲蔡畅则是中国近代妇女运动的先驱者。战争爆发时，李特特16岁，是最高年级——8年级的学生。16岁，正是一个女孩子一生中最美丽的年龄。但是在"一切为了前线"口号的感召下，她当上了医院里的护士。她回忆说：

（音响6：李特特，俄语）

"每天都有很多伤员从前线送来，我就帮助他们换药，包扎伤口。对我而言，最困难的事情莫过于打扫手术室，收拾那些被截下来的胳膊、腿，我心里害怕极了。我还记得有一个年轻人，两只手和两只脚都没有了，头部也受了伤，没有办法说话，只是睁着眼睛看着我。我看着他，眼泪怎么也忍不住，就像下雨一样落了下来。那个情景我一辈子也忘不了，我真替他惋惜，一个那么好的年轻人，那么勇敢的战士……"

就像当时的一句口号说得那样："敌人终将被消灭，胜利终将属于我们"！胜利终于到来了，这群中国孩子，也同苏联人民一起，体会到了胜利的快乐！回忆起1945年5月9日那一天的情景，李特特对记者说：

（音响7：李特特，俄语）

"我们真是太高兴了，我们拥抱在一起，高兴得流下了眼泪。所有的人——不管认不认识——都相互地拥抱、亲吻，我们在大街上兴奋地跳着，大声地唱歌，一直到深夜。后来，我们发现我们的鞋子全都找不到了，就光着脚回家了。"

（间奏）

六十年过去了。今年，黄健、刘爱琴、李特特等十几位伊万诺沃国际儿童院的学员们，被俄罗斯政府授予了"卫国战争胜利六十周年纪念章"。俄罗斯驻华大使罗高寿亲自向这些为卫国战争作出过贡献的，白发苍苍的中国公民们颁发了纪念章，并对他们表示感谢。在接受本台记者采访时，罗高寿大使说：

（音响8：罗高寿，俄语）

"这些伊万诺沃儿童院的中国学员们是我们的老朋友了，卫国战争期间，他们都曾经以这样或那样的方式帮助过我们，所以，受普京总统的委托，我颁发给他们卫国战争胜利六十周年纪念章，以感谢他们六十年前所作出的贡献。"

或许，同成千上万在战场上流血牺牲的苏联红军战士们相比，这些中国孩子们所做的一切，只是"大海中的一滴水"，但是大海终究是由无数的水滴组成的，反法西斯战争的最终胜利，是由所有正义人士的点滴努力汇聚而成的。

听众朋友们，您刚刚听到的是纪念反法西斯战争胜利六十周年系列节目《胜利的回忆》第四集《血色童年》。下周同一时间，我们将继续为您播送这一系列报道，欢迎您到时收听。这里是中国国际广播电台的《空中交流》栏目，稍后请继续收听我们的节目。

浩气长存

（2005 年 5 月 22 日播出）

听众朋友们，在今天的节目中，我们继续为您播出纪念世界反法西斯战争胜利六十周年系列报道《胜利的回忆》。中国有一句古话"患难见真情"，意思是说，在危难之际结下的友情，才是最最珍贵的。或许，用这句话来评价中国与苏联在第二次世界大战期间所建立起的友谊，是最恰当不过的了。下面，就请随我们的记者一起，去看一看今天的中国人，是如何珍视这一段历史的。请听系列报道《胜利的回忆》最后一集：《浩气长存》。

（间奏）

在大连市金州区南山脚下，记者向几个路人打听苏军公墓的位置，连续问了几个人之后，终于有一位老人向我们指明了它的方向。沿着山路走了大约半个小时，记者看到了一座由低矮的围墙围起来的墓地，在入口处，我们见到了被当地人称为"南山守墓人"的于敬良、于敬先兄弟。记者同弟弟于敬先攀谈起来：

（音响 1：对话）

记者："这块墓地大约有多大？"

于敬先："大概二十来亩地吧！"

记者："一共葬着多少苏军烈士呢？"

于敬先："总共两千来座坟，不过其中有不少是集体合葬墓。总共算起来，这里葬着大约有 3000 多人。这些战士大多数都是在战场上牺牲后，就地掩埋，后来又集中埋葬到这里来的。"

1945 年 8 月，苏联红军与中国军民一起，向占领中国东北地区的日本关东军发起了最后的总攻。在大连，一场血战之后，不少苏联士兵牺牲在了异国的土地上，他们成为第二次世界大战期间牺牲的最后一批军人。1949 年，新中国成立后，将这些散落在四处的苏军遗骨集中在一起，建起了这座苏军公墓。

半个多世纪过去了，哥哥于敬良告诉记者，直到今天，还时常会有附近的学生、军人甚至是普通的老百姓来这里扫墓、祭奠。他说：

（音响 2：于敬良）

"学校里组织小孩子们来这里扫墓、送花圈，每年都来。也有部队上当兵的来这里扫墓。偶尔还有一些俄罗斯人，来这里寻找自己的爷爷、姥爷什么的。"

就在几天前，墓地里来了一对年轻的俄罗斯情侣，他们是来找"爷爷"的。小伙子通过翻译说，他的爸爸刚出生不到半年，爷爷就告别了家人，拿起枪上了前线。在断断续续的通信中，家人得知，爷爷随部队一起，打到了波兰、意大利……后来，他又从欧洲来到了中国，最后牺牲在这里。奶奶临死时，嘱咐儿孙一定要找到爷爷的墓地。于是，小伙子和他年轻的妻子受家人的委托，来中国寻找爷爷的归宿。但是，这对俄罗斯年轻人在墓地里转了一天，挨个墓碑察看，最终也没有找到自己爷爷的名字。看着他们失望的表情，于氏兄弟俩也跟着有些难过。

已经六十多岁的于敬良、于敬先兄弟两人已经在这里义务守候了将近十年。没有人发给他们薪水，兄弟俩只是依靠在墓地附近的荒山上种地为生。但是他们依然喜欢这个幽静的地方，他们告诉记者，墓地总要有人看着，那些来这里扫墓的中国人和那些千里迢迢来寻亲的俄罗斯人，总不能让他们失望而归。

告别了于氏兄弟，我们又来到了大连市中心的一座小小的展览馆。这里，正在举行一个"苏联红军历史艺术巡回展"。这里展出的，是一位名叫谢海的中国收藏家，用将近 20 年的时间收集的苏联红军在华作战时使用过的物品，其中包括红军战士们使用过的大铜壶、旧军装、苏联红军宣传画、望远镜、军刀、军表等等。在这众多的展品中，最引人注目的莫过于悬挂在大厅正中央的一面画有镰刀、斧头和五角星的旗帜。展览的组织者，收藏家谢海对我们说起了这面旗帜的来历：

（音响 3：谢海）

"1987 年，我到旅顺海军基地附近的海边写生，遇到了一位老人。我们聊得很投缘，最后他对我说，看你是个画家，我送给你一件东西，于是就拿出一面画着镰刀、斧头的，非常破旧的旗子。原来，这位老人年轻时曾在苏军驻旅顺司令部当过杂工，后来苏军撤出中国时，这面苏联军旗便留在了他的手里。我马上意识到，这面旗帜肯定非常地珍贵。"

果然，经过专家的鉴定，这面旗帜就是 1945 年 8 月 23 日苏联红军解放大连时悬挂在大连港口的那面苏联海军舰旗，在许多历史资料照片中，都曾经出现过这面旗帜。谢海告诉记者，曾经有一位俄罗斯收藏家试图收购这面藏品，开出的价格是 10 万美元，但是谢海婉言拒绝了。他说，这件物品一定要留在大连，因为它是这座城市中苏友谊最权威的见证。

谢海告诉记者，他的下一个目标，是建立一座私人博物馆，用于展示他的藏品，他说：

（音响 4：谢海）

"目前我的藏品已经达到 2000 余件。我想把这些藏品建成一个展览馆，搞成一个爱国主义教育阵地，让更多的年轻人认识到今天的幸福生活来之不易，这其中容纳了许多的国际主义情怀。这里充满了可歌可泣的事迹，我从收藏当中也深深地感受到，中苏之间的这段历史是不能被遗忘的。"

苏联的卫国战争英雄、现任俄罗斯英雄协会主席的瓦连尼科夫大将在接受本台记者采访时表示，中国与苏联在第二次世界大战期间建立起的战斗友谊，为今天中俄两国各个领域关系的顺利发展奠定了情感和传统的基础。他说：

（音响 5：瓦连尼科夫，俄语）

"我认为，这是我们两国今天得以在高度信任的基础上建立战略协作伙伴关系的最原始的基础。我相信我们两国人民都不会忘记这段历史。今天，我们两国间的政治、军事来往日益密切，今年的下半年，我们还将举行联合的军事演习，这都在一定程度上得益于我们两国、两军间的友好传统。"

瓦连尼科夫说，这次演习体现了中俄两国、两军的战略伙伴关系，更重要的是，这次演习向其他国家传递了这样一个信息：那就是，中国和俄罗斯站在了一起。

今年 5 月 8 日，前往莫斯科参加卫国战争胜利六十周年庆典的中国国家主席胡锦涛在中国驻莫斯科使馆会见了当年曾在中国东北抗日战场上浴血奋战的俄罗斯老战士代表。胡锦涛主席代表中国政府和人民，向俄罗斯老战士表示崇高敬意。同时，他也表示，希望中俄两国人民世代友好，为建立一个和平繁荣的世界而共同努力，他说：

（音响 6：胡锦涛，汉语）

"中华民族和俄罗斯民族都是伟大的民族。我衷心希望，我们两国人民永远友好下去，同世界各国人民一道努力，共同建立一个持久和平、普遍繁荣的和谐世界，共同开创人类社会更加美好的未来，让世界上一切爱好和平的人们永沐和平、稳定、发展的阳光。"

听众朋友们，我们为纪念反法西斯战争胜利六十周年而制作的系列节目《胜利的回忆》已经接近尾声了。在第二次世界大战期间，共有 61 个国家及 80% 的人口被卷入战火。六十年前，面临法西斯的威胁，不同种族、不同信仰、不同社会制度的国家跨越分歧，团结在了一起。今天，或许不同国家的人们，从自身的角度和利益出发，对战争与历史的认识和理解会有所不同，但一个共同的教训不能忘记，那就是战争曾经给人类带来的灾难。

在过去六个星期的时间里，我们与您一同回顾了中国与苏联人民在第二次世界大战期间并肩战斗的情景。在制作这一系列节目的过程中，我们的记者也无时无刻不在思索这样一个问题：在纪念这个以几千万人的死亡为代价的胜利时，人类是否应该反省，如何才能让惨剧不再重演，如何才能让和平永驻人间？

当今世界面临许多共同威胁和挑战。反法西斯战争胜利的历史经验告诉我们：各国必须求同存异、和平共处、加强合作，才能应对新的威胁和挑战，战胜新的"共同敌人"，以维护世界持久稳定与和平。

今天，我们纪念六十年前的那场胜利，决不应仅限于缅怀历史，而是应从历史中汲取有益的经验教训，用于处理当前的国际关系，改造我们这个依旧矛盾重重的世界。

重温历史是为了尊重历史和正视历史，也是为了让历史的悲剧不再重演。

系列报道《胜利的回忆》到这里就全部播送完了，这里是中国国际广播电台的《空中交流》栏目，欢迎继续收听我们的节目。

简　　评

为纪念世界反法西斯战争胜利六十周年，国际台俄语广播部推出了六集大型系列节目《胜利的回忆》，在《空中交流》栏目中播出，赢得了许多听众的赞誉。该节目在创意、构思、选材、采访、写作和录音方面都体现了很高的创作热情和水平。节目素材翔实，音响丰富，广播特点鲜明，针对性和可听性极强，是一部气势雄伟的宏篇巨制。

为了永久的和平

日语部

南京市民话历史与和平
（2005 年 6 月 29 日播出）

（开始曲）

晚上好！我是王小燕。

"六朝古都"南京，法国梧桐树在街道上搭起了一道道绿色的隧道，这是座位于长江岸边、风光明媚的城市。

日本侵华战争期间，南京大屠杀惨案就发生在这里。自那以后，岁月流逝了 67 载。如今，大屠杀幸存者也仅仅剩下了 400 人。今天的南京市民如何看待那一段历史？对今后的中日关系，他们又寄予怎样的期待？上周，记者访问了这座江南名城——南京。

一、战争的悲痛

（出富有现代感的背景音乐）

漫步在南京市中心鼓楼广场周围，民国时代的砖瓦建筑不时映入眼帘，离广场不远的小山丘上，一座弓弧形的纪念碑显目地屹立在绿树丛荫之下，控诉着这里曾经发生的惨案。南京像广岛、长崎一样，至今仍无法忘记战争的痛楚。

1937 年 12 月，卢沟桥的枪声响起不足半年，南京城沦陷。近代史学者、南京医科大学的孟国祥教授指出："日军当时确定了速战速决战略，企图通过攻陷首都南京来逼迫中国政府屈从，所以在南京采取了极其残酷的大屠杀行动。"

（出孟教授采访录音，混入日语配音）

"1937 年 12 月 13 日，日军侵占南京后，对一般市民及放下了武器的中国军队进行了肆无忌惮的大屠杀，时间长达 1 个月之久。在抗日战争中，南京大屠杀是规模最大、最典型的战争犯罪。其间，日军在南京对妇女施暴 2 万次，1/3 的民居遭毁，48 万册图书被有计划地掠夺。"

二、幸存者的回忆

骆中祥先生，85 岁。1937 年，17 岁的他是国民政府第 64 军的士兵。淞沪抗战爆发后，他所在的部队从广州被抽调至上海，进行了一个多月的作战，终于不敌日军，节节败退到了南京。可就在他们抵达南京之时，南京已经沦陷。在那场大屠杀中，骆老人九死一生，幸免于难，但同村来的另外 3 名士兵，包括他的亲哥哥在内，都惨遭杀戮。

（出骆老人的采访，混日语配音）

"当时的南京城，血流成河，到处都是死尸。日军从早杀到晚，一杀就是一整天。白天我们几个人逃过了杀戮，夜里偷偷赶到江边，想乘船逃到对岸，船就停在那里，摇了摇船老大，发现人已经死了，一连找了十几条船，都是这样。"

"日军让翻译对我们讲：'抵抗皇军是没用的，统统都要死的。你们想怎样死？是想被手榴弹炸死？还是被机关枪扫死？步枪打死？刺刀刺死？'人群中不光有我们军人俘虏，也有很多一般市民。有人一听到这话就哭了，也有不少人跑到江边，投水而死。"

"往前跑吧，前头有日军端着刺刀在刺；往后跑吧，后面又有日军端着刺刀在追。跑得迟一点的人都被刺死了，很惨啊！"

夏淑琴老人，72 岁。她出生在南京的老城区，她们家当时是 11 个人一起生活的大家庭。而大屠杀之后，只有 7 岁的她和 4 岁的妹妹幸存了下来。成为孤儿的姐妹俩，分别被不同的家庭领养，在不同的城市中历经艰辛地长大成人。今天，她的身体上还留有当年被日军刺伤的 3 处伤疤。战争结束后，很长一段时间，一听到"日本人"这三个字，夏淑琴就会想起持枪闯入自己家中的日军，忍不住全身发抖。

（出夏老人采访录音，混日语配音）

"我不愿意回想过去。二三十个日本兵跑到我家里来，杀死我一家 9 口人。我母亲和姐姐还被他们强暴……当时我全身都是血，都不知道自己怎么还活下来了，我觉得活着还不如死了。那个惨状我怎么也不能忘记，后来，把眼睛都哭坏了，我就有那么苦。"

三、探访江东门纪念馆

1985 年，那一幕惨绝人寰的历史即将过去半世纪之际，在当时发生了大屠杀的地点之一，长江边的江东门附近，建起了一座遇难同胞纪念馆。今天，人们都是怀着怎样的心情前来参观的呢？

（出记者现场录音报道）

"今天是 7 月 11 号，我现在来到了南京大屠杀遇难同胞纪念馆入口处，前来参观的人非常多，其中有不少是中学生。"

（出女高中生录音，汉语）

刚才是一位来自山东省的高二女学生，刚刚参观完展览，她说："看了以后很气愤，日本人不应该忘记这段历史，要真心地和中国相处。"同时，她又说，她相信大部分日本人能够正视历史，而日本战后取得的成绩，值得中国人学习。

我来到一座白骨皑皑的纪念馆门口，层层的白骨无言地控诉着自己惨遭杀戮的悲愤。就在这座纪念馆的出口处，我看到了一条条告慰死者、祈祷和平的千纸鹤悬挂在这里，看看落款，他们不少是来自日本的团体，包括横滨、神户等地的大学生和中学生。

现在我来到了留言处，参观者在墙壁和贴板上，留下了他们的感想，随便挑几张读读看。

"振兴中华，振兴南京，让遇难者们能够安眠"；
"国耻不可忘，发展经济，振兴国家"；
"建设一个强大的中国，维护世界和平"；
"落后就要挨打，中国必须要发展"；
等等。

啊，我还看到了日本参观者的留言，虽然不多，但还是有的。

这张用中文写着："我是日本人，我现在的心情非常复杂、非常难过。不应该忘记这段历史，为了我们的友好。我喜欢中国，喜欢中国人，所以现在正在学习中文，衷心祝愿世界和平，中日友好！"署名是松永阳子，等等。

可以看出，虽然留言中也能看到比较过激的言论，但大部分人强调的是不忘历史，要振兴自己的国家，为了构筑和平、友好的世界而努力。

就在我快要离开纪念馆时，遇到了两位正在浙江大学留学、特地来南京参观江东门纪念馆的年轻留学生。

女学生："我姓金子。"
男学生："我姓中西。"
女学生："我觉得这是日本人要来看一看的地方，所以就来了。"
男学生："我也一样。"
女学生："以前只是听人说，这次看到了很多资料、实物，身为日本人，我为过去发生的事情感到悲伤。"
男学生："像我这么大的日本学生，大部分人脑子里没有那段历史的记忆，虽然上课时也学过，可是能在脑海中记住它的人不多，我想日本年轻人都应该来这里看一看，这样他们一定不会忘记的。"

在纪念馆，我遇到了两名义务从事讲解、清扫工作的老人，他们也是大屠杀的幸存者——73 岁的佘子清老人和 67 岁的赵斌老人。

佘子清老人的母亲被日军杀害，他本人当时 6 岁，在美国大使馆避难时，在使馆门口，差点被路过门口的日军夺去了生命，至今，他的头顶还留有当时的伤痕。

赵斌老人当时刚刚出生，父亲是守卫中山陵的卫士，就在他生下来第五天时，父亲和 26 名战友惨遭日军残杀。请听他们对日本听众发出的心声。

（出佘老人采访录音，混日语配音）

"我想大多数日本人和我们一样，都是热爱和平的人。曾经有大学生问我，你恨不恨日本人？我说那当然恨，但你要问我恨什么人？我恨的是军国主义者，恨的是歪曲历史的右翼分子。对所有热爱和平的日本人民，我欢迎他们到南京来！"

"中国与日本有 2000 年的交流史，是邻国，必须友好。不光我们两个国家要友好，中国和日本还要一起携手，为帮助其他贫困的国家而共同努力！"

　　"我希望日本人尊重历史。所有热爱和平的日本人，希望你们坚定立场，同那些企图歪曲历史的少数右翼分子作坚决的斗争。我们欢迎有越来越多的年轻人来中国。希望你们听一听中国老百姓的心声。我们要友好，我们反对战争，我们要和平！我们希望人们过上幸福的生活——这就是我最想对日本老百姓说的话。"

　　（出赵老人采访录音，混日语配音）

　　"小泉首相参拜靖国神社，深深地刺痛了我们的心。希望日本政府拿出实际行动正视历史问题。中国人说，亲兄弟，明算账，算好了账，同样是好兄弟。我希望日本要清算好过去的历史！"

　　"有一次，在万人坑前面，我看到一个女子捧着蜡烛，不停地哭。我安慰她说，姑娘，别哭了，都是过去的事了，没想到她用日语回答我，我这才知道她是日本人。虽然我听不懂她的话，看着她不停地哭，我也跟着哭。历史可以淡忘，但是不可以抹煞，这是友好的前提。"

　　"今年，中日韩三国学者共同编了一本历史读物——《开创未来的历史》，我希望日本的年轻人都读读这本书。"

　　二十年前，纪念馆开馆后，至今参观者已经达到了 1000 万人次，这其中，也包括 45 万日本观众。馆内的一角，能看到日本参观者捐赠千纸鹤，以及他们怀着"不容历史过错再演"的心情种下的花草树木。关于纪念馆和日本友人的交往，朱成山馆长这样介绍道：

　　（出朱馆长采访录音，混日语配音）

　　"中日友好的动力在于两国人民。我接触到的日本老百姓都非常友好，正因为这样，虽然我身为这个纪念馆的馆长，但我正在写一本书，名字就叫《我的日本朋友》。我想写 100 个日本朋友的故事，他们为了中日友好，以坚韧的毅力，十年如一日地支持着我们的工作，他们给了我莫大的精神支柱。中日友好的根基在于人民，希望和出路也在于人民，人民才是推动历史前进的真正力量。这股力量，即使有政治家想要破坏它，也只能是一时的东西，对这一点，我深怀自信。"

　　今年春天，由于日本再次发生历史教科书篡改事件，在中国部分城市引发了抗议此举的示威游行，而南京这座城市保持了平静，关于这一点，朱馆长这样回顾说：

（出朱馆长采访录音，混日语配音）

"最重要的是交流。事前有很多日本记者赶到了南京，都想抢先报道。不过他们大失所望，南京没有发生游行。其原因在于，南京有纪念大屠杀的纪念馆，很多日本人来这里参观，南京的媒体对此进行了客观的报道。正因为有了这样的交流，南京市民很清楚，日本人不都是右翼，也有很多尊重历史、热爱和平的友好人士。"

四、南京市民谈中日关系

战争结束，岁月流逝，六十载已经过去。如今的南京作为沿海省份江苏省的省会，是座总人口达 700 万人的大城市，据悉，截至目前为止，来南京投资的日本企业达到了 300 多家。

今年 9 月，南京将第一次举办全国运动会，为了迎接这一盛会的召开，现在的南京正在紧锣密鼓地进行着准备，地铁也即将开通。

生活在这样一座生机勃勃的城市里，现在的南京市民是如何看待日本的呢？

19 岁的大学生，骆云龙，他是大屠杀幸存者骆中祥的孙子，就在他说话时，坐在一旁的爷爷多次点头，表示赞同，这一点给记者留下了深刻的印象。

（出骆云龙采访录音，混日语翻译）

"中日必须要友好相处。为此，思想要不停地往前走。再仇恨过去，也无法改变历史。与其这样，还不如把这部分精力花在国家建设上。部分日本政要参拜靖国神社，进行了歪曲历史的发言，但这不能意味着全体日本人都是这样。"

32 岁的陈小姐在南京繁华地段的一个服装店里做服务员，她是祖祖辈辈都在南京生活的"老南京"。

（出陈小姐采访录音）

"我觉得日本人中有好人也有坏人，差不多各占一半吧。是朋友的话，我们用友好的态度欢迎他们来南京！"

40多岁的南京市民，徐瑞鸿女士是个营养师，她这样说：

（出徐女士采访录音）

"过去的历史是刻骨铭心的，忘记不可能。但那时军国主义者犯下的罪行，不能让一般老百姓担负责任。过去的事我们不想讲得再多，但是历史不容抹煞。日本政府要正视历史，采取妥当的行动，保持两国的友好关系，今后中日友好的前景如何，关键在于日本政府。"

系列节目《纪念世界反法西斯战争暨中国人民抗日战争胜利六十周年系列节目——为了永久的和平》，今天播出内容为"南京市民话历史与和平"。感谢您的收听。

听众朋友，欢迎下周继续收听！

架起友谊的桥梁
（2005年8月10日播出）

（开始曲）

六十年过去了。六十年前的那场战火，给人们带来了莫大的伤害，也给社会带来了深重的灾难。当我们回顾历史，我们的心灵在颤抖，对世界和平的期待也变得愈加强烈。事实上，中日两国民众对于和平的追求，六十年来从未中断过。抗日战争胜利六十周年系列节目中，我们采访了为两国友好做着默默无闻贡献的中日两国民间团体的人们，在今天的节目里，就为您讲述他们的心声。

（音响1：日本紫金草合唱团的歌声）

现在您听到的是日本一个民间团体"紫金草合唱团"演唱的《和平的花，紫金草》一歌。紫金草是一种紫色的野花，它盛开在南京的紫金山麓。侵华战争中，一名参加了南京大屠杀的日本士兵目睹了战争的残酷，从紫金山脚将花种偷偷带回了日本。作为对战争牺牲者的悼念和对和平的祈祷，他怀着赎罪的心情，在日本种下了这花种，从此，紫金草在日本也生根发芽，广泛播种。紫金草合唱团正是根据这个故事命名的，他们的歌声中包含着对历史的反思，对战争的憎恶以及对和平的热爱，在南京和北京等地与中国人民有着广泛的交流。近日，我们通过电话采访了这首歌的作者——大门高子女士。

（音响2：大门高子女士）

"我们应该认识到，在成为战争受害者之前，日本已经是侵略战争的发动者，我们应该知道的事情太多了。我在20年前听到紫金草的故事，觉得应该让更多的人知道这个动人的故事，于是写下了《紫金草的故事》系列。在写它之前，我一次也没来过中国，但最近4年内我来了中国15次，每一次和中国朋友们的欢聚，都有很多感人的场面，今后我还要经常来中国！"

（间奏乐渐出）

紫金草合唱团在中国遇到了一个中国的民间团体——"杨柳叶"。这是一个有着30个人左右的老干部团体，他们曾经是大学的校友，现在他们为社会在做着自己力所能及的公益活动。他们的父辈几乎都参加过抗日战争，一部分团员甚至就出生在战争中的延安。团长杨立女士今年64岁，她对记者讲述了自己对日本人的印象：

（音响3：杨立女士）

"我小学的学校校址，原来就是日本人的细菌工厂。小时候，我就听过很多被日军残害的同胞的故事，非常悲惨，对日本侵略军真是刻骨地仇恨。但是，与紫金草合唱团的团员接触后，我对日本人的印象有了改变。他们和我们一样，是一群热爱和平的人，他们也反对战争。我被他们的歌声感动了，与他们同台演出的经历，至今都难以忘怀。想到在日本，也有这样众多的热爱和平的人们，我感到非常欣慰。"

音乐是没有国界的。通过音乐，紫金草合唱团与"杨柳叶"的心连到了一起。那么，"杨柳叶"的人们又是如何看待过去的战争和今天的中日关系呢？

（音响4：杨立女士）

"历史是不应该忘记的，有一些人想改变这个历史，甚至把教科书都改了。但是要发展两国关系，就不能忘却历史。篡改教科书就是歪曲历史，这是不尊重事实的行为，也是危害世界和平的行为。我们只有清楚地认识到侵略战争的真相和战争所带来的危害，才能在将来避免战争的再次爆发。"

以上是"杨柳叶"杨立团长的见解，那么紫金草合唱团的大门高子女士又是如何看待目前的中日关系的呢？

（音响5：大门高子女士）

"我们合唱团的团员们都是喜爱音乐，喜爱紫金花的人们。对于近期被议论的最多的两国关系这个话题，我们都认识到，应该充分了解日本过去侵略亚洲、侵略中国的历史事实，从而来反省过去。不是仅仅纠缠在南京大屠杀中究竟有没有30万牺牲者这种水平的问题上，而是彻底认识侵略战争的本质与事实。希望有更多的日本人去中国看看南京大屠杀纪念馆、抗日战争纪念馆，回到日本以后再将事实传播给更多的人。我们紫金草合唱团就是本着这样的目的在举办各种活动。'不忘历史，面向未来'，已经成为我们的口号。"

（出间奏）

日中交流俱乐部成立于1993年，是一个从事民间交流的日本友好团体。每年，团员们都会来中国访问，他们的足迹遍布中国的大江南北。同时，他们也在积极筹办各种活动，向日本公众介绍中国的情况，也把日本的情况介绍给中国民众。正当我们的节目作采访联络时，日中交流俱乐部的朋友们再次造访中国。理事长杉本静夫先生是一位高中老师，对中国的历史深感兴趣，颇有研究。他对我们谈了对中国的印象：

（音响6：杉本静夫先生）

"在我的印象中，中国学生比日本学生学习更认真。中国现在充满着活力，走在中国的大街上，都能感受到这种日本所没有的蓬勃朝气，那是一种力量的体现。北京2008年即将举办奥运会，所以人们愈加显得干劲十足。包括上次的雅典奥运会，我都能从电视屏幕上感受到中国人的活力。"

以上是杉本先生谈到的对中国的印象。那对目前的中日关系，杉本先生又是怎样分析的呢？我们来听听看：

（音响7：杉本静夫先生）

"作为一名高中教员，我深切体会到教育的重要性。教育的方式和内容，的确影响着人们的一生。日本与中国之间，有着千丝万缕无法割断的联系。虽然两国之间有着不幸的历史，但我们还是应该面向未来，为着相互的幸福而搭建两国间友好的平台。日本的年轻人并不太了解真正的中国是什么样的，中国的年轻人恐怕也如此。日本高中举办的修学旅行，越来越多地把中国作为目的地，这样可以加深对中国的了解。如果有可能的话，希望中国学生们也能更多地访问日本，了解日本的现状。我认为进行实实在在的交流活动，是非常重要的。我们日中交流协会虽然力量微薄，也在为中日两国年轻人之间的交流贡献自己的力量。"

的确，正像杉本先生所言，对一个国家，只有亲自访问它，对实际情况有了全面深刻的了解，才有可能增加对彼此的理解。其中，留学就是一个重要的途径。在中日两国的民间，有一个团体发挥着重要的作用。它就是"留日同学会"。这是由曾经在日本有过留学经历的原留学生们组成的团体，现在会员们都在各自的领域发挥着重要的作用，为两国的友好往来作着贡献。我们采访了副会长于隶群先生。

（音响8：于隶群副会长）

"留日同学会长期以来和日本各界有着广泛的交流。为两国友好关系的发展作出贡献是我们这些曾在日本留学的人义不容辞的责任。我出生在曾被日本侵略军践踏过的中国东北，但是，现在的我却献身于中日两国的友好事业，这是因为这种友好关系对两国来说都是有益无害的，我们留日同学会要为两国人民的交流和相互理解贡献我们微薄的力量。"

"以史为鉴，面向未来"，为了让中日两国间的友好关系得到顺利的发展，正确认识历史，加深对彼此间的交流和理解是必不可少的。这是在本次采访中，记者了解到的各个民间团体所持的共同认识。

（间奏乐渐出）

在这难得相聚一抒胸臆的节目里，大家也有对听众要说的话。首先是紫金草合唱团的大门高子女士。

（音响9：大门高子女士）

"希望有更多的日本人收听中国国际广播电台的日语节目，增加对中国的认识，我们紫金草合唱团也会尽力将中国的声音广泛地介绍给更多的日本听众。"

下面是"杨柳叶"的杨立团长。

（音响10：杨立女士）

"亲爱的听众朋友们，我们热爱日本的热爱和平的人民，我们希望我们的友谊永世流传！"

下面是日中交流俱乐部的杉本静夫先生。

（音响11：杉本静夫先生）

"希望中国国际广播电台能够更多地制作一些反映中国现状的节目，日本的听众们也可以多给国际电台出主意、提意见，我想这样可以让节目变得更精彩，让我们的关系更牢固。"

最后是留日同学会的于隶群先生。

（音响12：于隶群副会长）

"我在日本留学的那段时间，（日本）给我留下了非常好的印象，包括日本的料理。所以我非常希望今后能够更多地加强和日本人民的交流，更进一步为增进中日友好作出我们自己的贡献，在这里，衷心为日本国民祈祷，希望他们和平、幸福！"

（音响13：《和平的歌，紫金草》）

"和平的歌，紫金草"，正如这优美的歌声所颂扬的那样，让我们共同祈祷这世界能永远地和平下去。

纪念世界反法西斯战争暨中国人民抗日战争胜利六十周年系列节目《为了永远的和平》，感谢您收听本期节目，主持制作傅颖。如果您有什么意见或感想，请给我们写信。我们的通信地址是：

中国北京市石景山区石景山路甲 16 号　邮政编码 100040

中国国际广播电台日语部　来信组

下周同一时间请继续收听。

盛开在民间的友谊之花

（2005 年 9 月 7 日播出）

（开始曲）

1984 年，邓小平同志在与日本首相中曾根康弘的会谈中，曾经这样强调：

"一定要以一个长远的眼光来看待中日关系，首先是 21 世纪，接下来是 22 世纪、23 世纪。应该把中日友好的方针长期贯彻下去。这个重要性远远大于我们两国之间其他所有问题的重要性。"

那场战争结束后，转眼六十年过去了。今天，中日之间的关系可以说出现了不少问题，在这种时候，更加让我们回想起小平同志的这段话。

（间奏乐渐出）

晚上好，我是周莉。纪念世界反法西斯战争暨抗日战争胜利六十周年系列节目，今天为您播出最后一期，题目为《盛开在民间的友谊之花》。

（出间奏乐，渐弱）

每一个国家都是无数个人的集合。发展中日关系最行之有效的办法，恐怕就是需要我们重新回到起点上，扩大两国人民之间的交流并加深相互理解。至今为止，在中国和日本走过的友好发展路途中，无数人在默默地奉献着。

神宫寺敬，是一位居住在日本山梨县甲府市的老人，今年已经 85 岁了。1966 年，他受到《人民中国》杂志社的邀请首次访问中国，从此与中国结下了不解之缘。从那以后，他平均每年都要访问中国一次，至今已多达 50 多次。

（间奏乐渐出）

同时，为了把自己热爱中国的心情与身边的人分享，从上个世纪 70 年代开始，神宫寺先生除了每年与太太一起来中国旅行之外，还让自己家的几个孩子分别到中国旅行或留学。神宫寺先生的太太绫子女士说：

（音响 1：神宫寺绫子）

"我第一次访问中国是在 1969 年，那个时候中国流行的口号是'为人民服务'。我本人也深受这个口号的鼓舞，从中国旅游回来后，我就在这个口号的感召下开始了家庭旅馆的经营。"

开始经营家庭旅馆的神宫寺夫妇后来更以身份担保人的身份，接收来自中国的留学生和进修生。同时，在与中国相关方面的交流中，先生深切地感到国际广播电台和《人民中国》等中国国内的日语人才比较缺少赴日留学的机会，于是与自己的好友——日本山梨电视台的中山典村前社长达成一致意见，每年接收一名中国女性到电视台进修。于是，至今，已经有 21 人先后以在神宫寺家居住、山梨电视台进修的形式度过了半年时间的进修生活。以这种形式在国外生活和工作半年时间，对于外语学习者而言，自是受益匪浅。神宫寺夫妇对每年要住进他们家里的进修生都满怀期待：

（音响 2：神宫寺敬）

"对接收中国进修生和其他的孩子们，我自己内心满怀期待。因为，我可以从她们的日常想法和做法中感受到中国的社会形势。"

（音响 3：神宫寺绫子）

"对这些孩子们，我觉得比自己的女儿还要亲。在朝夕相对的生活中，产生了深厚的感情。另外，每年来我家的女孩子们也都有一些变化，这也很有意思。比如说，女孩子都是爱美的，在这点上，二十多年间变化真的是太大了。一开始来我家的孩子们好像在这方面完全不在行，可是，到了第二十名的时候，就变得非常时尚，很会打扮自己了。看到这些变化，我觉得很有意思。"

从上个世纪 80 年代开始，国际广播电台日语部的几乎所有女性播音员都先后得到了在神宫寺先生家居住、同时在山梨电视台进修的机会。虽然只有半年时间，但对于我们而言，不但是非常珍贵的学习机会，同时，也通过在普通的日本人家庭居住的形式，得以非常直接地了解到日本的风俗习惯。

曾作为神宫寺大爷家的第十六个女儿在山梨进修的现日语部主任傅颖说，半年的进修生活中有很多难忘的回忆。她说：

（音响4：傅颖）

"住在神宫寺大爷家的半年时间里，真的有很多难忘的回忆。其中我印象最深刻的是红豆饭。在我第一天到山梨电视台去上班的那天早上，神宫寺夫人，也就是我们平时称呼的神大娘早早起床，为我特意做了一锅红豆饭。其实，神大娘的手在几年前因为曾经受过伤，平时是不做饭的。可是那天特意为我早起做了红豆饭。我至今还记得那个红豆饭的味道。当天，当我跟电视台的朋友谈到这件事的时候，她们对我说，'那个红豆饭在我们日本是对自己家里人表示祝贺的时候才会做的。'神大爷、神大娘，衷心地感谢你们！"

自2004年以来，中日关系呈现出恶化的趋势。中日两国的很多有识之士认为应该回到原点，重新审视中日两国关系。

有着相似的面孔、使用同样的汉字，使得中国人和日本人容易轻易认为对方的思考方式也和自己类似，但其实也许不然，这也许是招致失败的原因之一吧。神宫寺先生跟我们讲了这样一个小插曲。

（音响5：神宫寺敬）

"也许我自己也有疏忽的地方。最早我们接收国际广播电台的进修生时，台里的领导嘱托我们说，一定要让大家体验到日本原汁原味的生活。当时，我家的浴室还是原来的老式浴室，是那种在下面烧火加热的洗澡盆，没有淋浴喷头。第一个来这里进修的女生回国后，当我们再次在北京见面时，我问她，你在日本时最困扰的事情是什么？结果，她很坦率地告诉我说，是没办法洗澡。后来，我和北京日语界的老朋友谈起这事时，他说，那当然是不行啦，以中国的习惯而言，年轻的女孩子是肯定不会在老头老太洗过后的水里洗澡的。于是，在第二位进修生来之前，我就在家里新装了自动出水的淋浴设备。我平时老是觉得自己已经比较了解中国了，但其实风俗习惯这东西，远不是那么简单的事。不是我们日本人觉得可以就万事大吉的。所以说，中国和日本的关系中，如果不深切地意识到这一点，完全按照自己的意思来，觉得这样做的话对方理所应当会高兴，还是不够的。还是应该互相了解对方的习惯和思想，妥善地与对方进行交往。国家与国家之间的关系固然如此，个人之间的交往中，也同样不应该把自己的想法强加于人。"

其实，坦率来讲，感受到这种文化层面冲击的，并非只是作为接待方的神宫寺一家。曾作为神宫寺家第十四个女儿在山梨电视台进修的日语部廖丽说：

（音响6：廖丽）

"在山梨电视台进修的时候，作为进修生，每个早上就要和新进女职员一起，给单位的全体男同事沏茶。对于这件事，开始的时候我非常不理解。为什么要女孩子给男生沏茶呢？由男生来沏茶，不是更能体现男士的绅士风度、从而才能更招女孩子喜欢吗？不过，抱着入乡随俗的想法，我还是和女孩子们一起做着这件事。后来，当我给男士们递上茶杯的时候，听着他们非常亲切地说谢谢，同时，和女孩子们在茶水间，说着各种开心话题的时候，我也觉得很温暖。"

除去这种个人层面之外，中日两国之间国与国的关系也同样应该认识到彼此之间的不同之处。或许，有时候难免会磕磕碰碰，但也许我们会从碰撞之中汲取教训，从而逐渐产生出真正意义上的相互理解和友好。对于中日关系问题，神宫寺先生和绫子女士这样说：

（音响7：神宫寺敬）

"无论是作为日中友协的会员还是从个人立场上来讲，日本和中国的关系顺利时，对两国都有益；而关系不好时，则对两国都是有害的。所以，我认为发展友好关系，对两个国家而言都是必要的。在现在一个阶段上，虽然我们感觉两国关系不是那么好，但是从长远眼光来看，这只不过是很短的一个时期。日本和中国的绝大多数民众都衷心地期待日本和中国世世代代友好下去。这股力量是最强大的，所以我认为日中关系必然会得到修复。"

（音响8：神宫寺绫子）

"作为一个女性，我认为中国和日本的妇女都憎恶战争、渴望和平。中日两国肯定会友好下去。"

另外，曾于1974年至1979年在中国广州中医学院留学的神宫寺先生的二女儿——伸子女士也这样说：

（音响9：神宫寺伸子）

"我觉得我们应该摒弃日本和中国是不同国家的那种意识，自然友好地进行交流。虽然我们是不同的民族，但还是应该彼此尊重对方，多考虑一些对方的事。"

（结束曲渐入）

现在，神宫寺夫妇每年都会在秋天来到中国，和中国的女儿们见面。被日本父母深深疼爱着的国际广播电台日语部的女儿们，也都兢兢业业地工作着，期待以更好的成绩迎接他们的到来。

在中日两国的民间交流中，像这样感动我们的事例还有千千万万。这些盛放在民间的美丽的友好之花，装点着企盼中日两国世代友好的人们的心灵。

《为了永久的世界和平》，纪念世界反法西斯战争暨中国人民抗日战争胜利六十周年系列节目，今天播出的是最后一期，题目叫《盛开在民间的友谊之花》。

从下周开始，在这个时间段将恢复系列节目期间中断的中日友好交流节目《交流广场》的播出，敬请期待。再见！

（音乐渐弱，结束）

简　评

为纪念世界反法西斯战争胜利六十周年，国际台日语部特别制作了十集系列节目《为了永久的和平》。这档节目制作花费了近三个月的时间，经过记者艰辛的采访，取得了很多报道素材，形成了突出的节目特色。这档节目结构明晰，采访录音运用得当，整体性强，广播特点突出，达到了以声取人，以声感人的效果。听众称赞该节目主题鲜明，策划周密，音响丰富，制作精良，报道角度好，针对性强。主持人语言精练、优美、现场感强，将广播传媒特点运用到了一个较高水平，尤其值得称道。

中国人的网络生活

祁璟琳　赵建平

中国人的网络生活之"网络音乐"

（2005 年 12 月 2 日播出）

亲爱的听众朋友，您现在收听的是《社会生活》节目！随着互联网技术的飞速发展和电脑在中国的普及，越来越多的中国网民已不再满足于仅仅通过互联网浏览新闻、收发电子邮件，而将互联网当作生活中不可缺少的一部分。近年来，"网络文艺"、"博客"、"网祭"、"彩铃"、"网商"这些新鲜词汇已经成为当今中国互联网上流行的网络关键词，也悄然改变着中国老百姓的生活和思维方式。亲爱的听众朋友，在接下来的几期节目当中，我们将为您播出系列节目"中国人的网络生活"，敬请收听！

（片花 1：缤纷时代，缤纷生活，你的生活，我的生活。敬请收听：中国人的网络音乐！）

（男女主持人对播）

女：听众朋友们，今天，我请来我的同事祝昕和我一同主持，他对网络音乐可是很有研究的！小祝，先给我们讲讲什么是网络音乐吧！

男：好！网络音乐，主要指的是通过网络发布并得以流传的歌曲或音乐。

女：近年来，一些网络歌手凭借网络，将他们的音乐作品以最简单、经济的方式送到听众的耳朵里并迅速走红，从而走上了梦想的音乐道路。由此可见，网络音乐这种新的文艺形式给众多民间音乐人开辟了一条通往成功的新道路。

男：不错，今天我就带来了一位网络歌手的作品。我们不妨先来听一下！

（音响 1：《飞鸟》歌声出，渐混）

女：噢，这首歌我也听过，名叫《飞鸟》，描述的是游子的思乡情怀，在中国最大的门户网站之一搜狐网（www. sohu. com）的音乐频道"我音我秀"上。这首歌在网上发表仅三个多月，点击率就已经达到了 120 万次，并连续数周都成为该音乐频道的推荐曲目。

（音乐渐出，渐混）

男：对，这首歌的词曲创作及演唱都出自一个叫阿贝的男孩之手。为了追求他理想的音乐，让更多的人了解他的音乐，一年前，阿贝只身来到了北京。今年八月，阿贝将自己创作的最满意的九首歌在录音棚录制，然后上传到网上，并在搜狐网的音乐频道上开辟了专属于他自己的主页，取名为"阿贝音乐空间"。阿贝认为，网络音乐为他开辟了一个新的舞台。

（音响2：阿贝讲话出）

"（把歌曲上传到网上可以）把自己的音乐介绍给别人，让别人了解我，为自己做宣传的同时也可以跟别人交流。因为音乐是做给人听的，（网络）起到的作用和电台、电视台是一样的，而且更加适合现在的多媒体时代。"

女：那么网络音乐一定都是网友自己创作的吗？

男：也不完全是。网络音乐主要分为三大类，即原创、翻唱和改唱。有些网友虽然不会创作，但可以在重新演唱别人的歌曲时突出自己的特色，同样很受欢迎。

女：这倒很有趣啊。小祝，有没有带来一些翻唱的网络歌曲让我们欣赏一下？

男：当然有！下面，我就请大家听一首翻唱版的《圣诞歌曲联唱》，大家听听看！

（音响3：歌曲《圣诞歌曲联唱》声出，渐混）

女：好可爱的歌曲！这是个小孩演唱的？

男：是啊。你一定猜不到，这位小小的网络歌手只有三岁，他的网名叫"墨宝"，本名叫王子墨。小"墨宝"的音乐网站是他的爸爸王崴先生创建的，很多网友都亲切地称他为"墨爸"。

（音响4：王崴讲话出）

"因为我本身就是音乐制作人，所以在'墨宝'小时候，我就很注意把他的声音录下来，打算留作纪念。后来，我发现了网上的音乐频道，就把'墨宝'六个月大时录下的声音进行编曲，上传到了网上。没想到，现在越来越多的网友都喜欢'墨宝'的歌，真是意外的收获。"

女：真没想到网络上还有这么小的歌手。这小家伙一定不知道他已经在网络上小有名气了吧？

（音响5：王崴讲话出）

"小孩还太小，对网络没有概念，他只知道打开电脑，里面会'有'很多人听他的歌。不过，我心里很感谢这个网络平台。正因为有了这些网友的支持与关注，我就更加用心帮'墨宝'制作新歌，而且还经常把'墨宝'的成长故事记录在网站上。这（网站）就好像一个日记本，不同的是它不仅有文字和照片，还能记录孩子各个时期的声音。"

（音乐渐出，渐混）

女：真是不错的体验。这些歌曲的编曲都十分精美，那么制作网络歌曲一定很复杂吧？

男：其实不难，只要有一台能够正常运转的电脑和一套音乐编辑软件，就可以制作自己喜欢的音乐。现在很多网站都开辟了网上音乐频道，提供上传音乐作品的服务，同时还提供相应的音乐编辑软件和使用教程。

女：这样一来，不用电台的宣传，不用唱片公司的包装，没有太多的商业因素，任何普通人都可以通过网络一圆自己的音乐梦。

男：的确，除了一些原创歌手外，更多的人是通过网络音乐来表达自己对音乐的喜爱。赵雁是一名刚刚从北京工业大学毕业的女硕士，她说，音乐是她人生中不可缺少的一部分。

（音响6：赵雁讲话出）

"当我知道这种（用软件）录音方法的时候十分兴奋，我觉得自己录自己的歌，而不是别人唱的，感觉真是很好！因为（把歌曲上传到网上）并不要求（太多演唱）技巧，而且因为我是翻唱我喜欢的歌手的歌曲，大家不会拿专业歌手的要求来要求我，每次录完一首歌真有一种成就感。"

女：网络的便捷促进了网络音乐的流行，不过，网络最突出的优点还在于它的互动性。网络歌手如何与网民进行互动呢？

男：现在，每个开设音乐频道的网站都会提供网络音乐的下载和试听。网民可以在喜欢的作品下面写下留言，对歌手作出直接反馈。这些留言对于网络歌手可是很重要的。来自中国南方城市福建的网络歌手阿贝说，他每天醒来的第一件事就是打开电脑，查看留言。

（音响7：阿贝讲话出）

"我这个网页属于挺热闹的一个网页，有很多留言，大部分（网友）都肯定我的（作品）。《飞鸟》（这首歌）的'回头客'特别多，每天的浏览量也比较高，我看大家对我都是很鼓励和支持的。"

女：网络音乐如此风靡，这是不是也给传统歌手带来了一些冲击？

男：的确，很多传统歌手意识到了网络传播歌曲的巨大潜力，所以传统的新歌发布方式也悄然发生了改变，那就是——网络普及。搜狐网站音乐频道编辑时光先生打开一首网络歌曲，对记者说：

（音响8：歌曲《都不容易》声出，渐弱）

（音响9：时光讲话出）

"你看，这首歌就是（内地著名）音乐人小柯演唱的，除他以外，还有一些音乐人也把自己的作品上传到网站上。他们现在也经常借助网络（媒体）来为自己做宣传。"

女：我发现，有些网络歌曲还配有音乐电视（MTV），这也是网友自己录制的吗？

男：这其实并不难。有些网友是用摄像头或是摄像机自己拍摄音乐电视。有些网友则用电脑软件制作动画来配合自己的网络音乐。不如我们来欣赏一段网络音乐动画吧！主持人，请你给大家讲解一下！

（音响10：《丁香花》音乐声出，渐混）

女：好！这首歌名叫《丁香花》，它描写了一个真实的故事。音乐响起，画面上飘满了紫色的丁香花瓣，在一片丁香花瓣散去后，画面上浮现出一个女孩清秀的面庞，她身穿一条淡紫色的连衣裙，长长的黑发扎成一条麻花辫儿，身上落满了丁香花瓣……

（音乐渐出，渐混）

男：这画面真美，可惜这是一个悲伤的故事。这丁香花一般的女孩是一名偏远山区的小学教师，最终病魔夺去了她年轻的生命。最终，村民将她埋葬在那株她最喜欢的丁香花树下。

女：这首歌是近两年最流行的网络歌曲之一。我想，人们喜欢这首歌不仅因为它有制作精美的音乐动画，最主要的优点还是歌词浅显易懂，旋律简单上口。

男：现在，这些网络歌曲不仅在年轻人当中广为流传，同时也感染了各个年龄层的听众。

（音响11：新星出版社的编辑蒋利民讲话出）

"我觉得这类（网络）歌（旋律）比较简单，（歌词）朗朗上口，既好听也容易学唱。在卡拉OK，谁都会唱上两句。连我女儿（刚）三岁就都会唱'你说你最爱丁香花……'"

女：谢谢小祝的介绍！

在互联网飞速发展的今天，中国人的网络生活也真是愈加地五彩缤纷。如今，音乐也搭上互联网这班快车向我们驶来，让我们可以展现自己真实的声音。

（片花2：中国人的网络生活，感谢您的收听！）

亲爱的听众朋友，刚才我们向您介绍了中国时下流行的"网络音乐"。在下一期的"中国人的网络生活"系列节目中，我们将向您介绍时下中国互联网上的"博客"们，欢迎届时收听！亲爱的听众朋友，感谢您的收听，我们下周再见！

中国人的网络生活之"网络纪念馆"
（2005年12月16日播出）

亲爱的听众朋友，您现在收听的是《社会生活》节目。欢迎收听系列广播节目《中国人的网络生活》。在上期节目中，我们向您介绍了中国互联网上的"博客"们。今天，我们将向您介绍一种在中国悄然兴起的新的祭扫方式——网络纪念馆。

（片花 1：缤纷时代，缤纷生活，你的生活，我的生活。敬请收听：中国人的网络生活！）

（舒缓音乐出，渐混）

人的生命只能有一次，当挚爱亲朋离开人世，人们总是许久无法释怀心中的哀思。如今，在中国悄然兴起的网络祭扫让老百姓有了全新的选择，也让普通老百姓的那些平凡而又特殊的故事得以永远流传。

创建于 2000 年 3 月的网同纪念网站（www.netor.com）就是这样一个提供网络祭扫服务的专业在线纪念网站。作为世界上第一家规模化经营在线纪念的网络公司，网同公司不仅开创了一种崭新的祭奠方式，也为中国网民提出了一个全新的理念。

北京网同纪念网络技术有限公司市场部负责人王晓彦小姐介绍说：

（音响 1：王晓彦讲话出）

"互联网的诞生使得人们的情感表达可以有一种全新的方式。传统的墓地存在一些时间和空间的局限性，因为中国人一般习惯在农历的清明、冬至这两个节气（每年阳历 4 月 4 日、5 日或 6 日和 12 月 21 日或 22 日）去扫墓祭祖，但一些身处他乡的人就无法实现（这一愿望），网络则可以轻松解决这个问题。"

（轻柔音乐出，渐混）

打开"网同纪念"上任何一个纪念馆的网页，我们都会听到这样轻柔的音乐。这都是参观纪念馆的网民为逝者点的歌曲。除了点歌，访客还可以为逝者献花、留言，或者瞻仰逝者生前的影像，回顾他们的生平故事。所有的祭献、悼文和生平影音都将以多媒体的形式在网上永远保留。

北京网同纪念网络技术有限公司市场部负责人王晓彦小姐介绍说：

（音响2：王晓彦讲话出）

"（我们的访客中），有十几岁的学生为早逝的偶像建馆的，三四十岁的中年人为逝去亲人建馆的，也有六七十岁的老人为家族建立宗祠的，可以说各个年龄层无所不有。"

（音响3：乐曲《明月千里寄乡思》出，渐混）

55岁的邹先生就是"网同纪念"较早的用户之一。4年前，品学兼优的女儿邹霞突发脑癌，并在短短的几天内就离开了人间。爱女突然逝去给这个原本幸福的家庭带来沉重的打击，孩子的母亲更是几近崩溃边缘，整日沉浸在悲伤的往事中。2003年，邹霞爸爸从女儿的同学那里得知了"网墓"这个新形式，便在网上给女儿申请了纪念馆。为了维护女儿的网上墓地，两个对电脑操作和网络不甚了解的老人开始从头学起。邹先生告诉我们：

（音响4：邹先生讲话出）

"这（有了网上陵园）以后，孩子的母亲就经常上网，给女儿的'墓碑'前献一束花、点一首歌，跟女儿说说话。久而久之，她觉得好像我们的女儿就活在那个网络世界里，她心中的思念都无拘无束地借助网络平台上倾诉出来，网上纪念馆就成了她精神的寄托。在网同网站上，她还结识了一些同样失去子女的网友，他们互相谈心、互相鼓励，共同走出了失去亲人的阴影。"

（音乐渐出）

目前，网同纪念网站上共建有四万多个纪念馆，其中80%到90%是普通人的纪念馆，此外则是为一些名人、先烈建设的公益馆。网站还经常推出一些纪念主题，并根据中国的特色节日、社会氛围、时事事件等来举办一些活动。王晓彦小姐介绍说：

（音响5：王晓彦讲话出）

"（在发生）一些重大事件（后）我们都会建立纪念馆，例如，印尼（苏门答腊岛）发生地震后，我们就为所有死难者建立了一个'印尼地震遇难者纪念馆'。在发生这么重大的灾难后，很多中国人都想表达自己的哀思，而我们（网站）就为这些善良的人们提供了这样一个抒发情感的渠道。我们为印度洋海啸建立的纪念馆的点击率非常高。"

在祭祀网站上，网民不仅可以为自己的故去亲朋建立纪念馆随时祭祀，为自己的祖先家族建立宗祠供后人祭奠，还可以拜访各个历史名人、英雄先烈的纪念馆。不管是伟大的政治领袖，英勇的革命先烈，还是众多普普通通的人民英雄，各个时期感动过中国人的人物都会出现在在线祭祀网站上。在这些纪念馆中，有的是网站管理者创建的，有的是烈士亲属建立的，而更多的是由素不相识的普通网友来建立和维护。

王贺彦小姐就是承担着这种类似于义工的工作。作为隆福医院的一名普通护士，王贺彦十分热爱自己的医护工作。早在"网同纪念"建站初期，她就在网上为南丁格尔建立了名为"无翼天使"的南丁格尔纪念馆。她告诉记者：

（音响 6：王贺彦讲话声出）

"我建立这个南丁格尔的纪念馆，主要是想表达（我）对这位最伟大的白衣天使的崇敬，以及对本身（护士）工作的热爱。"

2003 年，一场"非典"给中国所有的医护人员带来了最严峻的考验。那时，王贺彦在报纸上阅读到这样一则报道：

（悲壮音乐出，渐混）

（音响 7：男声中文朗读声出，渐混）

"在广东省中医院担任急诊科护士长的 23 年当中，无论是带头护理艾滋病吸毒者，还是冒死抢救非典型肺炎病人，叶欣从来没有'瞻前顾后，自虑吉凶'。她用自己的生命书写了中国大医之'精诚'。2003 年 3 月 24 日凌晨，因抢救非典型肺炎病人而不幸染病的叶欣光荣殉职，终年 47 岁"。

（音乐渐出，渐混）

（音响 8：王贺彦讲话出）

"我在上班的时候看到了叶老师的事迹，当时觉得特别感动。回家后我就为叶老师建立了网上纪念馆。现在，叶欣的纪念馆经常有全国各地朋友的留言，看到他们的话（我心中）也感到欣慰，这也是对自己职业的认可，鼓励我把工作做好，也把纪念馆管理好。"

现在"永远的白衣天使——叶欣纪念馆"访问人数已经达到了20多万。建馆的经历也让在北京工作的王贺彦与在广州的叶欣一家人成为了很好的朋友。

（音响9：王贺彦讲话出）

"最初，他们也不太理解（我的建馆行为）。但现在看到有这么多人访问（叶老师的纪念馆），有这么多朋友（通过网上纪念馆）表达自己对叶老师和我们（医护人员）的崇敬，他们也能够接受（网上纪念馆）这种形式了。现在，他们还会常向我提供一些（关于叶老师的）资料，用来丰富（网上）纪念馆（的内容）。"

（舒缓音乐出，渐混）

在"网同纪念"的首页上，写着这样一句话"每个生命都是一个独特的故事，让生命的故事在世间永远流传"。我们相信，这里的每一个故事都值得我们纪念，因为生命需要珍惜，也需要尊重。正如北京网同纪念网络技术有限公司市场部负责人王晓彦小姐介绍所说：

（音响10：王晓彦讲话出）

"网同的英文站名是 neton，这是一个自创的词，是英文'网络'（Net）和英文'人'的词根（on）的组合，即人在网上的意思，寓意人的精神在网络上永恒。"

近年来，我国政府一直致力于丧葬改革。互联网技术的发展则为世人在丧葬礼仪上的移风易俗提供了一种新的方式和新的可能。

（片花2：中国人的网络生活，感谢您的收听！）

亲爱的听众朋友，在今天的系列广播节目"中国人的网络生活"中，我们向您介绍了在中国悄然兴起的新型祭扫方式——网络纪念馆。在下一期节目中，我们将向您介绍中国互联网上的新事物——"彩铃"，欢迎您届时收听。感谢您的收听，我们下周再见！

中国人的网络生活之"网商"

（2005年12月30日播出）

亲爱的听众朋友，您现在收听的是《社会生活》节目！欢迎继续收听系列广播节目"中国人的网络生活"。在上期节目中，我们向您介绍了中国互联网上的新事物——"彩铃"，今天，我们将带您认识一下中国的"网商"。

（片花1：缤纷时代，缤纷生活，你的生活，我的生活。敬请收听：中国人的网络生活！）

随着社会生产力的发展，近年来中国信息技术产业的结构已经发生了巨大的变革。在中国，由于电子商务的不断健全和发展，出现了一批通过互联网进行商业活动的企业或个人，有人称之为"网商"。

（片花2：敬请收听：中国人的网络生活！）

据统计，仅在2005年一年当中，中国的"网商"群体就从400万增长到了2000万的规模。经过短短一年时间的发展，中国"网商"就爆发式地增加了四倍之多，由此可见电子商务的发展前景是十分可观的。那么，"网商"是如何工作的呢？这还要从网上购物说起。我的同事祝昕是个网络迷，下面请他来给大家介绍一下如何在网上购物吧！

（以下男女对播）

男：好的！其实很简单，现在每个网上交易平台都有一套设定的系统，便于用户销售和购买商品。

女："网商"要如何把自己的产品展示给大家呢？

男：通常，"网商"首先要为自己的商品拍照，然后将商品照片和使用说明等资料按照网站的系统提示上传到网上，制作成网页，这就算是完成了网上交易的第一步。

女：这样我们就可以直接从网上看到这些商品信息了吧？

男：对，网民可以通过浏览网页挑选自己中意的商品。一般来说，制作精美的图片和描述详细的产品说明都是吸引顾客的关键。

女：如果我在网上选中了商品，要怎样付款呢？

男：现在，中国很多实体银行都开通了网上电子银行。各大网上交易平台都支持这些电子银行系统。买家可以根据网站的提示选择购买，而且足不出户就可以完成付款过程了。

女：接下来，怎么能让商家立刻知道我购买了他的商品呢？

男：很简单，网站会将相关的交易信息以电子邮件的形式发送给网上的卖家。最后，"网商"只要将相应商品通过邮局或快递公司寄送到买家手上就算完成了一次交易。

女：好，谢谢小祝！

其实，除了方便快捷这一优势，网上购物的风险性也随着网络交易平台的日趋成熟而逐渐降低。为了保障交易的公正和安全，很多网上交易平台都设立了各种奖惩措施和评分制度。买家可以对商品优质、服务诚信的商家给予好评，反之也可以对某些欺诈行为作出投诉、举报等，由网站工作人员进行调查处理。

到底什么样的人在从事这一职业呢？了解了网上购物的基本步骤，接下来，我们就来认识一下中国的"网商"吧！一年前，28岁的北京女孩杨捷在中国知名的网上交易平台淘宝网（www.taobao.com）上卖出了一条闲置很久的裙子，这第一次的"触电"经历让她体验到网上交易的乐趣。随后，杨捷在该网站上开设了一家专门出售银制饰品的"店铺"，做起了兼职网商。现在，杨捷已经收到1782条好评，这就是说至少有一千七百多名顾客光顾了她的网上"首饰店"，而杨捷的收入也由最初的月入一两千元增加到了一万元。一年的"网商"经历不仅带给杨捷一种崭新的生活方式，也教会了她很多经营之道。

（音响1：杨捷讲话出）

"'网商'的付出其实是很多的，因为实际（生活）当中的买卖很直观。但网上购物是看得见摸不着的，（所以）买家通常会有很多问题。（我认为）在诚信的前提下服务是最重要的，很多客人需要的其实就是服务。因为在网上重复的商品很多，而且价格也高低不同，所以高质量的服务是最重要的。"

看到网上店铺的经营步入正轨，杨捷辞去了原先干了十年的工作，开始专心经营她的网上商店。她骄傲地告诉记者：

（音响2：杨捷讲话出）

"（现在）我是一个全职'网商'！'网商'的工作时间不固定，这样我可以自由支配自己的时间。而且网络（交易）让我感到很自由也很开心。"

现在，杨捷已经把网商作为自己的新职业。人们不禁要问，为什么会产生"网商"这种新职业呢？中国著名门户网站 263 网站的电子商务部经理孙昊先生认为，电子商务相对于传统的商务有其自身的特点及优势，因而近几年在国内得到了长足的发展。他说：

（音响 3：孙昊讲话出）

"首先，（网上交易）可以降低产品购销环节的成本，可以将产品信息便捷及时地发布给全世界用户，拓宽了销售渠道；电子商务可以带给最终消费用户更多的实惠便利，用户能够以更低廉的价格买到产品；中国的地域广阔，而传统（购物方式）受时间、地域的制约较大，网络则便于解决上述问题。"

"网商"的出现并非偶然，那么中国"网商"的发展前景又如何呢？263 网站的电子商务部经理孙昊认为，"网商"行业的健康发展还需要一些不可或缺的条件，他说：

（音响 4：孙昊讲话出）

"中国经济高速发展促进了个人消费需求的提高，这是最基本的条件；其次，互联网用户的快速增长，网民上网条件的逐步完善是电子商务发展的必要条件；另外，国家相关政策法规的出台、物流配送服务水平、付费便捷程度、用户消费心理和消费习惯的逐步转变，是电子商务能否全面发展起来的重要条件。"

"网商"的出现反映出电子商务大众化与平民化的一面，让电子商务成为了寻常百姓生活的一部分。对于这种快捷便利的新型交易方式，中国的老百姓们有着各自的看法。

北京摩托罗拉公司职员严家乐先生在网上购物的经历已经有两年多了，他说：

（音响 5：严家乐讲话出）

"网上购物只要几分钟就可以完成付款手续了，我觉得这种购物方式很棒。我既可以买到自己喜欢的东西，又不必东奔西跑。"

北京第三热电厂退休会计赫晓薇阿姨说：

（音响 6：赫晓薇讲话出）

"退休后，我女儿就教我上网。后来我发现网上（卖的）东西也不错。上次就让我闺女帮着在网上买了染发膏，还比我以前在商店买的便宜，真不错！"

天津大学大四学生赵越说：

（音响7：天津大学学生赵越讲话出）

"我和同学（在网上）开的球鞋店有一年多了。因为（网上开店）可以省去了店铺租金、内部装修等费用，比较适合我们大学生自己创业。我很多同学都说，现在就业压力比较大，如果暂时找不到理想的工作，这（做'网商'）也是个不错的选择。"

展望未来，互联网将越来越像一个真实的社会，就像现实社会经商是非常自然的事一样，网民经商也逐渐成为自然而然的要求。中国的老百姓在体验着这种数字化生活方式带来的乐趣时，也迎来了这一崭新行业带给我们的挑战与机遇。

（片花3：中国人的网络生活，感谢您的收听！）

亲爱的听众朋友，在过去的几期节目中，我们陆续向您介绍了中国互联网上的"网络音乐"、"博客"、"网络纪念馆"、"彩铃"和"网商"，系列广播"中国人的网络生活"到此结束了。

互联网是否也给您的生活带来了一些变化呢？亲爱的听众朋友，如果您也有关于互联网的故事，不妨来信告诉我们，让我们与您一同分享科技与网络带给我们的生活乐趣。如果想重复收听本次系列广播请浏览我们的网站：www. es. chinabroadcast. cn。感谢您的收听！我们下期节目再见！

简 评

《中国人的网络生活》：即《体验网络生活——中国人的网络关键词》通过对中国人多彩的网络生活的介绍，折射出近几年随着社会的发展，中国人思想观念的革新与生活方式的变化，同时也从另一个层面反映了中国经济飞速发展给老百姓的生活带来的变化。

该节目选材新颖、视角独特，通过对中国互联网上几个主要词汇的解读，向听众介绍了网民们在互联网上制作博客、彩铃、文艺作品等等的多种生活体验。

节目采用主持人与嘉宾对话的形式，将中国网民在网络上的自我表现非常直观地向听众进行了介绍。节目涉及的内容相当广泛，其中还穿插了许多网民的声音，极大地丰富了广播的特点。

优秀新闻

"神六"系列报道

耿庆庆　陈濛　卫宁

中国第二艘载人飞船发射成功

中国国际广播电台消息（记者卫宁、耿庆庆）：中国自主研制、载有两名航天员的载人飞船——"神舟六号"12日上午发射成功。这是中国继两年前首次进行载人航天飞行之后，再一次发射的载人飞船。

12日下午近16时，"神舟六号"成功变轨，运行轨道由椭圆轨道顺利进入圆工作轨道。17时30分左右，"神舟六号"航天员从返回舱进入轨道舱开展工作，这标志着中国载人航天飞行由"神舟五号"的验证性飞行，过渡到真正意义上的有人参与的空间飞行试验。截至目前，航天员身体状况良好，工作一切正常。

12日晚上，"神六"航天员还与他们的家属等地面人员进行了对话。"神舟六号"飞船是从位于中国西北部的酒泉卫星发射中心发射升空的。发射使用的是中国自行研制的火箭长征2号F运载火箭。

国家主席胡锦涛、国务院总理温家宝等中国领导人，分别在北京航天飞行控制中心和酒泉卫星发射中心观看了发射实况，并对"神舟六号"飞船的成功发射表示祝贺。温家宝表示，中国进行航天飞行科学试验，完全出于和平的目的，也是对人类科学与和平事业的贡献。"神舟六号"飞船的顺利升空，准确入轨，迈出了这次航天飞行极为重要、关键的一步。他预祝"神舟六号"载人航天飞行圆满成功。

按计划，费俊龙、聂海胜两名航天员要执行多天飞行任务，并脱下航天服，从返回舱进入轨道舱活动，另外，他们还要完成空间科学实验的操作任务。飞船在完成预定飞行任务后，将返回中国北部内蒙古自治区中部地区的主着陆场。

目前，世界上具有独立开展载人航天活动能力的国家，仅有美国、俄罗斯以及中国三个国家。有关详细内容，请听新闻节目后的《中国时事》节目。

中国航天员首次进入轨道舱开展工作

中国国际广播电台消息（记者　耿庆庆）：今天（12 日）17 时 30 分左右，"神舟六号"飞船航天员费俊龙从返回舱进入轨道舱开展工作，这标志着中国载人航天飞行由"神舟五号"的验证性飞行，过渡到真正意义上的有人参与的空间飞行试验。

据介绍，这是中国实施载人航天工程以来，航天员首次进入轨道舱进行空间科学实验。"神舟六号"飞船由推进舱、返回舱、轨道舱三个部分组成，其中轨道舱主要用于空间科学技术实验。在今后几天中，"神六"航天员还将在返回舱和轨道舱进行多项空间科学实验，为中国载人航天后续任务打下重要的技术基础。

录音新闻：胡锦涛与"神舟六号"航天员通话

中国国际广播电台消息（记者　耿庆庆）：中国国家主席胡锦涛 15 日下午 16 时 30 分左右，在北京航天飞行控制中心与正在太空飞行的"神舟六号"航天员费俊龙、聂海胜进行了通话。

胡锦涛首先向航天员表示问候。当得知飞船飞行正常，航天员身体感觉很好，空间科学试验正按计划正常进行后，胡锦涛说：

（音响 1：胡锦涛讲话）

"听到你们身体状况良好，各项试验顺利进行，我们十分高兴，'神舟六号'载人飞船发射成功，标志着我国的载人航天事业又迈出了新的重要一步。你们作为担任这次飞行任务的航天员，作出了杰出贡献，祖国和人民为你们感到骄傲。希望你们沉着冷静、精心操作，圆满完成任务。祖国人民期盼着你们凯旋归来。"

航天员费俊龙表示说：

（音响 2，费俊龙讲话）

"衷心感谢总书记的关怀，衷心感谢祖国人民的支持，我们一定圆满完成任务。"

通话结束后，胡锦涛接见了参加"神六"发射任务的科技人员，他勉励大家全力做好各项后续工作，确保飞船和航天员安全、顺利返回。

背景新闻："神舟六号"提高了航天员生活的舒适度

中国国际广播电台消息（记者卫宁、耿庆庆）：记者从有关方面获悉，正在执行多人多天航天飞行任务的"神舟六号"的轨道舱内被装修得更加美观、实用，提高了航天员生活的舒适度。

这一情况是中国载人航天工程飞船系统总设计师张柏楠先生在接受记者采访时介绍的。他说，"神舟五号"飞船在太空飞行期间，航天员未进入轨道舱，所以当时的轨道舱就像"毛坯房"。而此次"神舟六号"航天员进入了轨道舱生活、工作，因此，"神六"轨道舱进行了内部装修，既有利于保证航天员的安全，也提高了他们在轨道舱生活、工作的舒适度。

据悉，轨道舱里还有睡袋、食品加热装置、残渣收集器及大小便收集装置等设备，可以说是航天员在太空的家。

中国进行的第二次载人航天活动取得圆满成功

中国国际广播电台消息（记者　耿庆庆）：北京时间17日凌晨，中国5天前发射的第二艘载人飞船"神舟六号"在中国北部内蒙古自治区顺利着陆，两位航天员报告各自身体状况良好。随后，中国全国人大常委会委员长吴邦国代表中共中央、国务院、中央军委宣读了贺电。

贺电说，"神舟六号"载人航天飞行的成功标志着中国在发展载人航天技术、进行有人参与的空间实验方面取得了又一个具有里程碑意义的重大胜利。中国将继续发展载人航天技术，积极开发太空资源，造福人类。

"神舟六号"是北京时间12日上午9时发射升空的。这是中国继两年前首次进行载人航天飞行之后，第二次发射载人飞船。与两年前飞船搭载一名航天员、飞行时间不到24小时不同的是，本次"神舟六号"飞船搭载了两名航天员，飞行时间延长至5天。

本次飞行的目的是进一步完善载人航天的基本技术，实现多人多天飞行。飞行期间，航天员开展了太空育种、材料合成等一系列空间技术实验，同时对失重条件下人的运动规律及人体心肌细胞、骨细胞的生长等进行了研究，并取得了初步成果。

简　评

"神六"的发射,是我国载人航天工程的一个重要环节,也是当时海内外万众瞩目的头号新闻。"神六"发射系列新闻,不仅追踪报道了"神六"发射的全过程,而且以多种新闻形态进行了全方位的报道。

该系列新闻的发稿有以下几个特点:

1. 发稿量大,时效快。共采发新闻 68 篇,平均每天的发稿量在 10 篇以上。国内部 24 小时值班发稿,只要有重大的"神六"新闻就及时发稿。

2. 新闻种类多,现场感强。为适应不同语言部门的需求,从新闻形态上,有录音新闻、记者口播新闻、文字新闻、背景新闻;从时效上,又有快讯、详讯、更新稿、综合稿等。

3. 新闻采写难度大。载人航天工程的报道专业性强,有关方面考虑到保密等方面的因素,对"神六"新闻的采写难度相当大。记者在采访前进行了长期的案头准备,加上一线记者与后方编辑共同努力,最终圆满完成对"神六"发射的充分报道。

十届全国人大三次会议闭幕
《反分裂国家法》顺利通过

（2005 年 3 月 14 日播出）

刘轶瑶　张霁苍　王冬梅

中国国际广播电台消息（记者　刘轶瑶）：为期九天半的中国最高国家权力机关今年的年度例会今天（14 日）在北京闭幕。闭幕前，大会经过表决，顺利通过了《反分裂国家法》，并批准了经人大代表们审议修改后的《政府工作报告》。

《反分裂国家法》是针对近一个时期以来台湾当局加紧推行"台独"分裂活动、企图改变中国大陆和台湾同属一个中国事实的形势而制定的。法律规定，台湾是中国的一部分，国家绝不允许"台独"分裂势力把台湾从中国分裂出去。国家以最大的诚意，尽最大的努力，实现和平统一。国家和平统一后，台湾可以实行不同于大陆的制度，高度自治。法律同时规定，"台独"分裂势力以任何名义、任何方式造成台湾从中国分裂出去的事实，或者发生将会导致台湾从中国分裂出去的重大事变，或者和平统一的条件完全丧失，国家得采取非和平方式及其他必要措施，捍卫国家主权和领土完整。法律还特别规定，解决台湾问题是中国的内部事务，不受任何外国势力的干涉。

全国人大常委会委员长吴邦国在闭幕会上讲话时表示，这部重要法律的颁布实施，对推动两岸关系发展，促进祖国和平统一，反对和遏制"台独"分裂势力分裂国家，维护台湾海峡地区和平稳定，维护国家主权和领土完整，维护中华民族的根本利益，具有重大的现实作用和深远的历史影响。

大会批准的《政府工作报告》提出，政府将努力缩小城乡和地区间的发展差距，着力构建和谐社会。报告还提出，2005 年，政府将改变已实行了 7 年的积极的财政政策，转而实行稳健的财政政策。报告将今年中国经济的预期增长目标定为 8% 左右。

会议还批准了最高人民法院、最高人民检察院、全国人大常委会的年度工作报告。

本次会议还接受了江泽民辞去中国中央军委主席职务的请求，选举国家主席胡锦涛为中国中央军委新的主席。

简　评

　　此稿件以第十届全国人大常委会通过《反分裂国家法》为主题内容，以会议通过的《政府工作报告》提出的目标为辅助内容，依次简要提及了会议的其他议程和结果，选取了最有对外性的角度对《反分裂国家法》进行了全面的介绍。作为广播消息，此稿采用了"倒金字塔"结构，在谋篇布局上也注重逻辑关系，而且用词准确、精练，是一篇主次分明，逻辑性强，表述严谨的好新闻。

新闻连续报道：朝核第四轮第二阶段会谈

邱维

第四轮朝核问题北京六方会谈复会

（2005 年 9 月 13 日播出）

主持人：

朝核问题第四轮六方会谈第二阶段会议 13 日开始在京举行，并在当日召开团长会。

中方代表团成员、新闻发言人刘建超透露，与会的朝美双方虽然在此轮前一阶段会议中取得了一些共识，但目前会谈仍然存在分歧。

下面是前方记者刚刚发回的报道。

记者：

第四轮第二阶段会议于 13 日下午在北京钓鱼台国宾馆正式复会，并召开了团长会。

当日会谈结束稍后，中方代表团新闻发言人刘建超在六方会谈新闻中心举行了吹风会，介绍了团长会议、会期等相关情况并接受记者提问。

刘建超透露，当日的团长会议没有讨论实质性问题，各方而是就如何进行本阶段的会议以及如何推动会议进程进行了讨论。

据刘建超介绍，会谈主席武大伟在团长会上指出，各方应本着相互尊重、互惠互谅的态度，以务实和灵活的方式寻求推动会谈进程从而合理解决各方的分歧。刘建超对记者说，各方代表团团长均表示了要在第一阶段中已取得成果的基础上共同努力、再接再厉寻求突破的意愿。

在第四轮第一阶段的会议中，六国政府曾重申通过对话和平解决朝鲜半岛核问题，实现半岛无核化，维护半岛和平与稳定的坚定的政治意愿。但刘建超表示，目前，各方就如何实现朝鲜半岛无核化的途径仍有分歧，甚至有些是"重大的"，如何解决有待各方努力探讨。

在回答记者关于形成一份共同文件的可能性问题时，刘建超表示，在前一阶段会谈临近结束时，各方曾期待这样的一份文件。而同时，这也是本阶段会议的重要目标。与会者也应为通过这样一份可被各方接受的共同声明而作出努力。

参加第四轮六方会谈第二阶段会议的中国、朝鲜、韩国、美国、俄罗斯和日本的代表团都出席了 13 日的团长会议。本轮会谈主席、中方代表团团长、外交部副部长武大伟主持会议。

国际台记者，钓鱼台国宾馆报道。

六方会谈复会后进入第三天，分歧仍存在

（2005 年 9 月 15 日播出）

主持人：

参加朝核问题六方会谈的朝鲜代表团坚持要求有关国家援助其建设轻水反应堆，并以此作为弃核补偿。而美国代表团则明确表示反对。双方在轻水反应堆问题上僵持不下，这一问题已成为阻碍本阶段会谈进展的最大障碍。

与此同时，中方代表团透露，谈判将延伸至 16 日，各方仍并未商定本阶段会议具体的闭幕日期。下面是前方记者刚刚发回的报道。

记者：

六方会谈第四轮第二阶段会议在 15 日进入了第三天的外交谈判。在当日相对频繁的双边磋商后，与会六方举行了复会以来的第二次团长会。在会上，各方就会议结束日期和共同宣言的第四份草案进行了协商和沟通。

当日晚些时候，中国代表团发言人刘建超在团长会结束后举行的吹风会上说，六方会谈迄今已在一系列问题上取得了共识，取得了进展。各方代表团团长在当天的磋商中，就朝鲜半岛无核化的目标及途径进一步明确阐述了各自的立场和主张，但在一些问题上尚存在"较大的分歧"。刘建超援引中方代表团团长武大伟的话说，会谈目前遇到的困难是"前进道路上的困难"，这是很自然的，所以"没有理由感到悲观"。他再次呼吁各方珍惜业已达成的共识。鉴于已取得的进展，刘建超也呼吁与会各方充分展示诚意与善意，要缩小分歧还需各方显示"灵活"和"建设性努力"。

而当日早些时候，美国代表团团长希尔向记者表示，朝鲜代表团并未就共同文件的第四份草案同美方交换意见，而是提出了草案中并未涉及到的内容，即提出了轻水反应堆的要求。希尔表示不会考虑满足朝鲜关于建设轻水

反应堆的要求。

（希尔讲话音响）

"目前我们有一份非常好的共同文件的草案供各方讨论。它涵盖了很多朝鲜代表团需要的条件，比如安全保障，双边关系正常化的措施，同国际金融机构的接触，电力和能源援助。尤其是这份草案中的能源援助计划是一个非常实际的而又易于操作的提案，它完全考虑到了朝鲜目前面临的电能短缺问题。"

美国代表团团长希尔还明确指出，在朝鲜未加入《核不扩散条约》的情况下，美方不会考虑满足朝鲜关于建设轻水反应堆的要求。

而分歧的另一方朝鲜代表团当日晚少有地公开表态，重申其在轻水反应堆问题上的坚定立场。朝方代表团发言人玄鹤峰说，朝鲜有权建立和拥有轻水反应堆。他同时也表示朝鲜代表团将竭尽全力确保推动会议进程。

（玄鹤峰讲话音响）

"在朝美两国间建立互信是通过和平途径实现朝鲜半岛无核化的最重要的前提。提供轻水反应堆的问题是建立互信的原则问题，它的实质体现了美国是否具有解除对朝敌视政策、与朝鲜共同走向和平的政治意志。而我们在这些具体问题上也是一直本着灵活态度的。"

另据中方代表团透露，16 日的会谈议程中将包涵一系列的双边接触和多边磋商。

国际台记者，钓鱼台国宾馆报道。

第四轮六方会谈落下帷幕，各方通过共同声明

（2005 年 9 月 19 日播出）

主持人：

经过艰苦谈判，第四轮北京六方会谈于 19 日结束，并取得了会谈启动两年来"最重要的阶段性成果"：各方一致同意通过会谈启动以来的首份共同声明。根据在当日全体会上通过的《第四轮六方会谈共同声明》，朝方承诺，放弃一切核武器及现有核计划；同时，美方确认，美国尊重朝鲜主权，并将采

取步骤实现双边关系正常化。

下面是前方记者刚刚发回的报道。

记者：

第四轮朝核问题六方会谈于 19 日下午闭幕。与会各方就六方会谈的总体目标达成共识，一致同意就此发表共同声明。

在会谈落下帷幕稍后，中国代表团团长武大伟在新闻发布会上介绍了声明的内容。

（武大伟讲话音响）

"根据共同声明，朝方和美方承诺，相互尊重主权，和平共存，根据各自双边政策，采取步骤实现关系正常化。"

在共同声明中，朝鲜承诺放弃所有核武器和核计划，早日重返《不扩散核武器条约》，并接受国际原子能机构的监督。同时，美国确认，美国在朝鲜半岛没有核武器，无意以核武器或常规武器攻击或入侵朝鲜。

美国代表团团长希尔对各方通过的共同声明表示满意和赞赏，他称这是一个"共赢"的局面。希尔表示这份声明体现了各方在朝核问题六方会谈启动两年以来所倾注的努力。同时，希尔呼吁各方能恪守承诺，履行声明中的诺言。

（希尔录音音响）

"通过和平途径实现朝鲜半岛无核化是各方所达成的一个共识。虽然这个目标还不能立即实现，但各方都期望在这份共同声明框架下，通过各方努力从而最终实现。我们希望借助这份共同声明的动力，下一步的关键是要落实这些共识。"

希尔还赞扬了中方为弥合各方分歧所作出的努力，他对中方作为主席为会谈取得进展所发挥的重要作用表示感谢。

根据共同声明，朝方声明拥有和平利用核能的权利。其他各方对此表示尊重，并同意在适当时候讨论向朝鲜提供轻水反应堆问题。

此外，共同声明还就对朝经济和能源援助进行双边和多边合作的问题作出了承诺。同时，六方同意，根据"承诺对承诺、行动对行动"原则，采取协调一致步骤，分阶段落实上述共识。

　　参加六方会谈的各方同意于 2005 年 11 月上旬在北京举行第五轮六方会谈，具体时间另行商定。

　　国际台记者，钓鱼台现场报道。

简　　评

　　在多方积极斡旋下，朝核问题第四轮第二阶段会谈重新启动，国际台英语中心对此会议进行了连续报道。这里送评的是国际台记者撰写的连续报道的首、中、尾三篇。这些报道充分体现了实效性强、现场感强、政策性强的特点。记者在得到最新消息和采访音响后，立即在现场撰写报道，剪辑音响效果，然后马上与后方录音室进行电话连线录制，及时赶上新闻播出的时段，使该报道每篇都快捷、准确。

以色列单边行动计划系列录音报道

贺金哲　廖吉波　刘双燕　李支援　步晶晶　贾延宁

之一："回来吧，加沙的定居者们"

中国国际广播电台！各位听众，在地中海东岸的加沙地带，生活着 8000 多名犹太定居者。根据以色列政府制定的单边行动计划，8 月 15 日，他们将开始全部撤离加沙，回到以色列境内，把这片土地还给巴勒斯坦人。在漫长的巴以和平道路上，这是一个具有里程碑意义的重大历史事件。是撤还是留，以色列国内形成了两大阵营，掀起了一场空前大辩论。随着撤离日期的迫近，这种争论更加激烈。请听本台驻耶路撒冷记者贺金哲、廖吉波发回的录音报道。

（音响 1：吵架声）

在不久前的一次集会上，一名反对撤离的正统犹太教徒与支持撤离的左翼人士发生了激烈争吵。一年多来，这种面红耳赤的争论不仅发生在大街上、电视辩论中，甚至连关系最亲密的家庭成员之间也因此产生了分歧。

反对撤离的人大多具有强烈的宗教信仰，认为加沙是上帝赐予犹太人的土地。为了抵制撤离计划，他们发起了一次又一次的示威抗议活动。

（音响 2：敲鼓声）

在日前举行的一次大规模抗议活动中，身穿橙色 T 恤衫的反对者们敲着鼓，吹着犹太人特有的羊角号，宣称要向加沙进军，以支援那里的定居者，阻挠撤离行动的实施。以色列政府派出了两万多名军警，才将他们拦在了加沙以外。

单边行动计划的反对者之一、犹太定居者奥沙克认为，加沙从来就不是巴勒斯坦人的土地，撤离加沙是对巴勒斯坦武装分子的妥协。他说：

（音响3：奥沙克讲话）

"撤离加沙是对恐怖主义的妥协，不会有任何回报。如果有人能给我们指出一个可以成立的理由，我们就会接受。但撤离加沙是将犹太人从他们自己的土地上赶走，不会给以色列带来安全，也不会给世界带来安全。"

但是，奥沙克眼中的"亏本买卖"，对大多数以色列人来说，却是一个必然的选择。相对于反对者声势浩大的抗议活动，支持撤离计划的人更加温和，不愿采取极端行动表达他们的立场，他们也因此被称为"沉默的大多数"。但是，沉默并不代表软弱。

阿贝尔是撤离计划的一名支持者，她的大儿子曾是一名士兵，在加沙服役3年，对她来说，那是一段漫长而痛苦的经历。她说：

（音响4：阿贝尔讲话）

"我儿子在加沙当了3年兵，我也痛苦了3年。我日夜担心他的安全，晚上睡不着觉。儿子经常问我：'妈妈，我们为什么要在加沙？我不明白自己在这里干什么？'3年后，我的儿子终于离开了加沙，但他也经常失眠，在加沙的痛苦经历还在折磨着他。"

支持撤离计划的人在以色列占大多数，不过他们支持该计划的理由并不完全相同。很多人认为，加沙有150万巴勒斯坦人，以色列如果吞并加沙，犹太人在以色列人口中所占的比例将大大减少，撤离加沙不是为了别人，而是为了犹太人自己。以色列前国内安全总局（辛贝特）局长阿亚隆认为：

（音响5：阿亚隆讲话）

"我们不远万里来到以色列，是为了建立一个犹太国家，不是成为少数民族。如果我们继续占领加沙，以色列就不是一个犹太国家，撤离是为了保持以色列的犹太特性，否则以色列就不是以色列。"

以色列副总理奥尔默特今年6月访问美国期间在谈到单边行动计划时曾说，以色列厌倦了战争。当大多数以色列人投票支持撤离加沙的时候，人们感觉到了这种厌倦，并从中看到了和平的希望。撤离加沙或许不能直接给巴以人民带来和平，但人们衷心希望它是一个和平的开端。

中国国际广播电台！各位听众，刚才您收听的是本台驻耶路撒冷记者贺金哲、廖吉波发回的录音报道，题目是："回来吧，加沙的定居者们"。谢谢收听，再见！

之二：加沙的巴勒斯坦各派加紧准备应对以色列撤离

中国国际广播电台！各位听众，以色列将于 8 月 15 日开始实施单边行动计划，撤离加沙地带的 21 个定居点和约旦河西岸的 4 个定居点。随着以色列撤离日期的临近，加沙，这个地中海海岸上的狭长地带再次成为世人瞩目的焦点。为了配合以色列的撤离行动，巴勒斯坦各派目前都加紧了准备。请听本台驻巴以记者廖吉波、贺金哲从加沙发回的录音报道。

（音响 1：巴安全部队训练的声音）

在加沙城的一个巴勒斯坦安全部队训练基地，几百名新招来的士兵正在进行训练。他们是巴勒斯坦民族权力机构在加沙组建的一支由 5 万多名士兵组成的安全部队的一部分。在以色列撤离加沙之后，这支部队将成为巴民族权力机构在加沙的主要军事力量。巴勒斯坦内政部官员说，尽管缺乏武器装备，巴安全部队仍有能力在以色列撤离期间维持加沙的稳定。巴勒斯坦自治政府总理库赖上个月在对加沙的巴勒斯坦安全部队进行视察时也说，巴勒斯坦已经为以色列的撤离做好了准备。他说：

（音响 2：库赖讲话，英语）

"我们的准备工作做得很好。我们希望以色列的撤离行动能顺利而平稳地进行，以便我们的部队、警察和人民开始重建我们的国家，向世界显示我们的人民文明的一面。"

作为巴勒斯坦的合法政府，巴勒斯坦民族权力机构的一项重要任务和目标就是在以色列撤走之后取得对加沙的管理权。巴勒斯坦民族权力机构高官因此频频在加沙露面。巴民族权力机构主席阿巴斯甚至将自己的办公室从约旦河西岸搬到了加沙，亲自坐镇指挥。巴自治政府总理库赖也一直在加沙活动。他们在加沙开展了一系列的宣传活动，包括大规模的集会。

（音响3：集会）

8月4日，近万人拥挤在加沙城中心的一个广场上，参加巴自治政府组织的一场庆祝以色列撤离的集会。广场上空挂满了巴勒斯坦的国旗，大家喊着胜利的口号，挥舞着彩旗，庆祝即将到来的解放。库赖再一次出现在众人面前，他说：

（音响4：库赖讲话，阿拉伯语）

"以色列人马上要撤走他们的定居点了。这在历史上是第一次。他们将结束38年的占领，从我们的土地上消失，从我们的生活中消失。我们要让他们好好地离开，永远不再回来。我们知道如何建设这块土地，如何建设我们的家园。"

除了大型集会之外，巴民族权力机构还派出2000名志愿者在加沙各地发送T恤衫和太阳帽等，上面写着支持以色列撤离的标语。同时，他们还在电视和报纸等媒体上做了大量的宣传广告。

同巴勒斯坦民族权力机构一样，巴勒斯坦伊斯兰抵抗运动（哈马斯）也加紧了准备，以应对以色列撤离后的新形势。哈马斯在加沙开展了很多慈善活动，有着很强的群众基础。哈马斯发言人祖赫里说，他们目前正从两方面进行准备。

（音响5：祖赫里讲话，阿拉伯语）

"一方面，我们要求与巴勒斯坦民族权力机构建立起一个联合委员会，共同管理加沙，但至今为止我们还没（从巴民族权力机构）得到任何答复；另一方面，哈马斯会举行很多庆祝活动，其中一些是跟巴民族权力机构一起搞的，当然也会有哈马斯自己的。"

为了在以色列撤离之后在加沙占有一席之地，巴民族权力机构和哈马斯等派别都加紧了准备。而对于普通的巴勒斯坦人来说，他们关心的只是在以色列人离开以后，自己的困苦生活能否得到改善。40岁的阿卜杜拉说：

（音响6：阿卜杜拉讲话，阿拉伯语）

"我们只支持能给我们带来美好生活的一方，不管是哈马斯还是巴勒斯坦民族权力机构。"

中国国际广播电台！各位听众，以上是本台记者廖吉波、贺金哲从加沙发回的录音报道。谢谢收听，再见！

之三：单边行动实施在即　加沙的巴勒斯坦人未来充满变数

中国国际广播电台！各位听众，以色列即将实施单边行动计划，从加沙地带的全部21个犹太定居点和约旦河西岸的部分定居点撤离。加沙终于要回到巴勒斯坦人的手里。对生活在那里的100多万名巴勒斯坦人来说，希望的曙光开始出现在他们的眼前。但是，在憧憬未来的同时，他们也要面对很多的未知数。本台记者廖吉波、贺金哲近日深入加沙，请听他们从加沙发回的报道。

加沙地带面积360平方公里，有150万人口。由于以色列的长期占领，这里的巴勒斯坦人普遍比较穷困。在加沙的一个巴勒斯坦难民营，记者看到的只有破烂的房子，无事可做的青年和一群脏兮兮的孩子。对于这里的居民来说，食物和安全就是他们生活的全部。

26岁的纳西德生活在这个难民营里。他家里有12口人，而他是唯一有工作的。他说：

（音响1：纳西德，阿拉伯语）

"我的生活很困难。我要养活我的父母和兄弟姐妹，还有孩子。希望以色列人撤离之后，我们的生活会有所改善。希望那时候会有新的项目开工，会有新的工厂，这样，像我弟弟那样的人就可以找到工作，一起来养活家人。"

纳西德还说，在长达4年的巴以冲突中，以色列关闭了加沙的边境，加沙工厂没有原材料，产品也卖不出去，最后都纷纷倒闭了。

以色列以打击恐怖主义为名，控制了加沙的边境，并在加沙地带内部设立了许多检查站。加沙的巴勒斯坦人不仅不能随便出去，就是来往于加沙内部各城市之间也非常不方便。

在加沙城和汗尤尼斯之间的一个检查站，每天都有很多的汽车排队等候通过，它们必须在这等上三四个小时才能过去。纳菲兹是一位出租车司机，他说：

（音响 2：纳菲兹，阿拉伯语）

"这样的等候让我非常生气。我不停地想我怎样才能回家，怎样才能赚钱养家糊口。我希望以色列撤走之后生活会容易一些。如果以色列开放加沙和埃及的拉法边界的话，我就可以去开罗了，那样我的生意会好很多。我不能理解为什么以色列人要在我们自己的土地上设立检查站。"

以色列的封锁和限制给加沙的经济带来致命的打击。加沙基本上没有工业，失业率为65%，70%的人生活在贫困线以下。为了改变这种状况，加沙政府开始考虑如何在以色列撤离之后重振加沙经济。加沙地带的第二大城市汗尤尼斯的市长阿尔法拉说：

（音响 3：阿尔法拉，英语）

"我们目前在做的第一件事是计划如何使用以色列人撤走之后留下来的土地，什么地方用来旅游，什么地方用来种庄稼，什么地方用来修建房屋等。第二件事就是如何保证以色列撤离期间政府的正常运行。我们担心在以色列撤离期间，以军会采取一些行动，比如在我们的城镇里驻军，关闭检查站等，从而影响我们政府的工作。"

尽管阿尔法拉市长对未来充满了信心，但他同时表示，加沙的未来在很大程度上仍然掌握在以色列人的手中。他说：

（音响 4：阿尔法拉，英语）

"我们的未来仍然掌握在以色列人手里。如果以色列人仍然像现在这样控制加沙边境的话，加沙就变成了一个大监狱，谁也进不来，也不会有人来这里旅游，不会有人到这里来投资。"

尽管现在距以色列撤离加沙仅有几天的时间了，但是诸多问题还没有得到解决，比如巴勒斯坦人能否控制加沙的边境和港口、加沙和约旦河西岸的通道，以及犹太定居点的房屋如何处置等等。单边行动计划对巴勒斯坦的未来关系重大，但是对于生活在加沙的人们来说，他们的未来仍然充满了未知数。

中国国际广播电台！各位听众，刚才您收听的是本台记者廖吉波、贺金哲从加沙发回的录音报道。谢谢收听，再见！

之四：以色列政治家称
启动单边行动计划朝解决巴勒斯坦问题迈出重要一步

中国国际广播电台！各位听众，8 月 15 日，以色列将正式启动单边行动计划。这将是巴以自 1993 年签署奥斯陆和平协议以来，朝最终解决巴勒斯坦问题迈出的重要一步。以色列为何撤离加沙？它将对中东局势造成何种影响？巴以关系的前景如何？带着这些问题，本台驻耶路撒冷记者贺金哲、廖吉波采访了以色列政治评论家鲁宾斯坦先生。

根据单边行动计划，以色列将单方面撤出在加沙的全部 21 个犹太定居点和部分约旦河西岸地区的定居点，建立一条以色列更容易防守的"安全边境线"。鲁宾斯坦先生说：

（音响 1：鲁宾斯坦讲话，英语）

"单边行动计划标志着以色列国家战略的一个重大转变。巴以冲突使以色列人付出了巨大代价。从某种程度来说，巴勒斯坦长期的武装斗争促使以色列作出了撤离加沙的决定。以政府已经认识到，以色列不可能永远占领加沙，以色列必须承认巴勒斯坦人的存在，不是作为个体，而是作为一个民族的存在。以色列必须将加沙归还给巴勒斯坦人。"

单边行动计划的核心是以色列主动从 1967 年中东战争中夺取的部分土地上撤出，以实现与巴勒斯坦分离，然后再根据以色列的主张界定一个巴勒斯坦国。该计划出台之初，因其具有强烈的单边色彩，而遭到巴勒斯坦及阿拉伯世界的抵制，以色列的盟友美国也曾一度明确表示反对。但后来，美国、欧盟、联合国等国际社会的态度逐渐发生了改变，巴勒斯坦和阿拉伯世界也希望以以色列撤离加沙为契机，重新启动陷于停滞的和平进程。鲁宾斯坦对单边行动计划的积极意义予以了肯定：

（音响 2：鲁宾斯坦讲话，英语）

"在巴以冲突百年史上，这将是巴勒斯坦人首次独立拥有加沙。巴勒斯坦民族权力机构将有机会树立一个加沙模式，在国际社会援助下，成功改善巴勒斯坦人的生活状况。巴以双方的人民都会认识到，实现和平的途径不是使用武力，和平对双方都有利。"

但巴勒斯坦不满足于单边行动计划本身。以色列在约旦河西岸和加沙共有200多个定居点，居民20万左右，而单边行动计划只涉及8000多名定居者的撤离。长期以来，巴勒斯坦要求以色列根据联合国有关决议，从其在1967年中东战争中侵占的巴勒斯坦领土上撤出，巴勒斯坦的目标是建立一个以耶路撒冷为首都的独立的巴勒斯坦国。显然，单边行动计划距离巴勒斯坦方面的要求还相差很远。鲁宾斯坦认为，以色列有可能在撤离加沙后，以各种借口拒绝向巴勒斯坦作出更多让步，拖延启动中东和平"路线图"计划的时间。

（音响3：鲁宾斯坦讲话，英语）

"以色列撤离加沙后，巴勒斯坦将会继续要求以色列从约旦河西岸和东耶路撒冷撤离，但以色列不会轻易答应。沙龙的政策是将加沙还给巴勒斯坦，以保住约旦河西岸地区的大型犹太人定居点。他永远不会在耶路撒冷问题上作出让步，巴勒斯坦也不会接受建立一个没有耶路撒冷的国家。双方的分歧很难弥合。"

鲁宾斯坦认为，单边行动计划朝最终解决巴以争端迈出了重要一步，但被占领土的归属、耶路撒冷地位问题、难民问题等巴以争端中最棘手的问题，仍是和平道路上一道道难以跨越的障碍，巴勒斯坦人要实现建国梦，仍需要一个艰难而漫长的过程。

中国国际广播电台！各位听众，刚才您收听的是本台驻耶路撒冷记者发回的录音报道。谢谢收听，再见！

之五：加沙的犹太定居者无法回避从定居撤离的命运

中国国际广播电台！各位听众，8月15日，以色列将正式启动单边行动计划，撤离加沙全部21个犹太人定居点和约旦河西岸的4个定居点。作为单边行动计划的主角之一，在这些定居点生活了几十年的犹太定居者们将如何面对即将到来的撤离行动呢？本台记者廖吉波、贺金哲连日来多次深入加沙的犹太人定居点，下面请听他们从那里发回的报道。

随着撤离日期一天天临近，加沙地带最大的定居点古什卡提夫定居点里的撤离气氛也日渐浓厚。一个星期前进入这个定居点采访时，这里还一切如常，商店、银行正常营业，幼儿园里不时传出孩子的嬉戏声。草坪上，工人们在修剪草坪和树木。

（音响 1：修剪树枝）

然而，一个星期后，再次进入这个定居点时，情况已经发生了很大变化。公共设施开始陆续关闭，原本修剪整齐的草坪上长满了杂草。在一些人家的门前，放着搬家用的集装箱。

在 50 岁的罗伯塔（女）家门口，以色列政府安排的搬家公司正在把两个巨大的集装箱卸下来。几天后，她就要离开已经生活了 25 年的家。罗伯塔说：

（音响 2：罗伯塔，英语）

"我将把冰箱、电视、书等东西全部装进去，我将把我的生活也都装进去，锁起来。"

以色列当局近日向定居者发出最后通牒，要求他们必须在 8 月 17 日之前撤离，否则将采取强制措施，并将政府补偿金减少 30%。这一政策取得了一定效果。目前，在 1500 户定居者中，已经有大约三分之二的人家表示愿意主动撤离。即使是像艾菲这样对单边行动计划比较抵触的定居者也开始逐步认清现实。

（音响 3：艾菲，英语）

"我们必须离开，现在或者再过一些时候。我没有任何选择，因为这是法律。什么也不会留下。"

虽然罗伯塔和艾菲对生活了多年的家园恋恋不舍，但他们也表示不会与政府发生冲突。

（音响 4：罗伯塔，英语）

"他们想把我们安排到哪儿就是哪儿，我们不会抵抗。"

除定居者外，定居点内的一些工厂也开始搬家。12 日，在首批将要撤离的一个定居点内，我们与在一家蔬菜加工厂工作的中国工人黄延不期而遇。5 年前从吉林老家到以色列打工的黄延说，他所在的工厂原本有十多个中国工人，但现在只剩下了他和另外一个人，而且他们也将很快离开。

（音响5：黄延，中文）

"这儿的工人今天开始撤了。现在活儿都没有了，今天是最后一天了，礼拜一（15日）就都搬走了。"

尽管撤离行动近在眼前，但仍有一小部分极端右翼人士认为单边行动计划不会成为现实，因此没有做任何撤离的准备。希勒就是这些人中之一。

（音响6：希勒，英语）

"沙龙算什么。我们会留下来，哪儿也不去。"

在另外一个首批撤离的定居点法代蒙，极端右翼的定居者甚至开始筹划在15日开展植树活动。除宗教信仰的因素外，不满意政府的补偿措施也是很多定居者不愿意离开的原因之一。

从15日开始，数千名以色列军警将进入定居点，开始实施撤离行动。据以色列政府估计，需要动用军警执行强制撤离的定居者将占全部定居者人数的三分之一。对于很多定居者来说，离开生活了多年的家无疑是痛苦的，但这将是他们不可回避的事实。这是中国国际广播电台记者廖吉波、贺金哲从加沙犹太定居点发回的报道。

中国国际广播电台！各位听众，刚才您收听的是本台驻耶路撒冷记者发回的录音报道。谢谢收听，再见！

简 评

以色列从2005年8月开始实施单边行动计划，这是以色列历史上首次主动从巴勒斯坦被占领土上撤离。国际台驻耶路撒冷的记者从不同角度、以不同的主题对这次撤离行动进行了客观而生动的报道。

一、记者构思巧妙，立意新颖。该系列录音报道由5篇文章组成，每篇文章以不同角度和主题，全面生动地反映了此次撤离。其中采访以色列政治评论家对此次行动的意义所作的报道，颇具深度。

二、音响丰富多样，具有鲜明的广播特点。记者通过在以色列和加沙地带的现场录音，采回了第一手的音响资料，使节目的收听有身临其境的感觉。越是危险的地方越出新闻，记者冒着生命危险赶赴新闻现场，体现了新闻记者应有的职业素质。

三、报道客观公正。在这组报道中，记者十分注意使用来自巴勒斯坦和以色列两方面的音响效果，让对立双方的人都有机会说话，取得了良好的报道效果。

优秀评论

中国亚太问题专家谈首届东亚峰会

（2005 年 12 月 14 日播出）

张娟　潘晓英

中国国际广播电台！听众朋友，首届东亚峰会 14 日在马来西亚首都吉隆坡闭幕，会议发表了《吉隆坡宣言》。为此，本台记者张娟采访了中国国际问题研究所亚太研究室主任沈世顺，请他介绍此次东亚峰会取得的成果、意义以及不足，并对此次东盟系列峰会期间出现的一些外交动向进行了点评。下面请听录音专访，题目是《中国亚太问题专家谈首届东亚峰会》。

沈世顺认为，首届东亚峰会成功举行有三个方面的重大意义。他说：

（音响 1：沈世顺讲话，中文）

"首先，首届东亚峰会又为我们提供了新的合作平台。第二，这说明东亚地区目前是世界上经济最有活力的地区，也是最吸引人的地区。第三，说明中国的和平发展战略对东亚合作起到一种促进的作用，尤其是中国的睦邻、安邻、富邻的政策符合亚太地区的潮流，深得人心。"

但沈世顺同时表示，此次峰会由于日本的搅局而有所变味，其表现为：一方面是日本为争夺主导权，试图把一些国家拉进本次东亚峰会，把东亚峰会变为大国竞争的场所；另一方面是各方在东亚峰会的主导权问题上还有争执。他认为，这主要是由于日本把冷战思维带入东亚合作进程而产生的问题。

在评价东亚峰会当天发表的《吉隆坡宣言》时，沈世顺说：

（音响 2：沈世顺讲话，中文）

"它首先明确了（东亚峰会的）性质和东盟主导作用。二是确定东亚峰会将定期召开，事实上它是和每年东盟首脑会议同期举行，实际上加快和加紧了东亚国家之间的合作。三是涵盖范围包括了政治、经济、安全等问题，内容比较广泛。"

中国总理温家宝当天在东亚峰会上发表讲话时表示，中国反对搞封闭的、排他的和针对任何特定一方的东亚合作。中国绝不会在东亚地区谋求支配性地位。对此，沈世顺认为，温总理的讲话明确了中国对首届东亚峰会的召开持开放、建设性态度。他说：

（音响 3：沈世顺讲话，中文）

"会前有一系列的议论，说中国想排斥这个国家，想排斥那个国家，想主导这个事情，想主导那个事情。我想，总理的讲话最清楚不过地表明了中国在这个问题上持完全开放的态度。我们不想排斥任何人，我们是拥护东盟在其中发挥主导作用的。我们欢迎和东亚有密切经济关系的国家参与到东亚合作进程中来。"

舆论注意到，在东盟系列峰会期间，中日两国领导人没有举行双边会晤。按惯例在峰会期间举行的中日韩三国领导人会议也推迟举行。对此，中国总理温家宝此前已明确指出，由于日本领导人一意孤行参拜靖国神社，严重伤害了中国和其他亚洲国家人民的感情，造成中日关系面临困难。但是，日本首相小泉纯一郎却在 13 日东盟系列峰会期间，再次为他参拜靖国神社的行为进行辩解。小泉称，他参拜靖国神社不是为了美化战争。他还称，不理解因靖国神社这一个问题就取消中日高层会晤。针对小泉的这番辩解，沈世顺说：

（音响 4：沈世顺讲话，中文）

"小泉的这个讲话是在制造日本和其他国家关系还非常好的假象，为他在外交上的失误恶化与亚洲国家关系而开脱罪责。实际上，参拜靖国神社不是一个孤立事件，而是日本对待侵华或侵略亚洲国家罪证的整体上的态度问题，是个原则性的问题，涉及到日本对过去那段战争历史是否真正在反省（的问题）。"

沈世顺还表示，希望日本能够同德国一样，正确对待过去的战争罪行，赢得世人的尊重。

简　评

国际台新闻中心国际部为了报道好首届东亚峰会，在会议举行前一周就着手策划、部署报道工作。记者在紧密跟踪相关动态的同时，联系有关问题研究专家进行电话采访，及时发出稿件并对这次峰会进行了客观、到位的点评。此稿主要在实效快、策划及时、点评到位等方面表现得比较突出。

优秀专题报道

好大一棵树

——记法国园艺师马克·阿罗远

（2005 年 12 月 26 日播出）

邓颖平　宋成卫　李高翔　韩艳蓉

（《好大一棵树》，渐混）

听众朋友们，大家好！您现在收听的是由 Celine 主持的《生活空间》。今天我们要为您介绍一位在武汉工作的法国园艺师——马克·阿罗远。

"前人栽树，后人乘凉"是一句中国的古训。在中国生活、工作了三年多的马克对这句话已经颇有心得。他说：

（音响 1：马克）

"我喜欢园艺师这个职业。因为这项工作可以使大地变成花园，甚至是一个'天堂'。另外还有一个很重要的原因就是我的三个孩子。我希望他们在精心护理的环境中长大，在绿色的城市中感受生活的美好。"

（音乐，渐混）

今年 28 岁的马克出生在巴黎一个普通的工人家庭。马克的父亲喜欢在家里的后花园摆弄花花草草，打发闲暇时光。因此马克和三个兄弟从小也很喜欢花草树木。马克小时候还曾有过开花店的梦想。但是马克的父母怎么也没想到，他们的四个孩子现在都从事着与园林、绿化有关的工作。更出乎他们意料的是马克来到了中国从事园林设计。

1996 年，19 岁的马克进入巴黎景观园艺设计学院开始正规学习园林设计。两年后，马克开始与中国结缘。1998 年，他第一次来到中国，在上海学习中国传统园林设计。1999 年，他再次来到中国，这一次是为了昆明世界园艺博览会上的一个法国园林作品的筹备。

从昆明回到法国后，马克顺利完成了学业。毕业后，他进入法国 ATP 环境艺术景观工程公司。马克原以为自己与中国的缘分就此要画上句号了。谁知两年后，也就是 2002 年，这家公司与一家中国企业合作，在武汉创立了一家园林、绿化设计公司——法雅园林。因为有在中国学习和工作的经历，马克被公司派往中国工作。这样马克与中国的缘分又得以继续书写下去。

初来乍到的马克颇有"初生牛犊不怕虎"的劲头。三年来，马克的事业做得有声有色。他最近还学会了一个新词——贡献。

（音响 2：马克）

"贡献是一个很重要的词，我很喜欢。它告诉我们，工作不应该只是为了自己，为了个人能力的提升。工作的目的应该是为这个社会、为其他人贡献出自己的力量。我们园艺师的工作就是这样的。我们努力去做好一个景观设计不是为了自己能怎么样，而是要让每个人都能享受这个作品，让他们在那里舒心地散步和休息。"

对于一个从语言到环境都很陌生的外国人来说，很快地适应在中国的生活和工作是一件很不容易的事。语言上的障碍让马克闹了不少笑话，现在这些都变成了快乐的回忆。

（音响 3：马克，渐混）

"（同事们）开玩笑，他们会觉得很好玩，我一点都没听懂，只好傻呵呵愣在那儿。有时候，我也试着给他们讲一些好笑的事情，他们听完了半天都没反应。"

如今，马克已经能比较熟练地使用汉语。在工作和生活中，他已经能自如地用中文表达自己的想法。

在中国工作了几个月后，马克注意到中国和法国在绿化方面存在许多观念和做法上的差异。

（音响 4：马克）

"在中国的许多大城市，主干道两旁种植的行道树通常是比较粗壮的'被砍了头的树'。这些树是从郊区或者山上移植过来的。在重新栽种前，这些树要被'砍头'。'砍头'就是剪掉纵向生长的枝条，去冠。因为这样做可以促进横向枝条的生长，树荫就能很快地形成。在法国，我们已经不提倡这样的做法了。因为这对树伤害很大。"

　　为了这件事，马克曾多次和中国的同事交流自己的看法，同时他还直接写信给武汉市的领导，希望他们采纳法国在绿化方面的一些经验和做法。

　　（音响5：马克）

　　"其实我想写一本书，给李市长，一个法国人眼中的武汉，如何建设好武汉。我这个人有个习惯，只要是我认准的东西，或者是我认为好的做法，我就一定要说出来。这不是我分内的事。但是我觉得作为这个城市、这个社会的一分子，我就有义务把它讲出来。"

　　（音乐，渐混）

　　创业街是武汉市东湖开发区的主干道。马克就是这条街的景观设计师。许多住在附近的居民经常来这里做晨练或者散步。

　　（音响6：市民韩先生，渐混）

　　"无论是春天还是秋天，这条街上总是鲜花盛开。我们每天到这里散步都有新的发现。而且各种颜色的花草树木高低不同，组合得很好，非常有特色。"

　　创业街上的这条绿化带还有一个非常漂亮的名字——"马克飘带"。而想到这个绝妙的名字的正是东湖开发区管委会副主任刘行念。

　　（音响7：刘行念，渐混）

　　"马克设计的这个植物和花灌木组成的'飘带'体现了生动、一切以人的需求为出发点的理念。原来，我们看到马路两边的行道树都是单排的。但是在创业街，我们看到了双排行道树。在树与树之间的空隙种上花灌木和花。这就形成了四季有鲜花、四季飘花香、四季有变化的景象。整条绿化带看上去就像一条彩色的飘带。"

　　（音乐，渐混）

　　在中国的许多城市，法桐作为行道树被大面积种植。每到春天，法桐的球状果实开始炸裂，每粒种子都由许多纤细的果毛拥簇着。果球的炸裂直接导致果毛飘得漫天都是。果毛经常迷住路人的眼睛，而且它给骑自行车的人带来了潜在的危险。

到中国后的第一个春天，马克看到大街上的法桐"飘毛"就立刻向公司领导提出引进修剪技术，解决法桐"飘毛"的问题。领导很快就采纳了马克的建议。因为"飘毛"的枝条有一定的外部特征，所以只要对这些枝条进行修剪，就可以调节法桐生长和生殖之间的平衡，使其不再"飘毛"。如今，每年春天来临的时候，武汉的园林工人就在主干道上修剪法桐。几年下来，法桐"飘毛"的问题在这里得到了很好的解决。

（音乐，渐混）

2004 年底马克被武汉市政府授予"黄鹤友谊奖"。这个奖旨在表彰那些为武汉的发展作出杰出贡献的外国人。谈到获奖，马克显得很腼腆。

（音响 8：马克）

"我没有立刻告诉父母我得奖的消息。他们知道以后也为我高兴。因为他们孩子的工作得到了别人的认可。对我来说，这个奖给了我更大的勇气。每当我的想法得不到理解和支持的时候，或者当我感到沮丧的时候，我就会看看这个奖杯。这样，我又有了继续下去的力量。"

对马克来说，市民的认同比获奖更珍贵。前面提到的创业街离他家不远。有时候，马克也会带着家人一起来这里散步。

（音响 9：市民张先生，渐混）

"我们经常在这里散散步、乘凉。因为这里的绿化、街景做得很不错。听说这条绿化带是一个叫马克的法国小伙子设计的，所以叫做'马克飘带'，我觉得这个名字取得很好，很形象，有一种法国人的浪漫。"

（音响 10：马克）

"每当我看到人们蹲下来闻闻花香，情侣们坐在长凳上聊天，人们在这条路上散步、乘凉，我就觉得很满足。我觉得我的工作对他们来说是有价值的。因为景观设计的宗旨就是让每个人都能享受这种被精心呵护的环境。"

（音乐，渐混）

马克说的每个人也包括他的家人——他的妻子和三个孩子。99 年昆明世界园艺博会上，马克不仅收获了一段在中国实习的经历，还意外地开始了一段异国之恋。在昆明，马克遇到了跃华，一位温柔的中国姑娘。

世博会结束后，马克回国去完成学业。万水千山没能阻断他们俩的爱情。鸿雁飞书两年后，马克和跃华在法国结为百年好合，并且有了第一个"爱情的结晶"。

马克接受采访时，跃华一直面带微笑地坐在他身边，不时帮马克完成难度比较高的句子。虽然马克的中文已经讲得很流利了，但一些不太常用的词或者比较难发音的词还需要跃华提醒。

（音响11：跃华，渐混）

"我觉得马克这个人就是很老实，对感情负责任的人。我就喜欢他这个样子。"

在武汉，马克用自己的收入购买了一套180平米的复式楼。而整个装修是由马克一个人操办的。白天上班，晚上装修房子。这样的生活虽然很累，但马克说为了这个家，为了爱的人，这一切都是值得的。马克就像一棵大树，在武汉找到了适合自己的土壤，于是扎根、生长、开花、结果。

（音响12：马克）

"我出生在一个人口多的家庭。我很喜欢有很多兄弟姐妹在一起的感觉，我喜欢热闹的家。"

（音响13：大儿子生路唱儿歌《小兔子乖乖》）

（儿歌《小兔子乖乖》，渐混）

最近，大儿子生路在幼儿园学会了这首儿歌。在放学回家的路上，他总是情不自禁地哼起来。

三个孩子凑到一起，整个家就立刻热闹起来。有的唱，有的跳，有的哭，有的闹。看着这三个活蹦乱跳的小家伙，马克和我们聊起孩子们的名字。

（音响14：马克）

"生路、生慧和生赐。都有'生'这个字，这是感谢上帝赋予他们生命。生路就是希望老大能找到生活的道路；生慧就是希望老二能体悟生活中的智慧，聪明地面对生活；老三，生赐，我们希望他能被赐予自己期望的一切。"

看着孩子们愉快地嬉戏，跃华一脸满足的笑容。为了让马克可以安心工作，婚后跃华放弃了工作，承担起照顾家庭的重担。

（音响 15：跃华，渐混）

"说不累，肯定是假话。照顾这么多小孩，当然很累。但是还是蛮有乐趣的。马克主外，我主内。这样我觉得挺好。"

由于文化上的差异，马克在工作中常常碰到一些难题。马克一开始不太会和中国人打交道，这时，跃华就耐心地给马克解释中国人的观念和习俗。

（音响 16：跃华，渐混）

"马克在工作中常常遇到一些困难。他跟我讲过一次他和客户讨论方案的事情。他当时表现得太法国化了。客户让他修改一个地方，他坚持自己的意见，还说人家没看懂自己的方案。这弄得客户脸上很挂不住。我跟他说，和中国人打交道不能用你在法国的那一套。中国人在表达不同意见的时候非常照顾别人的感受，表达得很委婉。后来，他也懂了，慢慢改变了一些。这样，工作就变得更加顺畅、更加得心应手。"

（音乐，渐混）

每年马克都会带着妻儿回国探望父母。回到家，马克不是急着带妻儿在巴黎观光，而是想方设法为父母做些事情。

（音响 17：马克）

"父母年纪大了，在法国的兄弟们也各自成家，搬出去住了。我又生活在离他们那么远的地方。所以去探望他们的时候，我就很想为他们做些事情，好让他们生活得更舒服一些。"

去年回法国探亲的时候，马克和跃华为父母的新居修建了一个围墙。围墙有一个非常独特的设计。在墙的中间是一扇具有典型中国风格的窗户。但是这扇窗户是实心的。马克和跃华这两个有心人还用一些彩色的小石子把他们的名字镶嵌在窗户的中间。

谈到这扇窗户，马克的父亲告诉我们：

（音响 18：马克的父亲）

"我很喜欢他们为我们做的这个窗户，非常有特色。当我在花园里摆弄花花草草的时候，不经意间看到窗户上他们的名字，我就会想到他们，会回想起他们修这堵墙时的情景。虽然我们和马克他们离得很远，但我们的心是连在一起的。"

（歌曲《好大一棵树》，渐混）

刚才您听到的这首歌是马克最喜欢的一首中国歌，歌的名字是《好大一棵树》。

"头顶一个天，脚踏一方土，风雨中你昂起头，冰雪压不服。好大一棵树，任你狂风呼，绿叶中留下多少故事，有乐也有苦。欢乐你不笑，痛苦你不哭，撒给大地多少绿荫，那是爱的音符。"

马克说自己就像歌中描写的那棵大树，努力地向上生长，撑出一片绿荫，为自己爱的人遮风挡雨。

（歌曲《好大一棵树》，渐混）

听众朋友，您刚才听到的就是在中国工作的法国园艺师马克的故事。如果您想一睹跃华的漂亮容颜，如果你想看看三个孩子淘气的样子，如果您想见识一下那堵富有创意的围墙，请登录我们的网站，网址是 www. cri. com. cn. 谢谢您的收听。我们下次节目再会！

简　评

《好大一棵树——记法国园艺师马克·阿罗远》是国际台法语部制作的一档优秀专题节目。这个节目是在中法文化年活动结束后播出的，收到了许多法国听众的反馈，他们分别在电子信函中表示了对这档节目的肯定。这档节目的特点是：节目针对性、可听性都很强，广播特点突出。该节目通过讲述一位法国青年在中国从事园艺事业的奋斗经历，颂扬了他积极向上、乐于奉献的精神。节目内容生动、亲切，配有主人公父母和妻子的谈话以及有关人员对他的评价等音响，同时穿插着《好大一棵树》这首歌曲，使听众在悠扬的音乐声中倾听中法人民友好交往的一段动人故事。

为了同一片蓝天

——跨国界防沙治沙工程

(2005 年 4 月 13 日播出)

韩昌松　朱正善　涂昌述

（音响 1：音乐渐入）

20 世纪 60 年代，中国北方地区出现了 8 次大规模的强沙尘暴天气；

80 年代，出现了 14 次；

90 年代，出现了 23 次；

2000 年春季，仅北京地区就出现 12 次强沙尘暴天气……

沙漠化不仅是重要的生态环境问题，也是新世纪人类所面临的非常严峻的经济、社会发展问题。目前，已有 110 多个国家正在遭受沙漠化的危害。

中国是世界上沙漠化现象最为严重的国家之一。随着近年来中国政府加大对防沙治沙工程的投入，中国的沙漠化问题得到了一定的改善。

同时，由于沙尘暴天气光顾中国周边国家和地区的频率增加，也日益引起了国际社会的广泛关注。

韩国的民间团体也伸出友谊之手，加入到中国搭建"绿色长城"的队伍中。

（音响 2：音乐渐出）

听众朋友们，你们好！欢迎收听《社会生活》节目，我是主持人韩昌松。今天为大家准备的是"为了同一片蓝天——跨国界防沙治沙工程"特别节目。

由韩中文化青少年未来林中心（简称未来林中心）主办的"我为中韩两国防沙治沙献一份力量——缔造韩中未来林"活动，今年迎来了第四届。2002 年起，未来林中心每年都选择沙漠化最为严重的地区展开植树造林活动。

韩中文化青少年未来林中心是一个由韩国首尔地区各大院校的优秀大学生组成的民间团体。而这个团体的发起人就是原韩国驻华大使——权炳铉。

（音响3：权大使对缔造韩中未来林活动的介绍）

"韩中文化青少年未来林中心的重要工作之一就是，每年选拔韩中两国的优秀大学生到沙化严重的地区，植树造林、栽培友谊。该活动自2002年开展以来，今年已迎来了第四届。"

刚才您听到的是，权炳铉大使对韩中未来林活动的简单介绍。

（音响4：在音乐声中，大学生做自我介绍）

"大家好，我是韩中未来林第四期学生代表李镐珍，是韩国高丽大学四年级学生。"

"大家好，我是仁华大学四年级学生姜润珠。我也是未来林第四期学生代表。"

"我是高丽大学环境生态工程系的学生李文燮。"
……

今年4月4日，90多名韩国的优秀大学生，乘坐晚8点5分的航班，从北京飞往此次活动的目的地——宁夏回族自治区首府银川。

（音响5：记者从机场发来的现场报道）

"第四届中韩未来林活动将于4月5日，在宁夏回族自治区首府银川举行。现在是北京时间7点20分，我们现在正在首都机场。今晚将有90多名来自韩国的大学生，乘坐8点5分的航班飞往银川。稍后，我再给大家带来新的消息……"

（音响6：机场飞机发动机的声音……记者的现场报道）

"听众朋友们，我们的宁夏之行已经开始了。现在我们已经来到登机口……"

（音响7：记者对韩国大学生们进行现场采访……）

"记者：去过银川吗？
学生1：没有，这是第一次。
记者：那么想象一下，银川会是一个什么样的城市？
学生1：有很多沙……天很蓝……

学生2：听说是沙漠化现象非常严重的地区，因为从来没有去过，所以很期待……

（一片笑声）……"

（音响8：音乐出……对宁夏回族自治区的简要介绍）

宁夏回族自治区位于中国西北部、黄河中上游。是中国5个少数民族自治区之一，总面积达5万多平方公里，人口500多万。

黄河之水从自治区西南部流入形成了吴忠平原和银川平原，过去享有"塞上江南"之美称，但由于遭受三大沙漠——腾格里沙漠、毛乌素沙漠以及乌兰布沙漠的沙尘暴袭击，如今已成为中国北方沙化最为严重的地区之一。

第四届韩中未来林的植树地点之所以选在宁夏，也是因为考虑到该地区严重的沙化程度。未来林一行一到达银川，就在权大使的带领下，在机场向宁夏的沙漠地区进行了宣战仪式。

（音响9：韩中未来林加油）

"韩中未来林加油！……韩中未来林加油！……韩中未来林加油！……"

第二天，韩国大学生们历时两个多小时，乘车抵达了目的地——灵武市的沙漠化地带。早在那里等候的宁夏大学生和当地居民，以及相关领导特地邀请乐队演奏乐曲向来自远方的韩国朋友表达了最热烈的欢迎。

（音响10：乐队演奏）

宁夏回族自治区人民政府副主席赵廷杰的欢迎词拉开了此次活动的序幕。

（音响11：赵廷杰副主席致欢迎词）

"生态环境的保护是全世界关注的话题，也是全人类共同的责任。年轻一代是未来的希望。我们非常珍惜这样的机会……"

（音响12：权炳铉大使致词）

"我们是为了捍卫这片土地而来的。不仅如此，我们希望能够以此地为起点，进一步扩大绿色的海洋。防沙治沙是一个无国界的工程，这不仅仅是中国或者韩国自己的事情，而是全世界共同的事业。中韩两国的大学生是我们两国未来的领军人物，在这里我们郑重承诺，携起手来共同为防沙治沙献出全部力量。"

此外，中国国家林业局国际合作司对外项目主任金宝椿也表示，中韩两国大学生的植树活动将被世世代代传颂，希望两国人民共同携手为增进彼此的友谊、为进一步改善生态环境而努力。

仪式结束后，权炳铉大使和宁夏林业局的相关代表种下了当天的第一棵"友谊树"。

（音响 13：现场音——铁锹声以及权大使对友谊树的寄托）

"茁壮成长吧，长大了用你挺拔的身姿来抵挡沙尘暴的侵袭……希望之树，满载希望的树。祝愿你梦幻般长大，给人类带来更多新鲜的氧气……希望之树，OK！谢谢你！"

韩国大学生们表示，今天在灵武市的植树活动虽然是一个很小的开始，但是希望通过这样的开始，能够向更多的人宣传环保意识。他们还说，通过这样的活动，能够重新体验大自然，这本身就是很有意义的事情。

（音响 14：音乐渐入）

（音响 15：韩国学生——姜润珠）

"通过植树造林活动增进韩中两国青少年之间的友谊，这是我们访问中国的最根本目的。在沙漠化地区，我们种下的不仅仅是能够抵挡风沙的树木，我们在彼此的心中也种下了深厚的'友谊之林'。今年是第四届，我相信，当我们迎来第十届、第二十届的时候，我们种下的树木以及在我们心中的'友谊之林'必将茁壮成长，为两国友谊注入更新鲜的活力。"

（音响 16：音乐渐出）

（音响 17：中国学生们的祝福声）

"祝韩中灵茁壮成长……"

宁夏大学的学生们也为自己种下的树苗起了名字，叫"韩中灵"。在这里"韩"即代表韩国，"中"则代表中国，而"灵"是灵武市的"灵"。

"韩中灵"表达了中韩两国大学生希望他们共同携手种下的树苗，能够对防沙治沙贡献出一份力量的深切期盼。

（音响18：音乐渐入）

（音响19：就读韩国语系的中国学生姚熙萌）

"韩国学生们对未来林的厚爱使我非常受感动。我希望未来林活动能够继续下去，希望中韩两国的友谊源远流长。（用韩国语：祝中韩友谊源远流长！）"

（音响20：音乐渐出）

（音响21：中国学生——学生会代表）

"韩国学生都非常热情，因为都是大学生，所以沟通不成问题。我认为，这对促进中韩两国大学生之间的交流、增进彼此的友谊有很大的推动作用。大家围绕'种树'这样的一个主题，一起动手、一起流汗，我相信，这将会成为永恒的记忆。我希望，中韩两国大学生之间的联系越来越密切，我们的友谊越来越深厚！"

（音响22：音乐渐入）

（音响23：韩国学生——姜敏玖）

"我对中国非常关注，但是非常遗憾，因为我的中文水平还很差，所以还不能跟中国朋友进行太多的沟通。我希望，能够通过此次机会，受到激励，以后更加努力学习中文。"

中韩两国的大学生都一致表示，希望通过这样一点一滴的努力，最终能够把所有的荒山变成绿洲。

韩国学生们还说，希望今天种下的树苗，能够在十年、二十年之后成为树林，堂堂地抵挡风沙，若干年后，能够再次来到这里，亲眼证实这一切。

权炳铉大使表示，韩中未来林活动不仅是通过植树造林活动来抵挡沙尘暴，而更为重要的一点就是通过这样的活动，给韩中两国未来的领军人物们提供一个相互了解的平台，使他们认识到我们是一个共同体的概念。

（音响 24：权炳铉大使）

"我经常对韩国的大学生们讲这样一句话——'松茂柏悦'。从生态学角度看，松柏相生共存，一方长势茂盛，另一方会生长得更快。这可以用来比喻中韩两国关系，双方互相支持加强合作，两国都会以更快的速度向前发展。我告诉韩国的大学生们，21 世纪，中国将是你们最重要的伙伴，你们和中国就像'松茂柏悦'一样共同成长，因此要多关注中国，多了解中国……"

韩中未来林活动已迎来第四届，参加过一届到三届活动的大学生都已经步入社会，挑起了重担。但他们对未来林的眷恋一直都没有改变，部分一期学生还在百忙之中特地赶到四期学生的植树地点，为四期学生、为中韩未来林加油，助威！

（音响 25：中方一期未来林参与者）

"大家好，我叫沈晓春。第一届时，我带领北京外国语大学的学生们参加了未来林活动，祝愿韩中未来林活动越办越好！"

（音响 26：韩方一期未来林参与者）

"我毕业于韩国首尔林业大学。当时真的是多亏了师哥师姐的帮助，参加了第一届未来林活动，从而认识了很多优秀的中国朋友。我目前在北京工作，主要从事市场营销方面的工作。未来林活动对我印象最深的，可以说是植树本身，但更为重要的是我认识了很多非常优秀的朋友。我想，这样的活动必将对韩中两国关系带来非常积极的作用。"

（音响 27：一期参与者对未来林活动的祝福）

"我们是中韩友谊林第一批参与者。祝中韩友谊源远流长！"

（音响 28：音乐渐入）

（音响 29：韩国学生）

"两国大学生都对彼此的国家抱着浓厚的兴趣，共同学习对方的语言、文化、政治以及经济等等，这已经使我们非常感动。我们发现，今后我们之间还有很大的发展空间，所以非常令我们感到欣慰和期待！"

"韩中未来林加油！……韩中未来林加油！……韩中未来林加油！……"

（音响30：音乐渐入）

中国有句俗话叫"愚公移山"。其中的意思告诉我们，只要坚持不断地努力，再大的山也都能搬得动。有志者事竟成，防沙治沙也是一个道理。正如沙漠化不是一两天所形成，防沙治沙、搭建"绿色长城"的工程也需要很漫长的一段时间。

但是，只要两国的年轻人携起手来，共同努力，把树一棵一棵地种下去，征服沙漠的那一天、沙漠变成绿洲的那一天终将会到来。

听众朋友们，以上您收听到的就是"为了同一片蓝天——跨国界防沙治沙工程"特别节目。谢谢您的收听，再见！

（音响31：音乐渐出）

简　评

"我为中韩两国防沙治沙工程献一份力量——缔造韩中未来林"活动是由韩中文化青少年未来林中心（韩国首尔地区各大院校的优秀大学生组成的民间团体）发起的，每年组织100名韩国大学生，选择四月份最容易发生沙尘暴的季节，到中国内蒙古、甘肃等沙化程度比较严重的干旱地区与中国大学生一起栽下友谊树。从2002年以来，这项活动已经举办了四届。国际台朝鲜语部记者在中国宁夏回族自治区随团对第四届"缔造韩中未来林"活动进行了跟踪采访。此活动结束后，朝鲜语部立即制作了专题节目，及时播出，受到了听众的好评。这档节目主题鲜明（倡导环境保护），以小见大，针对性强，音响丰富（31个），制作精良，具有很强的可听性。节目节奏把握得当，真实亲切，轻松活泼，令人有身临其境之感，广播特点突出。

中国宗教领袖介绍中国宗教状况
共话构建和谐社会

（2005 年 3 月 12 日播出）

张军勇　张霁苍

听众朋友，中国最高级别的协商、咨议机构——全国政协的年度会议目前正在北京举行，2000 多名来自中国各个政党、各个界别以及著名团体的精英汇聚一堂，商讨事关国计民生的大事，这其中，来自宗教界的委员十分引人注目。在会议进行期间，记者有幸与中国各大宗教的领袖有所接触，从中了解到，各位宗教领袖对各自宗教目前在中国的发展状况普遍感到满意，他们还表示，宗教可以在政府提出的构建和谐社会的进程中发挥积极作用。以下请听本台记者张军勇的详细报道：

（音响 1：诵经声渐入，逐渐混播）

中国是一个多种宗教并存的国家，主要的宗教有佛教、伊斯兰教、天主教、基督教和产生于中国本土的道教。中国宪法明确规定，中国公民有宗教信仰自由，国家保护正常的宗教活动。有资料显示，在中国 13 亿人口中，信仰宗教的人大约有 1 亿。

74 岁的曹圣洁牧师是中国基督教协会会长，同时也是全国政协委员。她在接受记者采访时介绍了中国基督教的概况。她说，目前中国的基督教信徒超过了 1600 万人，有包括教堂和聚会点在内的 55000 多个宗教活动场所以及 18 所不同层次的神学院校。最近 25 年间，中国印刷的圣经有 3600 多万册。谈及基督教在中国的正常发展，曹会长认为，这与国家实行的宗教政策是分不开的。她说：

（音响 2：出曹讲话）

"我们的执政党没有宗教信仰，共产党（信奉的）是无神论，她不信宗教，但是她非常注重团结不同宗教信仰的人。（在中国，）宗教活动完全是自由的，宗教内部的礼仪、怎么做礼拜，这完全是宗教（界）自己（决定）的事情。同时她也很公平，不存在（对）哪个教特别地喜欢或者不喜欢的问题。"

作为中国基督教协会的第一位女会长，曹圣洁牧师还介绍说，现在中国有 800 多位女牧师，差不多占到牧师总数的三分之一。此外，在神学院上学的学生也有一半是女性。曹牧师说，有些国家的基督教不允许女性当牧师，而中国基督教没有这个限制，在这方面中国是走在世界前列的。

与曹牧师的感觉相似，中国天主教爱国会副主席刘柏年先生对天主教在中国的发展情况也表示满意。他特别提到，在中华人民共和国于 1949 年成立以前，天主教在中国的 100 多个教区中，只有二十几个教区的主教是中国人，教会的领导权大多掌握在外国神职人员手里，而现在，中国所有教区的主教都是中国人，而且这些主教都是通过民主选举，然后按照教规产生的。当然，刘柏年同时也强调，在信仰上，中国天主教徒与世界各国的天主教徒都是一样的，包括和罗马都是一样的，大家在心灵上是一致的。

刘柏年还用一组数据介绍了中国天主教的发展情况。他说：

（音响 3：出刘讲话）

"在新中国成立之初，我们有 260 多万天主教徒，现在是五百二三十万。这些年来我们还送出去 100 多位年轻的神父到美国、法国、德国、意大利等十几个国家天主教的大学攻读神学，已经有 80 多位获得了神学硕士学位，个别的获得了博士学位，这在中国天主教历史上是从来没有过的。现在全国有 1000 多位主教、神父、信徒当选为各级人大代表和政协委员。作为中国天主教来讲，目前是最好的时期。"

刘柏年还介绍说，中国目前还在建设一座天主教神学院。这个将于今年 9 月份建成的中国天主教最高学府将重点培养天主教高级神职人员，并且将邀请国外的神学家来授课。

（音响 4：诵经声渐入，逐渐混播）

道教是中国的本土宗教，诞生于两千多年前。目前，中国的住观道士大约有 1 万人，信徒超过 100 万。中国道教协会副会长丁常云道长在接受记者采访时表示，他特别赞赏当前中国各个宗教和睦相处的景象。他说：

（音响5：出丁讲话）

"从历史来看，特别是封建帝王时代，他（指封建帝王）有自己的爱好，比如他相信佛教，他就拼命地发展佛教。也有几个王朝（的统治者）特别信仰道教，那他就拼命地发展道教。这样的话就造成了我们教与教之间的不团结、不和睦。不管哪个朝代，都没有我们五大教现在这么团结，这么和睦。这主要是得益于宗教信仰自由政策和宗教平等政策。"

在中国的56个民族中，有10个民族信仰伊斯兰教。据权威资料显示，目前中国共有清真寺3万多座，穆斯林超过2000万。中国伊斯兰教协会会长陈广元大阿訇在向记者介绍伊斯兰教在中国的发展情况时谈到了一件让他很高兴的事。他说：

（音响6：出陈讲话）

"国家最近拨款近1亿元人民币，用于改造我们中国伊斯兰教协会（的办公场所）和伊斯兰教经学院，改造以后，我们协会的办公条件和伊斯兰教经学院的教学条件将有犬大的改善。我们全国穆斯林非常高兴。"

让陈广元大阿訇感到高兴的还有一件事，那就是全国各个宗教的领袖们能够经常坐到一起，共商国是，表达属于宗教界自己的声音。陈广元大阿訇说：

（音响7：出陈讲话）

"信佛教的、信道教的、信基督教的、信天主教的，我是信伊斯兰教的，我们能坐在一起，共同为我们国家的大事商讨一些（相关的）问题，在一起参政议政，我非常高兴。"

在中国，信不信仰宗教、信哪种宗教是每个公民自己决定的事，信教的人与不信教的人彼此之间没有歧视，大家和睦相处。对于这一点，中国基督教协会会长曹圣洁女士有着切身感受。她告诉记者：

（音响8：出曹讲话）

"我儿子也是基督徒，我儿媳妇就不是基督徒，大家在一起生活相处得很好。（我们在）信仰上是互相尊重的，因为宗教信仰完全是个人内心需要的问题，每个人有他自己的自由。当然我自己作为基督教（徒）来说，我希望别人也信基督教，但是我不能够强加于人，不能够因为你不信教我就不开心，对你不好，（如果）这样就不好了。要互相尊重。"

几个月前，中国领导人提出了要建设和谐社会的思路。和谐社会的涵义包括"诚信友爱、安定有序、人与自然和谐相处"等。日前，中国政府把这一思路写入了《政府工作报告》，而这也成为了参加此次全国政协会议的宗教界委员们讨论的热门话题，很多委员都表示，实现社会的和谐发展，这与宗教的宗旨是一致的，中国宗教界可以在构建和谐社会的进程中发挥积极作用。中国佛教协会副会长戒忍法师说：

（音响9：出戒忍讲话）

"构建社会和谐不可缺少宗教这一块，构建社会和谐佛教有用武之地。比如说我们佛教（主张）诸恶莫做，以利人民，这也是构建和谐社会的一个主要内容。（另外，）构建和谐社会以经济物质为基础一点没错，但是精神和物质两个（方面）应该是平等的，在精神这一方面，在人的精神净化这一方面，我们佛教可以做大量工作，比如说我们可以告诉大家，不杀生，不偷盗，不邪淫，不嗜赌。这都是我们佛教要做的。"

中国伊斯兰教协会会长陈广元大阿訇也表示，中国政府提出的构建和谐社会的理念受到了中国穆斯林的欢迎。他说：

（音响10：出陈讲话）

"关于构建和谐社会，这个提法受到我们广大穆斯林的欢迎，因为和谐是（指）人与自然的和谐、人和人之间的和谐，这本身符合宗教的教义，比如说我们伊斯兰教讲和平，讲爱护大自然，尊重自然，顺其自然。我们讲孝敬父母，乐善好施，反对一切非礼的行为，主张爱人。我们的做法、（教义）内容与构建和谐社会（的思路）都是相吻合的，我们也将进一步发掘伊斯兰教内的（积极）因素，为国家构建和谐社会贡献力量。"

以上是本台记者采制的有关中国宗教领袖介绍中国宗教状况、共话构建和谐社会的报道，感谢收听，再会。

简　　评

　　中国的宗教发展状况一直都是国际社会关注的焦点之一，如何向外国听众介绍中国的宗教政策和宗教发展现状是对外报道中的重点和难点。国际台新闻中心记者在"两会"期间采访了中国五大宗教的领袖，并通过他们的话语详细介绍了中国的宗教政策和宗教发展情况。这篇专题报道十分贴切外宣需要，突出了宗教在构建和谐社会过程中发挥的重要作用，体现了较强的时代感。节目音响运用合理，强化了广播特点。

快乐才是家
——记一个墨西哥拉丁舞教练在北京的生活点滴
（2005 年 12 月 18 日播出）

王觉眠　达尼埃尔

（快节奏拉丁舞曲，渐混）

主持人：听众朋友们，大家好，这里是中国国际广播电台，您现在收听的是《外国人在中国》节目。

（音响 1：课堂音效：一、二、三、四，一、二、三、四……课堂效果乐曲，渐弱，混入下文）

主持人：刚才您听到的是一位来自墨西哥的拉丁舞教练正在给她的中国学生上课。她就是我们今天节目的主角：维基妮亚。

（音响 2：维基妮亚讲话）

"大家好，我叫维基妮亚·洛佩兹，墨西哥人。我是今年 4 月来到中国的，来这里之前，我教拉丁舞已经 9 年多了。我到过很多欧洲国家，比如德国、西班牙、法国。在德国我待的时间比较长，而且还在那里系统地学习了其他风格的拉丁舞，比如纽约风格、波多黎各风格、古巴风格等等。总之，拉丁舞的种类是很多的。"

（拉丁舞曲，渐混）

主持人：维基妮亚现在在位于北京科技中心中关村的一所叫"舞燃情"的舞蹈学校教授拉丁舞。对于完全不懂中文的维基妮亚来说，如何面对满满一屋子的中国学生的呢？请她自己来告诉我们吧：

（音响 3：维基妮亚讲话）

"我会的中文很少，只会两个中文词，一个是'拉'，一个是'推'，我的发音还准吧？这两个词是我上课教舞蹈动作的时候必须用的。但我相信，慢慢的，我会越学越多。我基本上是通过英语来学中文的，可是我忘的比较快，哈哈，没办法呀。幸好中国学生的适应性非常棒，换位思考的能力很强，也很幽默，简单的英文单词也足够让他们明白我的意思了。我们跳舞的时候，甚至一起笑出了眼泪。肢体语言也有自己的幽默，这是一种无须语言的交流。"

（音响4：课堂效果，音乐伴奏下维基妮亚给学生打拍子：一、二、三、四……）

主持人： 吴洋是维基妮亚的学生，他同时兼任课上的小翻译。大家都很喜欢这个来自北航的研究生，他跳起舞来真是有模有样，架势十足，还经常和维基妮亚一起做动作演示，他是怎么看这位来自遥远国度的老师的呢：

（音响5：吴洋讲话出，渐混）

"舞蹈是一种身体语言，它表达的东西其实是世界共通的。在我们的风情拉丁课上，维基妮亚老师会让学生很放松，课堂气氛也很好，这样我们也很容易表现出那种独特的拉丁风情的味道。维基妮亚总是强调舞蹈本身的内涵，而不是简单地教舞步和动作。跳拉丁舞需要两个人的配合，男生的引带和女生的跟随都很重要，而不是僵硬地完成某种动作套路。舞蹈需要激情，不需要语言。"

（拉丁舞曲间奏）

主持人： 在北京，还有很多像吴洋一样的拉丁舞迷，他们正在用自己的一套方式推广拉丁舞：

（音响6：维基妮亚讲话）

"据我所知，在北京每周二、周三、周四都有拉丁舞迷的聚会，很多人都会过来跳舞。我经常去中国朋友大卫的酒吧参加拉丁舞的主题派对。大卫在古巴待过，会讲西班牙语，现在在北京开班教拉丁舞。另外，在一家叫'加勒比'的酒吧每周末也有比较专业的演出，我也经常参加。我和很多中国的拉丁舞迷都有联系，我们用各种方式互相交流，用手机啊，电话啊，电邮啊。一到周五的晚上，我家的电话就成了拉丁舞热线，我们热切地讨论这个周末要参加哪里的专场演出，又有哪些新朋友加入了我们的队伍（笑）。现在练拉丁舞的中国人还不太多，但是慢慢地，会发展得越来越好，因为一般的舞蹈爱好者一接触拉丁舞，都会被它那种独特的风情所吸引，他们会很愿意学的。而且拉丁舞可以放松身心，跳舞的时候可以完全把工作抛在一边，舞蹈和工作是两个完全不同的世界。我的一个朋友跟我讲，跳舞的时候是她一周中最放松的时刻，伴着自己喜欢的音乐尽情热舞，可以完全忘记工作中的烦恼。通过跳拉丁舞，她身心轻松了不少。"

（拉丁舞曲间奏，渐混浪漫的小夜曲，混入下文）

主持人：我们的维基妮亚，一个身材娇小、活泼爱笑的墨西哥女孩，已经把融入拉美人民奔放血液的拉丁舞作为自己终身的事业，而在开创事业的同时，她也寻觅到了属于自己的爱情。

（音响 7）

"维基妮亚：我认识很多跳拉丁舞的人，他们最后都选择了自己的舞伴作为终身的伴侣，而且感情都很不错。我也是这么认识我男朋友的……

记者：真的吗？快说说，这可是个重要的情节哦。

维基妮亚（笑）：是啊，这是我人生非常重要的一个情节。那是我在德国的时候，一次偶然的机会，我在朋友的聚会上遇到一个高大的德国小伙子。我的一个舞蹈老师向我介绍说：'嘿，维基妮亚，他叫乌伟，是我们德国的帅小伙子，他跳拉丁舞接近专业水平啦，我看就做你的舞伴吧。'当时我身边是我的两个弟弟，他们一左一右簇拥着我，当时乌伟心里想：'天啊，这个女孩真威风啊，简直像个女神。'（笑），当然，这是他后来告诉我的。我一看，他的确跳得很好。后来，他就成了我固定的舞伴。渐渐地，我们就相爱了。随着乌伟工作的变动，我跟着他一起来到了中国。

记者：真是太浪漫了。"

（快节奏间奏，混入下文）

主持人：维基妮亚拥有黧黑的面孔和海藻一样的长发，她漆黑的大眼睛里写满了强韧和自信。这个走过很多国家的墨西哥女孩，充满旺盛的生命力和不可抗拒的感染力，走到哪里就把快乐的种子播撒到哪里。

（音响 8：采访维基妮亚，对话形式）

"记者：你来到中国以后，对我们这个国家总体印象是什么？有什么有趣的印象?

维基妮亚:那可太多了。

记者:那快跟我们的听众说说吧。

维基妮亚:我觉得北京很像我的老家墨西哥城,唯一的不同是语言。这里的生活节奏很快,人人都在忙碌地工作,大家都有明确的目标。这是一个很有活力的国家。

记者:墨西哥人和中国人相像吗?

维基妮亚:非常地像,比如我们都对生活充满热爱,喜欢享用美食。我想世界上大概不会有第三个国家像我们这样喜欢在餐桌上度过时光了。我们把饮食作为一种文化,吃啊吃啊,吃饭的时候总是那么高兴。中国菜真是好吃啊,我很喜欢和中国朋友一起出去吃,因为他们总能知道哪里的餐馆好吃又不贵,我完全信任他们,把胃交给朋友的感觉真好,而我呢,只要等着吃就好啦(撮手的声音)。哦,我得把我现在的经历写下来,要不我会忘记的。这么多新奇的东西。

记者:你就好像节日里的小孩子,看什么都很有趣。

维基妮亚:对啊,我认为很多人都不了解中国。中国是一个拥有巨大财富的国家,无论是它的自然资源还是人力资源,都非常丰富。然而文化是可以涵盖这两方面的。我们应该了解中国的文化。"

主持人:维基妮亚热情开朗,讨人喜欢,走到哪里都能给人留下深刻的印象。她搬到这个位于四惠东的小区没两个月,就和超市的收银员阿姨交上了朋友。

(音响9:四惠东力源里小区超市收银员李阿姨,渐混)

"你说的是那个墨西哥姑娘吧,我认识她。她有个德国的男朋友。开始吧,我看她长得有点像咱们广东那边的人,黑黑的,大眼睛,就以为她是中国人,跟她说中国话,后来发现她光看着我乐,直摆手。后来别人告诉我,她是墨西哥人。她人挺和气的,后来我们熟了,知道她老买哪几样东西,就提前给她装好了,到时候她来一拎就走了,这样结账也方便,每次她都一个劲地说谢谢。我们都挺喜欢她的。"

(音响10:维基妮亚讲话)

"我的邻居对我都很热情,在我遇到困难的时候,他们总是主动过来帮忙。有一次，我向一个邻居打听路，他听不明白我说什么，就打着手势叫我不要着急。后来他竟然跑去叫来了好几个人来帮忙，他们的英语也不专业，一个单词一个单词地往外蹦，而我的英语也有很浓重的拉美口音，他们也不明白，哦，那场面真是很有趣。虽然在中国的时间还不算太长，但中国人的热情给我留下非常深刻的印象，他们总是愿意帮助别人。比如我在某个陌生的地方，遇到困难，路过的人总是愿意停下来倾听并尽力帮助我。虽然他们的生活节奏很快，但却总愿意帮助别人。"

（北京琴书，渐弱，混入下文）

主持人： 后海是维基妮亚最爱逛的地方。平静的湖水、古老的胡同和四合院，浓郁的老北京市井气息以及那些开在湖边的情趣盎然的酒吧和小店，形成了后海今天特有的景致和文化氛围，吸引着众多渴望了解老北京的外国朋友。这里居住的大多是北京老城区居民，他们的生活悠闲而从容。维基妮亚经常说，这些自得其乐的北京胡同里的老人，让她对人生有了新的理解：

（音响 11：维基妮亚讲话）

"年轻人的生活观念和老人的很不一样，我们总是在追求房子啊、车子啊，世界各地的年轻人都是这样的。我们总是追求更好的物质生活，从不停下来看美好的景色，急急忙忙地奔波，却忘记了本来自己想要的东西。可是，老人们却明白这个道理，他们知道只有时光是最宝贵的，所以他们愿意停下来欣赏风景，下下棋，跳跳舞，这是一种人生的智慧，只有用岁月才能换来的智慧。中国的老人活得都很像哲学家。"

主持人： 看着眼前的老人，维基妮亚不自觉地会想起自己远在墨西哥的父亲和爷爷。提起她爷爷，她笑着说，爷爷的身体很好，今年已经 103 岁了，还可以去超市买东西，有时候还会和漂亮小姑娘搭讪，是个快乐的拉美老头。来中国旅游是爷爷长期以来的心愿。维基妮亚的父亲，也是 60 多岁的人了，可是一点也不服老，老是说自己是钢铁超人。他可是会一样一般墨西哥人都不会的技能，那是什么呢？

（音响 12：维基妮亚讲话）

"我爸爸会打中国算盘，这是他很骄傲的一件事情。他总是要我们考他，说：'孩子，你拿你的计算器，我用我的算盘，我们来比赛算数。'我和弟弟就会随便说个数加个什么数。爸爸还会说：'这个数太小了，来个大点的，得上百万的哦。'然后就劈劈啪啪地打起来，可认真了。"

（舒缓的拉美音乐间奏，渐弱，混入下文）

主持人：维基妮亚离开家已经好几年了，她的生活，她的工作，她的喜怒哀乐，她的一切，都是家人时刻关心的话题。他们发现家中那个小女儿已经长大了，能够走出他们的呵护，飞出他们的视线，走过千山万水，满世界去寻找她自己的爱好和快乐，他们为她感到骄傲和自豪。爸爸和爷爷经常通过越洋电话和电子邮件鼓励她，而维基妮亚也把自己在中国的生活讲述给他们听。

（音响13：维基妮亚）

"我很适应北京的气候和这里的生活，中国的活力深深地感染着我。我用照片见证我在中国的生活（笑），记录下我看到的一切：婴儿熟睡的脸庞，快乐的水果小贩，摇摇摆摆跳舞的年轻人，依偎在妈妈怀里的孩子，老爷爷和他的小孙女……另外，我还有一个计划，那就是走遍中国的山山水水，中国的风景光是在电视上就已经把我眼馋坏了，那么美的景色，各地的风光又是那么的不同。到时候，我和我的相机将会一起出发去旅游，哈哈。"

（歌曲《快乐老家》渐混出，放大，混入下文）

主持人：这是中国一首脍炙人口的歌曲，叫《快乐老家》，歌词大意是：

"跟我走吧，天亮就出发，梦已经醒来，心不会害怕。有一个地方，那是快乐老家，它近在心灵，却远在天涯。我所有一切都只为找到它，哪怕付出忧伤代价，也许再穿过一条烦恼的河流，明天就能够到达。我生命的一切都只为拥有它，让我们来真心对待吧，等每一颗飘流的心都不再牵挂，快乐是永远的家。"

我们把这首歌送给维基妮亚和所有的在中国居住的外国朋友们，哪里有快乐，哪里就是家。听众朋友们，我们的节目到这里就结束了，谢谢大家的收听，再会！

（音乐混出，到结束）

简　评

　　《快乐才是家——记一个墨西哥拉丁舞教练在北京的生活点滴》是在国际台西班牙语广播部《外国人在中国》节目中播出的一档专题报道，颇受听众欢迎。该节目讲述了墨西哥拉丁舞教练维基妮亚在中国工作、生活的故事，真实感人，是记者通过多次采访整理而成的。整个节目突出"快乐"主题，寓意人生的真正快乐应该是建立在精神境界的提高方面。节目的配乐节奏明快、动人，富有特色，十分吸引听众。

为师之道

——访美国纽约科技大学校长张钟浚
（2005 年 7 月 17 日播出）

包涛　龚铭

版头

（音乐中混）

唐人街是水泥丛林中那条深深的胡同
唐人街是霓虹闪烁中那盏红红的灯笼
唐人街是刀叉交错里那杯淡淡的绿茶
中国国际广播电台《唐人街》

（音乐放大）

（嘉宾介绍片花）

（音乐中混）

女：他是美国历史上第二位华裔大学校长。

（同期声）

"您是从 80 多位竞争者中脱颖而出的？""可能是我不想找事，所以他们一定要我。"（笑）

女：其实他也遇到过人生中的滑铁卢。

（同期声）

"这个答案可能你会惊奇，实际上我去成功大学是因为我考不上台大。"

女：面对全球化趋势，他和他的学校努力打造未来的技术领袖。

（同期声）

"我们治学的理论就是要看明天的领袖要具备什么样的条件。"

女：本期《唐人街》主人公——美国纽约科技大学校长张钟浚，龚铭、包涛主持。

男：地球在变小，但眼界要开阔，这是我从张校长告诉学生的话中衍化出来的一段话，（笑）今天又有一位嘉宾要走进我们《唐人街》的演播室了，包涛给大家介绍一下。

女：好的，今天作客我们《唐人街》演播室的是纽约科技大学校长张钟浚先生，在这里，我还要特别强调一点的是，张校长是美国历史上第二位华裔大学校长，第一位是著名华人科学家田长霖先生。今天非常荣幸也非常高兴邀请张校长来到我们国际台。

男：欢迎您的到来。

张：很高兴来参加你们的节目。

女：我觉得很有意思的是，在张校长64年的人生经历中，有一半多——34年的时间——是在教育领域度过的，做教育是您小时候的一个梦想吗？

张：倒也不是。

男：是跟家庭有关吗？

张：我想，这跟家庭、社会背景都有关系。在我们读书的时候，大学是在台湾念的，毕业的时候台湾的经济远不如现在的情形，所以大学生的出路并不是很好。而且在台湾也有这样的情况：虽然你有你的兴趣，但是家长还是希望你报考以后容易找工作或者是比较稳定的（专业）。我大学读的是电机工程专业，为什么是这个专业呢？因为当时它可能是最热门的了，读完以后觉得书读得还算不错吧，如果不到美国深造有点可惜。

男：对，我们知道，张校长19岁那年是以第一名的成绩从台湾成功大学电机系毕业的，相当优秀的成绩。

张：我不知道你们怎么连第一名这个资料都找到了，19岁（毕业），主要是因为以前台湾的学制比较没有弹性，我没去台湾之前，也曾在香港和大陆读过书，尤其是抗战之后的那段时间，比较动荡，常常搬家，每次搬家，要么留级、要么跳级，结果跳级比较多一些，

男：您刚才谈到因为成绩不错，应该继续深造，那么，去美国吧，就作

了这样的决定。

张：是是，所以人生一路也是很多机缘的，就像美国人说的，you have to be the right time at the right place.，就是说，你一定要在正确的时间、在正确的地点，这样你才能有机遇。

男：中国人讲的，天时、地利、人和。

张：对，就是这样，当时我们去美国的时候只想到是去深造，没想到深造以后怎么样，所以如果说成功的人一定小时候就怎么样的话，倒也不见得。

（8 秒收听提示）

男：您看您到了美国以后，1962 年在哈佛念的是应用物理专业。

女：对，然后继续念了硕士和博士学位，但是毕业以后，您选择了到科罗拉多州立大学去任教，为什么？

张：原来我从电机系转到物理系，读了博士以后，又回到电机系教书，但因为工程专业需要用到物理、数学、化学等多学科知识，所以从应用物理专业再回到电机工程也不是很难。

男：对，但是 67 年获得博士学位之后，我想可能会有多种选择。

女：比如说，可以去公司里工作。

男：但是您为什么选择去做教师呢？

张：可能是有点虚荣心吧。

男：为什么？当教师会让您有虚荣心吗？

张：因为像我夫人讲的，假如你书读得好的话，你就会喜欢做研究，但是假如差一点的话，你也无法进到一所好大学，所以能在一所好的大学教书的话，是表示你学习好，研究做得好的。

男：您看，还是有些不一样，因为在中国，曾经一段时间，说如果你要当老师的话，你要耐得住清贫、守得住寂寞，但是看您在美国不是这样的情形呀！

张：一般来讲，还有一点，我们留学生变成移民的话，实际上精神压力是很大的，以前美国政府也好，美国老百姓也好，对东方人不是很了解，不知道东方人是怎样的人，所以假如你是移民去的，或者打算留下来作移民，你希望做的是最没有偏见、最公平的工作的话，那么学问是最公平、最没有偏见的，白是白、黑是黑，尤其是做工程研究的，所以从职业保障方面来讲的话，那时到学校去也是比较好的选择。

女：知识面前人人平等，这时候就看个人能力了。

张：对。

男：中国有一句俗话，是骡子是马拉出来遛遛！

（10秒下节收听提示）

男：我知道张校长在科罗拉多州立大学任教，做老师一做就是25年，之间就没有任何机会让您走出校园，作出别的选择吗？

张：我想年轻人可能不一定了解或者是有这种共识，就是做什么事情无论你怎样开始，只要你做得好，你就会喜欢；你喜欢，你就会去做，这是一个相辅相成的过程。我去教书，结果发现：教书、做研究都不是一个很难的事情，都能做得好，越做得好，就越喜欢它，到最后，就算让我重新选择，我也会选择教书了。不过回到你刚才讲的，是不是这25年都在教书做研究呢？当然也不是，实际上我活动挺多的，比如说我主持的一个研究中心实际上是工业界来资助的，当时还是一个很新的观念，国家科学委员会资助一部分钱，但大部分是靠高科技公司或有同样需要的公司来共同资助这个实验室。所以我们做的东西一方面是很基本的理论，另一方面是工业界很认同、觉得很重要的题目。所以我在科罗拉多州那段时间，实际上我开了两家公司，后来先后卖掉了，因为我觉得研究还是我生活中很重要的一个部分，不愿意离开教授这个岗位，所以当公司做得差不多大的时候，就把它卖掉，卖掉的这两个公司都是上市公司，所以并不是很单调的学校生活，而是很多元化的。

男：这也正印证了知识就是力量、知识就是金钱的观点。

女：张校长的学校生活真的是丰富多彩，不过，我想其中很基本、核心的一点就是要走上讲台去给学生上课，很想了解一下，张校长当年上课的时候，这个授课风格是什么样的？

张：我还算是一个教书教得不坏的老师，还拿过教书的奖，而且我教书从来不用讲稿，也不用教科书。

男：这很有意思，因为一般来讲，我们觉得文科老师可以这样给学生上课，但是教授理工科的老师，应该很严谨的，也能这样不用讲稿给学生上课吗？

张：这得看你记性好不好了！不过主要是道理一通的话，就不是很难。

所以我常常讲，在美国教本科生和研究院是完全不同的，在研究院你得深入地启发他们，让他们觉得越研究越有兴趣，但教本科生（就不同了），一般的学生，尤其读工科的，不知道为什么他们要选择这个专业，所以常常觉得枯燥无味，不知道学来有什么用，所以我们面临的挑战就是教本科生时要找出例子证明他们现在学这个知识对将来是很有用的。这样的话，我花时间准备的不是什么数学公式，而是找出例子，让他们觉得这些知识是应该去学习的。

（嘉宾介绍片花）

（音乐中混）

女：他是美国历史上第二位华裔大学校长。

（同期声）

"您是从80多位竞争者中脱颖而出的？""可能是我不想找事，所以他们一定要我。"（笑）

女：其实他也遇到过人生中的滑铁卢。

（同期声）

"这个答案可能你会惊奇，实际上我去成功大学是因为我考不上台大。"

女：面对全球化趋势，他和他的学校努力打造未来的技术领袖。

（同期声）

"我们治学的理论就是要看明天的领袖要具备什么样的条件。"

女：本期《唐人街》主人公——美国纽约科技大学校长张钟浚，龚铭、包涛主持。
男：张校长，韩愈说过：师者，传道、授业、解惑也。而且在历史上我们曾经把老师的地位推得很高，说师者，父也，所以中国的老师通常在学问之外还要教授学生很多做人的道理，那么您在美国这个西方国家教书的时候，有没有贯彻一些东方人的观念呢？
张：这个，很惭愧，没有，因为在美国，教书不是包括人格、做人等都要教，等到了大学，（做人方面）如果没有学到的，大概也学不到了，中国人还有一句话：三岁看九岁，九岁看终身，我太太是教小学一年级的，她如果要培养一个人的个性的话，她的影响力远比我大，我看到（学生的）时候，他已经是大学生了，他的个性也已经大致定型了，不过你刚才说到尊师重道的话，其实国外也是这样，但是不同的是，在国外，你不能因为你是老师就可以获得尊敬，你必须要通过努力才能得到这份尊敬。当然这份尊敬不表明他们就不会反驳你，事实上我最怕的是学生不反驳我，假如我随便讲什么他就听什么的话，他可能还没有学到什么呢，但假如他能发问，而且问得有道理的话，就说明他真正学到了。

（8 秒收听提示片花）

男：包涛你看，67 年开始教书，经过 25 年的教书生涯，在这其中一点一滴的积累，我觉得人生的机遇还是不期而至了，我想 1994 年对您来说是很关键的一年，正好是 7 月 1 日，距离现在并没有多少天，我相信那个关键点您还是记忆犹新。

张：（笑）那个时候我并没有想去做校长，也许我再回头讲清楚一点。我在科罗拉多州立大学教书 25 年，美国大学有一个比较好的制度，假如你有成就，别人承认你的话，实际上不需要你去找事，事情也会来找你，所以在科罗拉多州立大学的后面几年，就不断有学校找我去考虑这个考虑那个，当了系主任以后，就去做工学院院长等等，实际上这些一直都在发生，后来我们孩子大了，离开科罗拉多州了，也不一定回来，因为这里毕竟还是个小地方，所以我们觉得不需要再为它留下来了，所以我们开始考虑其他发展的可能性。所以也是很自然地，就到了亚利桑那大学做工学院院长，这个工学院很大，有 8000 多名学生，整个学校有 4 万多人，做得也很好，因为当时那个地区经济发展，特别是高科技发展很快，企业对我所负责的工学院高科技项目给予了很大资助，所以在工学院那两年发展得很好，也可以做一些事，等到他们（纽约科技大学）来找我去做校长的时候，我还不太想离开，毕竟才做了两年。后来我们到纽约科技大学考察之后，我们觉得一方面学校在纽约，发展潜力很大，第二因为这个学校是一个很有名的、历史很悠久的工学院。

女：对，它有近 150 年的历史。

张：对，1854 年建立的，还有一点，因为在纽约，所以很多移民子弟在这里上学，华裔学生也很多，移民子弟上进心很重，所以我总想回馈。所以我后来选择到纽约科技大学，一方面是机会很好，一方面是觉得我自己也曾经是一名留学生，后来留下来作了移民，现在我有机会能帮助后来的移民的话，是一件很值得的事情，所以我就决定去（上任）了。

女：这也是因缘际会。

男：偶然中有着必然。不过我们看到报道说，当年在大学校长这个位置上还是有着很多竞争，您是从 80 多位竞争者中脱颖而出的。

张：可能是因为我不想找事，所以他们一定要我。

男：是这样吗？像我们中国的老庄学说"无为而治"。

女：不争也是争。

张：在美国这一点还是很值得揣摸的。当时讲资历，我比很多竞争者要弱，因为一般来讲，从工学院院长直接做校长并不是一个自然的程序，中间还应该经历教务长，也就是资深副校长这样一个级别，所以从工学院院长一跃而成校长的并不多。

男：又是人生道路上的一次跳级，就像当年上学一样。

张：对，可以这样说，但是机会是人造的，我想听众朋友听到这一点也会同意，实际上我在亚利桑那大学那两年有了很多新的主意、新的作风，也写了几篇文章，是关于工程教育应该往哪个方面走。不晓得遴选委员会从哪里找到这些文章，说，这个新校长可以带来一些新风格，所以即使当时我资历不深，我自己也不是一定想去当校长的时候，他们选择了我。所以我自己也认为，这也说明自己的努力是可以帮助自己创造机会的。

男：有一种说法，历史是两方面来看的，一方面历史悠久，是一种荣耀，另一方面，历史悠久也会带来负担，张校长到了有着 150 年历史的纽约科技大学之后，您又是带着自己的观点与思想去的，一方面，他们非常期待这种有活力的思想，另一方面，推行的时候，多多少少会碰到一些阻力。

张：是。

男：有什么故事吗？

张：很多创伤呀！的确是这样，其实也不是历史久或不久，无论什么学校，假如它不求变的话，迟早会落伍的，所以久不久地，你要考虑如何跟上世界潮流，市场有些什么新需要，然后你从这个角度来考虑改变治学的方法。所以我一去就做了很多大刀阔斧的改革，董事会也极力赞助我、支持我，最后还不错，还没有被轰下台，我不知道国内这种情形是否难做，但在国外大学教授都是有终身制的，教授权力挺大的，教授可以把研究做得很好，但是他们眼光比较窄，能够深入但不一定广泛，他不一定了解全盘决策的原因。当时有十三个系，我一去就合并为八个系。

男： 这样有很多人会失去工作岗位了？

女： 可能会失业了？

张： 不一定失业，但他们一定要想办法转型，比如说只设八个系，不是说把别的系取消，而是合并起来，合并的原因不一定是经济财力预算方面，而是研究方面需要调整。

（10 秒下节收听提示）

男： 想跟张校长交流一下，中国清华大学的校训是"厚德载物、自强不息"，北大是"博学审问、慎思明辨"，都非常有中国文化色彩，我相信很多学校都有自己的立校之本，有一个校训的。那么在纽约科技大学，您提倡的是什么样的校园文化呢？

张： （迟疑）这个，你可把我考倒了！不过，我们有几个治学的风格，第一，我们是私立学校，又是科技大学，所以我们基本的理论是，我们并不是训练一般人才，而是在技术界的领导人才，所以我们一开始就给学生一个观念，如果花了那么多钱来我们学校读书的话，你应该充分利用我们给你创造的机会，做领袖，注意到周围的社会环境，不要只是死读书，所以我们治学的理论是要看明天的领袖需要具备什么样的条件，（培养）今天的领袖已经来不及了，世界变化很快，所以我们看重的是明天的世界发展的潮流，决定学生需要什么样的教育，这是我们治学的基本精神。另外我们希望学生知道，在社会转变、科技转变迅速的情况下，唯一将来还能具备竞争力的条件就是不断学习，所以终身教育也是我们非常强调的一个治学精神。所以我们没有几句非常漂亮的话，可能回去以后我应该开始想这件事情。

男： 不过从张校长刚长的表述中，我们已经感觉到了纽约科技大学的治学理念，它更看重的是学生在明天的影响力，看重学生在走出校门后，是否具备成功的潜质这方面。

女： 是在放眼未来。

张： 对，对。

女： 在节目的最后，我们想送一首歌给张校长。

男： 当然，点播的权利我们送给来到我们演播室的张校长，您喜欢听什么样的音乐？家乡的还是……

张：我喜欢的是上世纪六十年代的时代歌曲。

女：我记得台湾著名歌手刘文正有一张专辑。

男：我们就从这张专辑中挑选一首歌送给您。

张：好，好。

（混出歌曲）

女：非常感谢张校长今天作客我们《唐人街》的演播室。

张：我很高兴能来和听众交换一些我的人生经验，谢谢。

男：好，感谢张校长。

（歌声放大）

简　评

　　这篇题为《为师之道——访美国纽约科技大学校长张钟浚》的专题节目是华语中心倾力制作的一档人物访谈节目，在《唐人街》栏目和网上播出后，反响热烈。这档节目的突出特点是：营造了良好的访谈氛围，主持人与嘉宾的语言交流，诙谐自然，相得益彰，使听众在不知不觉中听完节目。访谈主题明确，既讲述了嘉宾的人生之道、治学之道，也充分展现了张校长的人格魅力。节目注重设计包装，针对访谈节目时间长，听众听觉疲劳的特点，制作者巧妙地大量混入与谈话氛围、内容相契合的音乐，而且特别设置"下节内容提示"小环节，将即将播出的节目内容精彩片段剪辑作为"下节提示"，既让听众作适当休息，同时再次调动了听众新的兴奋点。

城市漂流记

（2005 年 2 月 7 日播出）

林少文　宁妍　廖吉波　王静

（音乐起）

这里是中国国际广播电台。现在播出的是特别专题：城市漂流记，由林少文和宁妍为您播出。

第一部分：走还是留？

（音响：火车进站……喧闹的车站……）

又是一年春节归乡时。春节，这个中国传统的农历新年是远离家乡的游子最放不下的节日。无论身在何地，每年的这个时候，无数的中国人都会从四面八方赶回家乡，和家人一起欢度春节。

今年赶回家过年的人尤其多，其中最引人注意的是那些在大城市里工作的打工仔们。难怪火车票一售而空。

林蒙在北京蹬三轮车，他也是回家大军中的一员，他的老家在中国东部的安徽省。

（音响：林蒙）

"我很想家，我春节要回去，都出来一年了。"

和很多人一样，在林蒙心里，家乡才是心灵的归宿。北京也好，上海也好，这些大城市只是一个工作地而已——什么也阻止不了他们回家的脚步。

（音响：林蒙）

"过年期间生意很多，不过我就是想回去，劳累一年了。年后再回来看看怎么样吧，不行就去别的城市去找工作。"

这也是数千万打工仔的想法：春节到了，该盘点一下过去的一年，并规划来年了——究竟是走还是留。

毫无疑问，对不同的人来说，这个决定会大不相同。

窦金凯在北京开了个理发店。操着浓重的东北口音，这个小伙子说他要留下来过年，而且要永远留下来。

（音响：窦金凯）

"我不打算回去。这么些年，吃了这么多苦，都熬过来了。现在生意非常好，更没理由要离开。"

还有很多人也有类似的想法，但他们不是特别在乎是不是非得留下或者回家。门户网站搜狐的营销经理唐华就是这样。

（音响：唐华）

"哪儿适合我发展就呆在哪儿。"

有这样的想法并不奇怪。大学毕业后，唐华当过司机，做过广告，还在广州、深圳和上海做过好多份零工，最后到了北京。

第二部分：起步

（音响：火车鸣笛和人流攒动声音）

如此大规模的人口流动在 20 年前的中国还是很难想象的。那时，中国刚刚开始发展市场经济。

1985 年，中央政府制定了政策，允许农村劳动力到城市工作。这个政策给了人口流动很大的自由。而在这之前，户籍制度和就业制度只允许城市居民在城里工作。

公共管理学专家、清华大学的薛澜教授说，这个决定在当时是革命性的，对农民工有着很深远的意义。

（音响：薛澜）

"上世纪八十年代农村经济改革比较成功，但实际上也带来了新的矛盾：

大量剩余的农村劳动力。当时中国的改革开放有一些新的举措，就是沿海开放城市开发区等等，他们一开始从事的，主要是劳动密集型的加工业，那里需要大批劳动力。这样人口流动势在必行。为人口流动敞开大门，就是我们把劳动力市场逐步建立起来的过程，实际上就是按照合理的方式去配置劳动力资源。"

第三部分：痛

中国在恰当的时候作出了恰当的决定——要知道，当时城市需要大量劳动力，农村则劳动力大量剩余，而国家正需要发展第三产业来实现经济飞跃。

（音响：电钻声音 + 工地声音 + 敲打声音 + 收废品吆喝声）

打工者们刚刚放下行囊就已经做好了吃苦的准备。下面我们遇到的是一对到上海工作的年轻夫妇。

（音乐起：口琴 "蜗牛的家"）

郑业欣现在是一家传媒公司的美术指导。他的爱人谢芳在上海大学读壁画专业的研究生。两个人两年前离开内蒙古老家到上海去闯世界。

夫妇俩以前是内蒙古艺术学院的大学老师，都对安逸的生活和单调的工作感到厌倦，于是谢芳想去深造，郑业欣也想要找一个更能发挥自己潜力的工作。卖了房子，卖了车，他们来到上海。

（音响：谢芳）

"火车晚上到。下了火车只觉得很闷热，头脑一片空白。"

（音响：郑业欣）

"我喜欢这个城市。我们第二天就到了陆家嘴。到了那里，我和太太说，我一定要留下来，这是我一直在寻找的那个地方。我是北方人，对水是有好感的。黄浦江对我吸引力非常大，我觉得一个城市有这么宽阔的一个江，从城市中间穿过，这个城市充满了灵气。我非常看好这个城市。"

（音响：谢芳）

"我很兴奋。它毕竟是上海，祖国的最前沿，而且发展非常快。当时就想在这个城市呆下来，再苦也要呆下来。至于说以后工作和考研的结果怎么样，我一片迷茫，根本不知未来是什么。"

磨难接踵而至。在谢芳准备研究生考试的同时，郑业欣试了很多份工作，然而都不是他想要的。他们几乎坐吃山空。

（音响：郑业欣）

"在家的时候生活很好，有房子，也有车。来了以后，反差非常大，租的房子很小，什么设施都没有，九月份整一个月我没洗过澡。城市之大，简直让我难以想象。我每天工作八小时，剩下四小时在路上。每天回家很疲惫。以前睡眠不是很好，到上海好了，很大程度是因为一天四小时在路上，体力消耗大。"

（音响：谢芳）

"他的工资当时很低，我们买东西都找最便宜的，吃最便宜的挂面，而且没什么菜，有一次冬天中午吃饭，很冷，我们两个人在吃一碗面。我捧着这碗面，眼泪就流下来了，觉得我一定要考上研（究生）。"

（音乐渐弱）

历经重重艰辛后，美梦终于成真。现在，上海已经成了他们的第二个家。

然而不是所有的人都能像他俩一样幸运。很多到大城市的打工仔最后都只能做蓝领，去干城里人不屑一顾的工作。

朱美英今年60岁了，她是江西人，现在在上海的一家医院的特护病房做护工。每天，她要给特护病人喂饭，擦身，还要帮病人端屎端尿。她隔一天上一次班，一个班要24小时不合眼。

（音响：朱美英）

"我是这里年纪最大的。我们医院里的护工没有上海人。我认识个上海人，她说她不会去做护工的，怕丢人。可是哪份工作不都是要人做的嘛。"

外来打工人员的一般年龄在20到30岁之间，正当年富力强的时候。这个流动人群同时也是中国最大的劳动力人群。正如薛澜教授所说，他们所作出的贡献是巨大的。

（音响：薛澜）

"第一，促进了经济发展。按照劳动力市场需求来配置资源，使得经济效率大大提高。他们收入多了，寄给家里的钱也就多了，家里的生活就会得到改善。第二，中国现在成为世界加工业大国，其实很大程度上归功于丰富充沛的劳动力。第三，很多农村劳动力在城市工作一段时间以后学到了新的技能，眼界也开阔了，他们就可以把先进的技能和本领带回到自己的家乡，建设家乡。"

第四部分：心灵焦灼

这只是事情的一方面。但是，当城里人和外来打工者都彼此需要的时候，更大的问题是——他们能接纳对方吗？

抛去脏活累活带来的疲惫不谈，很多打工仔遇到了心理上的困惑。对很多人而言，他们只是大城市中的一个过客，而并不属于这个城市。

他们常常听到城里人这样抱怨：

（音响：市民黄先生）

"有了他们，是让我们生活方便了很多。他们也可以挣些钱养家糊口。但是也有很多不好的地方，他们住的地方太脏了，而且很多人确实素质很低。"

带着这么多的困惑，我们迎来了鸡年。有人说中国的版图在地图上就像一只大公鸡，而首都北京恰好位于大公鸡的心脏部位。每年有这么多人从全国各地涌向北京，难怪很多人担心，由此带来的交通不便、犯罪和社会秩序失调会诱发大公鸡的心脏病。

人口的膨胀，给城市建设、能源和环保部门提出了难题。

北京市要为上百万的外来人口提供住处。在城中心的三环路以里，至少有一百万居民住在临时的地下室里。地下室是城市基础设施建设中的一大毒瘤，前几年北京的暴雨和大雪更彰显了地下室排水系统的大问题。碰到了大雨天，上海也有同样的麻烦。同时，地下室恶劣的居住环境又给外来打工者和城里的居民带来了健康隐患。

但如果把这些归咎于打工者，他们会说这对他们不公平。

（音响：修鞋匠）

"我们干的都是北京人不想做的脏活，他们还对我们有偏见，不信任我们。有人像防贼一样防着我们。"

（音响：李）

"没有外来打工人员，北京人不会过得像现在这么舒服。我们为他们造路，我们买他们的东西，租他们的房子，买他们的衣服和菜，如果我们不来买他们的东西，他们肯定也过不好，我肯定。"

（音响：三轮车夫甲）

"北京人不喜欢我们。他们处处避着我们。他们觉得我们穿得破，觉得我们闹。是，我们是从乡下来的，没念过书。但我们也在改，学着过城里人的生活。"

（音响：三轮车夫乙）

"我们不和北京本地人说话。他们瞧不起我们，就因为我们是乡下来的。"

而薛澜教授将北京人对外来人口的歧视归结为人口政策造成的壁垒。

（音响：薛澜）

"恰恰由于成为北京居民并非易事，很多人争相进京，所以有北京户口的人就感到有优越感。如果没有政策限制的话，实际上大家这种不平等的感觉也会逐渐消失。"

与许多学者一样，薛澜教授主张取消现有的户口制度。他说如若没有政策壁垒的话，社会不公现象将会逐渐消退。解决问题的办法在于使外来人口享有与当地居民同等的社会保障、医疗保险和教育机会。

（音响：薛澜）

"中国城市化能不能成功，很大程度上取决于各城市能否妥善处理流动人口，这一点对中国的发展而言至关重要。然而，一旦问题处理不当，中国就会蒙受巨大的经济损失，还可能由此引发社会不安定，尤其是在郊区。"

那么该如何有效解决这一问题？薛教授指出，应出台新政策引导流动人口的合理去向，而不应令其集中在几个热点地区。

（音响：薛澜）

"城市管理者们要对流动人口通过某种方式来进行一定限度和有序地发展。但这需要城市农村齐心协力，使得安置工作更加开放化，制度化。"

当前人口流动主要是单向的，即从郊区向城市流动，从欠发达地区向繁荣地区流动。但如果是双向的话，人们就不必担心因为离开某地而会失去居住资格。当各地区都放宽限制，地区差异减小，人口移动将变得容易，相关问题也会得以缓解。

第五部分：任重道远

然而，改变需要时间。

（音响：薛澜）

"流动人口需要时间来适应一个新环境，了解当地习俗，并有意识地融入当地文化和社会规范之中。同时，外来人口如果想在一个地方有效地工作，发挥才能的话，也需要时间加强学习。如果双方都意识到这一点，这种磨合过程就会缩短。"

中国用了 20 年的时间走到现在这一步。而当整个国家正受益于更为自由的人口流动时，也面临着一系列相关问题。

专家指出，人口的自由流动是一种无法阻挡也不应阻挡的趋势。要通过磨合实现有序而持久的发展，中国必须依靠自身的增长。

换句话说，发展中的问题要靠发展来解决。

第六部分：突破

令人欣慰的是，变化已经开始。

（音响：沈祎）

"我们公司的高层管理者很好共事，不像某些自以为是的人那样心胸狭隘。他们不仅工作努力，而且观念开通，乐于适应环境。"

观念开通？我们采访了在北京开发廊的窦金凯和其他许多人，听听他们是怎么说的。

（音响：窦金凯）

"现在我和北京人没什么不一样的，经济状况还不错。刚到这儿时，北京人觉得我们不行，那时我们没背景，没权利，一无所有。可现在我已经有了越来越多的本地朋友。他们对我都挺好，在这儿我心里挺踏实的。"

城市居民也看到了改进。

（音响：北京年轻人买早餐）

"外来工走了我连早点都买不到。我家附近有三家餐馆，现在只有一家开着，生意火着呢。"

（音响：老北京人）

"不能赶他们走。你瞧瞧市场上：卖菜卖粮食的都是外地的。离了他们咱们怎么生活啊。"

马彦是北京石景山区八宝山居委会的工作人员。

（音响：马彦）

"现在歧视少多了，因为人们开始意识到流动人口在城市发展中的作用是非同小可的。我们正在帮助他们讨回拖欠工资，帮孩子入学，或是找工作。"

马彦和同事们定期在周末和节假日为社区的本地人和外地人组织文体活动，增进他们对彼此的了解。打工仔王乃贵对此感到非常开心。
这不，他们还互相帮助呢。

（音响：王乃贵）

"居委会对我们就像一家人，节假日经常来看我们，送米送油的，问我们还有什么需要。邻居们都很和气，很关心我们。"

（音响：马彦）

"我们这儿的外来工正努力提高法律知识。有什么矛盾，都可以诉诸法律手段，这样一来我们社区少了很多摩擦。"

（音响：王乃贵）

"一天，我早起带老婆去医院，路上我遇到一个人抢劫两个女孩儿，我停下摩托车叫了警察。一会儿警察来抓走了那人，可到了医院已经过了挂号时间。医生知道后破例给我们看了病。"

（音乐"蜗牛的家"——钢琴柔和版，压混）

关于城市居民和外来工互帮互助的报道比比皆是，因为他们发现并体会到了共事的种种好处。

当全国媒体报道温家宝总理亲自帮助一名外来工的妻子讨回丈夫被拖欠的工资后，政府立即采取措施确保外来工按时拿到工资。公众认为政府与立法机关开始联手采取措施以解决针对外来工的歧视问题。

还有相应的政策变化。

（音乐渐淡）

（音响：薛澜）

"之所以我们叫他们是流动人口，是由于一些政策壁垒的存在造成他们只能在大城市工作，而无法定居。没有居住资格，他们就无法买房或让孩子进当地学校。如今，已有城市对政策作出相应改变。"

近几年，户口制度几经变化，在不少省份已推行试验：公民无论城乡，一律平等。

令人欣慰的是，在一些地区，外来工已拥有社保账户。但不足的是，目前他们还必须留在登记省份，否则就会失去社会保险。去年九月，劳动部和社保部门推出方案，将开始实施新的规章制度，确保社保账户随着民工的流动而移动。

不仅如此，学校也开始接收外来工子女。

（学生朗读英文课文）

北京蓝天中学有来自 26 个省市地区的 540 名学生，他们的父母都是外来工。张福革是这个学校的校长。

（音响：张福革）

"这些孩子也是中国的未来，我们不能忽略他们。北京注入资金 330 万用于接收外来工子女的公立或私立学校，学生人数达 40 万，许许多多曾经终日无所事事的孩子得以走进课堂。"

（音响：学生们）

"我父母让我好好学习。我是家里的希望，他们盼我有个好前途，而不是像他们一样做外来工。"

"我要好好学习，我要上大学。"

这使外来工如释重负——毕竟，没有知识的灵魂最为可悲，没有什么比看着自己的孩子整日在街头游荡更令人痛心的了。所以孩子有受教育的机会使多数父母愿意融入新环境——对城市和居民而言这都是一个双赢结果，对未来也是。

北京社会科学院最近一项调查表明，多数外来工认为北京更宽容了。54% 的人表示，在经济条件允许的情况下愿意在京长期定居。调查发现，虽然有这样那样的问题，北京仍是大量移民所向往的地方。

而其他一些接纳大量外来工的城市也已采取多种措施，制定条例，为新生劳动力提供服务。

——有的向外来人员征求意见以改进工作。

——很多地区都对流动人口进行技能培训。

——还有的对那些参与当地社区管理的外来人员授予"荣誉市民奖"。

——中央电视台还在年终专门举办活动，表彰提供最优服务的市政府，"流动人口天堂"城市还会受到嘉奖。

（音乐起："蜗牛的家"——钢琴柔和版）

更多措施正不断出台。随着改革的深化，中国正逐渐改进劳工环境。有专家建议，为了缓解流动人口给城市带来更多压力，未来 20 年将出现的 3 亿农村剩余劳动力应向城市劳动密集型及增值型产业转移。

就在今年春节前，各大城市专门为外来人员安排了往返的火车专列。

中国正大步迈向现代化，这一进程因为生产力的极大解放而加快。虽然对许多农村人口来说，城市的门槛还是会很高，但双方的相互理解无疑将有助于这种转变。

而无论他们选择回家还是留在城里，春节对各个方面而言，都是一个思考的最佳时机。

（"蜗牛的家"渐出，英语歌曲 "Should I Stay or Should I Go 走还是留"，渐入）

（音响集锦——民工甲，卖烤红薯的，民工乙，电梯工）

"我挣了钱，要回去盖新房，我家乡几乎所有人都盖了新房。"
"我在这卖烤红薯。我要回家，不想回来了。太累了。"
"我是个建筑工人，今年挣了点儿钱。明年我会再回北京。"
"我挣的钱还不够回家。要在这呆一阵，想想明年要干什么。"

这就是中国国际广播电台关于中国城市的外来工的特别报道。是由宁妍、廖吉波、王静采编，林少文和宁妍为您播音的。

简　评

随着中国城市化进程的加速，流动人口问题一直是人们普遍关注的焦点之一。如何在对外广播中正确反映和报道这类问题，需要有关节目制作者在政策性和技术性方面的准确把握。英语中心于 2005 年春节期间推出的专题节目《城市漂流记》充分展现了对外广播特点，播出后反馈热烈，收到了很好的效果。构思巧妙、角度独特、事例鲜活、音效丰富、制作精良是这档节目的可圈可点之处。

中国文化节受到美国各界人士的欢迎

（2005 年 10 月 8 日播出）

郭翌 郝秀竹

听众朋友，中国文化节 10 月 1 日在华盛顿开幕后，无论是舞台演出，还是各类展览，都受到美国观众的欢迎。请听本台记者郭翌的报道：

（音响 1：现场）

听众朋友，当地时间 1 日晚，华盛顿最著名的肯尼迪表演艺术中心被璀璨的灯火装扮得晶莹生动，从它旁边蜿蜒流过的波托马克河倒映出它妩媚的身影。在艺术中心的艾森豪威尔剧场内，舞台被装点得金碧辉煌，宛若中国北京的名胜古迹。在悠扬的乐声中，身着金色古装的中国少女提着灯笼，穿过观众席，款款走上舞台。荟萃中国京剧、杂技、歌舞等多种艺术形式的综艺晚会拉开了中国文化节的序幕，场内不时爆发出热烈的掌声。一对美国的夫妇干脆站了起来，使劲地鼓掌，似乎这样才足以表达他们内心的赞赏之情。在演出现场他们激动地对记者说：

（音响 2：讲话）

"太棒了，感觉太好了，完全出乎我们的意料，中国人非常伟大，非常聪明，这是一个令人难以置信的经历。"

中国文化节由中国文化部与美国肯尼迪表演艺术中心联合举办，是中国艺术在美国的一次空前展示，也是肯尼迪表演艺术中心迄今举办的规模最大的文化交流活动。为期一个月的中国文化节内容十分丰富，24 台 43 场舞台演出，门类涉及交响乐、芭蕾舞、中国民乐、戏剧、杂技等，此外还有 8 项展览。

这些项目在文化节没有开幕时就受到美国观众的关注，几乎所有售票场次的演出票都销售一空，以至于记者在肯尼迪艺术中心售票处的每一次询问，得到的回答都是"没有了"。而在多场演出的场外，记者都看到了很多人在等待退票。观众们普遍认为，中国文化节为他们提供了一个了解中国和中国文化的平台。对此，身为华人的美国劳工部长赵小兰也非常兴奋：

（音响 3：讲话）

"对于在美国的华人来讲，这是巨大的骄傲。中国文化艺术第一次在美国首都做 30 天的大规模集中展示，机会非常难得。我想这是一个很好的活动，非常丰富，人们可以看画展、芭蕾、歌舞、电影等各种形式的中国艺术。对于华人来说，他们可以参与也可以欣赏；对美国人来说，这是一个很好的机会让他们了解中国的艺术，因为大部分美国人都没有机会接触中国的艺术表演，尽管这些表演只是中国艺术的一小部分。"

（音响 4：现场）

您现在听到的是广州交响乐团演奏的交响乐协奏《蝶恋花》的现场录音。在广州交响乐团带来的交响音乐会上，这部描写女人的交响乐协奏《蝶恋花》，向观众展现了中国现代交响乐中西合璧的独特魅力。其中不仅运用了吟颂、念白、京剧青衣唱法等中国传统戏剧手法，还加进去二胡、琵琶、古筝等中国传统民族乐器，它们连同西洋花腔女高音一起，与交响乐队相互呼应，将女人"纯洁"、"羞涩"、"放荡"、"敏感"、"温柔"、"嫉妒"、"多愁善感"、"歇斯底里"和"情欲"9 种情感表达得酣畅淋漓。而下半场中，由中国著名青年钢琴家郎朗演奏的钢琴协奏曲《黄河》，则以其雄浑的气势震撼了观众。场内掌声、欢呼声经久不息，十分热烈。Don Wallace 先生对中国古老的传统艺术与西方交响乐音乐形式的完美结合感叹不已，他觉得很神奇，很新鲜。他说：

（音响 5：讲话）

"听中国的音乐了解中国文化是一件很好的事情，尤其是刚才听到的音乐太特别了，是我从来没听过的，令我非常激动。我要查阅相关资料进一步了解这些音乐和创作者。"

他说，《黄河》协奏曲他也是第一次听到，但他很早就知道黄河，他觉得乐曲和黄河一样具有震撼力，激动人心，他感受到了中国人民坚强的精神，同时非常感谢中国艺术节带来这么美妙的音乐。

一位到美国 30 多年的老华侨许心怡先生在听完《黄河》后激动地流下了眼泪，他说：

（音响6：讲话）

"对于中国来说，以这样的艺术层面推介给美国是非常值得做的一件事情，因为美国现在有很多'中国威胁论'之类的言辞，实际上文化的交流可以增加更多的了解。因为不了解会造成误会，误会会造成冲突，无论是从双方人民的立场或是全世界的立场，都是非常不利的一件事情，中国有魄力举办这个艺术节，我觉得很好。"

与大型演出相比，小型的民乐专场表演同样场面火爆。音乐会不仅演出了中国经典的民乐作品，还向观众现场讲解每一首乐曲和使用的每一件乐器。很多观众都是带着孩子前来看演出，一家人坐在一起，近距离地欣赏着中国艺术家的精彩表演。

Triplett 先生就是一家三口来听音乐会的，他说，虽然孩子还小，但他还是想利用这次机会，让孩子感受一下中国民族音乐独特的韵味，了解一些中国乐器的知识。他说：

（音响7：讲话）

"这些音乐与美国音乐有着很大的不同，这一次听到的音乐的确更加传统，很特殊。今天的场合把我带到了不同的环境，带到了另外一个意境中去。"

中国文化节先后展出的8项展览也引起美国观众极大的兴趣。在肯尼迪艺术中心一层展厅，很多观众在《魅力北京》图片展前驻足观赏，精美的图片展示了古老而现代的北京。肯尼迪艺术中心楼上的展厅，展出的是三尊秦始皇兵马俑原件和《新中国时尚》时装及珠宝展，美轮美奂的中国时装及珠宝与威武高大的兵马俑对比鲜明，前来参观的人群也是熙熙攘攘，川流不息。

美国 GHK 能源公司总裁 Robert Hefner 带着夫人流连在服装展览厅，细细地品味着富于中国特色同时又极具现代感的服饰魅力。他说：

（音响8：讲话）

"我非常喜欢中国的东西，夫人也经常穿戴一些中国的服装和首饰，我非常喜欢这个展览。"

Hefner 夫人则对展品评论说：

（音响 9：讲话）

"这个展览最大的特点就是做到了中西融合，而且现在质量也比以前有了更多的进步，以前中式服装在材质上来说不是那么好，但是现在已经有了很大的进步，而且这些服装在样式上也比较大胆。"

Hefner 先生说，在华盛顿举办中国文化节非常有意义，因为华盛顿是美国的政治中心，这样就会有很多政界的人士前来参加中国文化节，从而对中国会有更多的了解，推动中美关系向前发展。另外，文化可以深入民心，因为，艺术的魅力就在于每个人都可以享受它。

由 9 位中国艺术家带来的中国当代雕塑与装置展《移植的风景》，依托肯尼迪艺术中心的建筑在户外展出，为肯尼迪艺术中心增添了新的"风景"。很多参观者在欣赏完作品后纷纷与这些"风景"拍照留念，这使得展览的策展人、中央美术学院副院长范迪安先生十分高兴，他说：

（音响 10：讲话）

"这些雕塑以中心的建筑为背景，构成了一种中西两种文化对话沟通的环境。从展出的状况来看，很多观众都非常高兴地以这些雕塑为背景进行拍照留念。所以我想，一个展览虽然规模不大，但它能够在中国文化节里面营造一个很好的环境，让人们能够走近它，能够和它交流对话，这就起到了介绍中国文化艺术的很好的作用。"

他说，肯尼迪艺术中心的总裁和副总裁也都告诉他，非常喜欢这些雕塑，因为它们可以让人远远就看到肯尼迪艺术中心正在举办中国文化节，为肯尼迪艺术中心营造中国文化的氛围。

国际合作委员会董事长陈香梅女士也对这些雕塑大加赞赏，她说，中国文化节的很多项目她都关注了，觉得非常好，她说：

（音响 11：讲话）

"艺术是没有国界的，是世界性的。十年以前，可能中国不会想到做这个事情，现在进步了，大家多一点了解，就多一点合作，所以我觉得这个艺术节非常重要，中外的人都很兴奋，大家都说非常好。"

　　听众朋友，以上为您介绍的是中国文化节在美国大受欢迎的情况，感谢收听，再会。

简　评

　　2005年10月在美国华盛顿举办的"中国文化节"是美国历史上规模最大的中国文化盛会。《中国文化节受到美国各界人士的欢迎》是国际台新闻中心文艺部记者专门采写的综合性专题报道。该节目音响丰富，内容活泼，语言亲切，可听性较强。整篇报道结构紧凑，布局合理，重点突出，通过对相关活动的介绍及对美国普通民众、华人华侨以及主流社会等各界人士的采访，从不同层面展现了中国文化节在美国社会引起的良好反响。

我台俄语听众心系"神六"

（2005 年 10 月 17 日播出）

范冰冰　苑听雷　赵雪予　涂延民

（主题音乐起，混入诺沃日罗夫、费留林、加甫留申、波里卡尔波夫等听众的祝贺）

主持人： 这里是中国国际广播电台。亲爱的听众朋友们，您现在收听的是《听众信箱》节目，我是主持人范冰，很高兴再一次与您相会在电波中。

10 月 17 日，载着两名宇航员的中国"神舟六号"载人航天飞船结束了 5 天的航天飞行后，顺利返回地面，至此，中国的第二次载人航天飞行也获得了圆满成功。在"神舟六号"遨游太空的 5 天里，我们《听众信箱》栏目专门在北京和莫斯科两地开设了两部热线电话，以便于听众与我们交流他们对"神舟六号"的评价和想法。在这 5 天的时间里，我们一共接到了 100 多位听众的来电，在今天的节目当中，我们就一起来听一听，来自各个国家的热心听众们是如何评价此次"神舟六号"载人航天飞行的。

10 月 12 日，也就是"神舟六号"发射升空的当天，中国国际广播电台俄语广播对发射过程进行了现场直播。来自中亚、俄罗斯、东欧和波罗的海地区的许多听众都通过电波收听了我们的直播节目，在第一时间了解到"神舟六号"的情况。与此同时，我们在北京和莫斯科两地开设的热线电话也正式开始工作，很快就收到了大量来自听众朋友们的真挚祝福。听众朋友们在祝贺中国航天事业的巨大成就的同时，也衷心地祝愿我们的宇航员能平安返回地面。除此之外，热心的听众朋友们还向我们提出了许多有趣的问题。

生活在白俄罗斯首都明斯克的听众诺沃日罗夫认为，"神舟六号"的成功发射是具有历史意义的事件，足以载入人类航天事业发展的史册。他说：

（音响 1：诺沃日罗夫）

"我带着很大的兴趣和激动与鼓舞的心情收听了你们的现场直播。要知道，航天技术，在一定程度上，是我们人类美好愿望的一个寄托。我向所有中国人民和中国的科学家们表示祝贺，我为你们的成就感到高兴！"

而圣彼得堡的热心听众费留林则在电话中说，他通过我们的广播节目在第一时间得知了"神舟六号"发射的消息，随后他兴奋地把这个消息告诉了他的亲人和朋友，并且还建议他们马上打开电脑，登录"国际在线"俄文网站，以了解更多有关"神舟六号"的消息。他说：

（音响2：费留林）

"我们所有的俄罗斯人，以及原来苏联地区的人们都知道，航天计划是一个需要大量的时间、物力和人力投入的工程。因此，'神舟六号'的成功证明，中国已经大踏步地跨入世界强国的行列。你们在如此短的时间内就达到了苏联和美国许多年才实现的高度。"

听众费留林还兴致勃勃地用中文向宇航员们表达了祝福：

（音响3：费留林）

"我试试看吧……祝你顺利（中文），祝你顺利（俄文）。"

像这样的真挚祝福，在过去的5天里，我们收到了许多许多，每一句话都令我们感到深深的鼓舞和感动。尽管听众朋友们与我们远隔万水千山，但是他们却无时无刻不在关注着中国的发展。

圣彼得堡听众加甫留申在电话中说，他认真地收听了我台俄语广播所有有关"神舟六号"的节目，此外，俄罗斯的媒体也对这一事件进行了大量的报道，这也令他感到非常高兴。他说：

（音响4：加甫留申）

"我想对中国航天事业的巨大成就表示祝贺。中国是我们的友好邻邦，我们为中国的发展感到欣慰，为有这样的好邻居、好朋友感到自豪。我为中国感到高兴。"

刚才的这几位听众都是年轻人的代表，但实际上"神舟六号"的成功不仅吸引了年轻人的注意，也同样让上了年纪的听众感兴趣。摩尔多瓦的听众波里卡尔波夫是一位二战老兵，他今年已经84岁了。在电话中，他特别强调，相信中国对宇宙空间的开发是出于和平利用太空的目的。他说：

（音响5：波里卡尔波夫）

"中国这次发射的宇宙飞船，和以往进行的多次对宇宙空间的探索，都可以证明中国开发宇宙空间的和平目的。我相信中国对宇宙空间的开发是为人类造福的，因此，我们也为中国感到高兴。"

这位今年已经 84 岁的老人还表示，中国的发展如此之快，以至如果在他的有生之年能够看到中国人登上火星或者其他星球，他将一点也不觉得奇怪。

除了我们的热线电话之外，还有很多听众通过 E-MAIL 的方式与我们进行了交流。听众苏斯洛夫在飞船发射后几个小时便给我们发来邮件说：

"我在伏尔加河畔的萨马拉市向'神舟六号'的成功表示祝贺，也期待着通过中国国际广播电台的节目，了解到更多有关它的消息。同时也祝愿中国人民光荣的儿子——航天员费俊龙和聂海胜能平安归来。"

给我们发来邮件的听众还有列兹瓦诺夫、乌鲁索夫、叶里舍夫等等。

（音乐起）

亲爱的听众朋友们，请允许我代表我的同事对你们表示感谢。感谢你们对中国的关注，感谢你们对中国宇航员的美好祝愿，也感谢你们对我们节目一如既往的支持。

（主题音乐起）

听众朋友，您正在收听的是中国国际广播电台的《听众信箱》节目。我是主持人范冰。最近 5 天内，很多听众朋友还通过热线电话向我们提出了有关"神舟六号"宇宙飞船以及中国宇航员们的情况。现在，我们借此机会来回答这些问题。

首先是一位"国际在线"的网友提问说："我本人非常喜欢中餐，也曾尝试做过几次。请问宇航员们在太空时吃什么？也是中餐吗？"的确，中国宇航员在"神舟六号"飞船上食用的"太空餐"主要是中餐。"神舟六号"上的太空食品均为专家自行研制的。关于这个问题，负责宇航员食品的陈冰先生介绍说：

（音响 6：陈冰）

"'神舟六号'宇宙飞船上共配有 47 种食品，其中包括米饭、肉、蔬菜等。几乎所有食品都是中餐。比方说有盐水虾、焖鲍鱼、八宝饭以及鱼香肉丝等等。"

根据陈冰先生的介绍，我们还了解到，太空舱内装有食品加热器，这样一来，宇航员就能吃上热乎乎的饭菜了。

除此之外，我们的听众还想更多了解有关中国宇航员的情况。甚至还有听众问，宇航员是如何在太空度过自己的生日的？那么接下来，我们就来一起认识一下这两位中国宇航员——费俊龙和聂海胜。

宇航员费俊龙是江苏昆山人。1965 年 5 月出生；现为中国人民解放军航天员大队三级航天员，上校军衔；安全飞行 1790 小时；中国人民解放军空军特级飞行员。

宇航员聂海胜是湖北枣阳人。1964 年 9 月（农历）出生；现为中国人民解放军航天员大队三级航天员，上校军衔；安全飞行 1480 小时；中国人民解放军空军一级飞行员。1998 年 1 月入选中国首次载人航天飞行员梯队并成为首次载人航天飞行预选宇航员。

2005 年 10 月 13 日是宇航员聂海胜 41 岁的生日。这一天，当"神舟六号"飞船进入第十圈绕地飞行时，聂海胜的妻子和 14 岁的女儿与他进行了天地通话。亲人们为他献上生日的祝福。14 岁的女儿还给父亲唱起了《生日快乐》歌。

（音响 7：聂海胜女儿）

听到女儿的歌声，聂海胜激动万分。

10 月 17 日，在历经 5 天太空飞行后，航天员费俊龙、聂海胜搭乘"神舟六号"成功返回地面，他们出色地完成了此次飞行任务。

我们的听众朋友们对中国航天事业的进一步发展也同样非常感兴趣。有网友问："中国计划何时将自己的宇航员送上月球呢？"带着这个问题我们的记者采访了有关专家。

近年来，随着中国航天技术的不断发展，中国的科学家们正将目光投向月球——这个距离地球最近的天体。中国的登月计划有一个非常好听的名字叫做"嫦娥工程"，嫦娥是中国古代神话中居住在月亮上的仙女。这个工程将分三个步骤实施，中国空间技术研究院的研究员王壮先生介绍说：

（音响 8：王壮）

"第一步是绕月飞行，第二步是在月球表面着陆，第三步是准备在月球上采集标本并且返回。等这三步计划完成之后，我们就积累了足够的经验，然后才会考虑将宇航员送到月球上去。"

从人类已探测到的情况看，月球上含有的在飞机制造、建筑等方面得到广泛应用的特种金属钛的含量大约为 120 万亿吨到 240 万亿吨；蕴藏在月球土壤中的氦-3 则是一种清洁、高效、安全的新型核聚变燃料。据估计，如果能对其加以合理利用，至少可以解决人类 1 万年以上的能源需求。

（主题音乐起）

亲爱的听众朋友，今天的《听众信箱》节目就要结束了。节目的最后，再次衷心感谢您对我们节目的关注与支持。同时，也欢迎登录我们的"国际在线"网站 www.cri.cn，了解更多的信息。听众朋友们，再见！

（结束）

简　评

自 2005 年 10 月 12 日"神舟六号"升空开始，到 10 月 17 日飞船成功返回地面，国际台俄语部分别在北京的编辑部和在莫斯科的记者站开设了两部"热线电话"，并事先通过广播和网络对此事进行了宣传。在整整六天的时间里，共有 100 多位热心听众来电表示关注和祝贺，俄语部对此进行了录音，随后在制作《我台俄语广播听众心系"神六"》节目时直接使用，并于飞船成功返回地面当天在《听众信箱》栏目中播出。这是俄语部首次运用"热线电话"的方式与听众进行沟通与联系，是一次加强听众交流的有益尝试，取得了非常良好的效果。该节目构思新颖，勇于创新，通过"热线电话"把听众从"接受者"变成"参与者"，极大地提高了节目的真实性、互动性和可听性。另外，该节目的针对性和时效性都很强，值得称道。

草原卫士
——记呼伦贝尔草原上的环境保护者
（2005 年 12 月 22 日播出）

张平　王觉眠　靳可　谢玉明　王玉琴
赵建平　刘俊芳　祁穗峰　宝龙

（片头音乐）

亲爱的听众朋友，您好！这里是中国国际广播电台《经济与环保》节目。

（音响 1：好来宝起，渐弱，混入下文）

您现在听到的这种说唱形式叫做"好来宝"，它在中国的内蒙古地区非常流行。它的歌词通常是不固定的，临场发挥，曲调非常有力，富有节奏感。在内蒙古，无论大人还是小孩子，随时都会即兴来上一段"好来宝"，抒发他们的情感。而您刚刚听到的这段"好来宝"是在告诉人们如何保护湿地，它的创作者和演唱者叫陈吉日木图，是中国达赉湖国家级自然保护区乌兰诺尔保护站的站长。

（音响 2：好来宝起，渐弱，混入下文）

（音响 3：陈吉日木图讲话）

"根据我们地区少数民族的特点，我以'好来宝'的形式在牧民中宣传，目的就是提高他们的环境保护意识，传播环境保护知识。我们蒙古族人非常喜爱'好来宝'，以这种形式来宣传，特别受欢迎。'好来宝'的内容有关于保护湿地的，保护鸟类的，保护野生动物的，还有关于环境保护的相关法律知识的。"

达赉湖国家级自然保护区坐落在位于中国北部的内蒙古自治区呼伦贝尔草原上。而这个呼伦贝尔草原是中国最大的草原，同时也是世界著名的三大草原之一。它的面积有十多万平方公里，可以想象，蓝蓝的天上飘着朵朵白色的云，辽阔的大草原上盛开着各色的花，草很高，最高的地方可以没过你的腰部，深吸一口气，青草的芳香就会沁入你的肺腑。

（配有效果）

有意思的是，这里还流传着这样一个神秘的传说。很久很久以前，草原上勇敢的蒙古族部落里有一对恋人。姑娘呼伦，美丽动人，能歌善舞；小伙子贝尔，英俊威武，能骑善射。但就在有一天，草原上来了一个邪恶的妖魔，他要毁灭这片草原。霎时间，电闪雷鸣，狂风骤起，花草开始枯萎，大地开始震颤……为了拯救草原，呼伦和贝尔勇敢地与妖魔搏杀。最终，他们化作湖水，淹死了妖魔，用生命捍卫了草原。风住了，金灿灿的阳光再次普照大地，花儿再次绽开灿烂的笑容，人们又可以快乐的生活了！而呼伦湖和贝尔湖，从此就世世代代滋润着这片草原。因此得名"呼伦贝尔草原"。

（栏目片花）

在呼伦贝尔市环境保护局工作的吴俊军说，几千年来，呼伦贝尔草原就像一位慈爱无私的母亲，养育着生活在这里的人们。

（音响4：吴俊军讲话）

"呼伦贝尔草原的生态地位非常重要。它是中国北疆重要的生态屏障，它直接关系到中国东北和华北地区的生态安全。呼伦贝尔草原上的呼伦湖又叫作达赉湖，它的水域很宽广，湿地和沼泽连绵不断。就全球范围来说，达赉湖是草原地区极为少见的具有生物多样性的湖泊，其中的湿地还是东北亚鸟类迁徙的重要通道。"

1986年中国内蒙古自治区成立了达赉湖自然保护区。如今，这个保护区不仅是国家级的自然保护区，同时也是世界生物圈保护区。目前这个保护区设立了4个保护站，乌兰诺尔保护站就是其中之一。站长陈吉日木图已经在这里工作了十几年。

（音响5：陈吉日木图讲话）

"我们（乌兰诺尔保护站）有四个工作人员，管辖（范围）有2400多平方公里。我们的主要工作是进行环境保护的宣传，对生态的变化、鸟类的种类和数目进行观测和记录。"

为了每天准确地观测和记录，这四个人在草原上盖起了房子，这是所简单的小砖房，它既是办公室又是宿舍。里面的家具很简单，一个灶，两张办公桌，四张床。当地人巴特告诉我们，这附近方圆几十里都不见人烟。

（音响6：巴特讲话）

"那个地方（他们居住地）的水质不太好，交通也不方便，为了保护草原植被，保护站内没有菜田，购物买菜要到几十甚至上百公里以外的村镇，所以，有很长时间他们都不能吃到新鲜蔬菜。但是他们却毫不在意，常说：'这个工作总要有人来做啊。'"

在他们的办公桌上，放着好几摞厚厚的册子，里面按照种类、数量、环境等项目的规范要求，记满了密密麻麻的数据。别小看这些数据，它们可都是珍贵的科研依据。除了日常的观测和记录，每隔半个月，陈吉日木图他们还要带上干粮和水，骑上马或者骑上摩托车，在他们的管辖区域内巡视一圈，记录下生态的变化，同时沿途向牧民宣传环境保护。

（音响7：好来宝起，渐弱，混入下文）

如今，在呼伦贝尔草原上，随处都可以听到这样的"好来宝"。陈吉日木图说，通过传唱"好来宝"，牧民们懂得了不少环境保护的知识，这两年，常有牧民把受伤的鸟或野生动物送到保护站进行救治。

（音响8：陈吉日木图讲话）

"居民不参与（环境）保护，光靠我们四个人是肯定做不到的。"

（《草原卫士》片花）

（音响9：流水声、提水桶声）

（音响10：孙明山妹妹讲话）

"种的这些树已经有六七年了，但这个地区，种树不长呀，关键是缺水。很多树已经长得有手腕粗了，由于缺水，都死了，我哥哥心疼死了。"

刚才说话的是孙明山的妹妹。孙明山，今年已经 57 岁了。虽然不是土生土长的草原人，但自从 30 多年前来到呼伦贝尔，他就与这片草原结下了深厚的感情。30 多年过去了，他在草原上成家、立业、养育后代。今天，他又承包了 5000 亩沙地，在沙地上种树防沙。

由于自然、历史以及人为等种种原因，近几年，在呼伦贝尔草原的部分地区出现了沙化。目前，在呼伦贝尔草原上有 3 条沙带，沙地面积超过 88 万平方公顷。因此植树造林治理沙化成了保护呼伦贝尔草原的一个重要工作。

（音响 11：孙明山讲话）

"林业部门领导对我说：'老孙，你圈一块地（种树）吧'。"

就这样，孙明山辞去了原来的工作，承包了 5000 亩沙地，只身在这方圆几十公里不见人烟的沙地上盖起了砖房，开始种树治沙。

（音响 12：犬吠声）

（音响 13：孙明山妹妹讲话）

"咱们女人胆子小啊，我要是想出屋，得东瞅瞅西看看，心里很恐慌。我一个人都不敢到（种树的）园子里去，我必须把家里的狗都叫上，最少也得四五只。可我哥哥一个人一年四季都住在这里。"

（音响 14：孙明山讲话）

"到了这儿，没电，没水，就跟蹲笆篱子（监狱）差不多，一开始不习惯。烟我戒了四年，到了这儿又拣起来了。尤其是到了冬天，夜长、寒冷，最冷的时候零下 40 多度。我现在已经习惯了。"

在下决心承包这 5000 亩沙地的时候，孙明山设想了许多可能遇到的问题，但是，实际情况远远超过了他所能想到的。

（音响 15：孙明山讲话）

"我老家是山东，我看我老家的人栽树很好栽，一栽就活。没想到，咱们这个地方的沙土根本存不住水，我从东北买来了树苗，打上池子，扣上地膜，我就按照人家种菜的方法种，结果苗都枯死在里面了。"

看着一棵棵枯死在沙地里的树苗，孙明山心疼死了。

（音响16：孙明山讲话）

"我拿照相机，'咔嚓咔嚓'把枯死的树苗都照下来了，做个纪念吧。太可惜了！"

隔两三天，孙明山就要看看这些照片，每次看，都会难受好一阵子。孙明山说，他就不信，他老孙在沙地里就栽不成树！一次不行，两次，两次不行，就三次……就是凭着这么一股子不服输的劲头，最后终于让他找到了在沙地里栽树的窍门。

（音响17：孙明山讲话）

"（我发现）越是不长草的地方，树长的越是好，连水都不用浇。野草抢水很厉害，草的根在地下密密麻麻的。有草的地方，你往下面挖，一米深也不见湿土，可没有草的地方，挖下一锹，就见湿土了。"

窍门是找到了，可是又一个棘手的问题摆在了孙明山的面前。

（音响18：孙明山妹妹讲话）

"在这边吃水可困难了！这边的井打不出水来，吃的水都是从外面拉来的。看看我们洗手，多艰苦呀，水都成了糊糊了。就连洗件衣服，水都可怜呢。因此，一滴水我都舍不得洒。"

干旱、缺水是孙明山面临的最大问题。

（音响19：孙明山讲话）

"汽油桶，大水缸，为了干啥，就用来拉水的，（笑）水车！原来这儿有个井，现在已经干了，打不出水来。为了取水，我找了5个汽油桶，把它们焊接在一起，固定在二轮推车上，每天到几公里以外的地方去拉水。"

除了制作水车，孙明山还自己掏钱买了挖掘机和抽水机。这几年，为了种树治沙，孙明山卖了旗上的房子，养的100多只羊也卖得所剩无几。几年来他的个人投入已经超过了50万元。对此，他却只是笑笑，说：

（音响20：孙明山讲话）

"没啥事。咋说没啥事呢？我们老两口能吃多少？我们一年也就吃十袋面，菜不用买，我自己种。我就是盼望着种的树都成活，这一片沙地都绿呀！"

如今，孙明山已经种了60多万株树，人工造林面积达2000多亩，育苗面积达300亩。往日的白沙坨子不见了，一片片翠绿的树林成了草原上一道亮丽的风景线。望着郁郁葱葱的树木，就像看着自己的孩子，孙明山笑了：

（音响21：孙明山讲话）

"令人欣慰的是，现在这儿已经都绿了（笑）。以前，这儿可都是白沙坨子呀。"

（栏目片花）

（音响22：蒙古族民歌《牧歌》，音乐渐弱，混入下文）

亲爱的听众朋友，千百年来，草原上的小伙子们，唱着悠扬的牧歌，骑着高大的骏马，在这一望无际的草原上放牧。草原给予了他们生存的基石，也正因为如此，他们比任何人都更加珍爱这片草原。千百年来，这种对草原深深的爱早已溶入到他们生活的点滴中。

巴特从小生活在内蒙古呼伦贝尔草原上，谈到草原人的环境保护意识，巴特说：

（音响23：巴特讲话）

"原生态的牧民们从小就懂得环境保护的重要性，他们生产生活的方方面面都是按照以天为本的原则进行的。环境保护意识已经深深地刻在了他们的骨子里，流淌在他们的血液中了。"

巴特告诉我们，在他们旗上有一个叫阿日德那的蒙古族老人，今年已经60多岁了，虽然已经干不动牧场上的活了，但他却没有呆在家里喝喝奶茶，晒晒太阳，而是走出家门，通过电台、电视等途径，不断地向年轻的一代讲述蒙古族环境保护的优良传统。

（音响 24：阿日德那讲话）

"从小，我们不是先学数字和文字，而是学如何保护环境，保护草原。小的时候，我的父亲就告诉我，不可以碰鸟蛋，我的影子不能投到鸟蛋上，意思是不让我靠近鸟窝。父亲也不允许我往河里扔石头。如果打碎了一个鸟蛋，或者是往河里乱扔了石头，那你就准备脱裤子吧。"

小的时候，阿日德那并不理解父亲的教导，他和所有小孩子一样贪玩，偷偷地打过鸟，也往河里扔过石头。

（音响 25：阿日德那讲话）

"就这个方面，那时候我不理解，'这有什么关系，一块小石头扔在河里，河水就被污染了？'为此，我可真没少挨揍呀。现在想起来，那真是太伟大了，如果连石头都不随意扔到河里，那么河水将永远是干净的。"

阿日德那说，正是因为一代代草原人的细微呵护，才有了我们今天看到的呼伦贝尔草原。作为草原人，他要把保护环境的传统传承下去。

（音响 26：阿日德那讲话）

"草原人不是不知道地下有好东西，但是他们不挖掘，哪怕是牺牲自己的利益，也不能破坏草原。草原如果被破坏了，那么我们自己生存的环境也就没有了。"

（音响 27：歌曲《呼伦贝尔大草原》渐强出，后渐弱，混入下文）

亲爱的听众朋友，让这动听的歌声带您走进呼伦贝尔草原，您看到了吗？美丽的草原，蔚蓝的湖水，九曲回肠的河流……它们是世界的财富，是属于人类的！正如阿日德那老人所说的，如果我们把草原破坏了，那么我们也就生存不下去了，保护草原就是保护我们自己。为此，传说中呼伦和贝尔化作了湖水；今天，陈吉日木图、孙明山和阿日德那以及那些我们不知道姓名的人们，年复一年，默默地挥洒着汗水。听众朋友们，如果有一天，你来到了这片草原，看到了那五彩的花，一望无际的绿，请不要惊讶于它的美，那是因为有他们的存在——草原卫士！

（歌曲《呼伦贝尔大草原》渐强出，后渐弱，混入下文）

亲爱的听众朋友，很高兴今天和您一起走进了美丽的呼伦贝尔草原，结识了这些淳朴善良的草原卫士。您想亲眼看看呼伦贝尔草原那迷人的风光吗？您想看看这些草原卫士充满阳光的笑脸吗？您想再次倾听这动人心弦的歌声吗？欢迎您登录我们的网站：es. chinabroadcast. cn，我们已经为您准备了丰富的图片和悠扬的蒙古族歌曲。听众朋友，让我们在这纯美的歌声中结束今天的节目吧，感谢您的收听，再见！

（歌曲《呼伦贝尔大草原》渐强出，播放至结束）

简　评

近年来，中国内蒙古大草原的衰减和沙化现象严重，是我国政府和国际社会都高度重视的环境问题。国际台世界语部的《草原卫士——记呼伦贝尔草原上的环境保护者》专题报道，是记者运用第一手资料采写的。该节目通过对呼伦贝尔草原上不同类型的环境保护工作者的采访，为听众讲述了他们为大草原美好明天无私奉献的感人事迹。该节目使用了大量音响和配乐，穿插富有民族特色的蒙古族长调和马头琴乐曲片花，凸显了浓郁的民族风情，增强了广播的可听性。

一场特殊的毕业典礼

（2005 年 7 月 19 日播出）

翟苦苦　李庆莉　周红心　张艳萍　伍书锦

（出军乐，混入）

主持人： 各位亲爱的听众朋友，大家好。在今天的节目里，请您收听我台从现场发回的录音报道：《一场特殊的毕业典礼》。

（出军乐，混入报道）

记者： 各位听众朋友，你们好！我现在正站在北京中国国防大学防务学院的礼堂内，"中国国防大学 2004 年防务研究班、2005 年高级指挥班毕业典礼"正在隆重举行。

（出军乐，混入报道）

记者： 现在 86 位来自 63 个国家的军官分别上台，在鲜红的中国"八一"军旗下从国防大学校长裴怀亮中将手中接过毕业证书。

颁发证书仪式结束后，中国国防大学防务学院院长朱成虎少将发表了讲话：

（出掌声，再出音响 1：朱讲话）

"在中国，这是一张令上校和大校羡慕和向往的毕业证书。因此，我代表中国国防大学的所有教员向这 86 位获得毕业证书的高级军官表示热烈的祝贺。"

（出掌声，淡出）

记者： 礼堂内，在主席台上挂着 63 个国家的国旗，来自这些国家的 86 位军官，他们身着笔挺的军装，胸前佩戴着一排排铮亮的勋章，脸上绽放出骄傲、自信的光芒，气度超凡，英姿飒爽。

刚刚获得毕业证书的柬埔寨军官孔奉天中校告诉我，在这个特殊日子里他的心情非常激动。他说：

（音响 2：孔讲话）

"（今天我毕业了，）心情非常激动。在中国的学习期间，我学到了许多新的军事知识，这些知识对我们非常有益。回国后，我想把在中国所学的知识传给其他军人。"

记者：86 名军官有着不同的国籍，穿着不同的军装，有着不同的肤色，说着不同的语言，但是他们有着同样的身份和责任——他们是军人，他们的责任是维护和平。

而中国举办这个外国军官培训班，起到了加强各国间友谊的作用，有助于促进世界和平。培训班的负责人欧建平告诉我们，他们的培训对象大部分是发展中国家的军官，他说：

（音响 3：欧讲话）

"我们的办学目的主要是发展（我们）与发展中国家的友好关系，促进我们与发展中国家的友好合作。从目前世界安全的发展形势来看，很多方面需要寻求安全合作，维护国家的安全，维护世界的安全，这都需要国与国之间的合作，地区与地区之间的合作。另外，举办这个培训班能给发展中国家培养更多的军事人才。各国的军官学员来到这里学习后，学到了军事战略、军事思想、作战指挥等多方面的知识。"

记者：来自刚果共和国德加利·维尔森上校作为学员代表在典礼上说：

（出掌声，再出音响 4：德加利讲话）

"虽然我们这些学员来自不同的国家，彼此存在着很大的差异，但我们都有一个共同的目标，那就是获取知识，播撒友谊的种子，通过交流加深相互的了解，进一步加强各国和人民之间的联系。在学习期间，中国政府、中国军队给予了我们最真诚的帮助。我们也将为加强中国与我们所在各国的友好关系作出有益的贡献。"

（出掌声）

记者：最后，中国国防大学防务学院院长朱成虎少将深情地对所有毕业的外国学员说：

（音响 5：朱讲话）

"希望我们之间已经建立的感情和友谊，有助于国与国之间的互信和交流，有助于分歧和问题的解决。"

（出军乐，混入）

记者：这是一场特殊的毕业典礼，是属于来自世界 63 个国家的军官们在中国的毕业典礼。中国外交部、商务部、解放军总部的代表，中国国防大学的领导和教员，以及亚、非、欧、美、大洋洲等有关国家的驻华使节都前来参加了此次典礼。

（淡出军乐，混入）

主持人：听众朋友们，这场毕业典礼结束了，这 86 位外国军官在北京的学习生活要结束了，我相信在这段学习时间里他们建立的深厚的友谊和感情是不会被距离所割断的，他们还将会随着下一期外国学员的到来而延续下去，将有助于增强各国的互信和交流，进一步推动世界进步和和平发展。感谢您的收听！

简　评

国际台柬埔寨语部记者采写的《录音报道：一场特殊的毕业典礼》节目播出后，马上收到了听众的反馈。该节目通过对中国国防大学防务学院外国军官培训班毕业典礼中柬埔寨军官孔奉天的情况进行有针对性的报道，展现了中国与其他发展中国家在军事方面的友好关系。节目在制作方面采取了实况录音的采访形式体现了报道的现场感和可听性。

患难见真情

（2005 年 10 月 31 日播出）

魏瞳

（背景音乐起）

听众朋友，这里是中国国际广播电台英语台的《非洲特快》节目，欢迎大家收听。我是主持人魏瞳。今天节目的主人公是位 47 岁的津巴布韦人，他的名字叫帕蒂克。他是津巴布韦广播电视局的官员，今年七月初来中国参加由中国商务部举办的为期两个月的广播电视技术培训。然而让人意想不到的是，就在帕蒂克兴致勃勃地参加培训时，他的大脑突然严重出血，生命垂危。那么他有没有被拯救过来？中国医生在抢救他时都付出了哪些努力呢？让我们开始这个惊心动魄的故事吧！

这是帕蒂克第一次来中国，和其他非洲官员一样，他对这个神秘的东方古国充满了好奇，同时也十分珍惜这次到中国来学习广电技术的机会。在培训班的开班式上，帕蒂克作了精彩的演讲，表达了他对中国人盛情款待的感激之情。他希望通过这次培训结识更多的中国朋友和非洲朋友；他还盛情邀请培训班的同学在培训结束以后去津巴布韦做技术交流。一切都进展得十分顺利，整个培训班的气氛友好而热烈。

在所有培训学员分别作完演讲以后，他们被安排照集体相。其他学员都纷纷起身准备照相。可是，帕蒂克却一动不动地坐在原地。一开始，大家觉得很奇怪，想是不是他太累了？渐渐地大家发现他居然不能动弹了。

程林是中国商务部的官员，同时也是培训班的组织者之一。事情发生时，他正在现场：

（音响：程讲话出，后混）

"当我询问帕蒂克时，他说他的腿有些发麻，并解释说可能是长时间飞行的缘故。他让其他人先拍照，并说自己马上就来。两个学员想扶他站起来，可他坚持要自己起来，因为他很要强，一切事情都要坚持自己做。然而就在所有人都准备好要拍照时，他突然意识到自己已经动不了了。"

在场的每个人都十分担心帕蒂克。四个人小心地把他挪到椅子上，然后抬着椅子送他去照相。照完相已经是上午十一点半，该吃午饭了。这时帕蒂克用十分虚弱的声音向他的同伴说他想喝水，他的同伴赶忙端来一杯水送到他嘴边。然而，可怕的事情发生了，水没有流进他嘴里，而是从嘴边径直流到了地板上。

（音响：紧张节奏的音乐）

在场的人都不由自主地紧张起来。突然间，大家发觉事情不妙。帕蒂克肯定是得了重病。糟糕！那该怎么办呢？程林对当时的场景记忆犹新：

（音响：程讲话出，后混）

"我们立即叫了救护车。在等待车来的过程中，我们把帕蒂克背回了他自己的房间并为他准备了一些稍软的食物。救护车到了以后，医生立即给帕蒂克测量了血压，血压很高。医生意识到帕蒂克生命垂危，马上将他送到了医院。"

尽管帕蒂克病的很重，但他一点也不惧怕，仍旧保持着镇定，什么事情还都想自己处理，不愿意麻烦别人。帕蒂克的勇敢与坚强赢得了所有在场人的尊敬。程林也对他印象颇佳：

（音响：程讲话出，后混）

"当他的同伴想扶他走时，他坚持要自己走，尽管此时他已经走不了了。他说他实在是不想依靠别人，因为那样会给别人带来很大负担。他喜欢和培训班的非洲同伴在一起，不想因为生病而被他们疏远。"

帕蒂克被送到了专门治疗神经系统疾病的北京天坛医院。医生先给他做了CT检查，他被诊断为严重脑出血。但医生表示帕蒂克的病情并不像他们想象的那样严重，只是血压有些高。所以医生给他采取了一些药物疗法把血压降了下来。

当天坛医院的院长来看帕蒂克时，他还能微笑地看着院长，试图表达他对院方的感谢，他用微弱的声音说他对中国医生的医术充满了信心，坚信中国医生一定能治好他的病。

然而，就在大家暂时松口气的时候，意想不到的事情发生了。当天晚八点，帕蒂克的病情突然恶化，他的头剧烈疼痛，并大口大口地呕吐起来，随即整个人陷入了昏迷状态。

赵性泉是北京天坛医院神经内科副主任医师，具有丰富的临床经验。当他听说有急症病人要抢救时，立即从家里赶到了医院并马上对帕蒂克进行了第二次 CT 检查。那真是一场与病魔针锋相对的较量，时间仿佛都凝固住了。每个人都屏住了呼吸。他们默默地为帕蒂克祈祷，盼望着奇迹的发生。

十分钟过去了……帕蒂克被推出了急救室。大家的目光不约而同地投向了赵性泉。然而从他脸上的表情，大家预感到了事情的不妙。只见他双眉紧锁，万分焦急：

（音响：赵讲话出，后混）

"帕蒂克的瞳孔已经变大，这就意味着他处于高度的生命危险之中。如果瞳孔继续放大就预示着死亡。第二次的 CT 结果显示帕蒂克的病情相当严重，脑腔大面积出血。从神经学的角度来看，人已经接近死亡了。"

帕蒂克呼吸短促，还时不时的停止呼吸，整个人在死亡线上徘徊。这可急坏了天坛医院神经科的大夫们。这时，北京天坛医院院长戴建平、党委书记高晓兰在第一时间作出了重要指示，表示要不惜一切代价，要尽最大的努力全力挽救患者的生命，最大限度地恢复患者的肢体功能。赵性泉和其他外科医生马上把帕蒂克转到抢救室：

（音响：赵讲话出，后混）

"我们把一根管子插入他的气管，管子的另一头连着呼吸机。我们这样做是想设法恢复他的呼吸。一开始我们还想为他做开颅手术。后来，我们取消了这个念头，因为这个手术耗时太长，风险太大。经过专家组讨论之后，我们决定对病人进行简单处理，只是在病人头颅上开一个小洞用来引流血液。这个手术做得很成功，但是帕蒂克仍处于深度昏迷之中，因此仍需留在手术室里做进一步观察。"

急诊室里医生们仍旧忙碌着。只有急诊室外走廊里挂钟的嘀嗒声提醒着人们夜已深了。十分钟，二十分钟，一个小时，两个小时……东方泛起了鱼肚白，天渐渐亮了，整整十二个小时过去了。医生们一夜没有合眼，在抢救室里密切关注着帕蒂克病情的变化。

那么结果怎么样？帕蒂克的情况有没有好转？急救室的门推开了，忙碌了整整一夜的赵性泉医生走了出来，他脸上的焦虑仍然没有消失。

（音响：赵讲话出，后混）

"经过一整夜的治疗与观察，帕蒂克的病情稳定了一点，但仍处于深度昏迷之中。许多大夫认为帕蒂克还没有脱离生命危险，随时都有可能撒手人寰。医院甚至考虑怎么样把他的遗体送回津巴布韦。"

但鉴于帕蒂克的病情稍微稳定了一些，医生决定把帕蒂克由急诊室转入天坛医院 ICU 病房。然而新的一轮难题又接踵而至。把仍处在病危中的帕蒂克从急诊室转入 ICU 病房危险性很大。首先是这两处地方相距有半公里远，病人有可能在转运过程中随时死亡。给帕蒂克实施侧脑室引流术的赵性泉副主任医师参与了转运的全过程，他后来回忆说：

（音响：赵讲话出，后混）

"在转运过程中，帕蒂克始终靠着呼吸机辅助呼吸，但这远远不够。于是，四位医生和一位护士用捏橡皮球的方法给帕蒂克体内输送氧气。他们一边要保证转运车在转运过程中保持平稳，不发生颠簸；一边还要通过持续给病人输氧稳定住他的呼吸，难度非常大。"

赵性泉说，一般情况下，病人在从急救室转入 ICU 病房时不用戴着呼吸机，等到了 ICU 病房以后医生再给他带上。可是帕蒂克的病情实在是太严重了，必须要时时刻刻戴上呼吸机才行。时间就是生命。在整个转运过程中，帕蒂克命悬一线，随时都有可能撒手人寰。所以，津巴布韦驻华使馆、中国商务部和外交部的官员都来到医院一起讨论万一帕蒂克在转运时去世的善后事宜。

真是好人一生平安啊！幸运的是，帕蒂克的转运成功了！他被从死神手中拽了回来，安全地到了 ICU 病房。

在重症监护专家周建新主任的亲自率领下，ICU 的医生和护士记不清陪伴帕蒂克度过了多少个不眠之夜，一次又一次将他和死神分开。

（音响：周讲话出，后混）

"虽然手术缓解了帕蒂克的病情，但在 ICU 病房的恢复治疗同样至关重要。在此期间，帕蒂克经历了高热、感染、呼吸衰竭、电解质紊乱、气管切开呼吸机辅助呼吸等一个又一个生死考验。虽然帕蒂克的检查报告显示他的病情已经稳定下来了，但是血压还是出奇地高。两天以后，我们给他做了气管切除手术。"

手术后第二天，CT 显示帕蒂克脑部的淤血已经被吸收了。令每个人都倍感兴奋的是，他能睁开一只眼睛，右手也能微动了。周建新主任觉得帕蒂克的情况有了好转但是仍需大量的休息。

在遥远的津巴布韦，帕蒂克的妻子听说她丈夫在中国得了重病，万分焦急。她马上就启程在她丈夫发病八天后的 7 月 14 日来到了中国。第二天她就在津巴布韦驻华大使克里斯托夫的陪同下赶往医院看望了她丈夫。

在五分钟的探视中，帕蒂克一直睁着一只眼睛，还时不时地向他妻子和医生们眨几下眼睛。在场的人都为他的病情好转而欣慰。帕蒂克夫人向拯救了她丈夫的医生和培训班的主办方中国商务部连连道谢。周建新主任向我们描述了帕蒂克当时的情况：

（音响：周讲话出，后混）

"帕蒂克的意识处于半清醒状态。我们当时的任务是防止病人因为持续的高血压而引发合并症。所以我们商量后，帕蒂克仍然要留在 ICU 病房做进一步观察治疗，直到病情完全稳定下来为止。"

因此，在接下来的几天里，医生全天候地观察着帕蒂克的情况。半个月以后，当帕蒂克的妻子第二次来探望他时，帕蒂克的两只眼睛都能睁开了，并且时常眨眼睛。帕蒂克夫人很激动，她相信她和帕说的每一句话帕都听得见，只是无法回答。帕的好转是显而易见的。她十分感谢中方为治疗她丈夫所付出的努力，因为在津巴布韦既没有这样好的医疗条件也没有这样及时的必备药品。

日子一天一天、一周一周地过去了。帕蒂克在 ICU 病房里一共治疗了整整五十天。他的病情有了明显好转，也开始恢复知觉了。他可以自主睁眼，气切通畅；生命体征尚平稳，脑室引流好转，但每日仍有 300 毫升的流量。

等到了八月下旬，帕蒂克喉部的插管已经取下，而且能与他夫人进行简单对话了。医生观察后发现帕蒂克没有发生并发症的迹象，因此决定把他从 ICU 病房转入普通病房继续疗养。天坛医院神经科副主任医师王春雪负责了帕蒂克在普通病房的护理：

（音响：王讲话出，后混）

"我们把帕蒂克从 ICU 病房转入普通病房是要帮他恢复肢体功能；更重要的是，帮他恢复生活质量。对于一个受过良好教育的职业电视人，他的精神生活也就是生活质量甚至比他的生命还要重要。现在他的腿可以轻微移动，可是胳膊还是动不了。他的右半边身体是正常的，可左半边却已经瘫痪了。这对他是相当痛苦的。"

王春雪说在 ICU 病房的后期，帕蒂克的意识清醒了，但由于身体动不了，心情坏到了极点。所以在病房休养的时候，护士不但要恢复他的身体，而且要使他的心情好起来，恢复他的心理健康。

（音响：王讲话出，后混）

"在 ICU 的时候，帕蒂克有着严重的心理负担。他经常保持清醒，可是他身上到处插满了管子动弹不得，他的家人也不在身边，再加上自己也不懂汉语，所以他感到非常郁闷。他不愿意和任何人交流，哪怕是天天和他朝夕相处的医生护士们。在转入普通病房后，他拒绝吃任何东西。"

慢慢地帕蒂克感受到了周围的人对他的友好，所以也就逐渐和别人交流起来，也不像当初那样见人就紧张了。他的精神状态也在一天天好转。

一天，王春雪问他想吃什么。令每个人惊讶的是，他从嘴里吐出了"苹果"二字。尽管声音很微弱，但在场的人都欢欣鼓舞。这预示着帕蒂克开始与人交流了，身体也有了明显的好转。

（音响：王讲话出，后混）

"我们马上去商店给帕蒂克买苹果。当他的病友听说他爱吃苹果时，他们把自己的苹果拿出来给他吃。那天我们成功地喂了他半个苹果。帕蒂克的苏醒与康复创造了我们医院的奇迹。"

护士们还碰到了一个难题，那就是帕蒂克不习惯吃中餐。于是王春雪和其他护士特别给他准备了西餐：

（音响：王讲话出，后混）

"起初，早餐我们给他准备的是中式的馒头和花卷，可他不喜欢吃。后来我们准备了三明治，汉堡包和牛奶，他吃得很香。"

现在帕蒂克的身体恢复得很好，病情也十分稳定。医生建议他回津巴布韦继续休养，因为他们考虑到他在他熟悉的环境下会恢复得更快。他们一开始想通过 SOS 机构把他送回去，可是价格太贵。于是津巴布韦亲自派医生和护士到中国把帕蒂克接回国。

帕蒂克的妻子在中国已经五十天了。她的陪伴极大地鼓励着她丈夫，使他的身体很快得到了恢复。

在救治帕蒂克的过程中，还发生了一段有趣的小插曲。帕蒂克的夫人在北京期间还提前两个月产下了一个男婴。这是继两个女儿之后，帕蒂克的第三个孩子。现在这个孩子正在医院接受护理，帕夫人计划将丈夫送回国后再返京接回孩子。

帕蒂克已经于九月六号返回了津巴布韦。现在在津巴布韦恢复得很好。在整个救治过程中，除了医生和护士的精心照料，津巴布韦驻中国大使克里斯托夫·穆茨万格也发挥了举足轻重的作用。他和医院，中国商务部以及帕蒂克的家人都保持着密切的联系，妥善地安排了帕蒂克的住院治疗事宜。

在帕蒂克住院的第二天，克里斯托夫大使就去探望了他。他对中国医生的医术充满了信心并十分积极地和商务部官员合作。当他得知帕蒂克的身体情况趋于稳定后，激动的心情溢于言表，连连赞叹："这是今天最欢欣鼓舞的消息，中国的医生是世界上最好的医生。"

在帕蒂克回国休养前夕，克里斯托夫大使再次赶赴北京天坛医院，他对医生精湛的医术和护士精心的护理表示了诚挚的感谢。同时也对中国商务部的大力配合感激不尽。中国商务部承担了帕蒂克在华治疗休养所需的全部费用。大使被中国人民的真诚和热情深深地感动了：

（音响：克里斯托夫讲话出，英语）

"我想强调的一点是这次中国政府所提供的所有帮助都是志愿的。原本这些治疗以及治疗的费用应该是由津巴布韦政府和帕蒂克所在的国有传媒公司来提供的。而伟大的中国政府和人民超越了他们的职责，在我们最困难的时候伸出了援助之手。这是多么高尚的人道主义精神啊！在此，我向中国政府和人民道出我的肺腑之言，它也代表了千千万万津巴布韦人民的共同心声，那就是'患难见真情'！"

有趣的是，克里斯托夫大使早在年轻的时候就和帕蒂克成为形影不离的亲密朋友了：

（音响：克里斯托夫讲话出，英语）

"帕蒂克和我早在1976年时就认识了。那时我们并肩作战，共同反抗葡萄牙殖民者对莫桑比克的统治。在为自由的斗争中，我们都是军队中的游击战士。所以当我得知中国医生在竭尽全力救治帕蒂克时，我的内心被深深地震撼了，因为他是位老游击队员，我们的老同志。随着时光的流逝，可能因为一些疾病的原因，很多当年和我们并肩作战的战友都已经故去了，人越来越少了。所以说你们救活了一名津巴布韦的老战士，那真是为我们国家和我们国家的历史作出了不可磨灭的贡献啊！"

（背景音乐出）

伴随着音乐的响起，我们这一期《非洲特快》节目就要跟您说再见了。最后，让我们祝愿帕蒂克早日康复！也祝愿中津友谊万古长青！听众朋友们，让我们下期节目再会！

简 评

这是国际台英语中心记者根据真实事件专门采制的专题节目。节目讲述了津巴布韦广播电视局官员帕蒂克在中国参加中国商务部举办的广播电视管理部门官员研修班期间突发脑溢血，在北京天坛医院医护工作者经过六十六个昼夜把他从死亡线上抢救过来的感人故事。这档节目在英语广播《非洲特快》栏目播出后，反响强烈。该节目故事真实，情节感人，音响丰富，对象性强，表现了中国人民与非洲人之间的深厚情谊。肯尼亚听众穆克塔·达利尔是国际台英语广播的忠实听众，他每天坚持收听国际台在内罗毕落地的《从中国到非洲》节目，当他听完这个节目后表示，他被中国人的真诚和热情深深地感动了。家住内罗毕的听众莫吉莱·马储基曾有与节目故事相似的经历，他听完节目后也对中国人的义举赞不绝口。

一群学习汉语的保加利亚孩子

（2005 年 8 月 3 日播出）

顾芳

（节目固定开始曲）

（音响 1：中文，学生，15″）

"我们喜欢中国，我们喜欢说汉语。"

亲爱的听众朋友们，您能猜出这段充满着稚嫩与朝气的话语是什么意思，又是谁说的吗？它的意思是"我们喜欢中国，我们喜欢说汉语"，它来自一群可爱的保加利亚孩子。在今天的《社会生活》节目里，我将给大家讲述这群会说汉语的保加利亚孩子的故事。

孩子们都是索非亚第十八中学汉语班的学生。作为保加利亚的代表，他们在校长斯托伊切娃女士的带领下，应中国国家汉语教学办公室的邀请来北京参加首届世界汉语大会并进行一系列的交流活动。

由于孩子们的日程安排非常紧凑，我们约定晚上十点半在宾馆见面。刚刚看完中国杂技表演的他们还抑制不住脸上兴奋的神情，老远就冲我挥着手，大声地打起了招呼……

（音响 2：中保文混，学生，57″）

"我叫米拉，在索非亚第十八中学学习汉语，17 岁。""我叫伊丽莎白。""大家好，我叫拉多兹丁。""我是安东尼娅……""你还记得我吗？我是斯代芬。""我是西尔维亚！"

孩子们一拥而上，迫不及待地用中文跟我说着这几天在北京的感受：长城、故宫、颐和园、北海、景山……这些以前只在书里见过的名字，现在就在孩子们的眼前。说到这几天的收获，孩子们又滔滔不绝起来：

（音响3：中文，学生，2′8″）

"饺子，我很喜欢饺子。"
"馒头，我最喜欢馒头。"
"我最喜欢中国的武术。"

望着眼前这些熟悉而又有些陌生的面孔，我不禁回想起两年前的场景。那时我正在索非亚大学进修，受我驻保使馆教育处的委托担任十八中汉语班的口语老师。索非亚第十八中学是保加利亚唯一一所开展汉语教学的中学，但由于师资力量有限，仅有一名汉语教师，且没有中国老师，所以汉语教学尚处在起步状态。

艰苦的条件并没有挡住孩子们的学习热情，当我第一次踏进教室时，看到的是孩子们那一双双充满着期待与热情的大眼睛。"老师，老师，我们再给你唱一遍那首歌吧。"孩子们的话打断了我的思绪，还没等我反应过来，他们已经呼啦啦地在我身边站好，整齐而嘹亮的歌声顿时在我耳边回荡：

（音响4：中文歌声，学生，2′59″）

"对面的女孩看过来，看过来，看过来，这里的表演真精彩，请不要假装不理不睬……爱真奇怪。"

我的眼眶有点湿润，那熟悉的歌声一下子又把我拉回到了两年前的场景……当时我正不知道该说些什么好时，全班同学一起高声唱起了这首《对面的女孩看过来》，他们说要把这首歌作为礼物送给我，因为他们实在太高兴有一位中国来的姐姐可以教他们说汉语。

我记得自己当时不知所措地站在那里，完全被孩子们的真诚所打动了。他们才刚刚开始学习汉语，也许还不能说出完整的句子，也许还不能用汉语准确地表达自己的意思，但他们有足够的勇气与热情，还有对中国深深的爱。我问他们为什么会选择学习汉语，听到最多的回答就是因为——喜欢中国，想了解中国。他们会问我各种各样千奇百怪的问题，只要跟中国有关的，他们都感兴趣。我也尽一切可能给他们讲述现代化的中国以及灿烂悠久的中国历史与文化，讲他们梦中的长城、故宫，还有烤鸭……

今天，他们的梦想终于实现了。他们登上了长城，游览了故宫，还品尝到了最地道的北京烤鸭，欣赏了博大精深的中国武术与杂技……虽然中国之行只有短短的几天，但孩子们用自己的眼睛观察着这个不断蒸蒸日上的古老国度，用自己的心灵感受着这里的一山一水，一草一木。我想，在中国的这些日子也许是他们永生难忘的。从他们中间将会走出未来的大使、未来的翻译家，他们将会是连接中保两国和两国人民传统友谊的桥梁。

时间过得很快，夜已经很深了。但重逢的喜悦使我们都没有丝毫的倦意。已经两年了，从当初最简单的单词和句型，到现在已经可以用流畅的汉语准确地表达自己的意思，我为孩子们所取得的每一点进步感到由衷的欣慰。孩子们的校长斯托伊切娃女士也高兴地告诉我：

（音响5：保文，校长，5′10″）

"近两年来，想学习汉语的学生越来越多。我们也得到了来自中国政府和使馆的大力帮助。今年中国汉办给我们学校派来了老师，这对孩子们来说是最好的消息，对他们的汉语水平提高将会有很大的帮助。我相信，汉语会成为越来越热门的语言，而这些学习汉语的孩子们也都会拥有灿烂的未来，他们将成为传播中保两国文化与友谊的使者。"

我想，这几年中文热在全世界迅速地蔓延，与中国政府的大力推广是分不开的。正如中国国务委员陈至立女士在世界汉语大会致辞中所说：

（音响6：中文，陈至立，5′38″）［注：此音响为台发音响］

"我们将进一步加大对外汉语工作的经费投入……"

到了该说再见的时候了。孩子们依依不舍地把我送到了宾馆的门口。"老师，我们还可以再见面吗？""老师，你还会教我们说汉语吗？"激动的泪水再次充满了眼眶。会的，会的，我们一定会再见面的。也许是在若干年以后，当你们都成为栋梁之材时，当你们用自己所学为造福中保两国和两国人民而奔波忙碌之时，我们一定会再见面的。

（音响7：中文歌声，渐弱混，起至结尾，6′3″）

送上我深深的祝福，再见了，亲爱的安东尼娅、丹尼查、斯代芬、伊丽莎白、西尔维亚、席亚娜、尤丽亚、拉多兹丁……亲爱的听众朋友们，让我们一起祝福这群可爱的孩子们吧，祝愿他们在成长的道路上一帆风顺，早日实现心中的梦想。

好，今天的《社会生活》节目就到这里了，主持人 Ангелина 感谢大家的收听，我们下次节目再见。

简 评

近年来，在全球范围内兴起了一股学习汉语的热潮，反映了中国综合国力和影响力的增强。2005 年世界首届汉语大会在北京召开，来自保加利亚索非亚第十八中学学习汉语口语的孩子们接受了国际台记者的采访。节目以孩子们"我喜爱中国，我喜欢汉语"的汉语为开场白，直接切入主题，吸引听众。通过音响的合理应用，烘托了节目的主题思想，体现了广播的媒体特质。

优 秀
文 艺 节 目

烟花三月下江南·西湖听雨

（2005 年 4 月 10 日播出）

龚铭　栾月　史国普　范茜

（民乐逍遥游版头）

（音乐《江南春早》，混）

龚铭： 东方的风度、中国的经典，这里是中国国际广播电台华语台，您这一时段收听的依然是栾月和龚铭为您带来的《民乐逍遥游》。

栾月： 大家好。

龚铭： 那本期《民乐逍遥游》对我们来说应该是一个新的开始。

栾月： 对，一个新的开端，从今天开始，我们的《民乐逍遥游》将和听众朋友在周日相伴。

龚铭： 而且我们的节目时间数占到了 40 分钟。

栾月： 也就是说，您将和我们一同民乐逍遥游 40 分钟。

（音乐：扬起）

龚铭： 伴着这首江南风格的音乐，我们即将和您开始我们"烟花三月下江南"的第一站：杭州。

（音响：西湖上的水声、桨声）

栾月： 我们现在就在烟雨蒙蒙的西湖上，我们泛舟湖上，而且我们请来了一位地道的杭州人。

龚铭： 来自浙江艺术学院的张铭教授。

张铭： 很高兴有这个机会。

龚铭： 到了杭州，当然是要从西湖开始，到了西湖，自然要从西湖周边的景致，从西湖上那些流传至今的传说开始。

张铭： 我们现在处在的这个位置，其实就是西湖上非常黄金的一个点。

我们的左侧就是平湖秋月，有一首名曲就叫《平湖秋月》。

栾月：对。

（音乐《月落西子湖》笛，混）

张铭：然后我们的右侧是湖心亭、阮公墩，湖中的三岛还有一个更大的叫三潭印月。现在咱们正好应了那句"山色空蒙雨亦奇"。

龚铭：其实我们要给听众朋友做一个交代，在听的过程中，你能听到哗哗的声音，那是西湖的雨落在我们船篷上的声音。

张铭：音乐工作者的耳朵都特别灵。后边是船工的桨。

龚铭：桨声欸乃。

张铭：哎，然后是湖面的碧波，上面的雨点像雨打芭蕉一样。

（音乐《月落西子湖》笛，扬起……桨声……混）

张铭：前面的左侧就是著名的白堤。现在我们看到柳树的绿色已经很浓很浓了，如果一进五月，那就是一抹柳树一抹桃。

栾月：桃红柳绿。

张铭：对，那是最漂亮的时候。我们经常在这儿就醉了、就醉了。然后我们身后就是苏堤，再往前就是最著名的景点断桥，就是白蛇传的故事发生的地点。再往右前看过去就是梁祝的故事，长桥。杭州这个城市的基本品格其实就是把人文和自然完美地结合在一起，既是名人荟萃，又有得天独厚的自然的恩赐。

栾月：上天赐予了这样一个自然的环境，好像很多有缘的故事不在这样一个天堂的地方发生都不可能。

张铭：现代人很喜欢提"缘"、"缘分"，而杭州这个城市好像也是满具缘分的一个地方。

（音乐：扬起）

龚铭：现在船渐行渐远，沿着白堤，我们远远地就看见断桥了。在西湖边上有很多故事是值得一说的，但是像断桥、白蛇、许仙这样的故事是需要浓墨重彩地给大家讲述的，还是听地地道道的杭州人给我们讲讲。

张铭：这个断桥主要是和下雪有关，杭州这个城市难得下雪，我们一看见雪就欣喜若狂，就跑到西湖边上来看雪。因为雪不大嘛，这时候往往就会看到断桥最高的那个地方的雪就待不住，就化了。远处看来，这个桥就两边有雪，中间就断掉了，变成了一个西湖上很有特色的一个景点，断桥、断桥就由此而来。

（音乐《断桥残雪》，扬起……混）

栾月：所以有个断桥残雪，又是断，又是残。

张铭：残缺美就有味道了。白蛇传里的，我们都叫白蛇娘娘，白蛇娘娘住在哪呢？就住在桥洞里。许仙是一个普通凡人，白蛇见到许仙后缘分就来了，就想到人间来做一个普通人。作为一个普通人享受普通人的快乐，享受普通人的生活、爱情，白蛇娘娘就出来跟许仙借伞，以伞定情。所以，杭州的伞也是有它的出处的。当然最后是一个很曲折的爱情故事，我们长话短说，然后又跟我们右边的雷峰塔结合起来了，最后白蛇娘娘就压在了雷峰塔下。然后雷峰塔下面地宫的发掘，大家就盼望着看看白蛇娘娘生活过的地方能留下点什么，杭州这座城市极富浪漫主义色彩。

（音乐《断桥残雪》、桨声，扬起）

张铭：杭州谈恋爱的年轻人最佳的去处就是苏堤，过后就会告诉别人，苏堤的第几张椅子是我的。

栾月：是这样的！

张铭：我谈恋爱的时候是第二张椅子，那个位置唱歌的音色特别好。（笑声）我在那唱《星星索》，第一张椅子、第三张椅子、第四张椅子的人基本都固定了，他们其实每天就是来听我唱《星星索》。

龚铭：这个有没有凤求凰的意思呀？（笑声）

张铭：租一个小船，也不用划，就在月光下，船荡到哪，漂到哪算哪儿。望着星星，那时候唱《星星索》就更有味道了，船和水面就啪啪……（唱起《星星索》）

（音乐《星星索》，扬起）

栾月：见证我们爱情的有西湖的山水。

张铭：有一天，我们俩离开的时候，边上的小伙子过来就问：明天还来不来？（笑声）

（音乐，扬起……混）

张铭： 就像我们说到了江南丝竹的时候，丝竹最本质的特点其实就是和谐。

龚铭： 我们这几天在杭州流连，今天在西湖上泛舟，一直在找有代表性的杭州的声音。一路行、一路走，这水声、雨声相信就是西湖典型的声音，还有我们一路听来的音乐的声音。

（音乐，扬起……混）

栾月： 弃舟登岸，我们现在来到的是西湖的胜景之一：黄龙吐翠黄龙洞。

龚铭： 我们在黄龙洞看到了一群地地道道的杭州姑娘，她们组成了一个民乐组合，叫做新乐府。

栾月： 这些美丽的西子姑娘们将带着我们一起亲近动听的江南丝竹。

龚铭： 杨柳青青江水平，闻郎岸上踏歌声。我觉得乐府的诗特别的美，到了杭州，到了西湖边，感受比较深的还是传统的东西，我想问大家一个问题，我们新乐府组合演奏的哪个曲子特别能代表这方水土？

乐府： 那应该是《采茶舞曲》。

龚铭：《采茶舞曲》？

乐府： 杭州的龙井茶是很有名的，这首《采茶舞曲》是家喻户晓的。

龚铭： 当客人们来到这里的时候，沏的这杯盖碗茶，就是龙井茶吧？

乐府： 一般我们都会为他们奉上龙井茶。

龚铭： 因为在西湖边上喝龙井是最纯正、最地道的。

（音乐乐府《采茶舞曲》，扬起）

栾月： 你不妨想象一下，窗外是新雨之后的黄龙洞，她们即将为我们演奏的是带有浓郁江南特色的丝竹。

乐府： 在演奏江南丝竹的时候，我们有很多即兴的成分。

龚铭： 即兴？可是这些曲子不是早已经成曲了吗？

乐府： 曲子中间有加花，每一个乐器加花都可以不一样，一首曲子可以有多种处理、演奏方法。

龚铭： 二胡的如歌、扬琴的跳跃，你们能不能有一个即兴的相互呼应呢？

乐府： 当然可以，开始。

（音乐《紫竹调》，扬起）

栾月： 就是这种穿插，你繁我简，配合得很默契。

龚铭： 江南丝竹和其他地方的音乐在表现上有什么不同的特点，能告诉我们吗？

乐府： 杭州的江南丝竹比较柔和一点。

乐府： 笛子和二胡基本是以主旋律为主，她们演奏主旋律的时候，我们加花，应该说是自由发挥的吧。比如二胡是：

（琵琶现场模仿《紫竹调》旋律）

乐府： 然后我们就：

（琵琶表现江南丝竹里的加花）

乐府： 就是比他们多弹几个音。

龚铭： 大阮这边，你拿了一件非常沉稳的乐器。

栾月： 声音很浑厚的乐器。

龚铭： 是新乐府组合里最低音的乐器，你也许有和大家不同的角度和观察。

乐府： 应该说江南丝竹不像别的民乐组合，它的最低音只有大阮，整个乐队的重心其实就在我这里，起到打地基的作用，不然所有的音就飘在上面了，如果没有它就达不到江南丝竹的效果。

（音乐《即兴丝竹》，扬起）

龚铭： 我们拿到了新乐府组合的一个曲目单，看到上面有好多流行的曲目，既然是在西湖边上听民乐，当然要点一个比较应景的。

栾月： 我们请杭州姑娘们为我们演奏一曲，西湖边上美丽的一景《南屏晚钟》。

（音乐《南屏晚钟》，扬起……《太湖美》，混）

乐府：（杭州方言）春天到了，西湖边柳树发芽了、桃花开了，希望收听到我们声音的朋友们有空到杭州来逛逛。

栾月： 你听到了吗？听懂了吗？非常好听。

龚铭： 盛情邀请的话，我都能听得懂。（笑声）

（音乐《太湖美》，扬起）

张铭： 江南成长起来的小姑娘拉那个江南名曲那更正宗。
龚铭： 江南的女子来拉江南音乐的时候。
张铭： 她低着头。
龚铭： 从心到手的那种感觉。
张铭： 是、是，你觉得她每个手指，每块肌肉的运动，就是吻合那个作品。

（音乐《江南春早》，扬起）

张铭： 音乐有什么不好懂的，你马上就明白，鸟语花香，这时候再看一下越剧就行了。穿着古装，那小碎步走着，老外都觉得有意思，人间最大的享受也就在这儿了。
龚铭： 音乐自然的镶嵌在里面，特别的诗意，特别的美。
张铭： 他就老想，那个地方应该再去，所以有一句诗说：一半勾留在西湖、在杭州。

（音响：远处传来的越剧声）

栾月： 竹林中我们可以听到。
龚铭： 隐隐约约飘来的这个声音。
栾月： 委婉的越剧。
龚铭： 是浙江的地方戏，越剧。
栾月： 这段是《双珠凤》。
龚铭： 你能听得出来吗？
栾月： 对，《双珠凤·送花上楼》，这原先是一处锡剧。就是这段，这是它最好听的一段：我为你小姐双珠凤。

（音响：掌声、欢呼声）

龚铭： 哎，栾月那个地方好像是有人在拜堂成亲。
栾月： 对，你看这边是月老祠，这边就是龙凤楼，这是地道的杭州婚礼举行的地方。

龚铭：真是让我们一饱眼福，不过我们还是把这个声音传递给听众，让大家也饱饱耳福。

栾月：听众朋友，这里正在进行一场别开生面的民族式婚礼。

龚铭：对，但是我们介绍的主体，还是大家刚才听到的，让我们走进越剧。

栾月：不妨到后台去看看。

龚铭：到后台去看一看。

（音乐：越剧唱段，扬起）

龚铭：现在站在我们面前的是国家一级演员、梅花奖的得主孟柯娟。

栾月：对，她在台上是玉树临风的小生，台下是一个端庄文静的淑女。

龚铭：那我们不妨让孟柯娟给我们介绍一下越剧的美。

柯娟：越剧的动作、唱腔、身段都是很优美的，唱腔都是我们江南的吴侬软语，故事是以才子佳人、小姐相公为主，本身扮相就比较漂亮，像《梁祝》、《红楼梦》这些都是越剧的代表作。

栾月：再加上它女扮男装，在所有的视觉上都是非常的美。

柯娟：越剧真的可以说是唯美的，那么我给大家来几句。

（音乐：越剧唱段）

栾月：你听她的行腔运调，就像小桥流水，你就必须跟着她走那个弯弯绕。转过身来正好看到余玉蝉正在卸装。

龚铭：余玉蝉就是刚才在舞台上扮演机灵活泼的小花旦的。

玉蝉：我为大家唱《黛玉焚稿》里的一小段。

（音乐：越剧唱段《黛玉焚稿》……《月落西子湖》、桨声、水声……混）

张铭：你看，我们现在远远地望去，雾蒙蒙的远山上就是宝淑塔，而现在的雷峰塔又是一个体量大一些的，两个塔在一起交相辉映，好像是一位男士和一位女士在西湖的两边，味道特别的好。城隍阁、雷峰塔、六和塔、宝淑塔、宝石山它们整个把西湖周边的天际线就连起来了。再加上现代的高科技，比如灯光，如果再加上节日的焰火，那杭州真的是太美了。你说从声音的这个角度来表达杭州这座城市的魅力的话，比如说钱塘江的潮、南屏晚钟。

龚铭：您刚才提到了寺院里的钟声。

张铭：还有六和塔的钟声。

龚铭：它们也是杭州这座城市典型的音响。这个栾月比较有体会，因为那天她虚心静气地在上天竺撞了撞钟。

栾月：我们也希望通过电波把这钟声传出去，让大家能够听到这么平和、宁静、虔诚的声音。

（音乐：佛教音乐）

龚铭：上天竺的方丈定本和尚对钟声有一个非常简洁，但是也很深刻的阐述。

张铭：他怎么说？

（音响：定本和尚）

定本：佛教里说：闻钟声，烦恼清。钟声嗡……嗡……把我们不愉快的念头都消化掉了。听到钟声就会感到心情愉快、舒畅。

龚铭：前台花发后台见，上界钟声下界闻。

（音响：上天竺的钟声……《江南》，混）

张铭：如果说到音乐的话，我觉得虎跑泉就很好。这个地方曾经出现过民乐的一位大师，弘一法师李叔同，李叔同最后的圆寂就在虎跑。他以这种方式跟杭州结了缘。

（音响：虎跑泉水声）

龚铭：我们又到了一处用音乐、用声音来触摸杭州的一个地方了：李叔同纪念馆。

栾月：纪念馆前面正好有两棵非常大的茶树，茶花开得很盛。

（音响：导游）

导游：在我们面前的这尊塑像就是弘一法师李叔同的塑像，出家之前他是一位多才多艺的艺术家，出家以后又成了一位得道的高僧。他有一首非常著名的歌曲《送别》，长亭外，古道边。这首歌的词就是他作的。他非常要好的一个朋友和他告别，看到朋友远去的背影，自己心里很伤感，他就跑到钢琴前，一边弹，一边就写下了这个词。

龚铭： 我不知道，这首曲子的原形，美国的那首小调是否流传开来了，但是它融入了中国人的那种离愁别绪之后，就流传开来了。

导游： 几乎每个中国人到这里都能哼上几句。

（音乐《送别》，扬起）

张铭： 在这个时候，我们经常能够感到，人生在这个城市，以这种方式活着这是一种很高的待遇和享受。

龚铭： 只有生活在。

栾月： 了解这里。

张铭： 体验就更多一些。所以我特别能理解那一句诗：江南忆，最忆是杭州。没来过杭州的，他在自己的想象中勾勒出的杭州和像我们这样一个节目播出，他会得到很多关于杭州的信息，而这些信息就可以使他展开联想，然后他也会最忆是杭州，那是没来过的，他听听都饱耳福，想象都能饱眼福。如果他就是杭州人，在海外的杭州人，我觉得应该已经是热泪盈眶了。

（音乐《行街》、桨声……扬起……混）

龚铭： 就像诗里说的：若把西湖比西子，淡妆浓抹总相宜。在不同的天气里都会有不同的景色，今天烟雨蒙蒙的，就觉得这个烟波更加浩淼了。雨天的西湖更有一种风致。杭州市张教授的家，是生活中随时相伴的一种感觉，同时，一叶小舟在天地之间又可以满足一个杭州人在精神方面的追求。

（音乐《行街》、桨声……扬起……混）

龚铭： 在湖上泛舟也就是节目中呈现的片刻的时间，我们只是展现了此时此刻的西湖，山色空蒙的一个景象。船外淅淅沥沥的小雨由刚才打着雨棚到现在已经停歇下来了，只有桨声了。

栾月： 就是像中国的山水画一样，我们留给大家想象的空间，听着音乐，想着西湖。

龚铭： 听了张教授的一番讲述，没有来过杭州、西湖的人会觉得亲切；来过，或者家在这里的人你可能会潸然泪下。

栾月： 这就是我们和西湖的缘分。

（音乐，扬起……混）

龚铭： 桨声欸乃、渐行渐远，我们即将告别烟雨空蒙的西子湖。

栾月：上有天堂，下有苏杭。杭州有西湖，苏州有山唐。两处好风光。

龚铭：我们下一站将带您去姑苏行。

（音乐《姑苏行》，扬起……混）

结束语。

简　评

《烟花三月下江南·西湖听雨》是一个特色鲜明的文艺类节目。既然是文艺类节目，就要考虑到其欣赏性和可听性。这个节目不仅包含非常悦人的中国民乐和民歌，还有主持人及特邀嘉宾十分精彩的对话和推介。整个节目的语言非常生动、形象和幽默，音乐的穿插也非常自然和流畅，使受众们在喜闻其声的同时，还能深切感受到中国江南水乡滴翠的山峦和涟涟的碧波，令人颇有身临其境的感觉。总之，这个制作精良的文艺节目很好地突出了文艺类节目的艺术特色，同时又最大限度地发挥了广播节目的特长。

该节目另一个过人之处，就是节目中包括雨声、鸟啼、钟鸣和音乐在内的 90% 以上的音响，都是主创人员在节目的描述地点现场采录的。难怪评委们在评审该节目时会听而不厌，并发出"身临其境"的感叹，与海外听众的感受不谋而合……

优秀合作
节目专题

大碗敲出美妙音符

（2005 年 6 月 28 日播出）

广东台　陈晓　陈文丹

（《中国之窗》版头）

听众朋友，你现在收听的是中国国际广播电台华语台《中国之窗》节目，这次节目由中国广东人民广播电台新闻频道制作。

（出现场音响：广东音乐"步步高"，数秒后压混）

这首广东音乐《步步高》相信不少听众朋友都很熟悉，但是现在您听到的这首曲子是用平常吃饭用的碗筷敲击出来的，您听出来了吗？碗乐的演奏者是广州市白云区人和镇人和村的农民戴锦洪。

戴锦洪今年 68 岁，身体结实硬朗，性格爽快，平时说话的调门很高。他穿着白色 T 恤衫，黑色长裤，脚上穿着一双塑料拖鞋，看起来和普通的农民没什么两样。但是一说到他的碗乐，那种神采飞扬的样子就和普通农民完全不同了！戴老伯说，十五年前的一天，他一边吃饭一边用筷子敲打自己的碗，突然间灵感大发。

（出录音）

"清脆的敲碗声，好动听的声音啊！我说不妨用来演奏音乐，这么好听的声音如果不用来演奏简直是太浪费了！于是就逐步找起碗来。"

戴老伯的乐器就是 14 只大小不一的碗，外加一只盘子，15 只碗碟摆放在一个长 2.3 米的架子上，从左到右，碗口从小到大，这些碗有的印花，有的还是粗瓷碗。敲打的乐棒则是一对普通的竹筷子，不过戴老伯在每根筷子的尾巴上拴上了一条红绸带之后，筷子就像获得了生命而显得特别有活力。

（出现场音响：广东音乐《春郊试马》，数秒后压混）

随着这曲熟悉的广东音乐《春郊试马》从那些普通的碗碟中飞出，只见轻巧的乐棒在十几只碗碟上如蜻蜓点水，跳跃自如。那些飞出的音符就像大珠小珠落玉盘，清脆悦耳。演奏时戴老伯眉角、嘴角轻轻扬起，一脸陶醉，有点发福的身子还随着轻快的音乐不停地摇摆。

不过并不是吃饭用的所有碗筷都能演奏音乐的。当时还做着卖米酒生意的戴老伯一共花了两年时间，走街串巷寻找那些适合演奏音乐的碗碟。从上千个碗中才找到了能够进行演奏的3副碗碟，每副15个。戴老伯找碗可以说近乎到了痴迷的地步，为此还挨了不少骂。因为他总是站在卖碗的店铺前一只一只地敲、听碗碟。

（出录音）

"商店有人问：你这样挑碗用来干什么啊？我说用来演奏音乐啊。他就笑话我：没听说过用碗来演奏音乐的。当然当我找了那么长时间，把碗找出来了，音乐也演奏出来了，人家就信了。"

这些费尽心思找来的碗碟个个可都是戴老伯的宝贝。

（出录音）

"这些碗你给我一车皮都找不到的，我找了两年的时间，不知找了多少个碗啊，所以都是无价之宝。我说演奏时小孩子千万别碰倒我的碗，碰坏了就是花1万元也买不回来的。如果你不懂碗乐，这个碗给你10元都不值，如果你懂的话，它就是独一无二的。"

戴老伯告诉记者，他只有高小文化，从来没有接受过什么音乐训练，但他却相当喜欢音乐，尤其是广东音乐，学音乐全凭自己的天赋。

（出录音）

"我是从懂木琴开始，然后懂扬琴，1958年就开始玩木琴了，1959年在广州上班时还会吹萨克斯管，没有人教过我，没老师教我，全部都是自己学的。因为我喜欢。"

至于挑选碗碟的标准，戴老伯并不能说出大多的音乐门道，他说耳朵就是自己最好的工具。但是广州市群众艺术馆副馆长胡永平告诉记者，戴老伯挑选的碗碟，其实遵循了乐器的某些原理。

（出录音）

"这个碗有它的音律，比如说 A 这个音就是 6 这个音，它的振动频率是 440—445 次每秒。我们也去挑过碗，拿着一个仪器，每敲一个碗就用仪器去量，看它的振动频率。一秒钟振动在 440—445 这才是一个 A 就是 6 这个音。我想，戴先生一定是凭他的耳朵，凭他天生的优良的对音乐的感觉，按照碗的大小，按照音律，按照它的材料不同，同时讲究它的音色的情况下，他挑选了这么一大溜，连碗带碟，作为他的演奏乐器。我们给它取了个名称叫'碗乐'。"

戴老伯说，年轻时虽然对扬琴、木琴等乐器情有独钟，但那个年代苦于生计还是不能全身心投入。如今，儿子开了间鞋厂，戴老伯的米酒生意也早就不做了，一家人住上了一栋两层楼的新房子，过着比较富足的生活。退休后的戴老伯常常在自己家中近 40 平方的大客厅中，怡然自得地演奏他的"碗乐"。当然更多的时候，戴老伯是和村里的私伙局"人和流溪乐社"的同伴们一起参加各种演出。

（出录音）

"哎呀，敲碗很有乐趣的，比跑步还好，每天打两三次都不一定的。我打乒乓球都没有这样的劲头。如果感冒了，打一阵感冒都不见啦！打出满身汗当然比跑步好啊！"

戴老伯演奏的"碗乐"曲目最擅长的就是广东音乐。每当村里有什么活动，比如赛龙舟等，村民们三三两两的，品着小酒，嚼着花生米，饶有兴趣地欣赏着戴老伯用碗筷演奏的广东音乐，就成为村中独特的一道风景。广州市群众艺术馆副馆长胡永平认为，戴老伯的"碗乐"之所以这么受欢迎，是因为他的演奏在形式上是一种创新。

（出录音）

"他最擅长的是广东音乐，因为戴先生是土生土长的人和镇本地人，是受岭南文化的熏陶者，他对于广东音乐是非常、非常热爱的。作为群众文化、作为乡土文化，结合岭南文化来说，这是一种新的形式，这种形式为什么受到大家的欢迎呢？是因为他采取了其他元素演奏广东音乐，又来自于农民。"

（出现场音响：广东音乐"娱乐升平"，数秒后压混）

最近，一台名为《古风新韵》的音乐会在广东省省会广州市的中山纪念堂举行，戴老伯的一曲《娱乐升平》令观众大开眼界，赢得了满堂喝彩，而且还有一个乐队为戴老伯伴奏。

（出录音）

"观众A：那种碗筷撞击出来的声音很好听。

观众B：挺好听的，那个乐曲，敲那个碗，我的孩子问：伯伯为什么敲那个碗？我说那个碗能敲出很多声音，很好听，是不是？孩子：好听。

观众C：从形式上比较新颖，与平时高雅音乐的演奏方式不一样，这个也是艺术的另外一种延伸，艺术跟生活结合起来，也是我们非常提倡的一个层面。"

事实上，戴老伯只是千百个活跃在大街小巷、广场公园、祠堂晒场、田间地头的热爱广东音乐的私伙局成员之一。上个世纪70年代末期中国实行改革开放，广东恢复民间乐社也就是私伙局。从此，广东音乐活动成为羊城群众文化艺术的品牌。目前，已有120多支私伙局常年活跃在广州城乡，为羊城增添了亮丽的风景。

广州市文化局局长陶诚欣慰地说，今天广州文化活动的繁荣得益于经济的快速发展。

（出录音）

"经济发展到一定的阶段，必然会带来文化的繁荣，我们赶上了这个好时代。"

（间乐）

听众朋友，刚才您听到的是专题节目《大碗敲出美妙音符》。采写：陈晓，播音：陈晓，这次节目播送完了。

简　评

《大碗敲出美妙音符》这篇录音报道描写的是广州郊区 68 岁农民戴锦洪用一双筷子和 15 只大大小小的碗碟演奏出一首首优美动听的乐曲的故事。作品反映了我国南方农村地区经济发展、文化娱乐活动丰富多彩的情景。此作品有以下几个特点：

题材独特：吃饭用的筷子和碗碟竟能奏出动听的音乐并登上了大雅之堂；

节目极富地方特色，展现了广州市郊农民健康、乐观的文化、精神生活，反映了我国改革开放政策给百姓带来的变化；

切入点好：老农戴锦洪对碗乐的执著追求、深入研究、勇于实践，把这种民间音乐提升到了一定的高度；

可听性强：作品文字朴实，通俗易懂，音响丰富，节奏明快。

超化吹歌寂寞吟唱

(2005 年 8 月 24 日播出)

郑州台　朱奕安　马松林　佳敏

（片头:《走进郑州》）

（片花）

"在中国河南省省会郑州市西南一个叫超化的小镇，吹歌以其独特的魅力，在民间流传了 600 多年。这个源于 4000 年前夏商时期、形成于 1500 年前北朝佛教鼎盛时期，被誉为中国古代鼓吹乐活化石的绝世音乐，已经离我们越来越远。专题节目:《超化吹歌寂寞吟唱》为您讲述超化吹歌的风风雨雨。"

（出录音）

"郑州台消息：河南省政府将超化吹歌和少林功夫一并列入第一批国家级非物质文化遗产申报的 24 个项目之中，超化吹歌有望成为中国第一批国家级非物质文化遗产。"

（录音止）

少林功夫名扬海内外，超化吹歌鲜为人知，它为什么同样引起专家的重视呢?

（出录音）

"六六工尺、六六工尺，六五六工尺，55 32/55 32/16 13/2—/"
"上车上，56 5，61 32 车工五六车车六，哐哐哐……"

（录音止）

听众朋友，这两段哼唱特别吗? 它就是我们节目的主角——超化吹歌，当地方言叫作"吹歌"（用方言说）。它不同于西洋的五线谱，也不同于现代中国常用的简谱，念的还是中国古代特有的工尺谱，靠口耳相传保留到了今天。

（出吹歌音乐）

吹歌，是中国十分古老的一种吹奏乐表现形式，是在 4000 年前夏商时期管子乐的基础上演变而来的。超化吹歌，出自宫廷，却和当地"超凡化度，脱俗绝尘"的超化寺有着最为直接的关系。钱林申，退休前是密县文化馆馆长，长期从事超化吹歌的研究工作，他说：

（出录音，压混）

"北魏时期，好多乐奴被贵族家庭遣散，有的乐奴生活没有着落就到寺庙里。因为寺庙要宣传他们的教义，这些乐工就到寺庙落脚，所以寺庙里就有大型乐队，保持了宫廷音乐风貌。"

（录音止）

当地因为规模宏大的超化寺而得名为超化镇。钱林申还发现，在距超化镇不远的巩义石窟寺雕刻有吹歌的石像，巩义石窟寺恰恰建于北魏时期。

当地史志记载："超化吹歌师承于唐宋时期的宫廷音乐。明朝景泰年间，一位祖籍密县的翰林告老还乡后，前往兴盛的超化寺朝拜，同寺院僧人一起将吹歌技艺传授下来。明朝末期又由超化寺中僧人传给了当地百姓，从此流传民间。"中国十年动乱期间，超化吹歌面临失传，老艺人张振恒想尽一切办法，在老伙计们的帮助下，将乐器保存了下来，可是前前后后，超化吹歌 18 年没有演奏过。直到 1978 年，钱林申重新发掘、整理，这种音乐形式才得以重生。对超化吹歌，钱林申可谓情有独钟。

（出录音）

"咱密县吹歌一听非常文雅、非常高雅，它跟民间（吹歌）不一样，民间吹歌比较欢快。咱的吹歌一响，你就好像闻到了书香。"

（录音止）

"密县吹歌非常文雅，咱的吹歌一响，你就好像闻到了书香。"如今，看着剥落的老房子，聆听着古稀老人关于超化吹歌的传说，似乎能想象出让人飘飘然的仙乐。

（出音乐，隐）

吹歌的主要乐器叫"管子"，古时候叫作荜篥。翻开《辞海》，书中对管子的解释是：商代就有，以木制、竹制为主。超化距中国商代国都郑州不过37公里，超化吹歌的管子似乎也带有贵族气息，用纯黄铜精铸而成。

超化吹歌队伍中同时要有两根管子，一个高音，一个低音，这在全国的吹歌中都是绝无仅有的。村里人说，流传下来的管子，只剩下三根，其中一根因为传人不愿意拿出来，再也没露过面。现在也只有两名管子手，吹高音的叫王国卿，他17岁开始学吹管子，如今已经42岁了。仔细看看他的管子，长16厘米，上粗下细，不同于中国传统管子的上细下粗。正面7个孔，背面1个孔，每个孔同时能发出3个音，用力大小不同音高不同。粗的那端插了枚哨嘴，大约4厘米长，芦苇做的。这么小的乐器能吹出什么样的声音呢？您听听……

（出吹奏录音，隐）

低音管子手叫宋文建，超化吹歌的第十代传人。

（出录音）

"管子相当难学。"
"你是跟谁学的？"
"我跟我爷学的。"
"你手上这根管子是不是家传的宝贝？"
"这根管子最低都有五六百年了。"
"您这根管子五六百年了。"

（录音止）

年箫月笛当下笙，三年管子不中听。吹歌队的队员说，管子难学，三年还吹不成句呢。难怪现在新密只有两个会吹这种管子的，难怪中国中央音乐学院管子专家胡子厚试试这种管子，也只能摇摇头。

宋文建说，初学时，用气方法不对，他还大病了一场，可他始终对管子怀有兴趣。

（出录音，压混）

"为什么对这个管子有兴趣呢？那就是1960年是个灾荒年，爷爷他们三个，我爷爷吹管子、四爷吹笙、六爷吹笛，他们兄弟三个带了 15 个人上豫东上蔡县逃荒。到哪个村庄哪个集镇，一演出很受群众欢迎。群众自发把饭拿出来，吃了以后再给一些盘缠，帮助全家度过了难关。回来以后，我下定决心非要学这个不行。"

（录音止）

（音乐起，渐隐）

600 年前精铸的管子同祖传的十八苗笙、笛子、箫、鼓、云锣、铙、钹等乐器配起来更具韵味，可惜紫竹做的同样有 600 多年历史的十八苗笙去年坏了，送到许多地方没人会修，如今只有用现代十四孔笙代替。

（片花）

"在郑州市西南一个叫超化的小镇，吹歌以其独特的魅力，在民间流传了600 多年。这个源于 4000 年前夏商时期、形成于 1500 年前北朝佛教鼎盛时期，被誉为中国古代鼓吹乐活化石的绝世音乐，已经离我们越来越远。专题节目：《超化吹歌寂寞吟唱》为您讲述超化吹歌的风风雨雨。"

2005 年 8 月 18 号，在河南省非物质文化遗产论证会上，专家对超化吹歌独有的价值给予肯定。河南省民族民间文化保护中心办公室主任尚春升提出：

（出录音）

"超化吹歌乐器据我们考证，它有一个笙、管子都是 600 年以前的东西传到今天的，无论从它的乐器、它的编组的情况看，还是旋律按原有的工尺谱、演奏方式来看，它都具有活化石的作用。"

（录音止）

尚春升说，超化吹歌流传下来的曲牌与乐段，基本上都是从古代流传至今，没有和其他的音乐形式如唢呐等产生过任何的交流和融合，具有原汁原味的中国古代音乐的基本特征，这在全国都是少见的。郑州大学音乐系主任陈燕提出一个更新的观点，她认为，中国的吹歌有可能就是从中原流传出去的：

（出录音）

"它这个音乐跟别的地方不一样的是宫廷音乐。我觉得作为一个地域性的音乐本身就具备了一种它自身的一个价值，特别是在中原地区，因为中原确实是中国文明的发祥地之一，和中国的传统文化是一脉相承的。吹歌可能就是从中原流传出去的。"

（录音止）

宫廷音乐的高贵典雅、祭祀音乐的庄重肃穆、民间音乐的欢快喜庆把超化吹歌归到了"上九流"，它的行规很严：从不为婚丧嫁娶服务，只用于拜会朋友、参加祭祀典礼、庙会和娱乐，吹一辈子也别想挣到钱。600 多年来，参与的人始终恪守着这项规矩。

（出吹歌音乐，混入）

如今在市场经济体制下，这个不迎合社会时尚，努力保持原有风貌的古典艺术越来越被人们淡忘。参与吹歌演奏的队员们只能凭着自己的爱好，偶尔"玩玩"。超化吹歌还有个规矩，演出队伍一般为 16 人。遗憾的是，2004年，相继有 6 位老人去世。目前，队员中年龄最大的叫麻长柱，82 岁，他还记得小时候躲到家里红薯窖偷偷练习的情景。

（出录音）

"为什么家里不让你练。"
"家里穷。"
"想让你多干点活，不想让你拿那么多时间练这个，是吧。"
"对，对。"
"您练了多少年？五六十年了？"
"哦，五六十年了。"
"为什么一直到现在年龄这么大了还在练习？"
"不能带走了，传给年轻人，带头传授给年轻人。"
"传授给年轻人。"

（录音止）

高音管子手王国卿可以说是目前整个吹歌队伍中技艺最高的，说起教学生，他也很苦恼。

（出录音）

"现在教学生吗?"

"现在不教，在那边弄了个修理厂，修着车呢。这是业余的，有啥活动抽出时间，晚上练习练习。"

"有人找你学吗?"

"有人找我学，但这不好学。这学管子可多人学到半道都不学了，高音啥吹不出来。"

"你不觉得你担子很重吗? 再不教学生，没人会?"

"现在担心的就是这，想从学校培养，要从俺这代失传，也是罪人啊。"

（录音止）

（出吹歌音乐，混入）

经过论证，2005 年 8 月，河南省政府决定对近乎失传的超化吹歌加以保护。河南省民族民间文化保护中心办公室主任尚春升：

（出录音）

"一个是保护老艺人，具体办法，关怀他的生活，关怀他的传承，他的亲戚、他所在地村民有愿意学习这个的，我们有经济的方式适当补贴，让他们把这传下来，办班的形式、家庭作坊的形式，把它保护下来；另一方面，把工尺谱进一步整理；还有一种方式围绕新密超化吹歌，方圆传说故事也要搜集起来。另外，我们可能会组织他们训练，在一定的场合演出来推广。"

（录音止）

（音乐扬，渐隐）

编辑后记：

2005 年 8 月 21 日，也就是节目在郑州播出的当天，上百名民乐专家在沈阳研讨中国民乐发展方向并提出：民乐在改革和创新的同时也不能丢掉传统，纯正的民乐文化所蕴藏的那种独特表现力和鲜明个性，是西方音乐所无法替代的，也是中国音乐跻身世界音乐殿堂、与世界对话最可倚赖的"倚靠"。

2005年10月14日，中华人民共和国国务院正式受理超化吹歌申报国家级非物质文化遗产代表作，这一绝世音乐有望再现昔日风采。

简 评

《超化吹歌寂寞吟唱》这篇作品描写的是河南郑州附近的超化小镇艺人把中国古代形成并流传千年的"吹歌"这一绝世音乐代代相传的故事。"超化吹歌"同"少林功夫"一起被河南省政府列入第一批国家级非物质文化遗产申报项目并被国务院正式受理。作品有以下几个特点：

题材新颖。超化吹歌鲜为人知，但它却源于4000年前的夏商时期，形成于1500年前的北朝佛教鼎盛时代，被誉为中国古代鼓吹乐活化石。作者选择这一题材来反映挖掘和保护像"超化吹歌"这样的"非物质文化遗产"的重要性；

采访深入，材料翔实，报道准确，背景清楚。作者把"吹歌"这种世代相传的民间音乐的产生、发展和流传的史料，丰富的乐器以及当地民间学习吹歌的情况描写得既生动又真实；

音响丰富。既有被采访老艺人的讲述，又有演奏的音乐，使这篇报道显得丰满和具有较高的欣赏性。

陶行知故里的平民学校

（2005 年 11 月 25 日播出）

安徽台　朱彪军　王斯伟　詹旭　丁麟生　杨勤生　叶茵

（出《中国之窗》开始曲）

听众朋友，您现在收听的是中国国际广播电台华语台的《中国之窗》节目，今天为您安排的是中国安徽人民广播电台记者朱彪军采制的专题报道：陶行知故里的平民学校。

早晨 5 点多钟，安徽南部山区的空气里传递来阵阵凉意。随着天色渐白，山间偶尔有几声悦耳的鸟鸣。

（混入孩子们起床、洗漱的嘈杂声）

6:30，休宁德胜平民学校的宿舍里传来唧唧喳喳的一片声音，年龄大多为七八岁的孩子们迅速起床。洗漱之后，就开始了早读。

（录音：出上课钟声，学生们的读书声，混入）

休宁县过去属于徽州府，具有深厚的徽州文化的底蕴，民风淳朴，重视教育。据记载，从宋朝嘉定到清朝光绪的 600 余年间，休宁本籍和寄籍状元就达 19 人，堪称中国第一状元县。中国现代著名的教育家陶行知先生的整个青少年时代，都是在休宁度过的。

80 年前，陶行知先生提出平民教育、生活教育的理念，80 年后，一位徽州商人萌生了实践陶行知平民教育理念的想法，这个人就是聂圣哲，他倡导创办了休宁德胜平民学校。聂圣哲从中国科学技术大学毕业后，赴美国斯坦福大学攻读博士学位，后来下海经商，创办了德胜洋楼有限公司。这个期间，他开始了对教育理念的思考。他现在所实践的平民教育是和精英教育相对的一个概念。

（出录音）

"平民教育就是普通的公民应该受到的一些良好的教育，普通的公民不应该被忽视的教育。这里面有教育的关注，有人文的关注。我们的平民教育（的理念）很简单，我们不能承诺孩子考取重点中学，但我们争取把孩子培养成勤劳、诚实、有爱心、不走捷径的、敬业的、对社会有责任感的公民。我觉得有效的教育是非常重要的，让每个人基本上都能准确地找到自己的位置。我们不认为一个平庸的博士能够比一个敬业的木匠对社会更有贡献。"

休宁德胜平民学校今年9月20日正式成立，封闭管理，全部免费。据介绍，平民学校首批38名学生都是来自贫困家庭。"来自贫困家庭"是学校在确定生源时的一个标准，"但必须是勤劳、诚实、厚道的家庭，父母赌博、懒惰或者有其他不良嗜好的不接收"。休宁平民学校的校长张晓琳和另外3个老师——走访学生家庭，了解情况，最后招收了38名学生。这些学生将在这里完成6年的小学阶段学习。

（出录音）

"记者：这些学生你都去家访过？

张校长：是的，每一个学生家我都去过，每家每户我们都去走访，然后邻居啊，我们都去做侧面的调查。最近的有150多里地以外，还有的是靠近山坳里面，都没有路了。他们的房子都在半山腰里，都是土坯房。"

张校长介绍说，在生活中学习是平民学校主要教学方式之一。为此，学校专门聘请了2名生活老师，如果有孩子生病，生活老师就带他们到医院打针，督促吃药。吃饭时，生活老师教育孩子不要大声说话，要有秩序。生活老师还负责洗衣服，现在已经有六七个孩子在老师指导下，可以洗衣服了。

每个星期六、星期天，孩子们还要上劳动课。10月8日，在老师的带领下，每个学生在学校的花圃里，种了一棵蒜，在蒜的旁边，插上写着自己学号的小木牌，在这以后，孩子们还要不时拔草、施肥。

（录音：大蒜地里孩子们热烈向记者介绍自己所种的大蒜，混）

（录音）

张校长："大蒜是开学第三个星期（种的），这个主要是培养他们一种劳动的荣誉感，并不是要长得有多好。再一个就是从小培养他们的观察力。"

平民学校使用的教材还是安徽省教育部门统一的教材，不过与其他全日制学校的小学生比起来，这里的孩子多了一本教材，这就是校长张晓琳等4人根据上世纪三四十年代的国文教材自编的语文教材，黑白印刷，内容侧重于人品道德的教育。课本以朴素的语言，讲述一个个简单的故事，反映一个个做人的道理，书里部分插图，也直接取自上世纪三四十年代的教材。其中有一篇课文是这样的：

（录音，一位学生诵读）

"我们是平民学校的学生，
我们要读平民的书，
我们要说平民的话，
我们要做平民的事。"

张校长说，以往的教学方式就是灌输式的，只需要讲解课本上的内容就可以了，而平民学校则是"教做学合一"，注重在劳动中、生活中学习，而且更加注重做人。

"诚实，勤劳，有爱心，不走捷径"，是平民学校的校训。为了培养孩子们的爱心，学校请理发师直接到学校给孩子们理发，并打算请一名裁缝长期在学校里给孩子们做衣服，目的是让孩子们感知他们穿的衣服是怎么一块块地缝起来的，"让他们看到有这么多人在为他们付出，有这么多人爱他们，关心他们，教他们学会感恩。"在孩子们理解祖国、人民等这些抽象概念之前，先启发他们对爱的理解。张校长说：

（出录音）

"在一年级这个年龄段，爱的教育就是爱爸爸、爱妈妈、爱自己、爱他人。"

当地已有公办学校提出参照平民学校进行教学改革，但这种模式能否推广仍让人担忧。聂圣哲承认，现在的一切都还在摸索之中，他会坚持不懈地做这件事情，将来还要办平民初中、师范。

休宁县教育局副局长项根顺评价说，聂圣哲的行为是传统的徽州文化和现代文化相结合的结果。早在明清时期，处于鼎盛时期的徽商纷纷慷慨解囊，出资兴建家塾、族塾、义塾、义学等，其目的是为宗族的贫困子弟提供接受教育的机会。

1965年出生的聂圣哲已经为平民学校投资了数百万元人民币，他还说服很多企业家和他一起投资兴办这样的学校。他说他创办平民学校是他为了实现自己的理想人生所作的选择。

（出录音）

"我喜欢教育，因为我是在休宁长大的，我是个农村孩子，通过考托福、GRE到美国。我和其他留学生不同的地方，包括和其他大学生，就是我始终在思考，始终在否定我自己，因为我在上大学之前连火车都没有见过，我要变成现代人，我必须否定我以前的价值观，特别是到了美国以后受到很大冲击。我感谢这些平民教育孩子的监护人能够给我这个机会，我想把平民教育的理念开始实践，然后推广开来。"

休宁县是安徽农村综合改革的一个试点县。县委书记胡宁说：

（出录音）

"陶行知作为一个伟大的人民教育家提出平民教育的思想，它是源于我们徽州、源于我们国家底层百姓的生活而提倡的一种比较先进的教育理念。我们希望平民教育可以和当今的社会、当今的生活有更好的结合，源自于陶行知的平民教育思想希望能够在新时期开出新花。"

（出平民学校学生们的歌声）

"国旗国旗真美丽，
金星金星照大地。
我要变成一朵白云，
飞上蓝天亲亲你。"

（混）

平民学校的创办者说，办好了平民教育，精英就自然会浮出的。

听众朋友，刚才您收听的是中国安徽人民广播电台采制的专题报道：陶行知故里的平民学校。播音：叶茵；录音合成：杨勤生。

简　评

　　在安徽省休宁县，我国现代著名教育家陶行知先生的故里，一位民营企业家在 2005 年创办了一所平民学校，以实践陶行知先生在 80 年前提出的"平民教育"的理念。什么是平民教育？这所学校在办学理念、学生来源、教学方式乃至学校管理上同普通的学校相比有何不同之处？那位企业家又为何要在休宁县创办这样一所学校？作者通过深入的采访对上述问题一一作了解答，向人们生动、具体地介绍了我国教育领域的一个新生事物，给人以多方面的启迪。

　　本报道主题鲜明、思路清晰、文风朴实、制作精良。报道的标题开门见山，结尾也颇能发人深思，堪称佳作。

杭州湖滨街道的四大"银行"

浙江广播电视集团海外中心　邓冲　潘玲　方雨　王斌

（开始曲）

各位朋友大家好，欢迎收听中国国际广播电台华语台的《中国之窗》节目。我是中国浙江电台的主持人方雨。

我是王斌。不久前，在首都北京召开的全国社区志愿者工作会议上，浙江省省会杭州市的湖滨街道获得了示范街道的奖牌，湖滨街道的领导还向与会者详细介绍了他们推行四大"银行"的经验。

所谓四大"银行"，其实是个形象的说法。志愿者们献出爱心，义务帮助别人，街道就会记录下来，输进专门的志愿者储蓄卡。

那四大"银行"到底是哪四大银行呢？它们分别是时间银行、爱心银行、图书银行和岗位银行。接下来我们就一一为大家介绍。

（间奏）

王宝玉今年 62 岁，在湖滨街道，她可是时间"银行"鼎鼎大名的"千万富翁"，已经储蓄了义务为别人服务的时间 1500 多个小时了。

从 2002 年下半年开始，每天上午，王宝玉都要到隔壁单元的郭秋桂大妈家做义工。两年多来，风雨无阻。

郭大妈今年 76 岁，老伴早在 20 多年前就去世了，家里就她一个人。郭大妈右腿残疾，还患有风湿病。

不过，邻居们经常夸郭大妈气色好。郭大妈说这都是王宝玉的功劳。

"郭大妈：她每天都到这里来帮我烧饭。买菜，洗干净，炒好。她还给我理发。反正走出去，她都陪我去，去年借了一部车子，给我推到一公园、二公园、六公园都去玩过。都是她推的。

记者：你是不是好几年没去过西湖边了？

郭大妈：十年了。

记者：十年里第一次去西湖呀？

郭大妈：是的。我是感激她。她就是这样服侍我的。"

说着说着，郭大妈声音哽咽了。她告诉记者，为了更好地照顾自己，2005年年初，王宝玉还特意买了一部便携电话小灵通。不论家里有什么事儿，郭大妈总能在第一时间联系到王宝玉。

时间"银行"规定，如果志愿者自己或家人在生活上遇到困难，可以凭"时间储蓄卡"支出，也就是申请别的志愿者为自己或家人服务，并在时间储蓄卡上扣除。

对此，王宝玉看得很淡，她说自己并不图什么回报。不过，看到自己在时间"银行"储蓄的那1500多个小时，她还是很高兴的，她说感觉自己是个精神富翁。

"经过一两年之后，好像对她有感情了，对她好像是自己家里的老人一样。所以她很信任我。她现在的工资全部都是我去拿的，证交给我，帮她看过，然后给她。我家里老伴很好，我子女也支持我的。没有他们支持我，我做不了这么多事情。"

湖滨街道的时间银行成立于2003年4月。两年来，志愿者的人数已经从最初的1000多人发展到5000多人，其中储蓄时间100个小时以上的星级志愿者有967位。

我们再来说一说爱心"银行"。爱心"银行"的宗旨是"每月省下一块钱，帮助社区困难家庭"。

爱心"银行"设有独立的账户，记录志愿者和居民每月省下并存到爱心"银行"里的钱数，在湖滨街道及其下属的六个社区都有专门的工作人员进行管理。每个月底，爱心"银行"都会把当月的捐款者和受助者名单在社区的各个楼道张榜公布。

自从2001年11月爱心"银行"成立以来，目前已经帮助困难居民1250多人，银行里仍有节余资金32万元人民币。

汤长翔家住东坡路社区，几年前因为经济犯罪而被判刑入狱。刚出狱的那几个月，他的生活非常窘迫。社区了解到这一情况，通过爱心"银行"主动为他的儿子交了学杂费，解了他的燃眉之急。汤长翔说：

"以前也是做生意的，因为涉及到一些经济案件坐牢了，2003年回来的。在这期间，离婚了，孩子归我抚养。社区走访时看到我们家里比较困难，他提出给我们捐助，爱心'银行'给我们捐助。通过这件事，我很感谢政府和社区的关心。我想今后自己有能力的话，也一定多做有益于社会的事。"

今年62岁的姚珍珠家境并不宽裕，但在爱心"银行"的光荣榜上，经常会出现她的名字。她说，爱心"银行"曾给过自己帮助，现在她也要为爱心"银行"尽一份力。姚珍珠说：

"我是东坡路社区保洁员。我去年工资发出以后，我想到银行里去存钱，结果一下子掉了800元。我们社区主任非常好，通过爱心'银行'给我捐款200元。我现在也想参加爱心'银行'，我反正5元、10元、20元这样放进去。不论钱多少，就是我的一点心意。"

（间奏）

2002年6月，杭州市湖滨街道又推出了图书"银行"。什么是图书"银行"呢？其实，就是鼓励居民把自己家里的书拿出来跟其他居民共享，以丰富大家的文化生活。

居民只要在社区的阅览室存放一本书，图书"银行"就会发给他一张免费借阅卡，他这一整年就可以免费借阅图书"银行"全部的书了。

这个制度受到了居民们的积极响应。在湖滨街道下属的六个社区，居民们一次性就向图书"银行"捐赠了三万多册图书。

老年人和那些家境不太好的学生是图书"银行"最大的受益者。今年71岁的朱云菊是个退休工人，自从有了图书"银行"，她的精神状态比以前好多了。朱云菊说：

"我这个老年人在家里没事干，再加上我老头子走得早，家务事都搞好之后我就想到图书馆去看看。不但看书学知识，而且结识了很多好朋友，所以我现在身体也比较好，精神面貌也好，朋友也多，我觉得越活越年轻了。"

最后再来说一说岗位"银行"。今年47岁的刘小武，现在杭州市政府下属的一家单位的传达室工作，工作稳定，收入也不错。

刘小武说，要不是岗位"银行"，只有高中文化程度、又没什么特长的他很可能至今找不到工作。

有了这份稳定的工作之后，刘小武也作为志愿者经常注意收集附近单位的招工信息，并及时把这些信息告诉岗位"银行"的工作人员。

这正是岗位"银行"的优势所在。岗位"银行"通过跟劳动就业部门以及附近单位的人事部门合作，在第一时间把就业信息提供给街道的待业人员。待业人员再就业之后，又反过来为岗位"银行"提供一定的就业信息。

自从2003年7月岗位"银行"成立以来，湖滨街道已经帮助1800多人成功找到工作。

浣纱宾馆地处杭州市湖滨街道。只要有新的岗位，宾馆总是尽快把信息发布给湖滨街道的岗位"银行"。季红梅在浣纱宾馆负责员工招聘，她说：

"几年来，社区给我们解决了很多员工招聘困难，为我们办了实事。同时我们宾馆也千方百计为社区提供再就业工作，帮助他们解决再就业问题。自从湖滨街道四大'银行'开办以来，特别是岗位'银行'对我们宾馆来说，达到了双赢。"

几年下来，湖滨街道的四大"银行"已经形成一个品牌效应，促使社区志愿者的人数一天比一天多。

前不久在全国社区志愿者工作会议上，中国社区志愿者工作委员会已经宣布把杭州市湖滨街道的时间"银行"作为2005年的全国推广项目。

目前，湖滨街道正在跟浙江工业大学合作，开发一个新的管理软件。通过这个软件，志愿者在不同地区的时间"银行"也可以储蓄并支取服务时间。

好，今天的节目到这里就结束了。这次节目是由浙江人民广播电台制作的，邓冲采写，潘玲编辑。主持人方雨、王斌祝大家心情愉快。再见！

各位朋友，再见！

简 评

关注弱势群体、做好城市社区志愿者服务工作，是构建以人为本的和谐社会的一个重要组成部分。作者通过对浙江杭州湖滨街道推出"时间银行"、"爱心银行"、"图书银行"和"岗位银行"这一新型志愿者服务体系的报道，向海外听众介绍了我国构建和谐社会进程中出现的新气象。

报道向人们讲述了一个个真实生动的小故事，以小见大。通篇用事实说话，没有丝毫宣传腔。音响效果丰富，具有鲜明的广播特点和较强的可听性。

一位中国妈妈的故事

(2005 年 9 月 4 日播出)

陕西台　邢玉琳　陈秀燕　朱继锴　李华中　张岩　海茵

听众朋友：您好！欢迎您收听由中国陕西人民广播电台为您制作的《中国之窗》节目。这次节目给您讲述一位中国妈妈的故事。

（出录音：心心幼儿园小朋友上课的录音，压低混播）

主持人：这是在位于陕西省省会西安市西影路一家名叫"心心"的幼儿园里录制的音响效果。和其他许多幼儿园不同的是，这里接收的是一些患有自闭症的儿童。儿童自闭症又叫孤独症，是一种发生在儿童早期的精神发育障碍性疾病，主要特征是感情交流障碍、语言障碍和重复刻板的动作。自闭症孩子生活不能自理。儿童自闭症的成因至今国内外没有定论，也没有有效的治疗方法，目前主要采用早期教育和训练的方法改善症状。心心幼儿园正是这样一个教育培训机构。

幼儿园的园长叫张晓强，她也是一个重度自闭症患儿的母亲。张晓强原来是陕西戏曲研究院的当家花旦，演过四十多个主要角色。她曾经和大多数中国女人一样拥有充满温馨和欢乐的家庭和生活。但这一切从她 36 岁那年彻底改变了。那年她唯一的儿子被确诊为重度自闭症患儿。

（出录音）

"记者：你当时知道这个诊断后是什么心情啊？
张晓强：我那一刻真的想自杀。当时是非常非常的痛苦。"

主持人：张晓强开始带着儿子到处去看病。1997 年在南京的一所自闭症儿童专科医院，她的儿子得到了三个月的强化训练。让她欣慰的是，孩子有了明显的进步。

（出录音）

"从那一刻我认识到，学龄前的强化培训对儿子非常重要。"

主持人：张晓强带儿子回到西安。但西安没有类似的培训学校，张晓强决定自己为儿子创造一个环境，继续进行培训。一些自闭症孩子的家长纷纷找上门来，要求将自己的孩子送来一起培训。当时张晓强给孩子治病，已经花光了积蓄，实在没有能力帮助其他家长。但她又不忍心拒绝这些和她同样痛苦的家长。

（出录音）

"我记得有一位家长，她找到我后，哇哇大哭。她说：'张老师，我儿子18岁了，没有进过一天学校的门，我想把儿子送来，哪怕让孩子呆一礼拜呢，我跟别人说起来，我儿子这一生，他是上过学了。'当时她哭我也哭。我就觉得很难过。"

主持人：张晓强从有关方面了解到，目前全国14岁以下的自闭症患儿有80多万，而每个自闭症孩子的背后，都有一个背负着沉重精神和经济负担的家庭。为此她作出一个大胆的决定，自己创办一个培训自闭症孩子的幼儿园，为这些孩子和他们的家长提供帮助。

（出录音）

"记者：当初办幼儿园的经费是不是你自己筹措的？
张晓强：全部资金是自己筹措。就是东拉西借，借姐姐的，借弟弟的，甚至连外甥的钱我都去借。"

主持人：家长们交来的费用十分有限，幼儿园经常入不敷出。

（出录音）

张晓强："过去，我是个生活自理（能力）非常差的一个人。我记得非常清楚，我十六岁不会洗头。洗头不是我妈给我洗，就是我爸。现在为办这个小小的幼儿园，我自己学会了刷墙。那个栏杆呀、玩具什么的，每一年要刷一遍漆，都是我自己在这儿弄。"

主持人：虽然很难，但张晓强还是尽自己的所能帮助有困难的家长。

（出录音）

张晓强："前几天，有一个家长来了以后——是孩子的爸爸，在我这坐了四五个小时，最后所有的家长都走了以后，他跟我说：大姐，我真的想送孩子来，但是有特殊情况，家里发生了一些变故，没有能力送姑娘到这儿来。当时他说这个话的时候，他的眼圈都红了，我的眼泪也在眼圈里打转。我就跟他讲，你就先不要交费，把孩子给我送来，我们会认真去培训她。如果以后你经济上好了，你有能力给我补上，我也接受，如果没有能力，我就不要你这个钱了。他当时就哭了，他就站起来给我鞠躬，半天都不抬头。"

主持人：为了帮助这些智障的孩子，张晓强和幼儿园的老师们倾注了大量的心血。

（出录音）

张晓强："我要求我们的老师两点，一是人心向上，要有积极向上的心态。第二是要人心向善，要有一颗善良的心。所以我们这些老师非常有爱心。每当这些孩子有了进步，比方说有些孩子不会说话，经过半年多，孩子终于会叫爸爸、妈妈以后，真的我们所有的老师都会流眼泪，这是发自内心的，付出和不付出绝对是两码事。"

主持人：培训工作是非常辛苦的。在一间封闭的教室里，一个幼儿园老师正在对三岁的浩浩进行"一对一"的培训。

（出现场培训的录音）

"老师：老师教，老师教。说眼睛，眼睛。
孩子：眼睛。
老师：对了。鼻子，指鼻子，鼻子在哪里？这是什么？脚，来，张浩伟摸摸自己的脚。
孩子：脚脚。
老师：哎，脚，乖得很，对了，又说对了。"

主持人：在教浩浩发音的同时，老师还不时把浩浩的头转向自己，要求孩子的目光和自己的目光对视，防备孩子又沉浸到自我世界中去。对自闭症儿童，幼儿园主要进行认知、语言、生活自理方面的教育和培训。刚进幼儿园的孩子，每天"一对一"的培训都在 1 个小时以上。

在另一间教室里，老师正在教一些孩子做游戏，这些孩子大都经过了一年到几年的培训。和 3 岁的浩浩比，这个班的孩子无论语言、行为都要成熟很多。见到记者，孩子们主动围了过来。

（出录音）

"孩子：磁带。

记者：你也知道是磁带，是吗？

孩子：是。

记者：磁带里面有什么东西？

孩子：带。

记者：有歌没有？

孩子：有。

记者：你喜欢唱歌吗？

孩子：喜欢。"

主持人： 在教室门口，我们遇到一位孩子家长。

（出录音）

"家长：孩子以前在正常幼儿园，我们把他往幼儿园送的时候，她老说老师打我，老师打我。但放到这个幼儿园以后，孩子说阿姨打我那些话少了。人家现在是乐意去上幼儿园。

记者：孩子现在是乐意去上，原来不乐意。

家长：现在，我是每个礼拜一早上送，礼拜五下午接。礼拜一让别人拿汽车往过带的时候，她很乖地上人家汽车就走了，而且情绪上没有啥变化。"

主持人： 为了使这些孩子得到最好的教育，张晓强和首都北京以及台湾地区的一些权威培训机构建立了协作关系。张晓强说，她有一个梦想，就是建一座最好的智障孩子的学校，让智障孩子也有一个快乐的童年。

（出录音）

张晓强："过去，我年轻的时候，做什么事情很少去替别人着想，老觉着别人对自己好是应该的。但是因为儿子，让我一下子长大了，我成了一个成熟的女人。我有时候跟朋友讲，我说感谢儿子，可能上天就是把儿子派来考验我的耐力和我的爱心来了。"

主持人： 在交谈过程中，张晓强的儿子宝宝走到了我们中间，在妈妈的精心呵护下，他已经逐步走出了孤独自闭，8 岁那年他张开口叫了一声妈妈，9 岁学会了自己吃饭，现在他能认 400 多个汉字，会自己穿衣服，尽管还有点口齿不清，但能够和人对话。

（出录音）

"记者：宝宝，你喜欢妈妈吗？

宝宝：喜欢。我爱妈妈。

张晓强：宝宝，好好说。

宝宝：我爱妈妈，妈妈爱我。"

听众朋友：刚才您听到的是中国陕西人民广播电台为您制作的节目。感谢您的收听，下次节目再见！

简　评

一位患有自闭症的儿童的母亲，为了自己的儿子，同时也为了帮助其他患有同样疾病的儿童，毅然决定放弃原来的工作，创办一个培训自闭症孩子的幼儿园。她以伟大的母爱和崇高的社会责任心，克服重重困难，终于在新的事业中取得了可喜的成绩。作者在这里向人们介绍的就是这样一位充满爱心的中国妈妈的故事。

"幼吾幼以及人之幼"，这是中华民族的一种传统美德。将发生在我国普通百姓中间的这种闪耀着人性光辉的真实故事告诉广大海外听众，对于增进他们对我国人民的了解，是很有意义的。

播音感情充沛，音响效果清晰动听，具有较强的感染力。

北京老人的空竹情节

（2005 年 12 月 27 日播出）

北京台　李剑　臧轶洁　李月梅　李培春　吴佳

（公园音响：人声 + 空竹声）

主持人：

或许你曾经在中国的公园里看到过这迷人的表演，一个状似哑铃的东西，由一根长绳带着上下翻飞，不时还会被抛向空中，引来一阵欢呼和惊叫。你是否也曾好奇地想知道它的名字叫什么？在国际上，它叫作响铃，在不同国家的杂技舞台上都可以找到它的身影。但是在中国，它叫做空竹，是一种传统的中国玩具。抖空竹这种民间传统技艺，在中国已经有近千年的历史了。在过去，空竹是孩子们喜爱的玩具，而今天，更多的是老年人把抖空竹当作一种健身方式。而对一对北京老夫妇来说，空竹则是他们奥运梦的一部分，因为他们希望能够在 2008 年北京奥运会的开幕式上表演抖空竹。请听吴佳的报道：

记者：

从形状上看，空竹很像我们经常在体育馆中看到的哑铃，只不过它们大都是木制的。抖空竹的时候，人们两手各握一根短杆，并用一根两头固定在杆上的长绳舞耍这个哑铃形状的滚轴。空竹的两头是中空的，有或大或小的洞，每一个洞都装着一个哨。当空竹在空中飞舞的时候，不同频率的哨音迭起，形成一种美妙的乐音。

（音响：刘振玉教孙子学抖空竹）

您现在听到的是家住北京的刘振玉老人正在向他 11 岁小孙子传授抖空竹的技巧，一老一小都乐在其中。刘振玉老人今年已经年近 70 了，他开始抖空竹的时候，年纪比小孙子还要小上几岁呢。而且，由于抖空竹技艺出色，刘振玉还得了个绰号叫"空竹王"。

除了玩空竹，刘振玉还是个空竹收藏家。在他家里，有不同材料制成、颜色各异的三百多个空竹，其中最小的只有一厘米长，而最大的有 50 厘米长。这个大空竹在刘振玉的收藏中是最抢眼的，对他来说，也是最重要的一个空竹。

（刘振玉讲话：谈大空竹的来历）

"这是我装饰的纪念空竹，我自己设计的图案，是为了纪念申奥成功做的。用五种颜色圆环做跑道，这条直线就代表终点线。中间是'北京2008'的字样。"

其实，当刘振玉设计装饰这个大空竹的时候，北京申办 2008 年奥运会的最终结果还没有揭晓，但刘振玉说，他有一种预感，北京一定能够成功。从那之后，刘振玉对北京奥运的热情更加高涨。在一个电视谈话节目里，他第一次表达了希望将空竹表演呈现在 2008 年北京奥运会开幕式上的愿望。2003 年 12 月，刘振玉向北京奥组委递交了一份正式的方案，提议在奥运会开幕式上安排由一万人参加表演的抖空竹项目。

（现场音响）

谈到他的设想，刘振玉说：

（刘讲话）

"我的具体设想是这样的。空竹的样式可以分成好几种，编成各种队形来表演。到时候表演者可以穿上 5 种颜色的服装。组成五环。通过做各种队形的变换，展示出中国传统体育的魅力。"

刘振玉的妻子高宜正，是一名退休教师，巧的是，和老伴一样，高老师也是一个空竹迷。她说，空竹表演还应该加入更多现代化的元素。

（刘讲话）

"传统的东西通过挖掘整理提高，要加入新的科技元素。我们现在有抖起来带灯光、带音乐的空竹，我们可以用灯光组成五环。音乐就是奥运会主题歌，那才好呢！一定特别壮观！"

（带音乐空竹的声音）

自从有了这样的想法，这老夫妇俩就把他们所有的时间都奉献给了空竹，到各处去教人们抖空竹。刘振玉是教练,高老师则是他的助理。

(训练场的音响:人声＋练空竹的声音)

(高讲话)

"我们为了把抖空竹这个传统体育项目传承下去,要展示在全世界人们面前。首先就是要普及。目前参加这个运动的人中间,老年人较多,要想把这项运动传承下去,需要教给更多的年轻人,让他们参与进来。青少年朝气蓬勃,把空竹抖起来,让空竹的声音响彻 2008 北京奥运的天空。"

他们的想法,得到了北京市丰台二中的积极回应。

(学校音响:铃声＋众学生的声音)

丰台二中也成为将传统体育项目引入学校课程的先锋。每星期,刘振玉和他的妻子都要到学校给初一的学生上两次空竹课。

(教课的音响＋学生练习的声音)

负责学校体育教学工作的李老师说,这门新课,受到了老师和学生们的一致欢迎:

(李老师讲话)

"老先生提出了'把空竹抖进奥运会'。我们觉得这个提议很好。如果空竹表演能进奥运,让学生来表演最合适,也比较好组织。现在距离 2008 年奥运会还有 4 年时间,现在的初一学生,到那时候是高二,正好可以参加。我们学校从校长到学生都很支持,觉得如果能进奥运会表演很荣幸。"

当过老师的高宜正还针对青少年的年龄特点、心理特点,编了空竹游戏,可以集体参加。

(高宜正讲话)

"学生们有了兴趣,掌握了技巧,还可以比赛。他们可以在玩乐中学习,在学习中合作,在合作中创新。既锻炼了身体,还培养了团队精神。"

（学生群练空竹的音响）

丰台二中的学生们学得很快，有一些还特别热衷于抖空竹，经常要老夫妇俩在课后给他们开小灶。而且，有的学生受刘振玉的影响，用奥运会会徽来装饰自己的空竹，表达他们对奥运的热爱和期盼。

（学生讲话）

"我的空竹上装饰的是一个中国印，这也是受到刘爷爷的启发，他的空竹上有各种徽和纪念标记。你看中国文化周时在法国巴黎香榭丽舍大街上表演的抖空竹都让外国人看呆了！如果能在 2008 年奥运开幕式上表演空竹，就会有更多人看到我们民族的东西。民族的不就是世界的嘛！我真是特别想自己能出现在 2008 年的空竹方阵里！"

似乎还不仅仅如此。高宜正告诉我们，自从刘振玉的设想公之于众，有不少来自其他城市的人也跑到北京向他们请教、切磋空竹技巧。

（刘讲话）

"外地的朋友看了媒体报道后给我们打电话说，如果北京奥运会有空竹表演，他们也要来参加！大家对这个提议都挺兴奋的，也可以说，这是大家共同的愿望！"

在过去的两三年里，除了在北京各处教空竹，这老两口还花了大量的时间收集和整理空竹的历史和文化传统，因为目前对这一传统体育项目的相关记载很少。

他们现在还在撰写一套空竹的表演技巧手册，其中不仅用文字详细解释了抖空竹的各种动作，还配了插图，让人们可以形象地看到每一招每一式，为希望自学抖空竹的人们提供了极大的方便。

（刘在室外教授空竹的音响）

目前，北京奥组委收到的针对办好北京 2008 年奥运会的、来自不同的国家和地区的各种建议有成千上万条。刘振玉夫妇提出的在 2008 年奥运会开幕式上表演抖空竹的方案是否能够被北京奥组委接受，结果还不得而知。但这对老夫妇说，不论最终结果如何，他们都认为自己的努力和付出是值得的。

（高宜正讲话）

"我们有思想准备，行当然好了，我们的愿望就实现了。如果不行也没关系，我们努力了，也没有遗憾。那时，空竹在北京，甚至全国已经推广开来了，全民健身嘛！"

（刘振玉讲话）

"不行也没关系，空竹能借这个机会推广开来，让更多人能够认识了解，继承发扬了民族传统的东西，这就是我们的收获和成绩。"

（音响：很多学生一起练空竹的音响）

（结束）

简　评

2008 年北京奥运会，这是一个国外听众普遍关心的话题。现在，有一对热衷于抖空竹运动的老夫妇向北京奥组委建议，在北京奥运会开幕式上进行万人抖空竹表演。为了实现这一想法，他们进行了种种努力并得到了人们的广泛支持。通过这一发生在北京的真人真事，听众可以从一个侧面了解到北京市民乃至全中国人民对奥运的关注、期盼和支持。

报道所选择的角度很好。抖空竹是我国民间广泛流传的一项健身运动，具有悠久的文化传统。这对北京老人的形象也显得相当丰满和生动。是一篇"以小见大"的佳作。

音响效果丰富，很有现场感，具有鲜明的广播特点。

法兰西友人的苗乡情

(2005 年 7 月 10 日播出)

广西台　梁肖德　闲汉祥　杨俊英　黄春平

（版头）

听众朋友，您好！这里是中国国际广播电台华语台《中国之窗》节目。今天为您播送的是由中国广西人民广播电台制作的录音报道《法兰西友人的苗乡情》。

在中国广西柳州市融水苗族自治县的大年乡，有一位家喻户晓的法兰西女士，她的中国名字叫方芳。

6 月下旬的一天，记者从广西首府南宁市坐车 8 个多小时，来到位于崇山峻岭中的大年乡。第二天早上 8 点，记者来到方芳的住处。

（出见面时音响）

"这是广西人民广播电台的记者。"

"请坐。"

（录音止）

此时的方芳正与融水县政府教育局领导周贤新商谈事情。

（出方芳与教育局长的谈话录音）

"方芳：听说，这些代课老师他们说现在他们都必须辞职，有没有这回事啊？

周贤新：按规定呢老师要有一个教师资格证，小学老师首先要有中师毕业的学历。但是大年乡我们这里老师少，当时我们要他们来代课，那么他们现在愿意做就（继续）做……

方芳：如果你们给他们当老师，我们帮他们读书。他们可以一边读书一边当老师，这样他们以后要这个证就没有问题了。

周贤新：有了这个学历，我们就把证给他，（他）就是正式老师了。

方芳：这些代课老师的工作特别认真，我真的很佩服……"

（渐低，压混）

这就是记者第一次见到的方芳，她五十多岁，身着当地苗族妇女的服装，脚穿解放鞋，一言一语，充满着对苗家人的一片深情。

方芳告诉记者，她早年毕业于巴黎大学中文系，对中国南方少数民族有浓厚的兴趣。1997年，方芳担任无国界医生组织汉语翻译，第一次来到广西柳州融水大年乡。大苗山区，青山绿水，鸟语花香，民风淳朴，使这位浪漫的法兰西女士感叹不已。工作结束后，她毅然决定，留下来不走了，并且给自己起了一个中国名字，叫"方芳"。

她走村串寨，和苗族群众聊天，有时候就住在苗族群众家里。苗族群众也把她当作亲人。

（出方芳讲话录音）

"他们（对我）很好的，给我送蛋啊，给我送他们自己生产的一些花生，很多小礼物，我很不好意思。"

（录音止）

方芳享受着苗家人盛情的接待，度过了快乐的时光。

不久，方芳快乐不起来了。她发现当地一些十二三岁的小女孩，在山坡上放牛，在小溪边放鸭。一了解，原来，这里许多村庄还遗留有"狗不耕田，女不读书"的传统陋习。尽管当地政府做了许多说服工作，但女童失学现象仍然相当严重。方芳立下决心：竭尽全力帮助这里的失学女童上学读书。回报关爱自己的苗家人。

她翻山越岭，奔走于林姑、高僚、牙腊等十多个村的小学教学点，收集了132个失学女童的资料；她带着1万多元人民币来到大年乡政府教育委员会办公室办理资助手续，使这132个失学女童重新回到了课堂。

（出小学生的歌声，压混）

看到孩子们灿烂的笑容，听到孩子们稚嫩的歌声，方芳喜上眉梢。

然而，她很快又犯了愁。单靠自己一个人，要帮助大苗山区所有的失学儿童，谈何容易？思来想去，方芳想到了远在法国的同学和朋友。

于是，她带着相机，跋山涉水，走村串寨，拍下苗乡秀丽的风光，拍下失学女童的照片，每隔两个月左右回一次法国，演讲宣传，邀请法国朋友到大年乡旅游。结果，每年一批又一批的法国朋友到大年乡观光，一批又一批的朋友加入到资助失学女童的行列。现在，常年参与资助行列的法国朋友达到了 1500 多人，他们已经捐资 500 多万元人民币，使苗乡 2500 多名女童重返学堂，使一批苗族小学教师得以继续深造。

斗转星移，流年似水。方芳在和苗家人的交往中感情越来越深。她越来越不想离开大苗山了。

2001 年，在大年乡呆了四个年头的方芳，很想在大年乡建一幢房子，一座苗家的吊脚楼。晚年在这里定居，做一个地道的苗家人。但是，她又不好意思向当地乡干部开这个口。

乡领导听说了这件事，很快与有关部门协商，给她落实了建房用地。施工期间，附近村庄每天都有一两百名村民赶来帮忙，挖地基、锯杉木、抬柱子……忙得不亦乐乎。有一天，大雨滂沱，公路塌方，运木料的汽车卡在半路，动弹不得。施工的村民一呼百应，冒着倾盆大雨，奔向一公里外汽车抛锚地点。卸车，下木，深一脚浅一脚，硬是用肩膀把木料一根一根往工地扛。

（出方芳录音）

"有 200 个一起来，非常辛苦。我看见一个年纪比较大的，我上去拥抱她我就哭了。"

（录音止）

中国有关部门对方芳在大苗山的助学活动给予了大力支持。宋庆龄基金会汇来了 30 多万元人民币，作为资助大苗山少数民族女童入学基金。融水苗族自治县所在的柳州市市政府给方芳赠送了一辆"五菱之光"微型汽车，为方芳和到大年乡观光的法国朋友提供出行方便。融水苗族自治县教育局等有关部门领导更是经常下到大年乡，帮助解决有关问题。在记者到大年乡的当天，县教育局恰好也到大年乡检查有关普及九年制义务教育的情况。而他们到大年乡的第一件事就是看望方芳。记者听着他们之间无拘无束、推心置腹的交谈，感到这不像是一位法国朋友与中国官员在谈话，倒像是当地苗家人与下乡干部促膝聊天。

苗山乡亲的深情，像涓涓的溪水，滋润着方芳的心田。她完全把自己融进了大苗山的怀抱，融进了苗家人之中。

当地群众都说，方芳就是他们的苗家人。她不但装束像个苗家妇女，对待苗家的孩子也像苗家妇女那样充满爱心。

（淡入孩子们下课放学的音响，压混）

在大年乡响堂村花儿小学，记者听到了这样一件事。

2004年春节过后，方芳像往常一样，来到学校看望孩子们。忽然，她发现不见孟秀英、孟海兰等三位女同学的身影。一问才知道，春节刚过，她们偷偷跟着哥哥姐姐们溜往中国广东省打工挣钱去了。方芳一听，急得拉上学校的一位老师，赶乘当天的列车，直奔广东而去。在广东，他们依靠大年乡的熟人引路，在广州、深圳、东莞等地寻找。一天、两天过去了，直到第三天下午，才在三水市找到她们。孟秀英等三个女孩见到方芳后，抱住方芳痛哭起来，方芳也泪流满面。

（出录音）

"记者：你在广东第一眼见到方芳的时候做了些什么？
孟秀英：我就忍不住哭了起来。
记者：为什么？
孟秀英：她像妈妈一样体贴我们，关怀我们，我们跑到那么远的地方打工，她又到那么远的地方找我们，所以我见到她的第一眼，就哭了起来。"

（录音止）

方芳，这位法兰西女士，把她满腔的母爱，奉献给了大苗山的女童。

（淡出法国童谣的歌声："好孩子，快起床，吃罢早餐上学堂"，压混）

法国的民间歌谣，苗家的童声合唱，交织成友谊的乐章，在中国的大苗山区回响，在蓝天碧水间荡漾。

（歌声扬起，结束）

本次节目撰稿梁肖德、杨俊英，编审闭汉祥，感谢您的收听，再会。

简　评

　　《法兰西友人的苗乡情》这篇录音报道介绍的是法国友人方芳不远万里来到我国广西柳州融水苗族自治县贫穷地区帮助办学，让失学儿童重新回到学校，并同当地居民结下深情的动人故事。方芳不仅自己出钱出力，还想方设法邀请大批法国友人到广西苗乡旅游并参与到资助该地区办学的活动中。

　　作品文字环环相扣，层层展现出方芳与当地群众之间的丝丝情谊，生动真实地反映了中法两国人民之间的深情厚谊。

　　作品结构严谨，行文流畅，音响丰富，富有广播特色。听起来亲切，自然，这样的作品很适合对外报道。

农民王淑荣一封来信的奇妙作用

（2005 年 9 月 19 日播出）

河北台　杜岩卿　宋桂芬　王成树　张彦斌

张颖　王鹏　范凤娟　丁浩

（《中国之窗》节目标乐）

听众朋友，您好，欢迎收听今天的《中国之窗》河北专题，我是主持人丁浩。

听众朋友，2005 年 5 月 27 日，在中国河北省十届人民代表大会常务委员会第 15 次会议上，审议通过了《河北省土地管理条例修正案》。这个《修正案》把原来的《河北省土地管理条例》中的第 25 条款废止了。第 25 条款是什么内容呢？这里暂且按下不表。由于对这一条款的废止，是由一位农民的一封来信引起的，听众朋友，您听完了下面的故事，一切就会明白了。

写这封来信的农民叫王淑荣，是河北省廊坊市香河县香城屯村的村民委员会主任。她今年 64 岁，是一个快人快语、办事泼辣的老太太。2000 年，王淑荣被选为本村的村民委员会主任，她格外关注父老乡亲们的切身利益。王淑荣告诉记者说：

（出录音：王淑荣）

"我特别注意《土地法》，还有《土地承包法》，这些关系到我们农民的政策也好、法律也好、法规也好，我都特别注意。为什么我给全国人大常委会去这封信，就是因为批养殖用地的问题。我们村批养殖用地批了 3 户，3 亩地，一家一户一亩地，他（指香河县土地局）给收 2500 块钱的复垦费。我（对照法律）一看，他不应该收费。因为（国家）《土地管理法》上并没有向我们收费的条款。我就是出于这个，我才给人大写的信。如果在全省这个问题解决了，农民的利益应该是受到保护了吧。"

面对河北省的土地管理地方法规与国家的《土地管理法》这样的不一致，王淑荣马上想到河北省农民的利益会因此受到损害，应该对这个地方法规进行修改。但是，谁有权力对一个省的地方法规进行修改呢？王淑荣知道，中国全国人大常委会是国家的最高权力机关，有权力对不合适的法律进行审议和修改，于是她就决定给全国人大常委会写信提出意见。

2003 年 5 月份，王淑荣开始动手写信，并把自己的想法告诉了家人。家人受中国封建时代"民怕官"的传统观念影响，都劝她："得了吧你就，你一个农村老太太，还敢给全国人大常委会写信，还敢说省里的法规有问题，胆子也太大了。"可王淑荣仍然坚持自己的看法，她说：

（出录音：王淑荣）

"因为人大给我这个权力了，（国家的）《立法法》给我的。给我多大权力我就使我这多大权力。"

王淑荣写的信还是寄出去了，可是全国人大常委会收到信后会怎么处理呢，她所反映的问题能不能得到解决呢，王淑荣当时心里一点底都没有，她在焦急地等待着。

几个月后，河北省人大常委会就接到了全国人大常委会打来的电话。河北省人大常委会法制工作委员会的李进章处长向记者讲述了当时全国人大常委会秘书局收到王淑荣来信后的有关情况。

（出录音：李进章）

"她（王淑荣）反映的这个情况全国人大常委会非常重视，法律委员会、环境资源委员会和农业农村委员会经过认真研究，觉得咱们这条规定跟上位法（即国家的《土地管理法》）第 57 条的规定不一致，就来电话告诉咱们，建议咱们进行修改。"

河北省人大常委会是 2004 年 4 月 5 日接到全国人大常委会打来的电话的，李进章处长回忆起当时处理这件事情的经过：

（出录音：李进章）

"2004 年 4 月 5 日，接到全国人大来电以后，（河北省人大常委会）法制工作委员会非常重视。经过认真研究，认为《（河北省）土地管理条例》的

第 25 条和上位法（即国家的《土地管理法》）规定不一致，于是就致函（河北）省政府法制办（公室），建议他们对这条（规定）进行修改。（河北）省政府法制办（公室）经过研究以后，认为地方性法规的规定和上位法的规定不一致，就提出了议案。经过（河北）省十届人大常委会第 13 次会议作出决定，在 2005 年的 1 月 9 日，就已经把第 25 条这项行政许可规定废止了。"

《河北省土地管理条例》第 25 条里对农民从事养殖业的用地要经过政府审批，还要收取复垦费的规定，实际上被停止执行以后，又经过一系列的法律程序，终于在 2005 年 5 月 27 日，河北省十届人大常委会第 15 次会议上，经审议通过《河北省土地管理条例修正案》，正式从法规中取消了这条规定。王淑荣写信反映的愿望最终得到全部实现。

王淑荣很快就从新闻媒体上看到了这个消息，她的心情格外激动。

（出录音：王淑荣）

"当时我都不相信，特别感动，特别激动。我没想到，我一个普通农民，就能得到全国人大常委会的重视，而且得到省人大常委会的认可。这是社会主义法制的一大进步，让老百姓认识到我们也有权利（向国家权力机关）提意见。"

李进章处长对王淑荣的行动给予了高度评价：

（出录音：李进章）

"作为一个普通的农民，对国家法律、对咱们省的地方性法规这样关注，而且善于发现问题，敢于向全国人大上书，我们参与立法工作的同志确实对她这种精神非常感动。现在不管是作为农民也好，还是作为工人也好，他们提出意见，对我们是一个非常大的启发。地方性法规的制订，也是充分体现人民的意志。我们要经常地深入群众，调查研究，倾听群众的意见，然后集中民意，对法规进行修改，使地方性法规更好地体现和反映人民的意愿。"

其实，王淑荣给全国人大常委会写信，促使河北省土地管理地方法规的修改，不是偶然的，这与她长期关注国家法律、坚持学习法律知识是分不开的。王淑荣虽然只有初中文化，但是她从小就对与法律有关的知识感兴趣。1954 年中国制订了第一部宪法，从那个时候起，法律概念和法制观念就开始走入王淑荣的心田了。

（出录音：王淑荣）

"1954年国家制定的第一部宪法，法律面前人人平等，在我们上学的时候全学了。那时候说，只要是中华人民共和国的人，不论职务，没有高低贵贱，他们只是分工的不同，人人都是平等的。"

中国实行改革开放以后，法制建设越来越加强，学习法律就逐渐成为王淑荣的自觉行动。

（出录音：王淑荣）

"学法律我从1987年开始有这么个意识。1987年中共十三大提出来民主政治的核心就是人民当家作主，一定要落实宪法赋予人民的民主权利。我就开始学法。1992年（中国共产党）十四大提出来没有民主和法制，就没有社会主义，就没有社会主义现代化。从这开始，我就更注重法律了。我统统全是跟书学的，半夜里想起来了，马上拿出来就学这段，就记住，都是这么记的。全是夜里头学的，有时候一宿一宿地睡不了觉。"

1992年的一天，王淑荣到首都北京出差。她发现北京的书店里有许多法律方面的书籍，于是她就买回来一大摞。从那以后，她每年都要花费几百元人民币购买法律书籍，同时她还订阅了《法制日报》和《河北农民报》。如今在她家里，有关法律法规方面的书籍已经积攒了满满两个书柜。

（出录音）

"记者：这是您的书架，您给我们念念您都有哪些书。
王淑荣：这不是新法律法规汇编吗，一年四本，我年年买。关于农民常用的法律书我都买，还有诉讼法之类的，民法、刑法学、行政法学、司法解释，凡是重要的东西我都看。"

现在，王淑荣学习法律更加有劲了。最近她还学会了使用电脑和登录国际互联网，查阅有关法律方面的信息就更加方便快捷。她给全国人大常委会写信的这件事也传开了，在乡亲们的心目中，王淑荣就是一个懂法律的明白人，谁家里要是遇到了这方面的问题，都会到她那儿去咨询，她也总是热情地帮助解决。

王淑荣的一封信产生的奇妙作用，也引起了中国法律界的关注。中国社会科学院法学研究所的马英娟博士评价说：

（出录音：马英娟）

"我觉得这个事情反映了两个方面的问题，一个方面就是随着我国民主和法制建设的推进，公民的民主意识和法律意识有了很大的提高。他们能够主动地拿起法律的武器，依据法律途径维护自己的合法权益，同时也推动了整个国家的法制进程。这是令人欣喜的一个方面。另外一个方面呢，这个事件也反映了我们国家立法的一个进步，在立法过程当中包括法的修改过程当中，能够吸取民意，这是我国立法朝着民主方向发展的一个很好的势头。"

好了听众朋友，感谢您收听了今天的《中国之窗》节目，让我们下次节目时间再会。

简　评

录音报道《农民王淑荣一封来信的奇妙作用》反映的是一位普通农民敢于拿起法律武器维护自己的合法权益，给全国人大写信反映河北省地方法规中存在的问题的故事。王淑荣的信件引起了全国人大的重视和干预，使河北省地方人大有关委员会认真研究并对与国家《土地管理法》规定不一致的《河北省土地管理条例》第 25 条进行了修改。

报道反映了中国普通农民法律意识的增强，全国和地方人大对普通百姓的合理建议的高度重视，从一个侧面体现了中国在建设社会主义民主政治和法制社会方面所取得的进步。

这样的报道有血有肉，内容扎实，用具体事例来说明重大题材，更容易被国外听众所接受。

中国国际广播新闻奖
2006 年度获奖作品

优秀栏目

《九州方圆》

王凌　王璐　赫霏　宁妍

追寻长征路上的足迹

（2006 年 3 月 18 日播出）

（主题音乐起，主持人讲话进入）

你好，欢迎在国庆假期收听《九州方圆》节目，我是主持人王璐。

57 年前的 10 月 1 日，中华人民共和国宣告成立。而在 70 年前，也就在 10 月，历史上的长征胜利结束了。在今天的《九州方圆》节目中，我们将带您一起去追寻当年参加长征的红军的足迹，分享他们为新中国建立而牺牲的感人事迹，纪念长征这个中国历史上的伟大时刻。

首先，我们将跟一群特殊的长征追寻者——亲历长征者的后代，一起去追寻长征路；然后跟随《长征组曲》的曲调，找回长征的精神节拍；最后，在我们的《人在旅途》节目中，我们将造访位于中国西南的贵州城关镇，它是承载长征历史意义的地点之一。

这些精彩内容，就在今天的《九州方圆》节目，不要走开。

（主持人讲话声停，主题音乐扬起数秒，渐弱）

主持人：

1934 年 12 月，中国红军决定开始大规模撤军，这也就是历史上著名的长征。长征在两年后，即 1936 年 10 月胜利结束。在胜利结束长征 70 周年的历史时刻，中国各地都在举行各种各样的纪念活动。不同背景的组织和个人，自发沿着当年的长征路徒步旅行。

在今天的节目里，我们的记者王静将带领我们，与一群特殊的长征追寻者——当年亲历长征者的后代一起，重返长征路。

（音响：钢琴背景音乐出）

记者：1936 年 10 月，位于中国西北陕西的延安，见证了中国红军长征的最后胜利，并迎来了一批革命人士，他们中的很多人，后来成为新中国的开国元勋。70 年后，在 2006 年 8 月 25 日，延安又迎来了 51 位长途步行到来的特殊客人，新中国开国元勋的后人，他们中有周恩来总理的侄女周秉德，朱德元帅的女婿刘铮，以及彭德怀元帅的侄子彭钢。

他们中大多数人已步入老年，其中最年轻的五十几岁，最年长的已经 70 岁高龄。他们 7 月 19 日从中国东南部的福建宁化出发，步行前往延安。在 37 天的路途中，步行队伍穿越了 8000 公里，足迹遍及全国 11 个省，于 8 月 25 日胜利抵达延安。

在著名的延安宝塔山下，队员们庆祝他们胜利完成了另一次"长征"。这次长征，使队员们进一步走近了自己的先辈。当年八路军副司令左权的女儿左太北，显得万分激动。

（音响：左太北中文录音出，数秒后减弱，混英语）

"我的父亲在 1942 年的抗日战争中牺牲了，我是从书里面了解他的。但是通过这次旅程，我感觉自己更能够走近他了。当长征部队过沼泽的时候，为了解哪种草可以吃，我父亲冒着生命危险尝遍各种野草。他尝了 60 多种草，发现它们中 30 种是可以安全食用的。正是依靠这些野草，和那些所剩无几的粗粮，红军才得以顺利完成长征。他们克服了很多难以想象的困难，实现了长征史诗般的胜利。长征路上留下了多少感人的故事！我太激动了。"

"重返长征路"活动提出后，这些开国元勋的后人反应非常积极。报名者超过 200 人。罗荣桓元帅的儿子，也是这次新长征的组织者，罗东进说：

（音响：罗东进中文录音出，数秒后减弱，混英语）

"他们全都对这次活动反映热烈。然而，考虑到旅程的艰辛，我们必须筛选掉一些健康状况不稳定的报名者，把步行队控制在一个比较小的规模里。我们很遗憾不能让所有的人参加。"

最后，报名者中的 51 人加入了这次旅程，他们大多数是当年的高级将领和元帅的后人。

（音响：音乐出）

沿着长征路，队员们为他们的祖辈克服路上一个又一个不可想象的困难，所显示出的勇气、坚强的意志和决心所感动。每当队员们到达当年红军战士战斗过的地方，他们都会激动地流下眼泪。

队员们还去了湘江——长征途中最惨烈的湘江战役的发生地。就是在这里，英勇的红军战士突破国民党军队的第四道封锁线，但同时，也损失惨重，超过五万的红军战士在这场战役中牺牲了生命。

当步行队伍快到达湘江的时候，队员们不由自主地想象那场惨烈战役的情景。彭德怀元帅的侄子彭钢，激动地说：

（音响：江水声出）

（音响：彭钢中文录音出，数秒后减弱，混英语）

"我小的时候，大人跟我说，湘江的河水是用鲜血染红的。当我们现在缅怀烈士的时候，我告诉自己说，今天的和平和幸福是用烈士的生命换来的。我无法控制自己的眼泪。"

（音响：枪声、冲锋号角声、喊杀声出）

在长征途中，红军战士不仅要反抗国民党军队的追击，他们还需要面对恶劣的自然环境的挑战。大面积的沼泽、雪山以及食物和水的严重不足，都是红军战士们必须面对的，很多战士都被冻死。当谈起"吃人"的沼泽，当年红军高级将领罗瑞卿之子罗箭，回忆说：

（音响：罗箭中文录音出，数秒后减弱，混英语）

"人们告诉我很多红军战士是饿死的。在路上，红军做了一些错误的决定，甚至很多高级将领也并不清楚要多久才能走出沼泽。由于对形势估计失误，当时红军只带了够吃一周的干粮。但实际上，红军花了一个多月的时间才走出沼泽。没有粮食，战士们就吃野草和野菜，这其中一些是有毒的。我父亲的很多战友就是在这里牺牲的。后面的部队就可以沿着先头部队的尸体，比较容易地找到正确的方向。虽然我是从我父母那里听说的这些故事，但是当我站在沼泽边，我真的可以感受到当年的情景，这里的沼泽实在是太大了。"

作为新中国奠基人的第一代子女，新长征队员们都出生在战火连天的年代，也经历过革命的艰苦岁月，但是他们的子女，却对战争的苦难知之甚少。因此，他们是联结和平年代和战争时期的特殊的一代人。当我们谈论长征的伟大意义时，他们都表示应当把长征的革命精神传递给年轻的一代。

彭钢说：

（音响：彭钢中文录音出，数秒后减弱，混英语）

"我们必须坚持这种精神，这种为自己的信仰燃烧激情的精神。是坚强的意志力使红军战士胜利完成了长征。我相信有坚强的信仰，没有克服不了的困难。这是长征英雄们留给我们的宝贵精神财富。"

（音响：背景钢琴音乐出）

主持人：

70 年后，这个国家发生了很多变化，并取得了巨大的发展。历史已经验证了这次征程的伟大意义。历史还证明，即使在今天，走向经济繁荣的中国依然需要坚持我们的信仰。感谢王静带我们走过这样一段难忘之旅。

九州方圆，马上回来。

主持人：

欢迎回来！

一组纪念中国历史的歌曲，四十年来一直激励着中国人。当年二十几岁的组曲演唱者，现在已经是六十多岁的老人。这套组曲不仅影响着老一代中国人，对新世纪的年轻人，他们同样意义非凡。这就是《长征组曲》。

让我们跟随记者晓华去探访歌曲背后的故事。

（音响：《十送红军》合唱声出）

记者：您现在听到的是长征组曲的第一首《十送红军》。这套组曲共由十首曲目组成。组曲按照长征的路线，记录了那段特殊的历史。实际上，长征组曲的歌词是亲历长征的肖华将军的十首长诗。虽然当时肖华将军只有 18 岁，那段痛苦的征途却给肖华将军留下了永久的记忆。

在 1964 年，肖华将军写下了十二首充满着泪水、感情和回忆的长诗。

1965 年，为纪念长征胜利 13 周年，北京军区司令部的战友文工团，请四位经验丰富的作曲家为这套长诗谱曲。作曲家选出了十二首中的十首，集合而成了我们现在听到的《长征组曲》。

（音响：《胜利会师》合唱声出）

记者： 这是长征组曲中的第三首 "胜利会师——遵义会议"。这是一首歌颂遵义会议在长征中重大意义的曲目。歌曲中动听的二重唱让人难忘。杨亦然，就是两位演唱者中的一位。她是这首组曲的第一批表演者之一。她当年演唱这首曲目的时候，还只有 30 岁，而现在她已经是白发冉冉的老人。

（音响：杨亦然中文录音出，数秒后减弱，混英语）

"那个时候我们特别年轻，所以印象也特别深。如果我要感动观众，我首先要感动自己。演唱《长征组曲》是令人难忘的，影响了我的一生。"

记者： 跟她一起演唱二重唱部分的另一位演唱家，是比杨亦然年纪小 10 岁的耿莲凤。她演唱二重唱里的高音部分。谈起《长征组曲》，她无法掩饰自己的激动，动情地说：

（音响：耿莲凤中文录音出，数秒后减弱，混英语）

"演唱长征组曲，对我意义重大。排练的时候我只有 20 岁，为了更好的表演，我们从领导和老战士那里了解到了很多长征里的感人故事。所有这些对我来讲都是从没听说过的。我们要以一种作为红军战士的感情，才能真正把歌曲表演好。演习过程中，我们学习 '长征' 精神克服了很多困难。"

（音响：杨亦然和耿莲凤的二重唱出）

记者： 虽然她们的声音已经不再像当年一样甜美，她们的歌声却依然感人至深。

（音响：乐曲《爬雪山过草地》出）

记者： 组曲中的第六首《爬雪山过草地》被认为是十首歌曲中最感人的作品。在爬雪山过草地的过程中，由于恶劣的自然环境，数万人牺牲了生命。

那个时候，红军没有很好的装备，战士们只穿着破旧的衣服和草鞋。是精神的力量支撑着战士们克服恶劣的自然条件，并战胜敌人。现年 67 岁的贾世骏，就是这首歌当年的领唱。

（音响：贾世骏中文录音出，数秒后减弱，混英语）

"这就是组曲留给我们的。年轻一代也应该学习并演唱这套曲子。这是一种继承，《长征组曲》脱胎于对长征精神的继承。"

记者：在过去的 41 年里，长征组曲被数千次地演唱。现在通过学习和演唱这组伟大的作品，年轻的一代也已经开始传递长征精神。现在，这首史诗式的作品正被大学生以管弦乐伴奏的合唱形式表演。这种表演难度很高，对专业人员都不容易，更何况是年轻的学生。但是他们最终成功地完成了这个曲目并且在人民大会堂表演。孙广是学生合唱团的领唱。他说，《长征组曲》的排练过程给他印象很深。

（音响：孙广中文录音出，数秒后减弱，混英语）

"排练过程对我们来讲难度很大。我们大约准备了一整年的时间，从熟悉十首曲目到与管弦乐队配合。对我们来讲，这差不多像爬雪山过草地一样困难。我们不是专业人员，我们是学生。除了排练，我们还有其他课程和考试。一方面，我们在学习上不能掉队，另一方面，我们必须表演好。那些日子，我们压力很大。但这同时也是对我们意志力的考验。"

记者：对这些 80 年代出生的年轻人，理解组曲中所表现的精神并不容易。所以，合唱团邀请了曾经表演过这套组曲的老一代演唱家，来与学生们分享她们的感受。孙广是合唱队里的第六领唱，他告诉我们，这套组曲的第一位指挥唐江是如何引导他们的：

（音响：孙广中文录音出，数秒后减弱，混英语）

"唐江先生告诉我，在演唱中最重要的不是声音，而是感情。我在歌曲中所扮演的角色是一位红军司令官。战士们坐在草地上，他们感觉筋疲力尽。在这样一个静静的夜晚，司令官开始歌唱。当歌曲达到高潮的时候，战士们也再次振作了起来。这些《长征》的老演唱者，就像是歌里的司令官，我们就是那些士兵。他们给我们描绘了歌中的情景，更重要的是给我们力量。我永远都不会忘记那些歌。"

记者：学生的演唱技巧不是最好的，重要的是，他们从过程中学到了长征的历史和精神。

作为今天年轻人中的一员，学生合唱队的杨娜号召年轻人珍惜并好好继承长征精神。

（音响：杨娜中文录音出，数秒后减弱，混英语）

"我想我们应当牢记长征。在今天的社会里，继续长征的精神是很必要的。现在的学生应该意识到这一点并且传递长征精神。"

主持人：
是的，长征的故事应该被不断地传颂。谢谢，晓华。
《九州方圆》，待会儿见。

主持人：
欢迎回到《九州方圆》节目，这里是中国国际广播电台。
今天的《人在旅途》，我们带您探访中国西南部贵州省的城关镇。这里曾对长征胜利有重大意义。
让我们跟随记者曼丽一起走进那段历史。

（音响：背景音乐出）

记者：经过两天的旅程，先坐火车再乘汽车，我终于到达了目的地——城关镇，位于贵州盘县的山区小镇。这里曾经是当地政府所在地，但事实上，让这个小镇闻名的是她与长征千丝万缕的联系。我在小镇的街道上流连，试图寻找那个动荡岁月里留下的痕迹。

（音响：集市的声音出，有敲打声、嘈杂声）

记者：一大清早，沉睡的小镇被美丽的阳光和小贩的叫卖声唤醒。走在狭窄的石板路上，我似乎可以闻到历史的气息。深灰色的石板，已经不再光滑，似乎在诉说着小镇悠久的历史。清晨的城关镇充满活力，贩卖各种商品的小贩聚集在街道的两边，有的卖瓜果蔬菜，有的卖手工装饰品，有些在为路人提供早餐。这里的蔬菜很可爱，色彩新鲜，有的还挂着清晨的露水。虽然很繁忙，路人和小贩都满脸轻松，孩子们在人群中快活地玩耍。

我沿着早市走，走着走着，发现自己来到了县第二小学门前。

（音响：背景音乐出）

记者：我到了目的地，这里是当年盘县会议的会址。这次于 1936 年 3 月
30 日举行的会议在红军的长征途中发挥着至关重要的作用。这里又被称作
"九间楼"，与操场对面的参天松树相互映衬。这是一个两层的木结构建筑，
每层有 9 个房间，"九间楼"也因此得名。红黑相间的用色彰显了"九间楼"
的庄严气势。楼中的柱子、栏杆、二楼的回廊，以及吱吱作响的木质窄梯，
都被漆成红色。而瓦片、屋顶和悬挂在门上的木匾额都使用了黑色。木匾上
"盘县会址"四个金色大字，是由当年红军第六军团领导人肖克将军亲笔题
写的。

现在的九间楼已经成为长征和爱国主义教育的博物馆，一层展示大量的
长征历史照片和物品。一个讲解员正在向游人讲解盘县会议。

（音响：导游中文录音出，数秒后减弱，混英语）

"在 1936 年 3 月 30 日晚上，红军第二和第六军团聚集在这里，举行了一
次重要的军事会议。这次会议就是著名的'盘县会议'。这次会议主要讨论的
是在盘县建立新革命根据地，还是继续北上与主力部队会合的问题。最后会
议决定转移军队到西藏甘孜，与主力红军会合。"

记者：一些专家认为，盘县会议是长征中红军二六军团的重要转折。这
次会议的正确决定，使红军摆脱了困境，并为日后的胜利会师奠定基础。很
多人认为，这次会议的意义，可以与历史上著名的遵义会议比肩。

顺着木梯，我来到了二楼。发现自己似乎回到了那个特殊的历史时代。
房间还是按照几十年前的样子摆放的，有一间会议室，只有一张朴素的黑色
四方桌，桌子周围摆放了几把方椅，在桌上有一盏旧煤油灯，好像昨夜这里
才刚刚开完会议。墙上挂着一顶军帽和一个书包。军帽上代表红军的鲜红五
角星，在蓝灰色军帽的映衬下，格外耀眼。窗边摆放着一个小桌。恍惚间，
我仿佛看到了一个将军在昏黄的灯光下伏案写信。

（音响：背景音出）

记者：楼下孩子们的笑声把我又拉回了现实。时光荏苒，转眼距离长征

胜利已有 70 年了。长征已经在人们、尤其是年轻人的记忆里褪色。我们需要这样的地方提醒我们牢记那段曾经真实发生过的历史，不只是传说。

城关是宁静的，居民们享受着安静的生活。人们来来往往，但是小镇却一直在那里见证着历史。

主持人：

感谢曼丽带给我们的美妙旅程。

我们马上就要结束今天的《九州方圆》，希望您喜欢今天的节日。像往常一样，有任何建议或意见，请给我们写信，地址是：中国北京中国国际广播电台，英语中心，邮编：100040，电子邮件请发送到 horizons@ cirfm. com. 您也可以登录我们的网站 www. crienglish. com 收听我们的在线节目。

我是王璐，谢谢您的收听。再见！

关注老年人
（2008 年 3 月 28 日播出）

（主题音乐起，主持人讲话进入）

欢迎收听今天的《九州方圆》，我是王璐。

随着中国的老年人口不断增加，老年人的福利问题成为全社会关注的焦点。在今天的节目里，我们将关注老年人，并了解一些老年人退休后的生活。

节目的一开始，我们将带您到首都北京，去探访一群学英语热情很高的老年市民。然后，我们赶赴中国东部江苏省的徐州，加入一群驾着自行车寻找快乐的老年人。最后，在我们的旅行环节——《人在旅途》中，我们将继续穿越山东省，今天我们的目的地是烟台市。

不要走开！

（主持人讲话声音停，主题音乐扬起数秒，渐弱）

主持人：

2008 年奥运会离我们越来越近了，不仅仅是中国政府，所有中国人都在积极地进行准备工作，而北京市民的支持度更是名列第一。他们中有一群老年人迷上了学英语，以他们自己的方式来支持 2008 年奥运会。

让我们跟随我们的记者晓华一起走近这些老年英语爱好者。

（音响：朗读英语单词声出，渐混）

（音响：钢琴背景音乐出）

记者： 这是一堂特殊的英语课。学生们不是十几岁的年轻人，而是一群耄耋老者，灰白的头发，有的还拄着拐杖，他们的平均年龄有六十多岁。

（音响：英语课堂声出，渐混）

记者： 教室借用一个街道办事处的会议室，不大，但很实用。像普通的教室一样，这里有讲台，黑板，还有大概10张课桌。十几位老人戴着老花镜坐在教室里一丝不苟地学习。无论是从学习技巧，还是学习效果来讲，他们都算不上最好的学生，但是他们的认真劲却是毫不马虎的。这一点可以从他们的课本上看出来：满满的笔记，页边、行间，所有能写下字的地方都被用上了。他们来上课绝不是为了玩或是消磨时间，他们有自己的目标！

（音响：多个被采访者中文录音出，数秒后减弱，混英语）

"我们申奥成功，我现在学习英语就是为了迎奥运，到时候可以给咱们的外国朋友帮忙。"

"现在因为2008年奥运会，几乎每个北京人都在学英语。我们这个年龄的人几乎都有了孙子孙女，如果我们能知道些新的东西，像英语，和他们沟通起来也就更容易。"

"我以前从来没学过英语。现在退休了，也有了更多自己的时间，所以我想要补上这一课。"

"我的想法和大家一样。我想补上以前落下的这一课来丰富自己，赶上现代社会的步伐。"

记者： 值得一提的是，他们的老师也是一位老者。现年71岁的老人陈振阳已经在团结湖社区做了2年的义务英语教师。他的一个学生这样评价他：

（音响：一位学生中文录音出，数秒后减弱，混英语）

"我们一点都不懂英语，甚至连26个字母都不认识。而且我们这个年龄记性都不好。所以我们需要一个非常耐心的老师，恰巧我们遇到了陈老师。他对我们非常地耐心。大家都知道对于初学者来说开口说出学到的东西很难，因为大家都怕犯错误。但是陈老师总是很耐心地纠正我们，从来不批评大家。他一遍一遍地纠正我们的发音错误，还把自己家的电话给我们让我们随时有问题就打电话给他，他会在电话里给我们解答。"

记者： 没有伟岸的身躯，花白的头发、朴素的装束，一个旧的黑色书包，陈老师就是这样一个普通的老人，但是，他却有着不寻常的经历。他曾经是一个知名的化学家。退休后被请去一所美国大学做了 2 年的教授。从美国回来，他仍然想为这个培养了自己的社会做些事情。因此他决定在社区里做一名义务教师。从那时候起他开始了新的退休生活。陈老每周要上两天的课，同时他也是一个老年英语沙龙的助教，每周六老年英语沙龙都会在朝阳文化馆如期举行。无论刮风下雨，陈老师从来没有落过一节课。现在的他甚至比退休前还要忙碌。

陈老告诉我为什么他选择了这种方式来度过他退休后的日子。

（音响：陈振阳中文录音出，数秒后减弱，混英语）

"退休以后我有很多自由时间。我发现很多退休后的人都想学英语，我觉得我可以帮助他们。所以我就在社区课堂做了义务教师。大多数我的学生年龄都在 50 到 70 岁。我的一个学生家住河北，她每次都要花 2 个小时的时间来上我的课。我深深地被学生们的这种精神所感动了！所以我没有理由离开他们，只能更耐心地教他们。和他们在一起的时候我确实感到非常愉快。而且我也想继续为社会做点贡献，因为是它养育了我，给了我现在所拥有的一切。"

记者： 不只是陈老师，很多外国朋友也被老人们的认真所感动。他们同样愿意帮助这些特殊的英语爱好者们，来自美国的汤姆就是他们中的一个。一个很偶然的机会，他了解到在朝阳文化馆有一个老年英语沙龙，认识了沙龙里的一个学生。他深深地被他们的学习精神所打动，很快，他和陈老师一样，成为了沙龙的另一个义务教师。

（音响："沙龙英语课堂"音出，渐混）

（音响：汤姆英文录音出）

"学生的年龄跨度很大，不过大部分是 60 到 80 岁。我真地很敬佩他们，而且他们真地是非常好的学生。他们对英语很感兴趣，对我也非常尊敬，我很高兴去沙龙教他们。他们的求知欲很强，也尽了很大的努力来学习英语，对于我来说，这就是一个很大很大的回报。我很高兴来到中国，它给了我很多，我也希望能回报这个国家一些，这也是我去英语沙龙的一个原因。"

记者：街道办事处是一个基层政府机构，它也为市民们学英语提供了很大的帮助。提供会议室作为教室，找志愿老师……其实这个免费的社区英语课堂已经成立 5 年的时间了，从 2001 年北京申奥成功时开办至今。王燕红是街道办事处的工作人员，同时也是社区英语协会的秘书长。

（音响：王燕红中文录音出，数秒后减弱，混英语）

"我们开办这个免费的英语班是为了给 2008 年奥运会提供志愿者。我们希望我们的社区居民们能够学些英语，能够更好地支持奥运。大多数我们的学生都是老年人。在过去的这 5 年里，已经有 28 个学生获得了英语口语证书。现在我们有 7 个这样的学习班，同时也在朝阳文化馆组织了一个周末英语沙龙。到现在为止我们有 29 位志愿老师们加入我们。"

记者：现在学英语已经不只是年轻人的专利，无论年龄大小，人们都对它充满了兴趣。也许老年人不再在第一线工作了，但他们依然继续努力为这个社会，为 2008 奥运会作出自己的贡献。

（音响：背景音乐出）

主持人：谢谢晓华让我们见到这些充满热情的老人们。《九州方圆》，马上回来。

主持人：

中国曾被称为"自行车王国"，至今，自行车仍然是很多人主要的交通工具。但对于一些人来说，自行车，已经不仅仅是一个代步的工具，更变成了他们日常生活中休闲娱乐的一部分。今天，我们就带着您去徐州去看看那里的一群老人。这些老人们，爱上了一种既健身，又有挑战性的旅游方式——骑游。顾名思义，就是骑着自行车旅行了！

跟随我们的记者吴佳，去拜访这些老人。

（音响：音乐出，自行车铃声出）

记者：在六月酷暑里，很多中老年朋友可能根本不愿意出门，躲在家里避暑。可就在这样一个炎热的夏日，徐州市老年骑游队的 15 名骑游爱好者却顶着大太阳，骑着自行车到北方名城哈尔滨参加第 14 届老年骑游健身文化展示大会。

全国老年骑游健身文化展示大会，是全国骑游爱好者一年一度的盛会，今年的大会从 6 月末开始，持续近一个月，全程近 2000 公里。

说起这次长途征程，骑游队的副队长田学民依然很兴奋。他说，一路走来，他充分游览了祖国的大好河山，可谓受益匪浅。

（音响：田学民中文录音出，数秒后减弱，混英语）

"这次是我第一次到东北三省，看到东北的山山水水。我游览了吉林，参观了沈阳故宫张学良将军的故居。这次骑行虽然短，但我穿越了大小兴安岭、呼伦贝尔大草原。深深体会了锦绣河山呈眼底，地大物博阔心田。"

旅行队伍里，还有一对夫妇，张献银和刘绪英。他们可是骑游的新手。张献银是由于妻子刘绪英身体不好，老两口今年 4 月份才加入骑游队的。这次去哈尔滨，是他们第一次骑着自行车出远门。张献银说，他们这次夫妻二人齐上阵，就是为了挑战自我。

（音响：张献银中文录音出，数秒后减弱，混英语）

"这次去哈尔滨更是一个新的考验了。我家属因为身体不好住院，朋友就向她建议参加骑游队。"

记者：张献银的妻子刘绪英则回忆说，自己通过这次活动得到了很多好处。

（音响：刘绪英中文录音出，数秒后减弱，混英语）

"我腰椎间盘突出，血压还有点高，我的一个朋友说，你去参加骑游队，还可以锻炼你的身体，你的病也可以给你治好，我就参加了。我刚开始还担心处理不好关系，但是去新沂那次，骑友就像一个大家庭一样，非常热心。对我们几个女同志照顾得都非常好。骑游队这个大家庭非常温暖，也增强了我继续骑下去的信心。几个月腰椎间盘突出好了。"

记者：由于是第一次出远门，没有什么经验，刘绪英说，郭秘书长处处为她们着想。

"他骑车的时候，关心的话特别多，怎样骑车子，他处处都教我。他前前后后地照顾大家，不落下任何人。他很负责任。总是鼓励大家要团结。"

（音响：自行车声、手风琴声出）

记者：这次骑车旅行之后，很多队员们的收获不仅仅是在身体上的，他们中的很多人，还顺着这样的机缘，培养了自己新的爱好。

副队长田学民说他自己就是在旅途中变成了一个摄影爱好者的。在摄影器材上他绝对不马虎。

（音响：田学民中文录音出，数秒后减弱，混英语）

"为了去哈尔滨，我特意买了数码相机。旅途中，我共拍了 700 多张照片。回去后，我可以跟别人分享这些照片。"

记者：一张张具有纪念意义的照片，给他们留下了美好的回忆。郭秘书长说，一路上他们骑行得非常顺利，没有走冤枉路，这是得益于他的另一爱好——上网。他们在途中通过与网友的沟通，得到了很多帮助。

（音响：郭中文录音出，数秒后减弱，混英语）

"我们在网上有一个专门的论坛，大家在网上讨论。我也会把旅行的经历贴在网上。通过交流，我们能知道当地哪里住宿比较便宜，哪家饭馆比较好吃，哪个景点最美。因为自助旅行，我们学会了上网。上网也给队员们平时的生活增添了情趣。"

记者：当我问大家，以后的目标是什么的时候，老人们的回答非常自信。

（音响：张中文录音出，数秒后减弱，混英语）

"我决心很大，我准备把中国的大好河山游览遍。"

（音响：田中文录音出，数秒后减弱，混英语）

"我准备骑到80岁，永远骑下去，只要能骑动。"

（音响：郭中文录音出，数秒后减弱，混英语）

"我的目标就是西藏。"

（音响：音乐起）

记者： 这就是这群徐州老人的故事。他们也许不如专业的车手那样技术纯熟，但是他们对这项运动的激情，却表现出了他们对于生活和自然的热爱。我们希望他们今后继续在享受踩动踏板的快乐的同时，游历山水，亲近自然，拥抱快乐和健康！

主持人：

这是吴佳从老年市民骑自行年旅行的现场带回的故事。

《九州方圆》，马上回来！

主持人：

面朝大海，春暖花开，这样的生活是许多住在内陆地区人们的梦想，也是很多生长在海边的人值得珍惜的天赐之福。海景，每个海滨城市都有，但这些城市却一一记述着大不相同的沧桑往事。位于山东北部沿海的烟台就是一个与众不同的海滨城市。这座历史名城的魅力远远不止于那一片深邃的蓝色。

现在就请随同我们的向导曼丽前去领略一番吧。

（音响：海浪声，音乐起）

记者： 烟台坐落在胶东半岛北部。她北邻渤海，南接黄海，在东方和东南方同朝鲜半岛与日本隔海相望。烟台自从远古时期就享有"人间仙境"的美誉，这要归功于它迷人的海上和陆上风光。由古到今，无数名人墨客都曾造访烟台，或寻找长生不老的仙丹，或欣赏美轮美奂的风景。这其中还包括两千年前统一中国的第一人——秦始皇。

都说到了北京不能不去看长城，那么如果您到了烟台，就一定要去烟台山。

烟台山位于烟台市的北边，它是这个城市的标志。站在山顶白色的灯塔上，你就可以把整个城市和周围的大海尽收眼底。而这座历史悠久的灯塔也是烟台港的导航塔。

（音响：轮船鸣笛声，音乐起）

记者：六百年前，明朝的统治者为了抵御外敌从海上入侵，就在烟台山上建造了一个烽火台以作警示之用。烽火台又称狼烟墩台，于是烟台山由此得名。此后，这座城市也被叫做烟台。

来到烟台山的游客会发现，在这座面积不大的山上错落有致地分布着一些欧美风情的建筑。景区的工作人员告诉我们，在清朝同治元年，也就是1862年，烟台成为山东第一个开埠的通商口岸，自此先后有十七个国家在烟台设立了领事机构。人们看到的外国建筑就是这些国家在烟台山上建造的领事馆、别墅和官邸。时光荏苒，这些建筑如今已经成为烟台山别具情调的一处景致。导游宫小添告诉我们，久负盛名的烟台山现在是当地结婚一族拍摄婚礼外景的不二之选。

（音响：宫小添中文录音出，数秒后减弱，混英语）

"烟台山是我们烟台市唯一一处有山有水的景区。新郎新娘们都愿意在婚礼当天到烟台山来拍摄外景，因为这里不仅有很多风格各异的外国建筑，并且有着优美的环境——放眼烟台山，您看到的是一片绿意盈盈。另外，我们这里还有一条长长的'青绿廊'，都是茂盛的树木，象征新婚者的婚姻长长久久。"

记者：难怪我们在游览烟台山的时候看到了那么多对新人都赶来拍摄外景！听听这对新娘新郎是怎么说的吧。

（音响：新娘中文录音出，数秒后减弱，混英语）

"烟台山是烟台的标志性景点。我们觉得到这里结婚能带给我们好运。有这里的山和水见证着我们的结合，我相信我们将拥有一个美好幸福的婚姻。"

（音响：新郎中文录音出，数秒后减弱，混英语）

"我完全同意她的观点！哈哈。"

记者：当然，烟台山绝非只是新郎新娘的烟台山。在景区东边山海之间有一个"惹浪亭"。当晴空万里的时候，站在亭中，你可以清楚地看到远处的青山大海。如此美景让你禁不住想把它永久地保存起来！

（音响：照相机快门咔嚓声出）

记者：虽然烟台山上有很多欧美风格的建筑，但有一座建筑别具一格，那就是前日本领事馆，它的宿舍旧址已经被辟为烟台钟表博物馆。

值得一提的是，烟台是中国现代钟表制造的中心之一。中国的第一座机械摆钟就于1915年诞生在烟台"宝时"造钟厂。在烟台钟表博物馆里陈列的很多物品都来自于那个年代。

烟台的魅力不只这些。受海洋影响，烟台的气候温和宜人，一年中平均气温为12摄氏度。烟台人每每谈到这一点都洋洋自得。四十岁的张峰是一名出租车司机。他眼中的烟台绝对是一个宜居城市。

（音响：张峰中文录音出，数秒后减弱，混英语）

"这里四季分明，冬暖夏凉。我们说'麻雀虽小，五脏俱全'，虽然烟台不像北京和上海那么大，但是在这里居住和生活都非常舒适。"

（音响：背景音乐起）

记者：在烟台旅游度假也十分惬意，尤其在夏天。烟台的海岸线长达九百公里，其间点缀着美丽的海岛、迷人的海港和金色的海岸。如果想亲密接触大海，你可以坐上一艘渔船，在海风吹拂中品味海的气息，聆听渔人讲述海的故事，看夕阳西下，尝美味海鲜。

烟台是北方著名的"鱼米之乡"。这里不仅有种类繁多的海产品，对虾、鲍鱼、海参应有尽有，还有令人垂涎三尺的新鲜瓜果。苹果、梨、大樱桃和葡萄都是烟台远近闻名的特产，特别是烟台的葡萄。据说烟台葡萄的品质可同法国南部著名葡萄酒产地波尔多的葡萄相提并论。烟台的酒也同样如此！百年前中国第一瓶葡萄酒就出自烟台。而今，豪爽的烟台人总爱把葡萄酒作为宴请宾朋的最佳选择！

（音响：碰杯声出，音乐起）

主持人：
谢谢曼丽给我们带来美妙旅行。

我们马上就要结束今天的《九州方圆》节目了。希望您喜欢今天的节目。像往常一样，任何建议或意见，欢迎发信给我们，我们的地址是，中国北京，中国国际广播电台，邮编 100040，或者发送电子邮件给我们，hoizons@ cir-fm. com。你也可以登录我们的网站 www. crienglish. com 收听我们的在线节目。

我是王璐。感谢您的收听，再见！

简　评

《九州方圆》是英语环球广播中心一个有多年播出历史的名牌栏目，英语广播能够长期保留这个栏目，说明听众是非常喜欢它的。纵观 2006 年全年播出的节目，《九州方圆》大致有以下几个突出特点：

一、强烈的选材意识。九州方圆，顾名思义就是向听众全面介绍中国，因此，作者在策划和选题上，眼光就不拘泥于某地、某人、某事，而是从多侧面、多角度向听众描述现代中国。另外，作者在创作上还注意到由下而上去表达意图。从 2006 年发稿看，大部分作品都反映的是发生在中国基层社会的事和百姓人物，这样就增加了节目的可信度。

二、注重节目的故事性。"九州方圆"每期共计 25 分钟，分三部分构成。其中除"人在旅途"属旅游类外，另外两部分主要是讲述当今中国所发生的各类新鲜事物。当然，其中也包括一些民生中的热点问题。作者在创作过程中，注意到节目的故事性，始终力图以引人入胜的故事情节来感染听众。例如，"海南一下岗女工，通过擦鞋创业"、"浙江衢州 72 岁的交通法规义务讲解员"、"无锡外国居民的日常生活"等故事，都是很生动的。

三、很好地体现了广播特性。按照传统的广播理论，广播具有三个要素：广播语言（不同书面语言，通俗易懂）、音乐、音响效果。

《九州方圆》很好地体现了广播的特性，语言生动朴实，音响效果丰富多彩，节目制作精细。《九州方圆》多年来一直深受海外听众喜欢，他们都对其给予了很高评价。

《空中导游》

李仙玉　金泰根　白日升　林凤海　朴银玉

（一）乡村游

（2006 年 8 月 15 日播出）

（《空中导游》开始曲）

一、前言：乡村话题（男女主持人）

女：各位听众，大家好！我是李仙玉。

男：大家好！我是金泰根。每当到闷热的三伏天，就想起远在东北那凉爽的我的老家，坐北朝南的草房背面是一座美丽的山，前面流淌着清澈的河水。

女：你描述了一个好美丽的小乡村啊！其实，过去农村人千方百计想离开乡村到城里发展，到了现在，很多城里人都愿意到远离城市的偏僻的乡村去旅游。

男：没错，生活在车水马龙的城市，住在水泥房里，没有城里人不向往没有污染的、浓厚乡土味的乡下。所以，人们通过旅游，回到乡下。曾经是乡下人的城里人呢，重温孩提时代，感慨万分；没有在乡下生活过的人呢，就感受与大自然近距离接触的舒服感觉。

女：对孩子们来说，接近大自然对身心健康有利，也亲眼看见粮食和蔬菜的生长过程，还有教育孩子的效果。

男：是的。所以，《空中导游》，今天我们就来个乡村游。首先，在《旅游信息》栏目了解各地乡村游情况；在《在中国旅行》栏目跟随记者朴银玉到湖南乡村里耶；最后，在《神州风采》喜欢乡村游的崔熙小姐推荐中国最美丽的乡村。

二、《旅游信息》：各地乡村游消息

（《旅游信息》片花）

男主持人（以下简称男）：过去的乡村，生活不方便、交通条件也不好，而且每年重复着夏季种地忙忙碌碌、冬季在家无所事事的单调生活。但现在不同，乡村也搞多种经营，特别是针对城里人开发乡村游，取得非常好的成绩。

女主持人（以下简称女）： 是的，自己种地，再到市场把蔬菜和水果卖掉的话，其价格非常低廉。但是，把菜地和果园升级为旅游地，使游客自己来采摘的话，其价格就有天壤之别了。

男： 菜地或果园的主人，自己不用动手，又省劳动力又能赚更多的钱。而且，城里人也愿意自己亲自采摘，又有乐趣，又有收获，真是一举两得。我认为，是因为城里人越来越向往融入大自然的乡村，乡村游才有越来越广的市场。

女： 因此，各地努力发展乡村游。今年中国旅游的主题又是乡村游，此类的乡村游就更红火了。比如，山东省靴石村发展乡村游之前，村里人均收入还不到1千元，推出乡村游以后，现在村里的人均收入达到5万元以上，最高可达到10万元。可以说增长速度是惊人的，增长了将近100倍。

男： 是的，这个村里共有村民30户、69人，去年一年接待游客12万人次，实现经济收入300多万元。靴石村是环境清幽的乡村，南临靴石花园，东靠孙膑书院，西接齐长城，北有龙潭大峡谷。

女： 虽然景色优美，但过去因交通条件不好，几乎没有人到过这靴石村。后来，村里扩建道路，就有游客找到靴石村，村民就发展了旅游业，从单一的农业经营转变为以旅游为中心的多种经营。

男： 靴石村给游客吃的也是乡下的粗茶淡饭，但没想到城里人更喜欢乡土风味的食品。因此，靴石村种植无公害蔬菜和水果，向游客提供完全没有污染的天然食品，而且向游客开放这种无公害种植园。

女： 现在到靴石村，一年四季都有蔬菜和水果，蘑菇随时可以采摘。另外，可以在风景秀丽的野外，依山傍水的地方，举行篝火晚会，也可以举办浪漫的草地晚宴。

男： 城里人一般担心在乡下生活起来不方便，但是，在靴石村您不用担心。村里先后启动了"自来水工程"、"公共厕所工程"和"垃圾污水处理工程"，村里的厨房和洗手间非常卫生，犹如城里的高级宾馆。

女： 山东省的乡村变化真大，黑龙江也不例外，黑龙江开发了农业旅游示范基地50多处。电话连线黑龙江特约记者朴青岩听听那里的乡村游消息。

（电话连线）

朴青岩： 黑龙江旅游部门将开展"新农村、新旅游、新体验、新气象"

为主题的乡村游系列活动，今年一年，黑龙江新增农业旅游示范基地50余处，新增农村家庭旅馆100多家，新增乡村旅游目的地100多处。目前，黑龙江省"北方现代城市农业示范园"、齐齐哈尔甘南县红十四村等18处已被选定为农业旅游示范基地；开发了镜泊湖朝鲜族民俗村、帽儿山吕家屯等多处农家乐产品；推出了从哈尔滨到大庆连环湖、从哈尔滨到双鸭山的7条乡村游线路，以吸引游客。

（间奏音乐）

男： 特约记者朴青岩从哈尔滨发来了消息，是黑龙江致力于乡村游开发的消息。大都会上海也围绕"农"字做文章。上海开发农业有关的主题公园，使上海市民不离开城市也能享受乡村游。

女： 是的，上海在郊外建一个主题公园，游客可以在公园的葡萄藤下聊天，也可以自己动手摘葡萄。另外，还计划水里种植葡萄，到时候就可以边划船边摘葡萄了。

男： 不仅可以摘葡萄，还可以采摘其他水果，比如说桃花盛开的时候，赏花、摘桃，又让小朋友亲眼看到植物生长的过程。

女： 我想起前几天看到的一篇报道，有一个村子为了吸引城里人到村子旅游，学习城里的管理经验，把土路改成柏油路、草房改建砖房、乡土风味改换山珍海味，结果反而没有城里人到这个村了。

男： 当然没有人去这样的村子，这个村子已经失去自己的乡村特色，是变相的小城市嘛，哪个城里人去如此乡村？乡村游的关键词就是名副其实的乡村。

女： 说得非常好，《旅游信息》，今天介绍了中国乡村游的情况。

三、《在中国旅行》：湘西古镇里耶

男主持人（以下简称男）： 你好！

记者： 你好，听众朋友，大家好！

男： 今天我们正在做乡村游，《在中国旅行》，今天你带我们的听众去哪里？

记者： 最近天气很闷热，今天我们就去一个又有悠久的历史，又能在奇山异水中避暑的乡村。

男： 有这样的地方吗？

记者：当然，大山深处，就有一个山水秀丽、富有民族风情的古镇，它的名字叫里耶。我们出发吧。

（音响 1：土家族民歌）

男：这音乐非常动听，好像从音乐中就能感受到里耶了。里耶位于什么地方？

记者：里耶位于湖南的西北部，这里是土家族的发祥地，"里耶"是开垦土地的意思。

男：里耶，不仅意思好，念起来也好听。刚才说它的历史也很悠久嘛。

记者：是的，2002 年在这个村子出土了 36000 多枚秦简。

男：简指的是没有纸张的时代记录文字的竹子。在里耶出土秦简，说明里耶的历史可以追溯到公元前。

记者：是的，里耶出土的秦简是公元前 2 世纪秦朝政府记录在竹片上的官方档案文件，秦简的出土不仅为后人提供了更多研究秦朝的资料，也使里耶开始为世人瞩目。我们一起听听导游田静小姐的介绍。

（音响 2：田讲话）

记者：田静小姐说，这秦简说明很早以前就有古人类在这里生活。

男：很早以前就有人生活在这里，真了不起。这些秦简应该一直埋在地下，怎么样？还完整吗？

记者：是的，里耶秦简刚出土的时候，它是黑褐色的，经清洗、脱色、脱水等处理后，它依然完好如新，上面的字迹清晰可见。

男：既然在里耶出土如此悠久的文化遗产，那里耶的建筑也应该拥有悠久历史吧？

记者：里耶现在保存完好的街道有中孚北街、中孚南街、江西街、稻香街等七街六巷，街巷总长 2500 米，民居 500 多栋，这些是六七百年前的明清建筑。

男：真不愧是古镇。这么大的规模，古代就不是村子，已经是城市了，从它的街巷名称中可以想象它的景象。不过，湖南怎么会有江西街呢？

记者：对此，里耶主管旅游的官员彭大仙先生作了回答。

（音响 3：彭讲话）

记者：彭大仙先生说，江西街原来叫万寿街，后来从江西来的人在这里做生意，而且在这里居住下来。随着生意兴隆，住的人也越来越多，就叫江西街了。

男：这里的建筑风格是什么样的？

记者：中孚街是里耶的中轴线，它分为中孚北街和中孚南街，中孚北街的建筑更多体现了土家族的建筑风格。这里最著名的建筑是杨氏家族的大染坊，被称为"江南第一屋"。

男：江南第一屋，应该有规模吧？

记者：是的，这个大染坊是一座两层木楼，从门窗上的精美雕刻看出这里是当年一处"豪宅"。当年的杨氏三兄弟靠着辛勤的努力创立了丰厚的家业，杨氏家族布坊的生意遍及江南。现在居住在这里的也是杨氏族后人，83岁的杨氏族人回顾自己祖先的过去。

（音响4：杨讲话）

记者：这位老人说，这个大染坊里有九间房间，三兄弟一人三间坊。他们做的生意是染布，把白布染成蓝布、青布，染了以后还帮人家裁。

男：湖南省也位于江南，而且江南有很多水乡，里耶也算是水乡吗？

记者：当然。历史上的里耶素有"小南京"之称，就是因为里耶有水。这里的每条街都直通码头，街道两旁大小商铺鳞次栉比，沿街的建筑多为木房，门窗上雕刻有各种精美的图案。这些建筑不是单纯的建筑物，而已经升华为艺术品了。每隔几栋房子便会有一堵高大的防火墙，一般都是飞檐翘角，墙头上绘有花草虫鱼，看上去威武、漂亮。

男：防火墙？都是木房子，当时就考虑到防火，科技含量也不低。里耶现在已经是一个旅游景点吧？

记者：是的，我在里耶见到一位外地游客彭汇芳女士。

（音响5：彭讲话）

记者：彭汇芳女士说，里耶给人一种厚重的感觉，比较质朴，所以走在里耶的马路上有一种古朴的感觉，有一种回到过去的感觉。

男：当然，又有悠久的历史，又有美丽的景色，里耶确实是十全十美的地方了。

记者：是的，贯穿里耶的那条河叫白河，水面宽阔，两岸高山对峙。静静的水面上不时会有渔船或游船划过。

男：好美的画面。

记者：在白河上我们同游客魏晓明先生交流了一下，大家一起听听。

（音响 6：魏讲话）

记者：魏晓明先生说，晚上月亮一出来，远处的山上有古老的房子，旁边的河堤上还有很多人在散步，这时，在清澈的水面上玩水的感觉很舒服。

男：月光下划着船，流淌在美丽的山水间，同悠久历史的建筑对话，确实浪漫。里耶的饮食怎么样？

记者：到里耶，没有尝到它的小吃会是一大遗憾，特别是里耶的米豆腐更是闻名湘西。里耶的米豆腐细嫩酸辣，制作精细，配料讲究，绿绿的葱花、鲜红的辣椒、白色的糯米制作出来的豆腐非常鲜美。除了米豆腐，里耶还有叫油粑粑的面食和酸萝卜。我们听听尝过里耶小吃的游客张衡芷小姐怎么说。

（音响 7：张讲话）

记者：张衡芷小姐说，里耶印象最深的是它的小吃，其中，最有名的是油粑粑。

男：各位听众，百闻不如一见，特别是吃的，不能只看，必须亲口尝一尝才知道它的滋味。各位听众，如果有机会到中国来旅游的话，请到湖南古镇里耶，欣赏它的美丽，感受它的厚重，品尝它的小吃。《在中国旅行》，今天介绍了古镇里耶。谢谢！

记者：谢谢！

（间奏音乐）

女：今天，我们跟随朴银玉，去了湖南省的乡下里耶。里耶的交通情况如何？

男：里耶位于偏僻的地方，它的交通不太好，从离里耶最近的城市坐汽车到里耶也需要五个小时。另外，里耶是完全开放的，没有门票。

女：游览里耶大概需要多长时间？

男：游览里耶大概至少需要半天的时间。里耶的人都非常好客，有机会可以和他们聊一聊，也可以选择很多民族小工艺品。

女：乡村嘛，价格也应该低廉吧？

男：是的，到里耶的交通费是 30 元人民币，米豆腐一碗 5 角人民币。

女：5角的话，大概7美分，真可谓物美价廉。各位听众，我们建议您把里耶作为您下一次中国旅行的目的地。

四、《神州风采》：嘉宾介绍中国最美的乡村

（《神州风采》片花）

女主持人（以下简称女）：《神州风采》，今天我们请喜欢乡村游的崔熙小姐，谈谈游览最美中国乡村的感受。

（间奏音乐）

女：崔熙小姐，听说你非常喜欢旅行，都到什么地方去旅游？

嘉宾：我喜欢到乡下去，比起城市和海滨，我更喜欢偏僻的乡村。

女：你还很年轻，不能说是怀古，为什么喜欢乡村游？

嘉宾：我喜欢浓浓的人情味，而在乡村能感觉到更多的人情。

女：那么说，你也有人情味了，开个玩笑。那都到过哪些乡村？

嘉宾：去过不少好地方，丽江的大研镇、肇兴村也都去看过。

女：肇兴村？

嘉宾：肇兴村位于贵州省，离桂林很近，是个非常美丽的小村庄。

女：韩国游客对桂林很了解，而贵州是在中国村庄最多的省份，那么肇兴村有什么看头？

嘉宾：肇兴村的住户有800户，共4000多人，都是侗族。建筑物也体现侗族的民族习惯和性格。也许是因为侗族的人口不多，所以这里的建筑不是独立的，而都是连成一片的。

女：朝鲜和韩国的乡下，房子都是独家独院的。

嘉宾：是的。但是，在肇兴村的房子都是连着的。另外，我向各位听众推荐丹巴山寨。它的建筑很有特色，建筑物的四个角堆着石头，而且每栋房子都是楼房，一层养家禽，二层是厨房和客厅，三层是卧室。有些有钱人家是四层楼，四层当仓库用。不过，这样的房子里有股异味，因为人类和家禽同住一个房子。

女：家禽也是地球的一员嘛，可以说在这里动物和人是如此和谐。没想到中国有那么多美丽的乡村。

嘉宾：非常之多。中国地大物博，人口众多，民族也多，值得去的乡村

实在太多了。其中，我想特别推荐中国最美的小乡村婺源。

　　女： 婺源——中国最美的乡村？

　　嘉宾： 是的，这里的建筑非常美丽，黑色的瓦片，白色的墙壁，就像一幅水墨画。周边的山和水也与建筑协调。

　　女： 中国建筑一般喜欢用红色啊。

　　嘉宾： 可婺源不是，它的黑白建筑与绿色山水很协调。另外周边还有风景如画的山峰和峡谷，清澈的河水和浓密的古树。还有浓厚的民族风情。我第一次认识婺源是在一张照片上，我觉得太美了，就向婺源出发了。

　　女： 对婺源一见钟情了吧。

　　嘉宾： 是的，婺源还有很多精巧的亭子，还有像电影《廊桥遗梦》里浪漫的廊桥，而且，刚才也说过，现在也完整的保存明清时期的古建筑。几乎所有的建筑都建在河边，后面的山就像自然的屏风，真是美丽之至。另外，婺源的森林覆盖率也很高。

　　女： 虽然没去过婺源，但我也听说过有这样一句话，五岳归来不看山，婺源归来不看村。在婺源印象最深的是什么？

　　嘉宾： 我是3月份去的婺源，那时油菜花太美了！错落有致的油菜花里，隐约看到白色墙壁和黑色瓦片的房子，还有绿色重重的树木，简直是一处人间仙境。

　　女： 实地看到的和照片一样吗？

　　嘉宾： 是的，而且在实地可以闻到照片里没有的乡土气息，更好。这个村子已经在电影里出现了很多次。

　　女： 你认为，婺源和朝鲜或韩国的村子有什么不同？

　　嘉宾： 不一样的山水，不一样的氛围。朝鲜和韩国的乡村给人的感觉是小巧玲珑，可婺源给人的感觉是宽阔，站在婺源你的心就像飞在蓝天上。另外建筑风格和文化也不同。

　　女： 交通情况如何？

　　嘉宾： 交通很不方便。先从北京飞到九江或景德镇，然后换乘巴士去婺源，路上需要好几个小时，很漫长、很辛苦的旅途。不过到婺源，看到如诗如画的景色，你就忘记旅途的辛苦，就觉得漫长的旅行是值得的。

　　女：《神州风采》，今天崔熙小姐给我们介绍了中国最美丽的乡村——婺源。希望下次继续推荐更好的中国景点。谢谢。

　　嘉宾： 谢谢。

（间奏音乐）

五、结束语

男：《空中导游》，今天的节目播送完了，感谢大家收听。

女：下周同一时间我们再见。

（二）洛阳游

（2006 年 4 月 11 日播出）

（《空中导游》开始曲）

一、前言：自然景点和人文景观的融合

女主持人（以下简称女）：各位听众，大家好！我是李仙玉。

男主持人（以下简称男）：大家好！我是金泰根。说起旅游，有人选择山水游，在美丽的山水中享受回归自然的感觉，而有人则选择文化游，在拥有丰富文化底蕴的景点感受历史。

女：是的，不过很多自然景点和文化景点是融合在一起的，比如说，雄伟壮丽的泰山，自古吸引众多游客，留下丰富的文化遗产，因此泰山的文化底蕴不比它美丽壮观的自然景色逊色。

男：没错，泰山被列入世界自然遗产名录和世界文化遗产名录，可以充分说明，泰山的资源是非常丰富的，既有自然资源也有文化资源。

女：在自然资源和文化资源相融合的这种景点，我们可以享受大自然赐予的轻松的同时，也可以追寻人类所留下的足迹。

男：谈起中国旅游，特别是外国朋友到中国来旅游，很多时候选择自然和文化景点。在中国自然和文化相结合的地方很多，比如说北京、西安、洛阳等，既有美丽的自然景观，也有丰富的文化遗产。

女：在诸多中国古都中，北京和西安名闻天下，到中国来旅游的外国朋友几乎都首先参观这些城市，相比之下，洛阳的名声不如这些大城市。但洛阳同样拥有悠久的建都史和建城史。

男：是的，《空中导游》，今天我们就到洛阳去，看看那里的风景和历史。

首先，在《在中国旅行》栏目跟随记者朴银玉去看看龙门石窟，欣赏洛阳牡丹，接着在《旅游信息》里了解第 24 届洛阳牡丹花会的情况，最后，在《神州风采》请中旅河南分公司韩国部经理张顺玉推荐洛阳其他的景点。

二、《在中国旅行》：到洛阳游龙门石窟赏牡丹

（《在中国旅行》片花）

男主持人（以下简称男）： 你好！

记者： 你好，各位听众，大家好！提起中国首都你首先想到什么？

男： 你是想考我吗？根据关注角度，可能每个人想到的有些不同。我想从游客的角度最先想到的应该是天安门广场和故宫、长城。

记者： 回答正确。我想，我们听众脑海里浮现的也应该是这些画面，这就是这个城市的特点。而且每一座城市都拥有其他城市没有的和自己独有的特色，这也正是一座城市的魅力所在。

男： 很多时候一些山水也代表某一座城市，比如，朝鲜平壤的大同江和韩国首尔的汉江。朴记者，《在中国旅行》今天我们到哪里去？

记者： 今天我们去一个城市，它是历史悠久的古都，它是中华文明的发祥地之一，它是一座拥有石窟和牡丹的城市。

男： 在中国，历史悠久的古都和中华文明的发祥地有几座，不过同时提到石窟和牡丹，就能猜到是哪座城市了，就是河南洛阳。

记者： 是的，洛阳的两大特点就是拥有 1500 年历史的龙门石窟和芬芳绚烂的洛阳牡丹。春暖花开的季节，我们向洛阳出发。

（音响 1：流水声）

记者： 潺潺流水声悦耳动听，洛阳城南 13 公里处，有东西两山对峙，中间有一条叫伊河的河流，我们听到的就是这条河的流水声，龙门石窟就在于此。

男： 洛阳曾经是好几个朝代的都城，而且这里曾经正对皇城宫门，中国皇帝又被比作龙，所以这里的名称叫龙门。

记者： 是的，龙门青山碧水，景色宜人。在龙门东西两山长约一公里的岩壁上，密密麻麻地开凿着 2300 多个洞窟，这些洞窟里雕凿了 10 万多尊精美绝伦的佛像。这就是中国四大石窟之一，龙门石窟。

男：2300 多个洞窟，10 万多尊佛像，可观、壮观。面对佛像世界，谁都不禁要问，是谁，又是为什么在这里凿石造像呢？

记者：是的，要知答案，可以回到公元 5 世纪末，那时候龙门石窟就已开凿造像了，当时是中国北魏王朝的时候，北魏的皇帝信奉佛教。

男：皇帝信奉佛教，那全国上下佛教寺庙就雨后春笋般地建起来了。

记者：是的，当时有一种说法，认为塑造佛像越多，将来得到佛的报答也就越多。

男：所以，当时的皇帝为了得到佛的报答，利用至高无上的皇权决定大规模开凿造像。

记者：没错，至于为什么选龙门这个地方，主要是由于这一带的岩石石质很好，不容易风化，适宜开凿石窟。

男：据了解，龙门石窟经历前后 400 多年的营建才得以形成现在的规模。

记者：是，其间还经过了两个最为兴盛的时期，分别为公元 4 世纪到 6 世纪的北魏和公元 7 世纪到 10 世纪的唐朝。因此，在龙门石窟现存的洞窟中，这两个朝代所开凿的洞窟占到 90%。

男：虽说北魏和唐朝都信奉佛教，但毕竟属于不同的两个朝代，所建造的佛像风格有所不同吧？

当然不同。在龙门石窟开凿历史最长的宾阳洞，我们就可以比较北魏和唐朝时期造像的不同风格。宾阳洞的 3 个洞窟中，中间一个是北魏时期完成的，南北两个洞窟是唐朝才完成的。我们一起听听龙门石窟工作人员杨亭小姐介绍两个时代不同的造像风格。

（音响 2：杨讲话）

记者：杨亭小姐说，中洞内供奉的佛祖释迦牟尼是北魏时期的造像。该佛祖面额清瘦，脖颈细长，体态修长。这就是北魏时期的造像风格。

男：相比之下，唐朝的审美标准是以丰满为美，那么唐朝营造的佛像也应该是以丰满为特点吧？

记者：是的。所以，南北两个洞窟的佛像改变了北魏时期秀骨清姿的风格，变成了唐朝丰腴饱满的风格。两个时代两个风格，在龙门石窟宾阳洞体现得淋漓尽致。

男：在龙门石窟除了宾阳洞外，还有哪些洞窟？

记者：距宾阳洞不远，还有一个著名的唐朝洞窟，叫做万佛洞。

男：万佛洞，就是说，这个洞窟里有万尊佛像？

记者：是的。万佛洞洞内的南北两壁上共雕有 15000 尊小佛像，最小的佛像仅 4 厘米高。满壁生辉的佛像，营造出令人敬畏的氛围。

男：当然，站在 15000 尊佛像之间，肯定感觉到仿佛进入了佛的世界。

记者：万佛洞又是唯一一个女性主持开凿的洞窟。

男：女性主持？所以雕了最小的佛像吧？

记者：也许吧。从万佛洞往南，就可以到奉先寺，奉先寺很大，而且这里的佛像也很大。有一尊佛像高达 17 米，雕刻十分传神，被称作为中国石窟史上最美的一尊佛像，被西方人称为"东方的蒙娜丽莎"。

男：东方的蒙娜丽莎？那她有美丽的眼睛吧？

记者：是。大佛整个面部雕刻最美的就是那双含笑的眼睛。

男：石雕佛像会笑，真了不起。蒙娜丽莎的笑是神秘的微笑，那么这佛像的笑是什么样的笑？

记者：我们听听杨亭小姐怎么说。

（音响 3：杨讲话）

记者：杨亭小姐说，石雕采用的是内凹式雕刻手法，眼珠里镶嵌的是黑色琉璃，因此，看起来非常有神。

男：利用色彩和立体感营造出效果。

记者：是。不管在哪个角度，只要站在佛像前抬头瞻仰圣容时，你都能与主佛热切的目光相遇在一条直线上，从而感觉到人与神之间的一种交流。

男：这就是雕刻艺术的最高境界嘛。以这种速度观看龙门石窟要花很多时间吧。

记者：在龙门石窟，如果每个佛像只看两秒钟，那也要三天三夜才能把所有佛像看完。

男：不吃不喝不睡觉，也需要三天三夜。龙门石窟真所谓是一座大型石刻艺术博物馆。

记者：是的，因此，2000 年，龙门石窟入选了《世界文化遗产名录》。北京大学考古学教授马世长先生认为，龙门石窟的价值不仅在于它展现了中国最具规模和最为优秀的造型艺术，还在于它保存了公元 5 世纪到 10 世纪那段已经消失的文明。

（音响 4：马讲话）

记者： 马世长教授说，正因为龙门石窟通过佛像雕刻，体现了宗教内涵的同时，还包含了历史、经济、艺术、文化的内容，才入选为《世界文化遗产名录》。

（音响 5：河南民歌）

记者： 现在正值春暖花开的 4 月份，每年 4 月初到 5 月初是洛阳牡丹盛开的时候，因此，洛阳都会举行盛大的牡丹花会来欢迎慕名而来的赏花者。

男： 这时候到洛阳的话，既能看龙门石窟也能欣赏牡丹了。牡丹是中国人最喜欢的花木之一，牡丹表现的是富贵和吉祥。

记者： 是，我们说牡丹的美丽可以涵盖人间一切美色，所以叫倾国之色啊。洛阳栽培牡丹的历史已有上千年。洛阳市副市长郭丛斌先生说，牡丹这种代表富贵吉祥的花朵，是洛阳的骄傲。

（音响 6：郭讲话）

记者： 郭丛斌先生说，世界上所有牡丹花的品种在洛阳都有，洛阳牡丹的品种大约已经达到 970 多个品种。

男： 将近 1000 种的牡丹品种，从而可以想象洛阳的牡丹种植面积。

记者： 当然，洛阳可供人观赏的牡丹园面积已经达到 2000 公顷，在牡丹花盛开的时候，整个洛阳城是一片牡丹花海，不仅可以看到粉色、黄色、白色等颜色的牡丹，还可以看到珍贵的黑色、绿色、蓝色牡丹。

男： 选择春暖花开的 4 月份去洛阳旅游，可以在龙门石窟感知悠久的佛教文化，也可以在芬芳的牡丹花丛中欣赏最华贵的花朵。《在中国旅行》，今天介绍了龙门石窟和洛阳牡丹。谢谢。

记者： 谢谢。

（间奏音乐）

女： 两座山之间缓缓流淌的伊河，满山的洞窟和满壁的佛像，一望无际的牡丹花海……可以想象出洛阳美丽的画面了。龙门石窟的票价是？

男： 龙门石窟票价为 80 元人民币，大约 10 美元。另外，牡丹花会 4 月 10 日开始，5 月 10 日结束。

女：刚才说，每当牡丹盛开的时候，整个洛阳城都是一片牡丹花海，那么，观赏牡丹最代表性的地方是哪里？

男：在洛阳观赏牡丹可以去几个大型牡丹园，比如神州牡丹园、国色牡丹园以及国家牡丹园。其中，特别推荐国家牡丹园，这是中国的牡丹基因库，以珍稀品种多而见长。

三、《旅游信息》：第24届洛阳牡丹花会消息

（《旅游信息》片花）

女主持人（以下简称女）：确实，牡丹以雍容华贵、妖艳妩媚而著称，中国其他城市也种植牡丹，不过洛阳的牡丹栽培史最长，牡丹品种最多，因此，洛阳被世人称为"牡丹城"。

男主持人（以下简称男）：每年清明和谷雨前后，洛阳到处盛开牡丹，而且世界各地的很多人来洛阳观赏牡丹。因此，自从1983年，洛阳每年4月到5月举办牡丹花会。

女：今年的牡丹花会已于4月10日——昨天开幕了。介绍第24届洛阳牡丹花会之前，我们首先了解了解为什么洛阳的牡丹为牡丹之魁。

男：洛阳牡丹之所以成为牡丹之魁，是由洛阳特殊的地理条件决定的，洛阳土地肥沃、气候温和，为种植牡丹提供了良好的自然环境。

女：还有民间传说，一年冬天，唐朝女皇帝武则天在长安（今天的西安）皇宫中饮酒赏雪，突发奇想，命令万花在一夜之间全部开放。百花得到皇帝圣旨，不敢违命，第二天一早便破雪绽开。唯独牡丹桀骜不驯，拒不从命。武则天看后勃然大怒，将牡丹逐出长安，贬至洛阳。

男：洛阳人把牡丹小心翼翼地植入家中，精心施肥浇水，百般怜爱。而牡丹不负众望，争展娇容，在洛阳扎下了根，其品种和数量越来越多。

女：那我们再回到今天的牡丹花会的话题。洛阳牡丹花会每年举办一次，花会期间，洛阳全城沸腾，人们在牡丹花丛中欣赏牡丹的富贵，以花为媒，广交朋友，还进行经贸合作与交流。

男：昨天开幕的今年第24届洛阳牡丹花会准备了各种活动，从昨天的开幕式上就有几十种活动正在举行或准备之中。其中介绍具有代表性的活动。有大型庆祝晚会，还有2006年洛阳对外经济技术交流暨贸易洽谈会，以及帮助贫困学生的希望工程献爱心活动启动仪式。另外，牡丹花会投资贸易洽谈

会、名车展、春季商品房展示交易会、牡丹书市图书展销会和全国名优小吃美食街等丰富的活动也在进行中。

女：与旅游观光有关的活动就更多了，旅游经济发展论坛、洛阳牡丹灯会、洛阳民俗文化庙会、登山节、自驾车白云山活动、老君山文化旅游节、汝阳杜鹃花节、道教文化节、绿竹风情节、文化产业博览会、牡丹仙子选拔赛、牡丹婚礼、牡丹文化艺术展等又丰富又多彩的活动都在进行。

男：4月10日开幕的今年牡丹花会，将于5月15日闭幕。在这期间到洛阳，就可以欣赏美丽的牡丹，也可以参加丰富的活动。

四、《神州风采》：嘉宾介绍洛阳其他景点

（《神州风采》片花）

女主持人（以下简称女）：《空中导游》。今天我们在洛阳，感受龙门石窟，感受佛教文化，观赏洛阳牡丹花。不过，除此之外，洛阳还有很多景点，可供游客选择。

男：是的，拥有3000年文明史的洛阳早在4000年前已经是一座城市，从中国最早的王朝——夏朝在洛阳建都，共有13个朝代的首都都建在洛阳。

女：因此，自古以来，很多文人墨客来访洛阳，洛阳不仅是"牡丹城"，又是"诗城"，从而留下诸多文化名胜。

男：那么，我们请今天的嘉宾向各位听众介绍洛阳的其他景点。

（间奏音乐）

女：今天我们请陪同韩国旅游团曾多次到洛阳的，对洛阳情有独钟的中旅河南分公司韩国部经理张顺玉女士介绍洛阳的景点。

嘉宾：各位听众，大家好！我是中旅河南分公司韩国部经理张顺玉。

女：您经常陪同韩国旅游团到中国各地区旅游，提起中国的文化景点，韩国游客一般都提到北京、西安和洛阳，那么，在洛阳韩国游客主要观光哪些景点？

嘉宾：洛阳具有代表性的景点有中国最早的寺庙——白马寺，还有少林寺等，韩国游客在洛阳旅游中，一般参观少林寺、龙门石窟和关林。

女：龙门石窟是中国四大石窟之一，前面我们已经向听众朋友们做了介绍，您给我们的听众详细介绍一下白马寺。

嘉宾：好的，东汉永平皇帝做了一个梦，看到西边有一股瑞气。第二天皇帝在早朝中向大臣们说起自己的梦，大臣们纷纷回答说，西方有佛教，非常灵验。皇帝就派遣两名大臣到西方请佛。两名大臣沿着丝绸之路去往印度，到了现在的阿富汗，遇上了来自印度的两位和尚。大臣说，我们是从中国来的，受皇帝委托寻找和尚，就请两位和尚到中国。印度和尚欣然答应，带着经书跟随大臣来到了中国。两位和尚带的经书太多，就用白马作为运输工具，来到当时的首都洛阳。皇帝请来的这两位和尚刚开始住在叫红螺寺的地方，相当于今天的国宾馆。由于不能一辈子住宾馆，因此皇帝下令，给他们盖住处，这住处就是白马寺，白马寺名称的"寺"来源于红螺寺的"寺"，"白马"是因为白马把经书运到洛阳了。当然这是1960年前发生的事情。

女：白马寺是中国最早的寺庙，那么少林寺呢？

嘉宾：到河南旅游的韩国游客，首选龙门石窟和少林寺。对学生和年轻人来说，少林寺比龙门石窟更具吸引力。少林寺也和佛教有关系，因此，它的名称里也有"寺"。很久以前，有一位印度大师在中国嵩山面壁修行了9年，因此，传出了嵩山来了奇怪和尚的消息，使嵩山变得有名气了，来嵩山的弟子也多起来了。叫达玛的大师向众多弟子传授坐禅修行，但是整天坐着感觉很累，大师就模仿动物的动作创建18种武艺，边坐禅边习武，以完成动和静的融合。后来，到了唐朝，少林寺和尚为建国立了赫赫战功，被国家命名为国刹，从此，少林寺的名气就更大了。

另外，少林寺同韩国渊源颇深，因为韩国佛教都属于禅宗，而禅宗的始祖就是少林寺达玛和尚。

女：可以说，少林寺是佛教和功夫相结合的地方，同韩国也有密切关系。另外，很多韩国人都知道关羽这个《三国演义》里的人物，关羽的墓地也在洛阳。

嘉宾：是。关羽被曹操抓获，不管曹操怎么劝降，义气的化身——关羽都没有投降，最后被斩首。关羽的首级埋葬在当时的首都洛阳，他的身体就埋葬在被斩首的当阳。过了数百年，到了清朝，作为少数民族政权的清朝皇帝认为，为了统治汉族地区，有必要优待汉族心目中的英雄，所以，大规模扩建和维修关羽墓，也新建不少殿堂，改名为关林。

女：听您介绍，洛阳除了龙门石窟还有很多旅游景点呢。

嘉宾：是的，除了少林寺和关林外，还有陵园博物馆。这个博物馆集中了中国历代皇帝陵园的壁画和石雕。

女：洛阳的文化景点太可观了，不是几天就能介绍完的，今天，因为时间关系就介绍到这里，下次有机会还请您给我们的听众介绍洛阳丰富的旅游资源。非常感谢。

嘉宾：谢谢。

（间奏音乐）

五、结束语

男：《空中导游》，今天的节目播送完了，感谢大家收听。

女：下周同一时间我们再见。

简　评

朝鲜语广播《空中导游》栏目由《在中国旅行》、《旅游信息》、《神州风采》三个板块组成，除了向听众介绍有关中国的旅游状况及旅游景点，还向听众提供旅游信息和服务。

在《空中导游》三个板块中，《在中国旅行》节目以对话形式介绍中国的旅游景点；《旅游信息》以自编自采为主，采用电话连线形式，把各地最新旅游信息直接传达给听众；《神州风采》为访谈节目，每期邀请不同的嘉宾以亲身经历向听众讲述景点背后的有趣故事。

此栏目各个板块相互照应，有机结合，加上鲜活生动的采访内容，既保持了节目的整体性，又增强了报道实效。

栏目采取主持人对话和与嘉宾访谈相结合的形式，节目风格轻松活泼，现场感强。节目中穿插丰富的音响，使听众有身临其境之感。

该栏目服务性很强。节目向听众介绍景点，提供旅行所需的衣食住行等一条龙服务，真正起到了空中导游的作用。

《中非彩虹》

靳利国　陈利明　殷立青

尼日尔和中国妇女亲如姐妹

（2006 年 9 月 19 日播出）

中国国际广播电台！听众朋友，你们好！很高兴与您相逢在《中非彩虹》栏目。在今天的节目中，我们将采访一位来自非洲的重要客人：尼日尔全国社会发展运动——纳萨拉党的顾问，宾塔·达查理女士。听众朋友，在此之前，我们先回顾一下中非妇女以及中国和尼日尔妇女交往的历史。

（音响：豪萨音乐，渐混）

中非妇女友好交往是中国对非洲总体外交不可缺少的一部分，自新中国与非洲国家开启外交关系半个世纪以来，中非妇女从反帝反殖的战友到情同手足的姐妹，取得了令双方感到满意的丰硕成果。特别是在新时期新形势下，中非妇女交往则向多层次、多领域、多渠道方向扩展，呈现出欣欣向荣、蓬勃发展的新局面。

自 1996 年恢复外交关系以来，中国和尼日尔的关系得到了全面发展，双方的政治交往不断加强，经济合作卓有成效，其他方面的友好合作关系也取得了很大的发展。尤其值得一提的是，1995 年，联合国第四次世界妇女大会在北京召开，会议通过的《北京宣言》和《行动纲领》对中非妇女和中尼妇女产生了深远影响。在这样的背景下，中国和尼日尔妇女的交往逐渐成为两国关系发展的一个亮点。中尼妇女经常互访，交流经验、互助合作，她们为中尼关系的发展增添了一抹亮丽的色彩。

（音响：豪萨音乐，渐混）

听众朋友们，以上是关于中非以及中尼妇女交往历史的简单回顾，现在请收听主持人与尼日尔客人的谈话。

主持人： 首先请您向听众介绍一下您自己，好吗？

宾塔·达查理（以下简称宾塔）： 我的名字是宾塔·达查理，是尼日尔全国社会发展运动——纳萨拉党的顾问。

主持人： 您现在正在中国进行访问，请问您这次访问的目的是什么？

宾塔： 简单来说，进一步发展尼中关系。尼日尔和中国一直以来就有着姐妹般的关系，我们相处得很好。中国经常给予我们很大的帮助，比如中国给尼日尔妇女提供了大量的缝纫机，现在很多人在用。此次来到中国，我想代表尼日尔的妇女对中国姐妹表示感谢。

主持人： 从全世界范围来说，妇女的政治地位不断提高，在非洲也是如此。比如，利比里亚已经产生了女性总统，在尼日利亚，也有女性担当着外交部长等要职，这样的例子比比皆是。我的问题是，现在尼日尔妇女的政治地位如何？她们有没有与男性平等的参与政治的机会？

宾塔： 在当前的情况下，尼日尔妇女是可以参与政治的。我们也有不少女部长，也有许多女医生等等。尼日尔妇女完全可以和男性一起工作，没有任何不同。尼日尔妇女可以选择她们喜欢的工作，并且把它做好。

主持人： 在发展中国和尼日尔关系方面，妇女起到了什么样的作用？

宾塔： 妇女在保持和促进尼日尔和中国关系方面起着十分重要的作用。双方妇女亲如姐妹，她们之间团结互助，这已经成为尼中关系发展的一个亮点。中国给予了尼日尔妇女很大的帮助，我这次来中国的目的是对此表示感谢，并寻求双方在将来进一步加强合作。

主持人： 作为尼日尔妇女的代表，您认为此次访问对于尼日尔妇女意味着什么？

宾塔： 就像我刚才讲到的，我这次来的目的就是，以尼日尔妇女的名义，进一步和中国妇女界探讨如何进一步发展关系、加强合作，这对于尼日尔妇女来说是一件好事，有利于她们取得进步。

主持人： 您刚才也提到，中国妇女已经给尼日尔姐妹提供了许多帮助，比如提供缝纫机等。请问您此行希望与中国在哪些方面加强合作？

宾塔： 我希望中国在商业方面给予尼日尔妇女更多的帮助，希望中国姐妹能够给我们提供一些机会，让尼日尔妇女可以像男人一样在尼中经贸合作和商业活动中施展拳脚。

主持人： 尼日尔是讲豪萨语的穆斯林国家，在这样的国家，您作为女性，成为了政府的一员，您已经成功地涉足了政治，请问您如何看待自己所取得的突破？

宾塔：在当前情况下，尼日尔妇女已经开化了，她们也步入了现代文明。她们已经和男人一样地生活、工作了。在政治方面也是如此，男性可以从事政治事业，女性也可以，没有任何障碍。

主持人：您如何看待尼日尔妇女政治事业将来的发展情况？

宾塔：将来，尼日尔妇女将进一步团结各国姐妹，为人类进步作出自己的贡献。

主持人：是的，我们也相信会产生更多的女性总统、女性部长等等。那么，您对妇女从政有何良好的建议呢？

宾塔：我想说的是，全世界的妇女必须团结起来。如果没有团结，也许我们将一事无成。现在，我们正在团结协作，为争取姐妹们的权利而斗争，为实现我们的所有愿望而努力，团结是我们唯一的出路。

主持人：从某种程度来说，如果没有经济实力，在政治上也难有大的作为。从当前的情况来看，各国妇女的经济地位相对较低。您认为应如何壮大她们的经济实力，以此来增强政治竞争力？

宾塔：一方面，我们妇女姐妹要团结，并且争取更大的帮助。另一方面，也就是最重要的是我们妇女要自立自强，要自主地参与到经济事务中去，比如经商，这也是我这次来中国取经的原因。我希望尼中妇女在这方面加强互助合作。

主持人：在节目的最后，在您访问中国即将结束之际，结合在中国的所见所闻，您还想对中国和尼日尔妇女说些什么呢？

宾塔：我想说的是，尼日尔和中国妇女亲如姐妹。中国姐妹给了我们很大的帮助，我代表尼日尔妇女表示感谢。在此次访问中，我会晤了中国妇女界的许多人士，她们都表示将与我们进一步加强团结互助，这一点让我深受感动。我希望双方妇女进一步加强沟通和交流，为尼中关系的发展锦上添花。

主持人：非常感谢您接受我们的采访。谢谢。

宾塔：谢谢。

主持人：听众朋友们，我们对尼日尔全国社会发展运动——纳萨拉党的顾问，宾塔·达查理女士的采访就进行到这里，今天的《中非彩虹》节目也就结束了。再次感谢您的关注。中国国际广播电台豪萨语部在北京祝您生活愉快！再见！

尼日利亚华人酋长夫妇的传奇经历

（2006 年 12 月 19 日播出）

中国国际广播电台！听众朋友，你们好！欢迎收听《中非彩虹》特别节目。在今天的节目中，我们将向您介绍一下尼日利亚华人酋长胡介国、谢美仪夫妇。他们在尼日利亚生活和工作二十多年，并且取得了巨大的成功。听众朋友，今天我们就了解一下他们在尼日利亚的传奇经历。

改革开放以后，大批中国人开始走出国门，他们有的选择去美洲，有的去欧洲或者大洋洲……他们之中也有另辟蹊径到非洲发展的。如今已是尼日利亚部落酋长的胡介国、谢美仪夫妇引起了我们的极大兴趣。他们为何扎根非洲二十多年？他们如何取得巨大的成功？他们又是如何融入当地主流社会，进而成为人人尊重的酋长？听众朋友，请听听谢美仪女士是怎么说的吧。

（音响 1：豪萨音乐，渐混）

谈起在尼日利亚的二十多年，谢女士感慨万千，她毫无保留地把他们夫妇二人在非洲的传奇经历娓娓道来。没有豪言壮语，没有大话空话，句句让人感到分外亲切。

关于他们夫妇的事业发展历程，谢女士对记者说，他们的事业是从餐饮开始，逐步发展到其他行业的。她说：

（音响 2：谢讲话，中文，渐混）

"（总的来说）我们从餐饮开始，逐步发展到木材、家具、办公楼管理等其他项目。我们 80 年代来到尼日利亚，当时可以说是白手起家。我们事业的起步是从与当地酋长的合作开始的。起初，我的丈夫胡介国帮助拉各斯酋长打理酒店。由于他非常勤奋、热爱工作，千方百计为酒店发展努力，酋长很喜欢这个中国的小伙子，并且给予了他极大的信任。生意越做越大，这位酋长很满意胡介国的表现，经常给他机会，并且分配公司股份。这样，我们的事业逐步发展起来，从餐饮扩展到其他领域。"

（间奏 10″）

随着事业的发展，胡介国、谢美仪夫妇对尼日利亚的感情也越来越深，他们经常主动地为当地做一些力所能及的事情。例如，为当地百姓建造了三所学校，帮助解决孩子们的教育问题。渐渐地，他们夫妇二人有了一定的知名度，而且当地人对中国人很友好，很喜欢中国人。在这样的情况下，就有一些酋长提议推荐胡介国当酋长。虽然只是个荣誉称号，不可以继承，但是中国人当酋长——这在尼日利亚乃至整个非洲都是第一次。成为酋长后，尼日利亚当地人和他们夫妇二人更有亲切感了，兄弟般的关系更加融洽。从他们夫妇二人自身来说，感受最深的是肩负的责任，一方面，要承担起酋长的义务，努力为当地老百姓谋福利；另一方面，作为华人酋长，胡介国酋长夫妇更加代表着中国和中国人的形象。为此，他们不遗余力地为两国的交流作贡献。对此，谢美仪女士说：

（音响 3：谢讲话，中文，渐混）

"（胡介国是尼中）商会名誉会长、尼中友好协会副会长、中非商会副会长，而且是尼日利亚总统府的中小企业顾问。我们做这些工作的目的是为了进一步推动中尼民间和官方的交流，我认为这是我们的责任和义务，也是我们乐意做的事情。"

（间奏 10″）

胡介国、谢美仪夫妇公司的规模日益扩大，他们聘请了越来越多的当地员工，尽管他们来自尼日利亚三大部族的豪萨、伊博和约鲁巴，但是公司都能平等地对待他们，为其创造公平的工作环境。谢美仪女士十分喜欢尼日利亚当地的员工，她评价他们说：

（音响 4：谢讲话，中文，渐混）

"尼日利亚人非常有幽默感，而且他们的语言天赋很好。他们跟中国员工的关系还是蛮好的。我们的员工也非常勤奋，为公司作出了很大的贡献。因此，我们夫妇两人也更加努力，使中国员工和尼日利亚当地员工和谐相处，让当地员工把公司当作自己的家。为此，我们下了很大的功夫。我们经常进行座谈，给大家一个机会坐下来交谈，加强了解，增进友谊。除此之外，针对尼日利亚人喜欢舞蹈的特点，我们经常在节假日举办舞会，所有公司人员都会载歌载舞，享受工作之外的生活乐趣。"

胡介国、谢美仪夫妇的这些努力没有白费，他们得到了当地人的认可和尊重。

现在，尼日利亚人并不把他们当作外人看待，他们已经融入了当地的主流社会。

（音响5：豪萨音乐，渐混）

由于是做餐饮业起家，胡介国、谢美仪夫妇很重视中国饮食文化的传播，除此之外，两国之间其他的文化活动也是他们所热衷的。谢美仪女士很喜欢推动中国的饮食文化和其他文化方面的事情，在大的节日，他们经常举办舞狮、舞龙灯等文化活动。谢女士自己本身是尼日利亚中国功夫联谊会的执行委员。这个委员会是尼日利亚人十多年前创立的，主要的目的是学习、宣扬中国功夫文化。谢女士还筹划捐赠一对舞狮给他们，教会他们舞狮表演。每逢中国的传统节日，谢女士都会做些中国传统的有代表性的食品，像月饼、年糕和粽子等，发送给尼日利亚当地人，增进他们对中国传统文化的了解。

谢女士也十分喜欢尼日利亚文化。她经常去看当地人的文艺表演，她还曾经在尼日利亚电影里演过小角色。每当中国团体来到尼日利亚之后，她总是推荐他们去欣赏尼日利亚当地的土著舞蹈、乐队演奏等传统文艺表演。

在采访的最后，谢美仪女士向我们表达了对尼日利亚的热爱和扎根非洲的愿望。谢女士说：

（音响6：谢讲话，中文，渐混）

"我们的感觉就是，既然来到尼日利亚，就要爱这个国家，希望尼日利亚人生活越来越好，希望尼日利亚会变成一个更好的国家。我们将竭尽全力，为此作出自己的贡献。中国和非洲已经是50年的好朋友了，经过自己的努力为双方做一些事情是他们义不容辞的责任，我们为此感到荣幸和自豪。我们夫妇还会继续在非洲干下去，直到干不动为止。"

中国国际广播电台！各位听众朋友，以上就是我们向您介绍的尼日利亚华人酋长夫妇的传奇经历。今天的《中非彩虹》节目就进行到这里，感谢你的收听，我们下次再见！

简　评

《中非彩虹》是豪萨语广播部多年来自办的一个固定栏目。每周二播出一期，每期 10 分钟，深受听众的喜爱和欢迎。该节目的特点是：针对性强，采访对象均为在华的非洲朋友，他们当中有外交官、留学生、来华访问的政府官员、企业家和工商界人士等。他们通过亲身的观察和体验，向听众介绍中国各领域发生的变化，由衷地表示出加强中非友谊的愿望，给人以真实、可信的印象，也间接地回击了所谓中国是"新殖民主义"的谬论。

《客家天地》

张木元　熊雪　张敏东　肖珍荣　李杰

我们在这里欢歌
——记梅州激情长廊大家唱文艺队
（2006 年 4 月 10 日播出）

　　中国国际广播电台华语台，听众朋友，欢迎收听本台每日这一时段播出的专题节目——《客家天地》。我是熊雪。听众朋友：在今天的这个节目里，我要向您介绍活跃在广东梅州市文化公园里的一支由老年人组成的歌唱队伍，在这个温馨活泼的队伍里，老人们的情操得以陶冶，身心得到愉悦。这支队伍叫什么名字？现在先不告诉您，因为这正是我要留给您的一道有奖问答题，当您认真收听了这次节目后，您一定就明白了。

　　听众朋友：如果您从节目中得出了正确答案，请给我们来信或者网上留言。每一位来信的听众朋友都将获得我们送出的精美礼品一份。

　　好了，下面我就来向您介绍这支活跃在梅州市文化公园里的由老年人组成的歌唱队伍：

　　（间奏）

　　近几年来，在广东省梅州市江北文化公园里活跃着的一支老年歌咏队伍——梅州激情长廊大家唱文艺队，这支队伍拥有 140 多名队员，全是由没有经过任何专业歌唱训练的退休老人组成。一支如此庞大的队伍，是怎样组建起来的呢？

　　（出录音 1：山歌压混）

　　在一个细雨霏霏的春日早晨，记者来到文化公园，远远就听到这支文艺队充满激情的歌声。这群正在放声高歌的老人们，在寒风微雨中唱得是那么投入。等到一曲终了，我充满羡慕且带着好奇采访了这支队伍的老人们。

林雪鸿，人们亲切地喊她林姨，是这支队伍的创建者，也是激情长廊大家唱文艺队的顾问。问起这支歌唱队伍组建的缘由，她说：当年看到公园里有些人没事做就会赌博，我和我老公都觉得十分不好。后来又看到有几个人拉手风琴，还有人跟着唱歌。我老公老钟伯就对我说，你捐点钱给他们吧，补贴一下。

（出录音2）

"当时就觉得这种形式十分好，歌抄出来，自娱自乐。你愿意、他愿意，能够捐些就捐些，我们自己带头捐点。总之就觉得一定要搞起来。"

为了让更多的人参与这种健康的休闲娱乐方式，林雪鸿决定组建一支固定的文艺队，让休闲在家又喜欢唱歌的人们都可以随时加入到这个队伍中来。这一想法得到了许多人的响应和支持。说到当时的情形，现任队长刘达经老伯对记者说：

（出录音3）

"阿林姨捐了两万多元购置了凳子等，阿幸姨主动承担了找凳子的工作，阿蔡伯把自家的音响搬来，乐器大部分自家带。"

老人们还给这支即将诞生的队伍起了一个极有朝气的名字：激情长廊大家唱文艺队。

（出录音4）

"我们定队名'激情长廊大家唱文艺队'，一个是大家虽然年纪老，但大家唱歌都非常有激情，大家歌唱伟大的祖国，歌唱中国共产党，歌唱幸福生活。大家放声歌唱，所以叫'激情长廊大家唱文艺队'。"

2002年8月一个艳阳高照的日子，一支由20多位退休老人组成的梅州激情长廊大家唱文艺队成立了，并且在短时间内迅速发展壮大。看到这么多人加入自己的队伍，创建者林姨十分开心：

（出录音5）

"从20多人、40多人、60多人，到了2003年80多人，现在140多人。有人来参加，大家就高兴。"

自从有了这支歌唱队伍，每周的二、四、六，喜欢唱歌的老人们都会风雨无阻出现在文化公园湖心亭内自娱自乐，几年来已经成为了文化公园内一道亮丽的风景。在这里，老人们找到了属于自己的那份满足和快乐，感觉心情舒畅，生活十分充实。

阿幸姨是一位腿脚有些不灵便的老人，但却有一副热心肠。她不仅风雨无阻准时来参加队里的所有活动，而且每次来还主动为大家搬凳子，要是发现脏了还要把它擦洗干净。她开心地对记者说：

（出录音6）

"唱歌十分乐。大家兄弟姐妹一样，像一个大家庭互相帮助，有什么事大家一起讲，一起唱歌。唱歌时十分好，无忧无虑。"

在大伙的怂恿下，阿幸姨用山歌表达了内心的喜悦和激动。

（出录音7）

"激情长廊快乐多，天天早上来唱歌。歌曲一唱心情好，健康长寿病都无。"

唱歌成了老人们愉悦身心的精神寄托。在这个队伍中，不仅有刚刚退休的五六十岁的低龄老人，更有年近古稀，甚至是八九十岁的高龄长者。

（出录音8）

"88岁了。（记者：您从哪儿来这唱歌？）雁洋。因为自己想唱，知道这里是大家一起唱的，所以下雨也会来。感谢歌友给我的快乐。"

唱歌，让老人们愉悦了心情，放松了身心，无形中也促进了人际关系的和谐。

创建者林姨对记者说："有人说学音乐的孩子不会做坏事，那么我们爱唱歌的老人回家也不会多事。我们以愉快的情绪，以轻松的氛围影响着我们周围的人，大家都很羡慕我们。"

一个来自四面八方、以有着各色性情的老人组成的群体，在歌声中尽情抒发着自己对美好晚年生活的感受和赞美，用自己快乐的心情影响着周围的人们；在这片属于自己的天地里重新找回了青春激情，也为自己夕阳中的晚霞抹上一笔绚丽的色彩。

听众朋友：以上向您介绍的是活跃在梅州市文化公园里的由老年人组成的歌唱队伍，它的名字叫"激情长廊大家唱文艺队"。您猜对了吗？如果您从节目中得出了正确答案，请给我们来信或者网上留言。我们的通讯地址是：北京 565 信箱客家话节目部或者香港铜罗湾邮政局 30788 信箱客家话节目部。也可以寄到北京市石景山路甲十六号，中国国际广播电台华语台客家话节目部收，邮政编码是：100040。我们的 EMAIL 地址是：fy@ cri. com. cn，欢迎大家来信。每一位来信的听众朋友都将获得我们送出的精美礼品一份。

今天的《客家天地》节目到这里就结束了，多谢您的收听。

江彦震谈第 21 届世界客属恳亲会筹备情况
（2006 年 8 月 10 日播出）

中国国际广播电台华语台，听众朋友：欢迎收听熊雪主持的《客家天地》节目，我是熊雪。

听众朋友，第 21 届世界客属恳亲大会将于今年 10 月在台北召开，大陆将有不少客家乡亲组团前往参加会议。为了了解本届世客会的筹备情况及届时会议的具体安排，最近，本台记者张木元就这次大会的筹备情况，连线采访了这次大会筹委会宣传部长江彦震先生，在这次节目里，就请听这次电话采访的录音。

（间奏）

主持人：江先生，你好！第 21 届世界客属恳亲会将在台北召开，请你介绍一下这次会议的有关情况。

江彦震（以下简称江）：好。世界客属恳亲会第 21 届大会准备在 2006 年 10 月 28 日至 30 日在台北举办，大会的会场是在小巨蛋，住宿是安排在假日环雅大饭店及其附近的饭店。

主持人：这次的会期有多少天？

江：这次会期一共有三天。

主持人：这三天是如何安排的？

江：第一天，从早晨开始报到，下午 2 点半举行欢迎酒会，3 点举行主席团会议，进行团体照相，5 点欢迎晚宴，7 点开幕典礼，一直到 10 点左右才结束。

　　主持人：看来内容安排得还是比较紧凑的。这就是第一日的情况，那第二日是怎样安排的呢？

　　江：第二天有两项内容。第一项是专题活动，分六个专题。第一组是客家乡情报告会；第二组是客家文化研讨会；第三组是经济合作发展会；第四组是农业科技发展会；第五组是观光发展研讨会；第六组是客家精英论坛。另外，没有参加上述专题活动的来宾，可以在台北及附近进行参观访问或游览。比如阳明山、故宫博物院、台北科学博物馆、国父纪念馆、101层的世界第一高楼等等。

　　主持人：看来第二天的安排也是十分充实的。

　　江：对。晚上六点半开始是文化享宴。在假日环雅大饭店举行，是文艺活动，主要表演客家的戏剧，也有唱山歌等。

　　主持人：江先生，目前社团报名的情况怎样？

　　江：社团正式报名现在才开始。

　　主持人：预计有多少人参加？

　　江：预计有一万五千人参加。

　　主持人：据我所知，这是开过的世客会中参加人数最多的。

　　江：是啊！因为本地大量的客家乡亲都要求参加，他们觉得这是一个难得的聚会的机会。

　　主持人：从刚才所讲的来看，这次大会的筹备工作还算比较顺利吧？

　　江：从目前情况来看，还算是比较顺利。

　　主持人：在这次大会上有什么特别的提案或议案吗？

　　江：目前各社团还没有送来，现在进入8月份，各项筹备工作正在加快步伐进行。

　　主持人：这次21届客属恳亲会在台北召开，我作为客家人也感到十分高兴。据我所知，台湾都举办过好几次客属恳亲会了。

　　江：五次了。这次恳亲会你来不来？

　　主持人：台湾我也去过。但这次由于种种原因我会去不了。

　　江：那就太可惜了。那你对台湾的印象怎样？

　　主持人：感到十分亲切。因为我是南方人，老家在梅县，所以，台湾的风俗、地理等都好适应，加上接待单位热情，所以感到十分亲切。

　　江：希望张先生有机会再来台湾。

　　主持人：江先生，十分感谢你介绍了第21届世客会的有关筹备情况，谢谢，再见！

（间奏）

听众朋友：以上您听到的是第21届世界客属恳亲大会筹备会宣传部长江彦震介绍将于10月在台北举行的世客会的筹备情况。好，又到了有奖收听环节了，今天的有奖问答题目是：第21届世界客属恳亲大会将在今年的什么时间在哪里举行？听众朋友：您找到答案了吗？请您来信来电或发送电子邮件告诉我们。我们的通讯地址是：北京565信箱客家话节目部或者香港铜罗湾邮政局30788信箱客家话节目部。也可以寄到北京市石景山路甲十六号，中国国际广播电台华语台客家话节目部收，邮政编码是：100040。我们的EMAIL地址是：fy@cri.com.cn，欢迎大家来信。每一位来信的听众朋友都将获得我们送出的精美礼品一份。

这次的《客家天地》节目到这里就结束了，主持人熊雪感谢您的收听。

简　评

一个对外广播的栏目能否称得上优秀，一来需要时间的检验，二来需要受众的认可。《客家天地》二者兼而具之。

该栏目创办于2004年10月份，每周制作播出5期（每周一至周五播出），每期的长度为10分钟，从开播到送评本届中国国际广播新闻奖为止，已经制作播出了300多期；其目标受众的主要群体是台湾岛内的客家同胞和旅居海外的客家侨胞；其主要素材来源和报道对象为中国大陆客家人聚居地的人和事；其报道宗旨为"客家的山、客家的水、客家的风情、客家的人"。该栏目自开播以来，自采率（原创因素）不断提高，可听性（节目质量）节节攀升。

该栏目最突出的特点为：报道面非常广泛，内容相当丰富，几乎涉及了中国大陆客家人聚居地的方方面面，从而在其主要目标受众中引起强烈共鸣。来自印度的客籍听众陈辉在来信中说："最近，我在你们CRI华语台新开辟的《客家天地》节目中经常可以听到有关客家人聚居地的新闻，使我这个远在南亚的客家人能够及时了解家乡的情况，感到非常高兴"。来自澳大利亚的客籍听众钟玲则说："如今，《客家天地》已经成为抚慰我这个海外游子孤独心灵的'良药'"。

创新节目

中国与东盟系列特别节目

（2006 年 11 月 1 日播出）

二亚中心　广西人民广播电台

（节目开始曲）

中文：（报题）《中国与东盟》特别节目

欢迎收听中国国际广播电台、广西人民广播电台联合制作的多语种特别节目。北京时间 22：00～23：00 首播，次日 12：00～13：00 重播。

以下时间将依次使用越南语、老挝语、柬埔寨语、印尼语、马来语、泰语、缅甸语、菲律宾语为您报道。

外语（8 种语言依次）：欢迎收听中国国际广播电台与广西人民广播电台联合制作的《中国与东盟》特别节目。

（《中国与东盟》特别节目越南语节目片头）

访越南总理阮晋勇（译文）

亲爱的听众朋友，第三届中国—东盟博览会 31 日已经在中国广西自治区首府南宁开幕了。中国总理温家宝、越南总理阮晋勇以及东盟地区其他国家领导人共同出席了相关的活动。31 日下午，越南总理阮晋勇在下榻的别墅接受了我台记者陈敏玲的采访。阮晋勇高度评价了在南宁刚刚闭幕的"中国—东盟建立对话关系 15 周年纪念峰会"。阮晋勇认为，此次峰会是双方伙伴关系历史上的一个印记，并为这种关系注入了强大的动力，把东盟—中国的战略伙伴关系提升上了新的层次。阮晋勇总理同时认为，正在中国广西南宁举行的中国—东盟博览会证明，中国的经济确实在各个领域都发展非常迅速，中国正成为引领亚洲经济的国家之一。

在回答记者关于"您将如何发展与中国的关系"的问题时，刚就任越南总理的阮晋勇说：

（音响：越南语）

"越南和中国互为邻国，有着'山连山，水连水'、同志加兄弟的情谊。在'睦邻友好、全面合作、长期稳定、面向未来'十六字方针和'好邻居，好朋友，好同志'精神指导下，两国的关系在政治、外交、经济贸易、投资、文化、科学技术、国防安全等各个领域上都取得了许多成就。这些领域上的合作使双方都受益匪浅，不仅使两国和两国的人受益，而且还对地区的发展和稳定作出贡献。我个人和越南政府将继续珍惜已经所取得的成就，并将争取更大的成果，特别是要促进所有领域上更高层次的全面合作，主要集中在经贸投资领域。虽然在这些领域上已经取得了很大的成就，但是与双方现有的潜力、优势和期待是不相匹配的。我们会集中精力在两国间一些比较大的合作项目上，比如对越南和中国之间经贸投资、旅游等领域有着决定意义的'两廊一圈'项目，还有其他大的项目，比如电力、化工等。除促进经贸领域的合作外，双方还要合作实现两国领导确定2008年底全部完成陆路边界勘探工作的目标。关于海上边界问题，双方将继续实现两国已签署的北部湾协议，继续讨论划定北部湾海上边界。在南海问题上，将继续实施越南、中国和菲律宾三方签署的协议，越南和中国双方在很好地实施DOC协议的同时，争取早日把该协议发展为COC协议，保证中国与越南以及东盟各国的互信、合作发展的关系。我相信通过以上的一些建议以及与温家宝总理会谈中讨论的与双边关系相关的重大问题的解决办法，加上实施东盟与中国签署的《南宁宣言》中各项内容，越南和中国的关系将发展上一个新的台阶，东盟和中国的关系也将被提升上更高的一个层次，真正成为战略伙伴，为越南和中国乃至整个东盟—中国地区的和平稳定发展作出贡献。"

关于中国威胁论，阮晋勇认为，中国和区域内各国都有维持和平、稳定，优先发展经济，增强国际竞争力的需求。中国的发展，以及在平等、互利共赢基础上为促使东盟和中国之间的经济联系更紧密所作出的努力，将使区域经济更加有活力，对区域内乃至世界的和平、稳定、合作和发展都是有利的。

以上您听到的是我台记者陈敏玲从广西南宁发回的《中国与东盟》特别节目，感谢收听，再见！

串联词：中文（男声 不配乐）：欢迎收听中国国际广播电台与广西人民

广播电台联合制作的《中国与东盟》特别节目，以上是越南语广播，下面请听老挝语特别报道。

（《中国与东盟》特别节目老挝语节目片头）

录音报道：老挝总理高度评价中国东盟博览会及 15 年来中国与东盟关系的发展（译文）

这里是中国国际广播电台，听众朋友，你们好，前不久，在中国西南部广西南宁参加"中国东盟建立对话伙伴关系 15 周年纪念峰会"的老挝总理波松·布帕万接受本台记者的专访时，高度评价了中国东盟博览会以及 15 年来中国与东盟关系的发展。接下来请听本台记者蒙龙从南宁发回的报道。

首先，总理先生高度评价了中国东盟建立对话伙伴关系 15 周年以来取得的成果。他说：

（音响 1）

"15 年来，中国与东盟关系得到了快速的发展，双方在政治、安全方面增强了理解和互信，并为双方建立战略合作伙伴关系打下了坚实的基础，为地区的和平和人民的福祉作出了重要贡献。东盟坚持一个中国的原则，并承认中国的完全市场经济地位。此外，东盟对中国一直以来支持东盟在东亚地区事务中发挥主导作用表示感谢；东盟也赞赏中国对维护地区和平与稳定作出的重要贡献。中国永远是东盟的好邻居、好朋友和好伙伴。"

对正在南宁举行的第三届中国东盟博览会，波松先生说到，第三届中国东盟博览会的成功举办将进一步加强双边经贸关系。通过此次参展，老挝将加强老挝与中国以及老挝与东盟各国之间的经济合作。他说：

（音响 2）

"首先我代表老挝政府对中国政府主办中国东盟博览会，每一届都邀请老挝政府和商贸代表团参加表示感谢，因为这有力地促进了双方的经贸往来，增进了彼此间的了解。通过博览会这个平台，老挝方面也可以寻找到更多的商机。"

此外，波松先生还对南宁方面给予的热情接待表示感谢，对南宁的自然环境与城市建设，波松总理也是赞叹不已。他说：

（音响 3）

"这是我第一次来到广西、来到南宁。虽然此前也曾听说广西是中国西南部的一个风景秀丽的省区，广西人民勤劳、好客；在经济方面也有着自己独特的区域优势。但当我到达广西南宁的时候，一下飞机，所见所闻，给我一种非常强烈的视觉冲击，感觉这里的景色比我想象中更加美丽，这里的人民比我想象中更加热情。我的第一印象就是：广西南宁是一个景色优美，社会和谐的城市。"

在得知我台老挝万象调频台即将开播，总理先生也给予了很高的评价，他说，万象调频台的开播一定会进一步促进老中传统友谊：

（音响 4）

"老中两国有着传统的友谊，两国山水相连，有着同样的理想，双方领导人多次会晤也谈到如何进一步加强两国既有的友谊。我个人认为，CRI 万象调频台的开播，一定会增加两国人民之间的相互了解，促进两国的友谊，使两国成为好邻居、好朋友、好伙伴。"

听众朋友们，刚才您听到的是录音报道：老挝总理高度评价中国东盟博览会及 15 年来中国与东盟关系的发展。是 CRI 记者蒙龙在南宁中国东盟博览会现场给您发回的报道，感谢您的收听，我们明天同一时间再见。

串联词：中文（男声　不配乐）：欢迎收听中国国际广播电台与广西人民广播电台联合制作的《中国与东盟》特别节目，以上是老挝语广播，下面请听柬埔寨语特别报道。

（《中国与东盟》特别节目柬埔寨语节目片头）

首届"中国东盟妇女论坛"在中国南宁举行（译文）

各位听众，你们好。我是中国国际广播电台记者努恩，现在从南宁发回报道：为期 2 天的首届"中国—东盟妇女论坛"10 月 31 日至 11 月 1 日在广西南宁举行，来自东盟各国和中国的妇女机构、妇女组织负责人、女企业家等 100 多人出席了论坛。

全国妇联主席、中国东盟协会会长顾秀莲在开幕式上致辞说：

（出顾秀莲音响）

"中国与东盟有着共同的需要，共同的利益，这是联系我们的重要纽带，使我们在过去的 15 年越走越近，越走越亲，使得我们今天一同把握机遇，互利合作，牵手发展。中国与东盟有着共同的未来，因为我们有着共同的期望和共同的奋斗目标。让我们强化合作意识，坚定合作的信心，提高合作的水平，促进妇女的进步与发展，为建设一个持久和平、共同发展的亚洲而努力。"

本届论坛的主题是"加强妇女合作，促进共同发展"。围绕这一主题，中国和东盟 10 国的妇女代表将就如何发挥妇女在经济建设中的作用、加强妇女在社会文化发展中的作用、加强中国东盟各国妇女间的经济合作等议题进行探讨，并通过了《中国—东盟妇女友好宣言》。

论坛结束后，柬埔寨的妇女代表团团长、柬埔寨妇女事务部部长英甘塔·黛微接受了中国国际广播电台记者的采访。

（出英甘塔·黛微的采访音响）

记者：您对在这次博览会期间，中国全国妇联主办的首届"中国—东盟妇女论坛"有何评价？

英甘塔·黛微：柬埔寨妇女代表团有幸得到中国全国妇联的邀请来参加此次"中国—东盟妇女论坛"，此次论坛将有助于促进我们彼此间在妇女问题方面的合作与交流，进一步提高妇女的社会地位。

记者：请问柬埔寨政府是如何解决妇女问题来进一步提高妇女地位的呢？

英甘塔·黛微：目前，柬埔寨妇女工作的重点是提高妇女的经济地位。我认为在经济方面，女性和男性拥有同等的能力和地位。只有当妇女们有了自己的经济能力，才能成为自强、自立的个体。柬埔寨政府认为妇女也是国家发展建设的中坚力量，因此我国在出台"四方"政策中也制定了解决妇女问题的相关举措，这就体现了我国政府要改善妇女现状的极大决心。除了提高妇女的社会地位和增强妇女的经济能力以外，我们还要采取措施保护妇女的权益。譬如说我们通过了一些专门的法律用于抵制家庭暴力和保护受害者，我们向妇女们传授科学的知识，让她们懂得更好地照顾孩子，更好地保障自己的健康。

记者：您是如何看待中国与东盟各国妇女间的合作的呢？

英甘塔·黛微：我认为，加强中国与东盟各国妇女间的合作对妇女的发展具有积极的推动作用。

各位听众朋友，今天的特别节目到此结束，明天我将接着为您播报南博会的最新情况，再会！

串联词：中文（男声　不配乐）：欢迎收听中国国际广播电台与广西人民广播电台联合制作的《中国与东盟》特别节目，以上是柬埔寨语广播，下面请听印尼语特别报道。

（《中国与东盟》特别节目印尼语节目片头）

印尼咖啡意欲打开中国市场（译文）

印度尼西亚出口咖啡历史悠久。正在中国南宁举办的第三届中国—东盟博览会上，咖啡也当之无愧地成为了众多印尼参展商品之一。

轮船公司是印尼著名的咖啡企业，这家公司生产的咖啡产品约占据了印尼国内咖啡市场一半的份额。元帅咖啡是轮船公司所生产的众多产品之一，也是该公司在中国市场重点推广的一个产品。在展会现场，元帅咖啡品牌经理李赞华接受了中国国际广播电台记者的采访。

（出李赞华的采访音响）

记者：能否介绍一下元帅咖啡是怎样进入中国市场的？

李赞华：大概在 1998 年的时候，我们以零食产品敲开了中国市场的大门。但是，我们进入中国市场之后感觉不是很理想，因此我们开始在中国销售咖啡豆。我们的咖啡豆从印尼进口，然后在上海加工和销售。我们的产品主要销售到酒店、餐厅和咖啡店。

记者：贵公司在华是否有合作伙伴呢？

李赞华：没有，我们全部是国外投资。

记者：中国消费者是否青睐印尼咖啡呢？

　　李赞华：印尼咖啡以其良好的质量著称，比如来自苏门答腊的 Mandeling 咖啡，来自苏拉威西的 Toraja 咖啡等等。但是，现在中国市场的竞争很激烈，除了来自印尼的咖啡，在中国市场上还有来自意大利的咖啡。因此，一直以来在中国市场推广我们的咖啡的确有一些难度。可以说，中国的咖啡爱好者没有印尼多，而中国咖啡市场的竞争远比印尼激烈。

　　记者：你们是怎样在中国市场推广元帅咖啡的呢？

　　李赞华：一个新产品的推广是需要时间的，可以说到目前为止我们的咖啡还不是很出名，但是我们正在努力。我们的推广一般是在零售店、超市进行的。

　　记者：这次参加中国东盟博览会的目标是什么呢？

　　李赞华：事实上，我们这次参加博览会主要是对我们的上级公司——轮船公司进行宣传。我们希望在这次博览会上可以找到能够帮助我们轮船公司其他产品打进中国市场的经销商。

　　印尼咖啡生产商渐渐地意识到现在正是打入中国市场的时候，印尼咖啡出口商协会的卓尼和苏米达也同样意识到了这个问题。不过，对于这次博览会他们并没有定下过高的目标。

　　（出卓尼和苏米达的采访音响）

　　卓尼：我觉得更为重要的是让喜欢饮茶的中国人更多地了解咖啡文化。他们问我"这咖啡经过研磨没有？"我说，还没有，这咖啡还是生的。所以我认为应该让更多的中国人对咖啡有所了解。

　　记者：印尼咖啡的优势体现在哪里呢？

　　卓尼：在国际市场上，我们拥有顶级咖啡品种，特别是北苏门答腊的 Mandeling 咖啡，来自苏拉威西的 Toraja 咖啡以及来自楠榜的 Tobusta 咖啡。

　　苏米达：我们的咖啡不施肥，因此我们的咖啡是有机的。越南等国的咖啡产量很高，在这些国家一公顷的土地可以产 2 至 3 吨的咖啡，而在印尼，一公顷土地最多产 700 千克至 1 吨的咖啡。

　　卓尼：除此之外，印尼咖啡的味道香醇，口感很好。

　　尽管要想将产品打入中国市场必须面临许多竞争和挑战，印尼的咖啡生产商们仍十分踊跃。来自棉兰的印尼咖啡也参加了这次博览会。他们已经成功地开拓了香港市场，并且每年在香港有 10 个集装箱的销量。他们现在正在寻找能够把他们的咖啡带到中国消费者面前的经销商。当被问到如何把咖啡文化带到更习惯于饮茶的中国人面前时，他们还是很乐观的。

（出米纳瓦蒂的采访音响）

印尼咖啡出口市场部的米娜瓦蒂说："根据我们在上海的经验，消费者还是很喜欢咖啡的。我们在上海销售小包咖啡的时候，出现了争抢的局面。因此，我认为消费者还是很喜欢咖啡的。"

听众朋友们，我们期待着在中国市场看到越来越多的印尼咖啡，让中国消费者和印尼咖啡企业都得到越来越多的实惠。

以上是中国国际广播电台记者从南宁"中国—东盟博览会"上为您发回的特别报道。

串联词：中文（男声　不配乐）：欢迎收听中国国际广播电台与广西人民广播电台联合制作的《中国与东盟》特别节目，以上是印尼语广播，下面请听马来语特别报道。

（《中国与东盟》特别节目马来语节目片头）

"中国—东盟博览会" 签署首批十大经贸合作项目（译文）

（开始曲出）

听众朋友们，欢迎收听《中国与东盟》特别节目！我是张哲。

第三届"中国—东盟博览会"昨天（10 月 31 日）上午在中国广西南宁拉开了帷幕。同一天，本届博览会首批十大经贸合作项目签约仪式在南宁青秀山霁霖阁举行。中国商务部长薄熙来、与会的东盟十国经贸部长或代表以及东盟秘书长王景荣共同出席了签约仪式。

据介绍，当天签署的这 10 个国际经贸合作项目总金额约 6 亿美元，项目涉及中国在东盟国家投资以及东盟国家来华投资的多个领域，包括建设、水电、节能、纺织、水产、粮油、医疗等方面。签约企业分别来自东盟十国以及中国北京、上海、广东、广西等省区市。

中国商务部长薄熙来当天在签约仪式结束后接受记者采访时表示，中国和东盟的经贸关系近年来取得了突飞猛进的发展，每年双边贸易的增长幅度都很大，今年的增长幅度预计将达到 20% 以上。双边的进口和出口都很旺盛。

他说：

（音响1：薄熙来讲话，汉语）

"（从）中国和东盟（的经贸关系上）来说，我们现在是贸易逆差，大概去年有200多亿美元的贸易逆差。但是，我们希望看到这种状态，我们希望更多地进口东盟的货物和产品，因为中国的市场广大。我们愿意（与东盟）互惠互利，而且愿意让东盟的经济界看到，中国广大的市场，能够给东盟带来切实的利益。"

据悉，在博览会期间，中国和东盟国家还将陆续签署一批重要经贸合作项目。

在谈到东盟和中国在投资领域的关系时，出席签约仪式的东盟秘书长王景荣认为，本次中国—东盟系列峰会的举行将进一步促进双边的投资贸易。他说：

（音响2：王景荣讲话，英语）

"近年来，东盟与中国之间的相互投资飞速增长。正如中国国务院总理温家宝以及东盟各国领导人所说的，中国和东盟正在积极推进贸易投资自由化，因此双边投资也在不断增加。我相信，中国和东盟各国领导人在本次系列峰会上进行（有益的）磋商，将进一步促进双边的直接投资。这对我们（东盟国家）来说很有好处。"

在回答记者提问时，薄熙来坦言，目前东盟各国对中国的投资要大于中国对东盟地区的投资。但他同时表示，今后这种投资将是双向的。他说：

（音响3：薄熙来讲话，汉语）

"中国的经济已经越来越成熟，而且有越来越多的中国企业愿意到东盟去投资。（双方）贸易和投资合作的领域将不断地拓宽。同时在服务领域，（双边贸易关系）发展得非常成功，双向旅游发展非常好。我相信，中国和东盟的经济贸易关系以及文化合作，在新的时代都会有更大的发展。"

在当天签署的10个经贸合作项目中，包括了马来西亚SSF集团在广西北海市投资的水产专业市场项目。该项目投资金额约为4400万美元。出席签约仪式的马来西亚国际贸易和工业部长拉菲达（女）在接受记者采访时表示，她对马中贸易发展前景充满信心。她说：

（音响 4：拉菲达讲话，马来语）

"马来西亚和中国的经贸关系发展得很好，在过去 10 年间，双边贸易额增加了数倍之多。我认为，今后（双边贸易额）将不断增长，因为双方还有很多合作的空间。我们每年都会来中国（参加'中国—东盟博览会'），以进一步促进两国的贸易和投资。"

在总结她此次对南宁的访问时，拉菲达表示：

（音响 5：拉菲达讲话，马来语）

"此次访问进一步增进了马来西亚与中国的关系，尤其是在经贸领域。（在投资贸易方面），我们将继续鼓励本国企业家到对方国家去投资。在商品贸易方面，我们有很多互补性。'中国—东盟博览会'的举办，就为我们提供了一个很好的商品交流的机会。同时，我们也欢迎中国的企业家到马来西亚参观访问，增进对相互需求的了解。"

串联词：中文（男声　不配乐）：欢迎收听中国国际广播电台与广西人民广播电台联合制作的《中国与东盟》特别节目，以上是马来语广播，下面请听泰语特别报道。

（《中国与东盟》特别节目泰语节目片头）

采访参加第三届"南博会"的泰国高官和展商（译文）

听众朋友们大家好！欢迎收听今天的《中国与东盟》特别节目。

各位听众！昨天开幕的第三届"中国—东盟博览会"及投资峰会今天已渐入高潮，各国高官、展商以及参展人士云集南宁，各项主题活动都已逐步展开。"南博会"究竟在促进中泰两国经贸关系方面起到了怎样的作用？投资峰会进展如何？本届"南博会"已经取得了怎样的成果？本台记者就这些问题采访了与会的泰国政府高官以及参展客商。下面请听详细报道：

10 月 31 日中午，正在南宁参加第三届"南博会"系列活动的泰国商务部长盖格·吉拉派先生接受了本台记者的采访。在谈及"中国—东盟博览会"及投资峰会的作用以及中泰双边贸易的前景时,盖格·吉拉派表示:

(音响1:盖格·吉拉派讲话,泰语)

"我今天非常高兴,因为这届'南博会'又将取得很好的效果。事实上,此前两届我也都以商务部次长的身份来参加过,亲眼目睹了'南博会'的成长,可以说越办越有成果,很值得高兴。泰中两国的经贸关系,在过去的15年中一直保持了很好的态势,今年双边贸易额更是增长了30%多。这与包括'南博会'在内的诸多机制的促进作用是分不开的。今后两国经贸关系还将继续加速发展。"

与此同时,第三届"中国—东盟投资峰会"也在紧锣密鼓地进行着。作为投资峰会重要组成部分,今天开幕的"中泰投资机遇研讨会"成为了各方瞩目的焦点。这次研讨会吸引了中泰两国政府商务部门官员、相关领域专家学者以及企业家二百余人与会,就如何拓展双边投资领域,促进双边投资进行了深入探讨。会上,本台记者采访了泰国国家投资促进委员会秘书长沙提·禅超瓦绳,他高度评价"中国—东盟投资峰会"的举行,他说:

(音响2:沙提·禅超瓦绳讲话,泰语)

"从第二届'南博会'及投资峰会开始,我们泰国国家投资促进委员会就开始参与主办这个'中泰投资机遇研讨会',今年已经是第二届了。研讨会的宗旨就是为两国企业拓展相互投资的领域,寻找更多投资的机会。投资峰会使两国政府官员和专家学者有机会聚在一起,为投资者创建更好的投资环境。投资者既有机会更好地了解对方国家的投资环境,又可以结交朋友,寻觅商机。从上届的情况来看,取得了很不错的效果。例如泰国的正大公司就确定了好几项在广西南宁的投资项目,有的项目现在已经具体实施了。这些都是实实在在的成果。"

在谈到中泰两国投资贸易方面尚需解决的问题时,沙提·禅超瓦绳表示:

(音响3:沙提·禅超瓦绳讲话,泰语)

"可以说最大的问题是有投资意向的企业家对对方国家投资环境的缺乏了解,这种不了解是双向的。其实泰中两国政府可以说为外来投资者营造了很好的环境，甚至某些方面还要优于本国投资者。投资者有了很好的投资方向，资金充足，可是就因为对政策法规方面的风险无法评估，往往会踟躇不前。而'中国——东盟投资峰会'正是解决这些问题的好途径。"

虽然本届"南博会"刚刚开幕一天，但是已经取得了"开门红"。10月31日中午，第三届"南博会""第一次中国—东盟大宗投资项目签约仪式"在南宁市雾霖阁山庄举行。来自中国和东盟十国的20家企业的代表签署了涉及建筑、能源、食用油和医疗卫生等领域的总值60亿美元的投资合同。其中既有中方对外投资，也有东盟对华投资。可以说是本届"南博会"及投资峰会的第一个重大成果。

来自泰国的友成糖业有限公司总裁宋通·翁古宋吉先生这次来广西投资办厂。在参加完签约仪式后，他接受了本台记者采访时表示他是"南博会"的"老客户"了，每次来都有新的收获。

（音响4：宋通·翁古宋吉讲话，泰语）

"这是我第三次来参会了。今天能够签订这个价值7亿元人民币的大项目我感到很自豪。我在广西投资兴建的糖厂采用世界上最先进的技术，集制糖、发电等产业于一身，不仅能带来经济效益和就业机会，还将解决能源短缺的问题，多方面地促进经济社会的发展。因此，我受到了广西政府的大力支持，为我提供了很多优惠条件。今后我还要投资建设更多的项目。"

听众朋友，相信今后几天的"中国—东盟博览会"及投资峰会还将为中国和东盟各国的企业家提供更多的合作机会，促成更多的合作项目。

串联词：中文（男声　不配乐）：欢迎收听中国国际广播电台与广西人民广播电台联合制作的《中国与东盟》特别节目，以上是泰语广播，下面请听缅甸语特别报道。

（《中国与东盟》特别节目缅甸语节目片头）

访缅甸妇女联合会秘书长（译文）

听众朋友们大家好，我是主持人钦埃。近日，首届"中国—东盟妇女论坛"在广西举行。来自中国和东盟各国的中国妇女机构、妇女组织负责人和女企业家100多人欢聚一堂,参加了此次论坛。本届论坛的主题是"加强妇女合作,促进共同发展"。在今天的《中国与东盟》特别节目里,我们的前方陈记者采访了前来参加首届"中国—东盟妇女论坛"的缅甸妇女联合会秘书长杜钦玛彤博士(下简称"杜")。秘书长在接受记者采访的时候,我们还能听到一旁妇女代表们欢快的交谈声和笑声。相信这些妇女代表们通过这几天的互相了解和接触,已经结下了深厚的友谊。可见,这次"中国—东盟妇女论坛"确实为中国与东盟各国的妇女提供了一个良好的交流平台。下面就请听众朋友们收听我台前方记者在现场的采访吧。

(访谈音响出——)

陈:秘书长女士您好,请向我们的听众朋友做一下自我介绍吧。

杜:大家好,我是缅甸妇女联合会的秘书长。我叫杜钦玛彤。

陈:您好,欢迎您参加首届"中国—东盟妇女论坛"。

杜:谢谢,我很高兴能来参加此次盛会。

陈:请问这是您第一次来中国吗?

杜:不是的,这是我第二次来中国了。

陈:第一次是?

杜:去年我在北京参加过一个妇女会议,那是我第一次来中国。

陈:这是您第二次来中国,您一定感受到了中国正在发生的变化和生机勃勃的发展,就请先谈谈您眼中的中国吧。

杜:好的。中国近年来的发展变化举世瞩目。去年我到北京的时候就亲眼见证了中国现代化建设的巨大成就。这是我第一次来南宁,这里风景秀丽、绿树成荫、鸟语花香,舒适的环境让人心旷神怡。另外,好客的南宁市民也让我印象深刻。

陈:秘书长此次前来参加首届"中国—东盟妇女论坛"的主要目的是什么呢?

杜:前来参加本届妇女论坛的主要目的是为了增进东盟各国之间以及东盟与中国之间的友谊,尤其是为了增进各国妇女之间的友谊。同时,本次论坛也将推动本地区各国在妇女权益保护、妇女发展等问题上进行更好的交流与合作。

陈:中缅两国是山水相连的友好邻邦,两国的"胞波"情谊源远流长,缅甸也是与中国一起提出"和平共处五项原则"的国家，请您简单谈谈缅甸妇女在这方面都有些什么样的看法吧。

杜： 中缅两国有着良好的传统友谊、相近的文化传统和习俗，而且同是发展中国家。两国一起提出的"和平共处五项原则"不仅是两国友谊的见证，更是两国在新时期进行合作的基础。相信在"和平共处五项原则"的指导下，两个友好邻国的友谊会得到进一步推进，两国的合作能更加深入，共同发展的前景也将更加美好。作为在社会发展中起到重要作用的妇女，我们也一定能从两国的合作、交流与发展中受益。

陈： 我很赞同。现在，整个中国都在全力以赴地筹备2008年第29届奥运会。如果有机会，秘书长是否也会来北京观看这个体育盛会呢？

杜： 当然了，亲历奥运现场是很多人的梦想，我也不例外。如果有机会的话，我一定要到北京去观看2008年奥运会。

陈： 非常欢迎。秘书长在缅甸的时候是否听过我们中国国际广播电台的广播呢？

杜： 当然有听过。

陈： 您平时经常收听我台缅甸语广播的节目吗？

杜： 是的。虽然我平时工作比较忙，但是我只要一有空，就会收听CRI缅甸语广播的。

陈： 今年是CRI开播65周年。作为一名听众，秘书长女士对我台广播有什么意见和建议吗？

杜： 65年对于一个广播电台来说，是一段不短的历史了。在这65年当中，CRI广播的工作人员们为了推动世界的发展作出了坚持不懈的努力。我希望你们在今后的日子里也能不断努力，为听众提供更新更好的新闻，把CRI建设成为优秀的世界级广播电台，并为世界的和平发展与合作事业作出自己的贡献。

陈： 感谢您接受我的采访，希望到2008年北京奥运会的时候我们在北京再见。谢谢。

杜： 很高兴与你聊天，再见。

听众朋友们，以上就是我们前方陈记者对缅甸妇女联合会秘书长的采访。记者告诉我们，秘书长在接受采访时，身着蓝色的缅甸传统服装，非常优雅美丽、和蔼可亲。当记者向她介绍了南宁的传统美食后，她很高兴地表示要去尝试一下呢。好了，今天的《中国与东盟》特别节目就向您介绍到这里，听众朋友们如果对我们的特别节目有什么意见或者建议，一定要给我们来信表达您的看法。明天，我们的前方记者还会给您带来本届"中国—东盟博览会"的相关内容，节目会很精彩，听众朋友们一定要记得收听哦。

串联词：中文（男声　不配乐）：欢迎收听中国国际广播电台与广西人民广播电台联合制作的《中国与东盟》特别节目，以上是缅甸语广播，下面请听菲律宾语特别报道。

（《中国与东盟》特别节目菲律宾语节目片头）

阿罗约中国之行推进中菲交流与合作（译文）

（开始曲）

（《中国与东盟》特别节目，衬乐，15″）

亲爱的听众朋友们，你们好！我是主持人拉蒙，欢迎进入《中国与东盟》系列特别节目的第四天。

菲律宾总统格罗丽亚·马卡帕加尔·阿罗约于昨晚（31日晚）结束了其历时五天、足迹遍及五座城市的中国之行后，离开了南宁，返程回国。阿罗约总统访华期间，中菲签订了一系列旨在进一步增强双方各领域交流与合作的协定。

对于阿罗约此次中国之行取得的各项成果，随行官员之一、菲律宾投资署常务署长塞勒丝德·伊拉绀女士评价说，双方达成的一系列协定展示了中菲合作历程的又一个美好的开局。她说：

（音响1：伊拉绀女士讲话入，菲语，12″）

"（阿罗约总统）此次访华（期间），中菲双方签订了一系列涉及经贸等领域的协议。我认为这为两国各界在各领域的交流和合作树立了一个很好的开端。根据这些协定，在未来的几年内，我们将在菲律宾的各领域更多地看到中国企业的身影。"

在阿罗约总统开始其中国之行的前夕，我们就此采访了菲律宾驻华大使。

大使介绍说阿罗约总统希望通过此次访问，不仅进一步推动双方中央政府在经贸领域的合作，同时能够加强两国民间以及地方政府间的友好往来。可以说，阿罗约总统刚刚结束的中国之行达到了预期目标，收获颇丰。双边达成的一系列涉及新能源、矿产开采、基础设施建设以及旅游合作等方面的协定都很好地证明了这一点。

31日中午，在南宁举行了中国—东盟重大项目签约仪式。东盟十国的每一个成员分别有一个项目与中方签署。其中中菲项目的合同金额超过3500万美元，两家签约公司分别是中方的中工国际工程股份有限公司（以下简称"中工国际"）和菲方赞博诺尔德生物能源公司（以下简称"赞博诺尔德"）。作为项目总承包商，"中工国际"负责为"赞博诺尔德"建造厂房、调试设备和并提供技术支持，而后者则利用厂房和设备通过压榨甘蔗提取新能源。菲律宾贸工部副部长斐里希塔斯·瑞叶丝女士代表菲律宾政府出席并见证了上述签约仪式。在出席完签字仪式后，瑞叶斯女士欣然接受记者的采访。她说，这项有关生产替代能源的项目必将惠及众多的菲律宾民众，而她刚刚经历的场景，也会如其他中菲合作项目一样被记入两国友好关系的史册。瑞叶丝女士表示：

（音响2：瑞叶丝女士讲话入，菲语，25″）

"很荣幸能够出席并见证'赞博诺尔德'总裁何塞·里叶斯先生与'中工国际'的代表共同签署合作协定。我认为，里叶斯先生可以被看作是菲律宾众多企业家的代表，通过他们，我们看到了中菲两国交流与合作的事实、成果和美好的未来。"

同一天，在南宁国际会展中心举行的一场菲律宾投资机会说明会上，记者也亲眼目睹了另一个中菲合作项目的签订。根据该项目，中方公司将总投资2500万美元，与菲方合作开发菲律宾南部省份的矿产资源。

阿罗约总统访华期间，除了上述两个协定，菲律宾华商联总会与中华全国工商联合会还签订了谅解备忘录，旨在推动双边民间经贸往来。此外，中国的江西省和菲律宾的波荷省也签订了《波荷省河江西省关于进一步加强友好交流的协议》。这份框架安排确定了两省的友好省份关系。

近年来，在中菲双方共同努力下，两国贸易额大幅增长，增长速度位居中国与东盟成员国双边贸易增长幅度之首。去年（2005年），中菲贸易额超过176亿美元，同比增长31.7%。其中，菲律宾对中国出口总额为128.7亿美元，进口总额为 46.9 亿美元。

虽然中国对菲贸易承受着较大幅度的逆差，但是由于种种原因，菲律宾对中国的投资要远远高于中国对菲律宾的投资。

阿罗约此次出访中国期间，她曾在多个场合，向中国企业发出了诚挚的邀请，欢迎他们赴菲律宾投资。

（音响3：阿罗约在第三届"中国—东盟商务与投资峰会"开幕式讲话出，英文，21″）

"中国和菲律宾两国关系正处于前所未有的高度。菲律宾与中国的关系是菲律宾最重要的对外关系之一。在此，我邀请中国增加对菲律宾的投资。"

阿罗约总统的期望得到了温家宝总理的积极回应。温总理在第三届"中国—东盟商务与投资峰会"开幕式致词中承诺，尽管中国对东盟贸易承受着逆差，中国仍将进一步向包括菲律宾在内的东盟各国开放市场，并继续鼓励中国企业家增加对东盟市场的投资。

中国商务部部长薄熙来重申了中国政府的上述立场。在参加完本届"中国—东盟博览会"重大项目签约仪式后，薄部长接受了记者的采访。他表示：

（音响4：薄熙来部长讲话出，中文与配音渐混）

"我们希望更多地进口东盟的产品，因为中国的市场非常广大。中国改革开放以来，尤其是前二十年，可以说基本是东盟对中国的投资，包括马来西亚、新加坡、印度尼西亚和菲律宾，对中国都有比较大的投资。但是今后，这种投资会是双向的，（因为）中国的经济越来越成熟，而且越来越多的中国企业愿意到东盟投资。"

亲爱的听众朋友们，今天的特别节目到这里就要结束了，感谢您的收听，明天见！

（网站推介16″）

（节目结束曲）

中文、8种外语依次：以上是中国国际广播电台和广西人民广播电台联合制作的《中国与东盟》特别节目，欢迎您每天 12：00～13：00 和 22：00～

23：00收听。

┌──────────────────┐
│ 简　　评 │
└──────────────────┘

　　《中国与东盟》特别节目在内容上包括了本届"中国—东盟博览会"及其首批重大经贸合作项目签署、首届"中国—东盟妇女论坛"举行、东盟轮值主席国总统阿罗约结束中国之行等最新活动情况；在节目形式上，不仅有对老挝总理、越南总理等东盟国家首脑的高端访谈，也有前方记者的现场报道以及与参展商的直接对话；既有总体情况的介绍和分析，也不乏从小处入手、以小见大的报道，充分反映了中国与东盟建立对话伙伴关系 15 周年以来双方在各领域的关系取得的进展，以及本次"三会"的举行对推动双方关系进一步发展的重大意义。

　　此外，本节目有不少创新之处：

　　一、该节目是多语种节目特别是东盟国家非通用语节目第一次在国内调频广播中集中落地，开创了在境内开展对外宣传的成功范例；

　　二、该节目为我台与地方电台开展外宣合作提供了一种可资借鉴的模式，在充分发掘地方外宣资源、加强与地方合作等方面都获得了不少有益的经验。

　　该节目同时使用 8 种语言制作特别节目，搭建了一个颇具创意的节目平台；八个语言部的记者在此平台上充分展示了我台的语言优势，也展示出语言部记者的新闻采访和节目制作水平，令人耳目一新。

胡锦涛主席出访肯尼亚

新闻中心 英语中心 华语中心 西亚非中心

《录音专访》：中国驻肯尼亚大使畅谈中肯关系

中国国际广播电台！各位听众，中国国家主席胡锦涛将于本月 27 日至 29 日对肯尼亚进行国事访问。日前，本台驻肯尼亚记者陈永华、隋艳霞、谢意就目前中肯关系采访了中国驻肯大使郭崇立先生。下面请听详细报道。

郭崇立大使说，中肯友谊历史悠久，可追溯到中世纪。1405 年，中国航海家郑和率领远洋舰队抵达东非中海岸，访问了港口城市蒙巴萨和马林迪。1963 年 12 月 14 日，肯独立仅两天，中国就与之建立了外交关系。建交以来，两国关系不断发展。目前两国关系处于历史最好水平。郭崇立说：

（音响 1：郭崇立讲话，中文）

"（近年来，中肯）双边高层访问十分频繁，成果卓著。2004 年 10 月，中国全国人大常委会委员长吴邦国访问肯尼亚。此前，2003 年 12 月份，副委员长韩启德专程来肯尼亚参加两国建交 40 周年的庆祝活动。"

去年 8 月 17 日中国国家主席胡锦涛在会见访华的肯尼亚总统齐贝吉时曾表示，巩固和加强中非友好合作关系是中国外交政策的重要组成部分。中国愿与包括肯尼亚在内的非洲国家一道，把中非新型伙伴关系推向更高的水平。今年年初，中国政府又发表了对非政策文件。作为一名资深外交官，郭崇立大使对这一文件深有体会。

（音响 2：郭崇立讲话，中文）

"50 年前，中国与埃及首先建立了外交关系，开创了中国与非洲国家外交关系的先河。今年 1 月份，中国政府正式发表《中国对非政策文件》。这是中国政府第一次发表对非洲政策文件。"

郭大使说，50 年来，国际形势和中非各自情况都发生了很多变化，但中非合作的基础没有变，中非双边都强烈希望在新的历史条件下能够进一步发扬中非友好传统，谋求共同发展进步。与此同时，中肯两国经贸合作也有了快速发展。

（音响 3：郭崇立讲话，中文）

"2005 年，中肯贸易额达 4.75 亿美元，而 2003 年，两年前，两国贸易额为 1.8 亿美元，增长了两倍多，是高速的增长。"

两国建交以来，中国政府向肯尼亚政府提供了一系列经济援助，这些援助是没有任何附加条件的，表达了中国政府和人民对肯尼亚政府和人民的深情厚谊。打井供水、修建公路和医院等许多援助项目得到了肯尼亚政府和人民的高度评价。齐贝吉总统访华期间，中方再次向肯提供 6000 万人民币无偿援助。今年初，肯政府利用中方 4 亿人民币优惠贷款进行农村通讯网和城市电网改造。

除此以外，中肯两国在文化和教育等领域的交流也不断加深。郭大使介绍说，2005 年底，中肯共同兴建的内罗毕大学孔子学院正式挂牌，成为非洲第一家孔子学院。2006 年 1 月 28 日，中国国际广播电台第一个海外调频台在肯尼亚首都内罗毕正式开播，这是两国文化交流史上的又一盛事。郭崇立说：

（音响 4：郭崇立讲话，中文）

"我认为，国际台内罗毕调频台的正式开播，为中肯两国文化交流开辟了一个先河，具有里程碑式的意义。"

郭崇立说，在此之前，只有美国之音等三家西方电台在肯尼亚广播，中国国际广播电台内罗毕 91.9 调频台正式开播后，内罗毕听众就有机会收听来自东方的声音，内罗毕成为东西方文化交汇之所。

《录音报道》：胡锦涛会见内罗毕孔子学院师生

正在肯尼亚进行国事访问的中国国家主席胡锦涛 29 日在内罗毕下榻的饭店会见了内罗毕孔子学院的师生。孔子学院是中国有关部门为满足越来越多的外国人学习汉语的需要而设立的。内罗毕孔子学院于 2005 年 12 月正式建立，是非洲的第一家孔子学院。目前学院有 25 名学生，4 位教师。下面请听本台特派记者张晖发回的录音报道。

会见大厅里洋溢着欢乐的气氛，墙壁上悬挂着"胡主席，孔子学院师生欢迎您！"的横幅，27 名参加会见的肯尼亚师生身着盛装早早来到这里，等候着胡锦涛主席。

（音响 1：学生中文欢迎声，压混）

当地时间 9 时 20 分左右，胡锦涛主席步入会见大厅，师生们挥舞着中肯两国国旗，用字正腔圆的中文高呼"欢迎，欢迎，热烈欢迎！"。胡锦涛同生们亲切地握手。茹丝同学代表学院全体师生致词。她用流利的中文热烈欢迎胡锦涛主席访问肯尼亚，衷心感谢胡主席会见内罗毕孔子学院的师生。她说：

（音响 2：茹丝讲话，中文）

"我们是内罗毕孔子学院的第一批学生。我们非常喜欢学习汉语，也非常热爱中国文化。中国是一个伟大的国家，有着悠久的历史和灿烂的文化。我们的中国老师很热情，在这里，我们学到很多知识。我们希望将来到中国留学，希望为肯中友好合作贡献力量。"

接着，学生们高举"学好汉语，架设肯中友好之桥"的横幅，演唱了中国名歌《茉莉花》。

（音响 3：齐唱茉莉花）

胡锦涛也和师生们一起唱起来。（歌声渐扬）
唱完歌，胡锦涛主席与学生们用中文亲切地交谈：

（音响 4：对话）

学生："胡主席我可以提个问题吗？我们的《茉莉花》唱得好吗？"
胡："好，这是我家乡的一首歌，你们不仅唱得好，而且有中国味。"
（笑声）

胡锦涛还询问了学生们学习汉语的情况。

（音响 5：对话）

胡："你喜欢学习汉语吗?"　　　　　　　学生："喜欢!"

胡："学了多长时间啦?"　　　　　　　　学生："三个月。"

胡："他们（学生们）都没去过中国吗?"　老师："都没有。"

胡："你们知道中国有长城吗?"　　　　　学生："是。"

胡："想到长城去看看吗?"　　　　　　　学生："是。"

胡："欢迎同学们把汉语学好，在学好汉语　学生："谢谢!"
　　以后到中国走一走，看一看。"

胡锦涛对师生们说，他非常高兴同内罗毕孔子学院的师生们见面，

（音响 6：胡讲话出）

"特别是在肯尼亚听到大家讲中国话，唱中文歌，感到十分亲切。内罗毕孔子学院是非洲第一家以孔子命名的汉语教学机构。内罗毕孔子学院的设立，是中国同肯尼亚加强文化交流合作的具体体现，有利于增进肯尼亚人民特别是青年朋友们对中国和中华文明的了解，有利于增进中肯两国人民的友谊。"

胡锦涛还把中国古代大思想家、教育家孔子的三句话赠送给师生们：

（音响 7：胡讲话出）

"第一句话是：希望孔子学院的同学们'学而不厌'，深入了解中国文化；第二句话是：希望孔子学院的老师们'诲人不倦'，认真向学生们传授知识；第三句话是：'后生可畏'。我相信，肯尼亚青年朋友通过勤奋学习和不懈努力，一定能成为有用之材，为中肯友谊的发展作出贡献。"

会见后，胡锦涛向内罗毕孔子学院赠送了《新世纪汉英大词典》和教学用品。一名肯尼亚学生代表孔子学院师生向胡锦涛赠送了一本介绍肯尼亚的画册，画册上有全体师生的签名。最后胡主席对孔子学院中国老师说：

（音响 8：胡讲话出）

"我一到（内罗毕）就听见电台（指国际台内罗毕调频台）里学生讲汉语，唱中国歌，今天又面对面地听到，感谢院长先生对办好孔子学院的

支持。"

随后，胡锦涛主席同师生们一起合影留念，师生们依依不舍地与跟胡锦涛主席告别。会见后，一名女学生激动地告诉记者：

（音响 9：英、中文混杂）

"胡锦涛主席能亲自来看望我们，这真是一件非常好的事情，对于我们来说实在是太重要了。我们太高兴啦。我们爱中国！"

这名学生还用中文表达了她对汉语和中国文化的喜爱：

"我学习语言学专业。我喜欢中国文化，我想做汉语教授。"

特别节目：肯尼亚人民期盼胡主席访肯将进一步 促进两国友好合作关系

主持人：亲爱的听众朋友们，欢迎收听《肯尼亚人民期盼胡主席访肯将进一步促进两国友好合作关系》特别节目。中国国家主席胡锦涛 27 日抵达肯尼亚开始正式国事访问。

（音响：肯尼亚人民欢迎歌舞声）

前方记者：胡锦涛主席抵达肯尼亚塔机场时，肯尼亚政府举行了盛大的欢迎仪式。肯尼亚副总统兼内务部长 Mori Awori 和外交部长 Raphel Tuju 到达机场迎接胡锦涛主席。此外，数百名身穿民族服装的肯尼亚人载歌载舞，热烈欢迎胡锦涛的到来。

胡锦涛主席在机场发表书面讲话说，肯尼亚政府和人民在维护社会稳定、增进国家团结以及促进地区一体化上作出了很大的努力，因此得到了国际社会的肯定。中肯关系发展良好，两国将进一步拓展各个领域的友谊与合作，并在国际事务中加强协调与合作，这必将更好地维护中肯两国利益以及所有发展中国家的利益。

在访问中，胡锦涛主席将就两国关系和双方共同关心的问题与肯尼亚总统齐贝吉交换意见。28 日晚，齐贝吉总统在 State House 举行晚宴欢迎胡锦涛主席。在晚宴上，齐贝吉总统发表讲话说：

（音响：齐贝吉总统讲话）

"我很高兴在今天早上与胡锦涛主席举行了会谈。在会谈中，双方一致同意将进一步加强中肯合作。中肯合作日益发展，今年，中国国际广播电台调频台在肯尼亚内罗毕开播，内罗毕大学开设了孔子学院，这些都将促进中肯两国人民之间的相互了解与交流。"

前方记者：胡锦涛主席随后发表讲话，他说：

（音响：胡锦涛主席讲话）

"这是我第一次访问贵国，自踏上贵国土地那一刻起，我们就沉浸在肯尼亚人民与中国人民的友好情谊之中。中国愿不断增进与包括肯尼亚在内的非洲国家的传统友谊。"

主持人：29 日早晨，胡锦涛主席参观了肯尼亚内罗毕大学的孔子学院。下面是前方记者发回的报道。

前方记者：今天早晨 9 点 30 分，胡锦涛主席来到内罗毕大学孔子学院看望学生们。胡锦涛主席到达时，25 名学院的学生列队欢迎主席的到来。

（音响：学生欢迎声）

"欢迎！欢迎！热烈欢迎！……"

前方记者："huanyin"在中文里意为欢迎。学生代表发言说：

（音响：学生发言）

"我谨代表内罗毕孔子学院学生，热烈欢迎您来肯尼亚访问。我们是孔子学院的第一批学生，我们非常喜欢学习中文，我们也喜爱中国的文化，我们希望有一天能有机会到中国学习，为中肯友谊与合作作出贡献。现在，我们为您唱一首中文歌曲《茉莉花》。"

（音响：学生歌声）

前方记者：胡锦涛主席非常高兴听到中国的著名歌曲《茉莉花》，他与学生们亲切地交谈。

（音响：学生们与胡主席交谈）

学生："您觉得我们《茉莉花》唱得好吗？"
胡主席："唱的好！"
学生："谢谢！"
胡主席："想到长城去看看吗？"
学生："当然！"
胡主席："好！欢迎同学们把汉语学好。在学好汉语以后啊，到中国去走一走、看一看。"
学生："谢谢！"

前方记者：随后，胡锦涛主席向学生们赠送了英汉字典，以帮助他们学好中文。在会后，其中一位学生手持英汉字典，告诉记者说：

（音响：学生谈话）

"胡锦涛主席鼓励我们学习中文，我们感到很高兴，我们将更加努力地学习中文。我们也非常感谢胡主席赠送我们字典帮助我们更好地学习。"

关于胡锦涛的此次出访，中国驻肯尼亚大使郭崇立在接受我台记者采访时说，中肯友谊历史悠久，1405年，中国著名航海家郑和带领船队，到达了东非沿海的港口城市蒙巴萨和马林迪。1963年12月13日，肯尼亚独立后仅两天，中肯两国就建立了外交关系。自此以后，中肯友谊日益发展。如今，中肯友谊又上升到了一个新的台阶。郭大使说：

（音响：郭崇立大使）

"所以这个方面的高层互访很频繁，而且成果是卓著的。在过去50年里，世界上发生了很多变化，包括在中国和非洲。但中非友好的基础没有改变。双方希望在新的时期继续促进传统友谊的发展以及双方的共同发展。此外，中肯经贸往来飞速发展。"

主持人：郭大使说，在过去的50年里，世界上，中国和非洲都发生了许多变化，但是中非合作的基础没有改变，双方都希望在新的历史时期加深中非间的传统友谊，共同进取。此外中非经贸合作快速发展。郭大使说：

（音响：郭大使）

"去年 2005 年中肯贸易额达到 4.75 亿美元，比 2003 年增长了两倍多。中肯两国在文化和教育方面的往来也日益增进。"

主持人：肯尼亚驻中国大使 Solotei 女士在接受我台记者采访谈到胡主席的出访时她说：

（音响：肯尼亚大使）

"胡锦涛主席对肯尼亚的访问显示了中肯两国良好而重要的关系。我们看到胡主席的此次访问将有助于肯中两国关系的发展。去年肯尼亚和中国在肯尼亚内罗毕大学共同建立起了孔子学院，教授中文、中国文化、孔子哲学思想等。中国国际广播电台在肯尼亚建立了调频广播，内罗毕及周边地区都可以收听到国际台的广播。每年都有肯尼亚学生在中国学习杂技，去年中国宣布增加非洲国家留学生在中国留学的名额，我们希望肯尼亚学生能够得到在中国大学学习的机会。

我们还希望胡主席在肯尼亚之行中能够在经济，教育，文化和其他领域签订各种协议，造福于肯尼亚人民。同时我们也期望我们肯尼亚和中国的领导人可以就与两国有关的许多问题进行磋商，例如联合国和世界安全问题。这次访问将会加深中肯两国间的友好关系和相互合作。"

主持人：得益于中肯间经贸关系的不断发展，许多中国公司已经或者即将在肯尼亚兴业，Solotei 大使说：

（音响：肯尼亚大使）

"中国与肯尼亚签署了双关税协议，另外肯尼亚政府保护外国投资，因此中国的投资者不必担心，他们去肯尼亚投资兴业是安全的。肯尼亚市场很大，它加入了东南非共同市场，中国企业可以在肯尼亚生产商品，另外肯尼亚加入了 Agoa 协议，中国公司还可以在肯尼亚开展制衣业，然后通过 Agoa 协议的途径出售产品到美国。我们欢迎中国企业在肯尼亚的科技、房产、道路建设等领域进行投资。肯尼亚政府将会采取措施为这些公司在肯尼亚投资兴业提供方便。"

主持人：肯尼亚旅游部长 Duzoro 先生在接受我台驻内罗毕记者的采访时说：

（音响：旅游部长）

"胡锦涛主席访问肯尼亚的消息让我感到非常高兴。我们旅游部将请胡主席参观 Nakulu 国家自然保护区，我将为胡主席介绍我国的自然情况，让胡主席能亲眼看看我们国家美丽的风光。我很高兴能为胡主席此行准备这些活动。"

主持人：随着中肯友谊的不断发展，中国到肯尼亚的旅游者逐年增多。Duzoro 先生说：

（音响：旅游部长）

"的确，来自中国的旅游者人数大大增加了。2002 年，来到肯尼亚的中国旅游者人数为 2600 人，2003 年增长至 4800 人，2004 年增长至 8900 人，目前中国旅游者人数有望达到 11000 人。旅游者人数不断增长，是因为中肯之间关系良好，中国人觉得肯尼亚是一个很好的旅游目的地。"

主持人：旅游业收入占肯尼亚国民收入的 12%，中国旅游者的到来，也为肯尼亚旅游业收入的增长作出了贡献，他说：

（音响：旅游部长）

"来到肯尼亚旅游的中国人并不是在中国支付相关费用，而是到肯尼亚消费，主要有出租车、宾馆、饭店等费用，购买木雕等旅游纪念品、去国家公园参观的旅行的费用等等。总之，中国旅游者对肯尼亚旅游业收入的增长有很大帮助。去年我国旅游业外汇收入为 420 亿肯尼亚先令，其中一部分就来自中国旅游者。"

主持人：Duzoro 先生说，为了吸引更多的中国旅游者，肯尼亚采取了许多措施，例如去年开设了以中文介绍肯尼亚旅游资源的网站，简化中国旅游者办理签证的手续。如今中国旅游者申请到肯尼亚旅游签证只需一天。他还介绍说：

（音响：旅游部长）

"我们还为发展旅游业改善道路设施。以前从蒙巴萨到 Majichumvi 的道路比较差，正是中国公司帮助我们修整了此条道路，此外还有许多公路也是中国人修的。此外在安全方面，旅游部还设立了警察部门——肯尼亚旅游者安全警察部队，他们专门为旅游者服务，保证旅游者的安全。所以中国人可以很放心地来肯尼亚旅游，因为有专门人员保卫他们的安全。另外肯尼亚还建设高级宾馆等等。"

主持人：Duzoro 先生说，中国人很热情，因此他计划再次访问中国。他说：

（音响：旅游部长）

"中国人的确很热情好客，他们招待客人非常周到，对人幽默、友善。中肯关系很好。以肯尼亚旅游业为例，旅游业还将促进经贸往来的发展，比如中国人来到肯尼亚建设宾馆等。随着往来的不断发展，将有更多的中国人来到肯尼亚经商，尤其是在旅游业上。

还有，中国大学设有斯瓦希里语专业，肯尼亚大学也设有中文专业，这将使中肯关系日益发展。这是也一个让人高兴的现象，斯瓦希里语在东非不断发展，在国际上的地位也在提高。语言能够促进相互之间交流。在肯尼亚有非常多的听众收听中国国际广播电台的节目，这也将促进中肯关系的进一步发展。"

主持人：听众朋友们，您刚才收听的是《肯尼亚人民期盼胡主席访肯将进一步促进两国友好合作关系》特别节目。

《热线联系》：内罗毕大学孔子学院的听众交流

主持人：今天在肯尼亚举办了一场盛会，一些来自内罗毕大学孔子学院的我们国际台斯瓦西里语广播的听众朋友参观了我们的记者站并和广电总局副局长进行了交谈，表达了他们对国际台调频91.9的期许。

主持人：你好，你是内罗毕大学的学生。你什么时候入学的？

听众：我2002年开始学业的。

主持人：你是怎么想到要学习汉语的？

听众：我很喜欢学习外语，当我听说有这样的机会，我就决定学习汉语了。

主持人：到现在你的学习进展如何？汉语对你来说应该是一门非常陌生的语言，你掌握的怎么样了？

听众：我们在努力，尽管汉语很难。

主持人：不知你是否听过中国国际广播电台的节目？

听众：听过的。

主持人：对我们你有没有一些建议，好比说是不是希望我们的节目做些调整，还有北京那边的同事们还需要注意些什么？

听众：我是学习汉语的学生，我希望你们的学汉语节目能够提前些播出，好让我们先听然后跟着学。

主持人：什么时间播出学汉语节目对你们来说更加合适？

听众：我们完成一天学习的时候吧，中午和晚上。

主持人：大概是几点钟？

听众：九十点钟的样子吧。

主持人：好的。现在，你是否愿意通过中国国际广播电台向你的家人表达问候吗？

听众：我问候一下我的孩子们，我是杰里卡。我想跟他们说，中国国际广播电台的节目很好。

主持人：谢谢！你好，女士！请问您的名字？

听众：我叫列娜。

主持人：你是什么时候开始在内罗毕大学孔子学院开始学习汉语的？

听众：我是 2004 年开始学习的。

主持人：学校里教授各种外语，比如法语、阿拉伯语等，你为什么选择学习汉语？

听众：因为我们都很喜欢学习外语，我们入学时可以选择学习任何一种外语，我决定选择学习汉语。

主持人：现在如果你到中国去的话，你可以毫无困难地交流了吗？

听众：现在还不行。

主持人：能谈谈你学习汉语的感受吗？觉得它是一门很难的语言吗？

听众：我觉得有志者事竟成。我们会努力学习汉语的，虽然学习汉语并不简单，但我们会努力的。

主持人：能否谈谈在孔子学院学习汉语的重要性？

听众：在孔子学院学习汉语和在别的学校学习汉语不太一样，孔子学院世界闻名，我想这对我们会很有帮助。

主持人：中国国际广播电台通过KBC在肯尼亚落地已经有四年，今年国际台在内罗毕开设了FM91.5调频台。你作为中国国际广播电台的听众，你觉得国际台的节目是否吸引人呢？是否希望节目在某些方面有所改进？

听众：我非常喜欢收听中国音乐节目，我喜欢音乐，所以这些节目非常吸引我。我的同学们希望能够多一些有关中国学生的节目，这样对我们的学习也会有帮助。

主持人：你愿意通过我们的节目问候一下你的亲友吗？

听众：我愿意问候我所有的亲友们，尤其是那些非常想学习汉语的朋友们，我想告诉他们要好好努力。

主持人：列娜，谢谢你的参与！你好，女士！

听众：你好！

主持人：请问你叫什么名字？

听众：我叫克莉丝汀。

主持人：在进入孔子学院之前，你已经在内罗毕大学学习过一段时间了？

听众：是的。

主持人：你在那里学习什么专业？

听众：我学习德语和国际交流专业。

主持人：你学习德语和国际交流专业，为什么决定开始学习汉语呢？

听众：我很久之前就对汉语很感兴趣了，当我听说学校开设了汉语专业以后，我就决定来学汉语了。

主持人：在学习汉语时，你有没有遇到什么困难呢？

听众：我觉得说汉语比较容易，但是书写比较难。所以我在努力学习。我觉得既然开始了汉语学习，就应该学好它。我现在能够简单的读写汉语了。

主持人：你收听中国国际广播电台的节目吗？

听众：对，我收听国际台的节目，我非常喜欢其中的斯瓦希里语广播，我喜欢新闻、问候节目、音乐等等。

主持人：你是否愿意问候一下你的亲友？

听众：我想问候一下我在中国的所有朋友，还有在这边内罗毕的朋友。我的朋友露丝在中国北京学习，我想向她表示问候，告诉她我在内罗毕孔子学院很好。

主持人：你好，女士！请问你的名字？

听众：你好，我叫玛丽亚姆。

主持人：你是第一次参加中国国际广播电台的活动吧？

听众：是的，我对中国国际广播电台表示感谢。

主持人：你觉得国际台的节目怎么样？

听众：我非常喜欢国际台的节目，它能帮助我们更好地学习汉语。我们在收听节目时，遇到听不懂的词就查一下字典。

主持人：你觉得学习汉语难吗？

听众：我很喜欢学习外语，所以我会很努力地学习汉语的。

主持人：你为什么选择学习汉语呢？

听众：因为以后可以当一名翻译，我觉得现在汉语翻译还比较少吧。我还想当一个大学老师，到中国去教授斯瓦希里语。

主持人：你和你的同学们觉得中国国际广播电台的节目如何？

听众：我们大家都很积极地收听国际台的节目。

主持人：现在请你通过我们的广播，问候一下你的亲友。

听众：我想问候一下在蒙巴萨的孩子们，还问候所有在内罗毕大学学习的朋友们，我想告诉他们要努力学习。

简　评

2006 年胡锦涛主席出访肯尼亚。我台利用在肯调频节目落地的有利形势，各部门通力合作，精心策划，主动创新，各自发挥其优势，对访问进行了全方位、多角度的报道，取得很好的宣传效果，是我台对外宣传的成功范例。

英语节目充分发挥记者才能，连续播出 13 篇口播报道，让当地听众在第一时间了解中肯领导人举行会谈和会见的情况，以及胡主席在肯尼亚的参观活动。

华语中心进行了精心策划，成功地直播了《胡主席访问肯尼亚特别报道》，并对重要消息采用及时插播的方式播出，取得良好效果。

斯瓦希里语部以访问报道为契机，与前方记者合作，连续3天播出《胡主席访问肯尼亚特别节目》，内容详实，可听性强，深受当地听众朋友的欢迎。

肯尼亚听众班布在给我台的来信中说："CRI对胡主席访肯的报道非常及时，内容也很丰富，使我们了解胡主席访问的详细情况，以及中国政府对非洲国家提供的援助，我们非常高兴。"

优秀
特别节目

一等奖

超越国界的故事
——中韩体育从碰撞到双赢

钟庆　李静　赵健　闫瑞桃

上集：赛场争锋
（2006 年 12 月 21 日播出）

（大版头）

2006 亚运会硝烟未散，2008 奥运会蓄势待发！

刘国梁："在亚洲，对中国队来说，最主要的对手还是韩国队。"

崔泳福："中国和韩国的交流对跆拳道的发展有很大的促进作用。"

岳亮："我们两个都非常喜欢下棋，是因为围棋我们俩才真正走到一起的。"

从碰撞、交锋，到互动、共赢，中韩体育演绎了一个个精彩的故事！敬请收听 CRI 中国国际广播电台与 KBS 韩国国际广播电台合作 2006 特别节目：《超越国界的故事》——中韩体育从碰撞到双赢！

金：各位听友，您好，我是金博，是 KBS 韩国国际广播电台主持人。

钟：听众朋友，您好，我是钟庆，是 CRI 中国国际广播电台华语台主持人，今天的节目由我们俩一起合作主持。

金：这些年来，KBS 和 CRI 一直保持着良好的合作关系，每年都会联合制作一个特别节目，来反映中国与韩国之间在各个领域日益频繁的交流与合作，对吧钟庆？

钟：是的，今年的合作已经是第六次了。刚才在节目一开始，各位应该已经听到我们这次合作的主题，就是体育。

金：作为在亚洲体坛同样处于领先地位的国家，中国和韩国在体育方面的碰撞交锋与合作交流是怎样的一种状况呢？面对即将到来的 2008 年奥运会，中国和韩国又有着怎样的打算呢？

钟：同时，身处其中的两国体育人对这种交锋与合作都有什么样的看法？他们之间又有着怎样的交往和友谊呢？而在他们之中所产生的跨国婚姻对他们双方的体育生涯又意味着什么呢？

金：那么，欢迎您与我们一同关注中韩体育从碰撞到双赢，一起来分享发生在两国体坛中的精彩故事——那是《超越国界的故事》。

钟：节目分上下两集播出，今天我们首先播出上集："赛场争锋"，明天同一时间播出下集"民间互动"，欢迎收听！

（音响 1）

"女播音员：〔现场掌声〕现在中国队出场顺序是：第一场王皓对柳承敏；第二场马琳对吴尚垠；第三场陈玘对朱世赫。韩国队为了准备这场和中国队的亚运会决赛已经很久了。我们来看今天的这场激战……〔现场掌声〕现在开局是3：6，王皓落后3分……"

金：现在我们听到的是第 15 届多哈亚运会的电视转播录音。在乒乓球男子团体决赛上，中国队的王皓和韩国队的柳承敏在决赛中相遇。

钟：在两年前的 2004 雅典奥运会上，柳承敏曾一举击败王皓为韩国队夺得了乒乓球男子单打的桂冠，对于他们两个人的体育生涯来说，那都是一次刻骨铭心的记忆。而这次，王皓和柳承敏在重大比赛上再次交手，这无疑会是一场紧张而激烈的拼杀。

（音响 2）

"女播音员：现在到了王皓的赛点，10：4。
男播音员：拉起来，好，侧身，漂亮！
女播音员：王皓以 3：0 的比分，先为中国队拿下了第一分！"

金：这次王皓终于不负众望，以 3：0 轻松战胜了柳承敏，为中国队夺取男子团体冠军赢得了宝贵的第一分。

（音响3）

"女播音员：搓一下！拉起来，拉直线！有啦！好球！！非常漂亮！！〔现场掌声、欢呼声……〕

男播音员：掌声献给中国乒乓球队，我们的男队又拿了一枚金牌，这是本届亚运会我们获得的第28枚金牌了……"

钟：经过三场激战，中国乒乓球男队以3∶0击败了老对手韩国队，第四次蝉联了亚运会乒乓球男团的冠军。不过，尽管中国队全胜而归，但是，作为在运动员身后运筹帷幄的教练刘国梁来说，韩国队其实并不是一个容易对付的对手。

（音响4：乒乓球馆的训练声，混）

钟：这是2006年11月底，初冬的北京，中国乒乓球男队主教练刘国梁率领他的队伍在做多哈亚运会前最后的备战。在接受我们采访时，刘国梁对韩国队是这样评价的：

（音响5：刘国梁）

"在亚洲，对中国队来说，最主要的对手还是韩国队。这么多年来，韩国队对乒乓球这个项目的贡献还是非常大的。虽说他们不像中国乒乓球队这么辉煌，但他们始终是老牌劲旅，这么多年一直跟中国队抗衡。加上韩国队在大赛当中拼得比较凶，在比赛里给中国队制造了很大的麻烦。"

金：刘国梁说得没错，虽然乒乓球号称中国的"国球"，中国乒乓球队被冠以"乒坛梦之队"、"王者之师"的美誉，但是，一步一个脚印成长起来的韩国队一直是中国队值得警惕的竞争对手。

钟：对！在1986年的首尔亚运会上，韩国队在男团和男单决赛中双双击败中国队夺冠；1998年曼谷亚运会上，韩国队的金泽洙战胜了中国队的刘国梁获得男单金牌；在2002年釜山亚运会上，韩国队包揽了男双的冠亚军；而在2004年雅典奥运会上，柳承敏击败王皓，夺走了男子单打的金牌。

金：在本次多哈亚运会上，坐在韩国队教练席上是刘南奎和金泽洙。金泽洙和刘国梁在球员时代就是老对手了。金泽洙曾一度排名世界第一，但最大的遗憾就是他未能获得一项世界级大赛的冠军。而刘国梁的成绩显然要辉煌得多，在 23 岁时就书写了中国乒乓球运动员第一个奥运会、世界杯和世锦赛冠军的"大满贯"历史。

钟：随着刘国梁担任中国乒乓球男队主教练，金泽洙也退役成为韩国队教练。在比赛中，与其说是赛场上运动员之间的较量，不如说是双方教练员之间的斗智斗勇。我们再来看看刘国梁对金泽洙的印象：

（音响 6：刘国梁）

"金泽洙一直是我们最大的对手和最大的障碍之一。我跟金泽洙对垒过很多次，对他的印象很好。因为他是一位非常敬业、非常能拼的运动员。但他唯一的遗憾，可能就是在世锦赛、奥运会，包括在世界杯当中，他都没有获得过世界单打冠军，所以比较可惜，但就他的水平来说，也具备获得冠军的实力。"

钟：那么，对于中国与韩国在国际比赛上这种频繁的交锋与对抗，双方从彼此身上得到了什么呢？刘国梁说：

（音响 7：刘国梁）

"我觉得这种交流、比赛对双方的帮助都是非常大的，特别是对韩国队。因为，韩国队以往对欧洲队的成绩并不是很好，但是，经过长时间跟中国队的对垒，近几年他们对欧洲强手的获胜率非常高，比以往更高一些。对中国队来说，经过跟韩国队的交流、学习以及比赛，从他们身上，可以看到他们拼搏的气质，加上他们的步伐、正手的杀伤力等许多独到的地方，我们从他们的这些技术、战术里面也学习到很多东西，也使得我们能够更完善、更强大一些。"

（小间奏）

金：对于与中国队长期以来的对垒和竞争，韩国乒坛宿将、曾担任过韩国男子乒乓球主教练的安宰亨，在接受我们的采访时认为，对双方来说，比赛是相互提高的最好途径：

（音响 8：安宰亨，韩语，混汉语）

"自从中国队参加了 1985 年在首尔举行的大奖赛以后，两国乒乓球开始进行了交流。到目前为止，两国都在持续不断地进行着乒乓球交流。我认为，韩中两国的乒乓球队实力的确还存在着差距。比如两国在乒乓球的普及率、对乒坛的投资、乒乓球的技术与经验等方面，中国都比韩国强很多。应该让乒乓球幼苗从小就学习中国乒乓球的技术与经验，让两国乒乓球幼苗一起进行训练，进一步扩大两国的乒乓球交流范围。"

钟：安宰亨在1989年迎娶了当时中国乒乓球女队的主力焦志敏，两人的跨国婚姻不仅成为中韩第一对乒乓球夫妻，也为韩国乒坛带来了一股中国气息。

金：无独有偶，在2002年，中国香港队的主力郭芳芳嫁给了韩国运动员金承焕。如今已经效力于韩国乒乓球女队的郭芳芳认为，在相互竞争和相互学习中，韩国乒乓球运动很有希望。郭芳芳说：

（音响9：郭芳芳）

"我觉得韩国运动员真的很棒！因为，单从技术方面来说，全世界里当然属中国最好。但是，像韩国这么少的运动员能打出这样的成绩，肯定是有一定原因的。韩国队的技术也许比中国要差一些，但是在意志品质方面、精神方面、团结方面，韩国队要比中国队好很多。所以，我觉得，我对韩国真的是充满了信心。"

（小版花：歌曲《手拉手》歌曲，混入）

手拉手，心相连！

易剑东："这是一种特别好的博弈，这就叫合作、共赢。"
郭芳芳："我觉得韩国运动员真的很棒，我对韩国真的是充满了信心。"
常昊："现在中国和韩国的交流好戏才刚刚开始，以后会更加激烈、精彩。"

这里是CRI中国国际广播电台和KBS韩国国际广播电台2006共同特别奉献：《超越国界的故事》！

（歌曲《好运北京》，混出）

钟：欢迎继续收听我们的节目，我是钟庆。
金：我是金博。

钟：如果说，在乒乓球项目上的对抗，韩国至今未能撼动中国的霸主地位，那么，令韩国在世界体坛占据绝对优势的又有哪些项目呢？我想一定要由金博来为我们介绍一下。

金：当然是首推跆拳道。跆拳道起源于韩半岛，被尊为韩国的"国技"，我们韩国人也非常喜欢这项运动。

钟：说到这里，我们首先来听一听在第 15 届多哈亚运会期间，CRI 中国国际广播电台记者李海峰发回的报道：

（音响 10：李海峰）

"本届亚运会跆拳道比赛从 12 月 7 号到 12 月 10 号共进行了 4 天的角逐，产生金牌 16 枚。其中，中国队吴静钰、罗薇、陈中获得了三枚金牌，韩国队则获得了大丰收，韩国选手李应列、黄静善等夺得了 16 枚金牌中的 9 枚。虽然中国队在奥运会上已经获得过跆拳道的金牌，但是在亚运会跆拳道比赛历史上，是实现了零的突破。以上是 CRI 记者李海峰发自多哈的报道。"

金：钟庆，你一定知道，在以往的奥运会尤其是亚运会比赛中，韩国跆拳道选手基本上处于垄断地位。比如说在釜山亚运会上，韩国队 12 名参赛选手个个都摘取了金牌。不过，随着中国、伊朗等国家的奋起直追，韩国在跆拳道项目上一统天下的局面已经不复存在。

钟：没错。中国开展跆拳道运动大约在 1995 年。在国家队的起始阶段，从韩国聘请来的跆拳道教练给了中国队很大的帮助。很快，中国跆拳道女选于陈中就在悉尼和雅典奥运会上连续获得了两块金牌，而她的队友罗薇也获得了另一级别的奥运金牌。

金：韩国跆拳道教练安槿雅女士在 2004 年雅典奥运会之前，曾在上海体育学院担任跆拳道教师，在她指导的学生当中，就有两位中国的世界冠军陈中和罗薇，对于自己的中国学生能在国际比赛中夺冠，安槿雅感到非常高兴。她说：

（音响 11：安槿雅，韩语，混汉语）

"我在培训中国跆拳道运动员时，她们都说从没有接受过这种艰难的训练。有的选手因为训练太艰难而流下了眼泪。但是最终还是跟随我接受了培训。陈中和罗薇都非常聪明，能力也超群。我回国后，听到我教过的学生在跆拳道比赛上拿到金牌，真的太高兴了！"

（小间奏）

钟： 除了安槿雅之外，另一位跆拳道教练崔泳福先生也长期致力于中韩两国的跆拳道交流，他的汉语说得相当地道。崔先生是世界跆拳道联盟公认七段、韩国庆北外国语 TECHNO 大学的跆拳道系教授，对于目前韩国队在跆拳道项目上的领先地位，崔泳福先生觉得其实已经开始动摇：

（音响 12：崔泳福）

"其实，韩国队现在已感到很有危机感。因为目前在中国、伊朗等国家，现在都有一流的水平。现在，中国、中国台湾和伊朗，他们的技术水平已经越来越受到认可，所以，韩国国家队在竞争面前也面临着很大的压力。"

金： 其实，就整体实力而言，中国体育在亚洲稳稳地占据着第一的位置。从第九届亚运会开始，中国的金牌总数就一直位居第一。而紧随其后的就是韩国和日本。并且，从奖牌数目来看，中国和韩国都呈现上升的趋势。

钟： 那么，在赛场上的交锋与对话会为竞赛双方的体育发展提供什么样的新思维呢？北京体育大学传媒系教授、知名体育学者易剑东先生一直从事有关方面的研究，在接受我们采访时，易先生认为：

（音响 13：易剑东）

"我觉得这是特别好的博弈。在一个相邻的区域内，实力相当的对手，对双方提高水平都极有帮助。应该说，一些影响很大的集体球类项目，包括我们（中国）的实力项目乒乓球、羽毛球以及体操的个别项目等等，这些项目在亚洲和世界，韩国与中国的实力都是很接近的。

长期以来，中国男篮和女篮都面临这样的问题，比如说，要研究一套对付韩国队的打法。韩国男篮、女篮的最大特点，第一，突破能力很强；第二，远投很好。那么中国男篮就要防止他们的远投，也要控制他们的突破。女篮是这样的情况。我记得（上世纪）80 年代中期，中国女篮实力很强，但是跟韩国女篮经常互有胜负。1984 年奥运会的时候，中国女篮在奥运会拿了第三名，韩国拿了第二。迄今为止这也是亚洲女子篮球队的世界最好成绩。

其实，国际体坛上这样的情况很多，巴西、阿根廷足球队，包括在美洲范围内，美国和古巴在全面地竞争，这就叫合作、共赢。其实，双方并不是敌人，而是共同提高的朋友。经常有一个时时提醒的伙伴，你还不够努力，你还没有实力、有把握战胜我，所以你一直不敢懈怠。我觉得这就是竞技体育最大的魅力之一。"

金：由于相互竞争、相互促进，中韩两国之间因此催生了不少定期或不定期的体育赛事，并渐成规模。比如中韩足球对抗赛、中韩篮球明星对抗赛、中韩男子乒乓球对抗赛、中韩围棋对抗赛等等。

钟：那么下一个环节我们就来看看其中最精彩的看点——围棋。

（小版花：歌曲《手拉手》歌曲，混入）

手拉手，心相连！

易剑东："这是一种特别好的博弈，这就叫合作、共赢。"
郭芳芳："我觉得韩国运动员真的很棒，我对韩国真的是充满了信心。"
常昊："现在中国和韩国的交流好戏才刚刚开始，以后会更加激烈、精彩。"

这里是：CRI 中国国际广播电台和 KBS 韩国国际广播电台 2006 共同特别奉献：《超越国界的故事》！

（歌曲《好运北京》，混出）

金：欢迎继续收听我们的节目，我是金博。
钟：我是钟庆。说到围棋，许多亚洲国家的人都非常喜欢围棋，有人说围棋代表了一种东方的智慧。在很长一段时间里，围棋一直是韩国的优势项目。
金：对，从 1989 年韩国棋手曹薰铉九段夺得首届"应氏杯"世界围棋赛冠军以来，韩国棋手已夺取了 38 项世界冠军。仅仅李昌镐一人，就获得了 17 项世界冠军，超过了中、日两国棋手冠军之和。不过，从 2005 年开始，中国棋手常昊在"应氏杯"中战胜韩国棋手崔哲瀚夺得冠军之后，中国队取得了一连串的好成绩。
钟：用中国棋院院长王汝南先生的话来说，中韩两国的围棋已经进入了一个平等对弈的时代：

（音响 14：王汝南）

"我想，从去年到今年的情况表明，应该可以说是进入了这样一个（平等对弈的）时代。我们不仅仅是在中韩对抗赛中赢了他们（韩国），在一系列的国际大赛里面，我们都取得了比较好的成绩。当然，一年、两年的成绩比较好，也不能反映整个的水平，还要放眼长一点。"

钟：近些年来，中韩棋手之间不仅相互参加对方国家的国内联赛，而且两国之间的对抗赛和擂台赛也越来越精彩。对此，王汝南院长认为：

（音响 15：王汝南）

"我觉得，现在我们的交流应该说是非常频繁的。中国的联赛办得有声有色，而且引进了一些韩国的外援，包括李世石、李昌镐、曹薰铉都来了，这样近距离地接触他们，我们的运动员对他们也增加了了解。当然，这是一个方面。更重要的是，现在的国际大赛本来就多，过去我们输得很多，实际上是付出了学费，也积累了我们自己的经验，水平也有所提高。"

（小间奏）

金：在如今的中韩围棋界，一定要提到的两个人物，就是中国棋手常昊和韩国棋手李昌镐。这么多年来，常昊与李昌镐被媒体感叹是"既生瑜，何生亮"，将他们比作三国时期周瑜与诸葛亮的较量。

钟：是啊，多少年来的交锋，李昌镐总是在决赛中让常昊功亏一篑，无法问鼎世界冠军。但是，从去年开始，常昊多次破除了李昌镐"不可战胜"的神话，扫除了自己通往世界冠军之路上的最大障碍。不过，正像常昊所说的，他与李昌镐不仅仅是老对手，更是老朋友：

（音响 16：常昊）

"李昌镐是我的一个非常好的朋友。他为人很好，是很容易接近、很容易相处的一个人。他的外表看起来，或者有些媒体说他有一点内向。其实，我觉得，如果李昌镐跟与他比较熟悉的、年龄差不多的朋友在一起的话，也是挺活泼的。确实，我们俩在比赛上经常见面，但我们都觉得比赛是比赛，比完赛大家可以在一块儿出去转转，聊聊天、喝喝酒。相对来说在一般棋手当中不是很多。所以我们显得特别一点。"

钟：从最初的崭露头角到如今中国棋坛的领军人物，一路走来，与韩国队的对垒与交锋对常昊意味着什么呢？常昊说：

（音响 17：常昊）

"在我学棋的时候，我们主要学的是日本。其实，韩国的棋一直是很厉害，后来随着国际比赛的增多，我们对他们慢慢地了解，尤其是曹薰炫、李昌镐、刘昌赫这些优秀的棋手。虽然有时看他们的棋，觉得不屑一顾，认为：这样的棋也能下！但是他们的棋很实战，所以他们的优势就体现出来了。中国和韩国的交流，现在进入到一种胶着的状态，大家水平慢慢接近，然后互有胜负，这是能促进双方提高的动力。如果有一方成绩太好了，第一，不容易提高；第二，从整个市场来说，有可能会受点影响。无论是对职业棋手，还是对业余爱好者的兴趣以及围棋市场等各方面来说，这种对抗都有好处。"

（歌曲《手拉手》，混）

金：这首歌相信大家都不会陌生，这是 1988 年首尔奥运会的主题歌曲《手拉手》，这首歌已经成为了奥运历史上的经典，让无数韩国人热泪盈眶的同时也感动了整个世界。

钟：是的，韩国是亚洲到目前为止第二个举办过奥运会的国家，这也给即将到来的 2008 年北京奥运会很多值得借鉴的东西。其实，体育不仅仅是一块块金牌，更重要的是积极向上，对更快、更高、更强的奥林匹克精神不懈的追求。

金：尽管 2006 年亚运会已经结束，但是对许多运动员来说，这仅仅是一个休止符，更大、更高的目标还在后面，那就是 2008 年北京奥运会。

钟：对于在 2008 年奥运会上，中国和韩国将会有怎样的成绩和表现，北京体育大学传媒系教授、知名体育学者易剑东先生为我们作了这样的展望：

（音响 18：易剑东）

"从目前中国全力备战奥运的情况来看，中国竞技体育在 2008 年奥运会肯定会取得非常好的成绩。其实，在这个过程当中，我们也学习了韩国很多，包括韩国 1988 年办奥运会以及备战奥运会的一些基本的经验。其实据我的了解，韩国的主要对手是日本，韩国应该会把 2008 年奥运会取得比日本更好的成绩作为它的主攻方向和目标之一。从这个意义上讲，韩国加强和中国的合作是有好处的。加强和中国接触和交流，应该会让韩国在北京奥运会上取得更好的成绩。"

金：如果说中韩两国在竞技体育上的交锋和碰撞使彼此达到了一种互动、双赢，那么，两国体育在民间的合作与交流则更像是一座友谊的桥梁。中国棋手常昊对此非常认同。常昊说：

（音响19：常昊）

"现在中国和韩国，不仅仅是围棋，其他方面交流也非常多、非常密切。围棋，除了职业的比赛，业余比赛我觉得以后也可以有更多的交流。其实，中国跟韩国的对抗现在才刚刚开始，好戏才刚刚开始，应该说，以后会更加激烈、更加精彩。"

金：正如常昊所说，今天我们讲述了中韩两国体育"赛场争锋"的故事，其实这只是我们《超越国界的故事》的一半儿。在中韩体育的民间交流中，还有更多、更精彩的故事在等待着我们。

钟：是啊，中韩两国的体育人如何在默默无闻地进行着民间的交流和互动？他们在对方国家陌生的环境里有着怎样的生活？神秘而浪漫的中韩体坛跨国婚姻里，又凝聚着怎样的欢笑和汗水呢？

（结束音乐起，混）

钟：欢迎您明天继续关注我们的节目！我是钟庆。

金：我是金博，本期节目记者李静、金博，撰稿钟庆，制作宋扬，监制闫瑞桃、朴英石感谢您的收听，我们相约明天再会！

钟：再会！

（音乐放大到完）

下集：民间互动
（2006 年 12 月 22 日播出）

（大版头）

2006 亚运会硝烟未散，2008 奥运会蓄势待发！

刘国梁："在亚洲，对中国队来说，最主要的对手还是韩国队。"

崔泳福："中国和韩国的交流对跆拳道的发展有很大的促进作用。"

岳亮："我们两个都非常喜欢下棋，是因为围棋我们俩才真正走到一起的。"

从碰撞、交锋，到互动、共赢，中韩体育演绎了一个个精彩的故事！敬请收听 KBS 韩国国际广播电台与 CRI 中国国际广播电台合作 2006 特别节目：《超越国界的故事》——韩中体育从碰撞到双赢！

金：大家好！我是金博，是 KBS 韩国国际广播电台主持人。

钟：我是钟庆，是 CRI 中国国际广播电台华语台主持人。

金：我们这个特别节目已经播出了上集"赛场争锋"，一起感受了韩中两国在体育竞技赛场上的相互交锋、竞争，又彼此促进、共同提高的历程。今天我们将播出的是特别节目的下集："民间互动"。

钟：是的！有一句话说得好哇：体育是不分国界的。因为体育是人类共同的语言，不管是赛场上的竞技，还是赛场下的切磋，体育，都体现了人类追求积极向上的一种精神风貌。如果说，在竞技场上体育代表了更快、更高、更强的奥林匹克精神，那么在赛场下，体育更多体现的就是人类的友好与合作精神。

金：对，那么今天我们的节目，就从一个温馨而浪漫的故事开始：

（古筝音乐，混）

金：我们首先来到北京西三环附近一个小区里的两套房子。房子里装饰得简洁而干净，木地板上摆放着几排围棋桌，十几个学生席地而坐正在相互对弈。这就是由中国棋手岳亮四段和韩国棋手权孝珍四段在北京开办的"岳权围棋道场"。这个道场为什么有这样一个名字呢？首先我们听听中国棋手岳亮的介绍吧！

（音响 1：岳亮）

"岳亮：在北京开道场，是因为我们已经在北京定居了。'岳权'呢，就是把我们俩的姓加在一起。我觉得这样更亲切，如果光用一个人的名字，我觉得意义不大。

记者：刚才我们进来看这个道场，本身就像一个家一样，而且更像韩国的家。

岳亮：对，道场大大小小的事情，小的细节方面，全是我夫人一手准备和设计的。所以，看起来，更像韩国风格。

记者：孩子们更适应什么样的教学方式？

岳亮：我们道场是韩中结合的教学方法。

记者：老师是韩中结合，学生也是韩中结合？

岳亮：是的，我们这个道场的韩国学生都是慕她（权孝珍）的名而来的。因为孝珍的教学得到很多家长的肯定。她在韩国的'权甲龙道场'是教中级班的，她教的这些学生现在已经长大了，家长们对她都比较认可。所以知道权老师在这里，就专门把孩子送到这里来学习。"

金：韩中两国各有各的长处，各有各的优点，如果能取长补短，相辅相成，就能收到事半功倍的成效。围棋教学也是一样，中国棋手岳亮和韩国棋手权孝珍结合了韩中两国的教育方法，一起训练韩中两国的后起之秀，实在是难能可贵。

钟：我们在前面介绍过，KBS 和 CRI 联合制作的《超越国界的故事》分上下两集，上集是"赛场争锋"，下集是"民间互动"。岳亮和权孝珍二人就是从"赛场争锋"出发，走到了"民间互动"的。

金：对！他们夫妻俩是非常引人注目的一对韩中围棋夫妻，他们的相识就是从"赛场争锋"开始的。他们当初是怎样相识，然后走到一起的呢？我们来听听岳亮的介绍！

（音响2：岳亮）

"岳亮：我们两个都非常喜欢下棋，就是因为围棋我们俩才真正走到一起的。我们俩第一次见面是在一次韩中友谊赛上，我们见面并且对局了。她的棋艺和容貌给我留下了非常深刻的印象。主要是那一次下棋，我没有想到她会要求跟我再下一盘。说实话，她的精神给我的印象也比较深。

记者：是不是她第一盘输了？

岳亮：对，她在第一盘的时候输给了我，然后她要求再下一盘。

记者：有点不服输，是吗？

岳亮：对，很不服输，可能这也是韩国人的精神吧。结果，第二盘我输给了她。也不是我故意输给她，她也确实非常厉害。这两点给我留下非常深刻的印象。"

金：真是"不打不相识"。岳亮和权孝珍是高手过招，棋逢对手，两人都不由得对对方产生了敬意和好感。

钟：这次对局之后，后来权孝珍到中国参加世界正官庄四强的比赛，对手是中国棋手张璇。张璇很厉害，当时岳亮是唯一在场给她加油的中国朋友，这使她非常感动。

金：有岳亮为她打气加油，她一定赢了。

钟：很可惜，她输了。她输了以后，心情非常不好。棋手最理解棋手的感受，岳亮为了安慰权孝珍，带她去逛街，带她去吃好吃的，还一起去唱歌⋯⋯

金：不用说，二人的感情一定发展得很快。

钟：对！权孝珍返回韩国以后，他们每天在网上下棋、聊天。三四个月后，岳亮去了韩国，在一家围棋道场当老师。权孝珍这次也尽了地主之谊，充当岳亮的向导和翻译，二人的关系就在那个时候定了下来。

金：岳亮说，正是在韩国的经历，给他选择围棋教学这条路非常大的启发。

（音响3：岳亮）

"说实话，正因为我有了去韩国的教学经历，才促使我真正有办道场的动力。中国的训练方式和模式，是沿用了我们那个年代的训练办法，在训练办法上是有点落后于韩国了。所以，近十年，我们的成绩不如韩国。在中国，一般我们一天就下一盘棋、两盘棋，去了韩国我发现很多学生在自己能承受的范围内，不停地在学习，甚至我见过有人一天训练十二个小时！非常可怕！所以，这样的精神是我要学习的，也是我要教给我们的学生的。"

（小间奏）

钟：权孝珍嫁到中国来以后，是夫唱妇随、入乡随俗。作为一名棋手同时也是围棋教师的权孝珍帮了岳亮很大的忙。对许多韩国人来说，中国毕竟是陌生的国度，但是，从小在父亲的道场里已经学会汉语的权孝珍不但克服了生活上的障碍，还特别喜欢吃烤鸭、涮羊肉和羊肉串等北京小吃。

金：一般韩国人不太喜欢吃油腻的食物，也有很多人不吃羊肉，权孝珍却喜欢吃北京小吃，很难得。岳亮的朋友都说，权孝珍不但漂亮还温柔能干，真是羡慕岳亮的好福气！

钟：对于与岳亮的跨国婚姻，权孝珍感觉如何呢？权孝珍说：

（音响4：权孝珍）

"权：今年4月7日是我们俩的结婚纪念日。那天本来我们什么都没有期待，什么都没有准备，心情也不好。晚上回家特别晚，没想到，回到家里，（看到）他在房间里准备了很多鲜花，都摆放在地上！特别特别多的花！

岳：4月7号那天，我很忙，正好要到电视台讲棋。但是，我用仅有的一点点时间，准备了一些玫瑰花，（在房间里）满地都铺上鲜花，还用电脑打印了一幅彩色条幅，写着超大的五个字：'孝珍我爱你！'放在了鲜花中间。

权：还放了蜡烛。太让我感动了！我第一次有那样的感觉，特别惊讶！特别感动，让我感觉到特别特别的幸福！"

金：岳亮和权孝珍的"岳权围棋道场"结合了韩中两国的教学方法，当然有许多学生慕名而来向他们学习。

钟：是的，我们在围棋道场采访时，遇到了一位十二岁的学生叫孙冠群，她专程从哈尔滨来到北京跟随两位老师学习，孙冠群觉得韩国的权老师就像自己的亲人一样。她说：

（音响5：孙冠群）

"权老师特别温柔。我们生病了，两位老师都会很关心我们，给我们买药。在下棋方面也很认真地去教我们。权老师的死活题比较强，我刚来的时候，死活题很弱，我正在慢慢加强。还有，权老师的棋风比较正统，我刚来的时候棋风有点软，想（跟老师）慢慢地改一改，把棋风改得稍微猛一点点。"

钟：中国的学生喜欢韩国的老师，韩国的老师也喜欢中国的学生，权孝珍说：

（音响6：权孝珍）

"中国的学生年龄比较小，可能在性格方面（与韩国学生）不太一样。中国小孩比较活泼一点。韩国小孩在训练时候比较礼貌和安静，可能从小习惯了。但是在热情方面，中国小孩更好一些，我现在跟中国孩子们的感情更深。"

（小版花：歌曲《手拉手》歌曲，混入）

手拉手，心相连！

易剑东："这是一种特别好的博弈，这就叫合作、共赢。"

郭芳芳："我觉得韩国运动员真的很棒，我对韩国真的是充满了信心。"

常昊："现在中国和韩国的交流好戏才刚刚开始，以后会更加激烈、精彩。"

这里是：KBS 韩国国际广播电台和 ORI 中国国际广播电台 2006 共同特别奉献：《超越国界的故事》！

（歌曲《好运北京》，混出）

钟：欢迎继续收听我们的节目，我是钟庆。

金：我是金博。

金：中国棋手岳亮和韩国棋手权孝珍的故事充满了温馨和浪漫，可以说，是对围棋的热爱与执著使岳亮和权孝珍走到了一起，并且在韩中两国围棋的民间交流中默默地奉献着自己的力量。

钟：是的，在韩国和中国的民间，还有许许多多这样的人，他们离开自己的家乡，来到陌生的国度，扎下根来，为的是只是传扬一种体育精神。在北京，我们还采访到了另一个带有韩国味道的道馆，那就是北京"郑钟元跆拳道馆"，它的馆长，就是来自韩国的郑钟元先生。

金：下面我们就来听听郑钟元先生在北京的生活吧！

（音响 7：郑钟元）

"郑：现在我们开办跆拳道馆已经三年了，已经有了 100 多名学生。

记：有成年人吗？

郑：有的。成年人大概有 30 多人左右，有 40 多岁的、30 多岁的、20 岁的也有。现在有不少六七岁的孩子都参与（跆拳道）运动。跟韩国的孩子相比，我感觉中国的孩子比韩国孩子更好一点。

记：您是说在体能方面，中国孩子比韩国孩子好一点吗？

郑：是的，体力和身材等方面都稍微好一些，身体的协调性更好一点。还有，中国的孩子运动热情比较高。"

钟：开办跆拳道馆三年的辛苦换来的是学生们的好成绩，提到这一点，郑钟元馆长脸上露出了笑容。

（音响 8：郑钟元）

"我们的学生在 2005 年北京'跆协杯'跆拳道比赛中，取得了很好的成绩。有一个学生取得了对打第二名。有一个学生得了对打第五名。在品势比赛中，我们有学生分别获得第三、第四、第五名。我第一次来中国的时候，好多人问我：你是什么人啊？我说：我是跆拳道教练。他们会问：跆拳道是什么啊？但是，现在我说我是跆拳道教练或者馆长的时候，他们会说：哦，是韩国的跆拳道。现在（跆拳道在中国的知名度）慢慢地（在提高），一年一年都不一样了。"

钟：韩国跆拳道在中国的知名度越来越高，尤其跆拳道是韩国的传统运动，包含着韩国的精神、韩国的礼仪和文化等，我认为这些都值得我们中国学生学习。

金：在北京，我们还采访了另一位韩国跆拳道教练……

钟：对！这位韩国跆拳道教练就是崔泳福先生，他长期致力于韩中两国的跆拳道交流，他认为，双方的交流实际上也是一种文化的交流。崔泳福先生说：

（音响9：崔泳福）

"韩中两国跆拳道的交流现在越来越多。各个城市都可以邀请韩国的国家队、各个大学队来表演、推广。一些有条件的地方比如说沈阳市，一年一次举办韩国文化节。就是说，不光是跆拳道，还展示其他传统的韩国文化，让中国一般老百姓一起参与、分享。中国和韩国的跆拳道交流现在越来越多，这对中国和韩国跆拳道体育交流有很大的促进作用。"

金：崔泳福先生认为，韩中两国应该经常举行公开赛、邀请赛之类的比赛，这会对双方有很大的帮助。这样，两国运动员之间可以更加了解、互相竞争、互相学习。

钟：韩国驻中国大韩跆拳道协会会长李裕成先生在中国多年，他非常了解目前中国跆拳道的发展情况，当我们问到，目前有多少韩国的跆拳道教练在中国开设跆拳道馆并且当教练的时候，李裕成先生介绍说：

（音响10：李裕成，韩语，混汉语）

"没有具体的统计，我们协会的教练主要来源是正规的跆拳道馆以及一些来中国的韩国留学生。据统计，有规模地开馆的人有七八十人，当教练的加起来有 150 到 200 人。韩国现在有很多体育大学也培养了很多跆拳道教练，这些教练们自己成为教练之后，也很想培养更多的选手，正好在中国有这样的热潮，他们就踊跃而来，到中国来当跆拳道教练。"

（小间奏）

金： 正因为韩中两国的跆拳道交流越来越频繁，有众多的韩国跆拳道老师在中国教授中国学生，使中国在跆拳道比赛项目的水平大为提高，如今甚至青出于蓝，深深威胁到韩国这个跆拳道老大哥。

钟： 嗯，"长江后浪推前浪"，正所谓"不进则退"，恐怕韩国也要加油，不然就难以坐稳第一把交椅了。

金： 是啊，跆拳道不但代表了韩国的特点，也是一种很适合全民推广的健身运动，这让我想起了另一种很有中国特点的运动，那就是武术太极拳。

钟： 太极拳也是在中国非常普及的一种健身运动。在韩国，也开始有不少人对太极拳特别感兴趣。

金： 从北京嫁到韩国来的门敢红女士就是一位太极拳高手，她在韩国开设了一个太极拳馆，名字叫"太极武术院"，门敢红担任院长。现在我们来听听门敢红女士的介绍。

（音响 11：门敢红）

"据我所知，'太极'这个词的渊源有很久了，大概有 3 千年左右。据历史资料考查，可以追溯到明末清初的时候，最早有姿势的太极拳就是陈式太极拳了，然后慢慢发展到了杨式、吴式、孙式等等。我在韩国开办这家太极武术馆，我一边教课一边要向学生讲解太极的知识。教课的时候我有两个预备教练，他们一直很热心地帮助我，而且都是免费的帮助。我认为现在（韩国）学太极拳的人比以前要多一些，因为武术有很广泛的含义，种类也很多，一些需要身体保持健康的人以及老龄人士学习太极拳的比较多。"

钟： 门敢红在北京武术院作教练工作的时候，经常向外国朋友教授太极拳。1996 年，她如今的先生梁承载到中国去学太极拳，二人在教学相长中慢慢建立了感情，两年后他们结了婚。

金： 门敢红嫁到韩国来以后，2001 年在韩围成立了"太极武术院"。她的先生梁承载如今是韩国国家武术队的选手，曾在釜山举行的国际武术太极拳项目的比赛上荣获首枚金牌。

钟：相信在门敢红夫妻以及所有热爱太极拳运动的人们的推动下，中国的传统武术太极拳将会在韩国发扬光大。

（小版花：歌曲《手拉手》歌曲，混入）

手拉手，心相连！

易剑东："这是一种特别好的博弈，这就叫合作、共赢。"
郭芳芳："我觉得韩国运动员真的很棒，我对韩国真的是充满了信心。"
常昊："现在中国和韩国的交流好戏才刚刚开始，以后会更加激烈、精彩。"

这里是：KBS 韩国国际广播电台和 CRI 中国国际广播电台 2006 共同特别奉献：《超越国界的故事》！

（歌曲《好运北京》，混出）

金：欢迎继续收听我们的节目，我是金博，是 KBS 韩国国际广播电台电台主持人。

钟：我是钟庆，是 CRI 中国国际广播电台华语台主持人。其实，除了围棋、跆拳道、太极拳等项目，许多体育项目在韩中两国的民间交流也是精彩纷呈。最近，"韩国女性体育会"和"北京羽毛球协会"之间就进行了一系列的交流活动。由于北京老百姓的生活体育还没有形成一个完善系统的机制，这次中方代表在韩国了解并学到了很多韩国生活体育的体制及其运作情况。

金：这就是体育交流的好处，可以互相观摩学习。好，下面我们听听"韩国女性体育会"专务理事姜英信女士的介绍。

（音响 12：姜英信，韩语，混汉语）

"今年 7 月 4 日，我们应'北京羽毛球协会'的邀请访问了中国。我们此次访华的成员都曾在第三届女性羽毛球大会上得过奖。我们在北京和'北京羽毛球协会'属下的'北京生活体育协会'的妇女代表进行了友谊赛。比赛结束后的第二天，我们探访了北京旅游名胜。我们在北京亲眼目睹了市民们的日常体育生活。这次中方还派代表前来韩国，观摩了韩国生活体育的情况。"

金：通过韩中两国民间羽毛球体育的交流，双方增进了彼此之间的理解与沟通。

钟：对！两国妇女代表通过互访，增加了友谊，并且有机会相互学习对方的文化，也进一步加强了文化交流。

金："韩国女性体育会"专务理事姜英信女士接着介绍说：

（音响 13：姜英信，韩语，混汉语）

"这次'北京羽毛球协会'的俱乐部成员来到韩国的丹阳文化体育会馆，和我们进行了友谊赛。他们是今年 9 月 14 日到 18 日前来韩国忠清北道的丹阳，进行为期 5 天的访问。我们让中国客人了解了忠清道地区妇女的生活体育情况。赛后中国代表回到首尔，访问了在首尔的羽毛球俱乐部，了解了'韩国羽毛球俱乐部'的运作情况，我们也应中国的邀请，寄送了韩国生活体育方面的资料。在北京奥运会结束以后，我估计中国的生活体育运动将会有较大发展。通过此次访华，让我们认识到，北京市的妇女选手是从基本动作开始学起，韩国初学者必须从基本动作开始学起，并培养体力，提高自己的羽毛球水平。"

钟：北京的羽毛球俱乐部目前还没有进行系统的运作，并且俱乐部也不是很多，俱乐部成员只是按照各自的日程参加羽毛球活动。北京妇女选手代表来到韩国，看到了韩国羽毛球俱乐部是按照区、市和全国等行政单位来划分的，他们对此非常感兴趣。

金：韩国妇女代表通过这次的北京访问，看到了中国运动员从小就有系统地接受培训，基本功都非常扎实。而韩国妇女选手一旦手拿球拍就开始打羽毛球，在此以前并没有接受正规的基本动作训练。在羽毛球交流过程中，双方其实还有很多相互学习的地方。

钟：可见双方来往交流，能够起到相辅相成的作用。所谓"走千里路，读万卷书"，出去走走，见见世面，能够增广见识。这就是体育交流的好处。

（小间奏）

金：韩国外国语大学中国语系教授康俊荣是一位中国通，尤其在韩中两国交流与合作方面，他更是了如指掌。我们请他来为我们介绍一下两国的体育交流情况吧！

（音响 14：康俊荣）

"在双方交流的未来发展方向方面，我注重的有两点：第一个是国家队之间的交流。大家都知道，中韩两国都是体育强国，中国在乒乓球、羽毛球、女子举重、跳水、体操等方面都具备了名列前茅的实力，韩国在摔跤、手球、柔道等体育项目已经具备了世界顶级水平，如果双方好好合作的话，以后两国体育发展合作的余地是很大的。其实，我更注重民间体育交流的发展空间。毕竟国家队与国家队之间的比赛交流在某种程度上是有限制的，但是民间体育交流就不会受到这种限制，所以社会体育交流显得更为重要。现在很多韩国年轻人迷上了中国的少林拳法，一些韩国学生还到中国的少林寺去学习少林拳法。如果社会体育交流工作能够落实下来、好好合作，将会在增进两国人民友谊方面发挥重大作用。以后体育交流的方向应该是社会体育交流和民间交流，这样就能够让两国的合作发展更加密切。"

（歌曲《好运北京》，混）

金：正如韩国外国语大学中国语系教授康俊荣所说，国家队与国家队之间的比赛交流在某种程度上有一定的限制，但是民间的体育交流就不会受到这种限制。

钟：其实，民间体育交流更贴近大众，因此也包含了更大的发展空间！

金：各位听友，这里是 KBS 韩国国际广播电台与 CRI 中国国际广播电台联合制作的 2006 特别节日《超越国界的故事》。

钟：我们这个特别节目昨天播出了上集"赛场争锋"，今天为您播出了下集"民间互动"。就像我们在采访中所听到、看到的那样，韩中体育走过了从碰撞到双赢的历程，韩中两国体育之间的争锋与互动，既体现了两国人民勇于竞争、勇于超越的精神，更体现了两国人民彼此友好、团结协作的胸怀。

金：愿韩中两国的民族精神在奥林匹克的神圣之火中绵延长存、生生不息！

（歌曲放大）

（结束音乐起，混）

金：好的，听众朋友，KBS 韩国国际广播电台与 CRI 中国国际广播电台联合制作的 2006 特别节目《超越国界的故事》上下两集全部播送完了，我是金博。

钟：我是钟庆，本期节目记者李静、金博，撰稿葛长钢，制作宋扬，监制朴英石、闫瑞桃感谢您的收听，我们相约明年再会！

　　金：再会！

　　（音乐放大到完）

简　评

　　优秀特别专题《超越国界的故事》具有以下四个特点：

　　一、角度巧妙：中韩体育的交流是个大题材，该节目抓住了亚运会举办、奥运会将至的时机，将主题落在了"超越国界的故事"上，以点带面，以小见大，以个别项目间的交流展示中韩体育交流的大方向，将本来没有时效性的内容放在了恰当的时机，实属巧妙之举。

　　二、采访全面：从风口浪尖上的体育界风云人物到热爱体育的平常百姓；从重大赛事的交锋竞争到民间自发的合作互动；从生动感人的人物故事到学者专家具有理论深度的评述，中韩体育交流的内涵和精髓在节目所采访的人物和内容上得到了充分的体现。

　　三、合作融洽：中国和韩国社会制度不同，节目理念不同，制作流程也不一样。但由双方分别采访撰稿的上下两集内容却能相互呼应、彼此映衬，上集呈现赛场争锋的激烈精彩，下集呈现民间互动的平实深入，主题鲜明突出，节目本身也体现了中韩双方交流合作的良好状态。

　　四、制作精细：节目调动了尽可能丰富的音响，包括电视解说声、运动训练声、现场口播报道、各种身份人物的标志性精彩语句、背景音乐等等，使节目呈现出了体育节目所应该具备的较好的现场感和节奏感。

难忘的记忆

（2006 年 12 月 31 日播出）

王小燕　傅颖　周莉

（背景音乐起，宁静地、渲染出回忆往事的气氛）

这里是中国国际广播电台。

2006 年即将结束，收音机前的听众朋友们，你们现在在做什么呢？又是以怎样的心情在迎接新年的到来？感谢您今年又在除夕夜收听北京电台的广播，在今天 37 分钟的节目里，主持人王小燕将和您一同去翻阅那本用声音记载下的难忘的相册。

各位朋友，对大家来说，即将逝去的 2006 年是怎样的一年呢？对于中国国际广播电台来说，今年我们迎来了建台 65 周年和日语广播开播 65 周年。多年来，我们在广大听众朋友们的支持下，一步一步迈出了坚实的脚步。为了表达我们对大家的感谢之情，在这个辞旧迎新的除夕夜，特地为大家献上这期特别节目。

2006 年最后一个夜晚，为您送上这期纪念日语广播开播 65 周年特别节目——《难忘的记忆》，请跟随我们一起翻开这本声音相册，去追述那如同镶嵌在空中彩桥上一串串珍珠般闪光的记忆！

开篇 听众的祝贺语

（现场音效起 东京 65 周年纪念大会现场效果）

（周莉东京现场报道）

"2006 年 12 月 6 日，中国国际广播电台建台 65 周年暨日语广播开播 65 周年纪念大会在东京新大谷饭店隆重举行。"

（掌声起 陈敏毅台长致词，日语配音）

"65 年来，在各国各界朋友的支持下，我们的事业获得了很大的发展，走过了不平凡的道路。明年——2007 年是中日邦交正常化 35 周年，这是一个值得纪念的时刻，中国国际广播电台愿意继续为推动中日两国人民的友好交往，消除隔阂，深化友谊而继续努力。"

（陈台致词声渐弱，音乐声起，听众的祝贺声此起彼伏）

"祝贺你们！我叫川上孝义！"
（用中文）"我叫石田皆夫！"
"你好！我来自长野县，名叫丸山正雄。恭喜国际台建台 65 周年！"
"中国国际广播电台 65 周岁生日快乐！"
"恭贺国际台建台 65 周年和日语广播开播 65 周年。65 年能让我们感受到沉甸甸的历史分量！"
"祝贺祝贺！"
"从心底向你们表示祝福！"
"在这个喜庆的日子里，我想向中国国际广播电台的全体工作人员以及收听国际台节目的所有日本听众表示祝贺！"
"恭喜北京电台开播 65 周年！我开始收听北京电台的广播啊，那都是 30 多年前的事了……"

（声音渐弱，背景音乐渐强）

一、从开播到建国初期的日语广播

本月6日，中国国际广播电台建台65周年暨日语广播开播65周年的纪念人会，在一片祥和、热闹的气氛中在东京都的饭店里举行了。而中国国际广播电台的诞生，要追溯到1941年12月3日，这一天延安新华广播电台日语广播开播。当时每周播出一次，每次15分钟，广播的对象主要是侵华日军的士兵。

原清志——这位后来被永远载入史册的中国国际广播的首位播音员，是一名来自日本的女性（日文原名原清子）。虽然当时的广播没有留下让人追忆的声音资料，但我们有幸录下了原清志女士晚年的声音。2000年，88岁的原清志重回国际台，同国际台的工作人员欢聚一堂，请听她当时的录音。

（出原清志的录音）

"我叫原清子，59年前，我曾在延安从事过日语广播工作，当时，延安的同事们对我非常照顾，我很感谢他们！和那个年代相比，现在的条件好了很多。我希望大家今后也继续为中日友好而努力！"

（背景音乐起）

1943年，延安新华广播电台由于发射机发生故障，中断了播出。此后，1949年6月20日，在当时的北平，也就是现在的北京，北平新华广播电台的日语广播又重新开播了，自那以后，日语广播的电波就一天未曾中断过。1949年的10月1日，毛泽东主席宣布新中国成立的声音也正是乘着日语广播的电波，传到了日本。

新中国成立后的第一位日语播音员王艾英女士曾经回忆过当年日语广播的情况，下面是她1980年77岁时的录音。

（出王艾英的录音）

"我记得那时日语广播部的工作人员总共也不过两三个人，当时的台长是现任中日友好协会会长的廖承志先生（注：1949年6月，廖承志先生任中国广播事业管理处处长）。播出时间是每天15分钟，播音员只有我一个人，新闻、评论、音乐介绍，什么都是一个人播。与其说是忙，还不如说是紧张，直到现在我都还记得，放唱片时我的手一直不停地发抖。

那时候，我们的呼号是'这里是北京广播电台'。我还记得，那年的夏天非常炎热，没有空调，录音间非常闷热，再加上心里又非常紧张，所以汗流得格外的多，汗水常常会流到眼睛里，模糊了双眼，让我看不清稿件。现在的录音间凉爽舒适，真好啊！"

（切入欢快、舒畅的背景音乐）

就这样，日语广播在北京重新开播。8个月后，也就是1950年初，第一封来自日本的听众来信辗转寄到了北京。1949年入台的日语广播的老前辈陈真女士在她的著作《柳絮飘扬的北京》中，这样回忆当时的情形。

"那是我们收到的第一封听众来信，这封航空信从日本辗转新加坡、东南亚后，经由香港寄到了北京。信封上盖满了花花绿绿的邮戳，边角已经磨花。信上写道：

'我在调转旋钮时，非常偶然地收听到了北京电台的广播。虽然之前也听说过中国成立了新政府，但直到听了你们的广播后，我才了解到在宽广的中国大地上，劳动人民正在建设自己的国家。广播里还播放了中国的歌曲和民谣，节目轻松活泼，今后我还打算继续收听……'

再看看投递日期，才知道这封信已经走了大约2个月的时间。我们全体工作人员一遍一遍地传阅着这封几经辗转才到达手中的听众来信，心中无限感慨。"

1950年，从日本一共寄来了43封听众来信。

新中国成立后，伴随着日新月异的国家建设，中国的日语广播也一天天成长起来，截至"文化大革命"开始前夕，总的来说，国际广播的风格越来越多样化，节目内容也越来越生动活泼。尤其在中日尚未恢复邦交正常化的当时，北京电台的日语广播作为来自中国的鲜活的声音，吸引了广大的日本听众，据统计，当时每年的听众来信接近一万封。而对于日本各大媒体而言，收听北京电台成为他们获取中国信息的重要渠道。

二、徐敦信先生回顾在国际台实习的岁月

进入1960年代以后，由于中日一直未能实现邦交正常化，当时学习日语的中国学生也无法前往日本留学。这时，廖承志先生提出了一个解决方案：

"北京电台有很多日本专家和日本归侨，可以让大学生们到日语广播去接受国内留学。"1962年，北京大学派出了6名即将毕业的日语专业大学生来到台里实习。这些学生中，后来诞生了两位日本听众熟知的外交官，他们为中日邦交正常化以及日后为增进两国的相互理解和友好都作出了积极的贡献，他们就是中国前外长，现任国务委员的唐家璇先生，以及原中国驻日大使徐敦信先生。那么，在北京电台2年多的实习，到底对他们后来的外交官工作产生了怎样的影响呢？不久前，傅颖记者采访了原驻日大使徐敦信先生。

（出徐敦信先生采访音效1：日语配音，下同）

"不光是学习语言，更重要的是学到了怎么进行国际交往。我和唐家璇同志1962年到1965年初，在北京广播的日语部度过了2年多的研修生活。在日语部，大家都用日语交谈，对我们来说这里是个非常理想的学习环境。但除了语言知识以外，我们还学到了如何与日本人打交道，这些对于我的一生都非常有用，尤其对我日后今后从事中日邦交正常化等外交工作，都起到了重要的作用。"

徐敦信先生回忆说，当时日语部的工作非常繁忙，而其中给他留下了印象最深刻的地方，就是工作人员非常重视听众来信。

（出徐敦信先生采访音效2）

"日本听众对我们的广播是那样的关心！他们不仅是出于对广播的关心，更多的是关心中国。日语部特地设置了来信组，工作人员一封封地阅读每一位听众的来信，回答他们提出的问题，虚心吸纳听众的意见建议，将它们反馈到节目中。而当时，两国不仅没有恢复邦交，甚至处于对立关系。尽管这样，还是有很多日本国民对中国非常感兴趣。国际台和听众之间的交流不局限于电台和听众的层面，更是两国民众之间的民间交流。

另外，通过在日语部的实习，我还认识到，在从事外交和中日交流工作的时候，最重要的一点就是要了解对方的立场和情感。而这一点，正是我从北京电台与日本听众的互动交流中体会到的。"

三、回顾：不同时期的节目变化

就在徐敦信先生在日语部实习期间，1963年，一名日本归侨青年正式成为了日语播音员。为了参加新中国的建设，他和弟弟结伴从横滨回到了祖国，他就是26岁的陆汝富先生。他在北京上完大学后，曾经在高中担任了一年数学教师，后来经介绍，进入了当时日语人才匮乏的北京电台日语部。老陆后来担任过"中国文化"，"汉语讲座"等节目，1978年，还曾作为随行记者随邓小平副总理访日，1980年之后，他还曾担任日语部副主任等工作。今天，我们把老陆请到了演播间。

（进入老陆的访谈）

"王：老陆，您还记得1963年，第一次去北京电台日语部时的情形吗？

陆：记得记得。第一次去时我的心里直打鼓，因为从大门到进入日语部办公室的路，弯弯曲曲，非常不好找，以至于我担心自己上班以后会不会在楼里迷路？（笑）

当时的广电大楼非常新，苏式建筑，白色的大厅，红红的地毯一直铺到台阶上，让人望而生畏，大楼里还有电梯。在当时电梯可是非常少见的，我连怎么乘电梯都不知道呢。

还有一点，当时日语部所有的工作人员全部都说日语。仔细观察一下才知道，工作人员中，日本人占3分之1，从日本归国的华侨占到了3分之1强，剩下来为数不多的才是国内出生的中国人，这些人当中，就包括日后的外交部长唐家璇先生和日后的驻日大使徐敦信先生，他们当时很快就要从北大毕业，由于北京电台日语部的语言环境很好，所以被派来实习。总之，日本人和华侨占据了大部分。

王：您还记得大约有多少人吗？

陆：30人左右吧。

王：老陆，您在台里，曾经长期从事文化、历史、中文讲座等专题节目的制作，在您的印象中，日语广播在节目内容上都经历过哪些变化？

陆：大致能分成几个时期吧，文革可以说是一个大的分水岭，在这之前，我们的广播也曾经搞得很活，制作过很多欢快轻松的节目，文革期间的节目则比较单调生硬，后来一直到文革结束后，广播才又逐渐恢复了生机。很多过去好的传统逐渐得以恢复，节目也越做越轻松、易听。当时，'把日语广播办成日本听众爱听的广播'，成了我们办广播的方针。在细小的地方我们花了很多功夫，比如说，在每天的新闻节目开始之前，都要加上几句简短的问候语，诸如'今天的北京，早晨上班起飘起了纷纷扬扬的雪花……'等等，然后才是'那好，下面请听今天的新闻'，这样一来，听众就很会自然地感觉整个新闻节目的基调都比较柔和了。"

四、经典新年节目《红白歌》的诞生和回顾

（欢快的背景音乐）

1978 年，改革开放政策的推行给广播节目也带来了巨大的变化。在这样的大背景下，一档具有特别意义的听众互动节目诞生了，这档节日后来作为每年元旦的特别节目，一直延续至今。节目刚诞生时，名叫《北京电台新年特别节目——恭贺新年!》，后来几经完善，定名为《红白歌曲大比拼　智力大比拼》。节目自诞生以来，一直作为每年新年的重头戏节目，受到了广大听众的欢迎和喜爱。明年 1 月 1 日，也就在明天，它就将迎来第 30 次生日!

那好，下面就让我们一起跨越时空，重回 30 年前的演播厅，去感受一下当年热情迸发的北京广播的风采吧!

（第一届红白歌节目片断）

这里是北京广播电台!（喜气洋洋的民乐）
日语广播全体工作人员奉献给日本听众的新年特别节目——恭贺新年!
现在，我们相聚在北京电台第二演播大厅，向大家致以新年问候。今天的节目由赵志行播音员和叶静播音员主持。
赵：听众朋友们，新年好!
众人：新年好!

（切入第二场景）

叶静：那好，下面由播音组全体成员为大家献上一首歌曲，以表达我们对中日友好的祝愿，歌曲名称《友谊长存》!
赵：《友谊长存》! 让我们把中日友好的歌声洒遍日本的每一个角落。有请播音组的全体成员登场!

（掌声起，渐弱）

在第一届红白歌会担任主持的添田修平先生，当年他的播音名叫赵志行，

让我们来听他谈谈这个节目的诞生过程吧。

（进入添田的采访）

"添田：已经是 30 年前的事了。我还清楚地记得，当时所有的人都干劲冲天，浑身有使不完的劲，我们都想好好发挥自己的能力，作出一番成绩。当时到处洋溢着这种蓬勃向上的气息。当时对我们来说，工作就是人生，每个人都以饱满的情绪投身到了工作中。大家都非常投入，配合默契，所以这期节目录制得轻松愉快。刚开始时，并没有分成男女红白两队去比赛，只是按照不同的组，如来信组、播音组等，按组各自自我介绍，兼表演文艺节目，后来节目不断发展，日本 NHK 的除夕特别节目'红白歌会'也给了我们启发，大家觉得我们也可以开创一个北京版的红白歌节目，正好当时日语部的人数也不断发展壮大，达到了 30 多人，所以后来就把日语部成员分成男女（红白）两队进行较量，让听众来当评委，这样才发展成了今天的《红白歌曲大比拼　智力大比拼》。

王：现在唱歌时有卡拉 OK 伴奏，当时伴奏的问题是怎么解决的呢？

添田：我们有广播乐团，当时节目在一个很大的演播大厅里录制，广播乐团在现场为我们伴奏。

王：原来是超级豪华的现场版？一定感觉不同寻常！（笑）

添田：是啊！（笑）"

每年的红白节目都会提及过去一年的热门话题和流行金曲，今天重新听起来，还是能唤醒我们很多熟悉的往事，让人感觉亲切无比。在 1980 年第三届的红白歌节目上，出现了这样一场富有情趣的场景。

（1980 年红白节目片段）

红队主持人：我们红队刚推出了"北京花儿合唱队"，白队就拿出"北京鸭子四重唱"，光知道模仿我们。要说模仿，那谁不会啊！在这里我就给大家露一手，听好了啊！

（清嗓子）嗯~！啊~！

观众：啊！是熊猫！！

主持人：（大笑）是啊！我学的是熊猫讲话。不过中国熊猫讲的话，日本听众不一定能听得懂，主持中文讲座的陈真老师，你出来给大家翻译一下！

陈真：啊？我能行吗？

主持人：没问题的！拜托了。

清嗓子　情感丰富地　嗯~！啊~！

陈真：上野动物园的康康，你好！我是欢欢，没想到我就要嫁到日本去了！我现在正在用功学习日语呢！马上就能到你身边了，你要等着我啊！你的欢欢。

（众人大笑，渐弱）

五、汉语讲座的闪光记忆

在刚才的节目里，把郑湘播音员的熊猫语言惟妙惟肖地翻译成流畅日语的人，便是陈真前辈。虽然她两年前已在北京故去，但她主持的汉语讲座的魅力，至今仍鲜活地留在人们的记忆里。在这本难忘的声音相册里，让我们再一次重温陈真老师倾注热情和心血制作的"汉语讲座"节目吧。

（老节目片断 1）

陈真：朋友们好！我是担当中文讲座的陈真。

张声播音员播报　现在是中文初级讲座的时间

（背景音乐　《字母歌》）

陈真：1970 年，不断有听众来信反映希望能学习中文，和中国人交朋友，希望能在节目里恢复中文讲座。

（老节目片断 2）

张国清播音员播报　轻松中文会话教室

陈真：日本朋友学习中文时，好像读和写问题不大，最不擅长的就是会话。所以我们这个节目想尽量多给大家提供一些接触各种语言场景的机会，让大家体会会话的乐趣。

（童谣　马兰花）

马兰花，马兰花，风吹雨打都不怕，勤劳的人们在说话，请你现在就开花。

（老节目片断 3）

那好，现在开始今天的课程。第 36 课　味道怎么样？
中文播音员：李华小姐，你吃过生鱼片吗？

（老节目片断 4）

陈真向听众咨询意见：
学中文发音时，大家觉得什么最难？是卷舌音？还是四声？
听众：最难的还是四声。（渐弱）
陈真：语言归根到底，是连接人与人的心灵纽带。中文讲座和其他节目相比，非常朴素无华。我衷心希望通过这个节目，能够在拉近两国人民心与心的交流上尽一份绵薄之力，这也是我最大的工作乐趣之所在了。

六、回眸 1980 年北京广播电台的一天

（北京音乐起，切换至现在的录音间）

让我们把这本珍贵的声音相册翻过汉语讲座，翻到了 1980 年吧。由于当时曾经以新中国成立为起点计算中国国际广播开播，所以按照当时的计算方法，这一年是国际广播开播 31 周年。这一年，日语部的张富生记者（播音名"张声"）采访制作了一期特别节目——《北京电台的一天》，让我们通过他的节目去重温一下那个时代的北京以及日语部的风貌吧。

（出老节目录音）

张声：这里是北京广播电台。

（进行曲式）

纪念日语广播开播 31 周年特别节目　北京电台的一天

（音效：早晨上班时用日语互致问候，此起彼伏）

（早上好！早！汽车喇叭声，川流不息的感觉）

"还有五分钟，别迟到了！"

（自行车铃声，汽车喇叭声交织在一起）

虽然步行 5 分钟就能到达，但是还是有很多人骑自行车上下班，早上 7 点半到 8 点，从电台宿舍到大楼之间的道路，俨然成了北京电台的专用通道。日语部每天 8 点都要召开碰头会，布置当天的工作内容，除了上晚班的人，全体工作人员都要出席这个会议。

（会议音效）

李顺然主任：那好，我们现在开始今天的碰头会。今天的主要新闻是这样的，在中日关系方面，中国的围棋代表团正在日本进行友好比赛，今天到达名古屋继续举行赛事。还有日本的摄影家代表团正在中国访问……

碰头会除了安排当天的工作之外，还是各个部门的工作人员相互交流沟通的时间。

来信组李健一：那好，来信组简单介绍一下情况。最近我们陆续收到了听众祝贺日语广播开播 31 周年的来信……

（渐弱）

七、听众来信及联谊工作

（音乐渐起 80 年代进行曲乐风）

上个世纪八十年代初，伴随着中国的对外开放，日语广播和日本听众的交流也迎来了高潮期。今天，我们请来在来信组从事来信及听众联络工作的老同志李健一先生。

（采访老李）

"李：大家晚上好！我是李健一！

王：老李是 1962 年入台，1995 年退休，这期间，您一直从事听众来信工作，请您结合您的具体工作，简单介绍一下这么多年来听众来信的变化情况？

李：1949 年、1950 年时，中日两国还没有恢复邦交，听众来信的数量非常少。而等我入台后，也就是 1962 年一直到'文革'开始之前，大约每个月能收到 300 来封听众来信。当时领导明确指示：每一封信都要作出回复，这是我们的工作原则。听众来信增多,当然我们非常高兴。听众就是上帝,我们把这句话铭记在心。正因为有听众的支持,才有我们的广播。如果我们广播办得好,听众就会支持我们。所以我们深受鼓舞。

王:是啊!您印象中,听众来信最多的是什么时候?

李:'文革'结束以后,广播节目渐渐地越办越活,形式也逐渐多样起来,比如说,中国语讲座重新开播了,逐渐又有了征文、有奖听众问答等等多种形式,所以 80 年代初直到 80 年代中期,那个时候的听众来信量达到了高潮。我记得最多的时候,一个月就收到了近 1 万封!

王:一个月 1 万封?那一年达到了多少?

李:8 万封的样子吧。

王:有这么热心听众在支持我们,真得好好感谢听众啊!

李:是啊,工作非常繁忙。但是有这么多听众的支持,还是非常欣慰和高兴的(笑)。

王:老李,在您和听众的交往中,最难忘的回忆是什么?

李:有很多,比如说长野县听众向我台捐赠樱花树、长岛敬一先生捐赠的希望小学、原田桂子长年来对贫困地区儿童的个人资助等等。

王:确实都是些很难忘的记忆!"

八、"我与国际台"征文里的故事

(背景音乐起)

您现在收听的是纪念日语广播开播 65 周年的年底特别节目《难忘的记忆》。今年,为了庆祝日语广播开播 65 周年,我们举办了"我与国际台"为名的征文活动,此次共收到各年龄层听众寄来的 184 封来信。在这里,我们再次向积极投稿的听众表示由衷的感谢!很遗憾,由于奖项有限,有很多洋溢着深厚情感,令我们回忆起很多美好往事的好文章最终没能入选,对此再次表达我们的歉意!

在这里,我想一起和大家分享其中的两篇征文,首先是来自静冈县三岛市渡边勋先生的征文。渡边先生在征文中说他和北京电台的邂逅来自于两盘磁带。

"1989 年,我去中国旅行,购买了两盘民乐磁带,可是磁带封面上虽然有照片，但却没有标明乐器名称和歌手姓名。两三个月过去了，我还是想知道这些信息，于是我想起以前听说过中国有一个用日语广播的电台，于是就写了一封信，把我的希望连同磁带封面一起寄了出去。

一个月过去了，当我都要忘记这件事时，竟然收到了来自北京的回信！歌曲名称和歌手姓名都清清楚楚地标注了出来，由于知道了这些背景，让我再次听歌时倍感亲切。自那以后，17年过去了，每晚9点收听北京电台成了我生活中不可缺少的一部分，虽然有时由于天气原因，收听状态不太好，但我坚持每天收听。那两盘磁带至今还能完好地播放，不知道当时给我寄来回信的播音员近况如何？"

我们把当时担任听众来信节目并且给渡边先生亲笔回信的播音员——郑湘前辈请到了录音间。

"郑：渡边先生，你好！谢谢你至今还在听那两盘磁带。我早已退休了，现在在家安度晚年。希望你今后也继续支持北京电台的广播，谢谢！

我确实记得这件事，那封回信是我和民族音乐节目负责人李秀华一起写的，她负责调查乐器的名称，我则拿着磁带封面，挨个儿地向大家询问歌手的姓名，没想到渡边先生至今还记得这件事，我真的很高兴！

王：我听说郑湘老师出生在日本，60年代只身一人从出生地日本的奈良回到中国，进入国际台成为了一名播音员，回顾走过来的人生历程，如今的您是如何看待'国际广播'这份工作的意义呢？

郑：我生在日本，热爱日本，但我的父亲是福建人，父亲的祖国也是我的祖国，我也热爱中国。作为一个既热爱中国又热爱日本的人，我希望自己能从事一份能在中日间架设桥梁的工作，通过自己的努力能让中国人了解日本，也让日本人了解中国，广播实现了我的理想，我觉得自己的人生非常幸福！"

（背景音乐起）

下一篇征文来自千叶县船桥市的凑谷节子女士，凑节女士1997年加入了千叶县八千代市的北京电台听众之会，她在正文中回忆了曙光播音员去八千代市访问时的印象。

"当时听众之会共有78名会员，大家都非常热心，我们经常带着收音机聚在一起，一起商量该如何调台，如何摆放天线等等。那时，曙光老师受东方书店邀请来日本举办演讲会，她不顾日程的繁忙，特地抽时间，一个人乘车来到八千代市和听众见面。她稳重大方，温柔中又透着刚毅，她给我留下的墨宝'祈　健康'是我的至宝。"

曙光老师也来到了我们的演播厅，曙光老师，你好！

曙光：听众朋友们好！

王：您还记得您去八千代市时的情景吗？

曙光：记得，当时不光是当地的听众之会的朋友在学习中文，也有很多小学生也在学，我觉得很了不起，一来想去现场看看，二来也想看看我能为大家做些什么？所以才有那次的八千代之行。当时的小学生朋友们，现在应该已经长大成人了，大家还在学习中文吗？祝大家学习进步！

王：对您而言，在日语广播工作的乐趣是什么？

曙光：为了中日的友好，贡献我自己的一份力量，每次和听众在一起，都让我感到无比的高兴！听众朋友，请大家今后继续收听我们的广播！

（片头的背景音乐再次响起）

九、现任日语部主任的感言

2006年最后一个夜晚，很快我们就将迎来2007年的到来。

现在，让我们缓缓关上这本难忘的声音相册，来看看现在的国际台日语广播。平均年龄34岁，这是一个充满活力的年轻集体。进入网络媒体时代后，不光是传统的无线电广播，国际台还在发展包括网络媒体在内的新媒体，正在由单一媒体向多媒体转变。下面请听日语部傅颖主任的问候。

"听众朋友们，感谢您经常收听我们的广播，浏览我们的网页。我是日语部主任傅颖。就像今天这本难忘的声音相册里展示的那样，我们的前辈为了增进中日的友好和相互理解，一直在坚持不懈地努力着。通过广播，他们和广大的听众之间发生了很多感人的故事，这些都是我们北京电台的光荣传统。的确，为了赶上网络时代日新月异的变化，年轻和活力是十分重要的。但我们同样也会继承前辈们的优良传统，并且努力把它们转变为新的前进动力。

所幸的是，我们的老前辈们虽然离开了工作岗位，但他们仍然在默默地支持、鼓励着我们，让我们信心倍增。

架接中日友谊之桥的重任已经落到了我们年轻一代的肩上。怀着这种责任感，今后，我们将继续发扬国际台日语广播的优良传统，重视听众的意见，努力为听众制作出更多喜闻乐见的节目，同时也将继续打造信息量丰富，便于浏览的日语网站。希望大家今后对于我们的工作继续多提宝贵意见和感想，让我们为打造出一部全新的'声音相册'而一齐努力吧！今后也请各位朋友多多支持我们的广播，祝大家新年快乐！"

尾声　听众的期待与寄语

（背景音乐起，65周年东京交流大会上老听众的寄语）

"我不希望漏听来自北京的声音，每天晚上都收听广播！"

"祝愿国际台日语广播今后越办越好！感谢你们的广播，谢谢！"

"希望在新时代，国际台日语广播能继续发挥桥梁作用！"

"祝愿日语广播今后继续为增进中日友好而努力！"

"祝日语广播今后进一步发展，在中日交流领域继续发挥作用！"

"衷心祝愿广播越办越兴旺！"

"希望你们能为维护永久的和平继续作贡献，今后也多多拜托！"

"我衷心祝愿日语部的播音员们工作顺利！"

"我和老伴每晚11点钟都会准时打开收音机，收听我们熟悉的播音员的声音是我们最大的乐趣！你们的节目做得真好！"

"再接再厉，继续加油！"

"我不仅长期收听你们的广播，而且还坚持学习中文，现在我能够一个人去中国旅行了，我去过云南、桂林、大连、杭州……"（渐弱）

纪念日语广播开播65周年特别节目——《难忘的记忆》，到这里就要跟您告别了。希望您在收听之后，把您的宝贵意见和感想通过来信和电子邮件告诉我们。

来信地址是：邮编100040中国国际广播电台日语部

电子邮箱是：nihao2180@cri.com.cn

今天的节目是由我——王小燕为大家制作主持的，欢迎大家继续收听中国国际广播电台日语广播接下来的节目。在这里提前祝大家新年快乐！再见！

简　评

　　2006 年是日语广播开播 65 周年，也是中国人民对外广播事业 65 周年，为答谢老听众多年的支持，同时加强新听众对日语广播的了解，特制作了此期节目。

　　节目从 65 周年东京交流大会的现场切入，自然地过渡到 65 周年历程的回顾。节目分阶段回顾日语广播史上一幕幕精彩、难忘的回忆。

　　节目的开头和结尾处穿插了记者在东京交流大会上采访到的听众的心声和期待，烘托出温暖、祥和的气氛。

　　本期节目的选材具有重大意义，节目采用了大量历史音响资料以及近期对老播音员的采访，既很好地描绘出日语广播开播 65 年来的历程，也挖掘了一些不被众人所知的历史，如唐家璇、徐敦信等老外交官曾在我台日语部实习等花絮。节目制作精良，广播特色明显，通篇用音乐、音响铺垫，很好地结合了旁白、现场采访、老节目录音、资料音响等各种形式，尤其在历史资料的再挖掘和运用上有独到之处。

二等奖

中俄睦邻友好合作条约签署五周年特别节目

范冰冰　刘岩　王德禄

永远的朋友——中俄睦邻友好合作条约的见证者

（2006 年 7 月 16 日播出）

（片花音乐起）

（音响 1：胡锦涛）

中俄是山水相连的友好邻邦，中俄两国人民的友谊源远流长。

（音响 2：普京）

今天的俄中关系堪称睦邻友好与相互尊重的典范。

《中俄睦邻友好合作条约》见证源远流长的传统友谊。

（片花音乐结束）

（背景音乐渐起）

2006 年是中俄关系发展历史上不平凡的一年，是《中俄睦邻友好合作条约》签署的五周年。为了纪念这个在新世纪指导中俄关系发展的纲领性文件，中国国际广播电台与俄罗斯之声电台为广大听众联合制作了三期特别节目。今天请收听第一期："永远的朋友——中俄睦邻友好合作条约的见证者。"本期节目将邀请时任中国驻俄大使武韬和俄罗斯驻华大使罗高寿与大家一同分享他们亲历《条约》签订前后的美好回忆。

中俄两国互为最大的邻国，拥有世界上最长的边界线。中俄从"相互视为友好国家"到"建设性伙伴关系"，再到"平等互信、面向21世纪的战略协作伙伴关系"，两国元首签署了10多个联合声明和宣言，为不断加强、深化和充实双边关系确定了一系列重要原则。2001年7月16日，两国元首在莫斯科签署了《中俄睦邻友好合作条约》就是这些原则的高度概括和提炼。正如江泽民主席与普京总统在条约签订前的会谈中所说："这是世纪条约，是指导中俄关系的纲领性文件，不仅关系到我们两国人民的根本利益，也将对全人类的未来产生重大而深远的影响"。时任中国驻俄大使武韬先生亲自经历和见证了这一重大事件的全过程。他高度评价了《条约》签订的历史意义。

（音响3：武韬，中文）

"条约签订五年以来，在两国领导人和两国人民的共同努力之下，中俄关系进入了一个高水平的发展阶段。中俄双边关系是全面、快速的发展。第一，在政治方面两国互信不断加强。第二，两国间从法律上彻底解决了边界问题。第三是两国间启动了国家战略安全磋商机制，开辟了高层战略对话的新渠道。第四点就是首次成功举行联合军事演习。第五点就是在涉及国家主权和领土完整问题上互相支持。"

《中俄睦邻友好合作条约》的签署是两国关系历史经验的总结和不断发展、深化的必然产物，符合两国的根本利益。这是中俄关系瓜熟蒂落、水到渠成的产物。武韬大使在与记者的交流中激动地回忆起《条约》签署前后的点滴细节。他说：

（音响4：武韬，中文）

"2000年7月，普京就任俄罗斯总统后首次访华。他在参观故宫时，在场的中国人民用热烈的掌声欢迎他。参观完毕，普京总统在题词中写道：'民族之伟大，根植于历史。一个如此热爱和珍惜自己历史的民族是应当受到尊敬的。这样的民族一定会有伟大的未来。'2001年7月16日上午，江泽民主席和普京总统签署《中俄睦邻友好合作条约》后，江泽民主席不忘老朋友，去叶利钦郊区别墅探望他和夫人。根据叶利钦要求，席间要吃俄罗斯蛋糕，喝中国绿茶。这些细微之处体现了两国发展友好关系的强烈愿望。"

《中俄睦邻友好合作条约》确立了"中俄世代友好、永不为敌"的和平思想，使中俄两国关系的发展前景更为广阔。中俄两国人民有着深厚的传统友谊，两国世代友好是两国人民的共同愿望。这是两国发展长期睦邻友好合作关系的根基，也是推动两国在各个领域全面合作的强大动力。

（音响5：武韬，中文）

"我认为这种关系的实质一句话概括就是不结盟、不对抗，不针对第三国的好邻居、好伙伴、好朋友。这是一种新型的、又是一种成熟的国家关系。它突出了和平的愿望和理念，突出了合作和发展的时代要求。"

为全面落实《中俄睦邻友好合作条约》，2004年，两国元首批准《〈中俄睦邻友好合作条约〉实施纲要（2005年至2008年）》，提出发展各领域合作的原则和方向。武韬大使对中俄关系的未来满怀希望。他认为，中俄关系今后应该进一步加强政治互信、扩大务实合作，主要是在能源、科技领域的务实合作，提升经贸水平。

（片花）

（柴科夫斯基音乐起）

中国人民从柴科夫斯基的音乐中听到了俄罗斯民族的心声。

（"红莓花儿开"音乐起）

充满诗情画意的"红莓花儿开"，

（"喀秋莎"音乐起）

奋发昂扬的"喀秋莎"，

（柴科夫斯基音乐）

在老歌中体味过去，畅想中俄友谊的未来。

（片花音乐结束）

（背景音乐渐起）

听众朋友们，现在我们连线我的同行——"俄罗斯之声"电台的主持人伊格尔，让他带领大家近距离接触时任俄罗斯驻华大使罗高寿。

范冰冰女士，您好！亲爱的中国听众朋友们，你们好！请继续收听"俄罗斯之声"电台为您带来的"中俄睦邻友好合作五周年"的特别节目。7月16日，中俄两国共同庆祝了《中俄睦邻友好合作条约》签署五周年。《条约》的签署，为两国在新世纪发展健康稳定的双边关系和战略协作伙伴关系提供了可靠的政治和法律基础。前俄罗斯驻华大使罗高寿先生对记者说：

（音响6：罗高寿，俄文）

"我非常有幸参与了条约的准备工作。中国国家主席江泽民和俄罗斯总统普京2001年7月16日签署的《中俄睦邻友好合作条约》堪称中俄两国的基础条约。条约对于中俄两国关系的顺利发展起着决定性的作用。条约内容极为重要和广泛。条约规定，相互没有领土要求，决心并积极致力于将两国边界建设成为永久和平、世代友好的边界。双方批准了关于中俄国界东段的补充协定，从法律上彻底解决了边界问题。"

五年来的实践证明，条约在指导中俄关系健康顺利发展和同时，也为国际社会树立了"以互信求安全，以互利求合作"的新型国际关系典范，这将为建立民主、公正、合理的国际关系新秩序提供宝贵的经验。正如俄罗斯总统普京所评价："签署这一条约非常及时、完全正确"。

（音响7：罗高寿，俄文）

"签署《中俄睦邻友好合作条约》不仅增强了两国间的政治互信，而且建立了高层领导人定期会晤机制，共同制定下一年的合作计划。例如今年，俄中双方制定了一系列活动庆祝'俄罗斯年'。"

《中俄睦邻友好合作条约》赋予两国战略协作伙伴关系以长期稳定的性质，它为这种关系所确立的基本方向，不会因两国国内局势和国际风云的变化而改变。可以预见，在《中俄睦邻友好合作条约》的指引下，两国战略协作关系必将取得更加丰硕的成果。中俄两国人民一定能够成为永久的好邻居、好伙伴、好朋友。

（音乐结束）

中俄睦邻友好合作关系的昨天、今天和明天

（2006 年 7 月 23 日播出）

（片花音乐起）

（音响 1：胡锦涛）

中俄是山水相连的友好邻邦，中俄两国人民的友谊源远流长。

（音响 2：普京）

今天的俄中关系堪称睦邻友好与相互尊重的典范。

《中俄睦邻友好合作条约》见证源远流长的传统友谊。

（片花音乐结束）

（背景音乐渐起）

5 年前，中国国家主席江泽民与俄罗斯总统普京在莫斯科签署了中俄关系史上划时代的重要文献——《中俄睦邻友好合作条约》。条约的签署为两国发展长期睦邻友好、互利合作关系奠定了坚实的法律基础。为了纪念这个在新世纪指导中俄关系发展的纲领性文件，中国国际广播电台与俄罗斯之声电台为广大听众联合制作了三期特别节目。今天请收听第二期："中俄睦邻友好合作关系的昨天、今天和明天"。本期节目将邀请中国对外友好协会会长陈昊苏先生和俄罗斯经济贸易部对外经济关系司副司长卡尔彼奇共同回顾与展望新世纪的中俄关系。

国际台：伊格尔，你好！

俄之声：冰冰，你好！很高兴与您共同主持第二期特别节目。

国际台：在今天的节目中我们将一起回顾中俄睦邻友好合作关系的昨天，共同展望未来。苏联解体以后，中俄关系渐入佳境，从"睦邻友好关系"、"建设性伙伴关系"发展到"战略协作伙伴关系"。《中俄睦邻友好合作条约》的签署更是将两国关系带入了一个新的发展阶段。《条约》蕴涵着冷战后时代

国际关系的崭新理念，摒弃了国家关系不是结盟就是对抗的旧思维，集中体现了中俄在发展双边关系和国际事务中的共同利益。

（音响3：陈昊苏，中文）

"在21世纪到来的时候，面对着新的机遇与挑战，中俄共同的回答是签署睦邻友好合作条约，世代友好，永不为敌，以缔结条约的形式将两国关系抬升到了一个空前的水平，并为世界和平发展尽自己最大的责任。"

俄之声：条约签署五年来，中俄双方为落实条约共同作出了不懈努力，双边关系发展取得新的重要成果。中俄在经贸、科技、文化、教育等各个领域的交流与合作也非常活跃。自2000年中俄贸易额首次突破百亿美元大关后，迄今已连续六年保持大幅增长。俄罗斯经济贸易部对外经济关系司副司长卡尔彼奇擅长用事实说话，用数字印证。

（音响4：卡尔彼奇，俄文）

"5年来，《中俄睦邻友好条约》在经贸领域发挥了重要的作用。中俄贸易持续快速增长。2004年突破200亿美元，2005年突破290亿美元，而2006年有望突破300亿美元，虽然成绩喜人，但是我们不能仅注重贸易规模，仍需不断优化商品贸易结构，提高高科技、机电产品及其他高附加值商品的贸易比重，加大经济技术和投资合作力度。"

国际台：这些举措无疑将大大提高中俄经贸合作的规模和水平，为中俄经贸合作的持续发展注入新的活力。中俄互为最大邻国和重要战略伙伴。但是，中俄双方相互投资规模较小，水平较低。目前，中国对俄罗斯累计协议投资额不足7亿美元，两国相互投资也仅有10亿美元。

俄之声：两国以中俄"国家年"活动为契机，深化两国务实合作，增加相互投资，为两国和两国人民带来更多实实在在的利益，把中俄战略协作伙伴关系不断推向更高水平。

（音响5：卡尔彼奇，俄文）

"在（条约）中明确指出，要促进两国边境和地方间经贸合作的发展。为了实现双边贸易额到2010年达到600亿至800亿美元，2020年中方向俄投资达 120 亿美元，2006 年在中国举办的'俄罗斯年'会有一系列的推介活动及合作项目。我相信，只要认真履行（条约），这一目标是完全可以实现的。"

（片花）

（柴科夫斯基音乐起）

中国人民从柴科夫斯基的音乐中听到了俄罗斯民族的心声。

（"红莓花儿开"音乐起）

充满诗情画意的"红莓花儿开"，

（"喀秋莎"音乐起）

奋发昂扬的"喀秋莎"，

（柴科夫斯基音乐）

在老歌中体味过去，畅想中俄友谊的未来。

（片花音乐结束）

（背景音乐渐起）

俄之声：今年在中国举办"俄罗斯年"，明年在俄罗斯举办"中国年"，其目的都是搭建起中俄双方促交流、促合作的平台，增进两国人民的相互理解。

国际台：应当看到，中俄两国历史上曾经持续的几十年隔绝，已造成两国民众对彼此的认识落后于现实。总体而言，很多当代俄罗斯人在青睐于亚洲时尚的同时，并不熟悉源于几千年古老文明的中国经典，也不十分清楚中国日新月异的今天；很多中国人对俄罗斯的想象，还停留于对上世纪 50 年代苏联文艺作品的印象之中。而现实中，中俄都是正在发生巨大变化的国度。中俄互办"国家年"，正体现了两国关系持续发展的现实需求。

（音响 6：陈昊苏，中文）

"（国家年活动）由国家牵头，社会各界根据自己的条件互相合作。友谊将进一步深入人心，影响将更加广泛。《中俄睦邻友好合作条约》的签署标志着两国关系进入新的发展阶段，而互办国家年更显示两国关系的蓬勃发展。"

国际台：九层之台，起于累土。不断提升的中俄关系，必须有一个不断巩固的根基。说到底，这根基就是两国人民的相互理解，就是双方对共同的国家利益形成共识，就是在不断深入的交往中缔结友谊与合作的纽带。

俄之声：在 2006 年，中国人民将获得丰富多样的机会去感知一个正在努力复兴的俄罗斯。相信在 2007 年，俄罗斯人民也能有机会全面认识在和平发展道路上健步前进的中国。

国际台：而中俄友谊的使者——中国对外友好协会会长陈昊苏先生更是将目光投向了 2009 年，因为 2009 年将是中俄建交 60 周年。

（音响 7：陈昊苏，中文）

"2009 年将是中俄建交 60 周年，也是中俄友协成立 60 周年。在互办国家年的基础上，这又是一个值得我们认真组织、庆祝的历史时刻。总之，随着时代的发展，中俄关系应该与时俱进。不断地创造出生动活跃的局面。"

国际台：60 年弹指一挥间。我们对中俄关系未来的发展更是充满了信心，我们相信，经历了近 60 年历史积淀的中俄友谊之花在 21 世纪将更加绚烂的绽放。

（音乐结束）

中俄"国家年"：奏响睦邻友好合作新乐章
（2006 年 7 月 30 日播出）

（片花音乐起）

（音响 1：胡锦涛）

中俄是山水相连的友好邻邦，中俄两国人民的友谊源远流长。

（音响 2：普京）

今天的俄中关系堪称睦邻友好与相互尊重的典范。

《中俄睦邻友好合作条约》见证源远流长的传统友谊。

（片花音乐结束）

（背景音乐渐起）

俄罗斯伟大的作家列夫·托尔斯泰曾经说过，朋友是永久的财富。中俄互为最大邻国，睦邻友好是两国共同的选择。为了纪念《中俄睦邻友好合作条约》签署五周年这一中俄关系史上的重要历史事件，中国国际广播电台与俄罗斯之声电台为广大听众联合制作了三期特别节目。今天请收听最后一期："中俄'国家年'：奏响睦邻友好合作新乐章"。中国国际广播电台主持人范冰冰将与俄罗斯之声主持人通过连线方式共同主持本期节目。

国际台：伊格尔，你好！

俄之声：冰冰，你好！很高兴与您共同主持第三期特别节目。

国际台：今年堪称中俄关系史上的重要年份。两国共同庆祝了中俄战略协作伙伴关系建立 10 周年以及《中俄睦邻友好合作条约》签署 5 周年。条约签署五年来，中俄双方为落实条约共同作出了不懈努力，双边关系发展取得新的重要成果。

（音响 3：胡锦涛，中文）

"10 年来，我们两国本着相互尊重、平等互利、密切协作、相互支持的精神，签署了《中俄睦邻友好合作条约》，提出了'世代友好，永不为敌'的和平思想，加强各领域的务实合作，密切在国际事务中的相互配合，为两国人民带来了实实在在的利益，为促进世界的和平、稳定、繁荣作出了重要贡献。"

俄之声：中俄同为安理会常任理事国，维护世界和地区的和平与稳定是两国共同的使命。发展中俄战略协作伙伴关系是两国对外政策的优先方向。中俄互办"国家年"活动是两国最高领导人作出的一项重大政治决定。2004 年 10 月，胡锦涛主席和普京共同批准了《〈中俄睦邻友好合作条约〉实施纲要》。《纲要》规定，双方将于 2006 年在中国举办"俄罗斯年"，2007 年在俄罗斯举办"中国年"活动。2005 年 7 月胡锦涛主席访俄时，中俄两国元首正式宣布了双方互办"国家年"。普京总统称，两国互办"国家年"活动充分体现了两国合作健康、快速发展的主旋律。

（音响4：普京，俄文）

"我和胡锦涛主席共同决定连续两年互办'国家年'活动，一方面希望展示我们两国的发展成就，同时希望将两国的合作推上新的台阶。我们把'国家年'活动视为极为重要、规模宏大、影响广泛的系统工程，这一举措将为增进两国人民之间的友谊和相互理解发挥重要作用。"

（片花）

（柴科夫斯基音乐起）

中国人民从柴科夫斯基的音乐中听到了俄罗斯民族的心声。

（"红莓花儿开"音乐起）

充满诗情画意的"红莓花儿开"，

（"喀秋莎"音乐起）

奋发昂扬的"喀秋莎"，

（柴科夫斯基音乐）

在老歌中体味过去，畅想中俄友谊的未来。

（片花音乐结束）

国际台：中俄互办"国家年"活动，顺应了两国战略协作伙伴关系的积极发展趋势。近年来，中俄关系进入高水平发展阶段：双方批准了关于中俄国界东段的补充协定，从法律上彻底解决了边界问题；启动了国家战略安全磋商机制，开辟了高层战略对话的新渠道；首次举行了联合军事演习；在涉及国家主权和领土完整等问题上相互支持；经贸合作继续扩大和深化，能源和投资领域的合作良好；在联合国改革、上海合作组织建设等国际和地区问题上密切协调配合。"俄罗斯年"活动包括260多项，活动内容丰富，涵盖双边合作的各个领域，包括实业合作和研究交流。

（音响5：胡锦涛，中文）

"中国和俄罗斯都有着悠久的历史和灿烂的文化，都正在大力发展经济、改善人民生活，都肩负着维护世界和平、促进共同发展的重大责任。加强中俄两个伟大民族的交流，加强两国各领域的合作，有利于增进两国人民的相互了解和传统友谊，有利于促进两国关系全面发展。中俄互办'国家年'活动，是我们双方为推动两国关系不断发展和两国人民世代友好而采取的重大步骤，目的是深化友谊、密切合作，推动中俄战略协作伙伴关系迈上新台阶。"

俄之声：不同寻常的"俄罗斯年"，是在俄中关系不同寻常的发展中应运而生的。两国在十余年间从互相视为友好国家，进展到建设性伙伴关系，再发展到战略协作伙伴关系，成为好邻居、好伙伴、好朋友。仅举 2005 年的统计数字，就足以显示中俄关系强劲上升的脉动。在 2005 年，两国元首共举行了 4 次会晤，两国总理的定期会晤顺利进行；两国经贸合作充满活力，双边贸易额增长了 37.1%；两国相互投资继续增加。互办由两国人民广泛参与的"国家年"活动，则更是呼应了两国人民的心声，对深化两国传统友谊、加强互利合作、全面发展战略协作伙伴关系具有重要意义。

（音响 6：普京，俄文）

"俄中两国都是世界大国，两国关系的发展不仅是地缘政治稳定的重要因素，也是开放性国际合作的典范，它不针对第三国，有利于推动国际秩序更加完善。我们两国在国际舞台上密切配合，在许多国际组织中紧密合作，还建立了一些新的国际组织。举办'俄罗斯年'系列专题活动的目的就是促进双边贸易多元化，拓宽合作领域，包括投资合作和地方合作。"

（背景音乐渐起）

国际台：中国国际广播电台也在中俄"国家年"的框架下策划了"中俄友谊之旅"大型跨境采访报道活动。"俄罗斯之声电台"是我们本次活动的重要合作伙伴。中俄记者在沿途采访中俄两国政治、经济、文化、科学各界友人，通过报道他们的经历和故事来反映中俄友好关系的发展，表现中俄世代友好的愿望。

俄之声：让我们通过电波祝福"中俄友谊之旅"采访团一切顺利！

国际台：可以预期，随着中俄互办"国家年"活动取得的成功，中俄关系必然攀上新的高峰，并将放眼更为宽广的新境界。我们也相信，《中俄睦邻友好合作条约》将进一步增加双方的政治信任，加深传统友谊，扩大互利合作，促进共同发展，给中俄战略协作伙伴关系注入新的活力，将中俄全面合作提升到一个新的阶段。

（音乐结束）

简 评

2006 年是中俄关系史上具有纪念意义的年份，一是《中俄睦邻友好合作条约》签署五周年，二是在中国举办"俄罗斯年"。作为中国"俄罗斯年"的合作项目之一，国际台俄语部与俄罗斯之声电台首次共同制作节目，实现了两台合作"零"的突破。节目播出后收到大量听众反馈，也足以说明该节目的成功。该节目有以下几个突出特点：

一、紧紧抓住听众的心理。《条约》签署五年以来，在中俄各领域产生了深远的影响。如何在短短三期节目中选择最能吸引听众的"片断"？特别节目点面结合，多角度详细介绍了《条约》签署的历史背景、鲜为人知的细节故事、意义影响、展望期待等方方面面，紧紧抓住了俄语听众的心理。节目选择了几个非常重要的人物作为采访对象，既有亲历《条约》签署的时任大使，又有长期致力于两国友好合作的使者，还有两国领导人的经典音响，权威性和说服力强。

二、制作精良、音响丰富、广播特点鲜明。丰富多彩的人物音响与广播通讯通俗流畅的解说相互融合，再配上恰到好处的背景音乐，整个节目波澜起伏，有很强的可听性。在节目中播放由中俄两国领导人的声音组成的宏伟的开头片花以及由几首脍炙人口的俄罗斯经典歌曲串连的感人片花，非常容易引起听众的共鸣。

三、主题突出、结构严谨、层次分明。三期特别节目从不同角度详细介绍《条约》的来龙去脉和深远影响，最后一期通过"中俄国家年"活动进一步升华主题，成为画龙点睛之笔。它通过中俄两家电台主持人的对谈和适当的音响，把节目各部分串联起来，形成了一个完整的整体。

与德国同庆世界杯

——快乐足球，快乐生活
（2006 年 6 月 27 日播出）

吕熙茜　陈苇　孔杰

（98 世界杯主题曲）

男： 哦嘞，哦嘞。欢迎大家收听《华夏生活》的特别节目。我是眭卫，旁边坐的这位可是对足球满怀热情。对吧，吕熙茜？

女： 没错，你可是说对了，眭卫。德国此次举办的"世界杯"在中国可是大受关注啊。

男： "世界杯"已经在德国拉开战幕。你看开幕式了吗？

女： 当然了，今年"世界杯"的气氛可真热烈。各国球队的精英相聚赛场，已经摩拳擦掌开始争夺大力神杯了。

男： 尽管今年中国没有入围"世界杯"，中国球迷对"世界杯"的热情却丝毫没有改变。

女： 说的没错。许多中国球迷是每场必看。他们或是在家里看电视，或是去转播比赛的酒吧和人们共同感受世界杯的热烈。

男： 6 月 10 日，德国"世界杯"开幕的第二天，德国大使馆借着"世界杯"的东风在朝阳公园举办了一场热闹的"大使杯"足球赛。

（音响：大使杯开幕式现场）

主持人： 热烈欢迎大家参加北京 2006 年"大使杯"，你们大家好。

女： 来自德国公司、中国媒体和学校的 24 支球队参加了这次比赛。他们将通过小组淘汰制决出胜负。中国国际广播电台的球队当然也在其中。德国驻中国大使福尔克·史丹泽博士在比赛一开始对所有参赛队和观众们说：

（音响：福尔克·史丹泽）

"朋友们，下午好。我非常高兴，今天能欢迎那么多球迷在这里跟我们一起参加德国大使馆的'大使杯'。德国'世界杯'完美地开幕了，但是4周的时间太长了，我们就想，我们来组织一个快一些的比赛。这样我们在半天的时间里就知道谁是赢家。因此我要感谢这里的24支队伍和所有赞助商，让我们今天能拥有一个美好的下午。我很高兴，今天傍晚我们就可以颁发奖杯。祝大家有一个愉快的下午，谢谢大家。"

女：史丹泽大使的讲话一结束，比赛就正式开始了。24支队伍纷纷亮相，通过小组赛和淘汰赛，争夺"大使杯"。每队5名队员，他们在小型球场上的拼抢火热上演。

（音响：球场上）

男：是啊，球场边上拉拉队也不甘示弱。他们齐呼口号为自己的队伍加油，进球的时候更是欢呼雀跃。

（音响：球场边加油）

男：经过一番激烈的争夺，《体坛周报》代表队捧走了桂冠。正如大使所说，这的确是一个愉快的下午。"大使杯"在当天傍晚落下了帷幕，而德国"世界杯"的赛场上还上演着无数的精彩，它牵动着世界各国人们的心。

女：史丹泽大使说自己也是超级球迷。一方面他很高兴，这次"世界杯"在德国举行，另一方面又很遗憾，不能亲临赛场观看比赛。这次他只能在北京通过电视屏幕观看比赛。对他来说，这也不是件容易的事情，因为时差的关系，比赛直播的时间都在深夜了。

（音响：福尔克·史丹泽）

"这是比较辛苦的四周，但是我们会坚持下来。重要的比赛我是一定要看的。到了最后阶段一定一场都不会错过。可惜我们不在德国，否则我们会在德国的酒吧里一起看。不过幸好北京也有很多德国酒吧，我们看球也有去处了。"

（间奏）

男：说到酒吧，这是比赛期间晚上最热闹的地方。这段时间，中国的酒吧生意非常火爆。

（音响：酒吧里）

女： 许多酒吧在"世界杯"期间专门对它们的活动做了调整。位于北京后海的甲丁坊酒吧早在"世界杯"开幕之前就为这次商机做足了准备，酒吧的负责人任宗波介绍说：

（音响：任宗波）

"现在区域的活动主要还是以增加场内的一些活动气氛为主。你们可以看到，我们的酒吧做了相应的装饰，墙上已经挂起'世界杯'的海报。比赛期间，客人可以得到印有我们甲丁坊标志的'世界杯'钥匙链。关于酒水，我们会根据每天不同的比赛国家，安排相应的酒水专场，而且还有促销特惠形式。这样一来，客人们不仅能为他们最爱的队伍加油，还能喝到他们心爱队伍国家的啤酒。现在我们已经和不少国外啤酒品牌谈妥了，比如：美国的百威，澳洲的福士，荷兰的高胜啤酒等。"

男： 几天前，我在北京一家酒吧看了一场比赛。告诉你，那气氛真是棒啊。那里聚集着许多球迷，还有不少外国人。来自柏林的菲利普就是其中之一。

（音响：菲利普）

"这里跟德国没什么两样。我都忘了是在中国了。这儿气氛挺好。看比赛挺有意思的。跟一堆人在酒吧一起看比赛，再好不过了。再说这儿还有德国啤酒喝呢，太棒了。"

女： 不仅是酒吧紧抓"世界杯"的商机，许多其他企业也不甘落后。
男： 是啊。服装业就是一个好例子。四川成都阿迪达斯经典系列的负责人王立说，目前强队的球衣十分畅销。

（音响：王立）

"卖得挺好的。纪念版的，比如欧洲有八个国家的球衣，有法国，意大利，德国，阿根廷，捷克等等，在我们这里都很畅销。来买的大都是20～30岁的年轻人。"

女：德国"世界杯"纪念品的销售也是如火如荼。"网上海"网站就是许许多多销售"世界杯"纪念品的网站之一。在那里人们可以买到各式各样的"世界杯"纪念品，例如，吉祥物格里奥、纪念币、印有"世界杯"标志的雨伞、手机链、打火机等等。"网上海"的负责人刘右菁说，这些商品非常受欢迎，而且价格并不贵，基本在 35 到 200 元之间。

（音响：刘右菁）

"我们在五月中的时候有一些预购，我们预购的情况很好，在商品没有到位的情况下，60% 的商品都被球迷预定了。现在的销售情况是每天在一二百单。客户主要来自上海、北京和广州。"

女：理发店里，球星的发型成了揽活的好招牌。武汉的一家连锁发廊"时尚剪吧"推出了为顾客剪球星发型的服务。

男：也许我可以去试试小罗的发型。

女：那你就跟我讲葡萄牙语吧，好吗？发廊的主人曾路说，是"世界杯"促使他的店推出了这一服务，因为很多球迷带着球星的海报来店里，要求剪出同样的发型。据他说，上届世界杯期间，单单这一项就使发廊的收入增加了 30%。

（音响：曾路）

"我们这边，因为本身我也喜欢足球嘛，刚好也赶上'世界杯'期间顾客有这样的要求。我们从网络上搜集了大量球星的发型图片。店里还有球星的发型册。顾客可以和发型师沟通，为他剪出他喜欢的球星发型。广告一贴出来，已经有 10 多个人来理球星头了。"

女：理球星头的价格不等。"贝克汉姆"要 50 元，大约折合 5 欧元。罗纳尔多的光头造型要 10 元，也就差不多 1 欧元。

男：我在武汉大学碰到了一个学生，他的"贝克汉姆"发型十分惹眼。

（音响：一名学生）

"我理这个头发 50 元呢，因为'世界杯'已经到了嘛，我又特别喜欢贝克汉姆，我觉得理和他相同的发式可以表达我对他的感情。今年的'世界杯'当然要看的，绝不能错过贝克汉姆。"

男：这几天平面电视卖得很不错。大部分的顾客是那些想在"世界杯"时享受好的视觉效果的年轻人。北京国美电器城的售货员袁非非介绍说：

（音响：袁非非）

"卖得相当不错的，因为放'世界杯'的信号就是16/9的屏。平面电视就是16/9的。所以买的人特别多。前两天还断了货。"

女：除了这个，电视用的耳机也卖得很火啊。有些家里也不是人人都喜欢足球的，所以球迷们看球时带上耳机，就不会吵到家人了。

（音响：袁非非）

"目前耳机的销量大大增加了。比以前销售增加了差不多80%。家里面一个人看'世界杯'，也不影响其他人睡觉休息。"

男：这我能想象。我妻子就一点没受我迷足球的影响。难怪这么多人要买耳机啊。

女："世界杯"也带动了中国的足彩业。朱齐飞就是一个足彩爱好者。

（音响：朱齐飞）

"是的，我经常买足彩的，现在'世界杯'期间当然也要买了。前两天刚刚买了100多块，猜八场胜平负的。我本身就是球迷，这次不但要看'世界杯'，还要参与嘛，自己评判，预测，挺有意思的。"

男：当然，还有很多球迷考虑前往德国，在赛场中亲身感受足球的快乐。因此，在"世界杯"开赛前，旅行社相比往常要繁忙了许多。中青旅出境旅游公司执行总经理孙常伟说，现在北京的大部分旅行社已经是一票难求了。

（音响：孙常伟）

"前前后后我们加起来有300人左右吧。有些（门）票是客人自己解决的，我们为他们提供机票和旅程安排，有些门票是我们自己预定的。现在都已经订完了。去观看球赛的客人愿望都很强烈的。在北京现在的'世界杯'球票已经很难买到了。"

女：陈楠在众信国旅市场部工作。她说，他们的旅行团不仅要去看球赛，还要组织游客去德国，法国，瑞士，意大利等地观光旅游。

（音响：陈楠）

"预定了 200 张'世界杯'的门票，不同场次的。目前基本上都已成行。除了观看比赛，还有欧洲几个国家的旅游观光。目前的价格是 21600 元，折合 2100 欧元吧。凡报名德国游的旅客可以免费获得新东方网络提供的在线课堂，学点德语。"

男：刘冬春就是这些远赴德国的游客之一。他已经十分期待他的德国之行了。

（音响：刘冬春）

"当然你在球场上（感受到的）那种气氛，跟你听广播啊，看电视啊是不一样的。那很能带动人，这次能亲临现场，我还是比较激动的。"

（间奏）

女：虽然只有少数的中国球迷能前往德国观看"世界杯"。但是其他人守着电视机却能看到所有场次的比赛。中央电视台会直播所有赛事，详细介绍比赛结果和精彩的射门瞬间。

男："世界杯"期间的电视节目可谓丰富多彩。中央电视台在"世界杯"开幕前几个月就举办了一个名为德国行动的活动。在数千名报名选手中，8 对幸运儿脱颖而出。"世界杯"开幕之前，他们远赴德国，在 12 个"世界杯"举办城市里通过完成各种竞技任务，进行了一系列梦幻之旅。

女：是啊，他们在安联球场比拼球技，在风光秀美的莱茵河上举行划船比赛，还加入德国的扮装游行队伍，分享人们的快乐。

男：德国行动的副制片李明说，这次的节目对这 8 对选手来说，是一次在德国的美好经历。

（音响：李明）

"主要的就是想让中国的球迷能够去德国的 12 个承办城市感受'世界杯'的氛围，体会德国足球文化的魅力。再一个也是为他们创造普通球迷达不到的经历，在活动中接受勇气和智慧的挑战。这个节目很多球迷都很喜欢。"

男：是啊，这八对选手都十分激动。对于最终的胜利者郝京阳和门浩兰夫妇来说，这次德国之旅是一次梦想的实现。

（音响：郝京阳）

"（到）安联（球场）去踢球，而且有那种自豪感，感觉到非常兴奋，尤其是我们作为球迷的身份过去，也是亲身参与了'世界杯'的热潮。我们也是在向中国人宣传'世界杯'前的德国，所以我们也是参与者。"

（音响：门浩兰）

"因为中国没进嘛，没入围，所以我们觉得我们是代表中国变相地参与了'世界杯'。这次我们很幸运，所有的经历都十分难忘。其实我本来根本不爱看足球，这次回来以后我们家的电视就没换过台，一直锁定中央五体育频道。"

（间奏）

女：对中国球迷来说，伴随着"世界杯"的开幕，一段难熬的时间也来临了。因为 6 个小时的时差，直播比赛通常都到了深夜。最早的比赛也在晚上九十点钟，晚的则到了凌晨 3 点左右。球迷赵跃东说起这个倒是一副无所谓的样子。

（音响：赵跃东）

"作为中国的球迷来说，我觉得熬夜的'世界杯'比不熬夜的'世界杯'好看。中国人看'世界杯'和欧锦赛都得熬夜。2002 年韩国'世界杯'时，没了时差，反倒没什么意思了。好像就没了'世界杯'真正的气氛似的。"

男：赵跃东回忆起他以前看"世界杯"的经历。为了一场不落看到所有心爱的比赛，他在电视机前度过了许多夜晚。

（音响：赵跃东）

"94 年'世界杯'，正好是八分之一决赛，我和我爸爸、哥哥约好一起看。我们上好闹钟，凌晨 3 点起床，一起为喜欢的球队加油。我还记得那时候，可以看见许多家的灯都是亮着的。"

女：是的。足球的热潮影响了许多中国的家庭。许多妻子对足球的喜爱都源于丈夫的影响。

男：王炜是个超级球迷。他很高兴，他妻子对足球的喜爱是从"世界杯"开始的。

（音响：王炜）

"她刚开始看球其实是凑热闹的性质。2002年中国队出线嘛。她从那时起开始看球。我给她讲足球的规则和球星。渐渐地她也成了球迷了。这次我们要一起看德国'世界杯'，我觉得挺好的。"

（音响：金晶）

"就像他说的，从前我是不看球的，但是受他影响。也就开始对足球感兴趣了。这次'世界杯'，肯定要看了。一方面是陪他，另一方面我也是半个球迷了，也觉得挺激动的。这样的足球盛事当然不能错过。"

（间奏）

女：在中国生活的德国人这次只能在远方感受"世界杯"了。像中国人一样，他们也要守在电视机前熬夜了。这其中就有德国人米歇尔·达曼。

（记者同达曼的对话）

"**女：**你是球迷吗？

达曼：当然了，我是超级球迷，支持德国队。

女：这是你第一次在中国看'世界杯'吗？

达曼：是第一次，以前都是在德国看电视转播，这次是在中国，在北京看德国举办的'世界杯'。

女：你准备在哪里看呢？

达曼：在朋友那里看。我们也可能一起出门看，或者在家，很多人一起看。时间上是有点困难，但也不会有太大问题。

女：这次在中国看'世界杯'，有什么感觉呢？

达曼：在这里感觉挺好的。我昨天在大街上走了一圈，发现中国人对'世界杯'也有很大的热情。所有的人都挺激动的。这挺有意思的。

女：这跟德国有什么不同吗？

达曼：这跟德国很像的。人们都很激动，世界都很激动。这就是'世界杯'的特点。中国也同样有，挺有趣的。

女：因为时差的关系，肯定会有些困难，因为我们必须在深夜看'世界杯'。

达曼：是啊，这是肯定的。凌晨三点看球是挺辛苦的。作为球迷，作为一个德国人，德国队的比赛我是一定要看的。我会尽量多看 CCTV 的转播。看吧，应该没有问题的。

女：嗯，那你觉得中国的球迷怎么样呢？

达曼：中国的球迷对'世界杯'也有很高的热情。他们对足球的喜爱把我们连在了一起。他们对足球的了解也很多。我得说，跟他们一起看球很有意思的。"

男：是啊，德国球迷当然是支持德国队了。中国队因为没有入围世界杯，中国球迷则支持很多世界强队。

女：中国球迷还会对比赛结果打赌。我的朋友王蕾蕾是个超级球迷，她告诉我，她很喜欢和朋友们一起看球，特别是大家支持不同队伍的时候，气氛就更好的。

（音响：王蕾蕾）

"跟朋友一起看的时候最好是两边支持者都有。98 年'世界杯'的时候我和一帮朋友一起看巴西对法国的决赛。当时两方的球迷都有。我们打赌，输的一方要给赢的一方做饭。我支持巴西队，当时觉得巴西肯定没问题。结果我们输了。最后在凌晨，我们为十几个人煮了几锅面条。"

男：是啊，"世界杯"就是一个欢笑与泪水的盛会。每四年就上演一次。

女：尽管中国队没有入围德国"世界杯"，中国球迷的热情却丝毫不减。球迷杨路说：

（音响：杨路）

"就感觉吧，这'世界杯'就有点像一个精神支柱似的。尤其是在'世界杯'期间。每次'世界杯'，我都要自己做一个赛程的表。认真记录下比赛的胜平负。到最后的时候，有期待也有难过。期待的是马上就可以看到大结局了。难过的是，'世界杯'就要结束了，又得再等4年才能再见。我觉得每一届'世界杯'都让我挺激动的。"

女："世界杯"的精彩就在于它把所有的人用一种热情连接在一起。世界各地的人们在"世界杯"期间为不同的球队欢呼，呐喊。他们的热情不只是为自己国家的球队，人们还会为了其他国家的队伍喝彩。

男：嗯。"世界杯"让我们想起，我们大家是在一起的。

女：是啊。激情与梦想，欢笑和泪水，所有的一切组成了"世界杯"。这些就融汇在德国"世界杯"的主题曲中。中国同全世界的人们一同沉浸在这场足球的盛事中。今天的华夏生活节目就跟您说再见了。

（德国"世界杯"主题曲《the time of out lives》的中文翻唱《生命的骄傲》）

简 评

《与德国同庆世界杯——快乐足球，快乐生活》是西拉中心德语部在德国"世界杯"进行期间而制作的一档特别节目。

众所周知，足球在德国人生活中占有相当的分量，那么，中国人对足球如何？"世界杯"期间中国人又是如何度过的？这就是作者希望向德国听众介绍的主导内容。通过 28 分钟节目，作者向听众描述了广大中国球迷对足球，对"世界杯"的狂热和喜爱，让听众感受到他们对足球和"世界杯"的激情和梦想，欢笑和泪水，正所谓"环球同此凉热"。

作者为了烘托主题，进行了大量的采访，包括德国大使馆举办的"小世界杯"，还有酒吧、体育服装商店、纪念品商店以及中国媒体等。这些素材一方面描述了中国球迷对"世界杯"的关注期待，同时也巧妙地描绘了中国人日常生活状态。

这件作品主题鲜明，针对性强，广播特点突出，播出后听众反映良好。

万象调频台广播特别节目

（2006 年 11 月 19 日播出）

老挝语部

（中国国际广播电台万象调频台中国国家主席胡锦涛访问老挝特别节目片花）

中国国际广播电台，听众朋友大家好。今天下午，中国国家主席胡锦涛抵达老挝首都万象，开始对老挝进行正式国事访问，下面请听本台特派记者从万象发回的口播报道：

（口播）

（一）胡锦涛抵达万象开始对老挝进行国事访问

应老挝人民革命党中央委员会总书记、老挝人民民主共和国主席朱马里的邀请，中国共产党中央委员会总书记、中国国家主席胡锦涛 19 日下午抵达老挝首都万象，开始对老挝进行国事访问。

这是老挝党、政新一届领导集体形成后，中国最高领导人首次访问老挝，也是时隔六年后，中国最高领导人再次访问老挝。胡锦涛的到访受到老挝民众的热烈欢迎，6000 多名老挝群众身着盛装在机场沿途欢迎胡锦涛主席。

胡锦涛在抵达后发表机场书面讲话说，老挝是中国的友好邻邦。建国 30 年来，在老挝人民革命党领导下，老挝人民坚持社会主义道路和革新开放路线，在国家建设事业中取得了显著成就。老挝社会政治稳定，经济持续发展，人民生活不断改善，对外交往日益活跃，各项事业蓬勃发展。今年，老挝成功召开党的第八次全国代表大会和六届国会一次会议，全面总结革新开放 20 年的基本经验，提出了今后 5 年的大政方针和发展规划。中方对此表示热烈祝贺。

胡锦涛表示，中老两国山水相连，两党两国和两国人民有着深厚的传统友谊，是好邻居、好朋友、好同志、好伙伴。中老两党两国关系正在全面深入发展。双方政治上彼此信赖、经济上真诚合作，在国际和地区事务中相互支持、密切配合。他期待着同朱马里同志和老挝其他领导同志就双边关系和其他共同关心的问题深入交换意见。相信这次访问必将达到加深友谊、增进互信、扩大合作、规划未来的预期目标，进一步推动中老长期稳定、睦邻友好、彼此信赖的全面合作关系更快更好地向前发展。

老挝是此次胡锦涛亚洲之行的第二站，此前他访问了越南，并出席了在河内举行的亚太经合组织第 14 次领导人非正式会议，继老挝之后，胡锦涛还将赴印度和巴基斯坦进行国事访问。

（老挝民众欢迎胡锦涛访问的片花 3 个　调频台片花 1 个）

这里是中国国际广播电台！听众朋友，大家好！听众朋友，中国国家主席胡锦涛已经抵达万象开始对老挝进行国事访问。我们在老挝的特派记者也于近日采访了中国驻老大使刘永兴先生和老挝驻华大使维吉先生，两国大使均认为此次胡主席的老挝之行是中老关系发展的里程碑。以下，请听本台特派记者从万象发回的报道：

（蒙龙口播　两国大使访谈）

（二）中国最高领导人再次访问老挝是中老关系发展的里程碑
—— 访中老两国大使

听众朋友，我是……我正在万象为您报道。

老挝之行是胡锦涛就任国家主席以来首次出访老挝，也是时隔 6 年之后，中国最高领导人再次访问老挝。采访中，中老两国大使均认为此次访问对发展两国关系具有重要意义，是中老两国关系发展的里程碑。

刘永兴大使指出：

（音响 1：刘大使讲话，压混）

"今年，老党举行了'八大'，选出了新的领导班子。朱马里先生在出任党的总书记和国家主席之后不久就对中国进行了成功访问。而胡锦涛主席则在一年之内进行了回访，这在两国关系上是首次。我相信，胡主席这次访问对进一步拓展和发展两国关系将起到重要的作用。"

维吉大使表示：

（音响 2：维吉大使讲话，老文）

"我们知道，中国国家主席胡锦涛对老挝的访问是他作为中共中央总书记对我们国家的第一次正式国事访问，对此次访问，我们老中两国都高度重视。我们老方在万象进行了热情积极准备，热烈期待胡主席的来访，我认为，胡锦涛主席的此次访问是我们老中关系史上的又一件大事，首先，这次访问一定能继续并发展两国之间的友好合作，胡主席此次访老，将与朱马里主席进行工作会谈。此外，还将会见我国党政其他高级领导人，与他们交换有关两国关系的意见，评价两党两国关系以及两国人民之间的友好合作。另一个方面，我们在做准备的就是在此次访问中将签署多份协议和文件，涉及经济、文化和社会等领域，以及其他方面的合作，访问中，还将参加中国国际广播电台万象调频台的正式开播仪式。所有这些都显示出，这次访问尽管时间很短，但是我相信必将取得圆满成功。另外，此次访问一定会给我们以力量，使得老中两国全面友好合作关系进一步发展。"

两国大使可谓是两国关系发展最直接的见证者。今年适逢中老建交 45 周年，回顾近年来两国关系的发展，两国大使兴致盎然。

刘永兴大使说：

（音响 3：刘大使讲话，压混）

"中老两国山水相连，两国人民在历史长河中有着深厚的传统友谊。近年来，双方在建设、改革开放、革新事业中相互借鉴经验。通过两国高层的接触、各个政府部门的联系及青年的交流，进一步加强了两党、两国人民间的政治互信，为中老两国关系铺垫了非常好的基础。"

维吉大使说：

（音响 4：维吉大使讲话）

"我认为，多年来，老中两国友好合作关系发展良好，尤其是近年来，可以说是两国关系发展史的发展最好的阶段，我们可以从以下一些情况看出来，一是两国党政高层互访持续正常进行；各方面的合作得到发展、改善，不断获得良好成果，尤其是经济领域，取得了很大的成果，因此我们评价说老中两国关系发展良好。"

听众朋友，经贸合作是中老两国关系的重要组成部分。近年来，双方本着平等互利，讲究实效，形式多样和共同发展的原则，使得两国的经贸合作关系有了突飞猛进的发展。刘永兴大使分析说：

（音响 5：刘大使讲话，压混）

"中国在进行的改革开放和老挝在进行的革新开放事业，有着共同的建设国家、改善人民生活的任务。另一方面，随着改革开放事业、革新开放事业的深入发展，（两国的）经济总量在逐步发展，也促进了两国贸易发展。"

对此，维吉大使也深表同感。

（音响 6：维吉大使讲话）

"我也认为，事实上，老中经济合作与 10 年前相比获得了良好进展，最近 3 至 5 年来，有了良好进展，尤其是投资，中国在老投资增长很多，在经贸合作领域，我们认为，虽然有了很大的增加，但与中国和其他国家，尤其是其他亚洲国家的合作相比，总量还不多，我们曾有意愿要努力使老中 2005 年贸易额达到 2 亿美元，但是直到了今年才宣布说，将突破 2 亿美元，总之，我认为，老中两国之间的经贸合作还有很大的潜力，因此，我们双方有关部门都需要继续努力交换意见，探讨老中两国经济合作尤其是贸易和投资领域还可以有哪些发展，使得两国经贸合作进一步增加。"

据了解，从 2003 年开始，中老贸易首次突破 1 亿美元，之后每年都有提升，今年全年有望突破 2 亿美元。其中，老挝对中国的出口额有了非常大的突破。1999 年，老对华出口仅有 900 多万美元，今年已经达到 3000 万美元。迄今为止，中国已对 300 多种老方的出口商品实行零关税。

刘永兴大使表示：

（音响 7：刘大使讲话）

"我相信随着（老中）两国经济的发展，两国的贸易、科技、技术等方面的合作都将得到进一步深化。老挝是一个不发达国家，中国对老进行了力所能及的经济技术援助，如：凯旋门公园、文化宫、琅勃拉邦医院和公路等。虽然我们的援助数量不是很大，但我们的援助是真诚的，是不附带任何政治条件的。"

采访中，维吉大使对未来的中老两国关系充满了信心。他说：

（音响 8：维吉大使讲话）

"我们老中两党两国领导人定期交换意见，这是一个坚实的基础，一个重要的力量，促进我们两国关系在将来的发展，我相信，我们两国高层之间的交换意见和互相往来将来还将继续，更将进一步增加，我们可以预见到，我们两国之间的睦邻友好合作关系，成为好同志、好朋友、好伙伴，我们两国关系的发展将朝着这个方向去发展。我们双方将继续珍惜共同努力使两国各方面的传统睦邻友好不断取得新的成果。"

听众朋友，以上是本台记者对中老两国大使的采访，感谢您的收听。

（中国国际广播电台万象调频台欢迎胡主席访老片花）

（歌曲《好日子》）

（中国国际广播电台万象调频台正式开播片花）

中国国际广播电台！各位听众，中国国家主席胡锦涛 19 日开始对老挝进行国事访问，这是时隔 6 年后，中国国家元首再次访问老挝，老挝民众对胡主席的这次访问给予了高度关注和期待。下面请听本台特派记者翟磊从老挝首都万象发回的《录音报道》：中老期待两国关系更加紧密。

（三）录音报道：中老期待两国关系更加紧密

（音响 1：学生背唐诗，汉语）

"《静夜思》，李白。床前明月光，疑是地上霜。举头望明月，低头思故乡。"

这是老挝首都万象寮都公学的学生们在背诵唐诗。这所由华人华侨创办的学校已经有 69 年的历史，在当地可以说是大名鼎鼎。在这里，学生们的主要课程是学习汉语。这不仅是因为老挝人民对中国充满了友好的感情，对中国文化充满了好奇和向往，还因为中老两国近些年来不断密切的政治和经贸关系，也使得更多的老挝人想通过学习汉语来了解中国。

谈到中老两国关系，中国驻老挝大使刘永兴介绍说：

（音响 2：刘，汉语）

"中老两国是山水相连的友好邻邦，两党、两国和两国人民之间有着深厚的传统友谊。特别是进入新世纪以来，在双边合作联合声明的指引下，中老两国长期稳定、睦邻友好、彼此信赖的全面合作关系得到了深入发展。"

刘大使说，今年以来，老挝人民革命党总书记、国家主席朱马利对中国进行了成功的访问，中共中央总书记、国家主席胡锦涛也即将对老挝进行国事访问，这样密切的来往表明两党、两国和两国人民之间的友好关系进入了一个新的时期，相信胡主席这次访问将对进一步拓展和发展两国关系起到重要作用。

老挝驻中国大使维吉·欣达翁也表达了相同的看法。

（音响 3：欣达翁，老语）

"这是胡锦涛主席第一次访问老挝，是老中两国外交史上的一个重要事件，这次访问是对两国高层互访的一个延续和发展。访问期间，胡主席将与朱马利主席及老挝其他领导人进行会谈，为今后两国关系的发展指明方向。

此外，两国领导人将签署一系列经济文化领域的重要文件，还将出席中国国际广播电台万象调频的开播仪式。我认为这次访问一定能够取得很好的效果，将进一步促进两国业已存在的友好合作关系。"

中老两国元首之间的交往和互访对两国友好合作关系的促进作用，也让老挝当地的华人华侨深有感触。在老挝居住着大概 2 万名左右的华人华侨，他们大多来自中国南方的福建、广东和海南等省份。77 岁高龄的林振潮就是其中的一位，他现在是老挝中华理事会的会长。说起胡锦涛主席将要对老挝进行的国事访问，老先生显得很激动。他说：

（音响 4：林，汉语）

"我们华侨现在接到这个信息很高兴，相信中国国家领导人的访问能够促进老挝经济的发展。经济好了，我们在这里做生意也好了，什么都容易办，华侨住在这里什么都好了，所以我们华侨对这次国家主席来访问很荣幸，也很高兴。"

林振潮先生是寮都公学的主要创办者之一，他表示通过办学可以促进老中两国人民的理解和交流，这些年有很多从寮都公学毕业的学生到中国去留学，他们中的一些人在留学结束后又回到寮都公学工作，今年 22 岁的素里耶就是其中之一，她曾在中国厦门的华侨大学留学。素里耶用流利的中文说：

（音响 5：素里耶，汉语）

"我曾经在中国留学，我对中国的文化很有兴趣，我很喜欢中国文化，很喜欢中国人。我觉得中国的文化非常丰富多彩，因为她有很长（悠久）的历史，我想更多地了解中国，就到那边留学。这次胡主席来老挝访问，我相信这次访问能够促进两国关系更加紧密，祝这次胡主席来老挝访问圆满成功！"

（老挝歌曲《快乐的农夫》）

（中国国际广播电台万象调频台中国国家主席胡锦涛访问老挝特别节目片花）

（后半小时）

中国国际广播电台，听众朋友，大家好。今天下午，中国国家主席胡锦涛抵达老挝首都万象，开始对老挝进行正式国事访问，下面请听本台特派记者从万象发回的口播报道：

（口播）

（四）胡锦涛抵达万象开始对老挝进行国事访问

应老挝人民革命党中央委员会总书记、老挝人民民主共和国主席朱马里的邀请，中国共产党中央委员会总书记、中国国家主席胡锦涛 19 日下午抵达老挝首都万象，开始对老挝进行国事访问。

这是老挝党、政新一届领导集体形成后，中国最高领导人首次访问老挝，也是时隔六年后，中国最高领导人再次访问老挝。胡锦涛的到访受到老挝民众的热烈欢迎，6000 多名老挝群众身着盛装在机场沿途欢迎胡锦涛主席。

胡锦涛在抵达后发表机场书面讲话说，老挝是中国的友好邻邦。建国 30 年来，在老挝人民革命党领导下，老挝人民坚持社会主义道路和革新开放路线，在国家建设事业中取得了显著成就。老挝社会政治稳定，经济持续发展，人民生活不断改善，对外交往日益活跃，各项事业蓬勃发展。今年，老挝成功召开党的第八次全国代表大会和六届国会一次会议，全面总结革新开放 20 年的基本经验，提出了今后 5 年的大政方针和发展规划。中方对此表示热烈祝贺。

胡锦涛表示，中老两国山水相连，两党两国和两国人民有着深厚的传统友谊，是好邻居、好朋友、好同志、好伙伴。中老两党两国关系正在全面深入发展。双方政治上彼此信赖、经济上真诚合作，在国际和地区事务中相互支持、密切配合。他期待着同朱马里同志和老挝其他领导同志就双边关系和其他共同关心的问题深入交换意见。相信这次访问必将达到加深友谊、增进互信、扩大合作、规划未来的预期目标，进一步推动中老长期稳定、睦邻友好、彼此信赖的全面合作关系更快更好地向前发展。

老挝是此次胡锦涛亚洲之行的第二站，此前他访问了越南，并出席了在河内举行的亚太经合组织第 14 次领导人非正式会议，继老挝之后，胡锦涛还将赴印度和巴基斯坦进行国事访问。

（老挝民众欢迎胡锦涛访问的片花，胡主席出访片花）

听众朋友，今天，中国国家主席胡锦涛已开始对老挝正式进行国事访问，中国国际广播电台万象调频台也将在当天的晚些时候举行正式开播仪式。

万象调频台是中老两国媒体合作的成果，在合作过程中，中国国际广播电台近年来也邀请了老挝国家电台的工作人员来我台工作，乌敦·万塔努冯先生就曾经是他们当中的一位。乌敦先生日前在接受本台记者采访时表示，中国国际广播电台万象调频台在 11 月 19 日正式开播是一个伟大的历史事件，它是两国人民友谊的桥梁。下面请听本台特派记者在万象对乌敦专访。

（五）万象调频台是两国人民友谊的桥梁
——专访乌敦·万塔努冯

乌敦·万塔努冯曾经在中国国际广播电台工作 4 年多，现在已经回到了老挝万象。他告诉记者，当他听说中国国际广播电台万象调频台即将开播的消息，就第一时间赶到国家电台，等待着万象调频台的试播节目。

他说：

（采访音响，老挝语）

"我一直在等待那个时刻，当我在万象收听到新的调频电波 FM93，我的心情无法用语言表达。这是友谊的电波、合作的电波，它将是两国友好合作历史的写照。

我认为，中国国际广播电台万象调频台在万象清晰的声音将使得老挝听众在收听西方电台之外有了更多的选择，他们能够及时收听到发生在中国和世界的大事新闻，听到中国人民对世界大事的观点，了解中国人民在国家建设和发展的过程、感受，以便老挝在革新开放中汲取更多的先进经验。

据我所知，中国国际广播电台刚刚度过了它 65 岁的生日。它有很多语种广播，它的播出时长在世界上也是数一数二的。我认为，万象调频台在 11 月 19 日正式开播是中国国际广播电台以及中老合作的一个伟大历史事件，我相信，中国国际广播电台在全球一体化进程中将更加发展壮大、更加国际化。

最后，值此中国国际广播电台万象调频台开播之际，我谨向中国国际广播电台领导层、老挝语部领导集体以及老挝语部每一位成员表示祝贺，祝愿老挝语部每一位成员取得更大成绩，祝老中、中老友谊万古长青。"

（大使祝贺片花）

（老挝歌曲）

（胡主席访老片花）

（老挝国家电台台长贺词片花）

（六）北京——万象连线

听众朋友，中国国家主席今天开始对老挝的访问，中国国际广播电台万象调频台即将在万象开播。现在我们就连线听众，听听他们对这两件大事说长道短。

（电话拨号声）

——喂，桑澜先生，你好，您收听我们中国国际广播电台万象调频台的试播节目了吗？

——收听了，声音非常清晰标准，声音质量非常好。在城里的每一个地方都能很清楚地听到。

——在我们播出的这些时段当中，您最喜欢收听哪个时段的节目？

——一天当中，我最喜欢收听 17 点开始的那个时段节目。因为这个时间正是黄昏，大家都下班了，听广播比较从容，欣赏音乐也比较轻松。

——您喜欢哪些节目？您对哪些方面的内容感兴趣？

——最喜欢听你们的新闻。不过，让我感到意外的是，你们播放的老挝音乐都是时下最流行的。

——您对我们的节目形态有什么意见和建议？

——目前你们的节目刚开始试播，音乐节目比较多，希望你们在以后的节目中增加一些知识性的内容，能给我们带来知识的内容，以及一些我们周边国家的情况的信息。我祝愿中国国际广播电台的工作人员把调频节目越办越好，给我们老挝听众带来更多的知识。

——非常感谢。最后再跟您介绍一下我们的播出时段和播出栏目……（略）

（胡主席访老片花）

听众朋友，下面我们继续连线听众。

（电话拨号声）

（采访听众，形式同上，听众所说内容大意如下）

"从 CRI 调频广播试播之日起，我们俩就一直在收听，天天都听，这种新闻穿插音乐的广播形式深深地吸引了我们，我们可以在一种轻松的氛围中了解中国和世界上的大事，感觉真的太棒了。我从新闻中听到有关中国国家主席胡锦涛来访问老挝的消息，感到非常激动，我得知中老两国领导人进行了一系列会谈，还签署了多项协议，这充分反映出中老双方领导层对双边关系的重视，我想老挝会以此为契机，大力发展经济，这当然也离不开中国政府的大力支持。CRI 万象调频台就像是联结两国党、政府和人民的一座新桥梁，我相信 CRI 的节目一定会越做越好，一定会吸引越来越多的老挝听众，它的建成也一定会使中老传统友谊得到进一步的加深。"

最后记者告知我台新的联系方式。

（片花）

简　评

老挝语部万象调频台 FM93 广播特别节目以胡锦涛出访老挝为切入点，通过对两国大使和老挝民众的采访、万象调频台即将开播的电话连线，层层递进，力图反映中老两国全面友好合作关系是可以长期持久、深入人心的。此特别节目既有记者第一时间的口播、录音报道，又有特色人物专访，互动电话连线，音响丰富，内容充实，将胡锦涛出访老挝和万象调频台开播两件大事有机结合，有很强的针对性和时效性。节目中开设的北京—万象连线对话节目，对 11 月 15 日试播以来收听万象调频的听众做连线报道，既反映了万象调频台试播的成果，也为当日晚些时候两国领导出席万象调频台开播仪式的报道做了一个很好的铺垫。

中国国际广播新闻奖

2005
2006

年度获奖作品选

主　编　陈敏毅
副主编　胡　木　万淑华

（下）

中国国际广播出版社

优秀
系列节目

一等奖

战胜艾滋 让我们共同努力

周婧 王静 赵晓华 朱彧婷 李东

艾滋病咨询网站

（2006 年 11 月 27 日播出）

导语：12 月 1 号，世界艾滋病日即将到来。每年这个时候，大众关注的焦点就会集中在艾滋病这个话题上，从今天开始，我们《轻松新闻杂志》节目也将推出一系列报道，关注艾滋病防治进程和艾滋病患者或病毒携带者的生存状况。

很多艾滋患者或感染者虽然需要帮助，却不愿意暴露身份，寻求面对面的咨询。艾滋病咨询网站为这些人提供了一个在线选择。我们的记者涂赟采访了一位在这样的网站供职的咨询顾问。通过他的工作和经历，你也许能够对艾滋病患者以及艾滋病毒携带者的生活有更多的了解。

记者：张锐强既不是医生也不是医科学生，但作为网站咨询顾问，他已经在一个非政府艾滋病咨询网站工作了两年多，期间接触了大量艾滋病毒携带者和艾滋病患者。

早在他上大学的时候，他就决意要传播艾滋病的相关知识。

（音响，张，中文）

"1998 年我来到北京上大学。通过一些学校的讲座、展览以及网络，我对艾滋病有了许多了解。我加入了学校设立的一个艾滋志愿小组，希望能帮助同学们增进对这种疾病的了解。"

当艾滋咨询检测网（Aizi-china. com）建成后，他辞掉了自己的工作，来从事这项他认为更有意义的事业。经过专业训练，他现在已经可以通过网络和电话来解答咨询者的疑问。张锐强经常能感到电话另一端的人焦虑甚至害怕的情绪，有些人畏惧被感染，而那些已经被确认为艾滋病毒携带者或艾滋病患者的人则彻底绝望。对张锐强而言，这绝不是一份轻松的工作。

（音响，张，中文）

"有时候，所有这些压力让我感到疲惫不堪。听了他们的故事我真的觉得挺伤感的，但我告诉自己必须要坚强起来，因为他们的的确确需要我的帮助。我清楚地记得一个只有21岁的年轻人，在和一个'小姐'发生几次关系后，他怀疑自己感染了艾滋病毒。我建议他去检查，结果他被检测出呈HIV阳性。他特别绝望以至于告诉我想要报复社会，还想抢一笔钱留给他父母。那是我碰到的最偏激的反应。不过，我成功地说服了他，到现在他还经常给我打电话。"

艾滋咨询检测网平均每天有500人左右的访问量，24小时热线每天也会接到60多个电话。

在国内，还有其他一些类似的非政府背景的艾滋病咨询网站。尽管政府提供免费测试，并鼓励人们去检测，但许多人仍然羞于去医院检查，而宁愿悄悄地在电话里倾诉他们的苦恼或者私下进行检查。这些网站为他们提供了另一种选择。

经过国家这些年不断的努力和教育，很多人不再像以往那样把艾滋病视作洪水猛兽，但张锐强说，工作过程中，他发现人们对于艾滋病以及艾滋病患者的误解依然十分严重。

（音响，张，中文）

"现在仍存在许多对艾滋病患者以及艾滋病毒携带者的歧视。据我所知有些病人承受着巨大的精神压力。这几年，中国的艾滋病毒携带者迅速增加，而且不仅在易感染人群中扩散，现在已经危及到了我们每一个人，所以让每个人都了解艾滋预防措施是非常重要的。不过到目前为止，仍有许多人不了解艾滋病，认为这个疾病离他们还远得很。这种想法不仅有害于他们自己，也有害于整个社会。"

艾滋人生——访艾滋病毒携带者孟林

（2006 年 11 月 28 日播出）

导语：根据最新的官方统计数据，中国现在有 65 万艾滋病毒携带者。38 岁的孟林正是其中之一。他感染艾滋病毒已有十年多的时间了，从走出绝望的深渊到成为其他艾滋病患者和病毒携带者眼中的"榜样"。十年之间，他完成了一个巨大的转变。面对《轻松新闻杂志》的专题记者朱彧婷，他分享了他独特的生活经历。

记者：孟林曾是一位成功的商人，现在他也是"爱之方舟"网站的主要力量，为艾滋病患者以及艾滋病毒携带者提供在线网络支持。

聪慧而健谈，孟林看上去和普通人无异。谁能想到他已经和艾滋病魔奋战了十年之久呢？孟林在 1995 年底被诊断患有艾滋病，他害怕极了，没有告诉任何人。这个秘密在他心头压了好几个月的时间，直到 1996 年的除夕，他决定不再隐瞒他的问题了。

（音响，孟，中文）

"在 1996 年的除夕夜，所有的亲朋好友都团聚欢庆，在这种氛围下，我坦白了病情。我准备离家出走，亲人们也在暗示我离开。所以就在那晚，就在我的家人们享受团圆的时刻，我永远地离开了家，而且从那以后就再也没有回去过。"

无家可归而且惊恐不安的孟林拨通了最好朋友的电话，他并不奢望得到帮助，只是想找个人聊聊。但他最好的朋友却挂断了电话。

被家人和最好的朋友抛弃后，孟林彻底绝望了。当他了解到没有办法可以治愈这种疾病时，他萌生了自杀的念头。

（音响，孟，中文）

"每天，我脑子里充斥着各种死法。我考虑过很多种自杀方式，但我却没有那么做，也许是因为在我内心深处，仍然有着生存的渴望。我告诉我自己，

'你没勇气结束你的生命，你就应该好好活着。让那些不愿帮助你的人知道，你可以活得很好，过得很精彩。'"

就在这一年，孟林开始在北京佑安医院寻求治疗。他很幸运，遇到了徐莲芝医生。徐医生把他当作自己的亲生儿子一样照顾。对徐医生，孟林除了感激还是感激。

（音响，孟，中文）

"她对我来说太重要了。你知道吗，没有一个家人或是亲戚来看我，只有她一个人照顾我。她给了我希望。她每天都会给我打电话，建议我应该摄取什么营养。有时候她也会告诉我外面很冷，多穿点衣服。我在感情上和精神上都对她产生了依赖。"

徐医生帮助孟林度过了他人生中最黑暗的日子。他最终出院了，而且一直在做鸡尾酒疗法。在和艾滋病抗争的同时，他又开始在商界打拼。现在他作为北京存活最长的感染者，正在努力帮助其他艾滋病人和感染者。

（音响，孟，中文）

"三年前，我开始在一些小范围的活动上和其他的病人交流患病经历。事实上我是被徐医生激励了所以才这么做。在那之前，他们只是听说有人活了这么久，直到亲眼看到我，他们才相信真的有我这么一个人存在。我始终记得第一次我踏进那个房间，他们的眼睛突然闪亮了起来。因为他们从我身上看到了希望。"

最近这几年，孟林利用他"爱之方舟"的帮助，致力于让人们认识到对艾滋病歧视的负面作用。

（音响，孟，中文）

"如果你不为这些人提供积极的治疗，他们可能会刻意地报复社会。这样会让艾滋病更加难以防治。为什么国家每年花许多钱用以艾滋病预防和治疗，但每年艾滋病携带者的数量却仍然增长三分之一以上？如果舆情不改善，防艾工作会很难做。"

非政府组织：艾滋病防控还需要政府更多介入

（2006 年 12 月 1 日播出）

导语：在前几天的艾滋病系列报道里，我们谈到了志愿者和非政府组织发挥的作用。正如联合国艾滋病规划署（UNAIDS）指出的那样，在艾滋病预防控制方面，非政府组织正在发挥着不可替代的作用。今年三月，中国政府在新实施的《艾滋病防治条例》中也强调要充分发挥非政府组织的作用。那么中国的非政府组织在这场对抗艾滋病的战争中是如何发挥自己的作用的呢？让我们来听记者关娟娟带来的报道。

记者：万延海是国内著名的艾滋病工作者。他毕业于一所医科大学的公共卫生专业，早在 1990 年就开始艾滋病教育方面的研究，当时很多中国人还根本不知道艾滋病为何物。

为了让更多的人了解艾滋病，了解防治知识，关爱艾滋病毒携带者和艾滋病人，万延海在 1994 年成立了非政府机构"爱知行动项目"。

（音响，万，英文）

"刚开始的时候，我们是在北京的同性恋群体中普及艾滋病知识，呼吁大家不去歧视艾滋病患者和病毒携带者。我们也会给因卖血感染艾滋病的农民以法律援助。最近，我们在积极寻求和政府合作，帮助建立一个对艾滋病患者更友好的环境，同时我们还在北京的打工子弟学校中开展艾滋病防治教育。"

从事了十几年防艾宣传工作的万延海深知个中的辛苦和困难。但他对艾滋病公众教育方面仍然抱着谨慎的乐观态度。

（音响，万，英文）

"尽管没有确切的数字，但总体来说公众对艾滋病的态度比起十几年前已经有很大改观。对这个疾病的认知程度已经很高。可以说政府、社会、和个人都在为感染者和患者创造一个良好的生存环境。政府的投入在加大，这方面的社会团体也更多了。"

然而，万延海认为现在远非是庆祝胜利的时候。要取得更大的效果，政府和非政府组织必须在艾滋病防控方面更加紧密地合作。

（音响，万，英文）

"非政府组织应该成为政府的合作伙伴。没有政府的介入，非政府组织不可能赢得这场战争。反之亦然，所以二者必须结成一个伙伴关系。这两个伙伴同时也可以相互监督。这样我们的行动会更加有效。"

非政府组织的优势在于可以更直接地接触到社会底层或者被边缘化的艾滋高危人群。但万延海觉得政府的作用更为关键。

（音响，万，英文）

"政府的决心是非常重要的。政府可以给各种抗艾社会团体以合法地位，包括一些艾滋病人自己建立的互助团体。政府可以给这样的团体政策或经济上的支持。这对很多已经难以维系的团体来说是至关重要的。"

在敦促政府加大投入力度的同时，万延海也在思考着非政府组织自己面临的问题。他说现在有200多家非政府组织和社会团体在从事艾滋病相关的工作，但其中大多数没有经过注册，同时很多团体也缺乏民主的组织结构。

万延海成立的"爱知行动项目"正在经历组织变动，而他很有可能不再担任领导职务。他说，对爱知行动来说这是件好事。

（音响，万，英文）

"在大部分非政府组织里，都是早期的创立者一直担任领导。这对于组织今后的发展很可能是不利的。我们希望通过改进组织结构为自己注入更多活力。但我们也在摸索中。"

简　评

12月1日是世界艾滋病日。为配合这个日子，国际台英语中心在《轻松新闻杂志》栏目当中连续 5 天播出了这一系列节目。

艾滋病是一个全球性的社会问题，近年来，中国艾滋病形势日趋严峻，也备受世界关注。因此，以世界艾滋病日为契机，全面反映我国社会各界对于艾滋病防治工作的重视和采取的措施，应该说是找到了一个较好的报道角度。

这一系列节目的最大特点是从小处入手，每一个节目都有人物、有故事、有情节，因而具有较强的真实性和感染力。节目选取与艾滋病有关的 5 个侧面，既有为艾滋病患者和病毒携带者提供服务的咨询网站，也有对艾滋病毒携带者的采访，还有非政府组织的努力和呼吁。整个系列节目立体感强，向受众展示了中国应对艾滋病挑战的一幅"全景画"。

对于社会来说，艾滋病问题是一个负面问题。但系列节目并没有停留在简单的暴露和展示的层次上，而是想方设法突出其正面意义，强调政府和社会各界对艾滋病问题的关注；强调艾滋病患者和病毒携带者不甘于自暴自弃，顽强抗争，积极向上的精神面貌。特别是最后一篇介绍非政府组织在防治艾滋病过程中所发挥的作用，体现了全社会对艾滋病问题的重视和对患者的关爱。

该系列节目短小精干，采用大量音响效果，广播特点突出。

走近人口较少民族系列

李琳　蔡靖晶　朱建英　台林珍

中国大力扶特人口较少民族发展
（2006 年 6 月 16 日播出）

听众朋友，中国是个多民族的国家，除汉族外，有 55 个少数民族，其中 22 个民族由于人口在 10 万以下，因此被统称为人口较少民族。这些民族大多生活在偏远地区，总体发展水平比较落后。为改善这些民族的发展状况，从上世纪末开始，中国相继采取了一系列措施来扶持这些民族发展。

为了了解目前中国人口较少民族的发展状况，本台记者深入中国西南部、东北部等人口较少民族聚居区进行了采访，今天请听这组系列报道的第一篇：《中国大力扶持人口较少民族发展》。

（音响 1：怒族音乐出，压混）

怒族生活在中国西南部的云南省。从该省省会昆明出发，记者坐了近 18 个小时的长途汽车，才到达了怒族聚居的贡山县城，之后又走了一个多小时的山路，来到了一个名叫甲生村的怒族寨子。远远望去，只见整个寨子被雪山环抱，寨子里道路平坦，路边整齐地坐落着一座座新建的砖瓦房。

走进村民刘阳海的家，记者看到，在宽敞透亮的客厅里，放置着电视、冰箱、洗衣机等家电。刘阳海高兴地告诉记者，从 2000 年开始，村里搞起了旅游业，村民们有了新的经济来源，收入提高了很多，于是大家纷纷建了新房，添置了家电。但他说，五六年前，由于山路多、耕地少，怒族的生活状况完全不是现在这个样子。

（音响 2：刘讲话，怒语）

"没有发展旅游业之前，我们这里的经济来源比较局限，除了种植业外，最多还能依靠卖鸡、做农副业来赚点钱，生活很困难。"

刘阳海说的经济收入少是中国人口较少民族以前普遍存在的一个现象。除此之外，当时这些民族还面临着其他一些问题，比如基础设施落后，相当数量的人口较少民族聚居村没有通电、通公路，没有小学、卫生室和安全的饮用水；有四分之一左右的人口还没有解决温饱等。

为改善这种状况，从上世纪末以来，中国相继采取了一系列措施扶持人口较少民族的发展，比如，仅从 2002 年到 2004 年，国家就投入了 1 亿多元人民币，用于改善人口较少民族聚居乡村的水、电、路等基础设施条件。此外，中国有关部门还帮助人口较少民族调整产业结构，发展特色优势产业，增加他们的收入；帮助这些民族发展科技、教育、卫生、文化等社会事业，促进这些地区的社会进步。

为了进一步加大扶持力度，去年，中国还出台了《扶持人口较少民族发展规划》（以下简称《规划》），实施期为 2005 年到 2010 年。中国国家民族事务委员会经济司副司长乐长虹先生指出：

（音响 3：乐讲话）

"（这一《规划》的）目标是准备用五年的时间，基本解决（人口较少民族）现有贫困人口的温饱问题，（使这些民族的）经济社会发展基本达到当地中等或者以上水平。"

他说，为实现这一目标，今后 5 年内，中国各级政府计划投资 10 亿元人民币，用于改善人口较少民族的生产、生活状况。

几年来，在政府的扶持下，一些人口较少民族地区的发展状况已经有了明显的改善。普米族是生活在云南省西北部的一个人口较少民族，在该族聚居的干竹河村，记者看到，这里通往外界的公路已经修通，在当地政府的帮助下，村民们还发展起了养牛业。当地负责民族事务的官员和菊珍女士介绍说，政府给每个普米族家庭免费发放了两头牛，希望他们通过发展养殖业增加收入。

（音响 4：和讲话）

"（我们这里）海拔有点高，（考虑到发展）养殖业（经济来源）比较稳定。（于是）我们征求了农民的意见，把 100 万（元人民币的资金）投入到了养殖业上。（现在每户农民）大概一年（可以）增收 1000 多（元人民币）。"

由于普米族以前从未发展过养殖业，因此当地有关部门同畜牧局展开合作，在一些普米族村寨开办了养牛培训班，培训他们如何预防牛患病，以及如何饲养牛等。这些举措受到了普米族的欢迎，也推动了养殖业的蓬勃发展。干竹河村的村民杨术祥（女）告诉记者：

（音响5：杨讲话，普米语）

"前几年我们家里比较困难，在民委的帮助下发展养殖业，使我们家的情况比以前好了很多。养牛可以增加我们的家庭收入，这样才能供我的两个孩子上学。"

记者在采访中了解到，同普米族一样，现在许多人口较少民族的生产、生活状况与以前相比，都有了一定的改善。如东北黑龙江省的赫哲族，目前各村寨已基本实现了通电、通路和通水，一些村寨还开通了移动电话；在国家的鼓励和支持下，赫哲族通过发展旅游业走上了脱贫致富的道路。

中国国家民族事务委员会的官员乐长虹表示，今后中国对人口较少民族的扶持力度将不断加大。

（音响6：乐讲话）

"一个是（今后）随着国家财力的增强，要进一步争取增加（对这些地区）资金的投入；第二个是要组织经济发达地区对口支援人口较少民族地区，进一步加大对口支援的力度；再一个（就是）进一步动员社会各界对人口较少民族给予支持。"

好了，听众朋友，今天的节目就到这里。在下次节目中，我们将带您走近云南的普米族，去具体看一看这个民族在国家扶持下的发展状况。欢迎到时收听。再会！

大山顶上的独龙村寨

（2006年8月25日播出）

听众朋友，在中国西南部云南省的独龙江流域，聚居着一个只有5800多人的民族——独龙族，他们是独龙江最早的主人，也是中国人口最少的民族之一。独龙族没有文字，史料中有关这个民族的记载也很少。在1949年新中国成立之前，独龙族还处于原始社会末期，以刀耕火种和狩猎为生。50多年过去了，独龙族今天的生活怎样呢？在今天的《中国少数民族》节目中，就请您和我们一起走进一个独龙村寨去看一看。

（音响1：下雨声出）

一个下雨的早上，在云南省怒江州的贡山独龙族怒族自治县，我们来到一座不知名的大山脚下，开始了一次艰难的旅程。我们的目的地是海拔1800多米的山顶，那里有一个独龙族的村寨——小茶腊村。攀爬的路上，我们偶遇了一位独龙族的姑娘——18岁的白燕娟。燕娟现住在县城，这次是抽空回老家看看的。

这座海拔1800多米的大山，对于我们这些久居城市的人来说，就像一座不可逾越的障碍。当我们筋疲力尽、气喘吁吁的时候，白燕娟却仍然步履轻盈，充满活力。

（音响2：白讲话出，汉语）

"放假的时候常回到这里，要爬山，要爬一个小时。（爬山）不累，习惯了。"

从这个离开大山多年、穿着打扮俨然城里人的姑娘身上，我们看到了独龙族的一些影子，读懂了这个民族特有的坚韧品质。

白燕娟今年刚从当地一所舞蹈学校毕业，在县城的一个民族歌舞团找到了工作。她告诉记者，自己很喜欢这个工作。

（音响3：白讲话出，汉语）

"我们这个民族人口太稀少了。（我们歌舞团经常会）到外面演出，可以让大家认识我们民族的风俗习惯，还有我们民族的美，还有我们民族的服饰。因为他们很不了解我们这个民族。"

小姑娘年纪虽然不大，但是言语间却透露出一种成熟。和她愉快地交谈着，不知不觉地就过去了2个多小时。当厚厚的云层被我们踩在脚下的时候，一个小村子终于出现在了我们的视线里。独龙村寨到了！

首先迎接我们的是居住在村头的木光明家警觉的狗。

（音响4：狗叫声出）

听到狗叫，木光明一家很快走了出来，热情地把我们迎到了屋里。木光明一家共四口人，夫妇俩，还有两个正在上初中的儿女。对于我们的到来，他们一家人很高兴，张罗着添柴火给我们烘烤淋湿的衣服。独龙族天性好客，他们常把家中来客人的多少当作自己人品好坏的象征。看得出来，这是十分友善的一家人，过着简单而幸福的生活。

趁着还在烤衣服，我开始仔细地打量起这个家：在昏暗的木结构房子里，从茅草屋顶渗落下来的雨在滴答作响，微弱的光线从木板壁缝间射了进来。屋里的陈设非常简单，但在屋子的一角，我意外地看到了一台崭新的电视机。对于家里的这个主要电器，木光明很是自豪：

（音响5：木光明讲话出，汉语）

"（能收到）20个台，电视机以前没有，（买了）不到两个月。以前没有电视的时候没看过（电视节目）。"

木光明还告诉我们，为了解决看电视的用电问题，他专门花了400多元人民币在镇上买了一个小型的水力发电机。虽然这个小发电机的发电能力只有1千多伏，可是看电视足够了。近些年靠着卖山货，加上政府减免农业税，村里人的生活逐步好了起来。除了木光明家，还有一些人家也买了电视。

电视机的出现，让木光明一家人的生活多了很多乐趣。正在念初二的女儿木金花最高兴：

（音响6：木金花讲话出，独龙语）

"我很喜欢看电视，因为从电视里面我可以学到很多书本上学不到的知识，也能够看到外面的世界。"

木金花和弟弟木聪荣在山脚下的乡镇中学读书，平时都住在学校里面。今天正好赶上学校放假，懂事的姐弟俩都特地赶回来帮父母做些家务活。

木光明一家养了5头猪和一些鸡，不过家里的收入主要还是靠在山里采些药材，然后拿到山脚下的集市上去卖。一年下来，全家的收入大概有1000多元人民币。虽然钱不是很多，可是由于这两年政府的政策好，像他们这样的人口较少民族的学龄孩子不仅不用交学费和杂费，还会得到一定的生活补贴，所以一家人的生活也还算过得去。

和木光明一家人围坐在火炉前，一起看着精彩的电视节目，身上暖暖的。

时间不早了，我们告别了这家人，在白燕娟的带领下，去拜访一位纹面女。女人纹面，是过去独龙族相当奇异的一种习俗。独龙女孩子长到十二三岁，就需要纹面。先用竹针在脸上刺上花纹，然后敷上锅底的烟灰，过三五天，针刺处就呈现出青蓝色，成了永远也擦洗不掉的面纹。如今，纹面女已经很少了，健在的只剩50多位了。

70多岁的纹面女木文新正在屋里劈柴生火。

（音响7：生火音响出）

对于我们的到来，老人显得很高兴。看着老人脸上仍然十分清晰的图案，我们很想知道纹面这个习俗的来历。老人告诉了我们一个古老的传说：

（音响8：木文新讲话出，独龙语）

"相传很久以前，西藏那边的人会过来把我们这里漂亮的姑娘抢去做奴隶，所以我们这边的女孩子都把脸纹上图案，这样他们就不过来抢了。"

其实关于纹面来历的说法还有很多，比如有的说是因为纹面的女人在离开人世的时候，灵魂可以化作美丽的蝴蝶升天，等等。

木文新老人是50多年前从附近一个叫独龙江乡的地方搬迁过来的。当时绝大部分独龙族都聚居在独龙江乡。不过那里的交通更不便利，一年有一半的时间大雪封山，也就几个月的时间可以和外界联系。自从离开那里之后，老人只在20多年前回去过一次。而那一次，老人花了3天多的时间在路上。

当我们告诉老人独龙江乡通公路的消息后，她显得很激动。

（音响9：木文新讲话出，独龙语）

"路通了，比以前方便多了，希望有机会可以回独龙江乡，看看那里的亲戚。"

好了，听众朋友，我们这期节目到这里就结束了，下期再见！

离不开驯鹿的鄂温克人家

（2006年12月22日播出）

初冬的早晨，温和的阳光洒向静静的白桦林。在晨曦照耀下，四周显得安详和静谧。突然间，阵阵清脆的铃声把我们的视线引向森林深处，在那里，一群驯鹿正神采飞扬地向山道旁一座帐篷处跑去。铃声唤出了玛茹莎，30多头驯鹿将这位女主人团团围住，有的甚至顽皮地将前蹄搭在了玛茹莎的手臂上，温顺地任她抚摸。听到玛茹莎"喷"、"喷"、"喷"的唤鹿声，驯鹿乖乖地卧在了帐篷两旁。

（音响1：玛茹莎唤鹿声出）

这个帆布帐篷便是玛茹莎临时的家。帐篷内没有多大空间，3张用松木杆搭的床铺把帐篷塞得很满，剩余的地方只能放一个方形铁皮炉。炉火很旺，为了给我们取暖，热情的主人在我们进屋的时候已经把火笼上。只是一瞬间，一种幽静、古朴的氛围就笼罩住我们。

这家人生活在内蒙古自治区，那是一个鄂温克族乡，四周都是茂密的森林。丈夫阿荣布今年57岁了，红扑扑的脸颊上面一双闪烁的大眼睛显得格外有神。阿荣布告诉我们，鄂温克人世世代代和驯鹿在一起，驯鹿就跟他们的家庭成员一样。

（音响2：阿荣布讲话）

"鄂温克族离开驯鹿就好像上班的人没工作了一样，就有这个感觉，驯鹿没有了，我们这个民族也就消失了。"

鄂温克族是中国一个人口较少的民族，只有约3万人。他们主要聚居在内蒙古自治区和黑龙江省交界的森林地带，阿荣布一家所在的敖鲁古雅乡有两百多人。过去鄂温克族以游猎和饲养驯鹿为生，正如他们的族名"鄂温克"一样，意为"住在大山里的人"。大约50年前，鄂温克陆续开始了定居的生活。三年前，阿荣布一家和其他同乡人一起，也告别了狩猎生活，搬到了城郊居住。

但我们却在森林里遇到了阿荣布夫妇。这是为什么？原来，自从驯鹿开始被圈养以后，就连从山野采来的苔藓也咽不下口，不少驯鹿都生了病。没办法，为了心爱的驯鹿，阿荣布和妻子再次搬回了山上。

阿荣布告诉我们，山上的条件远远不及山下。乡政府在山下给鄂温克族盖了猎民新村，新房子很漂亮，还配齐了家电，他们还将享受国家的医疗卫生保险。

我们跟着阿荣布来到山下的家中，这是一栋刷着粉红漆的小砖房，屋里宽敞透亮，地上铺着地砖，洁白的墙壁上点缀着一幅幅老照片。阿荣布说，在大山里生活惯了，新房子虽然舒适，反而不如大山里习惯。阿荣布以前是一个好猎手，打过各式各样的野生动物，獐子、狍子、熊……没有一个能逃脱的。

说起打猎，不爱说话的玛茹莎也凑过来插话：

（音响3：玛茹莎讲话）

"小时候我弟弟能打（猎），我跟着去了一趟，冬天冻得不行，到半道我就哭了。一看我冻着了我们就回去了，（最后）啥也没打到，把我弟弟气坏了。"

现在，为了保护野生动物，政府已经禁猎了。对这个政策，夫妻俩挺理解。不过，阿荣布还挺怀念过去的生活，经常给两个儿子讲当年打猎的故事。阿荣布的大儿子叫伊列，经常来山上饲养驯鹿，小儿子伊苏却喜欢住在山下。我们聊天的时候，他正在一旁津津有味地看功夫片。

（音响4：电视声出）

伊苏二十四岁了，胖乎乎的脸上总是带着一丝羞涩的表情。但一聊到感兴趣的事情时，他会立即变得神采奕奕。伊苏喜欢时髦的事物，上网、看喜剧片、唱流行歌……

（音响5：伊苏唱流行歌　压混）

这些都和他去大城市打过工的经历有关系。两年前，伊苏曾经外出去打工，做建材生意。伊苏喜欢大城市，总觉得在那里能见识很多新鲜的东西：

（音响6：伊苏讲话）

"总在家呆着多不好啊，也赚不了钱。我就愿意上大地方去，北京、天津、沈阳……我想上大连，大连没去过，在电视里头总看，环境卫生比北京都好，以后有钱（一定要）去一趟。"

兄弟俩一个在山下，一个在山上，相处的时间少了，话也变少了。伊苏告诉我们，哥哥总喜欢说些在山上养驯鹿的事，而他却根本不感兴趣。

从上个月开始，阿荣布一家在他们的驯鹿点上办起了旅游接待。别具特色的鄂温克风情，吸引了不少游客。伊苏也忙乎起来了，甚至他的想法也有些改变了。他说，如果来年生意好，他决定留在家里帮忙。

谈到父亲阿荣布，伊苏话语间句句流露着崇拜之情。去年，在乡里举行的乡庆活动上，伊苏和父亲都参加了服装表演比赛。结果伊苏被淘汰，而父亲却得了第一。

（音响 7：伊苏讲话）

"那阵儿说要比赛嘛，我爸就寻思说自己设计个帽子，他就自己创意出来，把图案设计出来，让我姑给做了，我说这帽子能得奖吗？出乎意料得了个第一名！我爸（那个服装秀）走得非常自然。"

在伊苏心目中，父亲阿荣布是好猎手，驯鹿也养得好，算得上是一个名副其实的鄂温克人。不过，父亲阿荣布说，鄂温克人也不能光守着传统活法，例如旅游接待这种新生事物就很好，他打算好好做下去：

（音响 8：阿荣布讲话）

"明年我打算呢，别的（旅游）点收入是一万多（元），我（家这个旅游点）要突破它，达到一万五。再有呢，我姑爷会做桦皮盒，（还可以）卖这个，（另外也）可以卖我们的鹿产品。我打算给他（指伊苏）买个手机，好联系（旅游业务）。"

阿荣布正在写一本回忆录，回忆他一家从游猎到定居、从贫困到富裕的变化。他盼着有一天，他的回忆录也能出版发行，让更多的人了解曾经与驯鹿为伴的鄂温克族今天的生活有什么变化。

听众朋友，到今天为止，我们今年开办的"走近人口较少民族"系列节目到这里就全部结束了，感谢您的关注，再会！

简 评

中国有 22 个人口在 10 万以下的少数民族，总人口约 63 万人。这些民族生活在偏远山区，自然条件恶劣，生活条件差，至今还有相当数量的少数民族聚居村没有通电、通公路，没有小学、卫生室，缺乏安全的饮用水。近年来，中国政府加大了对人口较少民族的扶持力度，专门编制了《扶持人口较少民族发展专项建设规划》，明确在 5 年内投资将超过 14 亿元扶持人口较少民族发展。

在这一大背景下，国际台新闻中心策划并实施了"走近人口较少民族"系列报道共 10 篇，在《中国少数民族》栏目中播出。据了解，在对外宣传中集中介绍人口较少民族的历史及其发展现状，这在外宣媒体中还是第一次。搞好这种报道不仅能够体现中央政府对人口较少民族的支持和关心，也能体现我国的民族政策以及各民族和睦相处、和舟共济的局面。应该说，这是适合对外报道的大题材。

这一系列报道具有以下特点：

一、前期策划细致到位。记者组事先翻阅了大量资料，基本上掌握了人口较少民族的历史沿革、地理分布和目前的社会经济发展状况等，并与当地有关部门进行联系，在此基础上确定了采访选题。

二、深入采访，真实感人。此类专题报道不能太概括，太笼统，必须有人物、有故事、有细节。为了尽可能掌握第一手材料，记者组分成三路，分别到云南、内蒙古和广西的偏远山区，深入到独龙族、怒族、普米族、鄂温克族、鄂伦春族、俄罗斯族、京族、毛南族等人口较少民族的聚居村，选择一些极具代表性的村民进行采访，同时注重细节的处理。比如第五篇《大山顶上的独龙族》，记者在采访居住在海拔 1800 米高独龙族村寨的一个家庭时，发现家里摆着一台崭新的电视机，这家的主人也自豪地向记者介绍买这台电视机的经过。这样的细节很好地烘托了现场的气氛，极富感染力。这样的细节只有在深入的采访中才能发现。

三、音响丰富。广播节目要靠声音来吸引听众，这一系列节目运用了大量的人物和现场音响，使整个系列更具可听性。

"中印友好年"系列节目

唐远贵　杨漪峰　胡唯敏

醉心于中印贸易的印度商人
（2006 年 5 月 15 日播出）

（节目开始曲，渐混，杨声音出）

杨： 这里是中国国际广播电台，小杨向听众朋友们问好！

胡： 大家好，我是胡敏。

杨： 听众朋友们，2006 年是中印两国领导人共同宣布的"中印友好年"。为了更好地参与这个活动，我们在自己的节目里更多地安排了与中印友谊有关的内容。

胡： 为了增进中印友谊和相互了解，我们中国国际广播电台的一个由 7 人组成的采访团目前正在印度访问，他们将访问新德里、北方邦和比哈尔邦等地。

杨： 在采访团里还有我们印地语广播部的小唐，现在就让我们一起来连线她吧。

（音乐间奏，电话连线开始）

杨： 你好，小唐！

唐： 你好，小杨！

杨： 你是什么时候到的印度？

唐： 我是印度时间 14 号深夜 12 点抵达印度的。

杨： 你现在哪里？

唐： 我现在 CRI 驻印度新德里的记者站。

杨： 新德里的天气怎样？

唐： 非常热。这几天北京还很凉爽，可新德里已经是烈日炎炎了。刚下飞机的时候，滚滚热浪袭来，感到非常不适应。

杨： 那你一定要保重身体！在前往印度的旅途中你有什么收获吗？

唐： 在香港国际机场我碰到了一位印度朋友，叫施里尼格·乔伯拉，他在中国做了好多年的生意。在机场我和他聊了聊，还进行了简短的采访，一会儿就向听众朋友介绍这位印度商人乔伯拉先生。

杨： 好，在今天的节目中就让我们来听听小唐和这位印度商人的对话。

（音乐间奏，采访实况出）

唐： 先生，您好！

乔伯拉： 你好！

唐： 请问您贵姓？

乔伯拉： 我叫施里尼格·乔伯拉。

唐： 您从印度哪里来？

乔伯拉： 我是斋普尔（拉贾斯坦邦）的人。

唐： 您到中国来旅游还是其他活动？

乔伯拉： 我来中国做生意的。前不久刚刚参加完广交会，现在回国去。

唐： 您来过中国几次？

乔伯拉： 太多了，大概有三四十次吧！

唐： 三四十次？这么多呀！那每次都呆多长时间？

乔伯拉： 这些年来，我一直奔波于印度和中国之间做外贸生意，基本上每过两个月我就要来一趟中国。中国的发展太快了，给我留下了深刻的印象。近年来，我们两国之间的经贸往来日益增多，我觉得自己也为此尽了一份力。不光是我，我的很多朋友都来中国做生意了，大家都想尽自己所能促进印中经贸合作。

唐： 那您主要做什么生意的？

乔伯拉： 我们主要是从中国进口货物到印度。我们公司的工作就是起一个牵线搭桥的作用。只要是有印度公司想从中国进口任何商品，我们就会向他们提供有关中国的情况，告诉他们在中国有哪些公司可以为他们提供这些商品，可以跟他们合作；我们还教他们怎样同中国公司打交道，帮助他们寻找合适的货物，并帮助他们争取到合理的进口价格。在广州我们公司有个办事处，为印度的公司提供各种咨询，也可以说我们在印度和中国的公司之间搭建了一个贸易的平台。通过我们公司，印度的很多贸易公司从中国进口了各种各样的货物，大概有 50 家中国公司跟我们公司有着长期的固定贸易合作关系。

唐：您公司的业务包括进口和出口吗？

乔伯拉：是的，进出口贸易我们都做，不过主要还是从事进口贸易。

唐：贵公司在广州的办事处叫什么？

乔伯拉：在广州，我们公司的办事处叫阿斯奎尔全球有限公司（ASQUIRGLOBAL LIMITED），我们公司在印度叫福罗雷特贸易有限公司（FLORET IMPEX PVT. LTD）。

唐：跟中国做生意您有何感想？

乔伯拉：很高兴跟中国做生意。多年来，我们公司一直跟中国保持着密切的贸易关系。尽管以前在印度国内有相当一部分人对中国产品的质量和中国公司的信誉持有怀疑态度，但经过这么多年的努力，我们向印度公司推荐了很多中国生产的物美价廉的东西，现在印度已经开始从中国进口各类物品了。

唐：在印度，人们喜欢中国生产的东西吗？

乔伯拉：印度人非常喜欢中国产品。以前由于有些中国出口到印度的东西质量不那么过关，有些鱼目混珠的现象存在，致使一些印度人认为中国商品就是假冒伪劣的代言词，拒绝买中国商品。但现在情况变了，中国商品正以其信得过的质量和低廉的价格深受印度人民的欢迎。印中之间的贸易往来正在日益紧密起来。

唐：您来过中国多次，对中国的感觉怎样？

乔伯拉：我到过中国的很多地方，既有大城市，也有小城市和小城镇，甚至还有很偏远的农村。

唐：都去过哪些地方？

乔伯拉：我去过青岛、北京、上海、广州、汕头、佛山、沈阳、宁波、温州、义乌、杭州、绍兴、湖州等很多地方。我感觉非常棒。现在中国各地都在积极发展道路、桥梁等基础设施建设，中国的变化之快如果不是亲眼所见，简直令人难以置信！我的很多印度朋友都说，中国的经验值得我们印度学习，我们应该从各个方面都来向中国学习。

唐：您觉得如今中国的贸易政策怎样？能为外国商人提供便利吗？

乔伯拉：我觉得中国政府的贸易政策很好，我们得到了中国政府全方位的支持。我们公司主要从事进口贸易，中国也想增加自己的出口量，希望向印度出口更多的商品，印度政府也是以开放的姿态来欢迎中国商品进入印度，所以在这里我们几乎没有碰到过任何麻烦和不方便。中国人很友好，中国公司也都很守信，虽然有时候也会产生一些小小的纷争，但大家都会以坦诚的态度来解决问题，迄今为止我们的贸易都进行得很顺利。

唐：今年是"中印友好年"，请问您知道吗？

乔伯拉：真的吗？以前我并不知道，很高兴你告诉了我这个好消息，太好了！今年是"中印友好年"，我们两国的关系又能进一步得到发展了。早在中印建交初期，印度前总理尼赫鲁就提出了"中国、印度是兄弟"的口号，这个口号曾经得到了两国领导人和人民的普遍认同，流传了好几代人，是我们印中友谊的见证。

唐：非常感谢您接受我们的采访。祝愿您在中国的生意越做越红火！

乔伯拉：我也期望我们跟中国的贸易规模能做得一天比一天大。我相信咱们两国间的关系将越来越牢固，我们的友谊将世代相传！请试想一下，如果中国和印度成为了亚洲的两大强国，如果这两个国家能和睦相处、团结协作，那么印度和中国就一定会屹立于世界，为亚洲争光！

唐：好的。最后一个问题，您听说过中国国际广播电台吗？

乔伯拉：是的，以前我知道得很少，不过今天遇见你以后，我又知道了很多关于贵台的事。回头我们将共乘一架飞机，有充分的时间进行交流，相信通过你的介绍，我可以了解到更多的关于贵台的情况。

唐：好的，非常感谢您接受我的采访！

乔伯拉：见到您我很高兴，谢谢！

唐：那我们飞机上见。

乔伯拉：再见！（说中文）你好！谢谢！

与柯棣华家人一起缅怀柯棣华

（2006 年 5 月 18 日播出）

（节目开始曲，渐混，杨声音出）

杨：这里是中国国际广播电台，小杨向听众朋友们问好！

胡：大家好，我是胡敏。

杨：听众朋友们，2006 年是中印两国领导人共同宣布的"中印友好年"。为了更好地参与这个活动，我们在自己的节目里更多地安排了与中印友谊有关的内容。

胡：为了增进中印友谊和相互了解，我们中国国际广播电台的一个由 7 人组成的采访团目前正在印度访问，他们将访问新德里、北方邦和比哈尔邦等地。

杨： 在采访团里还有我们印地语广播部的小唐，现在就让我们一起来连线她吧。

（音乐间奏，电话连线开始）

杨： 你好，小唐！

唐： 你好，小杨！

杨： 这两天你们在印度的情况如何？

唐： 这几天我们在印度的大都市孟买进行采访。

杨： 是吗？孟买是中国人民的真挚朋友柯棣华大夫的故乡。你们在孟买期间是否见到了柯棣华大夫的家人？

唐： 当然了。我们的听众朋友一定都知道柯棣华大夫的故事。1938年，柯棣华大夫随印度"援华医疗队"来到中国，支援中国人民的抗日战争事业。在中国战场上，他救治了无数伤员。1942年，因积劳成疾在中国去世，年仅32岁。到达孟买之后，我们记者团拜访了柯棣华大夫的两个妹妹。三妹今年85岁高龄，最小的五妹也已经有78岁了。下面就请听众朋友们收听我和柯棣华妹妹们之间的谈话录音。

（印度音乐出，渐混）

沃茨拉： 我叫沃茨拉，是柯棣华的小妹。

玛诺拉玛： 我叫玛诺拉玛，是柯棣华的三妹。

唐： 你们好！您能回忆一下和哥哥柯棣华一起度过的时光吗？

沃茨拉： 我们兄弟姐妹共八人，柯棣华是我们的二哥。他比我大十几岁，当他离开的时候，我的年纪还很小。但是我对他的印象非常深刻。当他在家的时候，正在医学院里念书。他放假的时候回到家中，总是很疼我，大家老在一起开心地玩耍。哥哥是个开朗的人，他常常爱给我们开个小玩笑，讲个小笑话，逗得我们很开心。和哥哥在一起的时光我都记得很清楚。1938年，他随"援华医疗队"到中国去了。

唐： 那时候柯棣华大夫的年纪有多大？

沃茨拉： 哥哥当时也就28岁。

唐： 您当时有多大？

沃茨拉： 当时我也就10岁左右。我记得哥哥去了中国之后，经常写信回家来。我们从他的信中才能得知他是否平安。哥哥写信告诉我们，他从国统区的重庆辗转到了西安，最后又抵达了革命圣地延安。每到一个地方，哥哥都会写一封信回家，告诉我们当地的风土人情和战争情况。他说每到一个地方他都感到很新鲜。那里的人们吃什么、穿什么，那里的风俗怎么样……通过哥哥的信件我们家里人都能知道。不过到了后来，哥哥的信越来越少了，我们都感到很焦心。

唐： 家里是什么时候收到柯棣华大夫的最后一封信的？

沃茨拉： 1942 年，我们再也没有收到哥哥的只字片言，大家的心里都很沉重，非常害怕听到不幸的消息。因为我们从他以前的来信中得知当时中国的战争情况很严峻，在那里生活很苦。可是哥哥在信里头总是说，那里的人们非常友好，大家都很关心他。在中国，哥哥结交了很多好朋友。生活虽然苦一点，但哥哥说自己过得很开心。

唐： 柯棣华大夫和他的中国妻子之间的爱情故事，家里知道吗？

沃茨拉： 哥哥和中国嫂子的事儿家里起先是不知道的。哥哥去世的消息传回来的时候，我们才知道他在中国已经结婚，而且还生了一个孩子。哥哥和嫂子的故事我们是从"援华医疗队"的另一个医生巴苏华那里知道的。当时嫂子郭庆兰在白求恩学校担任护士教员，哥哥是学校的外科教员兼外科医生。他们两人在那里相识、相知、相恋，最终共结连理。

唐： 您经常去中国访问吗？

沃茨拉： 我和姐姐们到过中国多次。最早的一次我记得是在 1976 年，那时柯棣华纪念馆在石家庄举行揭幕仪式。我和家人第一次来到和哥哥有着深厚感情的国度——中国。1977 年的时候，我还到中国呆了 3 个月，学习针灸。以后我又分别于 1992 年、1998 年去了几次。

玛诺拉玛： 2005 年我们还去过一次。

唐： 好的。据您所知，在印度了解柯棣华大夫事迹的人多吗？

沃茨拉： 巴苏华大夫回来之后，他把哥哥在中国的事迹告诉了大家，后来有一位电影导演听说了哥哥的事迹，就拍摄了电影《柯棣华大夫》。看了电影之后，这里的人们就了解了哥哥柯棣华为中国抗日战争事业牺牲的事迹。那时候哥哥柯棣华在印度非常出名，大家都知道他。

唐： 您和家人多次到中国访问，知道您是柯棣华的亲属，中国朋友怎样对待你们？

沃茨拉： 我们每次到中国都受到了非常热烈的欢迎和热情的接待。如今这么多年过去了，中国人依然记得哥哥柯棣华。在中国经常举行柯棣华的纪念活动，出版相关书籍、修建纪念馆，而且还以哥哥的名义专门成立了一个

"柯棣华医疗队"。如今在中国哥哥柯棣华的名字几乎家喻户晓，我们感到很欣慰，也很自豪。

唐： 今年是"中印友好年"，您对此有什么看法？

玛诺拉玛： 我们从报纸上、电视上得知今年是"中印友好年"，对此我们感到非常高兴。

唐： 柯棣华大夫为中印友谊作出了巨大贡献，以他为榜样，我们应该为加深中印两国的传统友谊而不懈努力。

玛诺拉玛： 是的，我们应该以柯棣华为榜样，不断加强印度和中国的传统友谊。印度政府在我们老家绍拉普尔修建了哥哥柯棣华的纪念馆。中国驻印大使孙玉玺也参加了开馆仪式。我们觉得应该继续哥哥未尽的事业，为中印友谊而不懈努力。

唐： 从柯棣华大夫的身上我们看到了一位医生救死扶伤和国际主义的高尚品格，今后我们该怎么去做？

玛诺拉玛： 哥哥柯棣华到中国支援抗战，他在那里付出了自己宝贵的生命。他在中国享有很高的声誉。我们家人永远记得哥哥的音容笑貌，中国政府和中国人民也惦记着哥哥，经常召开相关的纪念会。对此我们感到非常欣慰。我觉得我们后人应该沿着哥哥的道路不断前进，为我们中印两国的友好情谊代代相传而尽自己的一份力量。

唐： 是的，这也是我们两国人民的共同期望，希望我们两个伟大文明古国之间的交往越来越密切，两国的传统友谊越来越牢固。

玛诺拉玛： 中国的国家领导人和很多中国朋友经常到我们家来，看望我们，我们都非常感动。

唐： 我们不会忘记曾有一位印度朋友，不远千里来到中国，为中国人民的抗日战争事业献出了自己年轻的生命。柯棣华大夫的身影不仅永远活在您和家人的心中，也永远活在我们中国人民的心中。

访印度宝莱坞电影导演

（2006 年 5 月 24 日播出）

（节目开始曲，渐混，杨声音出）

杨： 这里是中国国际广播电台，小杨向听众朋友们问好！

胡：大家好，我是胡敏。

杨：听众朋友们，2006 年是中印两国领导人共同宣布的"中印友好年"。为了更好地参与这个活动，我们在自己的节目里更多地安排了与中印友谊有关的内容。

胡：为了增进中印友谊和相互了解，我们中国国际广播电台的一个由 7 人组成的采访团目前正在印度访问，他们将访问新德里、北方邦和比哈尔邦等地。

杨：在采访团里还有我们印地语广播部的小唐，现在就让我们一起来连线她吧。

（音乐间奏。电话连线开始）

杨：你好，小唐！

唐：你好，小杨！

杨：你们今天抵达哪一站了？

唐：我们今天访问了孟买。

杨：孟买有印度著名的电影城，请问你参观宝莱坞了吗？你在那里见到印度的电影演员和导演了吗？

唐：是的，我和同伴们一起参观游览了宝莱坞电影城。宝莱坞坐落在距离孟买一小时路程的一座小山上，我们在那里观摩了印度电影制作的一些过程，我还采访了印度青年导演英迪亚斯·阿里，他导演了不少影视作品，在印度名气可不小呢。现在就请听听他是怎么说的吧！

（音乐间奏，采访实况出）

唐：您好，先生！请问您怎么称呼？

阿里：你好！我的全名叫英迪亚斯·阿里，你就叫我阿里好了，你呢？

唐：我叫萨芭娜。

阿里：萨芭娜！你有印度名字？那你的中文名字是什么呢？

唐：我姓唐，您就叫我小唐吧！您是宝莱坞的电影导演吗？

阿里：是的，我是印度孟买电影制作公司旗下的导演，我导演过一部电影叫《不能错过你》（Socha Na Tha）。但我主要是做电视剧，我导演过一些电视剧，例如《考验》（Test），《男人世界》（Man's World）等等。还有些电视剧是我和其他导演合作执导的，例如《亲情》。我导演过的电视剧大约有

300 多集吧。

　　唐：您导演的这些电视剧收视率都还不错吧？

　　阿里：是的，是的。我这些电视剧在印度 Z－TV 和 STAR PLUS 等电视台上面都播出过。

　　唐：观众对您执导的影视剧反响怎样，喜欢吗？

　　阿里：还可以，总的来说反响是积极和热烈的。

　　唐：我很喜欢印度电影，对印度电影明星们也很熟悉。您能介绍一下《不能错过你》这部影片吗？

　　阿里：出演这部片子的都是一些新面孔，例如德乌和阿伊莎，他们都是新出道的青年演员，但目前正在日益走红。《不能错过你》这部影片很现代，反映了印度现代青年对婚姻和爱情的看法，他们反对传统的父母包办式的婚姻，大胆追求爱情，通过自由恋爱寻找到了自己的另一半。

　　唐：请问您去过中国没有？

　　阿里：中国内地我没去过，但我去过香港。目前我正在为香港旅游局制作两部宣传片，我很快就要再去香港，继续我的工作。

　　唐：您觉得中印两国电影同行之间是否可以进行一些合作？

　　阿里：毫无疑问，这应该是非常值得欢迎的。因为我们两国不仅是友好邻邦，而且都是文明古国，有着悠久的历史和文化，在音乐、文化和艺术等各方面都有许多相通之处。目前，中印两国有着相似的国情，两国间进行合作非常重要。电影界的合作能扩大和加强我们之间的交往，增进两国人民之间的了解。

　　唐：您认为中国电影怎么样？

　　阿里：中国电影我很喜欢，中国的功夫片我也看了不少，比如说李小龙的那些影片我都很喜欢。如果印度国内播放中国的影片，我都会进行关注。我比较欣赏王家卫和吴宇森等中国导演的片子，看过他们的许多作品。

　　唐：您对中国的电影明星也有所了解吗？

　　阿里：我喜欢章子怡，她主演的《卧虎藏龙》很棒。她的表演很到位，是我非常喜爱的中国演员。

　　唐：您的下一部作品是什么？

　　阿里：下一部作品会在 9 月份开拍。不过目前影片的名字还没有正式确定下来。

　　唐：您的作品都是在宝莱坞制作完成的吗？说到宝莱坞，早上我们到那里去参观，才发现其实就是一片山头，有几个电影公司在那里拍片子。

阿里：你说的那是"电影城"——宝莱坞是对孟买电影的一种称呼，我们的影视作品不一定都在这里制作，我们经常到世界各地去拍摄、制作。我的一些片子就是在欧洲和德里拍摄完成的。

唐：您跟那些著名的印度电影明星们有过合作吗？

阿里：当然有过。比如说尼比安，他在我的片子里就出演过角色。

唐：您是怎么选择的导演这份职业？

阿里：我从小就喜欢表演，喜欢舞台，我喜欢这样一种生活气氛。

唐：那您觉得做导演这一行辛苦吗？

阿里：我觉得很幸福。因为从小我就喜欢这一行，立志要当一位导演。在学校的时候我和朋友们经常自导自演一些小话剧、舞台剧。后来开始拍摄电视剧和连续剧，现在又开始拍摄电影。我觉得自己正一步步地向自己的梦想迈进，这是件值得高兴的事儿，所以自己感到很幸福。

唐：我在此代表我们听众向您表示敬意，祝愿您实现自己的梦想，也期待能看到您更多的好作品。

阿里：非常感谢！我也觉得很兴奋，能够同来自中国的媒体人士唐用我自己的母语进行谈话，这是一种全新的感觉。

唐：我还希望您能去中国，跟中国电影界的同行开展合作。

阿里：这也是我的愿望。

唐：请问您知道今年是"中印友好年"吗？

阿里：知道，我在报纸上读到过很多相关的报道。

唐：中国和印度正在不断扩展各方面的合作，这中间也应该包括电影，您说呢？

阿里：你说得太对了。国际社会把我们中、印、俄、巴四国称作"金砖四国"，发展前景很好，我们彼此之间更应该加强合作。中印两国关系一直在顺利发展，将来肯定还会更好。我觉得我们应该以"中印友好年"为契机，扩大两国在各个领域的交流，这其中当然包括电影界的交流与合作。我希望通过电影这个媒介，让两国人民更加了解彼此，从而加深我们的友谊。

唐：衷心希望您与中国电影界合作，共同创作出好的作品。

阿里：我也非常期待未来能与中国电影人合作。

唐：谢谢您接受我的采访。

阿里：我感到非常荣幸，谢谢！

简　评

2006 年是"中印友好年"。为了配合这一活动，反映中印友好的主题，国际台于 2006 年 5 月组成联合采访组，前往印度各地进行了为期十多天的采访报道。这一组主题为"友谊之行"的系列节目就是由报道组的印地语部记者制作完成的，分 10 期在印地语广播节目中播出。

这 10 期节目的内容分别涉及中印经贸合作、两国民间交往、青年交流、走访柯棣华家人等多方面。所有的节目都是以小见大，突出人物，强化节目的故事性和情节性，避免空洞的表态和乏味的说教。节目通俗易懂，贴近印度听众的收听习惯。

节目采取前后方连线的方式，交谈亲切自然，听起来十分轻松，符合广播需求。

这一组系列节目的最大特点是时效快，真实感人，可听性强。在记者组采访期间，基本上是记者白天采访的内容，在当天晚间的节目里就可以播出。节目播出后在听众当中引起极大反响，一些听众朋友甚至追踪采访组的行踪，每天给 CRI 驻印度记者站打电话，谈自己收听当天节目的感受。印地语热心听众阿兹米和阿米勒等人在电话里说："每天晚上我们都会准时打开收音机，收听 CRI 印地语的系列特别节目'友谊之行'，记者采访团每一天的行程都牵动着我们的心，CRI 记者团为印中友好所做的努力令人钦佩。"另一位听众穆拉里在来信中表示："印中友好符合两国人民的根本利益，在关于印中友好年的各类报道中，CRI 的'友谊之行'给人的印象最深。我们通过收听这个节目，仿佛每天跟随着 CRI 采访团一起在印度各地旅行，听各地的受访者谈他们的生活，谈印度与中国的友谊，感到心情特别舒畅。"应该说，一个广播节目得到听众如此强烈的反响，如此高的评价，是非常不容易的，这是节目策划者和制作者共同努力的结果。

二等奖

《华文教育在海外》

刘丽斌　时岱

寓教于乐　轻松学华文
（2006 年 8 月 11 日播出）

（开始曲）

（开始语）

（音响 1：林翔朗读十秒后，混入主持人讲话）

"时间过得真快！转眼，2005 年圣诞节到了。往年过圣诞节，爸爸、妈妈和哥哥都会为我准备我喜欢的圣诞礼物，今年也一样。可是今年我又长大了一岁，不能只要别人送给我的圣诞礼物，我也打算送给他们一件特殊的圣诞礼物，我的礼物就是做一件有意义的事……"

听众朋友，您现在听到的是第七届世界华人小学生作文大赛上获得二等奖的作文《特殊的圣诞礼物》。作者是年仅 9 岁、来自美国底特律的林翔小朋友。当他站在比自己还高的讲台上，用流畅的中文绘声绘色地朗诵自己的作文时，谁都不会想到，他学中文才只有 4 年的时间。

像林翔一样从小就热衷于学习中文的华裔青少年，在海外还有许许多多。但由于一些客观因素的影响，"学中文难、讲中文难、写中文作文更是难上加难"已成为海外华裔青少年普遍面临的问题。那么长期生活在海外的华裔青少年和教师们是如何面对的呢？他们有什么样的想法和做法呢？今天的《华文教育在海外》系列报道节目中我们就与第七届世界小学生作文比赛的获奖者一起探讨这方面的有关内容。

（音响2："第七届世界小学生作文大赛"颁奖现场音响）

听众朋友，前不久，在北京举办的"第七届世界小学生作文大赛"上，来自马来西亚和美国底特律的海外参赛选手的作文，引起了人们的极大兴趣。他们充满童真、关爱自我、关爱社会、关爱自然、关注未来的情怀，向人们展示了他们对中国传统文化的热爱以及多年在海外学习中文的执著和热情。

然而，长期生活在海外的华裔青少年在学中文的时候普遍都认为，方块字就如同"天书"般难以掌握。面对这种状况，"第七届世界小学生作文大赛"的举办可以说为海外华人小学生学习中文，并针对"写作难"这一难题提供了一个相互学习、相互交流的平台。

（音响3：胡涵青讲话）

"你我有缘千里来相会，全靠方块字砌成的文桥。由六大文教机构举办的写作比赛，是中国海内外莘莘学子磨炼文字、提升文学素养的平台。"

来自马来西亚的胡涵青女士，在"第七届世界华人小学生作文大赛"中获得了辅导奖。她说，汉语是中华五千年文明的载体，在当前全球学习汉语的热潮下，身居海外的中华儿女会用自己的努力把中华文明继续发扬光大下去。

（音响4：胡涵青讲话）

"马来西亚的华裔学生在学习华文方面，从不落后。因为他们秉着忧患意识与自强不息的优良中华传统，在各类征文比赛中都取得了不俗的成绩。我们马来西亚的学生在这届有优越的表现，像怡保市三德中学的陈优豪同学荣获了大赛最高荣誉奖——特等奖。"

马来西亚华文教育在东南亚乃至全世界都是一枝独秀，因为它是除了中国大陆以及台湾、香港、澳门地区以外唯一具备小学、中学、大专完整华文教育体系的国家。近年来，随着中国改革开放的不断深入，华文已在世界得到进一步的推广。而马来西亚华文教育这朵奇葩，则显得更为璀璨夺目。胡涵青女士说，陈优豪同学的作文从上届的一等奖提升到了这届的特等奖，这表现了他努力不懈的精神，他是马来西亚和其他海外学生学习的楷模。

（音响5：陈优豪朗读）

"夕阳西下，彩霞满天，我坐在绿意茵然、柔软舒适的草地上，顿觉心旷神怡，舒适无比。此时，远处传来一阵天真无邪孩童的嬉笑声，我朝着笑声的方向眺望，一群孩子正无忧无虑地玩着捉迷藏。看到这个情景，那段在我脑海里翻腾、毕生难忘的往事不禁一幕幕浮上心头……"

听众朋友，我们现在听到的就是来自马来西亚的陈优豪同学在获得特等奖后，在颁奖大会上朗读自己的获奖作文《好一个武林高手》时的一段录音。听着他不太灵光的普通话，听众朋友一定都想知道他是如何学好汉语的。为此，我们采访了他的辅导老师胡涵青女士。

（音响6：胡涵青讲话）

"我觉得，写作文时不要给他们规定范围，要让他们自由地发挥，最好是让他们写自己身边的事。因为自己身边的事情，别人是没有的，能将这种体验写出来就很好了。"

胡涵青女士告诉我们，陈优豪同学能取得今天的成绩与他所在的学校有着丰富的课外活动、自由宽松的写作环境有着很大的关系。她认为，让学生在自由的空间内发挥想象力，写作的时候就不会有"水壶里煮饺子——有话说不出"的感觉了。

（音响7：采访陈优豪）

"记者：陈优豪，你平时什么时候学中文？
陈优豪：星期六、星期日去补习或去书局买小说看。
记者：什么小说？
陈优豪：卫斯理的科幻，记叙文也有。
记者：还有什么方式来学华文呢？
陈优豪：和家人、朋友多用中文交谈，或者购买书籍。
记者：喜欢学中文吗？
陈优豪：当然喜欢了，本身就是中国人，因而学习汉语就像是完成一项任务。

记者：这次得了特等奖，觉得自己有什么特别的地方吗？

陈优豪：自己的经历也许与别人的不同，我写的这些都是曾经的遭遇、经历，老师让我多加描述，多学一些成语，用在作文里。

记者：有没有想过以后的学业呢？

陈优豪：可能以后会来上北京大学，学中文。"

（音响8：采访林翔）

"记者：你叫什么？今年几岁了？

林翔：我叫林翔，今年9岁了。

记者：来自哪个国家？

林翔：美国底特律。

记者：从什么时候起学说普通话，学说中文？

林翔：5岁。

记者：谁教你的啊？

林翔：先是我妈妈，然后去中文学校。

记者：喜欢学吗？

林翔：喜欢。

记者：为什么？

林翔：我是中国人，来中国的时候可以说中国话。"

林翔，这位在"第七届世界小学生作文大赛"上获得二等奖的9岁小男孩，从5岁开始就在妈妈朱缦女士的指导下学说中文了。面对林翔取得的好成绩，朱缦女士认为平时注意培养孩子对中文的兴趣是非常重要的。

（音响9：朱缦讲话）

"他很小的时候，我就用中文跟他交流。五六岁的时候就让他每天朗读中国诗歌，由于他平时听得多了，讲得也多了，到他写的时候，就有了语感。小孩不是很懂语法，但有了体会后就可以写作文了。当他看到一件事情，讲了一句话时，我就鼓励他说挺好的，妈妈和你一起把它写下来，不会写的字就用拼音代替。"

就这样，林翔的中文写作水平进步得很快。在美国底特律中文学校学中文时不仅连跳两级，还在第六届世界小学生作文比赛中获得了三等奖的好成绩。这次作文比赛他写了《特殊的圣诞礼物》一文又获得了二等奖。林翔在作文中讲述了自己在圣诞节亲自给爸爸妈妈烤饼干的经历，充满了生活情趣。

（音响10：林翔讲话）

"圣诞节早上一起来，我就让爸爸和我一起做圣诞饼干，我按食谱将所需的材料一一拿出来，用量杯量好，再放入一个大碗里。然后用勺慢慢地把它们混合起来，做成一个个小块，放到烤盘里。我叫爸爸把烤箱温度调到350度，我戴上厨房用的棉手套，把烤盘放入烤箱，开始烤起来……"

作为林翔的母亲，一位美国底特律中文学校的老师，也将平时教育儿子的一些教学方法用在自己的教学工作中。她说，在学校上课我就注意运用形象生动的教学方法，来让孩子们进行快乐的学习。

（音响11：朱缦讲话）

"我上课一般采用形象生动的（比喻），比如中国字的造型，一般会用象形、会意的方法。比如我教'脚'这个字时，就让大家一起伸出脚，然后看脚是由几部分组成，再教他们汉字的左中右结构。从结构讲起，要形象生动。上课的时候有时我先讲，让孩子回答，有的时候轮流讲，在课堂上做个小游戏呀等等，就这样把教学任务很好地完成了。"

由于华裔学生在家庭生活中接触中文的机会比较多，学说中文的时间也比较长，因而朱缦女士认为学生应多观察生活，在生活中获得写作题材，也就是"有感而发"；同时，充分发挥学生母语的会话能力，鼓励"说话作文"，通过写"说话"来活跃文思，避免无话可说的窘态，激发写作兴趣。

（音响12：朱缦讲话）

"让学生从生活中写自己真实的感受，一篇，一小段，一个很小的心灵火花，想到什么写什么。作文就是从一句话两句话开始的。"

"方块字"语言是中国文化的载体，而华文教育则是海外华侨华人传承中华民族文化的主要途径。近年来，随着中国经济的持续增长，中国跃登国际政治、经济、科学及文化的舞台，一股方兴未艾的"汉语热"正在世界范围内日益升温，全球大气候为海外华文教育的发展也提供了新的契机。与此同时，华文教育要想在新的时期内使华文产生全新的影响，就必须在教学方法上、教学内容和教学师资等方面进行改进。

而马来西亚的胡涵青和美国的朱缓女士，在给予学生宽松的学习环境，注重培养学生学习兴趣等方面，无疑在教学方法上为大家提供了一个很好的实例。

好，听众朋友们，感谢收听《华文教育在海外》系列报道节目。我们下周同一时间再会！

（结束曲）

她在海外教汉语
（2006 年 8 月 25 日播出）

（开始曲）

（开始语）

听众朋友，在距离曼谷约二百公里处，有一座美丽的海滨度假胜地——华欣县。它以迷人的沙滩、海水、阳光闻名遐迩。不仅如此，那里还有泰国国王的行宫，是泰国国王普密蓬平常的居所。

普密蓬国王非常重视教育。十年前，在登基五十周年的时候，他就把收到的一部分捐款拿出来创立了"远程教育基金"，并创建了汪盖岗翁卫星远程教育电视台。

八年前，该电视台开办了汉语节目，邵乐乐则是中国派往那里的第一位从事汉语教学的中国志愿者。

（音响 1：邵乐乐讲话）

"我是 2005 年 8 月到泰国华欣的。华欣是一个古老的度假胜地，一面临海，三面靠山，空气非常好，民风也很纯朴。现任泰国国王也一直生活在那里。由于华欣人非常爱戴他们的国王，认为国王住在这里是他们的荣幸，所以华欣的百姓非常非常珍惜这个荣誉。整个地方的人们也非常和善，让人感觉非常美好，如世外桃源般美好。"

　　二十三岁的邵乐乐是目前汪盖岗翁卫星远程教育电视台中文部唯一的中国教师。她2001年进入北京语言大学，学习汉语言文学专业。2005年8月来到泰国皇家远程教育电视台教授汉语。在谈起自己为什么会选择到海外从事汉语教学工作时，邵乐乐告诉我们：

　　（音响2：邵乐乐讲话）

　　"到海外从事汉语教学工作是我的性格使然。因为我个人比较喜欢冒险，比如我一个人从浙江到北京上学时，我家里人就都挺不放心的，但我还是作出了这个决定。我想经验应该是一个人最宝贵的财富。"

　　在来泰国之前，邵乐乐对泰国的了解只是书本和电影中的一些只言片语，而对自己将要工作和生活的地方，却全然不知。不过，天性乐观的邵乐乐认为，一旦遇到困难，想办法克服就是了。

　　（音响3：邵乐乐讲话）

　　"泰国人也是非常讲礼数的，很在乎别人的看法，而中国人就比较直接，双方在思维方式上有所不同。记得有一次工作休息期间，我在吃甜点。一个工作人员走过来时，我没跟她打招呼。于是，我的一位师姐对我说，你这样不好，她会觉得很尴尬，但我认为没有必要呀！"

　　也许思维方式的不同会造成工作上的不便，但热情开朗的邵乐乐始终坚持着自己的信念。她说，作为来自中国的一位对外汉语教学志愿者、汪盖岗翁卫星远程教育电视台中文部唯一的中国教师，她有责任、有义务将中国的传统文化传播出去。与此同时，学校里的一位同事——卢爱姗老师又将自己执著的工作态度和工作热情传递给她，使她感到自己的工作意义所在。

　　（音响4：邵乐乐讲话）

　　"卢爱姗老师曾经跟我讲，现在这个机会很难得，因为它可以让泰国人接受华文教育，了解中国文化，同时促进泰国和中国的友谊。她的这番话给我的启示挺大的，也让我意识到自己责任的重大，以后要更好地传播中国文化，为两国的友谊打下更好的基础。"

　　现在，已在泰国工作、生活了半年多的邵乐乐告诉我们，泰国孩子们的可爱、家长的热情、同事的关怀都让她感受到教授汉语的乐趣。现在她已自愿将一年的工作时间延期三个月。

（音响5：邵乐乐讲话）

"我的学生们非常可爱，学习汉语的热情也很高涨。每天放学后就会来找我聊天，教我泰语，我则教他们汉语。周末的时候，他们又会教我学游泳。每逢过年、过节，学生们还会给我写贺卡，有的还会寄礼物来。其中一位听众还专门坐了三小时的车，把自己做的糕点送过来。我如果能留在这里长久一些，对他们的学习是非常有帮助的。"

说起汉语在泰国方兴未艾的发展，邵乐乐认为这是中国经济快速发展和与泰国之间不断加深交往所带来的影响。在泰国，人们普遍认为，学好了汉语，就等于掌握了与13亿人友好交往的工具，就拥有了进入世界上一个重要的、广阔市场大门的钥匙。

（音响6：邵乐乐讲话）

"以前，泰国人把英语作为第二外语，现在很多人倾向于把汉语作为第二外语来学习。这两年泰国教育部、中国教育部以及中国国家对外汉语领导小组办公室之间的合作项目非常多。比如，泰国每年都会选派老师去中国的大学、汉办接受培训，中国汉办每年也都会选送志愿者、公派教师到泰国来——双方的互动在政府层面上开展得非常好。在民间，大学与大学之间、中学与中学之间的（互动）项目也挺多。比如'易三仓商学院'每到寒假都会选派学生到中国的云南、上海参加夏令营等活动。"

或许是对中华文明的好奇，或许是现实生活的需要，但无论怎样，现在确实有越来越多的外国人开始亲近汉语，热衷学习汉语。

而作为一名远在异国他乡传播中国文化的友好使者，邵乐乐始终认为，作为一个中国人，有责任、有义务将古老的中国文化传播到世界各地，并使其发扬光大。

（音响7：邵乐乐讲话）

"作为一个中文老师，无论走到哪里遇到外国人都要热心地教他们说汉语，以便让他们更好地认识中国，认识中国人的热情好客，还有善良。"

其实，自 2004 年中国国家对外汉语教学领导小组办公室出台了"国际汉语教师中国志愿者计划"以来，很多像邵乐乐一样的志愿者被派往世界各地，他们不仅为这些国家汉语教育的发展作出了贡献，而且传播了中国的形象。国家汉办"中国志愿者中心"的张奕女士介绍说：

（音响8：张奕讲话）

"我们到过很多国家，像泰国、印度尼西亚以及日本等国。在访问过程中，许多政府官员和学校里的老师们都跟我们说，中国志愿者对当地的汉语教学起到了非常大的推动作用。像菲律宾，当地的汉语学校校长、教师和学生就把中国的汉语教学志愿者称为'来自中国的天使'。"

近年来，随着中国与世界各国政治、经济、文化领域交流的日益频繁，国际社会对汉语学习的需求正在迅猛增长。面对方兴未艾的学汉语热潮和汉语教师严重匮乏的局面，2006 年中国国家对外汉语教学领导小组办公室又推出了"国际汉语教师海外志愿者计划"，未来将会有更多像邵乐乐一样怀有热情和梦想的志愿者奔赴世界各地传播中华文明。

听众朋友，今天的《华文教育在海外》系列节目到这里就结束了，感谢您的收听，我们下周同一时间再会！

（结束曲）

枫叶之国涌动汉语潮
——记加拿大不列颠哥伦比亚省华文教育
（2006 年 9 月 8 日播出）

（开始曲）

（开始语）

听众朋友，说到世界范围的汉语热，我们不能不说说汉语在有着"枫叶之国"美誉的加拿大的发展情况。大家知道，加拿大是一个有着人口 3000 万、华人 100 多万的移民国家。近年来，随着中加两国政治、经济、文化等多方面的交流与合作，在加华人人数逐步增加，使得汉语近年来在加拿大得到了迅猛的发展，并已成为加拿大第三大语言。

（音响 1：音乐渐起混）

像有着"亚洲之门"之称的温哥华，就是一座典型的移民城市。它的常住人口有 60 多万，华人人口已增长到 30 多万、占据全市人口 50%。因此，当地的汉语教学就变得异常地重要。前不久，加拿大不列颠哥伦比亚省就通过了一项规定，内容是允许中文课程列入可记学分的初、高中毕业考试课程。

王满霞，是一位从事海外华文教育，多年担任加拿大不列颠哥伦比亚省中文协会会长的加拿大华人。前不久，她曾带领二十多位加拿大华裔青少年回国参加了"2006 中国寻根之旅"活动。她在接受我们记者采访时说，现在加拿大不列颠哥伦比亚省的华文教育发展很快，汉语学校已发展到 100 多所，其中还不包括正规大学里的汉语教学。

（音响 2：王满霞讲话）

"温哥华中文学校大多数是华人子弟，华人的后代。他们学中文主要是因为中国经济的崛起和强大，他们认为学中文将来会有用处。"

王满霞女士告诉我们，近年来，随着中国经济的迅速发展，越来越多的加拿大"洋人"开始对汉语发生兴趣。像对当地汉语教育事业很关心的不列颠哥伦比亚省教育厅长克赖斯特·克拉克就曾向她表示，等他儿子满 4 岁时，将把他送到当地的汉语学校学中文。

在谈到华文教育在加拿大的发展势头时，王满霞女士认为趋势是良好的。她所在的加拿大不列颠哥伦比亚省中文协会，每年的工作都安排得满满的。

（音响 3：王满霞讲话）

"我们中文协会的工作就是管理不列颠哥伦比亚省 100 多家中文学校。我们每年的工作都安排得满满的：一方面是每年组织两次研讨会，请当地或国外的老师来加拿大讲学，并与老师们进行教学方面的讨论；另一方面是组织有关的华文活动，比如作文比赛、才艺比赛、演讲比赛和青少年夏令营等等，像每年七月份国内举办的'寻根之旅'和三月份的'教师团'都是我们协会组织的。除此之外，就是教师的培训工作。"

虽说近年来汉语教学在加拿大的发展令人鼓舞，但在具体的教学中却也存在着一些问题，王满霞女士认为：

（音响 4：王满霞讲话）

"我们中文教材目前还没有一个统一的标准，这里的学校有些是来自中国内地、中国台湾地区等地的人士开办的，因而他们学校用的教材是不一样的。我们省的中文考试卷子正面是简化汉字，后面是繁体字。"

在采访中王满霞女士还告诉我们，现在，不列颠哥伦比亚省政府正在成立由中文教师、家长、社区领袖等各界人士组成的中文语言教学咨询委员会，以便来探讨和规范加拿大汉语教学。她说，作为一名多年在海外从事汉语教学的华人，希望中国教育部门能与加拿大有关方面进行交流，并在教材等方面给予支持与合作。她说，汉语教师除了教授知识外，还要在教学方法上多进行探讨，因为教师的重要工作之一就是给孩子们正确、积极的引导。这次华裔青少年参加的"寻根之旅"活动，就是一个很好的寓教于乐的教学实例。

（音响 5：王满霞讲话）

"国外一些人对中国的印象总是有些偏激，觉得中国比较落后等等。这次来中国前，很多小孩子都准备了食物，像饼干、水、巧克力、枕头、床单等，怕不能适应这里的生活。遇到这种情况，你就不要讲，让他们自己去感受。结果一到这里，他们都很惊讶，说没想到中国这么好啊！好得不得了！"

王女士说，同这些华裔青少年一起回国参加夏令营，不仅可以和他们进行广泛的语言方面的交流，还可以向他们介绍中国古老的传统文化，虽然辛苦，但可以收到比课堂上更好的教学效果。

（音响 6：王满霞讲话）

"每次活动后都听听他们的想法，问问他们。比如说吃烤鸭时，他们都会认为这里的烤鸭听起来是那么好吃，可一吃却觉得不怎么好吃，于是我就给他们讲，这和温哥华片皮鸭的品种是不一样的。那边只吃皮，而这边皮和肉是要一起吃的。当孩子们知道后，就会觉得越吃越好吃。真的，很多事情都需要引导。"

正如王满霞女士所说："读万卷书不如行万里路"。只有让这些华裔青少年亲身感受到了中国的富强与美丽，才能更好地激发他们学好汉语和深入了解中华文化的热情，她说，她这次带来的二十多位加拿大华裔青少年就或多或少地从寻根活动中得到了启示。

（音响7：王满霞讲话）

"看到孩子们、老师们有那么多收获，觉得自己这么多年的付出是值得的，很知足了。现在越来越觉得自己肩头的担子很重，我们都是中国人，应该'取之中国，回报祖国'，为祖国做应该做的事情！"

据了解，现在华人人口已超过不列颠哥伦比亚省的加拿大安大略省，中文学校的数量更多。此外，魁北克省的蒙特利尔和艾伯塔省的卡尔加里及艾德蒙顿等城市，也有不少中文学校。王满霞女士表示，随着中加两国政治、经济与文化交流的日益加深，华侨华人在加拿大地位的逐步提高，在加拿大政府多元文化的政策激励，汉语教学这一奇葩必将在枫叶之国开放得更加艳丽夺目。

好，听众朋友们，《华文教育在海外》系列报道的最后一期节目到今天就结束了，在这里感谢您的收听，我们再会！

（结束曲）

简　评

《华文教育在海外》系列报道是国际台华语中心专门反映海外华侨华人重视华文教育的节目，具有很强的针对性。同时，它也契合了目前全世界范围内"汉语热"持续升温的大背景。

随着中国经济快速发展和综合国力不断增强，国际上对中国的关注度越来越高，"汉语热"因此而兴起，中文国际化水平迅速提高。但与此同时，海外华人华侨社团的华文教育问题却没有引起足够的重视。事实上，长期以来由于各种因素的影响，海外华文教育状况不容乐观，早期移民的第三代、第四代子女已有许多连汉语都不会说了，而新移民中不重视对子女进行华文教育的也很普遍。从这个意义讲，这一组系列报道选准一个很有针对性的题材。正因为如此，一经播出，在海外华人华侨社团中引起了广泛关注和好评，许多听众纷纷来信表明自己对海外华文教育现状的思考和建议。

这组系列报道具有以下特点：

首先，视角独特。对于"汉语热"这样一个世界性的热门话题，作者以自己的独特视角，从更深的层面上对华文教育的走向与未来进行了探讨。这三篇报道既有"点"的介绍，如《她在海外教汉语》，通过对一位汉语教学志愿者的报道，展示了汉语教学在泰国的发展；也有"面"的概括，如《枫叶之国涌动汉语潮》详细介绍了蓬勃发展的加拿大华文教育情况。

第二，对外广播特点鲜明。节目采用了主持人、嘉宾、现场音响、海外连线等多种音响手段，丰富了报道内容。特别是记者与华裔学生对话的片断，具有强烈的可听性。

第三，较好地掌握了受众心理。该系列节目的一大亮点，就是站在受众的角度，以平民化的视角来设计和选取内容，因此，能够与受众形成平等的交流。通过一个个鲜活而有趣的事例，以及华裔学生、华文教师、汉语教学志愿者等真实的感受和评论，较好地反映了节目的主题。

中巴建交 55 周年系列节目

赵俏　叶枫　陈翔　刘晓辉　薛晓云　朱熹

历久弥坚的中巴友谊

（2006 年 5 月 21 日播出）

（片花，渐弱）

甲：中巴友谊比山高、比海深、比蜜甜。这是对中巴友谊的经典描述，至今仍被广泛沿用。犹如长城般牢固和无比忠诚的中巴友谊是世界上国与国之间关系的典范。两国建立外交关系 55 年来，中巴友谊经历了时间的考验，被称为全天候的友谊。

乙：中巴两国的友好往来和亲密关系具有悠久的历史。上个世纪 60 年代，中国国务院总理周恩来曾经说过：中巴两国人民远在古老的年代里就开始了友好往来。

甲：在中国的邻国中，巴基斯坦毫无疑问具有非同一般的地位。巴基斯坦在新中国成立三个月时即承认了它的合法性，是最早承认中华人民共和国的国家之一，也是最先承认的伊斯兰国家。

乙：关于这一点，巴基斯坦前驻华大使扎基说：

（音响 1：扎基讲话）

"巴基斯坦在 1950 年 1 月 4 日即宣布承认新中国，我们之间的外交关系是在 1951 年 5 月 21 日正式建立的。"

甲：中巴建交后，两国领导人和人民一直致力于加强两国之间的友好关系。在中巴友谊的缔造者中，已故中国总理周恩来令人敬仰。他在 1955 年的万隆会议上与时任巴基斯坦总理的穆罕默德·阿里·伯格拉举行了首次会晤，为增进两国之间的了解和友好合作关系的发展发挥了重要作用。巴基斯坦前外交部长、巴基斯坦前驻华大使阿迦·沙希曾参加万隆会议，他这样回忆当时的情景：

（音响 2：沙希讲话，减弱，混）

"当时我们的团长是总理穆罕默德·阿里·伯格拉。在万隆会议期间，穆罕默德·阿里和中国总理周恩来举行了会晤，就是这次会晤为增进两国之间的相互信任和合作奠定了基础。后来两国签订了边境协议，这一协定奠定了两国之间友谊的基础。两国之间的相互信任促进了各个领域的合作，致使中巴友谊之花至今依然盛开。现在两国又签订了建立在相互信任之上的《中巴睦邻友好合作条约》。所以说，两国总理在万隆会议期间的会晤对巴基斯坦具有重要意义。"

乙：随着时间的推移，两国关系不断巩固发展，高层互访频繁。周恩来总理曾 5 次访问巴基斯坦，1964 年 2 月 18 日周恩来总理在卡拉奇发表演讲：

（音响 3：周总理讲话，减弱，混）

"中巴两国人民远在古老的年代里就开始了友好来往。一千多年前中国的高僧法显和玄奘就游历了你们国家的很多地方，在沟通两国之间的文化和促进两国人民的友谊方面留下了许多动人的事迹，一直为我们两国人民所传颂。后来帝国主义和殖民主义的侵略使我们两国人民的友谊受到了障碍。在我们两国相继获得独立和解放以后，我们两国人民之间的传统友谊在新的基础上恢复和发展起来。近两年来由于我们的共同努力，中巴两国的经济文化联系有了显著的加强。我们两国政府和民间的代表进行了频繁的相互访问。特别重要的是我们两国签订了中巴边界协定、航空协定和贸易协定。这些协定标志着中巴友好关系的新发展，而且对促进亚非团结，维护亚洲和世界的和平也是重要的贡献。中巴两国人民在巩固民族独立、维护国家主权和建设各自国家的事业中总是相互支持，巴基斯坦政府和人民支持恢复中国在联合国的合法权益，反对制造两个中国的阴谋，中国政府和人民对此表示感谢。"

甲：在中国的援助和合作下，1966 年巴基斯坦塔克希拉重型机械厂建成。对于中国的经济援助和合作，巴基斯坦政府前首席经济学家卡玛尔博士说：

（音响 4：卡玛尔讲话）

"中国在巴基斯坦最困难的时候伸出了援助之手。中国在很多高科技项目上向巴基斯坦提供援助和技术支持。中国不仅帮助了巴基斯坦，而且帮助巴基斯坦建立自己的工业并传授技术。正因为如此，巴基斯坦的国民收入增加了，人民的生活水平提高了。"

乙：中国和巴基斯坦始终在和平共处五项原则的基础上互相帮助互相支持。对此，巴执政党穆斯林联盟的秘书长、前新闻部长穆沙希德·侯赛因说：

（音响 5：侯赛因讲话）

"中巴友谊的历程是光辉的历程。期间，两国互相帮助，互相学习，成就了一种典范。两国从不相互干涉，从不发生争吵，也没有产生矛盾。因为我们拥有共同的目的和利益，我们的想法是一致的。"

甲：中国始终全力支持巴国内的稳定和建设。喀喇昆仑公路是中巴友谊的象征。为了建设这条公路，中国的工程技术人员和巴基斯坦朋友一起肩并肩奋战，有的为此献出了自己宝贵的生命。中国驻巴基斯坦大使张春祥曾参加喀喇昆仑公路的建设，他这样说：

（音响 6：张春祥讲话）

"1974 年 2 月至 1975 年 10 月，我在喀喇昆仑公路筑路现场，是中方工程总部的联络员。我们和巴基斯坦朋友一起修建公路，当时的情景至今历历在目。"

乙：上个世纪 80 年代后，中巴友谊不断向前发展。两国领导人和高层代表团不断进行互访。

甲：1994 年巴基斯坦时任总统莱加利访问中国，他呼吁中国的企业家到巴基斯坦投资。1996 年中国国家主席江泽民访问巴基斯坦，他在访问期间说，中巴是患难与共的朋友，两国的未来息息相关。

乙：1997 年巴基斯坦总统莱加利再次访问中国。1999 年中国全国人大委员长李鹏访问巴基斯坦，访问期间说出了具有历史意义的话：中巴友谊比海深，比蜜甜。

甲：中巴建交 50 年之际，中国总理朱镕基成功访问了巴基斯坦。对于中巴两国之间全天候的友谊和全方位的合作，中国前驻巴大使王传斌说：

（音响 7：王传斌讲话，减弱，混）

"巴基斯坦是我们的友好邻邦，巴基斯坦人民非常友好。巴基斯坦政府和人民对中国怀有深厚感情。中国友谊深入人心，始终不断向前发展。两国始终相互帮助，巴基斯坦在维护南亚和平中发挥了重要作用。过去证明，今后也将证明，巴基斯坦是我们的好朋友，是南亚地区一个重要的和平力量。"

乙：巴基斯坦总统穆沙拉夫自上台执政以来共6次访问中国，每次访问都进一步巩固了两国之间的关系。去年中国总理温家宝到巴基斯坦访问，访问期间，提到中国和巴基斯坦的传统友谊，他这样说：

（音响8：温家宝讲话，减弱，混）

"在新中国刚刚成立的时候，巴基斯坦是最早承认我们的国家之一。在恢复中国在联合国合法席位问题上，巴基斯坦给予我们坚定的支持。我们还要感谢巴基斯坦在人权、台湾、西藏等问题上对中国的宝贵支持。中国政府也向巴基斯坦提供了无私的帮助和支持，两国共同建设的许多项目都已经成了两国友好合作的生动形象。我们还签署了多项合作协定，并正在探讨建立中巴联合投资公司，为中巴企业界合作提供资金便利。这是中巴合作的新模式、新举措。"

甲：今年2月19日至23日，穆沙拉夫总统应胡锦涛主席的邀请访问中国。

乙：期间，两国发表了联合声明，对过去55年来中巴关系的发展表示满意，并表示中巴友谊深深扎根两国人民的心中。真诚的友谊、互利合作、相互信任和相互支持已成为中巴关系的显著特点。

甲：访问期间，穆沙拉夫总统在接受国际台采访时高度评价55年来的中巴关系，认为是国家间关系的典范。

（音响9：穆沙拉夫讲话）

"中巴友谊是典范。55年来，我们两国在外交、政治、经济等各个领域都展开了广泛合作，对此我们感到非常自豪。"

甲：中巴关系的发展已进入了21世纪。在21世纪伊始，中巴就开始了瓜达尔港、通讯、铁路以及其他领域的多个合作项目。这些合作项目将为中巴友谊增添光彩。在新的世纪里，中巴友谊将更加牢固。

（音响10：渐入中巴友谊歌曲，渐弱）

中国与巴基斯坦经贸交往稳步发展前景广阔

（2006 年 5 月 25 日播出）

（开始曲　减弱　混）

甲：这里是中国国际广播电台，听众朋友们，大家好。在今天的节目里，我们谈谈中巴经贸交往。

乙：中国和巴基斯坦是友好邻邦，建交 55 年以来，在两国政府和人民的不懈努力下，中巴关系经受住了时间和国际风云的严峻考验，不断发展壮大，成为不同社会制度国家间友好相处的典范。中国历来重视与巴基斯坦发展贸易关系，两国从 50 年代初起就建立了贸易关系，巴基斯坦一直是中国在南亚地区的重要贸易伙伴，两国本着互利互惠的原则，积极拓展双边贸易关系。

甲：1963 年 1 月，两国签订第一个贸易协定。经过双方的共同努力，近年来两国的经贸合作有了长足进展，目前两国的经贸合作已从单纯的商品贸易发展到包括相互投资、承包工程、技术合作等广泛领域。随着两国经济的发展、友好往来的增加，特别是将来建立双边自由贸易关系后，中巴经贸关系将更加紧密。

乙：中国现代国际关系研究院副研究员张四齐女士长期以来关注中巴贸易发展，她在接受记者采访时说，中巴经贸发展的历史有几个特点。

（音响 1：张讲话）

"我们考察一下两国贸易早期的一些特点，双边贸易极大地受政治推动，呈现政热经热的态势。自 50 年代双方建立经贸关系后，中巴关系处于发展初期，因此前期中巴经贸发展较为缓慢，1990 年贸易额只有 5.8 亿美元。2000年以来，中国与巴基斯坦的经贸发展随着两国政治关系的升级以两位数的速度增长，2000 年贸易额首次突破 10 亿美元大关，2005 年贸易额达到 42.6 亿美元，再创新高。两国贸易五年间年均增长 26%，巴基斯坦成为我国在南亚地区仅次于印度的第二大贸易伙伴。"

甲：张教授说，中巴经贸往来中，边贸所占比例大，而且很长一段时间内双边贸易规模较小，结构比较单一。她在分析近年来两国贸易持续扩大的主要原因时指出，这一时期中巴经济发展迅速，巴基斯坦大力改善投资环境，与此同时中方努力帮助巴方扩大对华出口，双方建立了良好的经贸交流机制，重大的经济合作项目带动了双边经贸的快速发展。另外，中巴友好关系加强，两国领导人的频繁互访，为进一步发展中巴友好睦邻关系，扩大双方的经贸合作起到了积极的促进作用。

乙：2005 年 4 月初，温家宝总理对巴进行正式访问，中巴双方签署协议多达 22 项，其中 14 项以双边经贸合作为内容，特别是中巴签署了《中华人民共和国与巴基斯坦伊斯兰共和国关于自由贸易协定早期收获计划的协议》，决定启动自由贸易协定谈判。2006 年 2 月，巴基斯坦总统穆沙拉夫访华，两国签署了包括《中巴关于能源领域合作框架协议》等在内的 13 项协议与备忘录。这些都将对中巴经贸未来发展产生良好而深远的影响。

甲：据中国商务部统计，2005 年中国对巴协议投资额为 367 万美元；巴对华投资项目数 19 个，实际投资 768 万美元。双方的投资不仅极大地促进了当地的经济发展，还进一步巩固了两国人民之间的传统友谊。

乙：以位于巴基斯坦拉合尔市的巴基斯坦海尔工业园为例，该工业园是中国最大的家用电器生产集团海尔集团在巴基斯坦建立的大型家电生产基地，自 2002 年 6 月投产以来，不但极大地促进了当地经济的发展，还带动了相关产业整体水平的提高。巴海尔工业园的首席行政官沙赫·费萨尔告诉我们：

（音响 2：沙讲话）

"海尔工业园是中巴两国经贸合作的典范，极大推动了当地经济的发展，创造了更多的就业机会。此外海尔还正在帮助巴基斯坦建立先进的物流系统、符合国际标准的家电行业实验室和相关行业标准，这对巴基斯坦家电行业整体水平的提高起到了十分重要的作用。正如穆沙拉夫总统所说，海尔对巴基斯坦经济发展作出了巨大的贡献，其影响和意义是深远的。"

甲：多年来，中国对巴基斯坦提供了力所能及的援助，既帮助了巴经济发展，也增进了彼此的相互了解和友谊，著名的援助项目有作为中巴友谊象征的喀喇昆仑公路和 2002 年开工建设的瓜达尔港等。2005 年，中国继续向巴提供力所能及的援助，此外，在巴基斯坦的中资机构、企业、员工等也纷纷慷慨解囊献爱心、送温暖，捐赠款物总额达 40 多万美元，体现了我国人民对巴基斯坦人民的深情厚谊。

乙：然而随着两国经贸交往的不断扩大和深入，一些存在已久的问题凸现出来。首先，两国交通状况亟待改善。中国与巴基斯坦被高山和大河所阻碍，交通状况极不畅通，且尚无铁路直接连接，客观上阻碍了两国经贸关系的发展。为此两国政府积极磋商，制定了各种改善两国陆路交通和促进双边经贸合作的计划。中国商务部长薄熙来先生在中巴经贸论坛上说：

（音响3：薄熙来讲话）

"中国商务部与中国企业界将共同推进中巴经贸合作，我们要尽快完成喀喇昆仑公路的升级改造，为八方来华企业提供优惠条件，并积极回应巴方提出的重大基础设施和工业建设项目的建议。"

乙：目前中巴贸易中存在的不平衡的问题十分突出。以2005年为例，中国向巴出口34.3亿美元，进口8.3亿美元，巴方贸易逆差为26亿美元。而在中巴贸易持续增加的同时，两国贸易占我国同南亚地区五国的贸易比重则呈下降之势。谈及该问题的原因，巴商务部外贸局局长沙希德·巴希尔先生说：

（音响4：沙讲话）

"中巴贸易不平衡的主要原因是历史上巴基斯坦的主要贸易伙伴是西方国家，因此巴方在中国市场的开拓力度明显不足，此外巴可向中国出口的商品品种较少。最近，巴中两国政府十分关注贸易不平衡问题，并采取多种措施，中国将对巴基斯坦的近千种商品实行优惠税率，整体优惠幅度达18.5%。从今年开始，两国自由贸易谈判的第一部分协议付诸实施，在未来两年内，巴方将以零关税向中国市场出口棉纱、纤维、皮革、海产品及矿产品等商品，这样将极大地促进两国的贸易规模。"

乙：今年2月份，巴基斯坦总统穆沙拉夫对中国进行正式友好访问期间，两国签署了有关进一步加强经贸合作的协议，协议将开辟连接中国西部大开发战略与巴基斯坦国家发展计划之间的新途径。穆沙拉夫总统在中巴经贸论坛上指出，增加两国间贸易的重要途径之一是鼓励私人投资。

（音响5：穆讲话）

"如果中方能够不断增加在巴投资，两国贸易额就会持续增长。巴政府将全力为投资者创造宽松的自由市场环境，保持政策的连续性，对出口产品实行免税政策。各级地方政府也将尽力为投资者提供良好服务。巴方希望中国将其视为在本地区的生产中心，鼓励以开办合资企业的方式，将部分生产能力转移到巴基斯坦，这样中国企业不仅可以从巴基斯坦的市场中受益，并且能将产品出口到周边地区。"

乙：展望中巴经贸发展前景，中国现代国际关系研究院副研究员张四齐女士指出，随着两国政治关系的进一步成熟和发展，中巴经贸发展的前景将呈现4个特点。

（音响6：张讲话）

"中巴贸易的规模将迅速扩大，贸易结构也将随之出现变化，合作领域呈现多元化趋势，能源、基础设施等领域的合作将取代传统的原材料、机电产品贸易成为推动双边经贸往来的主要动力。此外，双方边境贸易规模将进一步扩大，穆沙拉夫总统最近提出将巴基斯坦建成中国的贸易和能源走廊，由此过境贸易和转口贸易将成为中巴经贸合作新的亮点。"

甲：为进一步扩大中巴经贸关系，适应新时期两国人民友好合作的愿望，两国政府正在加紧就建立自贸区进行磋商，相信不久两国自由贸易区建立后，不仅为两国的贸易发展提供更多的便利，也为两国扩大相互投资提供便利，构筑起更加紧密的中巴经贸关系，也将把传统的中巴友谊推到一个新的高度。

青年承载着中巴友谊的过去、现在和未来
（2006年5月26日播出）

（音响1：歌曲《中巴友谊万岁》渐混）

甲：自古以来，任何一个国家的青年肩上都承载着国家、民族和社会发展的重任，青年是祖国的未来。同样，在推动国与国之间关系的发展与友谊上，青年也是重任在肩。

乙：的确如此。中巴青年在加强两国关系和友谊，在使世人所共知的全天候的中巴关系代代相传的过程中，发挥了很大的作用。上个世纪60年代，在象征着中巴友谊的喀喇昆仑公路建设中，两国青年更是功不可没。当年，1万多名中巴筑路人员奋战在这条长达1200多公里的公路上。至今，在巴基斯

坦境内的喀喇昆仑公路工程中国烈士陵园中，仍长眠着 88 名中国烈士，牺牲时，他们中绝大多数的年纪只有 20 多岁。当年在公路建设中担任翻译，现今是北京大学东方语系教授唐孟生先生回忆说：

（音响 2：唐讲话出，渐混）

"这虽然已是 30 多年前的事了，但我至今仍记忆犹新。喀喇昆仑公路是中巴友谊的象征。为建设这条友谊之路，中巴两国青年发挥了极大的作用，一些中国青年的英魂永久地留在了巴基斯坦，他们将永远见证着中巴之间牢不可破的友谊。"

乙：1966 年，在中国国际广播电台，一批刚从大学毕业的意气风发的年轻人，组建了乌尔都语广播，从此开始了对巴基斯坦的广播，他们将所有的热情都倾注在向巴基斯坦介绍中国、加深彼此友谊之中。曾获得巴基斯坦总统奖、乌尔都语部的老同志孙莲梅女士回忆道：

（音响 3：孙讲话出，乌尔都语）

"乌尔都语开播之初，组里全是一帮年轻人，虽然经验少一些，但我们有极高的热情。曾经有人说，学习巴基斯坦的国语乌尔都语，本身就是中巴友谊的象征，那么现在来到电台，我们所有年轻人的心里只有一个想法，那就是用我们的真情，通过我们的广播加深两国间的友谊和了解。那时，和我们一起工作的还有一名巴基斯坦青年。"

甲：在中巴友谊的历史长河中，就矗立着这样一座座由中巴两国青年筑就的里程碑。而近些年来，中巴两国青年间的交往日益频繁。早在 1984 年，当时的团中央书记胡锦涛作为全国青联主席率团访问了巴基斯坦。

为了使中巴友谊代代相传，中巴两国于 2004 年开始了百人青年代表团互访活动。2004 年巴基斯坦青年访华代表团成员考麦·伊克巴尔表示中巴青年间的互访很有意义。

（音响 4：考麦讲话出）

"青年是国家未来的希望。增进两国青年间的互信与了解，是加深巴中友谊的重要渠道，所以百人青年代表团的互访活动非常有意义，使我们能有机会坐在一起互相学习，更多地了解对方。我希望能有更多的青年加入到这样的活动中来。"

乙：2005 年温家宝总理访问巴基斯坦，在巴基斯坦首都伊斯兰堡的小山公园，温总理同 200 多名中巴青年欢聚一堂，温家宝总理说：

（音响 5：温总理讲话出）

"40 多年前，敬爱的周恩来总理在这里植下了一颗友谊的乌桕树。这棵树在中巴人民的辛勤培育下，长得翠绿挺拔，虽历经风雨，但依然那么苗壮，它象征着中巴的友谊，历久弥新，经受了时间、历史和风云的考验。"

"中巴青年的肩上肩负着发展两国友谊的重任，是中巴友好事业的接班人。他说，中巴友谊的明天就在青年人的身上。著名的巴基斯坦诗人伊克巴尔曾说：'我喜欢青年人，他们敢上九天揽月。'中国的著名诗人李白也写有著名诗句：'大鹏一日同风起，扶摇直上九万里。'青年人是雄鹰，我希望你们好好成长，就像雄鹰那样。"

甲：巴基斯坦总理肖克特·阿齐兹在接见中巴青年代表时也表达了自己希望巴中友谊世代相传的心情。

乙：曾参加 2005 年中国青年访巴代表团的北京大学东方语系的大学生们唱起了巴基斯坦民歌《这是你的家也是我的家》。

（音响 6：歌声出）

甲：以共青团中央书记处书记、全国青联副主席尔肯江·吐拉洪为总团长的中国百名青年代表团 2005 年访问了巴基斯坦，他对记者说：

（音响 7：尔肯江讲话出）

"在巴基斯坦期间，我们受到了巴基斯坦政府、巴基斯坦人民和青年的热烈欢迎，我们在这里深刻感受到了中巴友谊的牢固，深刻感受到了巴基斯坦人民对中国人民的深情厚谊。"

乙：中国国际广播电台被听众冠以中巴友谊使者的美称。每年，都有一些听众应邀来中国访问，巴基斯坦听众马立克·阿米尔先生是其中的一位。

（音响 8：讲话出）

"我于 2005 年应国际台的邀请来北京访问，在中国的 15 天期间，除被中国的美好河山深深吸引之外，中国的年轻人也给我留下了很深的印象，他们充满朝气、热情、守时，而且对自己所从事的工作很投入。青年是祖国的未来，肩负着建设祖国的重任，我觉得中国的明天一定会更美好、更强大。"

甲：2006年2月，巴基斯坦总统穆沙拉夫应邀访问中国。他在接受本台记者采访时对巴中两国青年提出了殷切的希望。

（音响9：讲话出）

"要让更多的年轻人知道中国和巴基斯坦之间在外交、经贸和文化等各个领域，有着怎样的友谊和兄弟般的情谊，而要进一步巩固和发展这种友谊和关系，这重任就落在了年轻一代的肩上。"

乙：的确，回顾中巴关系，我们可以清楚地看到青年在推动中巴友谊上所起的作用。而现在，我们更加欣喜地看到两国青年在教育、文化等各个领域的交流和合作在不断扩大，由此加深了彼此的了解。正在北京学习的一些巴基斯坦学生都对记者表示非常高兴能来中国学习。

（音响10：讲话出）

"我叫阿卜杜尔，现在我在北京理工大学读博士学位。我很高兴能有机会到中国来学习，一来是能学到知识，但更多的是为我能来到我们的兄弟国家而感到骄傲。巴中友谊走过55年的辉煌历程，我相信，巴中友谊一定会在我们这一代继续下去，并且更加绚丽多彩。"

甲：就在几周前，中国青年媒体代表团访问了巴基斯坦，来自中央电视台的团员李清告诉记者说，通过这次访问真正感受到了巴基斯坦人民对中国人民的深情厚谊，而这种友谊没有理由会不延续下去。

（音响11：讲话出）

"到了巴基斯坦首都伊斯兰堡以后，我深深地感受到中巴友谊的牢不可破。我给你们举个例子，在巴基斯坦期间，不管我们走到哪里，当他们知道我们是中国人时，都热情地向我们挥手，并高喊着'巴中友谊万岁'！不断地有人走上前来对我们说中国和巴基斯坦是好朋友。这时候，我就感觉特别的骄傲与自豪。"

甲：的确，青年在推动中巴关系和友谊的长途中起着举足轻重的作用。中国的年轻人来到巴基斯坦，感受到了巴基斯坦人民的热情，并为之感动。

乙：同样，有越来越多的巴基斯坦年轻人想到中国来旅游，和自己的同龄人交换看法，用自己的眼睛看看中国的变化，更多地了解有关中国的历史、文化等方方面面，并为巴中友谊的发展尽自己的一点力量。

巴基斯坦新闻部长穆罕默德·阿里·达拉尼耶对年轻人说：

（音响12：讲话出）

"我认为巴中友谊的美丽之处就在于，如果我们找一个小孩来问，巴基斯坦最好的朋友是谁？他会毫不犹豫地告诉你是中国。而青年是一个国家最富活力的部分，是推动社会进步的伟大力量，巴中友谊持续发展的重任责无旁贷地落在两国青年的肩上。我很高兴地看到，目前巴中两国年轻人之间的交往在增多。接触，可以使年轻人认识彼此，相互学习，而更重要的是可以加深彼此的感情，产生为巴中友谊做些什么的激情和冲动。"

乙：毫无疑问，青年在中巴友谊之旅中扮演了非常重要的角色，而在未来的岁月中，年轻人将一如既往地在推动中巴友谊的发展中写下更加辉煌灿烂的新篇章。中巴友谊的明天没有理由不更加绚丽多彩。

甲，乙：巴中友谊万岁！（乌语中文）

（音响13：歌声《巴中友谊万岁》出）

听众朋友们，你们刚才听到的是《中巴建交55周年特别节目：青年在中巴友谊之旅中的作用》。谢谢收听。

简　评

对于国际台数十种外语广播来说，以中国与对象国建交××周年为契机，策划并制作大型系列节目或者特别节目，是经常采用的做法，但怎样把这类系列节目做好、做活、做得让人喜欢听，并不容易。乌尔都语部制作并播出的这一组有关中国与巴基斯坦建交55周年的系列节目，就比较好地做到了这一点。

策划是否到位，是一个系列节目成功与否的关键。乌尔都语部为此进行了精心的策划。六期节目分别有不同的侧重点，每一期都突出一个重点。分开来听，每一期都是一个相对独立的节目；整合起来，六期节目又是一个整体。这样就比较好地解决了系列节目的单篇与整体的关系问题。

对于对外广播来说，我们要传达的主题一般来说都是很宏观、很概括、很高端的，比如介绍两国友好合作，反映两国传统友谊等等。但怎样以巧妙的方式把这些主题融入到具体的广播节目当中，我们并不十分注重这个问题，导致节目当中大话、空话连篇，宣传味太浓，并没有得到听众的认可。这一组系列报道比较注意避免空话。节目当中对一些人物的采访，所谈内容都非常实在，特别是节目中穿插了周总理上世纪 60 年代访问巴基斯坦时的珍贵音响资料，非常具有感染力。

从形式上讲，节目采用男女主持人对播，以交谈和对话的方式展开，显得生动自然。

这一系列节目播出后受到听众的热烈欢迎。乌尔都语部在节目播出期间每天接听听众打来的国际长途电话 10 多个，先后收到听众发来的电子邮件或来信反馈约 1000 件。这是对节目策划者和制作者的最大褒奖。

"反盗版百日行动"系列报道

梁建军　刘思恩　李晓萍　郭翌　常海宽

《中国时事》中国启动"反盗版百日行动"

（2006 年 7 月 14 日播出）

对北京人或居住在北京的外国人来说，这样的场景一定不会陌生：在过街地道、天桥、闹市区，常常有人兜售盗版的光碟，其中有的是最新上市的影片，有的是游戏软件。这些游摊小贩一见市场执法人员就跑得不见踪影；执法人员一走，他们又跑过来重新开张。不过，中国政府今天启动的"反盗版百日行动"，即使不能灭绝这样的场景，也将使之今后难得一见。下面请听本台记者的详细报道。

（音响 1：现场录音）

您听到的，是在北京市中心的西单图书大厦内举行的"反盗版百日行动"启动仪式现场录音。本次反盗版行动将集中打击盗版音像和软件制品的制作、复制、仓储和销售。

在中国，音像和软件制品行业的政府管理职能主要由新闻出版总署、国家版权局、文化部行使，同时设有跨部门的全国"扫黄打非"工作小组，专门负责协调对非法出版物的查处和打击。近些年，上述三个政府部门都单独或联合进行过多次专项打击盗版和非法出版的行动。就在一个月前，国家版权局还专门发行了一本知识手册，指导版权权利相关机构和人士运用行政和法律手段维护自己的权益。而这次的"反盗版百日行动"，中国十余个政府部门联合组织，不仅包括文化管理部门，还包括国家工商总局、公安部、建设部等强力部门。这将是中国迄今力度最大、涉及面最广的一次清理行动。

中国全国"扫黄打非"工作小组副组长陈冀平指出，近年来，中国反盗版工作取得很多成绩，但也面临一些严重问题。他说：

（音响 2：陈冀平讲话）

"出版物市场仍然存在一些突出问题，比如一些政治性出版物有增无减，利用境外注册的刊号在境内发行的刊物不断出现，特别是制作、复制、仓储、销售盗版音像和计算机软件制品的活动还十分猖獗，并有蔓延的趋势，严重扰乱了正常的经济和社会秩序。"

按照部署，这次行动将分几个阶段，首先是将向社会发布《公告》，在公告发布的一个月内，中国境内所有音像和计算机软件制品的生产、经营、销售者，要开展自查自纠活动，将盗版制品主动上缴并说明情况，有关行政主管部门将不再追究其责任；其次是各地文化管理和执法部门进行检查，根治源头企业，严厉查处重点案件。因为有建设部的参与，城市街头的游摊小贩兜售盗版音像制品和软件产品的现象也将得到有效根治。这次行动的负责人之一、新闻出版总署副署长柳斌杰先生在接受本台记者采访时说，"百日反盗版行动"有四个目标：

（音响 3：柳斌杰讲话）

"一是所有（可能）经营盗版的场所一律要进行清理；第二个目标是非法销售盗版产品的要严厉打击；第三个目标是制作、复制、生产盗版产品的企业要进行清理，吊销一批违规生产的营业执照，从源头上防止盗版产品进入市场；第四就是要通过这场活动，使全民知识产权保护的意识进一步提高。"

柳斌杰说，中国自从加入世贸组织以来，切实履行保护知识产权的相关承诺，但因为暴利的驱使，仍有企业和个人违法从事盗版的走私、制作和销售。中国政府将一如既往地严厉打击侵犯知识产权的行为。

鉴于资源、能源、环境保护方面的巨大压力，中国政府提出了改变经济增长方式、走可持续发展的道路，特别强调创新对建设节约型社会的重要性，而要鼓励创新，就首先必须保护知识产权。

全国"扫黄打非"办公室副主任张小影女士认为，音像业和计算机软件业是中国正在兴起的文化创意产业的重点领域，这次保护知识产权的行动集中在这两个方面，是中国社会经济发展的必然要求。她说：

（音响4：张小影讲话）

"自主创新能力不足已经成为制约我国经济社会更快更好发展的重要瓶颈，推进自主创新，建设创新型国家，就必须严厉打击各种侵权盗版行为。"

张小影说，在未来的三个多月内，中国各地将同步展开对盗版制品的高压态势。经过这次大规模的综合整治行动，正版音像制品和计算机软件制品的生产、销售环境必将大大改善。

《文化视点》中国各界著作权人声援反盗版集中治理行动
（2006 年 8 月 18 日播出）

听众朋友，中国各界著作权人近日在北京举行签名活动，声援中国政府正在全国范围内展开的大规模"反盗版百日行动"。下面请听详细报道。

正在中国全国范围内进行的"反盗版百日行动"，从 7 月 15 日开始至 10 月 25 日，由中国新闻出版总署、国家版权局、公安部、国家工商总局等多个相关部门联合行动，重点打击盗版音像和计算机软件制品。中国政府打击侵权盗版的工作已经进行多年，每年都有集中治理行动，此次行动是迄今规模最大、力度最强的一次全国性统一行动。

8 月 16 日，著作权人、权利人组织、行业协会及相关企业的代表，在北京举行签名活动，号召业界、公众保护知识产权，坚决打击侵权盗版行为。正大国际音乐制作公司总经理江凌女士在签名活动上，介绍了这些年唱片制作业抵制盗版的经历。她说：

（音响1）

"我记得几年前，我们有 12 家小唱片公司在体育场搞了一场反盗维权的活动，我们几个（公司为反盗版）也开了很多的会。政府今天站在第一排，带着我们来维护版权，来鼓励创新，来遏制侵权盗版的非法行为，我们受到了鼓舞。因为我们是业界的代表，工作在这个行业的最前线，我们最了解这个（行业）到底有哪些行为侵害我们（版权）。我们会发现很多新（的侵权）动向，我们也很愿意作这样的侦探，作这样一个并肩的团队，参加这样一个大的行动。"

著名女作家徐坤也在签名的行列中。徐坤是中国文坛最活跃的女作家之一，已出版多部小说集，部分作品被翻译为日文、英文、德文。徐坤在接受记者采访时谈起了自己面对盗版行为的感受。她说：

（音响2）

"我们也是经常遭遇盗版，就个人来说，感觉也是很无奈，（对盗版行为）也就听之任之了，觉得个人的力量太微小了，你跟他们（盗版者）耽误不起那个时间。这次有组织地通过政府的这样一个活动，对于我们来说还是非常有利的，我们都非常支持。希望政府能够进一步加强打击的力度，真正地能做到保护知识产权，我们原创的积极性也会进一步提高。"

"反盗版百日行动"是中国政府在多年持续整治的基础上，对侵权盗版行为打出的一套超重组合拳。据中国几个大城市北京、南京、广州等地调查，7月份，正版音像制品月销售量比去年同期增长10%左右。在这期间，中国各地收缴了非法出版物800多万件。同时，中国各地还查办了200多起大案，极大地打击遏制了侵权盗版行为。

联想集团是中国著名的IT企业。在声援"反盗版百日行动"签名活动上，联想集团副总裁白慧敏女士说，业内企业有责任加强计算机软件领域的反盗版工作。她说：

（音响3）

"今年1至6月份，我们已配套销售了200多万套微软操作系统，这是过去的几倍甚至十几倍。同时我们也高兴地看到，越来越多的电脑厂商正在积极行动起来，我国市场上主要品牌电脑的正版操作系统预装率正在大幅度提高。我们企业一定积极地响应政府的号召，自觉地遵守政策规范，和政府部门一起为营造一个装正版、卖正版、用正版的良好的社会风气，作出不懈的努力。"

签名活动中，著作权人及各行业代表纷纷表示，要在中国形成一个良好而健康的版权保护环境，还需要付出很多的努力。著名作曲家谷建芬女士是中国非常知名的维权人士，曾多次在版权保护方面向政府有关部门建言献策。她说：

（音响4）

"对于'百日反盗版行动'这件事情来说，我已经参加过好多次（类似的活动）了，（用）'辉煌'这两个字（形容维护版权的成果）现在还为时过早。只有这个活动持续发展，号召更多的人，把这个活动进行下去，而不是百日、千日、万日，我希望是年年搞下去，我想只有这样的话，老百姓（不用盗版）的意识才能有。"

北京鸟人艺术推广公司董事长周亚平接受记者采访时也表达了相同看法。他说：

（音响5）

"在这些年来的维权过程当中，已经感觉到咱们国家在版权保护方面每一点每一滴的进步，而且最重要的是立法方面和执法方面的进步，现在打击的力度是越来越大。但是我觉得最主要的是培养公众意识，要号召大家尊重他人，让全民有这个意识，就是我们要尊重别人的知识产权，就像我们要尊重别人的财产一样。"

中国新闻出版总署署长、国家版权局局长龙新民先生认为，要做好版权保护工作，还需要包括著作权人积极参与等多方面的努力。他说：

（音响6）

"由于中国建立现代版权保护制度的历史很短，公众的版权法律意识还比较淡薄，加之盗版具有的高额非法利润，侵权盗版在某些地区、某些领域还十分严重。在我国著作权法律制度基本完善的条件下，充分发挥著作权人和权利人组织的积极作用，开展各种反盗维权活动，倡导建立各类作品的版权市场保护机制，对于保护创新、鼓励传播，保护知识产权，具有十分重要的现实意义。"

听众朋友，以上为您介绍的是中国各界著作权人签名支持中国政府反盗版行动的内容。今天的节目就到这里，谢谢收听，再见。

《中国时事》中国总结反盗版行动阶段性成果

(2006 年 10 月 27 日播出)

日前，中国各地的政府部门联合派出检查组，在全国检查打击盗版情况，并于 26 日、27 日在南方广东省东莞市召开会议，总结近几个月以来全国反盗版工作的成果，探讨如何建立反盗版的长效机制。下面请听本台记者李晓萍发回的报道。

(音响 1：现场检查录音)

23 日，中央派出的检查组在四川省成都市一家音像制品出租店进行随机检查，这是记者随行录到的现场音响。检查人员发现这里的光碟中仍有一部分属于盗版制品，随即对盗版制品的数量和种类进行鉴定，并根据相关法规对店主给予处罚。这一事例说明，反盗版的查处不可能是一蹴而就的事情。

不过，事情正向好的方向发展。据不完全统计，从 7 月 15 日，中国多个政府部门联合发起全国性的反盗版行动以来，中国各地共查处一万多件盗版违法案件，被追究刑事责任的嫌疑人超过 140 人。各地对存储、销售音像和计算机软件制品的机构和个人进行严格的查处，根据违法情节的严重程度进行停业整顿或吊销执照。

中国国家新闻出版总署副署长柳斌杰在接受本台记者采访时，对这次集中打击盗版制品活动取得的成果给予了充分的肯定。他说：

(音响 2：柳斌杰讲话)

"（活动）到现在已经整整历时一百多天，在全国范围内取得了很好的成绩。从目前各省市互相交叉检查的结果来看，我认为取得的成效比较显著。音像市场有了好转，主要省市反映正版市场的销售量增长了 20% 以上。音像制品的生产经营商户法治意识增强，普遍受到了一次次遵纪守法的教育。"

柳斌杰说，这次全国性反盗版行动也使得各地政府部门的执法能力得以加强，全国查处了一批大案，并查获多条非法光盘生产线，在打击盗版制品的源头方面取得了一定成效。

但是，由于中国庞大的地域和复杂的国情，基层地区的执法有很大的困难，在一些边远的地区，这些困难更加突出。内蒙古自治区位于中国北部，各个县市之间的距离非常远，打击盗版的工作人员不到1000人，他们克服了很多的困难，出动检查50000多次。该区从事反盗版工作的官员陈宏鹰女士在接受记者采访时说：

（音响3：陈宏鹰讲话）

"像我们内蒙古自治区，地域非常辽阔，面积非常大，如果要完成我们的工作，我们要投入的人力物力应该是相当大的。我们在队伍、人员、经费、设备上确实非常短缺，所以工作起来难度也很大。那么要从根本上保证市场达到规范繁荣这样一个层面，必须加强日常管理。在做这个治理工作的时候，要有一些支持，有一些措施办法，这样就更好了。"

与会的其他省市官员也反映，由于公众对知识产权保护认知不够，部分在街头贩卖盗版音像制品的小摊贩是残疾人，诸多现象往往给执法工作带来很多难题。此外，如何避免在集中治理之后，盗版制品在市场上再次出现反弹，如何构筑一个能够有效防止盗版的长效机制，是政府相关部门面临的重大挑战。

新闻出版总署副署长柳斌杰表示，中国政府正在构想建立涵盖生产源头、物流和提高公众意识等多个方面的反盗版长效机制，从提高正版产品的科技含量、内容创新着眼，满足社会需求。他说：

（音响4：柳斌杰讲话）

"建立长效机制，从监督管理到企业运行，都要以法规为依据建立起一套长效的机制，保证不再生产、经营盗版产品。要着眼于发展，从正版产品科学技术含量、满足人民群众精神文化生活的需要，促进音像业、软件业的进一步繁荣发展。另外就是要在正版产品的生产内容方面，要不断丰富创新。正常的生产对市场反应迟缓，跟不上消费者的需要，这种问题要下功夫解决。"

柳斌杰说，中国政府打击盗版的决心是不容置疑的，这是中国自身发展的需要，也是中国作为国际大家庭成员所必需履行的职责和义务。尽管这次全国性的集中打击行动取得积极成果，但仍然需要政府部门和社会公众的共同努力，促进正版音像制品和计算机软件市场的持续好转。

简　评

　　"反盗版百日行动"是我国在2006年组织的近年来最大规模的集中打击盗版和侵犯知识产权的行动。由新闻中心制作的此系列报道就是围绕这一行动展开。

　　打击盗版、保护知识产权是对外广播的绝好题材，有助于树立我国政府和社会各界重视知识产权保护工作的形象，驳斥西方舆论就这一问题对我国的无端攻击和指责。因此，国际台对这一行动进行突出报道，体现了较强的外宣意识。

　　既然是外宣媒体，就要考虑到我们的受众基本上都是对中国不了解、或者不甚了解的外国人，就要从外宣的需要出发，找出适合外宣的角度。就"反盗版百日行动"而言，我们在报道中需要把握两点：第一，既要体现中国政府打击非法侵权和保护知识产权的决心，又要防止西方媒体借此炒作中国限制言论自由和出版自由；第二，既要突出体现"百日行动"的成果及其意义，又要说明反盗版工作的长期性和复杂性，避免给人以短时间突击的印象。这一系列报道较好地把握住了这两点。

　　此系列报道具有以下特点：

　　一、精心策划，注重报道角度，体现对外特点。此次"反盗版百日行动"历时三个多月，范围广，活动多。相关部门在策划选题时并没有面面俱到，而是选择一些重要场次的活动，主动深入一线采访，着重体现中国政府保护知识产权的决心，打击盗版的力度，以及所取得的成果，同时也反映了社会各界日渐增强的反盗版意识。

　　二、深入采访，体现广播特色。为了做好报道，记者专门到石家庄、无锡、广州、成都以及北京等地进行采访或暗访，被采访人员包括执法人员、营销人员、不法分子，还有普通群众。通过这些采访，记者掌握了大量原始音响素材，丰富了节目的内容和音响。

　　三、报道时间长，发稿及时，起到了预期的宣传效果。在三个多月的采访报道中，这一系列节目共编发7篇稿件，在语言部及时播出，起到了良好的宣传效果。国外一些主流媒体也对此次反盗版行动给予了积极的关注。

中非论坛北京峰会系列报道

新闻中心

《录音报道》：津巴布韦外长盛赞中非友好互利合作关系
（2006 年 10 月 19 日播出）

中国国际广播电台！各位听众，你们好！"中非合作论坛北京峰会暨第 3 届部长级会议"将于下月在中国首都北京举行，地处非洲南部的津巴布韦对这次会议非常重视，津总统将率众多部长与会。临行前，津巴布韦外交部长蒙本盖圭先生在津首都哈拉雷接受了本台记者的独家专访，就中非关系、中津关系发表了看法。下面请听本台驻津巴布韦记者程庆华、年永刚发回的录音报道：《津巴布韦外长盛赞中非友好互利合作关系》。

蒙本盖圭外长在接受本台记者专访时表示，津巴布韦和非洲大陆对此次即将在北京召开的"中非合作论坛"充满期待，他相信中非双方业已存在的友好合作关系必将得到进一步深化和加强：

（音响 1：蒙本盖圭讲话，英文）

"这是中国领导人与非洲大陆领导人第一次坐下来就双方关系和世界事务进行讨论。中国是世界上最大的发展中国家，而非洲大陆拥有世界上最多的发展中国家。中国和非洲在南南合作框架内加强并拓宽双边关系是极其重要的。"

地处非洲南部的津巴布韦是一个美丽富饶的国家，自从 1980 年独立以来，就与中国保持着长期友好的外交关系。蒙本盖圭外长在访问中回顾了中津两国的传统友谊，他对中国在津巴布韦争取民族独立的斗争中给予的物质上和道义上的支持表示感谢。他表示，在穆加贝总统去年 7 月对中国进行访问后，津中双方在各个领域的合作都有了进展。

蒙本盖圭外长驳斥了西方某些国家和媒体诬蔑中国与非洲国家的合作是"新殖民主义"的论调，他认为这是西方在以殖民者的观点来看待现在的中非关系，他说：

（音响 2：蒙本盖圭讲话，英文）

"这种论调完全是一派胡言。因为西方对中国和非洲其他发展中国家的关系一无所知，中国和津巴布韦以及非洲其他国家间的关系是平等的伙伴，双方互利合作，实现共赢。而西方到非洲来进行掠夺，这是他们殖民历史的罪恶。"

蒙本盖圭外长认为，津中关系目前是互利共赢的合作伙伴关系，是发展中国家间合作关系的典范。他说，事实证明，西方国家所鼓吹的中国在非洲"新殖民主义"论调，在非洲是没有市场、站不住脚的。中国的发展只能给非洲带来更多的好处。

蒙本盖圭外长指出，津中双方应进一步加强合作，实现共同发展。他对津中双方的未来合作前景充满信心：

（音响 3：蒙本盖圭讲话，英文）

"我们希望双方继续加强在政治、经济、文化等各领域的合作。我们愿意和中国一起努力，实现世界多极化。津中双方都认为世界是多极的，不应由大国操持国际事务，津中愿与发展中国家一道主持国际正义，反对霸权主义。"

在采访最后，蒙本盖圭外长表示津中双方要珍视津中传统友谊，重视发展津中友好合作，相信在双方共同努力下，津中面向未来的友好合作关系一定会有一个更加美好灿烂的明天。

中国国际广播电台！各位听众，刚才您听到的是本台驻津巴布韦记者程庆华、年永刚发回的录音报道：《津巴布韦外长盛赞中非友好互利合作关系》。谢谢收听。

《录音报道》：从坦赞铁路到"中国路"
（2006 年 10 月 23 日播出）

中国国际广播电台！各位听众，提起中非传统友谊；人们自然会想起坦赞铁路。这条由中国政府和人民在上世纪 70 年代援建的铁路在中非人民间架起了一座"友谊之桥"。30 年过去了，越来越多的"友谊之桥"出现在中非之间，谱写着中非友谊新的篇章。下面请听本台驻东非地区记者隋艳霞、谢意采写的录音报道：《从坦赞铁路到"中国路"》。

（音响 1：火车汽笛声，渐混）

30 年前，就是在这样的汽笛声中，由中国政府提供技术、设备、人力及无息贷款，花费了 6 年时间建成的坦赞铁路全线通车。它东起坦桑尼亚首都达累斯萨拉姆，西至赞比亚中央省的新卡皮里姆波希，全长 1860.5 公里。30 年来，坦赞铁路不仅完成了支援南部非洲国家民族解放运动的历史使命，同时也为包括坦、赞在内的众多非洲国家民族经济的发展作出了贡献。

坦赞铁路坦方总工程师莫纳先生在接受采访时说，这条铁路带动了沿线及周边地区发展，它所产生的经济效益成为了坦、赞两国的主要收入来源。他说：

（音响 2：莫纳讲话，斯瓦希里语）

"铁路建成以后，它的沿线不但建起了很多工厂，包括造纸厂，水泥厂等等，还形成了许多小村庄，沿线的城市也因此而发展起来。所以说，坦赞铁路大大促进了坦桑尼亚、赞比亚的经济发展，提高了沿线人民的生活水平。"

一些西方学者也承认，坦赞铁路在坦赞尼亚等东非贫穷国家脱贫的努力中显现出重要意义。

坦赞铁路穿越坦赞部分高山、峡谷，沿线许多地区曾经荒无人烟，野兽出没，施工条件异常困难。为了修建和维护坦赞铁路，中方先后派出 5 万人次的工程技术人员。他们在异国他乡洒汗流血，甚至有 60 多人埋骨异国。对此，坦赞铁路局的交通运输部经理赛义德先生这样说：

（音响 3：赛义德讲话，斯瓦希里语）

"中国朋友参与了这条铁路的建设以及维护，这么多年来，我敢说，我们有什么问题，他们都十分清楚，因此每一次的援助都有很强的针对性。中国人在不停地帮助我们。"

　　坦赞铁路之后，非洲大陆上出现了越来越多的中国援建项目：正在建设中的坦桑尼亚国家体育馆，已将投入使用的赤道几内亚的巴涅公路，以及覆盖肯尼亚、津巴布韦、尼日利亚三国的通讯网络，等等。在所有这些项目中，都能看到中国建设者的身影。他们用辛勤的汗水帮助非洲国家发展经济，也在中非人民间架起了新的"友谊之桥"。而肯尼亚的"中国路"则是这众多"友谊之桥"中的一座。

　　这条由中国路桥公司承建的公路，位于从肯尼亚首都内罗毕至肯尼亚第二大城市蒙巴萨途中。它如镜面般平坦的路面得到当地老百姓的交口称赞，被他们称之为"中国路"。这条路更是那些饱受颠簸之苦的司机们的最爱。司机丹尼斯说：

　　（音响 4：丹尼斯讲话，斯瓦希里语）

　　"我经常开车从这条路上过，我很喜欢这条路，因为这条路方便了我们的出行，不像其他的路，坑非常多，这条路上我至今没有见过一个坑，这样开起车来不用担心。如果肯尼亚多一些这样的路，对经济的发展将很有利，比如从蒙巴萨港运送到内罗毕的货物，去蒙巴萨旅游的游客（都要经过这条路）。我希望中国公司能在肯尼亚多承建一些像'中国路'这样的项目。"

　　已经有越来越多的"中国路"出现在肯尼亚。下个月，由中国政府出资、中国武夷公司援建的肯尼亚基塞沙公路也将正式竣工。这条公路地处肯尼亚著名茶叶之乡，全长 53 公里。它的建成不仅对肯尼亚茶叶出口、也对东非经济共同体开发计划具有重要意义。

　　武夷公司肯尼亚项目部经理万东升告诉记者，为了保证交给肯方一条高质量的公路，中国的工程技术人员们在施工过程中克服了不少困难，他们认真负责的态度得到了肯方的高度赞扬。

　　（音响 5：万东升讲话，中文）

　　"这个项目在质量、工期以及跟当地政府的合作上都得到了肯尼亚工程部的高度赞扬，总体来讲他们印象还是非常好的。"

　　我们有理由相信，随着一条条为当地民众带来实实在在利益的"中国路"的建成，中非人民间的传统友好关系也将不断地向前延伸……

《中国时事》：中非领导人发表北京宣言，强调发展中非新型战略伙伴关系

(2006 年 11 月 5 日播出)

（音响 1：胡锦涛讲话，压混）

"我们，中华人民共和国和 48 个非洲国家的国家元首、政府首脑和代表团团长，于 2006 年 11 月 4 日至 5 日在北京举行'中非合作论坛峰会'……"

中国国际广播电台！各位听众，这是中国国家主席胡锦涛 5 日在中非合作论坛北京峰会闭幕式上宣读《"中非合作论坛"北京峰会宣言》。这份由中国、埃塞俄比亚和埃及三国领导人联合宣读的宣言，正式宣示中非建立新型战略伙伴关系，并就如何发展这种关系作了具体部署。下面请听本台记者刘轶瑶发回的详细报道。

今年是中国和非洲国家开启外交关系 50 周年，在这样一个具有特殊意义的年份，中国从年初开始就发表了《中国对非洲政策文件》，提出愿与非洲建立新型战略伙伴关系。这一倡议在此次峰会上赢得了非洲各国领导人的积极响应和支持。最终，中非建立和发展新型战略伙伴关系被正式写入了《北京峰会宣言》，并由"中非合作论坛"下届部长级会议主办国——埃及总统穆巴拉克宣读：

（音响 2：穆巴拉克讲话，阿语）

"我们郑重宣示，中非（决定）建立政治上平等互信、经济上合作共赢、文化上交流互鉴的新型战略伙伴关系。"

宣言指出，为促进中非新型战略伙伴关系的发展，中国与非洲将从政治、经济、社会等层面加强交流与合作，其中包括加强高层交往、开展战略对话、加强人文对话、促进民间交流等。宣言提出，中非双方应拓展合作领域，重点加强在农业、基础设施建设、工业、渔业、信息、医疗卫生和人力资源培训等领域的合作，并从中非友好大局和双方长远利益出发，妥善处理合作中出现的新课题、新挑战。

宣言强调了建立中非新型战略伙伴关系的重大意义。穆巴拉克说：

（音响 3：穆巴拉克讲话，阿语）

"我们认为，建立新型战略伙伴关系是中非双方的共同愿望，符合双方利益，有利于增进发展中国家的团结互助，也有利于促进世界的持久和平与和谐发展。"

半个世纪以来，中非双方注重在发展经济和改善民生等领域加强合作。那么，在新的国际形势下，中非双方如何加强互利合作呢？这成为了此次峰会期间各国领导人最为关注的问题。在"北京峰会"开幕当天，中国就加强中非在新形势下的合作提出了八个方面的新举措，其中包括扩大援助规模、减免债务、进一步开放市场、加大人员培训力度、设立中非发展基金等。这些新举措受到非洲国家的欢迎。与会非洲国家领导人对中非友好的未来充满信心。论坛共同主席国埃塞俄比亚总理梅莱斯郑重宣读了宣言的这部分内容：

（音响 4：梅莱斯讲话，英文）

"我们认为，中非之间有着良好的团结与合作传统，中非友谊深入人心。新形势下中非发展目标一致，利益相近，合作前景广阔。深化传统友谊、扩大互利合作，是新世纪中非实现共同发展和繁荣的必由之路。"

中国和非洲国家同属发展中国家，在全球化时代面临着克服困难、自我发展的共同任务。中国在自身发展的同时，一直非常关心和支持非洲国家联合自强、实现可持续发展的努力。中国支持非洲国家发展的立场也写进了宣言，由中国国家主席胡锦涛宣读：

（音响 5：胡锦涛讲话，中文）

"中国重申支持非洲国家联合自强，自主解决非洲问题，支持非洲地区组织和次地区组织推动经济一体化的努力，支持非洲国家实施'非洲发展新伙伴计划'。"

在为期两天的峰会期间，中国与非洲 48 个国家的领导人或其代表一道回顾了半个世纪来中非间的真挚友谊和团结合作，探讨了新形势下中非合作的共同目标和发展方向，总结了"中非合作论坛"成立 6 年来取得的成果。这次北京峰会因此被誉为是具有"继往开来"性质的盛会。中国国务委员唐家璇在接受本台记者采访时表示,这次峰会,将全方位推进中非关系的发展:

(音响6:唐家璇讲话出,中文)

"这次峰会将推动中非的全面战略伙伴关系向前发展,这个发展不是一般的发展,在(于)广度、深度以及全方位,要从这三个方面来理解。全方位不同于全面,要比全面更高层次,所以中国与非洲关系进入了一个崭新的阶段。"

简　评

2006年11月,"中非合作论坛北京峰会暨第3届部长级会议"举行。非洲40多个国家的领导人或其代表汇聚北京,共商中非合作大计。这是中非友好关系史上具有里程碑意义的盛事,也是在中国举行的规模最大、规格最高、影响最深远的国际会议。这一组系列报道分为前期配合性报道和会议期间报道两个阶段。

国际台新闻中心对这一组报道进行了精心策划,根据策划方案,国际台驻非洲各站记者赴非洲10个国家,对这些国家的政界要员、商贸及文化界人士、致力于中非友好的民间人士等进行了采访,深入到中国在非医疗队、维和部队驻地、中资公司在当地承包的工地等。从10月中旬陆续发稿,先后共发出30多篇前期配合性录音报道。会议期间,新闻中心记者组全面报道会议进程,还对许多非洲国家的大使、部长及总统进行了专访。

这一组系列报道有三个突出特点:

一是全面展示了中国和非洲在政治、经济、社会、文化等各个领域的合作和交流情况,介绍了非洲发展建设的新成就,弘扬了中非友好合作的精神。新闻中心在前期策划时确定了三个方面的报道重点:1. 强调中非传统友谊,长期真诚合作,相互扶持;2. 突出报道在新形势下发展中非关系的新特点,即政治上平等互信、经济上合作共赢、文化上交流互鉴,强调中国在对非关系上没有私利,不会搞"新殖民主义";3. 全面介绍非洲近年来的发展建设成就、独特的人文历史和传统以及优美的自然风光,展示非洲积极向上的形象。应该说，这一定位与西方媒体上充斥着非洲贫穷、战乱、疾病、落后等负面信息形成了巨大反差。

二是具有鲜明的广播特色。其中人物采访音响丰富多样，上至达官巨贾、名人学者，下至偏远山村的普通村民；有年近百旬的老者，也有几岁幼童；另外还穿插了很多背景效果，具有较强的可听性和现场感。

三是对外针对性强。从语言、音响的使用到节目编排，都贴近海外听众的需求和收听习惯。

优秀新闻

一等奖

录音新闻：
温家宝驳斥所谓中国在非洲搞新殖民主义论调
（2006 年 10 月 31 日播出）

郭胜昔　于小青　石凌　金锦哲　段秀杰

中国国际广播电台报道（记者郭胜昔、于小青、石凌）：正在埃及进行访问的中国总理温家宝 18 日在开罗举行的记者会上回答本台记者提问时指出，中非石油贸易是公开透明的，也是正常的和互利的。新殖民主义的帽子绝对扣不到中国头上。

温家宝在回答记者问某些媒体称中国同非洲国家发展关系就是为了石油、掘取非洲的能源、搞所谓的新殖民主义的问题时说：

（音响 1：温家宝讲话）

"谁都知道，中国同非洲几个国家有石油贸易，这是公开的、透明的，也是正常的和互利的，我可以说，这点贸易额不及某些大国的三分之一"。

温家宝还对所谓"中国在非洲搞新殖民主义"的说法做了特别阐述：

（音响 2：温家宝讲话）

"新殖民主义的帽子绝对扣不到中国头上。从 1840 年鸦片战争开始，中国遭受了大约 110 年的殖民统治，中华民族在灾难中懂得殖民统治给人民带来的苦痛，也深知要同殖民主义做斗争。这就是我们长期以来之所以支持非洲民族解放、振兴的主要原因。"

温家宝说，中国在自己困难的时候，帮助非洲人民修建了像坦赞铁路那样的工程。今天中国的经济发展了，更不要忘记老朋友。中国有一句古话：

路遥知马力，日久见人心，让历史去证明吧。

简 评

2006 年，是中国与非洲国家之间关系大发展的一年。这一大发展以中国国家主席胡锦涛当年 4 月份访问亚非四国为"序幕"阶段，以中国总理温家宝当年 6 月份访问非洲七国为"升温"阶段，以中非合作论坛当年 11 月份在北京举行为"高潮"阶段。

然而，伴随着中非双方以传统友谊和互利双赢为基础的良好互动，国际舆论界也出现了充满"酸气"的所谓"中国与非洲国家发展关系的目的就是为了攫取非洲的能源"的"不和谐音"，即所谓"新殖民主义"的谬论。这种谬论在 2006 年甚至有甚嚣尘上的趋势。

面临亟需中国政府的主要官员在合适的场合为良好发展的中非关系"正名"、同时也为即将在北京举行的史无前例的中非合作论坛创造良好舆论环境的关头，本文作者利用随团出访的机会，以恰到好处的提问，给了中国总理一个向全世界进一步、更明确地阐述中国对非政策和立场的机会。于是，一个极好的新闻事件、一位极好的新闻人物，也就"孕育"出这件本年度对外广播新闻产品中的佳作。

另外，这件堪称中国媒体的外宣报道服务于国家外交大局的典范之作，其作者在音响效果的取舍上也恰到好处，发稿的时效性也很强。

新闻性系列报道："多哈连线"

杨漪峰　胡唯敏

为亚运服务的印度技工

（2006 年 12 月 1 日播出）

胡：小杨，你好！

杨：你好！

胡：第十五届多哈亚运会今晚即将拉开帷幕，我和听众朋友们都期待着你发自前方的报道呢！

杨：是吗？我一定努力！

胡：听说在多哈，印度侨民比卡塔尔本国人还多，是真的吗？你到多哈后跟他们有接触吗？

杨：是的。在多哈居住和工作的印度人很多，无论是在亚运会新闻中心还是在各个赛场都可以看到他们忙碌的身影。亚运会给他们带来了许多快乐。今天，我在多哈赛场就采访了一位印度技工桑宾先生。

（音响 1：印地语对话出）

杨：您好！

桑宾：您好！

杨：能为多哈亚运会服务，您一定感到很高兴吧？

桑宾：我已经多次为类似的国际比赛做过技术保障工作了，我为自己的工作感到自豪。中国运动员在这次亚运会上表现很出色，给我留下了很深的印象。

杨：是的，中国派了不少优秀运动员参赛。请问您对中国的了解多吗？

桑宾：中国的影响可以说是无处不在，就连我们家里的许多生活用品也都来自中国。目前中国获得了巨大的发展，中国的进步让我们感到震惊，更感到骄傲。

杨：2008 年奥运会即将在中国举行，您愿意那时去中国工作吗？

桑宾：那还用说，只要有机会，我会尽一切努力争取去中国工作。我非常想去中国！

杨：谢谢您接受采访！

桑宾：谢谢！

卡巴迪是印度的骄傲

(2006 年 12 月 7 日播出)

胡：你好，小杨！

杨：你好！

胡：亚运会报道辛苦了！请问多哈赛场上有什么新消息吗？

杨：这两天印度运动员表现不错，取得了不少好成绩。

胡：听说印度取得了卡巴迪项目的冠军，是吗？

杨：是的。在刚刚结束的卡巴迪决赛中，印度队战胜南亚劲旅巴基斯坦队赢得了冠军。卡巴迪是印度的传统体育项目，在南亚地区有广泛的影响，自 1990 年北京亚运会卡巴迪首次被列入亚运会正式比赛项目以来，印度队已连续 5 次夺得了该项目的冠军。印度在卡巴迪运动上的优势是无可比拟的。请听取得冠军后印度卡巴迪队领队巴拉万·辛格先生是多么激动吧！

（音响 1：印地语音响效果出）

"太激动了！这个胜利不只属于我们这支队伍，也属于我们整个国家。我们全队所有的人团结一心，经过艰苦努力，最终取得了亚运会五连冠，为国家赢得了荣誉！通过电视直播，整个世界都看到了我们运动员的表现，记住了这一历史时刻。"

杨：印度卡巴迪队队员杰罗特对我说：

（音响 2：印地语音响效果出）

"卡巴迪是印度人的骄傲，我很喜欢这个项目，它流淌在我的血液里。卡巴迪比赛的胜利不仅为印度增加了一块金牌，更重要的是通过比赛我们推广了这项独特的体育运动。希望能把这个项目介绍到整个世界去，不光是到亚运会，还有奥运会。"

夺取奖牌并不是最重要的

（2006 年 12 月 16 日播出）

（片头曲 10 秒）

胡： 你好！小杨！

杨： 你好！

胡： 听说本届亚运会上有来自 45 个国家的 1 万多名运动员参加比赛，这应该是迄今为止规模最大的一届亚运会了吧！

杨： 没错！亚运会是亚洲各国和各地区的人民加深了解，增进友谊，展现民族精神的大舞台。对于大多数南亚国家来说，建立友谊和积累经验才是他们参加亚运会更重要的目标。孟加拉体育代表团团长乔特里先生在多哈赛场对我这样说：

（音响 1：印地语音响效果出）

"多哈亚运会为亚洲各国运动员带来了团聚的机会。与比赛本身相比，能参与到比赛中去，积累比赛经验，与其他国家的运动员建立友谊才是更重要的。体育是一项特殊的活动，人们能够通过体育来增进相互间的了解和友谊。"

杨： 印度奥委会联秘巴利先生也表示，夺牌当然是重要的，但同时他们也是来向多哈来学习的。他说：

（音响 2：印地语音响效果出）

"目前印度正在努力申办 2014 年亚运会，这次我们有机会考察多哈的场馆以及亚运村的建设，从中学到了不少东西，这对于我们今后举办大赛将很有帮助。中国有着举办大赛的丰富经验，我们也期待加强同中国在这方面的交流与合作。"

简 评

　　在亚运会期间，《"多哈连线"系列新闻节目》作者充分发挥语言优势，采访了参加多哈亚运会的南亚运动员、教练、官员和志愿者等，获得了大批第一手素材，并据此每天从众多的赛事中选取印度听众最感兴趣的内容。

　　该节目有以下特点：

　　1. 时效快。将当天赛场的情况用记者连线的方式在当天新闻节目中播出，充分发挥了广播的特点和优势。

　　2. 现场感强。在短短 1 分多钟的新闻报道里，既有前后方记者的电话对谈，又有比赛现场的采访音响，烘托了现场气氛，形式新颖，内容充实。

　　3. 新闻内容简练，选材得当，记者有很好的临场发挥，对当天的赛场情况有很好的概括。

　　4. 前方记者语言流利，话音清晰，后方制作精良。

中国穆斯林启程赴麦加朝觐

（2006 年 11 月 29 日播出）

王玉清　卫宁　郭威

　　中国国际广播电台消息（记者卫宁、郭威）：从本月 29 日起，到 12 月 17 日，约 9700 名中国穆斯林将分批赴圣地麦加朝觐，这将是中国历年来朝觐人数最多的一次。

　　记者从中国伊斯兰教协会了解到，参加朝觐的穆斯林将分批乘坐 30 架包机，从中国兰州、乌鲁木齐、昆明和北京等 4 个城市陆续出发，前往麦加。为了保证此次朝觐平安、圆满地完成，中国有关方面不仅对朝觐人员进行了朝觐知识、当地习俗等方面的培训，并且配备了足够数量的带队人员和随团医生。

　　朝觐是伊斯兰教的五大功课之一。从 1979 年中国恢复派出朝觐团以来，中国朝觐穆斯林每年都能在圣地麦加顺利履行朝觐功课，而且人数逐年增多，规模不断扩大。

《中国时事》中国穆斯林启程赴麦加朝觐

　　自今天（29 日）起，将有近万名中国穆斯林陆续乘坐包机，飞赴沙特麦加，参加一年一度的朝觐活动。这将是历年来中国公民去麦加朝觐人数最多的一次。下面请听详细报道：

　　60 多岁的马忠义先生，是一位居住在中国西北部甘肃省的穆斯林。今天（29 日）他将搭乘中国伊斯兰教协会的包机从中国西北城市兰州飞往麦加朝觐。

　　（音响 1：马讲话出，口音浓重）

　　"（我）心里非常痛快。一说起来（去朝觐的事，我）感动得眼泪都要掉下来了。去（麦加朝觐）了以后，完成（一个穆斯林）所有的功课，我就心满意足了。"

在中国，像马忠义这样信奉伊斯兰教的人约有 2000 万。在他们看来，去麦加朝觐是一生中最重要的事情。这是因为穆斯林一生有五大功课，而朝觐是其中之一，去麦加朝觐标志着一名穆斯林的功课圆满完成。今天（29 日）和马忠义一道从兰州飞赴麦加朝觐的共有 300 多人。在随后的十几天里，还将有约 9400 名穆斯林乘坐中国伊斯兰教协会的包机，从中国首都北京、西南部城市昆明和西北部城市乌鲁木齐出发，前往麦加朝觐。

丁国洋先生过几天将会从北京乘包机赴麦加朝觐。他是北京一所清真寺里的阿訇，能够实现多年来的梦想去麦加朝觐令他感慨良多。

（音响 2：丁讲话出）

"我们（穆斯林）无时无刻不在想（去麦加朝觐），（想）在有生之年能够完成这项功课。（近年来，中国穆斯林去麦加）朝觐（的）人数逐年增加，（已）由（过去每年的）四五百人上升到（现在的）近万人。"

中国伊斯兰教协会副会长洪长有先生介绍说，近二十年来，中国已有超过 12 万穆斯林去麦加朝觐，而今年则是有史以来去麦加朝觐的中国公民人数最多的一次。

洪先生说，为了保证中国穆斯林平安、顺利地完成朝觐，有关方面做了大量工作。

（音响 3：洪讲话出）

"从今年开始，朝觐包机（将）直飞麦加，（这样就）比过去先从吉达入境再乘车前往麦加，减少了十多个小时的行程，大大减轻了朝觐人员的旅途劳顿。（另外，我们还）派出随团伊玛目（教职人员）保证朝觐人员顺利完成宗教功课；（我们）配备了足够数量的带队人员，给朝觐人员提供各方面的保证。"

洪先生说，他们已派出一个工作组先期抵达沙特，与当地有关部门进行细致的沟通，安排中国朝觐者的吃、住、行等具体事宜；他们还会再派出一支 20 多人的医疗队前往沙特陪同中国朝觐者，为他们提供及时的医疗服务。沙特有关方面对中国朝觐团的组织工作也给予了肯定，称中国是"组织管理穆斯林朝觐最好的国家之一"。

据悉，赴麦加朝觐的近万名中国穆斯林将会在完成功课后，于明年 1 月陆续乘包机返回中国。

简　评

　　中国的宗教信仰自由问题和人权问题一样，一直以来是西方媒体攻击我国政治制度的话题。中国政府从 1979 年开始恢复允许穆斯林赴麦加朝觐。随着朝觐者数量的逐年增加，政府不断提高服务水平，从给朝觐者配备生活翻译、随队医生，到安排境外食宿、提供往返包机，充分体现了中国的宗教自由政策，以及政府对信教民众的关怀和照顾。

　　新闻中心在发布消息的同时，还配发了相关的《中国时事》，对事件进行深入报道，报道语言平实，真实可信，具有可听性和可信性。

电波传友谊　声音架彩虹

——中老两国国家主席共同启动中国国际广播电台万象调频台

（2006 年 11 月 19 日播出）

瞿磊　李涛　时岱　张晖

（音响 1：胡锦涛主席中文声出）

"亲爱的老挝听众朋友们，大家好！今天，我同朱马里主席一起出席中国国际广播电台老挝万象调频台的开播仪式。首先我要转达中国党、政府和人民对老挝党、政府和人民的亲切问候和良好祝愿！"

当地时间 19 日 20 点，中国国家主席胡锦涛在老挝首都万象通过中国国际广播电台万象调频台，向老挝人民送去了亲切的问候。电波载着胡锦涛主席的良好祝愿，载着中国人民的真挚情谊传进了万象的千家万户。

（音响 2：轻快的老挝音乐，压混）

当天晚上，宽敞的老挝党中央会谈厅里灯火通明，红色的巨幅背景板上绘着中国和老挝的标志性建筑——天坛和塔銮，用中、老两种文字写着"中国国际广播电台万象调频台 FM93 开播仪式"。甫抵万象对老挝进行国事访问的胡锦涛主席在老挝国家主席朱马里的陪同下步入会谈厅，他们共同启动了中国国际广播电台万象调频台的开播按钮，见证了中老两国文化领域合作和交流的又一件盛事。

（音响 3：调频台中、老、英三种语言播出的呼号，渐混）

"这里是中国国际广播电台万象调频台……"

随着按钮被启动，用中、老、英三种语言播报的调频呼号第一次响彻在万象的上空，万象人民第一次如此清晰真切地听到了来自友好邻邦——中国的国家主席亲切的声音：

（音响 4：胡锦涛主席中文声出，最后一句是老语）

"中老两国是山水相连的友好邻邦，两国人民有着深厚的传统友谊。中国国际广播电台万象调频台的开播将为增进两国人民的相互了解和友谊架起一座新的桥梁，为两国人民心心相通、友谊代代相传作出应有的贡献。咪答帕布金劳曼您！"

这最后一句话是胡锦涛主席特意用老挝语祝愿中老友谊万岁。深情的话语回荡在万象的夜空，回荡在老挝民众的耳畔。这是中国国际广播电台继今年年初在肯尼亚内罗毕建立调频台后，在海外建立的第二家整频率调频广播电台。该台每天用老挝语、汉语普通话和英语播出 12.5 小时的节目，内容包括中国经济建设、社会发展和中华文化、中老两国经贸、文化等领域的合作交流和友好往来等。

中老两国山同脉，水同源。作为友好邻邦，两国已开通了澜沧江—湄公河水路运输航线，也开启了昆明到万象的陆路运输通道。如今，中国国际广播电台万象调频台的电波又架起了一座心灵的桥梁，把两国人民的心紧紧连在了一起。

老挝听众西昆·本维莱是中国国际广播电台老挝语节目的忠实听众，在得知中国国际台万象调频台开播的消息后，他高兴地表达了由衷的祝贺和对节目的期许：

（音响5：老挝语）

"我认为老挝人无论是在城市还是农村，通过收听你们的节目，都能够更好地了解中国，了解中国人和中国文化。我觉得万象调频台的开播就是国际台送给我们老挝人民的一份礼物。"

如果说这是一份献给老挝人民的礼物，那么这份礼物也是中老两国友好合作的结晶，它象征着中老两国人民的传统友谊在新时期的进一步发展。在调频台的建设过程中，中老两国党和政府给予了高度重视和大力支持。今天，两国最高领导人亲自启动万象调频台的开播按钮，更加体现了双方领导人对两国关系的重视，对两国文化交流的重视。

这一合作项目也得到了中老两国社会各界的积极评价。老挝国家广播电台台长西潘·龙拉说：

（音响6：老挝语）

"老挝人民，尤其是万象人民和邻近省份的人民每天都将收听到更加清晰的国际台节目，将会更加及时地了解中国的建设发展情况和世界动态，也将欣赏到来自中国、老挝乃至世界的优美音乐。国际台万象调频台将为加强两国文化交流，不断扩大两国人民的相互了解作出贡献。"

俗话说，远亲不如近邻。中老两国人民作为好邻居、好朋友、好同志、好伙伴，将通过中国国际广播电台架设的这条"空中彩虹"，拉近心与心的距离，推动国与国的合作。中国国际广播电台台长王庚年说：

（音响 7：中文）

"中国国际广播电台万象调频台的建成与开播，将对加强两国之间政治、经济和文化的交流，增进相互了解和友谊，促进两国的互惠互利与共同发展起到十分重要的作用。我相信，万象调频台会越办越好，必将成为老挝人民最诚实的伙伴和最亲密的朋友。"

简　评

这篇稿件是有关国际台老挝万象调频台开播仪式的报道。文章一开始就直接引用胡锦涛主席的讲话音响，这种开门见山直接引语的手法一下子抓住了受众的注意力。

文章夹叙夹议，娓娓道来，把现场的隆重场面和热烈气氛与背景介绍及调频台开播的重大意义有机地融合在一起，丝丝入扣地表述出来。特别是作者巧妙地以"中老两国山同脉水同源"的表述替代了"中老两国是友好邻邦"这样传统的表述方式，并进一步以两国陆路运输和水路航线的开通证明山水相连的事实，进而提出"如今，中国国际广播电台万象调频台的电波又架起了一座心灵的桥梁，把两国人民的心紧紧连在了一起"。这种由陆路、水路开通引出"心路"开启的层层递进的写法增加了文章的力度和厚重感。

这篇报道既有现场的描述，又有意义的升华。从标题到行文，再到写作手法的运用，无不对主题起到了强烈的烘托作用。音响丰富，且运用得当，既有现场音效，又有采访音响，处理相得益彰。这篇报道题材重大，体裁新颖；文字优美，行文流畅。

二等奖

中国与印度重启边贸通道

（2006 年 7 月 7 日播出）

姜鲲　牛卫东　赵新宇　江爱民　王玉清　张娟

中国和印度今天（6 日）重新开放了连接中国西藏自治区亚东县与印度锡金段的乃堆拉山口，重开这条中断了 44 年的边境贸易通道，并分别开放了一处边贸市场。下面请听本台记者的详细报道：

乃堆拉山口位于西藏日喀则地区亚东县与印度锡金邦的交界处，海拔 4500 多米，距西藏首府拉萨约 460 公里，距印度沿海城市加尔各答约 550 公里。那里曾经是"丝绸之路"南线的主要通道，也曾是中印之间主要的陆路贸易通道，20 世纪初的年交易额一度占到当时中印边境贸易总额的八成以上。但自 1962 年中印边境冲突后，中印两国相继撤销了设在边贸市场的海关等机构，山口由军队把守，边贸通道被铁丝网隔离。

本台驻西藏记者琼达从乃堆拉山口发回报道说，曾经把世界上人口最多的两个国家分隔开来的铁丝网已经消失，中印双方已于今天（6 日）上午重新开放了乃堆拉山口。

（音响 1：琼达口播）

"经过中印双方的共同努力和积极筹备，封闭了 44 年的中印乃堆拉边贸通道今天正式恢复开通。中国西藏自治区政府主席向巴平措和印度锡金邦首席部长查姆林为乃堆拉山口边贸通道开通剪彩。"

随后两国又分别开放了位于中国境内的仁青岗边贸市场和位于印度境内的昌古边贸市场。昔日两军对峙的地方，如今变成了熙熙攘攘的市场，商人们走过乃堆拉山口来到对方的国土上做起了生意。由于大雪封山等原因，这两个边贸市场在每年 6 月 1 日到 9 月 30 日之间开放。

　　根据中印双方达成的协议，中国将通过乃堆拉山口向印度出口马、牦牛毛、山羊皮、羊毛和生丝等主要产自西藏自治区的 15 种产品；印度将向中国出口包括毯子、白酒、香烟、茶叶、大麦和当地草药在内的 29 种商品。电子产品和铁矿石不在交易之列。

　　中印双方对重开乃堆拉山口均表示欢迎。中国外交部发言人姜瑜说：

　　（音响 2：姜瑜讲话）

　　"2003 年两国政府签署关于扩大边境贸易的备忘录，同意通过乃堆拉山口相互开放边贸市场。我们相信，这将进一步促进两国的经贸合作和中印关系的发展。"

　　中国西藏自治区政府主席向巴平措说，这标志着一个充满希望和繁荣的新时代的开始，重开边贸通道有利于改善中印关系。印度锡金邦首席部长查姆林说，重开边贸有利于该地区经济的发展；这个山口不仅是一条贸易通道，也是一个文化通道，会将印中关系提升到一个新台阶。

　　经济学家也对重开乃堆拉山口给予积极评价。

　　中国官方数据显示，中国是印度第三大贸易伙伴，中印贸易额去年达 187 亿美元，今年将突破 200 亿美元。北京大学研究亚太经济的副教授许喜林先生认为，重新开放乃堆拉山口，将会对扩大中印边境贸易、造福两国人民发挥重要作用。

　　（音响 3：许喜林讲话）

　　"亚东口岸（指乃堆拉山口边贸通道）的开通，将大大促进西藏与南亚各国的经贸关系。两国边境贸易的发展将成为改变边境地区经济封闭状态、发展市场经济的重要力量，并带动交通、建筑、服务等产业的发展，为两国实现连接南亚贸易大通道的构想创造条件。"

　　此间分析人士认为，乃堆拉山口的重新开放以及青藏铁路 7 月 1 日的开通，将使中国携手邻国开辟一条现代的"新丝绸之路"，促进"中国—南亚陆路大通道"的形成。

《录音报道》：
小的开端　大的未来——中印重开乃堆拉山口边贸通道

　　中国国际广播电台！听众朋友，中国和印度 6 日重新开放了连接中国西藏自治区亚东县与印度东北部锡金邦的乃堆拉山口，恢复了这条两国中断44年的边贸通道。这个古老丝绸之路上重要贸易站点的新生，不仅将为附近地区的经济发展提供动力，而且必将推动中印友好关系进一步向前发展。下面请听中国国际广播电台记者牛卫东、赵新宇从乃堆拉发回的录音报道，题目是《小的开端　大的未来——中印重开乃堆拉山口边贸通道》。

6日的乃堆拉山口细雨不断，天气有些寒冷，但前来参加山口重开仪式的人们热情不减。在仪式开始前两小时，乃堆拉山口两边便挤满了人群。中印双方在边界线两侧分别搭起了大红彩棚，并铺设了红地毯。锡金邦首席部长查姆林兴奋地说，重开乃堆拉山口贸易通道一直是他的梦想，今天这个梦想终于实现了。

（音响1：查姆林讲话，英语）

"对于锡金来说，乃堆拉山口并非一个新开的贸易通道，而是古已有之，重开山口对于锡金人来说是一个历史性事件，锡金人对此感到十分高兴。我们不仅希望通过乃堆拉山口进行边境贸易，而且希望这里能成为旅游通道，我们还希望开通从甘托克到拉萨的公交线路。我希望不论是中国人还是印度人都能参与到乃堆拉山口的贸易中来，祝他们生意兴隆。今天我感到非常高兴和欣慰，因为我的梦想终于实现了。"

重新开放的乃堆拉山口属于临时边贸市场。根据双方商定，首批在这一贸易通道交易的商品有40多种。重新恢复边贸将使山口附近边境地区的中印两国民众获益。

拉崇帕是此次首批获得通行证、可以跨越国界前往中国西藏仁青冈边贸市场进行贸易活动的客商之一，他在锡金经营进出口公司并开办了旅游公司。他认为，在起始阶段，中印双方通过乃堆拉进行边贸的商品种类还不多，但未来商品会越来越多。

（音响2：拉崇帕讲话，英语）

"西藏和锡金都有对方所需要的物品，比如锡金对于羊毛的需求就很高。当然，双方在仁青岗和沙拉堂进行贸易的商品还远远不够，但我想说的是，乃堆拉的重新开放使我们有机会到西藏去，带着美好的心愿与我们的贸易伙伴握手合作。我相信将来会有越来越多的商品通过乃堆拉进行贸易。"

在仪式现场，聚集了来自印度、中国、日本等国的 100 多名记者。在现场进行直播报道的印度 CNN － IBN 电视台记者查克伊认为，重开乃堆拉有利于中印两国关系的进一步发展。

（音响 3：查克伊讲话，英语）

"虽然乃堆拉山口每年只开放四个月，而且目前的贸易物品还主要来自于山口附近的边境地区，但乃堆拉的重新开放对于中国和印度来说都是一件好事情，显示出中印两国友好关系正在继续向前发展，中国和印度之间将建立更多的互信。"

印度著名战略家拉贾·莫汉对中印重开乃堆拉边贸通道给予高度评价。

（音响 4：拉贾·莫汉讲话，英语）

"随着今天中印友好关系的发展，中国的云南、西藏、新疆等西部地区和印度的区域合作发展成为可能。中印之间有 4000 公里长的边境线，过去一个时期，我们的边界线一直处于关闭状态，随着两国边界问题的解决，我们希望两国能够打开边界进行贸易，就像开放乃堆拉山口贸易通道一样。在过去的几年里，我们都看到中印关系发展迅速，两国是各自拥有 10 亿以上人口的大国，而且又是经济都在发展的邻国，我认为这个世界上没有人能够阻挡中印的合作与发展。"

印度锡金邦工业和旅游部长苏巴用一句非常简洁的话概括了中印两国重开乃堆拉山口的意义。他说：

（音响 5：苏巴讲话，英语）

"从长远来看，人们可以预期很多的事情。小的开端，大的未来。"

简　评

《中国与印度重启边贸通道》这篇报道是国际台许多部门前方后方通力合

作、国内国外密切配合的成果。该作品有以下几个特点：

一、主题明确，表述积极而客观。有关这一事件的两篇报道均抓住了事件的核心内涵，在此基础上提炼出主题，即重开乃堆拉山口不会马上带来双方边贸的快速发展，但其前景无疑是广阔、诱人的。

二、发稿及时，时效性强。

三、音响丰富，有较强的现场感。稿中的音响都采自山口开放当天，被采访人来自各个方面，有中国外交部发言人、北京大学经济专家，还有印度首席部长、工业旅游部长，另外还有普通商人、媒体记者和学者，具有广泛代表性和较强的说服力。

四、报道有点有面，内容丰富，信息量大。

35 分钟生死救助

（2006 年 1 月 8 日播出）

烟台台　许常青　梁红伟　王靖雯　于建涛

烟台台消息：昨天，市民蔡纯志突然被毒蛇咬伤，4 小时内必须到上海注射救命血清。生命垂危之时，烟台机场和山东航空公司紧急协调相关部门，只用了短短 35 分钟，这位急需救治的普通市民就乘上了飞往上海的专机。由于救治及时，病人已脱离生命危险。

昨天下午 12：50 分左右，市民蔡纯志在搬运长途货箱时，突然被其中窜出的一条剧毒五步蛇咬伤右手，大夫告诉他，如果在 4 小时内不注射抗毒血清，将有生命危险，可这种血清烟台及周边地市医院都无法提供。朋友告诉蔡纯志，上海龙华医院有这种血清。

13：10，一行人赶到机场却发现，当天飞往上海的最后一个航班刚刚起飞。蔡纯志和他的亲友们陷入了慌乱与无助当中。

（录音 1：山东航空公司烟台分公司配空室主任李国凤）

"李国凤：那群人特别慌张，伤者的父亲在那里直掉泪，拿着手绢擦，说赶快救救我的孩子，救晚了生命就危险了。

记者：大家都很着急？

李国凤：特别急，我也急，他父亲在哭，我在旁边也掉泪，而且他又那么年轻，一个生命要是说突然就……而且就四个小时，感觉怎么会有这种事情？感觉能帮忙就赶快帮忙，能想办法赶快想办法。"

这时，有人出主意说可以包租公务机，结果还是让人大失所望，按照正常程序，现调公务机根本就来不及。又有人提出大胆的设想，能否让即将落地的长春经大连至烟台的 SC4892 航班，先插飞一段烟台到上海航线，再执行后续的烟台至佳木斯的飞行任务。但通常情况下，临时更改航班需要经过复杂的手续，能否成行，谁都没有把握。蔡先生一家急得哭了起来。

13：30 分，有人生命垂危急需帮助的消息传到了山航烟台分公司副总经理王志国那里。

（录音2：王志国）

"我自己也没有底。这是从来没有过的事情，山东航空公司包括民航史上都从来没有这样的事。当时我答复：'马上给你联系。'然后我马上就向公司领导汇报，得到的答复很明确，治病救人要紧，立刻行动，无论如何要先保证治病救人。"

一切都像在和死神赛跑。为了节省时间，山航方面迅速向机场航管站、军方、民航华东管理局、民航总局申请急救飞行计划和直飞线路，并进行起飞准备，将蔡纯志抬上飞机，在跑道上等待批复，同时通知山航上海营业部做好地面接应工作。

（录音3）

"王志国：如果说按正规的程序申请一个加班，最少得一个星期，如果是紧急任务，按正常程序也得1到2天、最少提前一天申请计划。

记者：那么这套程序在这次多长时间做完？

王志国：这次从决定急救任务开始到飞机起飞，仅仅用了35分钟。"

14：09分，在各方的一路绿灯下，山航方面接到批复，允许这次急救飞行计划。

14：12分，特殊航班冲上蓝天。

15：25分，山航上海营业部传来消息，蔡纯志已飞抵虹桥机场，并顺利注射了抗毒血清。此时距他被毒蛇咬伤还不到3个小时。

简 评

此作品的作者并未满足于有幸捕捉到一个颇有新闻价值的题材——中国内地地方民航业界的几家单位为了拯救被毒蛇咬伤的普通烟台市民蔡纯志的生命而采取的一次破例的救助行动，作者为了更充分地表现出此次救助行动的"惊心动魄"，采用了惊险片的结构，用不到4分钟的时间，将这次既"刺激"又感人的救助行动的来龙去脉，清清楚楚地讲述给受众。虽然作者在导语中就交代了这次突发性新闻事件的最终结果，尽管在此作品中"出声"的两位当事人都是在回述已经发生完的那个事件，但是，听者仍然能够寻着作者的巧妙思路，怀着渴望的心态，听完这个精彩的新闻"故事"。

被这篇精彩的新闻"故事"感动的不仅是本届中国国际广播新闻奖的评委，旅居韩国的烟台籍华侨听众于公海通过 CRI 华语广播网收听（看）了这条新闻后来信说："得知家乡的民航部门为拯救被毒蛇咬伤的普通市民蔡纯志的生命而采取的这次破例的救助行动，非常激动。我们烟台自古就是古道热肠的侠义之乡，这次救助行动更证明了这一点。我是在韩国出生、长大的，有机会我一定要回故乡看一看。"

萨达姆被执行绞刑

（2006 年 12 月 30 日播出）

杨勇　郑晨光　赫霏

（突发新闻片花）

伊拉克前总统萨达姆·侯赛因已被执行绞刑。

根据相关报道，萨达姆是在巴格达时间星期六凌晨 6 时左右被执行死刑的。

2003 年，萨达姆政权在美国领导的伊拉克战争中被推翻。萨达姆被控在 1982 年的一次暗杀未遂事件后杀害了 148 名杜贾尔村村民，今年 11 月 5 日，伊特别法庭以其在执政期间犯有反人类等罪行判处其死刑。

本周二，伊拉克上诉法庭驳回了萨达姆的上诉，维持死刑原判，并表示萨达姆必须在 30 天内被处死。

（突发新闻片花）

简　评

新闻价值贵在一个"新"字。当某个重大事件发生时，谁能够在第一时间将信息传播出去，将会赢得受众的良好口碑。美伊战争后，伊拉克前总统萨达姆的命运备受世人关注，因此对他执行死刑的消息具有很大的新闻价值。英语中心的编辑具有很强的新闻意识，提前做好了发稿准备，消息一经核实后，他们立即中断节目的正常播出，在节目中插播了这条消息，表现出国际大台的风格和形象。

六方会谈第二阶段会议通过《主席声明》

（2006 年 12 月 22 日播出）

武毅秀

主持人： 22 日晚，第五轮六方会谈第二阶段会议在通过《主席声明》后宣布休会。各方重申将认真履行在 2005 年 9 月 19 日共同声明中作出的承诺，为实现半岛无核化的共同目标作出不懈努力，并承诺将尽快复会。但各方并未确定具体的复会日期。请听本台记者武毅秀发回的详细报道。

记者： 旨在解决朝鲜半岛核问题的六方会谈在经过 5 天的磋商后宣布休会，并在今天下午发布了《主席声明》。中方代表团团长，外交部副部长武大伟在下午的团长会之后宣读了《主席声明》。

（音响 1：武大伟讲话，中文）

"各方就落实共同声明的措施和起步阶段各方将采取的行动，进行了有益的探讨，提出了一些初步设想，各方还通过密集的双边磋商，就解决彼此关切，坦率深入地交换了意见。各方同意休会，向首都报告，尽早复会。"

中断了 13 个月的六方会谈本月 18 日在北京重新启动。在五天的会谈中，与会各方进行了一系列的双边会谈。美国和朝鲜也进行了双边会晤。与此同时，美朝两国的金融小组也进行了两次会面，讨论美国解除对朝鲜金融制裁的有关问题。金融小组将于明年 1 月在美国再次举行会晤。

周五晚间，六方会谈朝鲜代表团团长金桂冠举行了记者会，表示朝鲜与美国的双边会谈取得了一些积极的进展。但他同时指出，朝鲜的弃核计划应该在美国解除对其金融制裁之后进行。

（音响 2：金桂冠讲话，朝语）

"美方在发表'9.19'共同声明后启动了对我们的金融制裁，而在没有解除金融制裁的情况下要求我们中止启动核设施是不可能。解除制裁是建立信任和进行讨论的前提条件。"

金桂冠还表示，会谈的前景取决于美国能否放弃对朝敌对政策。

在去年 9 月进行的第四轮六方会谈中，各方通过了"9. 19"共同声明，重申以和平方式实现朝鲜半岛无核化是六方会谈的目标。美国代表团团长希尔在 22 日回到酒店时对记者表示，虽然本轮谈判没有取得突破性的进展，但他认为六方的交流仍然取得了一些积极的成果。他表示希望会谈能够在数周之内重启。

（音响 3：希尔讲话，英语）

"我们不能再等待 13 个月了。我认为我们的确需要实实在在的成果。通过这轮的对话，六方都重申了坚持遵守和履行 2005 年 9 月共同声明的决心，所以，在今后的几周内，我们将各自梳理情况，分析局势，然后来试着再次一起解决问题。"

当晚，中国国务委员唐家璇在钓鱼台国宾馆会见了来京出席第五轮六方会谈第二阶段会议的各国代表团团长。

唐家璇希望有关方面在六方会谈休会期间，能够发挥智慧，互谅互让，找出妥善解决有关分歧的方案，争取在后续的会议上取得实质性进展，为东北亚的和平稳定与发展作出积极贡献。

简　　评

本篇报道除了时效上的明显特点外，在立意上注意各方观点的平衡，用朝鲜音响表现其与美国的分歧，用美国音响表现其解决朝鲜半岛核问题的急切心情，同时又用中方武大伟的音响和国务委员唐家璇的会见各代表团的信息，表现中国作为东道主对会谈的支持以及解决朝核问题的积极态度。不仅为本轮会谈的结束做了一个总结，而且为未来会谈的重启埋下了伏笔。

两岸同胞汇聚曲阜
共同参加"祭孔大典"

（2006 年 9 月 28 日播出）

王红岭　郭彦　马晓叶

本台消息：9 月 28 日上午 9：00，以"同根一脉，两岸同祭"为主题的"2006 祭孔大典"在孔子故里——山东省曲阜市举行，两岸同胞共同纪念中国古代伟大的思想家孔子诞辰 2557 年。以下请听本台记者红岭从山东曲阜孔庙发回的报道。

（音响 1：出现场的音响，祭孔音乐出）

听众朋友，大家好，我是记者红岭，我现在在山东省曲阜市孔庙举行的祭孔大典现场为您做报道。您现在听到是祭孔大典上的中国传统乐曲。来自祖国大陆、台湾、香港、澳门、海外几十个国家和地区的华人华侨以及孔子的后裔 2557 名代表正在这里参加"2006 祭孔大典"。

曲阜市市长江成在孔庙的大成殿前，诵读了孔子诞辰 2557 年祭祀大典祭文：

（音响 2：江成诵读祭文）

"洙泗流带，沃野万垄，尼嶂滴翠，回峰千重，白云舒卧，紫霞纵横，红缠杏坛，绿掩碑亭，古城墉堞，圣庙龙腾，诞圣吉日，鼓乐奏鸣。嘉卉六醴，果饼三牲，童子俎豆，耄耋礼容，同根一脉，两岸祭孔，共缅先师，追远慎终，志道据德，心正意诚。"

今年的祭孔大典分公祭和家祭两部分。除了延续以往的"开城仪式"、"开庙仪式"、"诵读祭文"、"乐舞告祭"、"敬献花篮"之外，还举行了"敬献圣土圣水"、"论语诵读"、"成人礼"、"儒商誓词"等新的仪式和内容。

专程从台湾来曲阜参加祭孔大典的中国国民党副主席章仁香女士表示：

（音响3：章仁香女士讲话）

"孔子思想博大精深，对我们后世的影响非常深远，今天祭孔活动，我们除向孔子致上最高的敬意之外，更希望两岸社会能够秉持孔子人道的精神，也就是用人民爱物和推己及人的精神来展开文化交流并努力促进两岸和平与合作。"

在祭孔大典的前一天晚上，举行了由台湾原住民代表采自日月潭的泥土与曲阜九龙山的泥土的汇集仪式。来自台湾日月潭的少数民族同胞阿克先生说：

（音响4：阿克先生讲话）

"我们有四个字（描述孔子）——'至圣先师'。我们对孔子的认识完完全全来自于书本，今天有幸来孔子的故里认识孔子，发现他是我们中国传统道德的一个标杆。所以我来大陆虽然只有三天的时间，但是要抓紧时间，好好研读关于孔子的历史。"

孔子在中国被尊称为圣人，有关他的历史建筑——孔府、孔庙、孔林，被联合国教科文组织列为世界文化遗产，他本人也被列为世界十大历史文化人物之首。

"2006祭孔大典"活动是"2006中国曲阜国际孔子文化节"暨"两岸孔子文化交流周"活动之一，此外，还举办首届联合国教科文组织"孔子教育奖"颁奖、"走近孔子"国际摄影大奖赛等系列活动。

以上是本台记者红岭在曲阜孔庙现场为您报道的。

简　评

这是一件地地道道的录音新闻作品，从头至尾几乎都由作者在新闻事件发生地——山东省曲阜市采制的口头报道以及被采访者的讲话录音所贯穿。该作品给本届中国国际广播新闻奖的评委们最深刻的印象，就是其强烈的"现场气氛"，使听者仿佛身临其境，也使广播节目独特的感染力得以凸显；

换句话说，该作品的作者有意识地将广播新闻的优势和特点做了最大限度的发挥。因此，用现场采制的方式制作广播新闻，虽然并非该作品的独到之处，但其作用于受众听觉的良好收听效果，却使其成为本届中国国际广播新闻奖"优秀新闻"类众多送评作品中的佳作之一。

另外，该作品的作者还根据所报道的新闻事件的特点以及该新闻事件所针对的主要目标受众，在音响效果的取舍和组合上下了一番功夫，从而使形式为内容服务的作用达到了升华的效果。来自澳大利亚的华人听众郐丽梅在来信中说："我通过你们 CRI 华语台的新闻节目收听了《两岸同胞汇聚曲阜共同参加'祭孔大典'》这条新闻后，非常激动。中国大陆和台湾本来就是同根、同宗、同源，两岸同胞一同在大陆祭孔，体现了两岸人民希望加强彼此之间文化交流的愿望。"

中国修改法律规定
明年起将死刑核准权统一收归最高人民法院

（2006 年 10 月 31 日播出）

刘轶瑶　　高胜慧　　肖景贤

中国国际广播电台消息（记者刘轶瑶）：中国立法机关 31 日完成了对《人民法院组织法》的修改，改革了目前地方的高级法院行使部分死刑案件核准权的做法，将死刑案件核准权统一收归最高人民法院行使。

修改后的法律将于明年 1 月 1 日起开始施行。

中国地方的高级法院 23 年前开始行使部分死刑案件核准权。由于死刑判决直接决定着人的最高权利——生命的存废，中国法律界认为，在当前中国整体法律素质还不高、各层级法院执法水平不平衡的国情下，把死刑核准权收回到最高法院，能提高相关执法水平，减少错判发生的几率，保证死刑判决的慎重和公正。

基于民众千百年来形成的固有观念和犯罪形势较严峻的现实，中国至今保留着死刑制度。中国总理温家宝曾明确表示，从国情出发，中国不能取消死刑，但将用制度来保证死刑判决的慎重和公正。

简　　评

全国人大常委会修改了《人民法院组织法》，从法律层面要求最高法院从 2007 年开始收回死刑案件核准权。

此稿即是对《人民法院组织法》修改完毕这一新闻事件的报道。

中国保留着死刑制度，以怎样的方式和标准进行死刑判决——多年来，这是欧美国家对中国最为关注的问题之一，因此，最高法院收回死刑核准权的报道涉及我国的司法公正和民主法治改革，意义重大。

对于海外受众所关心的中国为何至今保留死刑制度的疑问，稿件最后也给出了较为圆满有力的回答。

第十五届亚运会系列节目：
"来自多哈的报道"
（2006 年 12 月播出）

金泰根　宋辉

（一）

主持人：四十亿亚洲人的体育盛会第十五届亚运会在卡塔尔首都多哈隆重开幕。详细消息请听本台记者金泰根的一线报道。

记者：这里是热沙之国卡塔尔首都多哈。就像主持人所说的第十五届亚运会圣火今天晚上就在这里点燃，历时十五天的激战将展开序幕。

自从 1974 年德黑兰亚运会以来时隔 32 年在中东举行的本届亚运会，是参赛国和参赛运动员最多的一次盛会。有 45 个国家的一万多名运动员和官员参加本届亚运会，争夺 424 枚金牌。

主持人：刚才介绍说多哈亚运会是历届亚运会中规模最大的一次，即将主办 2008 年奥运会的中国代表团的规模也应是很可观的了？

记者：是的，900 多人组成的中国体育代表团将参加 37 个大项的比赛争夺金牌。就像主持人所说的，本届亚运会对中国运动员来说是一次奥运前的演练。不管是比赛成绩，运动场上的精神风貌等，作为 2008 年奥运会的主办国，给各国运动员的影响力是很大的。

主持人：说的没错。另外，我们听众所关心的朝鲜和韩国也对本届亚运会寄予了很大希望吧？

记者：是的，韩国派出了 830 多人的大型代表团，参加除国际象棋和卡巴迪之外的全部 37 项大赛，目标定在争夺 70 枚以上的金牌捍卫总成绩第二的荣誉。

主持人：韩国要取得总成绩第二，一定要超过日本呀！

记者：没错。其实，日本也和韩国一样，总体计划是要打败韩国取得总成绩第二，树立起亚洲体育强国的尊严。所以，日本派的代表团总数比韩国还多，是 900 多人的大型团队，日本将在田径和游泳项目中充分发挥优势，力争要实现奖牌总数超过韩国的目标。

主持人：真正的较量还没开始，可已经闻到火药味了。听说朝鲜代表团的规模也是空前的吧？

记者：是的，朝鲜对本届亚运会也是抱着很大的期望，派了 250 多人的代表团，计划争夺 18 枚左右的金牌进入总成绩前五名的行列。

主持人：总成绩第五位，也不是那么简单的啊！

记者：是的，朝鲜在 1998 年的曼谷亚运会上获得了第八位，2002 年釜山亚运会上退了一步获得第九位。不过，通过大批的新生力量的交替，实现了脱胎换骨。所以，本届亚运会上实现新的突破，并非大话、空话。

主持人：是吗？在男女足球、柔道、体操、射击等传统项目上，朝鲜确实有一定实力！

记者：没错！朝鲜女足在 30 日举行的与越南队的首场比赛中，大胜对手，迈开了走向金牌的坚实一步，各国媒体也分析说，朝鲜在体操、柔道等项目中有着争夺金牌的实力。

主持人：当然，希望中国队在本届亚运会上取得优异成绩，同样也希望朝鲜和韩国兄弟并肩战斗获得优异成果。

记者：刚才你说，南北兄弟并肩战斗，确实是这样。最近几年的大型国际比赛开幕式上南北体育健儿举着朝鲜半岛旗帜手拉手共同入场已成为惯例，为世界带来白衣同胞团结和谐的美好景象。

主持人：是啊，给世人展示了团结统一的美好愿望。真是超越体育的美好景象啊！

节目开始时你还说了本届亚运会是时隔 30 多年在中东举行的体育盛会，而却在人口还不到 30 万的小国举行，应该有不少花絮的吧？

记者：我们感觉到多哈亚运会是卡塔尔全国上下动员起来举办的亚洲人的盛会。确实能讲好多有关故事，这些呢，将来专门找时间来谈。

主持人：好的，这些故事，对即将举办奥运会的北京人来说肯定会有所帮助和启发的，非常感谢多哈热线的今天报道。希望明天也传来更精彩的报道。

记者：谢谢！

（二）

主持人：各位听众好！亚洲足球劲旅朝鲜和韩国队九日在多哈阿拉亚体

育场对决。我们来连线一线记者金泰根：喂，你好，金记者？

记者：你好，这里是多哈。

主持人：辛苦了，身体还好吗？

记者：谢谢！还不错。

主持人：今天头条消息应该是朝鲜、韩国的男足八强赛吧？

记者：是的，朝韩两国都特别看中足球比赛，特别是在1978年曼谷亚运会上双方打成平手，以后的南北对决，双方进行了一场势均力敌的激战。曾在小组赛上打败日本队的朝鲜队，加强攻势，一直压着对方打，多次在韩国门前造成威胁，由于球运不佳始终破不了对方大门。前半场31分钟的时候，韩国队利用反击机会，中锋金秋宇的一脚远射打破了朝鲜队的大门。紧接着廉其云、郑钊国的连续破门，韩国队3比0轻松战胜了朝鲜队进入了半决赛。韩国队半决赛的对手是西亚劲旅伊拉克队。

主持人：比赛总有胜败，朝鲜队败北感到几分惋惜，而中国队与伊朗队的对决中2比2打满延长赛后，以点球输给对方被淘汰，无缘进入四强，实在是太可惜了。

记者：是的，本届亚运会金牌榜上中国虽然遥遥领先，可男足的金牌是各国都特别看中的。中国没有进入四强，也反映了中国足球的实际水平，中国足球要走的路确实是任重而道远。

记者：韩国女足将在今天晚上和中国队争夺决赛权。另外，亚运会整个赛程也已过半，韩国也为赶超日本极力拼搏。

主持人：日本的强项基本赛完，而韩国的强项正在进行中，形势还是有利于韩国呀！

记者：可以这样说，韩国的强项跆拳道比赛开始以来韩日之间的奖牌总数差距正在缩小。8号和9号的跆拳道比赛中，韩国拿下了四枚金牌，10日上午的比赛中又添了两枚金牌。男子62公斤级的金珠勇、女子55公斤级的金宝惠各自打败对手获得了金牌。此外，在10日上午的柔道比赛中韩泰英选手获得96公斤级金牌，韩国的夺金战还将继续。

主持人：照说，现在韩国正在乘胜追击日本，请你报一下各国的奖牌统计好吗？

记者：好的，中国：103枚金牌、59枚银牌、30枚铜牌，这一数字比前一天增加了9枚金牌；韩国27金、33银、57铜，暂时还排在第三位；日本以33枚金牌继续保持着总成绩第二的排位。

　　主持人：可以说，第二位的奖牌争夺战韩日之间越演越激烈。在前面也谈过，现在赛程已过半，能不能谈一下前半部的比赛状况、展望剩下的比赛？

　　记者：首先，从中国谈起，为迎接 2008 北京奥运会选派大批年轻队员的中国队，在奖牌榜上已经超过了第二、第三位的韩日三倍以上，充分显示了世界体育强国的实力。值得一提的是在雅典奥运会上获得亚军的柔道运动员穆双双，在本次亚运会上打败了韩国的张美兰获得了 75 公斤级女子柔道的冠军；另外，柔道 58 公斤级的陈艳青第五次更新了该级别总成绩的世界记录；其他，乒乓球、羽毛球等项目的亚运会冠军直接代表了世界水平。所以，以上金牌比其他项目的金牌更有分量。

　　主持人：就是说，上面所提到的金牌，虽然是亚运会上获得的，但是在 2008 年奥运会取金也有很大把握的了？

　　记者：可以这么说吧，前边也谈过，本届亚运会是中国团为 2008 年北京奥运会的演练舞台，有些相对弱势项目是需要加紧训练争取提高的。

　　主持人：能具体地谈一下吗？

　　记者：首先在游泳项目中我们和日本进行了同等水平的较量，奖牌数也可以说是不相上下；另外，在田径项目上获得了不少金牌，但和世界水平相比有着较大差距，必须在 2008 年奥运会之前需要提高。

　　主持人：虽然是金牌，和世界水平相比有着相当大的距离的项目，必须在 2008 年北京奥运会之前加快提高的步伐。也就是说，不要满足于亚运会的成绩，而要和世界纪录看齐。说得很有道理。本届亚运会赛程已过半，希望中国队在剩下的比赛中再接再厉取得好成绩，更要取得超过世界水平的好成绩。

　　记者：是的，对此，中国代表团段世杰副团长说得好："我们所取得的成绩和上届釜山亚运会相比没有多大提高，比赛场上不是进步就是后退。"段世杰副团长的话，代表了对中国团队以后比赛的期望。

　　主持人：感谢对男女足球队的赛况报道和整个亚运会的专业分析，亚运分析将有助于广大听众继续关注后续的报道。谢谢。

　　记者：谢谢。

（三）

　　主持人：亚运会今天已进入第十一天比赛日。中国队的战况如何？听众所关心的韩国、朝鲜队又是什么状况？请听本台一线记者金泰根的报道。你好，金记者？

记者：主持人，你好！

主持人：先播报一下听众所关心的各国战绩好吗？

记者：好的，截止到 11 号下午两点，奖牌榜上中国队已记录了 110 枚金牌。今天增添的几枚金牌都是田径项目上的：先进行的女子 110 米栏比赛中，中国选手刘婷和董芸分别以 12″93 和 13″10 的成绩获得了冠亚军；紧接着进行的女子 400 米栏比赛中黄晓晓以 55″41 的成绩拿下了金牌。

今天上午举行的男子 110 米栏是各国媒体关注的焦点，世界飞人刘翔参加了比赛，并轻松获得冠军。跳水比赛中中国名将郭晶晶的出色表演也引起了全场观众的喝彩和国外媒体的称赞。

主持人：今天为止，中国已获得了 110 枚金牌，远远超过了日本和韩国，不过日韩的金牌争夺战还是很扣人心弦的！

记者：是的，昨天报道的时候金牌总数上韩国少于日本 8 枚，而今天的比赛中，韩国在跆拳道与柔道项目中发挥出色，增添了 6 枚金牌，缩小了与日本的差距。截止到今天中午，韩国队共获得了 37 枚金牌，日本 38 枚金牌。

主持人：韩国队增添的金牌都是哪些项目？

记者：首先在跆拳道项目中增添了 3 枚金牌，这样韩国在跆拳道上已经获得了 9 枚金牌；柔道比赛中又获得了 3 枚金牌，分别是 66 公斤级的金敏哲、84 公斤级的金正燮、120 公斤级的金光锡。

记者：没错，射箭也是今天下午开始出金牌，这样的话，韩国超越日本只是时间问题。

主持人：11 日凌晨进行的中朝女足赛应该说是听众最关心的焦点了。

记者：是的，中朝女足半决赛是 11 日凌晨进行的。

比赛现场解说音："……双方在争夺中场，朝鲜队拿球，朝鲜正突破中国防线，九号，朝鲜队的九号金明山把球传给 12 号右边锋，朝鲜队右边锋 12 号直接射门！中国队守门员稳稳抱住了球……"

记者：90 分钟的比赛中，双方打成 1 比 1 平。在加时赛中朝鲜队越战越勇连得两球，以三比一的比分淘汰了中国队，进入决赛。中国队将和韩国队争夺铜牌。

主持人：中朝两国女足都是世界劲旅，两国在国际大赛中的交锋也不少啊!

记者：两国女足的对决，早在 17 年前就开始，这也是世界女足的历史。其实，2001 年为止，中国女足称霸了世界。期间中国队和朝鲜女足共九次交锋，成绩为八胜一平，占绝对优势。不过，从 2001 年亚洲女足赛开始，朝鲜队两次获得该赛事冠军以来，最近几年几乎拿下了所有冠军奖杯。

主持人：嘿，朝鲜女足在场上的表现，确实不错。

记者：2001 年以来中朝女足共 12 次交锋，中国队的战绩为一胜、三平、七败，显示了两队之间的差距。11 日凌晨的比赛中，中国队采取了防守反攻的保守打法，结果以三比一败北。中国女足要重现昔日的辉煌，还需要艰苦的历程。

主持人：对本届亚运会上成绩并不理想的朝鲜队来说，大球金牌的希望就寄托在女足身上了，希望她们在与日本女足的决赛中也有辉煌表现。感谢今天的报道。

记者：谢谢。

简　评

新闻性系列报道《来自多哈的报道》以前方记者和后方主持人电话连线、对谈的形式及时介绍中国、朝鲜、韩国的比赛状况及花絮。

记者充分发挥语言优势，积极奔波在中、朝、韩比赛场地，把现场采集的音响和采访录音穿插在节目里，使每期的报道及时、充分，并富有现场感。

本节目具有以下特点：

1. 通过记者连线将远在多哈的当天赛场情况及时播出，时效性强。

2. 记者对赛场情况掌握全面，尤其对中朝韩三国的比赛情况以及运动员的个人信息都了解得十分细致，极大地丰富了节目内容。

3. 整个节目采用前后方连线形式对谈，前后方配合默契。

优秀评论

一等奖空缺

二等奖

工业遗产必须得到保护
（2006 年 11 月 20 日播出）

田巍　鲍冬青　时岱　张意　无锡台

"1915 年制造的一块工厂的厂牌、1930 年制造的两台英国捻线机，以及一座建于 1938 年的蚕丝仓库……" 人们很难把这些诞生于中国大规模工业化初期的产物同遗产联系在一起。与几千年的农耕文明相比，中国一百多年的工业文明显然是短暂的。所以提到遗产保护，人们很自然地联想到中国农耕文明时期的遗存。而从 2006 年 6 月 2 日开始，这种观念将被改变。这一天，中国国家文物局正式颁布了中国工业遗产保护具有宪章性的首部文件——《无锡建议》，第一次在中国单独提出了工业遗产保护的理念，明确了工业遗产的概念、工业遗产目前所面临的威胁以及保护工业遗产的途径等等，有关人士表示，工业遗产作为人类遗产的一部分，必须得到保护。

中国江南名城无锡是中国民族工商业的发祥地。1937 年，工业产值和工人数量居中国前列，《无锡建议》的提出在工业遗产保护方面无疑具有重要意义。无锡市委书记杨卫泽说，工业文明的缺失就是历史的缺失：

（音响 1）

"文化遗产的保护，应该包括每个不同时期的历史发展阶段。过去，我们可能比较重视发展农耕文明时候的历史文化，而工业文明历史文化的遗存，它有另外一种表现的形式，主要表现为工业遗产。如果说，仅仅重视农耕文明，不重视工业文明，那就是历史的断层，对历史文化的保护也是不完备的。"

工业革命改变世界，工业遗产启示未来。工业遗产保护运动开始于20世纪60年代的英国，而中国工业遗产保护与再利用是近年才逐渐被人们关注的课题，尚未形成对工业遗产进行系统筛选、认定和重新利用的体系。

无锡在工业遗产保护方面走在了中国内地的前列。正在建设中的无锡中国民族工商业博物馆就是无锡的一个重头戏，这个博物馆选址在荣宗敬、荣德生兄弟开创的茂新面粉厂，而"茂新"是荣氏兄弟于1900年起集资创办的一家企业，它见证了荣氏兄弟从"茂新"起步发展为"面粉大王"和"棉纱大王"的历程，重新修整后的博物馆还包括已故原国家副主席荣毅仁先生的办公室。

除了官方修建博物馆，对于一些工业组织、民间组织或者个人的收藏，无锡也是非常鼓励。无锡市第三棉纺织厂2006年拿出了一直"雪藏"的工厂前身"无锡丽华布厂"1915年开厂之初的厂牌和工厂1930年引进的两台英国捻线机。该厂工会主席李建中说，现在早就不再使用的这些物件即将成为文物：

（音响2）

"一个就是我们送的丽华布厂的门牌。那是1915年，我们无锡民族工商业者唐骧廷和当时一个徽商程敬堂创办了丽华布厂。当时创办的时候就搞了这个门牌。送的两台捻线机，这个设备是在1930年购买的。当时丽新厂通过银行借贷买了这个棉纺生产设备，从那一刻起无锡丽新由织染厂改名无锡丽新纺织印染厂，成为旧中国第一家纺织印染一条龙的全程企业。"

有着浓厚工业氛围的无锡，广大市民对保护工业遗产也是十分的关注。年过六十的市民华士廉先生利用业余时间广泛收集了上百件反映无锡百年工商文化的文物，他把其中的一部分捐献给了民族工商业博物馆：

（音响3）

"米市的量具、账本、单据，特别是有一本民国时期荣德生如何建厂的一本叫《木偶车》的书，我收藏到了以后就捐献给了博物馆。这也是一种荣誉，能够放在博物馆中留下来，让后代看看，也是一件有意义的事。"

在保护工业文化遗产的同时，无锡还放开眼界，开拓思路，大胆创新，利用老厂房、老仓库来发展文化产业。北仓门蚕丝仓库，建于1938年，是当时江苏、浙江、安徽一带最大的蚕丝仓库，也是近代江南地区工商业发展的代表性建筑。如今这里已经"旧貌换新颜"，变成无锡城里一个颇有名气的"生活艺术中心"了。

一位正在"北仓门生活艺术中心"休闲的刘女士说，工业文明的底蕴加上古老的建筑所特有的厚重使她在这里感到十分的惬意。

（音响4）

"一开始不太熟悉，因为它的地点并不是靠在路边，来了以后才知道，原来这里是个老房子。然后来喝咖啡，也是感觉和别的地方不一样，陆续听服务员介绍才知道这里原来是老的蚕丝仓库，所以也比较喜欢到这里来，因为它是原汁原味的，觉得它不仅是喝咖啡的地方，好像还特别有文化韵味。"

一所老厂房，一部老机器，一本老账本，一个老商标，都诉说着中国工业发展的轨迹，是那一时期先进生产力和先进文化的丰富积淀，它浓缩着农耕文明向工业文明转型跃升的发展历史。因此，无锡市委书记杨卫泽说，人类应当像对待其他历史文物那样对待工业遗产：

（音响5）

"我觉得保护遗产本身就是一种弘扬和传续。只有这个东西存在，才有可能延续下去，才能够弘扬。如果说这个东西不存在，或者鲜为人知了，它就难以传下去，难以弘扬下去，所以我们最基本的前提，就是把那些可能埋藏在地下，或者民间的，或者鲜为人知的一些工业遗产，挖掘出来，而且要保护好。"

感谢收听本次节目，再会！

简　评

工业遗产保护是国外舆论和公众关注的热点，广播评论《工业遗产必须得到保护》一文观点鲜明，有理有据，彰显了中国政府对人类遗产的态度。文章具有以下特点：

论据充分、可靠、扎实。文章通过不同身份的多位被采访者从各个角度阐述了保护工业遗产的必要性和紧迫性，工业遗产保护对人类历史的重要贡献以及对人们生活实践的重要意义。以不同身份的被访者的亲身实践经验进行说理，增强了节目的说服力。

论证过程合理。该节目首先以对比和反差的方式开场，提出观点"工业遗产必须得到保护"，通过政府部门和民间组织的亲身实践佐证此观点，并用市民对工业遗产保护问题的感受来拓展此观点的外延，最后市委书记的话进一步明确此观点，他的态度使观点的核心内容以承诺的方式被落实，整篇论证比较令人信服。

宽容不能没有原则

（2006 年 9 月 18 日播出）

张娟　潘晓英

中国国际广播电台！各位听众，75 年前的 9 月 18 日，日本军队进攻中国东北的沈阳，拉开了大举侵华的序幕。这就是震惊中外的"九一八"事变。这一事件已经过去 75 年了，今天，中国人仍然在以不同形式纪念它。为什么 75 年的时间还没能让这段历史淡出中国人的记忆？是中国人不够宽容吗？非也，中国人有足够宽容，但不能是没有原则的宽容。请听本台评论员康曼撰写的评论。

有些日本人，特别是一些日本的年轻人对中国人牢记"九一八"事变感到吃惊。他们认为，侵华战争是几十年前的事情了，而且他们自己都没有参与，中国人为什么总是揪着历史问题不放？是中国人心胸狭窄，不够宽容吗？20 世纪 90 年代初的统计表明：1931 年至 1945 年的日本侵略实际上给中国造成了 3500 万人的伤亡，经济损失达 6000 亿美元。如果中国当时要求日本政府进行经济赔偿的话，日本可能需要几十年才能还清。但是，中方从中日两国人民友好关系的角度出发，不想使普通的日本国民因赔偿负担而受苦，主动放弃了对日本的战争赔款要求。再看看葫芦岛百万日侨大遣返这一历史事件。1946 年 5 月至 1948 年，当时是中国抗日战争胜利后初期，从人道主义出发，中国投入了大量的人力、物力和财力，将 105 万日本侨民（包括少部分战俘）从中国东北辽宁省葫芦岛港遣返回国。日本前首相村山富市对此评价说，大遣返真正体现了中华民族的宽宏大量和中国人民的人道主义精神。

不是中国人不够宽容，而是宽容绝对不能没有原则。历史不容回避，更不容篡改。事实上，迄今为止，日本政府非但没有对侵华历史进行认真反省，反而企图推卸责任，美化那段不光彩的历史。日本领导人不顾亚洲邻国反对，多次参拜供奉有二战甲级战犯的靖国神社，甚至选择在 8 月 15 日日本战败日这一特殊日子进行参拜；日本政府审定通过否认、美化侵略的右翼历史教科书，被篡改的历史教科书把当年的日本美化成整个亚洲的解放者，把战争的目的描绘成从欧美国家的压迫下解救亚洲人民，把日本与中国的战争都归咎于中国，其中就包括把"九一八"事变的责任推给中国。对日本这样的举动，中国如何能宽容？

德国就好像日本的一面镜子。1970 年 12 月 7 日，当时的联邦德国总理维利·勃兰特在犹太人遇难者纪念碑前下跪，为德国曾经犯下的罪行谢罪。媒体评论道：勃兰特跪下了，全体德国人彻底站了起来。今天，在德国的图书馆里，可以找到很多德国反省检讨纳粹罪行的书籍，而在日本，对日本侵华暴行所做的严肃检讨可谓少之又少。

一个国家对历史问题的看法，将决定这个国家未来的发展方向。当年，正是战前为准备侵略战争而进行的军国主义右翼史观教育，差点将整个日本民族推向毁灭的深渊，让日本民众也深受其害。如果现在还要用错误的历史观教育日本的下一代，必然会祸延子孙。

不忘历史，是为了现在和未来的和平。今天，人们纪念"九一八"事变，是为了让更多的人珍视来之不易的和平，是为了呼吁日本社会正视历史，更是为了敦促日本领导人作出正确的决断，为中日关系发展扫除障碍。

简 评

"九一八"事变拉开了日本对中国进而对亚洲及太平洋地区进行全面武装侵略的序幕。因此，每年的 9 月 18 日事变发生地——中国东北沈阳等一些城市都会举行活动纪念"九一八"事变。作为侵略战争的发动者，日本政府不但没有对侵华历史进行认真反省，反而企图推卸责任，美化自己。日本一些年轻人甚至认为二战结束已经有半个多世纪，中国人却对那段历史耿耿于怀，显得不够大度和宽容。作者为配合"九一八"纪念日，纠正一些日本人的错误认识，发表了评论文章——《宽容不能没有原则》。这篇评论具有以下特点：

一、题材重大，对外针对性强，具有很强的现实意义。该文结合当时的中日关系现状，呼吁日本社会正视历史，敦促日本领导人作出正确的决断，为中日关系正常发展扫除障碍。此后不到一个月，日本新任首相安倍访华，中日关系出现了转折。

二、论据充分客观，论证有理有节，论证过程合理。文章通过一系列事实有力地说明不是中国人不够宽容，而是宽容绝对不能没有原则。文章批评了日本政府企图美化侵略历史的行为，指出只有不忘历史，才能有今天和未来的和平。

三、发稿及时，得到广泛采用。该文不仅被国际台相关部门采用，还被其他报纸和网站转载。

优秀
专题报道

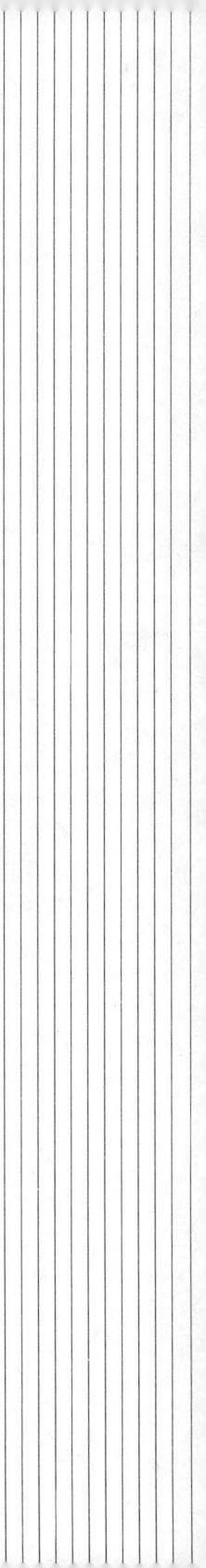

一等奖

京味儿茶馆演绎京味儿文化

（2006 年 12 月 25 日播出）

李宁静

主持人：中国的茶文化可谓源远流长。坐在家里，品上一杯香茗固然惬意，可对很多人来说，到茶馆坐上个把时辰似乎更为乐趣无穷。这也难怪，在茶馆，大家不但可以品茶会友，还可以尽情享受茶馆文化。古往今来，茶馆在中国很多地方已经成为人们生活和文化不可分割的一部分。仅在北京，就汇集着五百多家风格各异的茶馆。今天，我就带大家到一家地道的京味儿茶馆去坐坐。

（音响 1：茶馆迎客吆喝声，渐混）

记者：伴随着身着旧式长衫的堂倌们此起彼伏的京味儿迎客吆喝，我走进了"天桥乐"茶馆。茶馆是座带着古式看台的纯木结构双层建筑。看台由粗细适中的圆柱支撑着。看台下面的白墙上挂满了老北京艺术家的黑白照片。茶馆大厅正前方是一个长方形的小型舞台，下边整齐地摆满了方方正正的八仙桌和旧式的椅子。这原汁原味儿的摆设不由得让人浮想联翩——也许一百多年前，我们的曾祖父们就曾坐在这儿的某个座位上，饮着茶，嚼着可口小吃，一边饶有兴味地观看京剧演出——就像我们在电影里看到的那样。

"天桥乐"茶馆坐落在北京南城宣南地区，据说是 1933 年由一个军阀建起来的。今天，很多传统的民俗文娱节目又重新回到了茶馆的舞台上，这里也因而成了人们回味老天桥民俗文化的重要场所。

（音响 2：音乐起，渐混）

提了这么多遍天桥，我这里得跟您聊聊天桥这个特别的地方。在老北京，天桥一带可曾经是个热闹非凡的商业活动和文化娱乐场所。特别是几个世纪以来，天桥一直是普通老百姓偏爱的文娱场所。这里随处可见茶馆、戏院、餐馆和小买卖铺子，街头小贩更是满街都是。这里也是街头艺人展示绝活、谋生计的好去处。

"天桥乐"茶馆的经理张福延说，他自己就是在天桥一带长大的。

（音响3：张福延，出中文）

"旧时候，要想在天桥站住脚都得有'一招鲜'。所谓'一招鲜'就是别人所不能的。所以这一带才出了这么多的著名的各有绝技的老艺人。可以说天桥是民间艺术家的摇篮。你看，相声大师侯宝林、摔跤大师宝善林都是打这儿出的名。"

但随着时代的变迁，民间艺术家和商家逐渐都搬进了高楼大厦，天桥也失去了往昔的喧嚣热闹，但人们始终怀念着往昔的天桥。张福延说，"天桥乐"茶馆给这些怀旧的人们提供了一个好去处，让他们可以一边品着北京人爱饮的茉莉花茶，吃着北京风味小吃，一边回忆老天桥。

（音响4：张福延，出中文）

"我们每天晚上都有老天桥的各种民俗表演和杂耍。我们的节目反映的是老天桥的风情。我们的一些表演，你比如说杂技，可能没有电视里的那么高雅，难度那么高，但是我们肯定是老天桥的味儿。"

（音响5：音乐起，渐混）

跟往常一样，晚上七点半，表演准时开始。开场的是传统的跳财神舞。

（音响6：跳财神表演）

（音响7：张福延，出中文，混）

"在老时候，每场演出都是以跳财神开场。我们茶馆继承了这个传统。买卖人相信跳财神这种戏曲舞蹈会给客人和自己的买卖带来好运。"

在这个吉祥的戏曲舞蹈表演之后，各式各样的演出就正式登场了——有摔跤、杂技、京剧唱段"贵妃醉酒"，以及双簧（一种双人演出形式，一个人躲在椅子后边说唱，另一个人在前边作出相应的口型和表演动作）。整体上来说，表演诙谐幽默。当然，京剧唱段除外，因为女演员身着华美的戏服，轻吟浅唱，只能用"高雅"来形容。所有这些表演都和天桥一样有着悠长的历史。

（音响8：老北京卖菜吆喝声起，渐混）

京剧表演刚下场，忽然一群身着长衫、肩挑扁担的小贩们走到观众群中，边走边吆喝。原来他们表演的是老北京的各式买卖吆唱声。别看他们像是在唱歌，可是每声吆唱里都唱出了所卖的水果、蔬菜种类、价格和蔬菜水果的新鲜劲儿。一百年来，天桥一带的小贩们就是这么吆喝着卖菜的。听起来，这么个卖菜法不论是卖菜的还是买菜的，都蛮享受的。

在"天桥乐"，我度过了一个美好的晚上，不过显然，我不是唯一一个有这样愉快感受的人。来自上海的年轻人周国荣是第一次来这样的茶馆。

（音响9：周国荣，出中文）

"在这儿可以体会原汁原味的老北京民俗文化。比如说卖菜吆喝、茶，还有北京小吃，还可以看京剧表演什么的，京腔京韵很浓。"

而且，这茶馆不但中国人喜欢，外国人也爱。

（音响10：日本游客，出英语）

"我叫Takisoya。我来自日本横滨，在三洋公司工作。我们来这里采访中国的文化和时尚景观。这家茶馆在日本非常有名。我们对中国的传统文化非常感兴趣。"

顺便说一下，"天桥乐"还是相声爱好者的好去处。每周四到周六，这里都有相声专场演出。花个20块钱，合不到三美元，就可以尽享一晚上的欢笑，说不定还可以看到时下最火的相声演员郭德纲的表演呢。他可是在"天桥乐"起家的。

看来茶馆经理张福延说的没错，对于外国人来说，"天桥乐"的茶艺和演出就是一份文化大餐；对中国人而言，"天桥乐"提供了一次重游老天桥的机会。

（音响 11：音乐，渐混）

好了，"天桥乐"很棒，不过北京可不只这一家茶馆可以领略老北京风情。下次，我会带大家去另一家茶馆，那里的老北京风情也是别具风味的。

（音乐淡出）

简　评

京剧是国粹，茶文化同样也是国粹。老北京的茶馆，是一种市民气息很浓的茶文化载体，它以独特的人文韵味吸引着包括中国人在内的各国听众。作者通过撷取"天桥乐"茶馆这一极具生活化的对象来向外国人介绍中国传统文化的精粹，角度新颖。节目可喜之处在于，作者用第一人称，以亲身游历的方式，描述了自己在茶馆的各种感知和体验，具有很强的真实性。最打动人的是节目中丰富的音响，既有对众多人物的采访，也有老北京各式各样的吆喝、京剧、摔跤等传统民俗表演的音响，可以说是充分利用了各种现场音响自身的表现力和穿透力，强化了整篇报道的现场感和形象性。节目整体结构流畅，制作精良，广播特色鲜明，彰显了声音的魅力，在给人以精神享受的同时也揭示出，茶馆是社会的缩影。

山里的娃娃

（2006 年 8 月 30 日播出）

吴辛欣　张弘　Camille

地处中国西南边陲的贵州省，相对中国沿海开放地区来说，还是一个不发达省份。古人对贵州的评价是："天无三日晴，地无三尺平"。祖祖辈辈生活在大山里的人们，因为交通不便，很难走出他们世代生活的深山。在那里，至今还有许多孩子因为生活贫困上不起学。

2006 年 5 月，中国国际广播电台发起一次捐助贵州省盘县山区贫困学生的活动，广大职工踊跃捐款捐物，资助这些山里孩子完成学业。6 月 1 日，来自贵州省盘县马厂乡的 10 名不同少数民族的孩子参加了中国国际广播电台组织的《CRI 爱心之旅——电波牵手山里娃》活动，在北京度过了一个快乐难忘的六一国际儿童节。

作为此次爱心之旅活动的回访成员之一，我有幸走进大山，近距离接触这些远在中国贵州大山里的娃娃们，去聆听他们的声音，感受他们的世界。

（音响 1：火车声）

车轮缓缓开动，即将走进大山的时候，我的心中有期待也有紧张。鼓鼓的行囊中，塞满了从北京带给山里娃们的祝福：

（音响 2：林少文、林骊舟）

"真是感谢这场牵手活动，把两个小天使送到我家，也希望能有一天，去你们的家乡看看。如果有机会，也欢迎你们再来北京、再到我家。"

"邓玲，将来我们要在清华做校友。希望你永远保持诚恳、纯真的性格。"

国际台职工林少文是林骊舟和林骊济这对双胞胎兄弟的父亲。作为《电波牵手山里娃》爱心活动的内容之一，林家父子邀请苗族女孩李春美和彝族女孩邓玲去他们家作客。哥哥林骊舟对我谈起了他对两个山里娃娃的第一印象：

（音响 3：林骊舟）

"当我进来的时候就看到两个特别矮的孩子，因为家长之前说的是和我们（年龄）差不多的，就差一两岁，没想到（她们）那么矮。一个孩子跟着我弟弟在那里特别专注（地看书），还有一个孩子看到我进来了，（就和我）打招呼，我第一感觉就是她特别开朗。"

这四个孩子，虽然来自不同的地域，却很快熟识起来。他们一起玩瞎子摸人的游戏，一起学吹口琴，也一起拍了很多照片。

我看着照片上一身彝族打扮的女孩邓玲，正好奇地看着林家兄弟怎样吹口琴；穿着色彩鲜艳的刺绣服装的苗家女孩李春美，手中正摆弄着这种从未见过的乐器。翻看着这些照片，让我从一个陌生的角色渐渐融入到他们的小圈子中。

我幸运地成为传递这些照片的"大使"，我也期待着春美和邓玲为我讲述照片里的故事。

拿出照片的时候，弟弟林骊济又回忆起了当时的片断：

（音响 4：林骊济）

"分别的时候，邓玲说一定要给她们寄照片。她说在你们看来这是件小事，在我们看来那就是一件大事。听了这话之后，我突然有种感觉，她其实比我们成熟得很多，也懂得很多……"

在给大山中的孩子带去这些封存记忆的照片时，我也带去了这些远在北京的祝福与期待。

39 个小时路途的颠簸，一点一点拉近我和山里娃们的距离。窗外的景色渐渐清晰起来，喀斯特地貌下清晰可见的苞谷地、耕牛、还有一个个背着箩筐打猪草的山里娃娃。

活泼开朗的春美，文静懂事的邓玲——想象着林家兄弟为我勾勒出来的两个山里娃娃的样子，我走进了她们的"世界"……

（音响 5：口琴声）

少数民族儿女嘹亮动人的歌声在大山里时起时伏，而在这大山深处却难得听到口琴吹奏出的乐曲。远远望见苗族女孩李春美的时候，除了那两条粗而黑亮的大辫子之外，就属她手中拿着的口琴格外醒目了。

从北京回来之后，春美最爱不释手的就是这支口琴了。这是在北京的林少文叔叔家作客的时候林叔叔送给她的礼物。这只口琴也成为她在大山里平淡生活的一缕清风。

（音响6：李春美）

"我每晚都吹给妈妈听，我经常吹《世上只有妈妈好》。我要继续练口琴，因为我妈妈特别喜欢。晚上我做作业的时候，妈妈会一直陪我做完。有一晚，我对妈妈说，老师让我们写作文，要睡你先睡吧。但是她却一直陪伴着我。那天我写的作文是《游清华大学》。'清华大学，孔雀开屏的翅膀……'"

在接受这支口琴的时候，春美也接受了一份约定：

（音响7：画外音林骦济）

"希望你们把口琴吹好，将来来北京给我吹口琴。"

小春美深深记下了这个约定：若干年后去北京，去为林叔叔一家吹口琴……
在春美不足10平方米的房间里，除了一些炊具、两张木板床、几个零星散落的小凳子，就再也找不到什么像样的家具了。虽然还是下午时分，房间里的光线已经变得很差了。春美家屋顶上的瓦片歪歪扭扭地排列着，晴天的时候阳光可以透进来，而春美和弟弟就是利用天黑前的这缕缕自然光来做功课的。如果不幸遇到了下雨天，春美对我讲：

（音响8：李春美）

"下雨的时候，雨会把我家的房子淹了。就是我刚从北京回来的时候，我家房子里面满是水。下大雨会漏雨，会把瓦片掀翻。"

（音响9：牛猪狗叫声，混杂）

在春美的房间里，依然可以清晰地听到院子里牲畜的叫声。这里农村的习惯，牲畜都是在家里的院子中圈养的。这些猪、牛也成为了春美童年的伙伴。

春美的课桌是两把拼凑在一起的小板凳，这还是爸爸专门打给她的。平时，她就趴在这张"书桌"上写作业。这使我想起了林骦舟曾经对我说过：

（音响10：林骥舟）

"吃饭前我带她到处转我们的屋子。在书房里面，她摸着塑料面的桌子，特别平，她就特别羡慕我们，她说她们在家里就没有桌子，是用木头板凳做桌子。她们走了以后，我就觉得更应该珍惜一些东西，比如说珍惜我们现在的生活条件。"

对我们来说再普通不过的塑料面桌子，却成为这些山里孩子眼中的"奢侈品"。他们就是在这些凹凸不平的小板凳上完成一次次作业的，只是他们要写出横平竖直的汉字需要付出的努力比我们多得多。

坐在板凳上，小春美又禁不住拿起手中的口琴吹起来。

（音响11：口琴声）

身着艳丽民族服装吹着口琴的春美——这幅画面似曾相识，是在林家兄弟托我转交的照片中。那个照片里的小女孩仿佛从照片中走出，来到我面前。

我对春美说，我很喜欢苗家女孩吹着口琴的样子，也很喜欢你们色彩艳丽的刺绣服装。然而我却不知，提到了服装却提到了春美的伤心事。

（音响12：李春美哽咽）

"看到别人穿漂亮的裙子，我很羡慕，于是我妈妈说她要做一件裙子给我。我妈妈从我小的时候就开始做，一直做到我长大。为了自己的女儿，她经常会不小心用针刺到手。刺到手很疼的。"

一般来说，苗家女孩在很小的时候，妈妈就要为她们做一件手工刺绣的嫁衣，由于刺绣的工艺极其复杂，所以直到出嫁前，这件衣服才能完工。

在我和春美聊天的时候，春美的妈妈一直默默地在旁边为女儿缝制嫁衣。她时而抬头看看自己一天一天长大的女儿，眼神中充满了爱意。嫁衣上的一针一线，寄托了母亲对女儿无言的爱。

我们起身准备告别的时候，春美的妈妈放下手中的刺绣，回房间拿出几个自己亲手缝制的绣球。

（音响13：春美妈妈）

"送给自己最珍重的人，表示我们的心意。因为我们最贴心的东西就是这个绣球。"

这些用农家的彩色棉线缝制而成的贴心的绣球，就像春美妈妈这番朴素的话语一样，暖人至深。

（音响 14：邓玲歌声，渐混）

我是寻着彝族女孩邓玲的歌声找到她的家的，一处坐落在半山腰的木房子。这座小木屋依山而建，门前栽种着芭蕉和玉米。屋里是凹凸不平的土地，几只小鸡在地上跑来跑去。

（音响 15：插入）

到邓玲家的时候已接近中午，我看到邓玲一家正在忙里忙外地为我们准备午饭。

（音响 16：豆腐水声）

邓玲的姨妈和外婆正在用农村最古老的办法做豆腐。见到我走过来，就说：

（音响 17：邓玲姨妈）

"（在我们这里）豆腐是最好的。一般一日三餐都是吃洋芋。饭吃苞谷饭，菜吃炒洋芋，吃白菜。豆腐是逢年过节，贵客来临才吃的。"

我在邓玲家仅有的几间木屋子里转悠，无意中"闯"入了邓玲的房间。一床没有被罩的棉絮就是她和弟弟两人的被子，一块木板和一条单薄的床单组成的床铺白天就是姐弟俩的书桌。屋里甚至没有一样像样的家具，唯一值钱的也许就是那架古老的织布机。用来粘墙的是各种作业本、课本以及废报纸，门帘是用废旧的化肥袋子做成的。屋里最引人注目的就是墙壁上挂着的红色和黄色的奖状，一共 6 张，是邓玲从小学一年级到六年级得到的"三好学生"奖状。而这个家里唯一的电器，也挂在了姐弟俩的"书桌"上方——一个 15 瓦的灯泡。

邓玲是个腼腆的姑娘，我们慢慢熟识起来后，才发现其实她也很健谈。看到我从北京带来的照片和林叔叔一家写给她的信之后，这个山里女娃充满了对当时情景的幸福回忆。

（音响18：邓玲）

"（去他们家之前）我想的是，她们就是两个女孩子。去到他家（之后），看到的是两个高大的大哥。

"最难忘的就是他们和我们做的游戏。因为每当我心里闷闷不乐的时候，我就会回想起这件事，一回想起这件事，我又开心起来了。"

说到游戏，其实不只是这个山里娃娃记忆深刻，我依然清晰地记得北京的两个孩子那样对我说：

（音响19：林家兄弟）

"（我们做的游戏叫做）瞎子摸人。我们在城里很少玩过这种游戏，游戏规则还是他们教给我们的。他们做的游戏是对身体有好处，也是能够增进大家友谊的活动。"

我把林家兄弟托我带来的照片交给邓玲。仔细端详着一张自己在清华园拍摄的照片时，小邓玲突然沉思不语了。难道是因为林骦舟在照片后面的寄语？

（音响20：林骦舟）

"（你们）一定要好好学习，欢迎你们再来我们家作客。尤其是邓玲，将来我们要在清华做校友。"

在北京，几个山里娃被安排参观了中国的最高学府——清华大学。之后，几乎所有的孩子都表示说要努力学习考上清华大学，唯有邓玲，我似乎只在她的日记中隐约看到一笔：

（音响21：邓玲日记）

"我好想流泪，看到清华大学的同学们专心致志的样子……"

我想象不出小小年纪的邓玲为何有这般感触，我有些困惑地看着眼前这个小女孩。

（音响22：邓玲）

"我答应他们我要考清华大学，其实这只是我安慰他们的话，要我考上清华大学，是比登天还难的事。不过我会努力学习，实现他们对我的期望。"

邓玲的话，让我觉得心情沉重了很多。

邓玲妈妈叫我们去吃饭了，我的思绪也暂时被打断了。乡间一餐饭，五味俱全，香香的苞谷饭，洋芋蘸辣椒水，只有过年才吃得上的豆腐和没有一点瘦肉的腊肉。菜的味道已经不那么重要，因为我心里感受到的全是大山里的热情与纯朴。

因为邓玲下午还要上课，所以午饭过后我们就一同出发去学校。临走时，邓玲拿了一块洋芋在手上。我奇怪地问她为什么。原来因为贫穷，她和弟弟每天只吃两顿饭，中午有时吃个烘洋芋，吃完了喝点水就算是一餐了，有时干脆就不吃了。弟弟一早就去学校上课，中午不回来，她这块洋芋是带给还饿着肚子的弟弟的。

从邓玲家到学校需要走一个多小时的山路，我们就边走边聊。当谈到以后的理想时，我不禁想到林家兄弟对我说过的话：

（音响23、24：林家兄弟）

"我要学文科，以后想学历史。"
"我想学自然科学，学化学，做一些对社会贡献大的事情。"

但是我想象不出走在我身旁这个瘦弱而坚强的山里女娃，她的理想是什么？

（音响25：邓玲）

"（我）愿意留在大山当老师来建设家乡。我觉得（老师的）精神值得我羡慕，他们就像蜡烛一样为我们燃烧。"

我知道作为一个祖祖辈辈在大山中居住的人家来说，北京是他们脑海中的"天堂"。我也知道12岁的邓玲去过北京之后，内心的震撼是难以名状的。而她，在亲眼见过这个"天堂"之后，更加坚定了自己的理想。我一时很想找到这个答案的出处。

（音响26：上课铃声）

我的思绪被上课的铃声打断，小邓玲和我挥挥手，示意我她要进去上课了。

课下，我见到了邓玲的班主任赵玉庭老师。这位年轻的女教师，甘愿放弃县城优越舒适的工作，整整六年的时间，心甘情愿地留在山村小学执教，只是因为她想让更多的山里娃们通过知识改变自己的命运。

（音响 27：赵玉庭）

"他们就像我小的时候渴望教育一样。（和他们在一起）我觉得很快乐，仿佛看到了自己小时候的影子。我希望他们个个都比我强，所以我用自己的事例告诉他们，你们都可以走出大山。"

我知道，山里的娃娃们想走出大山，但更想用自己的力量改变大山。比如现在的赵老师，比如明天的邓玲……

和邓玲告别后，我的手中还一直攥着她托我转交给林老师一家的信。突然间我觉得信使的使命是如此神圣。

（音响 28：邓玲的信）

"叔叔阿姨两位大哥哥：你们好。最近你们身体好吗？一转眼就是一个月没有见面了，我很想念你们。在我和你们离别的那一刻，我真是激动得想流泪。我到了你家，你们对我很亲热，我差点就流连忘返了。听了你们对我说的话，我感到你们就像我的亲人对我一样关心我。我会努力奋斗，我不会辜负你们对我的期望。放心吧，我一定会好好学习，去实现你们对我的期望。

邓玲
2006 年 7 月 13 日星期四"

（音响 29：火车声，渐混）

缓缓开动的火车，载着我慢慢远离了大山。身后的小村庄升起袅袅炊烟，此时此刻，两个天使一般的孩子正在干什么呢？他们也许正在背着箩筐打猪草，也许正趴在小板凳上完成今天的功课，也许正在津津有味地吃着苞谷饭。

（音响 30：口琴声《让我们荡起双桨》，插入）

邓玲说，希望未来的自己能够带着学生一起去北京看升国旗。春美说，希望将来能用自己的努力给妈妈买件城里人那样的花衣服。

山里的娃娃，带着心中对未来的憧憬，依旧日复一日地走在坑洼泥泞的上学路上，依旧喝着从几十里外的山下挑来的泉水，依旧唱着她们心中的那首歌……

（音响31：音乐《让我们荡起双桨》，渐混）

观众朋友们，今天的节目到此结束了。我们会继续跟踪报道这些大山里孩子们的生活学习状况，请您关注我们的后续报道。谢谢收听，再见！

简　评

渴望、梦想、追求和快乐等等这些词语所代表的，都是人性当中积极和美好的东西。它们都是具有普世性价值的话题，所能引起的关注可以穿越语言的障碍。而当它们与贵州贫困的山里娃联系在一起时，更会闪烁出人性的光辉。通过中国国际广播电台组织的爱心之旅，两个贵州贫困山区的女孩春美和邓玲与北京一对双胞胎兄弟结下了深厚的情谊，节目以平实朴素的语言讲述了这个感人的故事。整个节目清新自然，音响丰富。尤其是"口琴"的音响运用得当，它不仅是北京林家送给春美的礼物，还通过琴声架起城乡孩子间友谊的桥梁。琴声也让听众走进山里娃的世界，去感知孩子们的梦想和快乐。节目层次分明，感染力强，也告诉人们，贫困不可怕，只要心中有梦想、有追求，就会有快乐。

嘎查达乔玉芳和她的牧民们

（2006 年 12 月 28 日播出）

柴均　张平　靳可

（片头曲）

亲爱的听众朋友，您好！这里是中国国际广播电台《经济视点》栏目。

（音响 1：羊的叫声）

每年的八月末九月初，长到四个月大的羊羔该出栏了，地处中国北部内蒙古自治区呼伦贝尔草原上的牧民又是高兴又是发愁：高兴的是卖了羊羔，就有钱了；发愁的是，茫茫的大草原，羊羔要卖给谁呢？

（音响 2：几个牧民讲话）

"（我们需要）骑（上）摩托（车）走出好几十里地去联系人，（而且）价钱方面还谈不妥。"

"自己现找现联系，可麻烦了！"

"找个老客（二道贩子）啥的，他们过来看你那个羊、牛（给个价钱）。买的价格合适的话，（我们）就（把牛羊）给他们了，（如果觉得）不合适，就不愿意给（他们）了，就再去找。来来回回地找，谈价钱，费老劲了。我们养牛养羊不容易，本来就想着卖了牛羊换点钱，结果这个费劲。愁啊！"

刚才说话的是呼伦贝尔草原巴彦托海嘎查（村）的几位牧民。呼伦贝尔草原是世界三大草原之一。草原上水草肥美，使得当地的牛羊肉鲜嫩、口感好。但是，长久以来，由于地处偏远、交通不便，牛羊的销路一直是当地牧民的老大难问题。

乔玉芳是内蒙古自治区呼伦贝尔盟鄂温克族自治旗巴彦托海镇巴彦托海嘎查（村）的嘎查达（村长）。她说：

（音响 3：乔玉芳讲话）

"（以前都是）各自找各自的销路，都是零零散散的，谁卖的价钱好了，你帮我卖点，帮他卖点。但是最后还都是一些二道贩子把牧民的钱赚走了。我们牧民有句顺口溜，叫'养的没有买的精'。"

巴彦托海嘎查位于呼伦贝尔草原的东南部，有牧户 140 户，人口 507 人。嘎查牧民主要靠卖牛卖羊来维持生计，但是牛羊的销路一直困扰着乔玉芳和牧民们，为此他们想了很多的办法。

（音响 4：乔玉芳讲话）

"我背着羊肉上北京也没少去。（每次）都带着（几十斤的）羊肉，有肉卷、羊排、里脊和羊腿，等等，坐将近 29 个小时的火车。到了北京，托朋友找关系，一家一家地碰运气。一次就要十几天，花费上万元。"

尽管如此，乔玉芳的几次北京之行还是收获甚微。

2004 年的夏天，乔玉芳在盟里上大学的儿子回家过暑假。聊天中，一件有趣的事情吸引了乔玉芳的注意：儿子说现在流行网络购物。网上也能做买卖吗？乔玉芳眼前一亮……

（音响 5：乔玉芳讲话）

"说句实在的，我也不懂，自己岁数大，网上小孩儿玩电脑咱们也挺反对的。（但是）听儿子讲网络购物，我觉得很新鲜。突然就有了一个想法：能不能通过网络把我们的牛羊卖出去呢？"

但是，当时的巴彦托海嘎查还没有电脑，更谈不上网络，而且嘎查里的牧民对电脑、网络也是一无所知，更不要说联网、建网站了。正当乔玉芳一筹莫展的时候，一个契机出现了。

就在这一年的 9 月，乔玉芳被邀请参加了中国内蒙古自治区的十大女杰表彰大会。在会上，她遇到了中国内蒙古自治区科学技术推广中心的汪立勤主任。

（音响 6：乔玉芳讲话）

"我一听说这个科学技术推广中心，我就跟她聊起这个事。我说我有思路，就是干起来挺费劲，你们中心能不能帮帮我们，给牧民建个网站把牛羊卖出去？"

（音响7：汪立勤讲话）

"知道她有这个想法，后来我就说，行，我（们）帮你做，我派我们的人过去，免费给你们建网站。"

汪立勤所在的内蒙古科学技术推广中心是为中国的中小企业、农民和牧民提供技术中介服务的政府机构。在这个中心的帮助下，内蒙古的一些地区已经建立了中国鹅网、牛网和羊网等好几个专业网站。汪立勤说：

（音响8：汪立勤讲话）

"通过（网络）信息服务，（人们往往）能（够）事半功倍，能够整合资源，（从而）能够达到跨地区跨行业的人力所不能及的效果。尤其像乔玉芳他们那么偏远的地区，地域宽广，人员稀少，资源又有限，在这种情况下，建立网站可能是最好的方式。"

表彰大会结束后的第十天，内蒙古科学技术推广中心的同志就来到了乔玉芳他们嘎查，还带来了9台电脑。在了解了嘎查的具体情况和牧民的需求之后，他们为嘎查连接了网络，建立了网站。2004年10月，巴彦托海嘎查牧民网站正式开通了，并且还与其他地区的羊网、牛网等专业网站做了链接。

为了让牧民学习掌握网络知识，科学技术推广中心的同志又开始对牧民进行免费的培训。乔玉芳有时要忙于嘎查里的事情，白天没办法参加，她就利用晚上的时间，找来培训资料，边看边琢磨，同时在电脑上操作。遇到不明白的，她就先记在本上，然后再去请教老师。就这样，乔玉芳学会了打字、查找信息、接收和发送电子邮件等等。

像乔玉芳一样，越来越多的牧民学会了上网，并对网络这个新事物产生了浓厚的兴趣，一有时间，他们就上网练习操作。但是对于网络究竟会带来些什么，他们心里还是没有底。特别是对于在网上做买卖，很多人认为，这很玄乎。31岁的牧民吴玉喜就有着这样的看法。

（音响9：吴玉喜讲话）

"那时候也有点不太相信，在网上买（卖）东西，能吗？怎么拿货送货啊，怎么给钱收钱呢？"

虽然牧民们有着这样那样的疑虑，但是乔玉芳却执著地相信：有一天，梦想可以成真。

（音响10：乔玉芳讲话）

"咱们自己没有人家的联系方法，只能通过上网查找他们的网站。（我知道，）全国各地只要有网站的，我们就能联系到。"

抱着这样的信念，乔玉芳开始在网上查找收购牛羊肉的企业。通过查询，她知道北京的东来顺集团是中国经营清真菜肴的老字号企业，尤其以涮羊肉闻名，它在全国的分店就超过了300家。乔玉芳想，这么多的店铺，那每天一定需要很多的牛羊肉，我们要是能和他们联系上，那我们的牛羊肉就不愁卖不出去了。于是，乔玉芳打开了自己的电子邮箱，开始给东来顺集团写信。

（敲打键盘声，女生配音）

"北京东来顺集团的领导，你们好。我叫乔玉芳，是中国东北部一个叫巴彦托海嘎查的嘎查达。（我们这里村子叫嘎查，村长叫嘎查达。）我们这个嘎查位于内蒙古自治区的呼伦贝尔草原上。我们这里空气清新，草原上没有工业，草场都是纯天然的，没有污染。我们的牛羊吃的都是野草，喝的都是泉水。特别是在两年前，我们还引进了南非的品种杜泊羊和我们当地的土羊进行杂交。杂交后，羊肉更好吃了，嚼起来有韧劲儿……"

乔玉芳还在信里表达了自己强烈的合作意愿，并留下了自己的邮箱地址和电话号码，随后轻轻地点了一下鼠标，仅仅过了几秒，电脑屏幕上就出现了"邮件已成功发送"的字样。知道邮件已经发了出去，乔玉芳感到又兴奋又不安。她想，东来顺这么大的集团，能看上我们这个小嘎查吗？他们会给我回信吗？

接下来的两天中，一有时间，乔玉芳就打开电子邮箱查看新邮件；每当电话铃响起，她的心都会紧张得咚咚跳个不停。

（音响11：乔玉芳讲话）

"（我）自己非常着急，总（觉得）心里没底。"

（电话铃声）

在发出邮件的第三天中午，电话铃急促地响了起来。乔玉芳急急忙忙跑到电话机旁，拿起听筒。电话里传来清晰的声音："您好，我是北京东来顺集团的周月明。"接到电话的那一刹那，乔玉芳激动得不知道该说什么好，只是连连地说"噢，噢……"

打来电话的周月明是东来顺集团负责采购的副总经理。长久以来，东来顺集团采用的都是内蒙古地区的短尾羊，虽然羊肉质量不错，但是品种单一，不能适应消费者口味的变化。这些年来，周月明他们一直在寻找新的品种。

（音响 12：周月明讲话）

"（就在这个时候）我们得知了乔玉芳（他们）那个地区引进了南非的杜泊羊。我们从来没见过，只是听说过杜泊羊。而且他们还把杜泊羊和当地的土羊进行了杂交，杂交后的品种让我们觉得很新颖。"

在电话里，周月明告诉乔玉芳，他们对嘎查的羊肉很感兴趣，并且准备几天后亲自到他们嘎查来考察。听到这个消息，乔玉芳高兴地对周月明说："周总，我们等着你们来！"

北京东来顺集团要来嘎查的消息很快在牧民中传开了。整个嘎查就像过节一样。一个小小的电子邮件就把北京尊贵的客人请到了内蒙古这个偏僻的嘎查来，真是让牧民们不可思议。

（狗叫声、踏雪声）

几天后，周月明和东来顺集团的专家们来到了嘎查。乔玉芳和牧民们为他们杀了羊，做了手扒肉，烤了羊肉串。这都是当地牧民招待客人最隆重的方式。

（音响 13：周月明讲话）

"（我吃了以后）一下（子）感觉这个羊肉和别的品质不一样，觉得确实好。脂肪的含量比我们传统的羊肉要低，吃起来很有嚼劲，不像传统的那么绵软，肉也很细腻。确实不错，我们当场就决定用他们的了。"

2005 年 1 月，周月明代表东来顺集团和乔玉芳签署了购买合同。根据合同，在那一年，东来顺以每斤 12 元的价格购买了嘎查 75 万斤的羊肉。今年年初，周月明副总经理再次来到了巴彦托海嘎查，和乔玉芳签订了今年 350 万斤羊肉的购买合同，同时还将嘎查确定为东来顺集团的羊肉供应基地。从此，牧民们再也不用东奔西跑找买家了。牧民金丽英说，她从来没想过，卖羊可以如此简单。

（音响 14：金丽英讲话）

"（嘎查统计）每家每户有多少出栏的，然后跟东来顺联系，定好哪天送肉，他们（的人）在那接肉。（我们）自己在屠宰场自己做交易，因为肉价（嘎查和东来顺）都讲好了，屠宰，称重量，完了直接就付钱。他们（东来顺）的价比我们当地每斤要高出 6 块多，这样我一只羊卖了（原来）两只（羊）的价。"

更为可喜的是，通过网络，嘎查的牛肉、牧草、甚至野生的韭菜花也都找到了稳定的买家。比起以前卖牛卖羊四处找人，现在可是方便多了，牧民金淑梅说：

（音响 15：金淑梅讲话）

"卖牛卖羊就不犯愁了，我们在家里就坐着等着呗。价格也不低，也挺高，这不挺好嘛。我家今年卖了 10 多头牛、40 多只羊，光卖牛羊的收入就 4 万多，比去年多收入了 2 万多。收入多了，想买啥就买啥了。"

仅在这两年多的时间里，在巴彦托海嘎查的 140 户牧民里，年收入超过 10 万的就有十几户。去年整个嘎查的赢利达到了 38 万元，今年就增加到了 110 万元。牧民们有钱了，他们买了电视机、手扶拖拉机，还有不少人买了手提电脑呢！

正当牧民们为生活水平的提高兴奋不已的时候，乔玉芳又有了新的盘算。

（音响 16：乔玉芳讲话）

"要做羊肉深加工，不做深加工，就浪费了产品。（现在我们）是卖整只羊，（这是一种）很粗（放）的销售。我们准备建设一条自己的生产线，（这样）不仅卖了羊肉，还可以加工羊皮、生产羊杂碎等等。经过深加工，每只羊能多卖 100 多元，同时也可以解决牧民剩余劳动力问题。"

听众朋友，就在几天前，乔玉芳给我们打来电话，高兴地告诉我们，他们巴彦托海嘎查和东来顺集团双方共同出资 1600 万元，已经开始建设这条生产线了。预计到明年的八月，这条生产线就可以建成了。乔玉芳还告诉我们，她正通过网络联系新加坡、泰国和马来西亚等东南亚国家的厂商，她要让嘎查的牛羊肉走进世界这个大市场。

听众朋友们，我们的节目到这里就要跟您说再见了，但是乔玉芳和她的牧民们的故事仍在继续着。您不想看看呼伦贝尔草原那迷人的风光吗？不想认识这位泼辣能干的嘎查达乔玉芳吗？不想看看牧民们的新生活吗？欢迎您登录我们的网站：http：//esperanto. cri. cn。我们为您准备了丰富的图片。听众朋友，谢谢您的收听，我们下周见！

简 评

优秀专题报道《嘎查达乔玉芳和她的牧民们》，通过发生在内蒙古自治区呼伦贝尔草原上的一个真实的故事——巴彦托海村的嘎查达（村长）乔玉芳克服种种困难建立网站、解决村民卖牛羊的难题，向听众展示了草原牧民不畏艰难、积极进取、勇于开拓的精神风貌，刻画出一个中国农村基层干部的生动形象。本节目故事情节既生动曲折又真实自然，引人入胜，并且采用语言类音响和非语言类音响相结合的手法，真实地再现了当时的场景，使听众有身临其境的感觉。

为了他们的嘱托

——2006 年所罗门撤侨安置特别报道
(2006 年 9 月 8 日播出)

李天胜　包涛　谢小影　林静青　弥亚牛

(开始曲)

侨胞余仕阳:"我看到有很多人在很多地方捣乱,有火烧我们的住家,很多人在外面偷东西。"

侨胞余瑞堂:"所罗门没办法读书了,只能回到中国读书,只有中国才能照顾你们。"

侨办潘静桦:"我看到他们目光很彷徨的样子,我说祖国欢迎你们回来。"

主持人:中国国际广播电台,2006 年所罗门撤侨安置特别报道:《为了他们的嘱托》。

(音响 1:广东省江门市中加柏仁学校开学现场音响,渐隐)

9 月 4 日,广东省江门市中加柏仁学校的孩子们迎来了新的学期。这个中英文双语教学的国际学校,目前共有来自八个不同国家的学生,此刻,他们沐浴在早晨的阳光下,迎来了新学期的开学典礼。

余仕阳就在这里开始他的新学期。15 岁的余仕阳出生在离江门市区 50 公里外的广东省开平市,5 岁就离开中国到所罗门,今年 4 月所罗门发生骚乱后,他回到中国,进入这个国际学校。现在,他有时候还会和同学谈起当时的情形:

(音响 2:余仕阳讲话,直放)

"我看到有很多人在很多地方捣乱,有火烧我们的住家、铺头(注:店铺)。我当时在我们的住家后面,看到很多人在外面偷东西。"

2006 年 4 月 19 日,位于太平洋上的岛国所罗门群岛因议会选举结果争议引发骚乱，当地的唐人街受到一些暴徒的严重冲击，许多华人华侨的生命和财产安全受到严重威胁，包括余仕阳在内的 300 多名华人华侨和家属，在之后的几天内陆续被中国政府派出的专机安全撤离所罗门。

在所罗门发生骚乱的当天，有着七个月身孕的关斯琦刚好在父亲的陪同下回到广东省开平市探亲。25 岁的关斯琦四年前移民所罗门，回国之前她和丈夫、公公、婆婆和三个女儿在所罗门生活。在那里，他们有三间杂货店，平时经营各种日常用品，日子过得很平静。但这种平静现在已经被打破，三间杂货店在骚乱之后仅剩下一间半，庆幸的是发生骚乱的当天，她刚好回到中国：

（音响 3：关斯琦讲话，混）

"我一下飞机就已经知道了（发生骚乱），但不知道情况有多乱，于是没有在意。过了一个多小时后，我家婆打电话来说，什么都没有了。"

关斯琦和父亲陷入了深深的焦虑之中，但是他们所能做的就是等待，等待从所罗门那边传来的消息。

与此同时，关斯琦的丈夫余文辉拨通了开平市外事侨务局谢局长的电话。在电话里，余文辉哽咽着向开平市侨办谢局长介绍了当地混乱的局面。后来，他又叮嘱陪同妻子回国的父亲：有任何事情需要帮忙，就找谢局长。

余文辉所说的谢局长名叫谢解论，是开平市外事侨务局局长。在所罗门发生骚乱的第二天，他在办公室里见到了来访的余文辉的老父亲，他说，当时的情景依然历历在目：

（音响 4：谢解论讲话，直放）

"我记得一大早，一位姓余的老先生过来找我，看上去真的很憔悴，可能休息得不太好。（我）就问他，有什么事我能帮你。他就把所罗门的事说了一遍，余老先生的儿子交代他，回去找一个姓谢的局长，有什么事找到他都能（给）解决。我说行，这个事就是我们（应该）办的，是我们政府的事，有什么事，我们帮你解决。"

在所罗门群岛，开平籍侨胞占当地华人的 50% 以上，在得知所罗门发生骚乱后，谢解论迅速把情况向开平市人民政府、江门市外事侨务局和广东省侨办反映，也由此有了后来一系列大规模、复杂的安置侨民的工作。

（片花）

72 岁的黄娟金老人一家九口，本来日子过得其乐融融。此前他们在所罗门的家业是两间五金店铺，但在骚乱过后，店铺被洗劫一空，租住的房子和货柜全部被烧光，随同一起消失的还有手表、首饰，以及他们的护照和身份证。

（音响 5：黄娟金老人讲话，混）

"整幢房子里的东西都烧光了，连护照、身证份也烧了，就带了身体回来，还有身上穿的两件衣服，回国后（没衣服穿）还买了不少衣服，哪有什么东西带回来。"

尽管护照和身份证在大火中被烧毁，在中国有关方面的努力下，黄娟金老人一家还是得以顺利地回到中国的家中。4 月 25 日，中国政府专程赴所罗门接侨的飞机返回广州白云国际机场，黄娟金一家人终于站在了祖国的土地上。迎接他们的人员中，广东省江门市外事侨务局联络接待科科长潘静桦站在了最前面，在得知所罗门侨胞将回到中国的前一天晚上，她就来到了机场：

（音响 6：潘静桦讲话，直放）

"第一批出来是（凌晨）一点钟左右，最后一批出来已经四点钟了。我是在他们出口的那个地方去接的，我当时站在最前面接他们，看到他们目光很彷徨的样子，（很明显是）受了很大的惊吓。我说祖国欢迎你们回来，欢迎你们回到家乡（注：最后一句是广东话）。"

在经历了六个小时的飞行以及更为严重的心理冲击之后，侨胞们看上去都很疲惫。由于这场变故来得太突然，有的人只穿拖鞋，有的人只是手上拿着塑料袋。与他们同样疲惫的还有广东省侨办和各外事侨务局的工作人员，所不同的是，因为身上肩负着重要的使命，他们并没有意识到这种疲惫。

在中国政府作出撤侨的决定时，包括潘静桦、谢解论等人在内的侨务工作人员就开始和最基层的侨务会以及所罗门侨胞联系，核查回国人员的资料，然后联系侨胞在开平当地的亲属。4 月 24 日晚上 8 时，开平市由外侨、交通、公安、卫生等部门组成 20 人的接侨小组，出动 5 辆 40 座的大巴到白云机场迎接，在去机场的路上，他们还在不断地核查资料，帮助丢失护照和身份证的侨胞们进行重新登记。最后一批侨胞离开机场时，天已经发亮，而此时，许多工作人员都已经连续三天没怎么休息了，当被问到接侨的心情时，不太善于表达的潘静桦不时呵呵一笑：

（音响7：潘静桦讲话，直放）

"我觉得他们侨胞在国外遇到这么大困难，我没有多想什么，就是想这是我们侨务部门的责任，就是应该努力把他们安排好，我都没有想太多，就想着把工作做好。"

亲身经历了此次撤侨的黄娟金老人却有很多感慨，面对记者，她的情绪有些激动：

（音响8：黄娟金讲话，混）

"在有危难的时候，不是祖国派飞机来接我们，还有谁来接我们呀？我们有什么事，中国派飞机去接，还不收钱，这还不好？中国无限好，说不好的人真是没良心。"

潘静桦向记者介绍说，为了方便侨胞和所罗门的亲人联系，广东省侨办、江门外侨局和有关方面还发给每个人 500 元的电话费。另外，还安排了医院为侨胞们进行免费体检和心理辅导，帮助侨胞们尽快摆脱灾难带来的阴影，适应新的生活。

（片花）

与黄娟金一家相比，关斯琦家人要幸运一些。她的婆婆和三个孩子赶上了最后一批撤走的侨胞，回到中国和她会合，而且，几个人的护照和身份证也在大火中奇迹般地得以保存下来，不过孩子的成长环境却是关斯琦最关心的。

关斯琦的三个孩子中最大的还不到三岁，不知道害怕。见到妈妈时就说，东西被烧光了，没米（饭）吃了。关斯琦说，孩子们一度难以适应开平的生活：

（音响9：关斯琦讲话，混）

"（两个大点的小孩）今年（撤侨）回来一开始有些抗拒心理，后来发现这里有很多中国小朋友，又有很多东西玩，如电动玩具，就开始觉得中国可爱，中国漂亮，中国好玩，就说'我喜欢 CHINA，我喜欢大陆'。"

关斯琦的丈夫余文辉为了照顾生意，依然坚守在所罗门，这始终让关斯琦放心不下，而丈夫余文辉同样放心不下已有七个月身孕的妻子。回到开平的第二天上午，关斯琦的父亲余仲伟就走进开平市侨务办公室，老人说，面对所罗门骚乱给他们一家造成的巨大困境，他的女婿慌了手脚，所以想到谢局长，只能把希望寄托在祖国的身上。

为了使关斯琦免受干扰，开平市第二人民医院特意安排她住在单人的贵宾病房里。三个月后，关斯琦顺利地在医院产下一名婴儿，一家人的心这才落了地。关斯琦赶紧给丈夫打电话，好让丈夫安心：

（音响10：关斯琦讲话，混）

"一出产房我就打电话给他，说没事了。顺产，（孩子）6斤2两，现在10斤了。昨天我去复查，现在44天。"

现在，所罗门的局势已经趋于缓和，为了生计，丈夫余文辉也开始重新让生意开张。而远在祖国的谢解论经常会打电话过去，询问他当地的情况：

（音响11：拨电话声、谢解论和余文辉对话，混）

"谢解论：（电话铃声）Hello，我打电话问候一下你们，现在你们那边的情况如何？
余文辉：我们回来后一样继续做生意。
谢解论：唐人街现在怎么样？
余文辉：被焚烧的店铺的人都在等待，大家都不敢重新兴建店铺，因为现在局势还不稳定。
谢解论：文辉呀，我通过这个电话代表开平外事侨务局问候你，并通过你向所罗门的开平侨胞致以问候。
余文辉：谢谢你，谢谢开平市政府！谢谢中国政府！"

（片花）

在开平市外事侨务局的办公室墙上，记者看到两面锦旗，上面写着"强国盛乡慰游子，扶危救急暖侨心"。谢解论局长介绍，那是他到侨胞家中进行慰问时，远在所罗门的侨胞委托亲戚转交给他的，他同时表示，政府将尽力让所有的侨胞在家乡住得安心：

（音响 12：谢解论讲话，直放）

"这两面旗都是所罗门华侨委托送给外侨局表示感谢的。到目前为止，没有出现一个有病没钱看、小孩没办法读书、家里人三餐搞不定（的情况）。市政府也表态，如果确实有困难，照顾一下，一定保证他们在开平住得好，安心，小孩有学上。"

在余仕阳和他的弟弟妹妹们回到中国之前，他们的爸爸余瑞堂一度非常担心孩子的上学问题：

（音响 13：余瑞堂讲话，混）

"当时他们一定要离开那个动乱之地。我跟他们说，回到中国后一定要听妈妈的话，要勤奋读书，政府如果安排读书的话，你们一定要努力读书。所罗门没办法读书了，只能回到中国读书。只有中国才能照顾你们。我是这样跟他们说的。"

在开平市侨务部门和教育部门的协调下，余仕阳 10 岁的弟弟余仕贤已经在开平三埠南山小学学习。余仕贤的妈妈说，当初听说能够上学，小仕贤很开心。他特别喜欢吃老家的烧味，现在的他已经比刚从所罗门回来时胖了不少。

由于余仕阳回来的时候并不是新学期的开始，为了不耽误孩子的学习，也考虑到侨胞的家庭经济状况，在当地侨务部门的协调下，中港英文学校和中加柏仁学校都决定免费让从所罗门回来的孩子上暑期补习班，并且在开学后给予学费上的优惠。同时，为了避免骚乱对孩子的心理造成影响，他们还对几个小侨胞特别照顾。对此，中加柏仁学校校长袁炽锋介绍说：

（音响 14：中加柏仁英文学校校长袁炽锋讲话，混）

"余仕阳刚回来时，我们是特别关注的，专门派车从开平接他们过来读书，又安排一个校医陪他们几天时间，让他们习惯学校的生活。我们主要从生活方面多关心他们，给他们温暖，让他们感觉这是他们的大家庭、大后方，使他们能够安心读书。"

（音响 15：记者与余仕阳对话，直放）

"记者：你对这个学校有什么样的感觉？

余仕阳：觉得很开心，我到这里有两个月了，我觉得这里很好，像大家庭，有很多新朋友，这里的老师对我们很热情。

记者：来新学校也有两个多月了，有没有什么样的收获？

余仕阳：中文有很大进步，我的英文也没有不记得的。"

（音响16：师生在课堂上朗诵《望江南》，渐隐，音乐起）

现在，余仕阳和他的弟弟已经可以安心地坐在教室里，和同龄的孩子们一起学习中国的传统文化。他说他不想回所罗门，因为这里有很多好朋友，他舍不得离开他们。

好了，听众朋友，这次节目就为您播送到这儿，感谢您的收听。再见。

（音乐扬起）

简　评

通过对从所罗门回到祖国的三个普通家庭的采访，反映了由于祖国的强大，中国政府对华侨的人身和财产安全的保护能力都得到极大的增强，祖国成为海外华侨华人能够充分信任和依靠的避风港；同时也体现了中国政府"以人为本"的执政理念和"外交为民"的作风。

该节目是针对性和对象性都很强的一篇专题报道，特色鲜明，其特点概括如下：

一、主题明确、小中见大。全篇紧紧抓住"撤侨安置"这一主题，以讲故事的方式层层展开，以三个家庭的不同遭遇为例，充分展示出在撤侨安置行动中中国政府"以人为本"的执政理念和"外交为民"的作风。

二、音响典型、内容丰富。通过侨民自身的讲述，有力地驳斥了外界关于中国政府撤侨还收取费用的不实之词。

三、首尾呼应、结构精巧。作者以学校开学开篇，以孩子校园生活结束，整篇报道叙事架构平实，但引人入胜。

相隔万里路　浓浓中非情
——五十年回望中非友谊
（2006 年 11 月 5 日播出）

郑磊　弥亚牛　刘轶瑶　江爱民　张晖　申旭

（片花）

肯尼亚孔子学院学生：胡主席，我们的《茉莉花》唱得好吗？

胡锦涛：你们不仅唱得好，而且有中国味。

温家宝：海内存知己，天涯若比邻。这一句诗表明中国和非洲虽然距离遥远，天涯海角，但是就像邻居一样。

中国志愿者：埃塞人民的热情友好，让我觉得如同在家一样。我还想回埃塞俄比亚。

非洲留学生：我在中国已经两年多了，我对中国的文化非常感兴趣，我希望你们也把我当作好朋友。

中国国际广播电台"中非合作论坛"特别报道：《相隔万里路　浓浓中非情——五十年回望中非情》。

（音响 1：非洲鼓乐，渐混）

主持人：非洲，一个富于神性的阳光大陆，一片生机勃勃的热土，那里有非凡的土著部落生息着，奇特的动物繁衍着，还有 53 个国家交织成的灿烂文化。

（音响 2：中国鼓乐，渐混）

主持人：中国，一个古老神秘的文明大国，一片山河壮丽的土地，这里有世界闻名的历史遗迹，这里有辉煌灿烂的文化艺术，还有 56 个民族共同造就的欣欣向荣。

（音响 3：海鸥声、海浪声，渐混）

主持人：600 年前，中国航海家郑和率领的船队，乘风破浪，行程万里，抵达非洲东海岸，从而揭开了中非正式交往的序幕。

1949 年 10 月 1 日，中华人民共和国成立，中国进入了新的历史阶段，这也预示着中非关系将进入新的历史阶段。1956 年 5 月，中国同埃及建交，开启了新中国与非洲国家建立外交关系的进程，到如今，这一进程正好走过了半个世纪。从紫禁城到金字塔、从长江到尼罗河，半个世纪以来，共同的经历、共同的命运，将中国与非洲紧紧联系在一起。

（音响 4：轮船汽笛声，渐混）

主持人：位于埃及东北部的苏伊士运河，是连接地中海与印度洋的"水上桥梁"、世界最繁忙的水道，每年都有 100 多个国家的两万多艘轮船由此经过。2006 年 7 月 26 日，苏伊士运河沿岸城市伊斯梅利亚举行了一场新闻发布会。苏伊士运河管理局局长法迪勒在发布会上说：

（音响 5：法迪勒讲话，阿拉伯语）

"感谢前总统纳赛尔，宣布苏伊士运河国有化。他收回了运河，也收回了埃及人的尊严。"

主持人：50 年前的这一天，当时的埃及总统纳赛尔宣布收回由英国和法国控制的苏伊士运河主权。然而，这项正义行动遭遇了英法等国的干涉，它们对埃及发动了侵略战争。就在那危难时刻，刚刚同埃及建交的中国挺身而出。谈起那段历史，时任中国国际广播电台的前身——北京电台新闻组组长的卢居老先生还记忆犹新。

（音响 6：卢居讲话，汉语）

"我们在当时的新闻节目、专题节目、评论节目中，都对这件事情进行了报道。我记得，毛主席在中共八大的开幕式上对埃及政府收回苏伊士运河表示了坚决的支持。中国政府还向埃及提供了 2000 万瑞士法郎的无偿援助。当时，北京有大约 50 万人举行游行活动声援埃及，全国各地大约有上亿的群众进行了同样的声援。"

主持人：新中国向非洲，也向世界展示了是非明确、爱憎分明的外交形象，这给其他非洲国家留下了深刻的印象。此后，非洲国家纷纷同中国建交。当时，这些国家大都刚刚摆脱殖民统治，积贫积弱。而自身并不富裕的中国向他们伸出了热情的双手，给予了无私的援助。

（音响 7：坦赞铁路火车汽笛声、乘客唱中国歌，压混）

主持人：坦赞铁路，非洲人都亲切地称它为"友谊之路"。如今，火车的轰隆声在这条铁路上响彻了 30 年。30 年来，这条铁路对坦赞两国乃至东南部非洲的经济发展和民族解放发挥了巨大作用。已故的坦桑尼亚前总统尼雷尔曾回忆起他向中国领导人提出修建这条铁路的情景，中国对非洲援助的诚恳热切永远留在了他的记忆中。那是 1965 年 2 月，他来到北京访问。

（音响 8：尼雷尔讲话，英语）

"我们讨论了很多问题，他们表示将在很多问题上帮助我们。然后是中方提出了问题，你们还有没有别的事情需要我们助一臂之力？我非常犹豫，不知如何回答。如果不是中国领导人再三追问我的话，我绝对不会提及此事。但是经过我们长时间的讨论后，他们再三询问：你们还有别的重要事情要做吗？我这次解释了这件事情。但我并不期望他们对此作出任何承诺，从未期望过。而中国的国家主席刘少奇说，如果那条铁路对你们和赞比亚来说是非常重要，我们就一定帮助你们修建它。"

主持人：随后，近 5 万名中国工程技术人员先后奔赴非洲。坦赞铁路沿线，沟壑纵横，草木丛生，地质条件异常复杂。如今已经 92 岁高龄的坦赞铁路中国铁路工作组组长布克依然还清楚地记得他当年带队勘探东非大裂谷的情景。

（音响 9：布克讲话，汉语）

"山是乱的，河流不通，野草像我们的高粱似的，一片一片。站在山上望去，是茫茫然大草原，还有淤泥地带，山体排列也不规则，打的隧道都是偏的。那个地方是风化花岗岩，树木的根都是往旁边长的，施工很困难。"

主持人：尽管如此，中国工程技术人员不畏艰险，他们开山修路，遇水架桥，1860 公里长的铁轨不仅仅把坦赞两国人民联系在了一起，也把非洲人民和万里之外的中国人民的心紧紧联在了一起。这是一条用热血和生命铸就的"友谊之路"，为了它，有 64 名中华儿女永远长眠在了非洲大地上。2006 年 6 月 23 日，坦桑尼亚首都达累斯萨拉姆市郊的中国援坦专家公墓，一片肃穆。正在非洲访问的中国总理温家宝前往陵园看望那些长眠在异国土地上的亲人。

（音响 10：温家宝讲话，汉语）

"30 多年前，一群中华民族的优秀儿女肩负着祖国和人民的重托，远涉重洋，踏上广袤的非洲大陆。他们披荆斩棘，历尽千辛万苦，与勤劳、勇敢的坦桑尼亚和赞比亚人民携手并肩，在非洲大地上建造出一条现代化的铁路，而他们中间的一部分人却永远安息在这片远离故乡的土地上。"

（插播片花）

（音响 11：掌声，渐混）

主持人：1971 年 10 月 25 日晚将近 10 点，位于纽约东河河畔的联合国会议大厅响起了暴风雨般的掌声。第 26 届联大通过了关于恢复中华人民共和国在联合国一切合法权利的第 2758 号决议，至此，新中国被剥夺在联合国合法席位长达 22 年之久的历史画上了句号。随后，中国马上派出代表团参加第 26 届联大。事隔 35 年后，当时的中国代表团成员吴妙发在回忆起当年的情景时依然激动不已。

（音响 12：吴妙发讲话，汉语）

"当时联大投票中，76 票赞成、35 票反对、17 票弃权，非洲国家占了相当大的一部分。投票通过以后，联合国里面出现了非常令人鼓舞的场面。许多黑人兄弟从联合国代表席位上站起来，有的国家（代表）在走道上跳起了舞。这个场面到今天已经 35 周年了，今天回忆起来都是刻骨铭心的。"

主持人：这不仅是中国人民的胜利，也是包括非洲国家在内的所有第三世界国家人民的胜利。巴基斯坦前常驻联合国代表阿迦·夏希说：

（音响 13：夏希讲话，英语）

"我的朋友萨利姆，那时是坦桑尼亚（常驻联合国）代表，他从座位上站起来，走到联合国会议大厅当中跳舞，庆祝我们的胜利。"

主持人：中国前领导人毛泽东曾诙谐地说："是非洲兄弟把我们抬进联合

国的。" 1971 年 11 月 15 日，中国代表团团长乔冠华走上联合国的讲台，他代表着一个占世界五分之一人口的大国，也表达了非洲兄弟的心声，表达了广大发展中国家人民的心愿。

（音响 14：乔冠华讲话，汉语）

"我们一贯主张，国家不论大小，应该一律平等。和平共处五项原则应该成为国与国之间的关系的准则。各国人民有权按照自己的意愿选择本国的社会制度，有权维护本国的独立、主权和领土完整。任何国家都无权对另一个国家进行侵略、颠覆、统治、干涉和欺侮。"

主持人：中国重返联合国，标志着"一个中国"的原则在联合国得到了确立。多年以来，广大非洲国家一直坚持"一个中国"原则，先后 13 次在联大总务委员会反对将所谓"台湾重返或参与联合国问题提案"列入联大议事日程，并多次抵制台湾挤入只有主权国家才能参与的国际机构的图谋。

主持人：不仅如此，在国际舞台上，非洲国家给予了中国正义而坚定的支持，多次挫败了西方国家提出的反华人权提案。

（音响 15：钱慰曾现场报道，汉语）

"我是中国国际广播电台驻瑞士记者钱慰曾。我现在所在的位置是日内瓦万国宫的第十七议事厅。从 1990 年到 2004 年，就是在这个会议厅里，以美国为首的西方国家曾经 11 次在联合国人权会议上，以所谓人权为借口，提出反华提案。但是在世界上大多数主持正义的国家的支持下，提案都遭到彻底失败，其中非洲国家给了中国十分宝贵的支持。联合国人权委员会共有 53 个成员国组成，而根据名额地区分配的原则，非洲国家在这 53 个国家中占 15 席，这 15 席在支持中国的票数中占了大多数。"

主持人：中国与非洲国家在相互信任、相互理解、相互支持中走过了半个世纪的历程，如今中非又携手迈进了新世纪。

（插播片花）

主持人：进入新世纪以来，中非双方政治关系更加密切，高层互访不断。仅 2006 年 4 月到 6 月期间，中国国家主席胡锦涛和总理温家宝就先后访问了非洲，他们的足迹踏访了非洲大陆的南北东西。

（音响16：歌曲《茉莉花》）

主持人：这是2006年4月29日，肯尼亚首都内罗毕孔子学院的学生唱着中国传统民歌《茉莉花》来欢迎胡锦涛主席的到访。

（音响17：学生同胡主席交谈，汉语）

"胡主席我可以提个问题吗？我们的《茉莉花》唱得好吗？"

"好，这是我家乡的一首歌，你们不仅唱得好，而且有中国味。"

主持人：2006年6月20日，温家宝总理在刚果共和国首都布拉柴维尔参观一所中学时深情地说：

（音响18：温家宝讲话，汉语）

"海内存知己，天涯若比邻。这一句诗表明中国和非洲虽然距离遥远，天涯海角，但是就像邻居一样。"

主持人：随着新世纪国际形势的变化和双方进一步加强交流的需求，2000年10月，中非双方共同创立了"中非合作论坛"。中国国际问题研究所非洲中东南亚研究室副主任王洪一认为，"中非合作论坛"已经成为新形势下中非集体对话与务实合作的有效机制和重要平台。

（音响19：王洪一讲话，汉语）

"成立'中非（合作）论坛'是在新的历史时期应众多非洲国家的要求建立起来的，是中非关系发展到一定层次和阶段之后的必然要求。经过三次的部长级会议，论坛已经成为指导中非关系发展的一个机制性平台，对促进中非关系的重要作用也日益体现出来。'中非论坛'不仅是中非关系史上的一个里程碑式的事件，也是中国发展与发展中国家关系的里程碑，会为中国外交史留下浓厚的色彩斑斓的一笔。"

主持人：进入新世纪，中国一如既往，一直没有中断对非洲的支持和援助，但随着时代的发展，这种支持开始从单纯的物质援助逐渐转向开展技术合作等新形式。中国南车集团铜陵车辆厂在2006年6月至8月为两名坦赞铁路工人提供了技术培训。张焱明担任这两名非洲朋友的班主任。

（音响 20：张焱明讲话，汉语）

"他们这次学习的重点主要是平车的制造、使用和维修，另外我们还根据两位外方人员的要求，增加了 CAD 和三维设计教学。在新世纪里，我们认为，（对非洲国家的援助）可以采取经济合作和技术援助的方式进行，从而增加他们自身造血的功能，增强自身经济发展的能力。"

主持人：在政府间的交流合作不断进行的同时，中非之间的民间交流以及文化交流也逐渐展开。2005 年 8 月，一批年轻的中国大学生来到了埃塞俄比亚，他们是中国首批前往非洲的志愿者。复旦大学的博士冯艾是他们的队长，她的主要任务是中文教学。在谈到如何启发埃塞孩子学中文时，她饶有兴趣地说：

（音响 21：冯艾讲话，汉语）

"比如说，我在讲人体的这些五官、器官的时候，先是让每个人在纸上画一个人体图，包括鼻子、眼睛、各个器官、手都给画出来、标注出来，（然后告诉他们）一个一个地方用中文怎么说。接着大家就会做游戏，比如，我说：'眉毛'，他们就给自己指眉毛在哪儿。'鼻子'，赶快指鼻子。'嘴巴'，指嘴。"

主持人：在埃塞俄比亚的 365 个日子里，冯艾留下了许多美好的回忆。如今，她已经回到祖国，但她说，如果有机会，她还想再去埃塞俄比亚。

（音响 22：捷盖唱京剧，渐混）

主持人：如果不是亲眼见到他，你很可能不会相信一个非洲朋友会把中国的京剧唱得如此韵味十足。他叫捷盖，2003 年底来到中国，在北京语言大学学习了 8 个月的汉语。现在，捷盖不仅京戏唱得地道，中国的相声，甚至川剧的"变脸"，他也都表演得有模有样。他还不忘向他的非洲老乡推介中国文化。说起这一点，捷盖颇为自豪。

（音响 23：捷盖讲话，汉语）

"我也想让我周围的所有的非洲人喜欢中国的文化，比如说有一些刚来中国的喀麦隆人说：'京剧怎么那么难听，怎么会那样 YA，YA，YA 地唱呀、喊呀？'我经常跟他们说：'你别一看就说难听，你先认真地听，然后看背后有什么样的故事，他们在讲什么。你别一听两秒钟就跑了，你这样永远什么也学不会。'"

主持人：冯艾和捷盖只是众多从事中非民间交流的代表。中国—非洲人民友好协会秘书长林怡在谈到中非的民间交往时说：

（音响 24：林怡讲话，汉语）

"中非之间的民间外交，这对大家都是双赢的。交往是互相的，把非洲介绍到中国，然后介绍新的非洲，那是我们更加注重的一个新的内容，这是我们新的工作内容，在中国人民当中宣传非洲，培养中国热爱非洲的人。"

主持人：在中国和非洲开启外交关系 50 周年之际和中非合作论坛北京峰会召开前夕，我们专门采访了中国前驻埃及大使安惠侯和埃及前驻中国大使希夫尼。在回忆起自己的外交生涯时，两位外交官都充满了感情。

（音响 25：安惠侯讲话，汉语）

"作为一个外交官，我先后在 8 个国家工作过，在这 8 个国家当中，有 6 个国家是非洲国家。所以我对非洲有很深厚的感情。我深深感到非洲人民和中国人民有着共同的理想，共同的奋斗目标，我们相互之间是很容易取得同情和理解的。所以非洲和中国人民的友谊是非常牢固，也是非常真诚的。"

（音响 26：希夫尼讲话，阿拉伯语）

"我曾于 2001 年至 2005 年担任埃及驻华大使，在这期间，给我留下最深印象的就是，我能从中国政府官员和普通百姓那里感到他们的热情友好以及他们对我工作的鼓励，这些不仅来自北京，中国各地的朋友们都给了我同样的热情和支持。这让我深深体会到了中国在以这种热情向包括埃及在内的世界各国开放自己。"

主持人：两位老大使还表达了他们对中非关系未来的展望：

（音响 27：安惠侯讲话，汉语）

"我相信，随着中国国家的不断发展，随着非洲各个国家不断的发展，中国和非洲之间的合作，前途是非常广阔，一定会不断得到更好的发展。"

（音响 28：希夫尼讲话，阿拉伯语）

"中非关系是全面的、多样的，近年来进步显著。我们很高兴地看到这种局面，希望这种合作关系持续并发展。因为中非的合作不带有任何政治条件，是建立在互相尊重、互惠互利的基础上的，是一种双赢合作。"

主持人：2006 年 6 月 23 日，正在乌干达访问的温家宝总理出席了中乌群众联欢会。在联欢会上，温总理即兴朗诵了一首诗：《我回家了》。

（播音员朗诵，配乐）

"我回家了。山一程，水一程，来看望非洲弟兄。
花团锦簇，旗飞鼓鸣，似海深情。五十年风雨历程，把中非人民连结得更紧。
我回家了。歌相送，舞相迎，瞬间凝成永恒。
相聚短暂，相知犹长，说不尽的话语表达一个心愿：互利合作，共同发展，共享繁荣。
我回家了。风一更，雨一更，才聚首又要启程。
人有离合，月有圆缺，实难舍非洲弟兄。
长城与维多利亚湖相距遥远，但隔不断友谊的力量和赤诚。"

主持人："我回家了"，这是对中非友谊最恰如其分的概括。中非是全天候的好朋友，是真诚合作的好伙伴，是情同手足的好兄弟。虽然相距万里之遥，但中国与非洲人民的心始终紧紧的连在一起。

简　评

用广播来讲历史是《相隔万里路　浓浓中非情》这个节目的一大突破。2006 年是中国和非洲开启外交关系五十周年，又恰逢"中非合作论坛北京峰会"在北京举行。五十年的中非交往史，在不到三十分钟的节目得到浓缩。节目通过采访外交官、国际问题研究学者、记者等这些当年历史事件的亲历者和见证者来向我们讲述历史，表现了中非是全天候的好朋友、真诚合作的好伙伴、情同手足的好兄弟这个主题，使节目更具权威性和可信性。大量珍贵历史音响的运用更是突出了广播特色，让听众感到亲切和自然，仿佛回到当年的场景。

"《嘻唰唰》抄袭事件"
引发中国音乐界对版权保护的思考

（2006 年 3 月 23 日播出）

井晓慧　刘咏梅　周海涛

　　花儿乐队曾经是一支颇受年轻人喜爱的中国流行乐队，然而，这支乐队如今却深陷剽窃事件的泥潭，一蹶不振。事情是这样的：去年，这支乐队演唱了一首名叫《嘻唰唰》的歌曲，此歌面世后，长时间名列各类流行歌曲排行榜的前列甚至是榜首。但是，有关这首歌的负面消息很快传了出来，歌迷和音乐界曝光说，《嘻唰唰》系抄袭之作，而在花儿乐队发行的最新专集中，包括《嘻唰唰》在内，居然有四首歌是剽窃而来！此事，在中国流行乐坛引发了一场地震。下面，请听本台记者井晓慧就相关事件发回的报道：

　　（音响 1：《嘻唰唰》部分段落，混播）

　　听众朋友，您现在听到的就是花儿乐队那首有争议的歌曲《嘻唰唰》。如果您是日本流行乐的乐迷，您也许会发现，这首歌的旋律，和日本流行乐队 PUFFY 组合的歌曲《K2G 奔向你》几乎一模一样。

　　王小峰是中国著名的乐评人，作为一位专业人士，正是他最早在个人网页上揭露"花儿"乐队的剽窃行为。在个人网页上，他还列出了自己认为的"花儿"乐队涉嫌抄袭的 13 首歌曲的名称，并一一指出了它们抄袭的是哪些歌曲。回忆起当时的情况，王小峰先生对记者说，他是在网络上看到相关议论后，才注意到这件事的：

　　（音响 2：王讲话）

　　"我是去年 12 月左右，我陆陆续续在网上看到关于'花儿'抄袭这个事。我一直在整理这个东西。后来，我在我的博客（注：博客可译为'个人网页'）上贴过一首《嘻唰唰》和日本的《K2G 奔向你》，贴出来之后，就有好多人告诉我，还有哪首歌他们是抄的？到后来，我就把（我认为涉嫌抄袭的）

所有的东西就全贴出来了。"

其实，在崇拜欧美、日韩流行乐的中国流行音乐界，不少歌手在创作时都会有意无意地模仿外国流行乐。不过，他们的模仿行为，大多数还只是局部的模仿，也就是说，只涉及个别的段落。像"花儿"乐队这样集中地剽窃外国歌曲的行为，还并不多见。也正因此，王小峰先生感到有必要把此事揭露出来，以此警示中国流行音乐界。他说：

（音响3：王讲话）

"我觉得这样才能警醒艺人，你创作的时候应该态度端正一些。你创作的时候别偷人家东西，你能听到，别人肯定也能听到。而且现在又有网络，大家随时都可能找到（那些被抄袭的原创歌曲）。"

在王先生站出来揭发剽窃事件的同时，中国各大媒体也十分关注这一事件，并进行了大量的报道。在这些报道中，除个别媒体为"花儿"乐队鸣不平之外，绝大多数媒体都一致批评和谴责了"花儿"乐队不道德的剽窃行为。许多媒体引用《嘻唰唰》的歌词——"拿了我的给我还回来，吃了我的给我吐出来"指出，抄袭行为是要付出代价的。"花儿"乐队确实付出了惨痛的代价。中国流行歌坛一些重要评奖，纷纷宣布取消"花儿"乐队参加2005年度评奖的资格；3月16日，"花儿"乐队所属的百代唱片公司公开道歉，承认"花儿"乐队的抄袭行为，并宣布将与日本PUFFY乐队所属的索尼公司，各分享《嘻唰唰》50%的版权；此前已经和"花儿"乐队签约的演出活动，也因此事而取消了……当然，最愤怒的还是"花儿"乐队的歌迷。正在上大学的一位姓李的同学对记者说：

（音响4：李讲话）

"我觉得这（抄袭）是一种很不好的行为，感觉他们欺骗了我们。我觉得，作为一个原创乐队，应该有自己的作品。"

尽管仍然有一些铁杆歌迷表示继续支持"花儿"乐队，但更多的歌迷像李同学那样表示，抄袭是可耻的，他们对"花儿"乐队的喜爱程度大打折扣，有的人甚至声称，要到音像商店退他们购买的"花儿"乐队的专辑。

在"《嘻唰唰》抄袭事件"曝光之前，中国的流行乐坛时常会曝出抄袭丑闻。但是，没有哪一次的反响像今天这么大，在分析这其中的原因时，音乐界人士认为，过去，中国人对知识产权、特别是对音像制品版权的保护意识比较薄弱，往往认为抄袭一两段旋律不是什么"大的过错"，这也助长了一些人的剽窃行为。

不过近几年来，随着音乐版权意识的普及，越来越多的中国音乐人意识到，不大张旗鼓地打击剽窃行为，鼓励流行音乐原创就无从谈起，中国也永远不会有自己的原创流行乐。正是在这种背景下，"花儿"乐队的抄袭事件被揭露出来了。中国音乐界和新闻媒体，无不想借这一事件，提醒年轻一代的音乐人，要学会独立思考、独立创作，抄袭是一种可耻的行为。在谈到这一事件时，中国著名作曲家谷建芬女士对记者表示：

（音响5：谷讲话）

"我觉得这是一个很好的反面教材。现在的青年人，由于市场（驱动）的原因，或是他们公司利益的驱动，求胜心切，都想走捷径，因此常常走入（剽窃的）误区。把别人的东西拿来占为己有，我想这个从艺术的道德来讲是不允许的，从音乐事业的发展更是不允许的。"

在回顾这一事件的来龙去脉时，舆论认为，中国各界对这一剽窃事件作出的激烈反应，正反映出中国音乐界、舆论界对版权保护提出了更高的要求，人们已不再满足于私下议论剽窃行为，而是一旦发现，就要站出来大声揭露。

如今，"《嘻唰唰》抄袭事件"已尘埃落定，但它必定会成为中国保护音乐版权事业的一个转折点，今后，无论是普通的歌迷还是音乐创作人，对音乐版权的问题，都会有一个全新的认识。

简　　评

有关知识产权的保护问题一直是中外关注的焦点。当网上爆出"花儿"乐队的当红歌曲《嘻唰唰》涉嫌抄袭以后，在社会上引起很大反响。作者抓住契机，及时采制了这个节目，从不同的角度反映了中国人对保护知识产权的积极态度。这篇作品具有很强的对外性，同时也反映了作者具有较强的新闻敏感性。

通过对著名音乐人王晓峰、作曲家古建芬和大学生歌迷的采访，节目客观地报道了抄袭事件在社会上产生的负面影响。同时也展示了中国音乐界及歌迷对抄袭事件的批评态度，以及对保护知识产权的意识的提高。整个节目短小精练，有理有据，时效性强。

你好北京！你好首尔！

韩昌松　李海玉　金锦哲　朱正善

上篇：在华韩国人
（2006 年 12 月 8 日播出）

（音响 1：音乐出）

乙：你好，我是韩国 KBS 的节目主持——卞宇英。

甲：大家好，我是 CRI 节目主持人——金锦哲。

乙：锦哲，说到韩国的话，你首先会想到什么呢？

甲：嗯……会想起很多，譬如 2002 年的韩日世界杯以及红魔，还有 IT，现代汽车和泡菜等等……

乙：确实挺多的，反过来，我也想过这个问题。一想到中国呢，我会想起长城、炸酱面、还有华侨等等。看来咱们都互相了解得很多。韩中两国建交已有 14 年了。俗话说‘十年河东，十年河西’，在这 14 年间韩中两国的关系得到了飞快的发展。在韩国可以接触到中国人以及中国文化，同样，在中国呢，可以轻而易举地接触到韩国人以及韩国文化。

甲：没错，这一切都在表明两国走得越来越近了。尤其是，现在每天来回中国的韩国人数已经超过 1 万人次，成为了访问中国的外国人之最。如果说，每这 1 万韩国人留下的影子成为一种文化的话，那就非常了不得啦。

乙：是啊。而且与 14 年前相比较，访问韩国的中国人也增加了近 10 倍。两国关系正在如火如荼地发展，那么，两国的媒体是不是也应该进一步加强合作与交流呢？因此，今年 KBS 国际广播和 CRI 朝鲜语广播也手牵手，共同制作了专题节目。

甲：直击中韩两国人在两国工作、学习和生活现状，了解两国的经济、文化交流情况。通过对两国大使、文化院院长以及专家和普通市民的采访，寻找进一步加深友谊的方向。

乙：KBS – CRI 共同企划专题节目——"你好北京！"

甲："你好首尔！"

乙：今天，先走进中国，看看在华韩国人的生活状况。首先，让我们一同来回顾，14 年前，韩中两国建交时候的情景。

（音响 2：两国建交当时新闻录音〈时任韩国外务部长官李相玉和时任韩国总统卢泰愚〉）

"大家好！今天，大韩民国和中华人民共和国打破 40 多年来断绝来往和敌对的僵局，正式建交了……"

"亲爱的国民们，大韩民国和中华人民共和国决定，从今天起结束长期的非正常关系，正式建立大使级外交关系……"

乙：韩中两国建交是在 1992 年的 8 月 24 日。在这以后，两国关系得到了迅猛地发展。建交当时，两国双边贸易额为 50 亿美元，但去年，已超过 1000 亿美元，增长了 20 倍以上。据说，中日两国双边贸易额达到这一数，用了 30 年。那么，14 年以来，两国关系究竟发展到哪一步了呢？一起来听一听韩国驻华大使金夏中先生的评价。

（音响 3：金夏中大使）

"建交 14 年以来，韩中两国关系取得了令世人惊讶的飞速发展，这在近代外交关系史上是极为罕见的。建交至今，两国的双边贸易额从最初的 50 亿美元增加到 2005 年的 1100 多亿美元，扩大了 20 多倍。现在，中国是韩国的第一大贸易对象国、第一大投资对象国、第一大出口对象国，而韩国也是中国的第二大投资来源国、第三大贸易对象国。

从人员交流角度看，14 年以来，也从 13 万人次增加到 2005 年的 430 万人次，扩大了 30 多倍，同时，访问韩国的中国人数也增加了 10 多倍。现在，每天都有 1 万多人次的韩国人来回中国。92 年建交当时，居住在北京的韩国人还不到 100 人，但如今已增加到 8～10 万人。而中国的韩国留学生数已达到 54000 多人，占总外国留学生数的 38%。这是非常惊人的数字。

韩中关系如果按照目前的趋势发展，两国贸易额将在数年内突破 2000 亿美元，两国的人员交流也将迎来突破 1000 万人次。"

乙：两国关系的发展真是令人瞠目结舌呀，尤其是两国的留学生交流。

甲：是的。留学韩国的中国学生数也达到 2 万多名，位居各国之首。我想在这其中，两国大学之间广泛缔结的姊妹学校起到了非常积极的作用。现在已有韩国的 120 所大学与中国的 172 所大学缔结了姊妹关系。

乙：而且，每周来回飞往两国的航班已达 670 多个，今后还有望突破 1000 个航班。这一切都那么令人惊奇。

甲：地理上，中韩两国互为最近的邻国，可以说，从古到今，两国间的交流一直比较活跃。

乙：随着两国经济交流的日益活跃，再加上韩国电视剧、电影、流行歌曲等韩流的带动，留学中国的韩国学生和学习韩国语的中国人在与日俱增。

甲：没错。参加韩国语能力考试以及汉语水平考试的学生数，也各属中国和韩国的学生为最多。接下来出场的是北京语言大学的韩国留学生和学习韩国语的中国学生。首先有请韩国留学生。

（音响 4：韩国留学生）

"韩国留学生尹子慧：我是为了学习汉语、了解中国文化，选择了留学中国。

韩国留学生俞舒姬：'中文热'正在风靡全球，甚至快赶上英语了，所以我想值得一学，就这样来到了中国北京。现在看来，我的选择还是非常正确的。（笑声……）

韩国留学生李晟昊：我的专业是中文，但始终觉得在韩国学中文没有什么长进，所以毅然作出了到中国留学的决定。"

乙：大部分的学生都觉得将来一定会用上汉语，所以有越来越多的韩国学生在选择留学中国，这样一来呢，两国学生间的交流就会越来越加深。

甲：是啊，与其相应的，在中国，也有越来越多的年轻人在学习韩国语。接下来我们就来听听中国学生是怎么说的。

（音响 5：中国学生）

"中国学生赵好奇：我非常喜欢韩国的演员、电视剧之类的，所以选择了韩国语系。

中国学生李相：我中学考入了外国语学校，当时就想学一门英语以外的外语，就觉得韩国语比较有意思，而且又比较容易学，韩国呢，又是中国的友好邻邦，就这样选择了韩国语，并一直学到现在。"

（两人合唱韩国歌曲……）

乙：韩国人气组合"玻璃箱子"的《可以爱你吗?》让他们演绎得如此淋漓尽致，比我这个韩国人还唱得好听。

甲：在中国，有很多喜欢唱韩剧主题曲以及流行歌曲的年轻人，也都唱得非常好。

乙：随着两国文化交流的加强，在中国，研究韩国学的地方也随之多了起来。

甲：是的。北京大学韩国学研究中心应该是很好的例子。1991 年 4 月成立当初呢，由于当时的时代背景，这个中心叫做"朝鲜历史文化研究所"，中韩两国建交之后的 1993 年才正式更名为"韩国学研究中心"。主要研究韩国历史、文化、经济和政治等领域。

乙：下面就有请韩国学研究中心副主任——沈定昌教授。

（音响 6：沈定昌教授）

"最初，中韩两国尚未建交之前，主要的研究对象是朝鲜。中韩两国建交后，就对整个朝鲜半岛进行了研究。近几年，我们中心主要是研究韩国，一方面也担负着向中国人介绍韩国的角色。我在给学生们讲课时，经常讲有关中韩关系、韩国的经济、还有韩国社会以及一般常识等方面的内容。现在北京大学韩国语系每年招生 15 名左右，专科院招生 6～8 名，现在大概总共有 85 名左右。"

乙：这相当于北京大学就有 80 多人正在研究韩国，作为韩国人，真的很高兴听到有越来越多的中国人在研究韩国。

甲：其实在中国呢，还有一处可以学到韩国的文化。

乙：是吗？是哪里呢？

甲：就是韩国文化院。那么，韩国文化院在当地究竟发挥怎样的作用，我们来听一下韩国文化院朴勇大院长的介绍。

（音响 7：朴永大院长）

"今年 2 月份，韩国文化院刚刚成立，之前，韩国文化报到处作为其前身，一直在履行其宣传任务，同时也在介绍韩国的文化。韩国文化院，目前只有北京这一家，但明年，上海的韩国文化院也将会正式运行。作为向中国介绍韩国文化的机构，我们经常组织韩国语讲座、韩国电影鉴赏会等活动。我认为，文化是赋予经济产业活力的核心因素。不是有'越是民族的，越是世界的'这样一说吗？就算生产一个产品，具有民族性就更有市场有活力。在介绍韩国文化的时候，我很注重介绍其基本精神和内涵。因为这样，可以促进彼此的了解。"

乙：我非常赞同朴院长的"文化赋予经济活力"的见解。

甲：是啊。不懂该国家的文化，盲目制造产品的话，是无法打开消费者钱包的。还有就像刚才朴院长所说的那样，读懂该国的文化，就更容易促进彼此的了解，交流也会更加的活跃。

乙：没错。

甲：目前，在华韩国人有 50 万人左右，到 2010 年就有望突破 100 万人。下面我们来听一听韩国《民族报》车翰弼记者的介绍。

（音响 8：车翰弼记者）

"目前，在华韩国人有 50 万人左右。按地区划分，北京约有 8 万～10 万人、天津 5 万人左右、韩国中小企业较集中的山东地区约有 11 万人左右、广东省约 5 万人，最近，到上海华东地区发展的韩国人一直在增加，目前大概有 6 万～7 万人左右，还有东北三省地区也在不断增加。"

甲：虽然中国很大，但韩国人也好像无处不在呀……每一个地区都有几万人……

乙：是啊。但最具代表性的应该还是在每个地区的韩国城。下面，我们就到北京的望京韩国城看一看。

（音响 9：望京韩国城）

（背景声音　韩国城的一家商店……）

解说：中国北京的望京原本是中国政府为当地老百姓规划成立的住宅区。但从 10 多年前开始，一些韩国人为了节约市区昂贵的租赁费，陆陆续续找到这里并形成了现在的韩国城。现在，许多韩国人在望京开始了自己的新生活。

（韩国人商家——高尔夫器材专卖店）

"生意一直不错。到去年为止，来我们家最多是朝鲜客人，然后是汉族客人。但今年以来好像朝鲜族客人更多。对我们家的东西，大家反映都挺好的，但就是价钱有点儿贵。可就是这样，有钱的中国人还买得挺轻松的。"

解说： 现在，有 5 万多的韩国人生活在这里。但他们并不一定就是这里的主要消费群。虽然价格有些贵，但喜欢高质量韩国商品的中国人还是很多。

（中国人商家——文具店）

"我们家是专门卖韩国文具的商店，大部分的客人是中国人。因为他们一听说是韩国纯进口的东西，虽然价钱有些贵，但还是很愿意掏钱买。因为质量在那儿呢。"

（韩国食品超市）

"一般韩国的饼干、饮料之类的商品走得快，礼品套装也不错。也有不少人买高丽人参茶送礼。因为有不少中国人都去过韩国，要不就都在看韩剧，所以我们不需要特别的说明，他们自己也会看着买。"

解说： 10 多年前开始逐渐形成的望京韩国城，虽没有仁川中国城 120 多年的漫长历史，但它骄人的成长势头，已经得到了中国政府的认可。请听，在中国韩国人会会长白金植先生的介绍：

（音响 10）

"望京这一带就有 30 多万平方米的建筑。30 多万平方米，就相当于一个小城市了。现在这一带几乎没有空地，高楼大厦拔地而起。起初，这里就是一个纯粹的住宅区，但现在逐渐转变成商住合一的商业地区。以后，随着奥运会的临近和召开，这里到首都机场，还有到亚运村、奥运村和奥运场馆，都将会形成交通网。很多的韩国人在这里都拥有自己的事业，相信以后会更加发展。"

解说： 想要维持现状、谋求更大的发展，就需要在中国的韩国人的共同努力。首先最重要的是知法、守法。请继续收听白金植会长的讲话：

（音响 11）

"为了这些，我们韩国人会也在进行着不懈的努力。好在很多韩国人都很配合我们的工作，所以也越来越受到当地中国人的欢迎。我们也计划以后多举办一些丰富多彩的活动，互相交流文化、信息，拉紧两国人民的距离和感情。这也是当地中国人的愿望。"

乙：锦哲，你经常去望京韩国城吗？

甲：偶尔会去，因为离我工作和生活的地方太远了。偶尔在那里会一会朋友，品尝韩国的美食。回来时，再买点韩国食品。每次去都能满载而归。

乙：对望京韩国城有什么样的看法？

甲：我觉得就是韩国的一个缩影，是当地中国人体验韩国文化的好去处。

乙：刚刚我们随电波一起去了望京韩国城，但是就算中国很近，毕竟还是异国他乡，要适应新环境的话，还是需要一定时间的。

甲：当然。很多韩国人呢，一味地认为中国是一个充满机会的国度，也没等怎么了解，就毫不犹豫地来到中国，这样就会难免吃到不少苦。

乙：好，那么接下来，我们就到四年前来到中国生活的吴明顺女士家作客。

（音响 12：吴明顺一家）

妈妈吴明顺（以下简称妈妈）：相沅，沅卓，吃饭啦，快来吃饭啦……

大儿子相沅（以下简称大儿子）：啊，是大酱汤……

小儿子沅卓（以下简称小儿子）：怎么又是酱汤啊？

妈妈：怎么不爱吃啊？韩国人不吃酱汤吃什么？妈妈的手艺现在越来越接近姥姥了，泡菜做得也很好吃……

解说：生活在中国北京望京的吴明顺一家，随着在中国做生意的丈夫一同来到中国，今年已经是第四个年头了。最初在大连，对她来说，一切都那么陌生。但现在，越来越觉得在充满机遇的国度、聚集全世界人的目光于一身的中国生活，是一个新的挑战、新的收获。

吴明顺：最初我们在大连生活了一段时间。头两个月，现在看来可能是乡愁病吧……非常辛苦、非常难熬。但随着时间的推移，我发现自己越来越喜欢中国了。既然来了，就应该有所收获，现在就是在这个过程。因为每天都过得很紧张、很充实，所以也觉得自己有进步了。（笑声……）

解说：在中国生活的这一段时间，吴明顺女士最费心的就是两个儿子的教育问题。大儿子相沅今年 17 岁，小儿子沅卓 14 岁。哥哥相沅时常想回韩国学习，弟弟沅卓则是又想回又想留下来。李相沅说：

"因为现在还是学生，所以最重要的还是学习问题。很多像我这个年龄段的韩国学生都想回韩国学习，因为那里毕竟语言通，朋友也多。我也是一样。"

解说：但是弟弟沅卓却不一样。他说一旦选择了中国，就要好好了解中国。

"我也有过想回去的念头，但就这样回去的话，不就什么都白费了吗？所以我也重新想了想。现在既想回去，也想留下来，很是矛盾。"

解说：是回还是留？这就是哥俩的矛盾。但两人相同的想法就是，一定要进一步了解中国。尤其是相沅提醒那些一味遵从父母的意思、盲目来到中国的孩子进行了一番忠告。

李相沅：一味顺从父母的意愿来中国留学的话，获得成功的概率很低。要好好想一想自己是否真的愿意来。确定自己真的想到中国，而且有信心好好学习作出成绩的时候，再决定来也不迟。而且来之前，能够在韩国先学一点汉语的话，就更好了。

解说：有这样两个儿子，应该是使吴明顺女士在举目无亲的异国他乡坚强挺下来的动力吧。但还有一点，就是吴明顺女士看到了中国人最质朴的一面。

吴明顺：自行车修理工，不管天气有多冷或者多热，脸上总是洋溢着淡淡的幸福。虽然修一次只有几毛钱的收入，一个月也就几百块钱，但感觉非常知足。像我们韩国人，每月拿 200 多万韩币，甚至 300 多万韩币也没有这样的幸福感。这里的中国人都非常知足常乐，感谢每一份小小的收获，不是去抱怨自己的现状，而是懂得怎么去享受它。平时的生活都非常简朴。即使再有钱的中国人，他也不会轻易流露出来，光看外表是看不出来的。这就是中国人最质朴的一点，也是我很想效仿的一点。

乙：刚才吴女士也讲到了要去中国之前一定要进行再三的了解和斟酌，同样这也是很多专家对我们的忠告。下面就来听听仁川大学贸易系朴正东教授的忠言。

（音响 13：朴正东教授）

"我认为，对华投资成败的 70% 在于你有没有做足投资前的各项准备。与其盲目而焦急的投资，不如进行周详的调查，万事俱备后再进行投资，应该是更有效果、更有把握的。而且，只有这样韩中两国才能获得双赢的效果。未进行充分调查与准备的投资是非常危险的。"

乙：打算要进军中国市场的韩国朋友们，一定要铭记专家的忠告，少一份失败、多一分成功。马上，明年就是韩中两国建交的 15 周年，而且又是"韩中交流之年"，相信一定会有很多丰富的交流活动。

甲：2008 年北京将迎来奥运会，2010 年上海又将举办世博会，通过这样一系列的国际活动，我想，中韩两国会达成更多的共识。这样发展下去，不久的将来，中韩两国是否就能成为亚洲的核心了呢？

乙：下面就来听一听驻华韩国大使金夏中先生的看法。

（音响 14：金夏中大使展望两国关系发展）

"地理上，韩中两国是最近的邻邦，文化、历史上又具有很多相似之处，经济上又有很强的互补性，所以我个人认为，只要两国继续进行互惠互利合作，两国关系发展前景将无可限量。中国是一个内需很庞大的国家，同时又拥有很多高质量的人力资源，而韩国则拥有丰富的经济发展经验、资本和先进技术，同时还有中国需要的科学的管理方法。因此，两国在互补的过程中，进行互惠的合作，符合两国以及两国人民的根本利益和共同愿望。"

乙：到这里，KBS—CRI 共同企划专题节目——"你好北京！你好首尔！"的第一部，就该告一段落了。

甲：请大家继续关注明天即将播出的第二部。节目编辑 KBS 李海玉、

乙：CRI 韩昌松感谢朋友们的收听。

甲：我是 CRI 节目主持人——金锦哲，

乙：我是 KBS 节目主持人——卞宇英。

甲，乙：朋友们，明天见！再见！

（背景音乐起……）

下篇：在韩中国人

（2006 年 12 月 9 日播出）

（音响 1：中国大使唱韩国歌曲）

解说： 这位就是中国驻韩国大使宁赋魁先生。能说一口流利的韩国语、哼唱韩国流行歌曲的宁大使，悄然发觉自己已深陷韩国文化的魅力。

（音响 2：韩国大使唱中文歌曲）

解说： 韩国驻中国大使金夏中，就像对宁大使回礼一样，唱起了中国歌曲——《月亮代表我的心》，一切似乎早已约定。就这样，韩国大使唱中国歌曲、中国大使唱韩国歌曲……这一切应该是两国建交 14 年的岁月所绘制的美丽风景吧……

（音响 3：音乐出）

KBS—CRI 共同企划专题节目 "你好北京！你好首尔！"
第二部 "在韩中国人"

甲： 听众朋友们大家好，我是 CRI 节目主持人金锦哲。

乙： 你好，我是韩国 KBS 的节目主持人卞宇英。刚才我们短暂地领略到了两国大使的演唱水平。互相能够如此自然地演唱对方国家的歌曲，应该也是韩中两国建交所取得的成就吧？

甲： 是啊。如今，在韩国，也越来越容易感觉到中国的气息。尤其当我看到遍地的汉语学院时，就真有一种中国文化在韩国悄然落根的感觉。

乙： KBS—CRI 共同企划专题节目——

甲： "你好北京！你好首尔！"

乙： 今天我们一同走进韩国，看一看这里的中国人是怎样生活的。

甲： 学习语言是了解一个国家的很重要的手段。昨天我们见过了在中国学习韩国语的中国学生，相反，在韩国也有很多学习汉语的韩国人。节目一开始的时候，我说过，韩国现在有很多汉语学院。

乙： 是的，没错。就像中国人热衷于学习韩国语一样，"中文热"也正风靡于韩国。下面我们就到高丽大学校园看一看。

（音响4：韩国高丽大学学生）

韩国高丽大学中文系学生金泰民：近几年，高丽大学的中国留学生越来越多。99年到2000年，我刚入大学那一会儿，外国留学生数并不多，也很难碰到中国留学生。但我从部队回来报到的那一天，第一个碰到的就是中国留学生。最近，有时上课的时候也能听见后边有人在说汉语。

解说：刚才是高丽大学中文系四年级学生金泰民。看着校园里越来越多的中国留学生，深感时代的变化。正在学习汉语的林银英也有同感。以前很难买到的有关学习中文的材料，现在随处就能轻而易举地购买。这一切都让他们感觉到，韩中两国的确走的越来越近了。

林银英：以前我非常喜欢中国歌手，然后就想买他的CD。但除非是非常有名的歌手，要不然在韩国很难买得到。在明洞中国大使馆附近有一家台湾商铺，在那里我得花上比市价高出2~3倍的价钱，才能买得到。中国杂志也是一样。上网查相关资料也寥寥无几。但是现在，都要爆满了……真的变化很大。

解说：韩中两国建交14年，现在，留学中国的韩国学生已达5万多人，留学韩国的中国学生也有2万4千多人。据说，最近还以每年1万人的速度在增加。那么，中国的学生到底是抱着怎样的目的留学韩国的呢？我们来听一听高丽大学韩国语系中国学生余敏是怎么说的。

余敏：因为我的专业是韩国语，所以觉得到韩国学习是最佳的选择，于是在中国工作两年后，来到了韩国。当初选择韩国语的重要原因是1998年的亚洲金融风暴。当时，我在中国通过电视，看到了很多韩国人为国家进行捐款的一幕，我当时非常受感动。我想，有这样热爱国家的国民，这个国家一定有希望。所以选择了韩国语。

解说：看到韩国人克服IMF危机，从而选择韩国语、选择韩国的余敏，这与其他选择韩国语的学生情况有些不同。大部分选择韩国语的中国学生是因为喜欢韩剧、喜欢韩国演员，才选择了韩国语。如果说留学韩国的中国学生，大部分受到了韩流的影响，那么，在韩国选择汉语的韩国学生，则有些不一样。因为他们更多地看到了世界的经济都在朝着中国移动，中国正在腾飞。高丽大学中文系韩国学生申姬圆这样说道：

申姬圆：我选择中文系的原因是，进入20世纪后，沉睡的中国龙开始动起来了。中国是非常有潜力的国家，具有巨大的市场，这一切都成了我选择中文系的理由。在东亚地区，离韩国最近的国家——中国正在日益强大，那么，汉语的重要性也就可想而知了。这就是我选择中文系的原因。

甲：宇英，我看到学习汉语的韩国人感觉真的是很亲切。

乙：是啊，锦哲，我听到在韩国的中国人说着一口流利的韩国语，非常受感动。我想，互相学习对方国家语言的学生越多，将来两国的发展就会越来越畅通无阻。

甲：是的。各自在两国留学的学生，这一群体，将来一定会为进一步推动两国关系的发展作出巨大贡献的。

乙：其实早在 120 多年前，就有中国华侨在韩国默默地传播着中国的文化。那么如今，在韩中国人的现状到底如何呢？我们来听一听中国驻韩国大使宁赋魁先生的介绍：

（音响 5：宁赋魁大使）

"在韩中国人大致分为两类。一类是华侨，目前大概有 2 万多人，其中 95% 以上的籍贯是山东。另一类是最近，尤其是两国建交后，以结婚、探亲和做生意等理由来到韩国并留下来的中国人。截止到 2005 年底，在韩国逗留 90 天以上的中国人达 24 万人。在韩国的华侨大部分是在经营餐饮业。目前韩国有 1000 多家中国料理店。新一代的华侨主要从事贸易、房地产产业，也有一部分在韩国的大企业上班。"

甲：登记在案的华侨有 2 万人，逗留三个月以上的中国人有 24 万人……其实并不很多。

乙：但是仁川的中国城却以她的华丽和庞大著称。那里是体验中国文化的最佳场所。据说，每当有炸酱面节等活动时，就有 100 多万中国人聚集在那里呢。我们现在就去那里看一看吧。

（音响 6：仁川中国城）

（背景声音，中国城的一家商铺）

"商家：欢迎光临。您有什么需要的吗？
客人：这儿很漂亮！
……"

解说：韩国客人在欣赏铺子里非常具有中国特点的各种商品，中国商家则亲切地给她们介绍每一款产品。仁川中国城拥有 120 多年历史。1883 年仁川港正式开放，1884 年，清朝在这里设立租界，随之中国山东地区的中国人，陆陆续续来到这里形成了中国城。下面就来听听华侨三代、中国城商家联合会第一任会长孙德中先生的介绍。

孙德中：从清朝后期，已有 100 多年历史了。以前管这里还叫小山东呢。现在常住人口大概有 700~800 人左右，流动人口每天有 1000~2000 人。

解说：曾经被称为小山东的中国城，中国文化已经在这里扎根一个多世纪了。所以您到这里来，就很容易接触到有关中国的产品。

韩国客人：我经常来中国城。首先，这里的中国料理就比韩国其他地方的地道。还有，鞋、衣服之类的产品也非常具有中国风味。在这里能够很容易接触到中国文化，又能吃到以前没有吃过的小吃，还有中国特色的瓷器等等。所以我经常来，感觉就像小小中国似的。

解说：虽然韩中两国交流越来越加强和深化，但是，仁川中国城却未能在这其中占据核心地位。但毋庸置疑的是，仁川中国城拥有独一无二的地理位置，所以，相信以后会有更好的发展。为此，仁川当地政府也通过各种手段，为中国城注入新的活力。下面这位是仁川政府文化观光科的工作人员韩相浩。

韩相浩：原来有一个炸酱面博物馆，也有 100 多年历史了，建筑物已经非常陈旧。我们想把它重新装修成旅游博物馆，工程正在进行中。还修建了一条三国志壁画一条街，大概有 50 多米，壁画全部都是三国志里边的内容。

解说：通过各界人士的努力，仁川中国城换上了新装，准备重新上阵的。很多人对这个孕育新梦想的中国城，充满了新的期待。他们也希望，中国城能够找回往日的风采。

甲：仁川中国城，我也去过。作为一个活生生的中韩交流现场，我想，今后一定会有更大的发展。

乙：对。现在，仁川当局也在下不少功夫呢。通过举办各式各样宣传中国的活动，仁川中国城一定会更加夺目的。

甲：我突然有一个主意，现在不是每年都在两国轮番举办"中韩歌会"吗？也可以到仁川中国城来举行吗，这样又能给中国城注入新的活力。

乙：好主意。这样可以更近距离地接触到韩中两国日常生活的风貌，也能欣赏到精彩的演出；对当地而言，是不可多得的宣传机会。

甲：今年的"中韩歌会"，11 月 21 日已经在 KBS 音乐厅举行，看来只能相约明年了。2006"中韩歌会"也云集了两国最顶尖歌手，打造出了绚烂的舞台。

乙：没错。"韩中歌会"已成了两国大众流行音乐的交流平台。接下来，我们就到现场去看一看。

（音响7：韩中歌会现场）

（歌会现场音……）

解说：11月21日，第八届韩中歌会在KBS音乐大厅隆重举行。韩中歌会是KBS和CCTV共同主办的活动，每年轮番在两国举行，旨在加深韩中两国的了解、增进彼此的友谊。韩国KBS主持人金京兰，继去年又当上了韩方的主持人。她说，能感觉到中国离她更近了。

金京兰：我主持过去年在中国深圳举行的中韩歌会，今年是第二次参加。去年因为是第一次，所以比较陌生。但今年因为有过之前的经验，觉得非常亲切，也慢慢有了"噢，这就是中国文化吧"这样的感觉。中国离韩国很近，但觉得越了解她，越有更多的、有待于我了解的东西。可能这就是博大精深吧。

（现场音乐声，韩国歌手唱中国歌曲）

解说：在两国进行过无数次演出，在中国也有很多追随她的歌迷，她已成为韩中歌会的常客——她就是著名韩国歌手朴正儿。对她来说，中国歌手是非常熟悉的同事，对中国文化，她已非常熟悉。

朴正儿：通过韩中歌会，我们正在了解彼此的文化，希望这样的文化交流能够一直延续下去。希望今后能有更多这样的演出平台，使两国人民更加了解对方、更加喜爱自己以及对方的音乐文化。只有这样，像韩中歌会这样，具有权威性的音乐交流才能迎来第10届、第20届、第30届，甚至更长。

解说：和韩国歌手一样，中国歌手也对因能够参加两国的音乐盛会感到高兴。中国的人气二人组合——水木年华，表示喜欢韩国歌手申成勋的歌。他们希望今后有机会，能够同韩国歌手共同进行音乐制作。

水木年华：很开心来到韩国，跟很多韩国的艺人一起演出。希望今后中韩两国的交流越来越广泛、越来越加强。我觉得不光是停留在演出，我们希望能够有一天同韩国歌手进行共同创作，发扬民族性的东西。因为，中国和韩国的民族音乐，有很多可挖掘的资源。我觉得民族的东西是最宝贵的。

（中国歌曲《甜蜜蜜》）

解说：韩中歌会并不仅仅是两国歌手互唱对方歌曲的舞台，也是携手一同演唱、一起聆听并理解对方文化的舞台。目前在中国享有最高人气的韩国组合——东方神起，希望音乐能够成为互相了解对方的平台。

东方神起：成员1：大家好，我们是东方神起。今天能够站在韩中歌会的舞台，感觉非常荣幸、非常兴奋。

成员2：大家好，首先，希望今后能够有更多像今天这样的韩中歌会舞台，有更多的韩国人到中国演出，同时，也有更多的中国人到韩国进行演出。希望今后，有更多的韩国人学习中国文化，同时也希望更多的中国人关注韩国、了解韩国。

解说：这就是相见的理由。互相在远处欣赏彼此的音乐，和面对面彼此演唱对方歌曲是不一样的。在韩中歌会的舞台，手拉手共同演绎韩国歌曲《朋友》的动人场面，虽然短暂，但会永远铭记在彼此的心中。

乙：锦哲，那天，当我看到两国歌手一起手牵手，演绎韩国歌曲《朋友》的时候，心头热乎乎的。

甲：是啊，宇英，虽然语言、文化和生活圈不同，但只要心连心，达成更多的共识，就能亲如一家；而且我们也正朝着这个方向努力。

乙：是啊。也许这也正是中国在首尔成立文化院的原因之一吧。下面我们就有请中国文化院周英杰院长。

（音响8：周英杰院长）

"文化院开展的活动包括太极拳、书法、汉语讲座、茶道、中华料理等方面的内容。每周还将进行中国电影鉴赏会、特别讲座等之类的活动。今年，我们文化院也举办了'关爱中国'系列活动，组织一些在中国文化院学习的优秀学员，到中国进行了实地文化体验。明年，我们将举办'手拉手'活动，组织一批韩国中学生访问中国，进行体验中国文化。我们举办的学员太极拳比赛、书法比赛和汉语演讲比赛等活动，得到了各界的广泛好评。在韩国的木浦和建国等大学，也举办了'韩国人唱中国歌曲大赛'，还有'第八届韩国中学生汉语演讲比赛'。"

乙：现在，中国文化院的日访问量达到100人左右，参加文化院的各个项目从中毕业的人数也达 4000 多人。年幼者只有 7 岁，年长者已过七旬。

甲：中国的韩国文化院、韩国的中国文化院，为两国人民增进彼此间的了解起到了名副其实的桥梁作用。

乙：是的，两国人民为加深对彼此的了解正进行着不懈的努力。下面我们就到在韩国生活的中国人家庭做做客。

（音响 9：在韩中国人一家）

（与女儿太阳进行对话的俞孝道）

"妈妈：我们家太阳，今天在幼儿园玩儿得怎样啊？
女儿：很好。
妈妈：跟老师打招呼了吗？
女儿：打招呼了。
妈妈：咱们一起来唱一唱在幼儿园学的那首歌——"

（母女俩一起唱韩国的童谣……）

解说：中国主妇俞孝道，正在接幼儿园的女儿——太阳回家的路上。女儿太阳唱起韩国歌来，比妈妈还流畅。她们一家到韩国生活已有 4 年了。谦虚的俞孝道表示韩国话说得还很差，但已经渐渐熟悉了在韩国的生活。她的丈夫泰钜这样说道：

丈夫：真的感觉越来越好。第一次来的时候，一些习惯也不一样，身边也没有什么朋友，感觉差极了。但是现在，尤其是这次第二次来到韩国，感觉就不一样了。韩国的饮食、环境，已经都非常熟悉了。

解说：到韩国发生巨大变化的应该是丈夫泰钜的饮食习惯。在中国习惯吃比较油腻的料理，开始很难适应油水少的韩国饭菜，但现在，泰钜最喜欢吃的就是大酱汤。俞孝道这样说：

俞孝道：刚开始来的时候，确实非常不适应。老实说，韩国料理油水太少了。虽然有利于健康，但我们已经习惯吃油腻的中国料理了，一下子要改变却是挺难的。（笑声……）但是吃了四年，已经非常习惯了。尤其喜欢酱汤、泡菜，几天不吃就会想。现在正好是腌泡菜的季节，我也做了一些。

解说：前不久，在一次"外国人腌泡菜体验活动"中，俞孝道拿了二等奖，俞孝道的酱汤和韩式葱饼的制作手艺已堪称一流。

乙：连泡菜也都会做，真是不简单。

甲：是啊。说到这里呀，作为中国人，我有一个愿望。我希望像韩国企业在中国市场活跃那样，中国企业也能够更积极地进军韩国市场。但目前，还并不乐观。

乙：那么现在就这一点，来听一听仁川大学贸易系朴正东教授的看法。

（音响 10：朴正东博士）

"2005 年到 2010 年，这五年应该是中国企业进入韩国市场的最佳机会。目前中国政府也积极鼓励国内企业走向国际市场。到两国建交 20 周年的 2012 年，两国的贸易额有望突破 2000 亿美元。"

乙：各界都在评价，韩中两国携手走过来的 14 年岁月，是两国实施双赢战略并在各个领域取得飞速发展的过程。14 年时间，其实并不长，因为我们还要走更长、更远的路。展望韩中两国关系的未来，宁赋魁大使这样说道：

（音响 11：宁赋魁大使）

"今后我们要进一步增进彼此的了解，加深感情。14 年时间并不长，因为还有更长的路在等待着我们。明年是两国建交 15 周年，两国关系将以此为契机，得到进一步的发展。开创两国美好的未来，是两国共同的使命，也是共同的目标。我相信，今后，中韩两国友好关系，会给两国人民带来更多的利益。"

甲：好，到这里呢，专题节目二也接近尾声了。通过我们的介绍，您是否对中韩两国关系的发展更充满信心了呢？

乙：尤其明年是韩中建交 15 周年，所以也更令人期待。

甲：没错。

乙：我们也期待两国建交 15 周年之际，能够再次进行共同合作。那么，KBS - CRI 共同企划专题节目《你好北京！你好首尔！》的第二部，就到此结束了。

甲：节目编辑 KBS 李海玉。

乙：CRI 韩昌松感谢朋友们的收听。

甲：我是 CRI 节目主持人金锦哲。

乙：我是 KBS 节目主持人卞宇英。

甲，乙：朋友们，明年见！再见！

（背景音乐起……）

简　评

　　《你好北京！你好首尔！》是中国国际广播电台朝鲜语部与韩国 KBS 国际广播韩语部共同制作的专题节目，具有很强的针对性。节目由《在华韩国人》和《在韩中国人》两部分组成，于 2006 年 12 月 8 日和 9 日在中国国际广播电台朝鲜语广播中播出，播出后受到听众的广泛好评。

　　节目通过对中韩两国官员、专家学者和普通市民的采访并结合两国建交的历史资料，全面介绍了中韩两国的经济、文化交流以及在对方国家生活、学习和工作的中韩两国公民的现状，具有很强的针对性和鲜明的广播特点。

　　该节目由中国国际广播电台和韩国 KBS 广播电台强强联手共同策划、共同采访、共同撰稿、共同主持，从而增加了节目内容的权威性、可信性和说服力，而多层次的采访和丰富的音响效果又使节目显得更加生动活泼，提高了节目的可听性。

重生——日本战犯重返抚顺战犯管理所

(2006 年 9 月 27 日播出)

谢宏宇　刘非

● "对本案被告人——铃木启久、藤田茂、上坂胜提起公诉"——这是 50 年前对手上沾满中国人民鲜血的日本战犯的一次正义审判。

● "该痛恨的人是我"——（藤田茂认罪的声音）——这是曾在长城沿线对中国百姓进行疯狂杀戮的日军高级将领的真实认罪。

● "首先尊重他们的人格，平等地对待他们"——这是一次被称为"抚顺奇迹"的战犯教育改造。

● "这里是教育我们的学校"——这是 50 年后，当年的战犯重返战犯管理所的感言。

您现在收听的是中国国际广播电台特别节目——《重生》。

50 年前，中国特别军事法庭对被关押在辽宁抚顺战犯管理所的日本战犯进行了公开审判。除对 45 名曾在中国犯下难以饶恕罪行的日本战犯，按其犯罪事实判处 8 至 20 年的有期徒刑之外，决定对其他的战犯给予免予起诉释放回国的宽大处理。本期特别节目主持人刘非将带您走进位于辽宁省抚顺的当年日本战犯管理所，通过战争亲历者的讲述，来重新回顾 50 多年前那段难忘的战犯改造历史，揭示当年战犯们"从鬼到人"的转变过程和他们企盼和平、希望中日两国世代友好的美好心愿。

"九一八"的前两天 9 月 16 日，中国国际广播电台日语部的记者谢宏宇、刘非来到了位于辽宁省抚顺市内的当年战犯管理所。这里曾经在上个世纪四五十年代关押了 982 名二战时期的日本战犯。这些罪恶累累、手上沾满中国人民鲜血的战争罪人在这里接受了中国政府的宽大改造，重新唤醒了他们内心人性的复苏。

（现场报道：关于抚顺战犯所介绍，43″）

"听众朋友们，你们好！我现在正站在抚顺战犯管理所的正门为大家做现场报道。抚顺战犯管理所位于中国东北地区的辽宁省抚顺市。在这里曾经关押过 982 名第二次世界大战中的日本战犯。这些对中国人民犯下过不可饶恕罪行的侵略者在这里受到了中国政府宽大和人道主义的待遇，最终成为爱好和平的和平人士和中国人民的好朋友。今天，抚顺奇迹继承会关西支部访问团将来这里参观访问，这也是他们第一次来这里访问。"

在采访的现场，我们遇到了年已 86 岁的当年战犯之一藤原助男先生。

（问候藤原先生，寒暄 20 秒后开始混播）

藤原助男先生于 1950 年到 1956 年曾经关押于此。释放回国后，他参加了由战犯们自发组成的中日友好的进步组织"中归联"（中国归还者联合会），这次他带领"中归联"的后继组织"抚顺奇迹继承会"10 多名成员来华访问，这也是他的第 3 次中国之行。

（藤原助男先生的声音，46″）

"我在这个管理所的号码是 69 号。这是我当年的号码。这里是我重获新生的地方。这也是我现在的心情。我在这里生活了 6 年，对我来说这里是一所学校。我在前苏联囚禁了 5 年，然后被送到这里，在这里度过了 6 年。这 6 年对我们战犯来说是一生都难以忘怀的好时光。"

藤原助男参加的"中国归还者联合会"是由从中国释放回国的日本战犯组成的一个全国性的民间组织，1956 年在东京成立。"中归联"是它的简称。这个组织在日本各地都设立有分支机构。他们以"和平和日中友好"为宗旨，在日本各地开展了反对侵略战争和推动日中友好的活动。当时，两国还没有正式建交，"中归联"的成员们一边与日本的右翼势力做斗争，一边从战争亲历者的立场以讲演、出书、开座谈会等形式揭露战争罪行，促进中日间的友好。在日本社会引起了很大的反响。当年关押在抚顺战犯管理所的日本战犯——藤田茂就是"中归联"的创始人之一，并且亲自担任了这个组织的会长。

（50 年前藤田茂在中国特别军事法庭陈述罪行的录音，4″后开始混播）

藤田茂是原侵华日军第 59 师团长中将，他曾经率领部队对中国的山西省、河北省、山东省等地进行扫荡，对中国人民实行了惨无人道的"烧、杀、抢"的三光政策和活人刺杀训练。就是这样一个罪恶深重的日本战犯在中国政府宽大教育和人道主义改造后，被提前释放回国。之后，他组织创建了"中归联"并担任会长。生前他曾多次率团访华，并受到已故周恩来总理等中国领导人的亲切接见。

（藤原的声音，14″）

"人的心是可以改变的。人也是可以变成有良心、知道感恩和报恩的。正是在这里学习了6年，我们才重新变成有良知的人。"

那么到底是什么样的力量能使这些昔日的战争狂人重新焕发了做人的良知？是什么样的感情能让这些已经泯灭人性的杀人机器重新找到了做人的秉性？让我们来听听当年战犯管理所的管教之一崔老先生对这段历史的回顾：

（对崔老师的采访录音，日语，1′）

崔老师："首先是尊重他们的人格，平等地对待他们。我认为这是最重要的一点。"

刘非："那您能具体谈谈是怎样尊重他们的人格的吗？"

崔老师："就是说尊重他们的人格，平等地对待他们。也就是说把他们当成人来对待，而不是其他。因此，这里对日本战犯来说不是监狱而是学校。一所教育他们应该怎样做人，让他们重新获得新生的学校，也是他们心灵的故乡。"

（崔老师的声音，日语，18″后混播）

"当时，按照周恩来总理的指示，对战犯实行了悔罪教育。所谓的悔罪教育就是让他们先承认自己所犯的罪行，然后悔过。"

"当时，按照周恩来总理的指示，我们对战犯实行了'悔罪教育'。在学习方面我们强调理论和实践相结合的方式。学习的文献有列宁的《帝国主义论》以及毛泽东主席的《新民主主义论》和《实践论》、《矛盾论》等哲学著作。"

赵女士是当年战犯管理所的护士长，当年她从中国医科大学毕业后受命来到抚顺战犯管理所工作的时候还不满20岁。

（音响：中文，50″）

"刚来的时候很年轻，对政策的认识还很不够，思想不通。那时，不是单独我一个人思想不通，整个管理所工作人员思想都搞不通。以后传达了党中央的政策以及领导的不断教育，认识到改造战犯是一项有非常重大意义的工作。所以，逐渐地思想安定下来了。"

赵女士以给武部六藏治疗为例，谈了当时对战犯实施的人道主义政策。

（音响：中文，1′15″）

"武部六藏当时是伪满洲国总务厅的最高长官。当时的殖民主义政策都是由他决定的。1952 年他得了脑血栓。卫生员焦桂珍同志，除了每天消毒打扫卫生之外，还给他喂饭，甚至是床上的理发、大小便的护理都由这个人做。一天要进行几次的翻身、擦褥疮。在他假释回国的时候，满面红光，身上一点褥疮都没有。所以他夫人听了讲述之后，非常非常感动，他的家属也非常受感动。对他的治疗也给很多战犯带来很大的影响。"

（音响：50 年前日本战犯在管理所表演日本歌舞的情形）

您现在听到的是 50 年前日本战犯们在管理所表演日本传统歌舞的声音和情形。当年的老战犯——藤原这样回忆当时的情形。

（音响：日语）

"当时为了丰富我们的文化生活，管理所还成立了乐团，就是把能拉小提琴、会弹钢琴等在音乐方面有才能的人组织起来，成立了一个乐团，为大家表演节目。"

当我们一起来到管理所的露天舞台时，藤原老先生变得兴奋起来。

（音响：日语，30″）

藤原："真是太令人感动了。这个露天舞台被修复得这么好。"
刘非：修复得怎么样？
藤原：一点都没有变，跟原来一模一样。
刘非：当时，你们在这里都表演了些什么节目？

　　藤原：在那儿原来有一个文艺室，最初是在那儿演出。这个露天舞台是后来才有的。我们在这里表演唱歌、话剧，当然乐团也在这里演出。

　　刘非：现在到谢罪碑那儿去看看吧，大家都在那儿等着我们呢。"

我们来到战争谢罪碑前。

（现场报道：日语，16″）

"这个谢罪碑是1988年'中归联'成员为了悼念在抗日战争中牺牲的中国烈士，筹款20万元人民币在抚顺战犯管理所的庭院里建造的。现在代表团的成员们都来到了谢罪碑前，为已故的烈士们献花。"

藤原老先生在战争谢罪碑前深深地鞠了一躬，许久才抬起头来。当我问到他现在的心情如何时，他开始有点哽咽并回答说：

（音响：日语，43″）

"这是我们所犯罪行的证明。我们真的是怀着悔过和赎罪的心建造这个谢罪碑的。但是，要是没有在管理所这6年的学习是不会有这座谢罪碑的。通过这6年的学习，让我们真的重新成为了有良知的人，并且知道感恩和报恩。这个谢罪碑就是最好的见证，这也是我现在心情的体现。"

战犯们发自内心的忏悔和有良知的日本国民的正义行动也打动了许多中国人。侯桂花就是他们其中的一个。侯桂花是抚顺战犯管理所现任所长。当我们问起她对日本人的印象时，她这样说道：

（音响：中文，20″）

"实实在在说，在我的心里对日本人没有好感。但是，通过这几年，特别是'继承会'和'中归联'，就是我们接触的这些日本人，从心里说还是恨不起来。"

侯所长还跟我们谈起2004年访问日本时，感动她并深深印在她脑海里的一件事。

（音响：中文，1′20″）

"我们走了几个城市——千叶、歧阜、埼玉、东京。在千叶县有一个老战犯让我们参观了一个也是纪念碑吧！这个碑文上写着：他们曾经参加过侵略战争，曾经在抚顺战犯管理所受到了中国政府的宽大政策，然后返回日本。"

然而，让侯所长感到惊讶的是，这个老战犯的家就在纪念碑的旁边，打听之后才知其中原委：

（音响：中文）

"当时本想把这个碑建在比较繁华的地方，但是后来担心右翼势力的破坏，就建在一个神社里。而且这个老战犯就住在这个神社里，一直照看着这个碑。"

听了老战犯的解释后，侯所长才明白过来，同时也深受感动。

战争已经结束了 61 年。当时的战争亲历者们也相继离开了这个世界。然而中国人民是不会忘记那段苦难的历史的，有良知的日本国民也不会忘记这段给他国留下不幸回忆的历史。"抚顺奇迹继承会"就是由热爱和平的日本人创建的友好组织。2002 年，由于前战犯们纷纷去世，"中归联"宣告解散。就在"中归联"解散的当天，被他们为了和平和日中友好战斗到最后一个人的精神所感动的后继组织"抚顺奇迹继承会"成立了。

这次与藤原先生同行的野津夫妇就是这个继承会的成员。在野津先生参观完管理所、给谢罪碑献过花之后，我们采访了他。

（音响：日语，30″）

"这里的战犯改造真的可以说是世界上的一个奇迹。对关押在这里的战犯们，中国人不仅没有杀害他们，还给予他们优厚的生活待遇，使他们都能够活着回到日本。在世界上其他任何国家，都没有听说过这样的事例。但是，在这里——抚顺战犯管理所做到了。所以我们称之为抚顺的奇迹。"

虽然日本军国主义给中国人民带来了深重的灾难，但中国政府和人民以博大的胸怀和最大的善意，不计前嫌，不念旧恶，做到了仁至义尽。遣返 200 多万日本军人和其家属回国，释放沾满中国人民鲜血的战犯，放弃了战争赔款。这些事实都证明了中国对待日本是宽宏大量的。与此相反，一部分日本政治家却用种种借口无视中国人民一直期盼的"正视历史"、"停止参拜靖国神社"等正义要求。这不仅严重伤害了善良的中国人民的感情，也必将受到有正义感的日本国民的强烈反对。

明年是中日邦交正常化 35 周年。衷心希望日本的新一届领导人能够正确认识历史，多做促进中日两国和平与友好的善举。

（歌曲《全世界人民一条心》，14″）

这是 50 年前，抚顺战犯管理所的日本战犯们唱的一首歌，歌名叫《全世界人民一条心》，表达了他们对和平的期盼与向往。就像歌中所唱的那样，"为了和平，全世界人民团结起来"，我想这也是 50 年后的今天，所有热爱和平的人们的共同心声吧！

（混播：40″）

简　　评

《重生——日本战犯重返抚顺战犯管理所》是 2006 年 9 月中国国际广播电台日语广播中播出的专题节目，具有很强的针对性，播出后受到听众的好评，被誉为一期"促进和平友好、发人深省的好节目"。

该节目制作时，中日两国政治关系正处于一个困难的时期。节目通过对日本原战犯重返抚顺战犯管理所的情况的报道，突出了中国政府的宽大政策和人道主义精神以及这一政策所产生的深远的影响，对于日本听众，特别是青年听众了解历史真相和正确认识中日两国关系具有积极的意义。

节目通过大量的现场采访，特别是通过对"战犯改造"这一历史事件的中日两国亲历者的采访谈话以及对 50 年前的历史音响资料的巧妙运用，真实地再现了当年战犯改造的场景，具有很强的说服力和感染力。

中日乒乓国手 50 年重聚首
——纪念中日乒乓交流 50 周年特别报道
（2006 年 4 月 10 日播出）

王丹丹　李轶豪　朝仓浩之

（开始曲）

（音效：打乒乓球的声音，渐弱）

朝： 丹丹，现在听到的声音是正在进行中的一种体育运动的声音，你知道是什么声音吗？

王： 中国人应该没有不知道这个声音的吧，是乒乓球的声音！

朝： 完全正确，的确是中国的"国球"——乒乓球的声音。本月 24 日，乒乓球最高级别赛事，第 48 届世乒赛的团体赛将在德国不莱梅打响，世乒赛上中国选手的表现备受关注。同时对于中国乒乓球运动来说，今年也是一个值得纪念的年份。

王： 1956 年，中国第一次派选手到日本参加乒乓球世界锦标赛。半个世纪的时光悄然过去，今年中日两国共同迎来了乒乓交流 50 周年这个非常值得纪念的年份。

朝： 让我们首先来回顾一下 50 年前那场开中日乒乓交流先河的重要比赛，在日本东京举行的第 23 届乒乓球世界锦标赛。

（音效：宋世雄解说第 23 届世乒赛的录音，渐弱）

王： 大家听到的是中国著名体育解说员宋世雄在第 23 届世乒赛男单第 3 名决赛中的实况解说。宋世雄先生正是从解说乒乓球开始名满中国、成为一代著名体育解说员的。

朝： 当时中国电视还不普及，人们都是通过广播来关注比赛和选手的精彩表现的。真可以说是举国上下群情激昂啊！

王： 虽然当时我还没出生，但是当年的乒乓球国手我还是知道不少的哦。

比如：荣国团、徐寅生、李富荣、邱钟惠……嗯，他们在中国人心目中的位置就相当于日本棒球界的王贞治、长岛茂雄那样，都是传奇式的英雄人物。而当年在东京举办的这届世乒赛也因为两国著名选手的登场而受到极大关注。

朝：当时日本的乒乓球可以说正处于全盛时期。荻村伊智郎、木村兴治、高桥浩、角田启辅等都是世界级的顶尖高手。那次世乒赛共有 22 个国家的选手参加，比赛地日本东京国立体育馆场场爆满，日本的乒乓球热在那时达到了最高潮。

王：50 年时光飞逝。当年赛场上难分高下的对手、叱咤乒坛的风云人物，他们怎么也不会想到，50 年后会在北京再度聚首。

（音效：飞机降落首都机场，到达厅里两国昔日国手见面时的场景，渐弱）

朝：3 月 31 日，由日本的 12 名前乒乓球世界冠军组成的访华团抵达北京首都机场。

王：前往机场迎接他们的是中国乒乓球前国手们，他们中的绝大多数人都是几十年没有谋面了。虽然言语不通，但是时隔半个世纪的再度重逢让现场时刻洋溢着喜悦与激动的心情。

朝：世界乒联副主席、前世界冠军木村兴治先生十分看重这次重聚，他说：

（木村兴治的话出，日文）

"日本前国手们访问中国，和中国的老朋友一起回顾过去，能够让两国的年轻一代了解这段珍贵的过去，继承和发扬老一辈的优良传统。希望以此为契机，我们重新总结中日两国这 50 年的乒乓历程，重温半个世纪以来中日两国互相沟通的过程，促进未来体育交流的更好进行。"

王：如今中国在世界乒坛可谓傲视群雄，但是 50 年前，初次参加世界大赛的中国乒乓球代表队却并不为人所知。然而当时的日本队却是世界头号劲旅，风头正盛。

朝：在第 23 届东京世锦赛上代表中国参赛的前国手王传跃向我们描述了第一次与日本选手交手时的情景。

（王传跃的话出，中文）

"第一次和日本选手交手的时候感觉日本队的技术很先进、球速很快，而且都是长球，觉得一时很难打赢。所以我就改变了战术，只守不攻。我就是用这个方法战胜了日本的头号选手获村伊智郎。这是团体赛中中国队取得的唯一的一分，当时我特别高兴。"

（音效：徐寅生"十二大板"的实况解说，渐弱）

王：这是 1961 年在北京举行的第 26 届世乒赛男团决赛的第四盘比赛，由中国的徐寅生对阵日本的星野展弥，这也是给世界观众留下深刻印象的经典之战。第三局徐寅生上演了一场"十二大板"的扣球大战。当时现场解说员和全场观众一起为双方球员数板数："一板，两板，三板……"徐寅生的扣杀势大力沉，星野展弥的回球坚韧不拔……徐寅生连扣 12 板最终战胜顽强的星野展弥，为中国队最后获胜拿下至关重要的 1 分。两人之间的这场对决也成为世界乒乓球史上的一段佳话。

（音效：李富荣对阵野平孝雄的实况解说，渐弱）

朝：这是第 26 届世乒赛男团决赛中另外一场扣人心弦的比赛，由李富荣对阵野平孝雄。李富荣在中国乒乓球界的地位可以说是相当于日本棒球界"本垒王"王贞治在日本国民心中的位置，是中国的乒乓英雄。而野平孝雄也曾担任过亚特兰大奥运会日本乒乓球代表队的总教练。两个人在当年都是世界顶尖高手。李富荣现已年过六旬，回忆起这场惊心动魄的比赛来至今记忆犹新。

（李富荣的话出，中文）

"那场比赛非常激烈。我当时很紧张，全身冷汗直冒。野平先生给我留下了深刻的印象，他是一位出色的选手。我们两个人都充分地发挥了水平。那场比赛成为我乒乓生涯中永远难忘的美好回忆。"

朝：那么，输掉比赛的野平先生现在又是怎样看待那场比赛的呢？

（野平孝雄的话出，日文）

"我一生共参加了 700 多场比赛。输掉比赛当然会很郁闷。可是一生中唯有这场比赛，虽然最终输了，我却一点也不觉得遗憾。"

王：输掉了比赛却一点都不遗憾……也许正是因为拼尽了全力，打出了一场精彩绝伦的比赛才会有这样的感想吧！

朝：嗯，的确是这样的。当时的日本队很强大，据说中国队为了战胜日本队想了很多办法。当年日本队的第一主力——木村兴治先生担任本次访问团的团长。他万万没有想到，这次在中国国家体育总局竟然见到了当年传闻中的自己的"替身"，两个人还是在同台打球时认出对方的。

（音效：木村兴治与前国手余长春打球的情景，木村说："他是我的替身！"旁观者的欢笑声，渐弱）

朝："他是我的替身！"这句话是有故事的。当时，为了战胜日本队的第一主力木村兴治，中国队专门培养了一名选手研究和模仿木村的打法，在训练中给队友充当"假想敌"。这个人就是前中国国手余长春。他与木村都是左手持拍且打法十分相像。队友们正是在和他的训练中逐渐摸索出了破解木村的方法。时隔50年，真假木村竟然同台竞技，让围观的人们不禁唏嘘慨叹。当年勇当"替身"的余长春先生为我们再度回忆起当时的情景：

（余长春的话出，中文）

"木村是当时日本队实力最强的选手，中国队若想获胜就必须要战胜木村。我和木村一样都是'左撇子'，我就看比赛录像模仿他的打法。第26届世乒赛上，中国队在决赛中打败了木村并战胜日本队获得了第一个男团冠军，队友们都说，'这全是你的功劳呀'！"

王：培养一个一模一样的选手做陪练，听起来真的很有意思。可以说余长春先生和老一代中国队为了提高中国的乒乓水平付出了巨大的努力和牺牲。正因为这种努力和牺牲才成就了今天的中国乒乓球。

朝：的确是这样的。从此以后，中国队的实力不断提高，逐渐成为世界乒乓球强国。而50年前，中日两国还没有恢复邦交，中国运动员就是在这种情况下第一次到日本参赛的。两国的乒乓球选手互相以对方为竞争对手，不断交流、相互学习，共同进步。两国人民也是通过观看他们的比赛，了解了对方国家，从而对对方国家产生认同和亲近感。可以说乒乓球在中日两国交流史上发挥的作用已经超越了单纯的体育层面。

第23届世乒赛时的日本选手角田启辅和担任本次访华代表团团长的木村兴治先生分别对两国乒乓球界的往来以及乒乓球在推动两国交流当中发挥的

作用谈了自己的看法。

（角田启辅的话出，日文）

"可以说，现在中日两国的乒乓球交流正处于历史上最好的时期。现在中国队的水平很高。日本队虽然无法战胜中国队，但是我希望现在的年轻选手以后能赶超中国队的水平。"

（木村兴治的话出，日文）

"现在日本的乒乓球水平跟中国比还很低，日本应该彻底地向中国学习。福原爱就是其中的一个代表。只有在球台前全力投入比赛进行真正的对抗之后，才有可能在球场下进行真心的交流。观看比赛的群众之间也会进行积极的交流。福原爱就是在很自然地进行着这样的交流，希望日本其他的年轻选手向她学习。"

王：哦，福原爱！她很可爱，我非常喜欢她！在中国大家都叫她"瓷娃娃"。喜欢她的不仅仅是乒乓球爱好者，许多普通中国人都喜欢她，支持她。

朝：福原爱现在正在广东的一家乒乓球俱乐部打球。得知众多的前日本国手来到北京之后，她也赶到北京来参加这次交流活动。活动现场我们见到了"瓷娃娃"。

（福原爱的话出，日文）

"这次来了很多著名的老前辈。中国的前世界冠军和日本的前世界冠军相隔 50 年再次相聚的场面真是让人感动。可以亲临这里见证这珍贵的历史性的一刻，我感到非常荣幸。今后我会继续打我喜爱的乒乓球，同时促进中日两国的体育交流，这是我唯一能够做到的事情。只要是对中日两国的友好有好处的事情，我随时都愿意尽自己的一份力。"

（音效：两国的世界冠军共同栽下了象征友谊之树，现场的声音，渐弱）

朝：中日两国前乒乓球国手一行人在中国国家体育总局的院内共同种下了"中日乒乓友好之树"，这棵树是两国乒乓球界 50 年不变的深厚友谊的象征。

（音效：结束曲起，压混）

王： 新中国成立以来中国第一次派选手去日本参加的比赛是第 23 届世界乒乓球锦标赛。从此以后，两国选手相互切磋、共同提高，谱写了一段乒乓球友谊之歌。半个世纪以来，两国乒乓球界不断重温旧交、续写前缘，一直保持着友好往来。现在更有像福原爱这样的希望之星活跃在中日两国之间。可以说，中日两国的乒乓交流目前的确正处于前所未有的黄金时期。

朝： 的确是这样。历史上，乒乓球就曾经在中美和中日之间成功地扮演了外交官角色，"乒乓外交"的佳话至今仍被人们津津乐道。在中日两国乒乓交流渐入佳境的今天，希望这种友好可以不断延续、持续深入，从而推动更广、更深层面的友好交流进一步向前发展。

简 评

《中日乒乓国手 50 年重聚首》是中国国际广播电台日语广播为纪念中日乒乓交流 50 周年而播出的一期特别节目，具有很强的针对性，播出后在听众中引起了热烈的反响。

乒乓交流在中日两国民间交流中具有重要的地位。节目通过对中日两国乒乓国手 50 年重聚首活动的介绍，真实、生动地向听众传达了中日两国乒乓界之间的深情厚谊，从一个侧面反映了两国人民的传统友谊和要世世代代友好下去的愿望。这无异于向节目播出当时中日两国冷淡的政治关系吹去了一股暖风，具有十分积极的意义。

节目主持风格亲切自然，这同老友重逢时的欢快场景显得十分协调，具有很强的感染力和亲和力。而主持人对话、现场多角度采访和 50 年前比赛实况转播的音响资料的巧妙穿插，通过声音的有机结合营造出一种时光交错的氛围，则更增强了节目的可听性，成为该节目的又一个亮点。

你好，爱因斯坦！

——中国 20 位博士生喜获爱因斯坦奖

（2006 年 3 月 25 日播出）

邱静

主持人：亲爱的听众朋友们，不久前，20 位中国博士生在北京喜获由德国和瑞士两国共同颁发的爱因斯坦奖。这些来自中国各地的最优秀的物理学博士将于今年 7 月受邀前往德国和瑞士，在爱因斯坦工作和生活过的地方，在欧洲著名物理学研究中心的实验室里度过三周难忘的时光。这也是这项以伟大的物理学家和思想家爱因斯坦的名字命名的国际物理学奖首次颁发给中国学生。下面请听我们的详细报道。

（音响 1：爱因斯坦"相对论"科普短片"Einsteinchen"片断）

"没有任何东西比光更快，而能量可以转化为质量。"（No one could be faster than the light. And energy can become mass.）

（音响 2：背景，大提琴曲，渐混）

大银幕上正在播放由德国制作的诠释爱因斯坦著名相对论的科普短片。正是由于爱因斯坦的伟大发现，才引发了现在和未来科学研究的戏剧性变化。这来自大师国度的声音吸引了众多学子和专业人士以及媒体上百人聚集一堂。在位于北京中关村附近的中德科学促进中心的大会议厅里，早已座无虚席，仿佛空气中也飘荡着哲人的幽思。2005 年风靡全球的"爱因斯坦发表广义相对论 100 周年"纪念活动尚余音绕梁，而于今年三月颁发的此项"爱因斯坦奖"又再次在中国公众中勾起了对这位为人类科学史发展作出划时代贡献伟人的缅怀与景仰。

三月中旬，中、德、瑞三国专家组在北京用了整整三天时间，对爱因斯坦奖计划的中国参加者们进行了最后一轮面试。最终，从教育部和中国科学院提名的 33 位博士研究生中遴选出了 20 名获奖者。这些获奖者将得到前往瑞士和德国交流访问三周的宝贵机会。著名物理学家、来自瑞士日内瓦大学的评委毛里斯·博肯，对面试结果惊喜不已。他兴奋地告诉记者：

（音响3：毛里斯·博肯）

"我这次来北京，是专程来共同面试这些学生们的。我们花了三天时间来反复斟酌我们的20个人选。要知道，这非常有趣但也非常之难，因为所有学生都太优秀了，对他们我们实在很难取舍。"

这位国际知名的粒子物理学家近年来都快成了中国的常客了。现在他正与旅美华裔诺贝尔奖获得者丁肇中先生紧密合作，一起参与国际空间站的AMS项目的研究。北京大学和中国科学院高能物理研究所也是该项目的积极参与者。

中国科学院及其下属研究所的七名年轻人荣幸地成为爱因斯坦奖获得者，而其他获奖人选则来自中国的各大高等学府。在颁奖典礼上，中国科学院院长路甬祥教授致辞说：

（音响4：路甬祥讲话）

"感谢德国和瑞士各方面对于这样一种学术交流所给予的大力支持。我希望各位幸运的获奖者能利用这次难得的机会，多看、多听、多学习，学习他们最新的科研成果和先进的管理经验。将来促进国家的科技进步和进一步开展中外科研合作都要由你们年轻一代来承担，希望寄托在你们身上。"

（音响5：掌声起）

在全场热烈的气氛中，路甬祥院长引用了爱因斯坦对于中国科学家的一句评价："我相信，来自中国的年轻科学家们将对国际科学事业作出巨大的贡献。"

（音响6：背景大提琴音乐起，渐弱）

在全场经久不息的掌声中，来自德国和瑞士大使馆、中国教育部、科技部以及相关机构的代表将爱因斯坦奖授予了20位中国物理学领域的青年研究人员。这些获奖者的平均年龄只有27岁，他们产生自教育部和中国科学院推荐的33位候选人。

来自中国科学院离子物理研究所的获奖者陈忠勇很高兴能得到这次宝贵

的机会，去拜访设在欧洲的国际热核聚变实验反应堆计划ITER的总部。

（音响7：陈忠勇）

"在热核聚变领域，中国迄今已经取得了一些研究成果。世界上的第一个'人造太阳'就是在中国作出的。（国际热核聚变实验反应堆）ITER的总部就在欧洲，而德国又是全世界最重要的研究基地之一。我早就盼望着能到那儿去亲自现场体验一下，学习他们的最新研究成果。"

朱文悦也是这20个获奖者中的幸运儿之一。这位来自中国科学院材料科学研究所的博士告诉我们：

（音响8：朱文悦）

"非常感谢有关方面把爱因斯坦奖授予我们。我想，我们这趟旅行一定会很有价值和意义。希望通过这次学术交流我们能进一步学习了解到发达国家比如德国、瑞士的科研水平和他们在科研管理方面的经验。我个人最大的愿望当然是希望能够从这趟去欧洲的宝贵经历中学到想学的东西，回来以后把它运用到国内的工作中去。"

（音响9：背景音乐与歌声起，渐混）

在悠扬的音乐声中，人们缅怀回忆伟大的科学家阿尔伯特·爱因斯坦。爱因斯坦曾经在不同场合说，他本人非常愿意将他的知识与年轻的中国同行们分享。在他70多岁高龄时，爱因斯坦还曾多次与获得1957年诺贝尔物理奖的两位华裔科学家杨振宁和李政道一起讨论理论物理方面的科学问题。如今已经享誉世界的著名物理学家李政道在他的回忆录中说，他至今仍然记得爱因斯坦那双温暖的大手。

在来宾中，我们见到了来自慕尼黑大学马普研究所的评委克里斯第安·凯斯林。他的研究领域是实验粒子物理学，目前他领导的研究团队中就有两名中国人。凯斯林教授认为，仅仅在国家层面上进行尖端科学研究在当今已经远远不够。因此，他非常高兴看到来自中国的科学家在他所在的研究机构以及很多其他德国研究机构中从事研究工作。

（音响10：克里斯第安·凯斯林）

"我们对于中国科学家和科研人员的高素质早已经有了很深的印象，我们非常欢迎他们到我们这里来工作或者学习。设立爱因斯坦奖这个想法真是太棒了，给年轻人提供真正的机会来加强这种学术交流，我觉得太好了。我现在只想祝愿这一奖项能够继续传承下去。同时我也希望，不久的将来中国方面也能将以中国科学家名字命名的奖项颁给欧洲和其他国家的优秀年轻人。"

德国和瑞士方面都把来自中国的青年研究人员视为"新鲜血液"。当今这两大物理理论和应用研究的主力国家此次在中国联合设立"爱因斯坦"奖，其初衷就是为了加强两国与中国的科研合作，尤其是在物理学研究领域的合作。正如瑞士大使丹特·马提内力先生在接受我台记者专访时所指出的：

（音响11：瑞士大使丹特·马提内力）

"瑞士对于加强与中国的科研合作有着浓厚的兴趣，同时认为对华合作对于瑞士本国具有战略意义。无论如何，我们希望中国最聪明的头脑能感受到我们瑞士的吸引力，并且从这里站到国际舞台上充分展示他们的智慧与能力，这也正是我们颁发'爱因斯坦奖'的初衷。"

对于一些获奖者来说，德国和瑞士之行将是他们与世界两大科研强国同时也是物理学重镇的第一次亲密接触。而最难忘和最不同寻常的是，他们将怀着崇敬的心情一道参观位于瑞士伯尔尼的爱因斯坦博物馆。在话筒前，这些中国的博士生们齐声用德语向思想巨人爱因斯坦遥祝：

（音响12：获奖者）

"你好，爱因斯坦！我们来啦！"

（音响13：抒情女高音和优雅的大提琴曲）

主持人：亲爱的听众朋友们，您刚才收听的是关于20位中国青年物理学博士喜获爱因斯坦奖的报道。好的，我们本期科教卫的《中外合作》栏目到这儿就告一段落了。现在让我们欣赏一小段音乐，稍事休息一下。在接下来的《研究与发展》栏目里，我们将向大家介绍中国基础测绘技术的新进展给中国公众生活带来的变化。不要走开，我们一会儿回来。

（网络推介片花25″）

简　评

对科学界而言，"爱因斯坦"在很多时候都是科学高峰的代名词。2006年3月中旬，作为纪念爱因斯坦相对论发表100周年的全球系列活动之一，德、瑞两国从我国选拔20名博士生进行为期三周的出国学习访问。作者敏锐地抓住这一事件，围绕活动举办的背景、意义等方面给予全方位的报道，向外界展示了中国年轻学子的优秀和未来中国科教事业的希望，取得了非常好的外宣效果。节目由浅入深，逻辑清晰，音响衔接也比较合理和紧凑，特别是优雅的大提琴背景音乐，与报道主题相得益彰，营造出一种轻松、明快的意境，很好地诠释了科学与艺术的和谐统一，给人以高品位的听觉感受。在对外广播宣传中，科教报道日益重要，这个节目无论从选题还是从制作上看都堪称佳作，它的启示是多维度的。

用生命歌唱的人们

——记中国首家癌症患者艺术团

（2006年6月16日播出）

祁璟琳　宋成卫　应响州　韩艳蓉　肖恒刚

（音响1：婴儿啼哭声）

我们每个人都是带着这样响亮的啼哭声来到这个世界的。半年前，可爱的小杰仔用一声响亮的哭声向这个世界宣布了自己的降生。

（音效：悲伤，压混）

当小杰仔还没来得及仔细看看这个色彩斑斓的世界的时候，医生就宣布了一个令他的父母难以接受的消息：杰仔的眼里长有一个肿瘤，必须要寻找合适的眼角膜进行手术，否则，这个新生儿将终身生活在一片黑暗中。

（音效：舒缓，压混）

杰仔是不幸的，但他又是幸运的。在他降生45天后，一瓣健康的眼角膜送到了他所在的医院。如今，七个月大的小杰仔健康快乐地成长着，并已经开始跟着爸爸妈妈咿呀学语。杰仔的爸爸说：

（音响2：杰仔爸爸讲话）

"现在我们把画报、报纸贴在墙上，抱着他看，他就表现的很激动，还经常晃动着小手去抓。"

小杰仔总是用他明亮的双眸看着爸爸、妈妈，好奇地张望着这个陌生而美丽的世界。但他不知道，他将永远没机会看到为他捐献眼角膜的那位阿姨，亲口对她说一声：谢谢！

（音效：舒缓，压混）

角膜的捐献者叫谢裕萍，生前是武汉市生命之歌艺术团里的一名普通团员。而在这个 78 人组成的艺术团里，和谢裕萍一样，每一名成员都是身患癌症的病人。

（音响 3：歌曲《抗癌战斗曲》出，压混）

"癌症何所惧，信心是力量，要敢于向死神挑战，作超越死亡的强者。"

（歌声渐出，压混）

听众朋友，您现在听到的就是生命之歌艺术团的团歌的《抗癌战斗曲》。生命之歌艺术团创建人之一、已经 81 岁高龄的姜振华教授说：

（音响 4：姜振华讲话）

"生命之歌的含义就是用生命歌唱，以微笑面对死亡，面对绝症，战胜自我，战胜死神。这是中国第一个（癌症患者艺术）团。我们用歌声唱出了生命的最强音——癌症不等于死亡。"

在这个特殊的团体里，团员们像亲人一样相互扶持，相互关心。因为他们都亲身感受着癌魔带来的身体上的折磨和精神上的压力，他们也都了解当生命可以看到尽头时心中那种可怕的孤独感。所以，他们从不让自己的病友们感到孤单无助。在谢裕萍生命的最后一段日子里，她的病床边总是陪伴着艺术团的兄弟姐妹们。团员孙晓慧说：

（音响 5：孙小慧讲话）

"小谢病重的时候，我们艺术团的几个好姐妹就围在她身边，唱她最喜欢的《永远的朋友》给她听。当时她已经不能说话，但她的嘴巴还跟着我们的歌声一张一合。"

（音响 6：团员演唱《永远的朋友》压混同名歌曲）

2006 年 10 月 19 日上午，生命之歌艺术团的歌舞演员谢裕萍因癌细胞扩散抢救无效，平静地走完了她 53 年的人生历程。在得知自己的生命即将走到尽头时，她作出了一个出人意料的决定：捐出自己的眼角膜！谢裕萍去世的当天下午，她的儿子郭亮亲自把母亲的眼角膜送到了中国沿海城市深圳的一家医院。那里，小杰仔和另外两位盲眼病人正等待着这一双珍贵的眼角膜。

（音响7：郭亮讲话）

"前不久，我看到了杰仔，我觉得他那双眼睛就像我母亲的一样明亮。母亲虽然不在了，但她的眼睛仍旧注视着深圳这个城市，眺望着她的故乡武汉，并注视着她的亲人和艺术团所有团员的生活。"

（间奏）

在生命之歌艺术团成立后的十年间，先后有20位团员离开了人世。然而，面对着人生中最残酷的生离死别，团员们表现出异于常人的坚强。亲密"抗癌战友"的离去更坚定了他们与癌魔斗争的信心，他们还要坚持下去，与病魔作斗争！

艺术团最年长的团员，80多岁的刘松寒老人已经与癌魔斗争了30年，大家亲切地称她为"抗癌妈妈"。她说，在生命之歌艺术团里的每个团员都是坚强的"抗癌战士"：

（音响8：刘松寒讲话）

"（在艺术团里，）一个病友倒下了，其他病友继续（与癌魔）斗争，与时间争分夺秒。"

（音响9：童声《祝你生日快乐》，压混）

每个小孩都知道，每过一年，人就会长大一岁。天真的孩子们总希望自己快点长大，总盼望着下一个生日的到来。然而，对于生命要用月、用天甚至用分秒来计算的癌症病人来说，每一个生日都是从病魔手中抢来的宝贵时光。按照医学界的说法，癌症患者只要度过临床治疗后的五年，就算到了一个相对稳定的阶段。每当珍贵的第五年来临，艺术团都会为团员们庆祝生日，而团员们也把这个生日当作自己获得新生的开始。

（音响10：生日会现场）

在五年生日聚会上，伴随着生日歌欢快的节奏，"寿星"们激动地诉说着自己的"生日愿望"。

（音响11：团员讲话）

"团员1：我患癌已经五年了，幸好我找到了'生命之歌'这样的团体，在这里我感受到了快乐，看到了生活的希望。我希望大家爱的日子都能过得更好！

团员2：癌症并不等于死亡。我们要勇敢地面对事实，坚强地活下去……"

（间奏）

活着，这个如此简单的词，却需要癌症病人以顽强的毅力克服常人难以想象的困难和苦痛才能获得。团员们从病魔手中夺回的每一天，对其他病友来说都是莫大的鼓励，都是艺术团值得庆贺的日子。艺术团的团员们就是在这种相互扶持与鼓励当中，得到了积极生活的勇气和力量。

（音响12：孩子讲话、笑声）

"我喜欢奶奶老师！奶奶老师回来了……"

孩子口中的奶奶老师就是生命之歌艺术团的常务副团长褚四翠。她不仅是女儿的母亲，还是二十多个孩子的"奶奶老师"。原来，在加入生命之歌艺术团后，褚四翠发现经常有团员因为生病无法照顾孩子，于是她便把这些孩子接到了自己的家中。久而久之，团员们一有困难无法照顾孩子的时候，都会想到褚四翠老师。

（音响13：孩子唱戏声）

在这个大家庭里，孩子们最喜欢的事情就是跟"奶奶老师"褚四翠学唱京剧。每天不论多忙，褚四翠都会陪孩子们唱歌、唱京剧、做游戏。当她无法亲自照顾孩子们的时候，这个重担就交给了她26岁的女儿晞晞。

（音响14：王晞晞讲话）

"我经常要帮（妈妈）带孩子，就连我谈恋爱都和别人不一样。人家（谈恋爱）都是二人世界，可我每次和男朋友出去（约会），身后经常跟着几个小不点。我妈妈是一个古道热肠的人，她总说要让小孩子有爱心，首先必须要我们对他们付出爱心，所以我和男朋友也就跟着付出（一点爱心）了……"

（音响15：李志刚独唱《祖国，慈祥的母亲》）

《祖国，慈祥的母亲》是生命之歌艺术团艺术总监、男中音歌唱家李志刚的经典曲目。他在歌声中重新诠释了母亲的定义：是母亲给了他第一次生命，是生命之歌艺术团陪伴他走过了一个又一个寒暑，给了他延续生命的力量。

（音响 16：李志刚讲话）

"我来这个艺术团已经九年了。九年时间里，我和大家一起通过话疗、歌疗、舞疗相互延续自己的生命。（如果）我不在这个团，也许我已经不在了。"

为了让团员们的歌声唱得更加响亮，生命之歌艺术团不仅仅追求艺术上的成果，更积极尝试各种科学的康复手段。十年来，艺术团聘请了四位肿瘤专家任顾问，义务来团作病情咨询；同时组织团员交流经验，积极与国内外康复艺术组织进行传播交流。正是这种和谐科学的艺术治疗方法吸引着越来越多的癌症患者加入到"生命之歌"的大家庭中。

（音响 17：团员感言）

"刚开始患病的时候，我的心情比较复杂，精神也很消沉。后来参加了生命之歌艺术团，经常和团员们一起聊聊各自的治疗情况，心里就舒服些。"
"我得病（患癌）后没有感到害怕，因为我看到身边这群病友每一天都积极抗癌，积极生活。在群体活动中，我学到一些关于合理饮食、增强免疫力和体质的方法。群体抗癌的意义非常重大。"

（间奏）

尽管病魔选择了他们，但他们选择了微笑面对。"生命之歌"的团员们不仅要活着，更要活得积极、活得精彩、活得有声有色。

（音响 18：艺术团演出现场）

当大幕一次次拉开，人们看到舞台上站着的不是一群病人，而是一个个充满活力的生命。他们用自己的行动感染着身边的每一个人，也用自己的爱心向人们证明着他们对生命的尊重和热爱。

十年来，这个最需要帮助的群体却一次次登上公益演出的舞台。他们活跃在医院、剧院、工厂、学校，为抗癌、禁毒、防治艾滋病等各种公益活动演出达三百多场。

（音效，打雷、洪水声）

1998年，湖北省遭遇了严重的洪水。生命之歌艺术团的歌声再次在抗洪战士的阵营前、在大大小小的救灾募捐舞台上响起。

（音响19：演出音响）

艺术团的常务副团长褚四翠女士说：

（音响20：褚四翠讲话）

"当观众知道我们是一群癌症病人时，都十分感动，捐款也更加踊跃。在那一年的各种救灾募捐演出中，我们共筹得善款40万元。"

生命之歌艺术团的表演赢得了观众的掌声，他们对于艺术的追求、对生命的尊重和对社会的无限爱心也赢得了很多好心人的支持和帮助。近年来，不断有来自各行各业的志愿者要求加入到艺术团。蒋红英就是其中的一位。她在团里所做的事情就是为团员们跑腿，做后勤服务。尽管事情很琐碎，但她却特别珍惜和团员们在一起的每一次活动：

（音响21：蒋红英讲话）

"（因为）他们对于生命的珍惜和对疾病的抗争让我觉得他们很了不起。是他们让我懂得，生命也是一种和谐，有病不该盲目害怕，尽力过好每一天是最重要的。"

被团员们称为"爱心大使"的志愿者梁晋老师是武汉歌舞剧院国家一级编导。十年来，他一直坚持帮助艺术团编排节目，他说，是艺术团的故事感染和教育着他。

（音响22：梁晋讲话）

"这是个充满爱心的团体。团里的很多人、很多故事感染了我，也教育着我。我为他们编排的节目也都是从这些真实的故事中改编来的。"

（音响23：歌曲《生命中的每一天》出，压混）

十年来，艺术团的团员们换了一批又一批，但他们演绎的这支生命之歌却越唱越响亮。对于"生命之歌艺术团"的团员们来说，过好每一天，是他们对生活的信念，也是所有人对他们的真诚祝福。

（音响24：《生命中的每一天》压混）

亲爱的听众朋友，在本期节目即将结束的时候，我们希望所有健康的或者正在忍受着疾病折磨的人们，能够像"生命之歌艺术团"的团员们一样，珍惜生命中的每一天。

如果您也有关于生命的故事，那么请您告诉我们，让我们告诉更多的人。请登录我们的网站 http：//esperanto. cri. cn，在那里，我们继续为您讲述。

（歌曲《生命中的每一天》渐出）

简　评

《用生命歌唱的人们——记中国首家癌症患者艺术团》节目通过一个婴儿接受眼角膜移植的故事引出一个由癌症患者组成的特殊团体——生命之歌艺术团的感人故事。

该节目通过现场感极强的音响效果将发生在生命之歌艺术团的一幕幕动人场面展现在听众面前。节目紧紧抓住"生命"这一主题，通过一群普通而又特殊的人群的真实故事，歌颂了他们对于生命的执著与热爱。同时，激励人们要对生命保持坚强、乐观的人生态度，珍惜生命中的每一天。该节目题材感人，语言朴实、真切，可听性强，丰富的音响效果更能让听众感受到每一个艺术团团员对生活的热爱和追求。

探访唐山地震孤儿

（2006 年 7 月 26 日播出）

朱建英　李琳　郭亚君

听众朋友，30 年前的唐山大地震是中国人心中永远抹不去的记忆，24 万人在地震中丧生，4000 多个孩子转眼成了孤儿。30 年过去了，那些孤儿过得怎样？我们探访到了其中的几位，今天的节目时间里，请和我们一起走近他们，听听他们的故事：

（音响 1：徐打电话声）

正在打电话的这位女士名叫徐薇薇，高高的个子，灿烂的笑容，乍一看，看不出她曾经经历过人生的极大苦痛。但是，记者的询问唤醒了她遥远的记忆：

（音响 2：徐讲话）

"肯定忘不了，一生都忘不了。"

1976 年 7 月 28 日凌晨 3 点 42 分，那一刻，地球在一瞬间停住了呼吸——7.8 级大地震突如其来，顷刻间，唐山这座中国北方工业重镇被夷为平地，24 万人丧生，这其中，就包括薇薇的至爱双亲和一个姐姐。

薇薇本有一个幸福的家，爸爸在唐山钢铁厂工作，有份不错的收入；妈妈在一个制帽厂上班；家里有三个女儿，薇薇是老小。年幼的薇薇爱发脾气，一生气就锁上门不吃饭，每次爸爸妈妈都在门外不停地哄她。薇薇还记得离家不远就是一家百货商场，公休日爸爸总把她架在脖子上，带她去逛商店，妈妈带着俩姐姐跟在旁边，一家人其乐融融的。

地震那晚，热得出奇。大姐怕热，在外面和同学打羽毛球，凌晨一点才进门。三姐妹是睡在一间房里的，薇薇和二姐睡大床，大姐睡单人床。大姐回来，发现薇薇睡熟了掉到了地上，就把她抱起来放到单人床上了。这一抱，救了薇薇的命。

（音响3：徐回忆）

"（突然）天空特别得亮，我就问姐姐怎么了？她说不知道。后来就（听到）像打雷一样的声音。当我们俩明白（过来是地震）的时候，我们在（的）这边，墙裂开了，然后才开始晃。就在这么一晃的时候，我已经裹着睡觉那毛巾被（从裂开的墙缝被抛）出去了，从我们家二楼到了楼下了。"

薇薇懵懵懂懂地从地上爬起来，发现自家住的那幢四层楼房已经倒了一大半，眼前是一大堆石头、砖头，大姐正在砖头堆那儿翻找着，看见薇薇就大声哭喊着说，爸爸妈妈还没出来呢，你二姐还在里面呢。

（音响4：徐回忆）

"我们俩在那找，楼上（掉下）的石头仍然往我们身上砸，但是当时没觉得危险，没觉得害怕，就想找到父母。外面很静，什么声音都没有，我觉得只有我们两个在那儿喊。"

（音响5：唐山地震原始音响，混）

那一刻，与徐薇薇家相隔几条街的一堆房屋废墟中，刚6个月大的女婴党育新被从睡梦中震醒，哇哇大哭起来。而5岁的张丽芝正从市中心一座倒塌的平房中往外爬。摸着被砸伤的右腿，她一边痛得大哭，一边惊恐地看着突然面目全非的家园。

（音响6：张回忆）

"我们家正在市中心，正是地震死亡率特别高的地方。我姑姑他们都（和我们）一块儿住。（我爬出来，发现）我爸我妈我大姐都没了，我奶奶我老叔老姑（也没了）。"

哭泣寻找的孩子们被紧急赶到的解放军救离现场。几天后，他们见到了爸爸妈妈等亲人的遗体。

在这场大劫难中，4000多个孩子失去了双亲，成为无家可归的孤儿。

这些孩子们迅速得到了安置：有的被闻讯赶来的亲友接走，像薇薇和她的大姐，年迈的姥姥把她们带回了家；有的进入育红学校——专门为唐山孤儿建立的福利学校，像党育新、张丽芝。在那里，他们除了可以享受到免费教育，还可以在生活和工作分配上受到照顾。

（间奏）

如今，30 年过去了，这些孤儿在哪里？他们过得怎么样？

凤凰园是唐山市的一个高档小区，素有"富人区"之称，徐薇薇的家就安在这里。160 平米的居室内，大大的液晶彩电、双开门的大冰箱、富丽的装潢，处处显示着主人的富有。墙上挂着的照片中，一家三口笑容灿烂，秀气的女儿已经和徐薇薇一般高了。

薇薇告诉我们，如今，她承包了一家广告公司，先生则在一家汽车出租公司工作，女儿在离家不远的海滨城市大连的一所私立中学就读。

（音响 7：徐讲话）

"（有一阵）唐山的广告差不多被我包圆了。（平时）我忙他（丈夫）也忙，属于那种快节奏的家庭。（女儿）特别懂事，她知道我不容易，也特别能自立。"

（音响 8：建设路现场声，混）

地震前薇薇家的位置，现在是唐山最漂亮的一条主干道——建设路。街道两旁高楼林立，人声鼎沸。在那里，薇薇公司制作的广告灯箱一到夜晚就溢彩流光。

党育新如今在唐山市残疾人联合会工作，每天向需要帮助的残疾人提供服务，还负责落实对残疾人的一些优惠政策，这份工作她干得很开心：

（音响 9：党讲话）

"接触到的残疾人和我们唐山的经历还有一定的联系：地震截瘫的人很多。他们一听说我是地震孤儿，他们都有一种命运相连的感觉，有什么事情很愿意和我倾诉。"

育新的先生在市热力公司工作，儿子龙龙活泼可爱。用她的话说，自己收入稳定，生活幸福，工作也很有意义，日子过得不错，以后还会越来越好。

当然，并不是所有孤儿都是一帆风顺的。震后的唐山主要发展工业，随着一些比较落后的国有工业企业被转让或重组，一些国企职工下岗了。张丽芝 5 年前从当地一煤矿下岗后，在一栋大楼找了个打扫卫生的活。

如今的张丽芝精神状态很好，只是当年受伤的那条腿落下点残疾，走路的时候有点跛。

（音响10：张讲话）

"我有一个健康的儿子，一个爱我的老公，有一个美满的家，而且社会这么多人关注我们孤儿，还有啥可悲观的？我就希望平平安安地把孩子抚养大，将来能有所作为报效国家。"

比起徐薇薇富丽堂皇的家，张丽芝的家显得贫寒，一间二十多平米的平房，水泥地面，电视和冰箱是十年前结婚时买的。平房外面带个小院，搭了一个厨房，上厕所要去附近的公共厕所。可张丽芝对眼下的生活很知足，她最满意的是儿子，正上小学的儿子功课非常好，从不用操心。

张丽芝的先生叶海华也是个工人，皮肤黑黑的，不太善言辞。妻子说话的时候，他就坐在一边憨憨地笑。

（音响11：叶讲话）

"我觉得我媳妇是个挺善良的人，是挺坚强的人，对人（也）很好。"

震后第三十年的7月28日就要到了，对这一天，张丽芝的心态很平静。她想去一趟抗震纪念碑广场去告慰逝去的亲人。

党育新也准备带上孩子去一趟纪念碑广场，"再给孩子说一点他姥姥姥爷的故事"。徐薇薇则是一种特别的方式：她帮一家公司策划抗震三十周年的纪念活动。她告诉记者，她的策划方案是积极快乐的，载歌载舞的——在今天，要纪念的不是地震三十周年，不是失去亲人三十周年，而是三十年后今天唐山人的新生活：

（音响12：徐讲话）

"我们纪念的是抗震三十周年后唐山的变化，人民生活水平的提高。实际上我们应该从悲伤中解脱出来，更好地努力工作，再去把自己的小家、大家，都建得更好一点儿，更温馨一点儿，老想过去那些东西已经不太实际了。"

走在唐山的街头，迎面碰见的行人中，也许就有当年的地震孤儿。他们也许已经是企业老总、政府官员，也许只是普通的电焊工、餐厅服务员或者街头小贩。他们的面容是平静的，经过了那场苦难之后，人们对很多事情都能坦然接受了。因为生活，以及生活带来的希望，仍在继续。

（音响标识：唐山孤儿）

简　评

1976 年 7 月 28 日的唐山大地震使 24 万人在瞬间丧生，4000 多个孩子转眼成了孤儿。30 年过去了，当年的这些孤儿过得怎么样呢？我相信不管是中国人还是外国人，只要提起这些孤儿，都会对他们每一个人的命运牵肠挂肚。

作者从采访的一批地震孤儿中，挑选了有代表性的三位：一位是成功富有的生意人，一位是平淡幸福的公务员，一位是生活坎坷的下岗工人。他们在经历了那场苦难之后，坦然地面对现实。他们和我们普通人一样，满怀对幸福生活的憧憬和希望，在社会的关爱下，自强不息，积极进取。

语言平实、叙述流畅，却不乏感人之处。

二等奖

北京人的"沐浴"生活

（2006 年 6 月 9 日播出）

武毅秀

主持人：如今，在中国，不同地方的人们选择沐浴的方式各不相同。在一些发展中城市，那种老式的大众浴池仍然保留在大街小巷里，是许多人，尤其是老年人洗澡的选择；而时髦且昂贵的温泉浴和桑拿浴则吸引了不少年轻人，因为这种地方比较有异国情调，而且据说对人体有很多好处。当然，沐浴应该说是每个人生活中重要的一部分，所以，如今也有许多中国人愿意投入大量的金钱，根据个人的喜好来装修自己的浴室，通过营造自己独享的沐浴环境，来更好地关爱自己。

今天，就请跟随我们的记者毅秀，去探访一下北京人的"沐浴"生活。

（音响 1：澡堂沐浴声，渐出）

欣园浴池位于北京一条不起眼的小胡同里，没来过的人想找到它还真不容易。后海周边的古老胡同，如今经过改造，到处是考究的酒吧和小酒馆。而在这些酒吧区的深处，仍然是蜿蜒的北京胡同，很多老北京人就住在这些胡同的四合院里。

欣园浴池，就隐藏在这群北京民居内，是附近的人们休养身体的去处。

（音响 2：老北京人和澡堂服务员吆喝的声音，渐出）

欣园浴池的常务经理吴丽丽正在招呼客人——可以看得出来，很多来这里的都是常客，互相之间都很熟悉。吴丽丽负责管理澡堂的日常工作，她说，欣园浴池在后海地区的老百姓中知名度很高。

（音响3：吴丽丽讲话出）

"许多人都喜欢早上来这里泡澡。我们每天大约能接待 300 名左右的顾客。我们受欢迎的一个主要原因就是我们这里的价格比较实惠。只要付 10 块钱，就可以痛痛快快地洗个澡，没有时间限制。对 60 岁以上的老人，我们还会给他们打折，只要 8 块钱就可以了。"

家住后海的尚秀珍是一个公共汽车司机。她刚刚洗完淋浴，说自己很满意这里的服务和价格。

（音响4：尚秀珍讲话出）

"我每个星期都要来这个澡堂一次。因为我就住在这附近的四合院里。平房里面没有暖气，洗澡不方便，来这里洗对我很适合。我非常喜欢这儿，一周的工作之后我能在这儿好好地放松放松。"

浴池总经理付世宝说，欣园浴池是北京历史最长的浴池之一，与那些新建的现代化浴室相比，它有几个突出的特色：

（音响5：付世宝讲话出）

"大众浴池保留着一些老的东西。比方说，我们有一个很大的泡澡池，客人们可以在里面尽情地浸泡和放松。这个大池子还附带一间旧式的会客室。我们的常客经常在泡完澡后在里面碰面和聊天。你知道吗，来这里泡澡的人啊，大都是在澡堂里认识的多年的老朋友了！"

过去，在澡堂子里碰面、聊天是老北京胡同生活中不可缺少的一部分。以前，住在胡同里那些有很多闲暇时间的人，特别是老年人，常常来澡堂子里淋浴、泡池子、搓澡、按摩，或者进行一些药物疗养。澡堂不仅是从前为数不多的可供人们洗浴的地方，在这里的碰面也成了联系邻里关系的一种纽带。洗完之后，人们会接着在澡堂子里与朋友天南海北地聊天，甚至会一起唱歌、斗蛐蛐、说些闲话，有时也会就某些话题辩论一番，就这样，让自己暂时从社会责任中解脱出来，彻底放松一下。

如今，住在胡同里的人越来越少了，胡同里曾经亲密的邻里关系正在快速地消失，因而社区的老年人特别依恋当地的澡堂子。

欣园浴池总经理付世宝非常理解人们对旧式澡堂的深厚感情。

（音响6：付世宝讲话出）

"正像一些老人们说的，泡了一辈子的池子，特别喜欢这个泡澡池，去澡堂子洗澡、泡澡贯穿着他们中许多人的一生。他们一般会相约前来，而且喜欢比较烫的水。就这样一边泡一边聊，成了一种小范围的定期聚会。为了享受泡澡的乐趣，住得比较远的人甚至不惜每个星期打一次出租车来这里泡澡呢！"

（音响7：温泉馆内带自然音响的音乐，渐出）

离开灯火辉煌的后海，我来到京东一处美丽的温泉。

（音响8：温泉馆内流水声与音乐声压混）

这里是京东一处声名远播的高档美容沙龙会所。优美的轻音乐给房间里营造了一种舒缓平和的氛围。在淡淡的灯光下，呼吸着空气中百合花的芬芳，客人们在这种华贵的环境中享受着温泉的洗礼。

屋子中间摆着浴缸，正等候着下一位客人。尽管浴缸中的水不像大众浴池的那样滚烫，但是这种温泉的滋润和疗养却与在澡堂里泡澡截然不同。温泉浴场总经理刘彦丽向记者讲述了温泉疗养的道理和过程。

（音响9：刘彦丽讲话出）

"一整套完整的温泉疗养服务，包括了温泉浸泡、全身按摩、面部美容、肌肉拉伸等等。我们首先播放一些专用的舒缓精神的音乐，然后慢慢加热香薰，使其散发出怡人的芳香，创造出宽心的氛围；然后用中草药让客人紧张的神经渐渐松弛下来；洗浴结束后，我们有专业的按摩师给客人进一步作放松，减轻客人疲劳。此外，我们还提供修剪指甲、给指甲上油、面膜美容等服务供客人选择。"

刘彦丽进一步解释各种服务含有的不同的功效：

（音响10：刘彦丽讲话出）

"我们可以根据客人的爱好来进行多种治疗方案的调配。比如，从鲜花里提取的香薰油就具有特殊的功效。从玫瑰花里提取的香薰油可以美白皮肤，从熏衣草中提取的香薰油有松弛神经的功效，而菊花香油则能让人感觉凉爽。"

温泉治疗几年前在北京悄然兴起，很快便发展成为一个高利润的行业，这是因为很多高收入的年轻女士，对呵护自己的身体情有独钟。不过，感受这种浪漫舒缓的异国情调和自然花草的芬芳可是要付出高昂的代价。通常一套完整的治疗服务需要花费600元人民币左右，大约相当75美元。即使对于一个职业的上班族，也是一笔不菲的开销。

（音响11：刘彦丽讲话出）

"温泉疗养是为了达到一种心、身、灵的放松。实际上来这种地方绝不是单纯为了洗浴，做这种温泉治疗，是为了寻求活力、健康和身体机能的平衡。3个小时的套餐服务需要花费大约600元人民币，是一种高消费，但是，我们每天都能接待5位女顾客，周末每天超过10位。她们大多是工作压力很大的职业女性，来这里，就是为了寻求放松，寻求回归自然，找回自我。"

（音响12：个人浴室流水、沐浴声音）

从老式澡堂到现代的昂贵温泉治疗，可供人们在外沐浴的方式越来越多。不过，越来越多的普通人开始在家里拥有自己的浴室。不用出家门，在自己家里的浴缸泡澡，对多数城里人来讲，是最愉快的享受。

陈琪在北京一家媒体工作，刚刚买了套新房，有两个浴室。她打算本着实用的原则装修自己的浴室。她说，最重要的是要保证装修质量，确保沐浴的舒适和愉悦。

（音响13：陈琪讲话出）

"因为有两个卫生间嘛，所以较大的浴室准备供家人用，我会把淋浴喷头、浴缸等洗浴设备与卫生间用一道玻璃门分开。另外一间较小的浴室是给客人用的，里面只有淋浴设备。我会贴上瓷砖让浴室更漂亮。为了保证质量同时控制成本，我会选择中档品牌的淋浴设备。"

许多住在公寓里的人们都认为，设计自己的浴室时要注重实用。正如陈琪所说，在家里洗个澡本身就是一种美好的享受，把身体洗干净其实是沐浴最基本的目的。

（音响 14：陈琪讲话出）

"偶尔我也会自己享受一下，有时我也会去泡温泉或者洗桑拿，主要是想参加一些社会活动，比如会见朋友，或者参加单位组织的活动。实际上，我还是喜欢呆在家里，泡在浴缸里，往浴缸里撒上自己买的香薰油和浴盐。要么就简单地来一个长时间的淋浴，那种放松与畅快，就是我需要的感觉呀！"

（音乐，压混）

从老式的大众浴池，到奢侈的温泉疗养，再到私密温馨的个人浴室，这些多样化的沐浴选择从一个侧面折射了中国人生活方式的变迁。正如陈琪所说，沐浴，作为一项如此个人化的行为，其多样的选择也表明越来越多的普通中国人已经有足够的条件和精力来更好地呵护自己。听完这期节目后，你是否也想选择一种你喜爱的沐浴方式，在温暖舒适的氛围中，好好地宠爱一下自己呢？

（音乐，压混，结束）

简　评

在对外报道中，境外受众常常反映我们的报道"生活味不浓"、"意识形态色彩太重"。因此，多反映一些中国老百姓的日常生活，将会成为今后对外广播节目的重要内容。从这个意义上说，这个节目犹如一道非常具有中国百姓生活味的爽口菜。作者通过探寻北京居民洗澡可选择的各种场所、地点，多视点地展现了当代北京人在"沐浴"中的个性化选择，从一个层面折射出改革开放带给北京乃至中国城市百姓日常生活的深刻变化。整个节目层次清晰，结构严谨，以生动的音响带动场景的转换，而人物间的对话更是洋溢着生活的乐趣，听起来自然清新。它带给我们的启示是，不要总把目光聚集在那些政治、经济类的"硬"话题上，而多一些对生活类"软"性话题的关注可能更会增强节目的贴近性。

CRI——我的中国亲人

（2006 年 12 月 1 日播出）

郭志家　曲慧斌　王牧

（片头音乐出）

曲慧斌： 六十五年，通过电波，我们互相了解。

李坚： 让我们为您讲述听众的故事。

听众 Katarina： 我不能没有你们！你们是我的支柱！

听众 Cesnak： 我特别喜欢中国人说塞语的可爱音调！

听众 Dusan： 听广播已经成为我生活中不可缺少的一部分！

（音乐渐弱，混播）

亲爱的听众朋友，这里是中国国际广播电台。您正在收听的是《友谊桥》特别节目：《讲述听众自己的故事》。我是王牧，今天我们故事的主角是 Katarina Genzic 女士。

（音乐起）

Katarina 是我们最亲近的听众之一，她称我们是她的"家人"。她和我们台同岁，今年 65。30 多年前 Katarina 就开始听我们的节目了，那时候她还很年轻。

（音响 1：Katarina 讲话）

"我开始听国际台广播是因为认识了文城。那时候有一个中医代表团到克罗地亚来，文城是他们的翻译。我碰巧去了代表团活动的现场，好像是关于中医按摩的。当时他们需要一个观众上台演示，也许是他们看出来了我特别感兴趣，也许看出来了我非常喜欢中国，或者觉得我很勇敢，不知道为什么，他们从几千人里挑中了我。我很激动，还以为他们是开玩笑的。活动过后我请他们去家里吃饭，这样有机会和文城聊了起来，知道了中国还有塞语广播……"

（音响渐弱）

关于和 Katarina 的相识及交往，我们刚刚退休的同事赵文城是这样回忆的：

（音响 2：赵文城讲话）

"那次认识之后我们经常联系。现在我还总是想起我和老伴儿一起去 Katarina 家作客的情景，每次去都聊得很投机，她总是很热情地招待我们。"

Katarina 从开始听广播的那天起就和我们通信，30 多年从未间断。正因此，我们组里的每个人都成了她的"熟人"。对我们来说，Katarina 就是我们中的一员，而 Katarina 则把我们当成了最好的朋友和亲人。

（音乐渐出，音响 3：Katarina 讲话）

"我不能，不能没有你们！没有你们我会活得很艰难，你们是我的支柱！我为你们高兴，为你们举世瞩目的成就高兴，不管是政治的、科学的，还是别的方面。你们是杰出的专家，什么都懂，我很替你们高兴！和你们交往的一切都那么美好。

（声音哽咽起来）当我收到你们寄来的报纸的时候，我是多幸运啊！我听中国的历史，看有关中国的书，我对这些有极大的兴趣！还有你们的建筑，漂亮的城市，善良的百姓，善良而且有能力，我喜欢和别人讲中国，她们也喜欢听我说。（哭）我不知道该怎么说，是一种尊敬，它让我总想起你们！（音乐起，渐弱）中华民族是勇敢勤劳的民族，乐于助人，不计付出，我没有接触过比你们更好的人了，善解人意的朋友们。"

（音乐起，渐出）

2001 年，作为开播 40 周年的礼物，我们曾送给 Katarina 一张集体照做纪念。后来在信里，Katarina 告诉我们，她把那张照片放在自己房间的桌子上，每天都看，就好像她和我们生活在一起。而五年后的今天，当我们再次提起那张照片的时候，Katarina 说：

（音响 4：Katarina 讲话）

"看着它我就会想你们，每天看，每天想！"

是这样的，我们和 Katarina 是用心在交流，亲近得像一家人一样。每当新年快到的时候，我们必定会收到 Katarina 寄来的挂历和礼物。当我们的同事赵洪超在贝尔格莱德留学的时候，Katarina 热情地邀请他去家里作客。曲惠斌生孩子的时候是 Katarina 第一个发来祝福，她甚至每年都记得孩子的生日，还给小宝宝寄来生日礼物呢。今天，通过电波，我们可爱的小 Jana 要亲自谢谢克罗地亚的 Katarina 奶奶。

（音响5：通通讲话）

"我是 Jana，谢谢 Katarina 奶奶。我喜欢这些书，祝奶奶健康快乐。"

（主持人翻译通通的话）

（音响6：Katarina 讲话）

"其实我还想给你们寄更多的礼物，这样你们大家可以分一分，每个人都有一份。或者我这次给你寄，下次给她寄，我想要你们每人都有。我还给孩子准备了好多小人书呢。"

（音乐起，渐弱）

因为糖尿病，Katarina 现在不能每天等到深夜听我们的节目了，但是她依然在关注着我们。当我们聊起节目的时候，她说：

（音响7：Katarina 讲话）

"节目我或多或少地通过各种方式还是在听的。所有的都很好，真的很好，通过节目我看到了一切，看到了老百姓的生活，看到了中国的进步，巨大的进步。我觉得中国什么都有，像美国一样发达。"

（音乐渐强，渐弱）

作为一个小惊喜，我和我的同事惠斌事先联系了赵文城老师，并且请他把自己最想对 Katarina 说的话录了下来。当我们通过电话把赵老师的录音放给 Katarina 的时候，她又是激动又是高兴，甚至对着段录音就说了起来：

（音响8：Katarina 听赵老师的留言）

"（Katarina）太好了！快给我放吧。替我问候他，我永远也忘不了他，还有他的夫人!

（赵文城声音由小及大）你好! Katarina! 你还好吗? 我是赵，真是很久没见过面了! 我几个月前给你写过一封信，收到了吗?

（Katarina）没收到。

（赵文城）我还给你寄了礼物……

（Katarina 激动地回应）我没收到礼物……

（赵文城）祝你一切都好啊! 希望有机会你能到北京来……

（Katarina 激动地回应）我会的，我发誓……现在……

（赵文城）祝你万事如意! 祝你早日从糖尿病痛中解脱……

（Katarina）我现在要去看医生……"

（音乐起:《祝你平安》，渐弱）

节目的最后，我们为 Katarina 选了一首歌:《祝你平安》。

（音乐渐强，一段结束后渐弱）

　　　祝你平安喔祝你平安，让那快乐围绕在你身边;
　　　祝你平安喔祝你平安，你永远都幸福是我最大的心愿。

像歌里唱的那样，祝我们的 Katarina 健康，快乐。同时也把这首歌送给喜欢我们节目的听众朋友们，祝大家幸福安康。

后记: 采访过程中，Katarina 说到动情之处几次哽咽，在场的记者也为之动容。我们常说，要想感动别人，首先感动自己。正是这种真情的流露与表述使我们的节目得到了听众的认可。

简　评

情感的力量是伟大的，如果它跨越了国界，超越了时空，就更能深入人的心灵。这个节目以亲情为主旋律，讲述了 65 岁的卡塔丽娜和国际台塞语部员工的深情厚谊，针对性强，极具感染力，称得上是以声动人，声情并茂。

在细节处理上，节目通过老人对与塞语部几代工作人员友好交往的回忆，通过员工与老人的互致问候，特别是对老人说到动情之处几次哽咽的展现，很好地诠释了"天涯若比邻"的深刻内涵。节目整体上布局精巧，语言流畅，配乐婉转柔美，与主题相辅相成，而结尾处的一曲《祝你平安》更是将节目气氛推向高潮。应该讲，国际台对外广播的听众是特殊的，因为特殊所以显得重要，但如何在节目中去表现听众与国际台的互动，传达更多的人文关怀，这个节目给我们提供了一种选择。

中意环保合作的典范

——清华环境节能楼

（2006 年 11 月 6 日播出）

张帆　Viera Sassi

听众朋友大家好，欢迎您收听《环保之窗》节目，我是主持人张帆。近年来，环保节能问题日益受到中国政府的广泛重视。在努力减少污染改善环境的同时，中央各级政府也在寻求更多的国际合作，特别是与意大利合作项目的数量和规模居所有中外环保合作国家之首，其中最典型的合作项目就是由意大利政府投资建造的清华环境节能楼。首先请出今天节目的嘉宾，意大利专家 Viera Sassi。

帆：你好，Viera！

V：你好，帆。听说意中在环保方面有着很好的合作，能先给我简要介绍一下吗？

帆：当然可以。自 2000 年中意环保合作以来，在双方政府大力推动下，环境保护合作发展迅速，并取得了显著的成效。国家环保总局副局长祝光耀对双边合作给予了很高的评价：

（音响 1：祝光耀）

"这些年来中国与发达国家在环保方面的双边合作，中意合作具有最典型的意义。中意合作项目的数量和规模都居于所有中外环保合作国家之首。"

V：听了祝局长的一席话，作为意大利人我还真感觉有点自豪呢！

帆：我们衷心地感谢意大利政府对中国环保事业的大力支持。好了，我们还是言归正传回到我们今天的话题——清华环境节能楼吧！

V：好的。记得在今年七月的"中意环境周"期间节能楼已经封顶竣工了，当时好像你就去现场采访了。

帆：没错，我们还是先回顾一下当时的场景。

（音响 2：Pecoraro Scanio）

"这座节能楼很美观，能为建设这个伟大的项目提供先进的技术支持，我们也非常自豪。从外观上看，这座楼很漂亮，用中国的说法就是'和谐'，是与大自然的和谐统一。因为它合理地利用了太阳能，并运用大自然的手段对内部温度进行调节，自始至终未曾用碳做燃料。这座楼运用最先进的技术手段展示给人们最适于人居的建筑理念。"

V：这不是意大利环境部长 Pecoraro Scanio 在节能楼竣工剪彩仪式上的精彩发言吗？

帆：没错。

V：这么一座两国通力合作的见证今后具体如何使用呢？

帆：清华环境节能楼作为中意环保合作的重点项目，由意大利政府出资 2 亿人民币修建，是其在海外投资建设的第一个教育建筑工程，也是中国科技部和意大利环境与国土资源部合作的最大项目。该楼建成后将成为一个教学、试验、科研和中意环境技术交流的中心。

V：这么经典的一座节能建筑，是意大利人设计的吗？

帆：没错，这个项目由意大利马里奥·库茨内拉建筑师有限公司承办，具体由建筑师 Mario Cucinella 设计。谈到节能楼的设计理念，他向我们介绍说：

（音响 3：设计师 Mario Cucinella）

"节能楼是意大利环境部重点推进的一个项目。环境部和米兰理工大学合作，特别是 Butera 教授在科学技术合作方面发挥了很重要的作用。节能楼的设计所反映出应对能源问题不仅包含政治和建筑因素，同样也应含有科技成分。我觉得这种对科学技术、建筑和政治的巧妙结合是一种重要且值得鼓励的形式。"

V：听了设计师的介绍，我对这座楼的科技节能理念又有了新的认识。上周末我去清华大学看朋友，正巧在大学东门附近看到了这座已经投入使用的节能楼。

帆：哦，是吗？这座楼建筑面积约 2 万平方米，总高度达到了 40 米，主体采用全钢结构。该项目融合了国际上最先进的节能系统和建筑理念，是一座智能化的绿色、生态、环保、节能型新型办公科研楼。清华环境节能楼的建成会为我国环境与能源的长期协调发展提供一个研究平台，为今后中意两国间开展更加广泛的合作奠定良好的基础。

V：听说早在 2002 年 4 月，科技部副部长邓楠女士前往意大利进行访问期间，与意大利政府和意大利国土资源部签署了一系列由意大利政府出资与中国科技部合作的协议，将在中国设立好几个新型的节能项目。

帆：是的。环境节能楼就是其中最大的一个项目。科技部原秘书长、国务院参事、中意环境科技合作领域的发起人石定寰介绍说：

（音响 4：石定寰）

"这个项目是中意环境便捷金里最大的项目，意大利政府为此捐赠了 2 千多万欧元。它是整个中意环境合作中最具规模、最完整的一个工程。"

V：那为什么要建设这座环境节能楼呢？

帆：针对你的疑问，我们走访了节能楼的设计师 Mario Cucinella，他向我们解释了这其中的原因：

（音响 5：Mario Cucinella）

"清华环境节能楼是一座结合了生态学、建筑学和能源发展要求的产物，是中意两国在环境保护合作方面最具特色的合作项目。现在的中国，像意大利一样面临着欧洲所有国家共同面临的问题，一方面是经济发展，另一方面就是节能环保，这是所有西方国家，包括发展中国家的共性。我们走访了中国的一些城市，察觉到整个中国对可持续节能发展的强烈兴趣，政府机构和学校认识到了建设节能建筑的必要性，从而能够更好地协调经济发展和节能环保的关系。我们来中国的目的就是展示给大家，除了高耸华丽的商业建筑之外，还有一种运用了高效节能材料和技术的生态环保建筑。"

V：我还有一个问题，这么有意义的一座节能楼是如何实现环保节能价值的呢？

帆：据设计师 Cucinella 介绍，节能楼采用钢结构和高性能玻璃幕墙，地面以上建筑材料的可回收利用率很高。南外墙是半透明玻璃板，通过智能化控制，会根据光照强度自动调节角度，夏季可遮蔽强烈的日光；在冬季，南向面板通过吸收阳光并加热下方的空气，在室内与室外之间创建了一个温度适中的阳光空间，有效地降低了室外温度对室内环境的不利影响。在水资源利用方面，节能楼可实现分质供水（分生活用水、绿化用水、景观用水等），产生的污水可被再循环利用。

V：原来节能楼还蕴含着这么高的科技啊！

帆：那是当然。节能楼很多的节能理念都是通过米兰理工大学的设计来实现的。米兰理工大学教授 Federico Butera 向我们介绍了米兰理工大学在节能环保领域对节能楼的贡献：

（音响 6：Federico Butera）

"米兰理工大学为实现节能楼的'概念设计'创造了条件，也就是节能环保的基本特点，因为这座楼代表着这一领域的尖端水平。比如说我们分析了所有适用的原理，最大限度地在冬天利用太阳能辐射，而在夏天减少这种应用；我们研究了一系列可运用的技术来控制和增加室内的自然光，从而减少电光的使用；通过先进的机械仪表，我们开展了节能试验来优化绝缘体的厚度、窗户的尺寸和玻璃的种类；最后我们还设计了整座楼的装置，接下来是由我们的企业具体制作的。当然所有这些都是和 Cucinella 设计师通力合作来实现的。"

V：现在我是真正认识这座名副其实的环保节能楼了，看来在生态节能方面意大利确实拥有先进的经验和技术！

帆：谈到与意方合作的过程，节能楼中方建筑总工程师张通工程师给我们介绍说：

（音响 7：中国建筑专业设计研究院建筑师张通）

"这次通过和意大利设计事务所、米兰理工大学的合作，我们也学习到不少新东西。欧洲在设计方面比国内更专业化，国内都是大型设计院，不可避免地带有些弊病，而欧洲都是小型化的，很专业，可以提供给我们所需要的设计服务；此外欧洲的产品比国内的要更先进，而且专业厂家可以提供更全面的产品信息。这些都是国内一般厂家做不到的。"

V：那么节能楼的建成会对清华大学学生的学习和生活产生什么样的影响呢？

帆：针对这个问题，我们也专程走访了学校，一位环境系姓杨的学生向我们表示：

（音响8：清华大学杨同学）

"这座楼的建成对大家提高环保节能的思想意识会有很大的帮助。作为一名清华大学的学生，能率先接触、学习这种先进的节能理念从而最终达到带动、提升整个中华民族的环保节能素质，我感到非常骄傲和自豪。"

V：节能楼建成之后，它的能源消耗一定比现在小多了吧？

帆：当然了，预计能源可以节约70%左右呢！作为清洁能源机制（CDM）下全球最大的项目，节能楼得到了两国政府的高度重视，是在两国多部门的积极参与下完成设计并开始施工的。清华大学环境科学与工程系蒋建国副教授介绍说：

（音响9：清华大学环境与工程系副教授蒋建国）

"在节能楼建造过程中，参与部门包括清华大学建筑系、意大利米兰理工大学建筑系、清华大学新能源研究所、中国建筑设计院等等，同时得到了两国政府的特别支持。意大利前总统钱皮2004年12月份访问中国期间专门来清华大学做了演讲，并参加了工程的揭幕仪式。温家宝总理2004年5月访问意大利期间，意大利政府也专门给他介绍了这个项目。经过一年半的建设，今年7月终于迎来了节能楼竣工剪彩的时刻，中意双方的高层领导共同出席了剪彩仪式。"

V：通过你这么一介绍，我终于把节能楼的建造过程和节能原理基本搞清楚了，然而节能楼的竣工和投入使用对中意双方有什么样的意义呢？

帆：在节能楼竣工剪彩仪式上，我们专访了意大利环境与领土保护部部长Pecoraro Scanio，他给我们做了详细的诠释：

（音响10：Pecoraro Scanio）

"用全球最先进的意大利节能技术在中国建设这样一座建筑对于展示意大利企业的实力和国际影响力是一个很好的机会。在中国投资环保事业意味着在全球环保领域的投资。如果我们不用最先进的技术提供帮助，中国发展所受的冲击将是破坏性的。对意大利而言这是一种骄傲，因为我们在向中国解释经济发展的同时，也向他们介绍了建设环保节能楼的必要性。"

V：现在我算是真正全面领略到这座绿色建筑的风采了，真不愧为中意环保合作的典范。

帆：伴随着你的赞誉，我们的节目也接近了尾声，主持人张帆感谢您的收听！如果您想了解更多有关节能楼或中意环保合作的信息，请登录我们的网站 www.cri.cn 或 it.chinabroadcast.cn，下周同一时间我们再见！

简　评

环境保护和环保合作都是世界性话题，在对外广播中如何把这样的"硬"话题"软处理"，让听众爱听，的确需要开动脑筋。作者没有停留在对这个中意环保最大项目——清华环境节能楼建设过程的各种动态给予常规报道的层面，而是通过广泛采访两国环保部门的领导、设计人员及工程负责人等等，向听众详细介绍了节能楼的建设意义、运行理念及深远影响等等，让人充分感受到"绿色建筑"的精彩与活力，也为今后如何开展环保合作提供了新的理念。节目通过大量现场音响的巧妙穿插，以对话的形式把多次采访录音融成一体，有效地提高了节目的权威性和可信度。可见，为达到更好的传播效果，广播节目也可以在"精"、"深"、"透"上下足功夫。毕竟，好的节目其意义并不止于宣传，而在于影响力。

在一起

——记中国意大利年获奖听众阿吉德·美罗尼中国之旅
（2006 年 11 月 15 日播出）

郝妍

（音响 1：飞机声，音乐，男声配音）

"亲爱的郝，我们已经回到意大利了，我们已经坐在自己的电脑前给你写邮件了。我们一切都好，从北京飞往罗马的班机延误的三个小时里我们也一切都好。

我的妻子玛丽莱娜也很好，你不要担心。你还记得我从北京带回来的那双筷子吗？我已经用它吃饭了。

这两天我和妻子玛丽莱娜一直在欣赏在中国拍的 700 张照片，我们一起回忆着在中国与你一起度过的美丽日子……"

（音响 2：美罗尼和妻子唱的《告别时刻》压混波切利的歌曲）

我又何尝不是呢？在机场离别时，阿吉德·美罗尼先生和他的妻子玛丽莱娜唱给我的那首意大利盲人歌唱家波切利的《告别时刻》依然回响在我的耳边。

大家好，我是《听众信箱》的主持人郝。听众朋友们，说到这里你们似乎有些不明白了吧？是谁在挂念着我？而我又在想念着谁呢？那就一起听听我的日记吧！

（音响 3：美罗尼）

"中国国际广播电台（汉语），这里是中国国际广播电台，大家好，我是阿吉德·美罗尼。"

阿吉德·美罗尼，意大利博洛尼亚市的公共汽车司机，作为 2006 年中国意大利年征文特等奖获得者，今年 10 月 29 日到 11 月 4 日来到中国。可以说阿吉德·美罗尼是个幸运儿，但是他的幸运并非偶然，因为是他对意大利语广播的热爱叩开了他中国之旅的大门。

作为《听众信箱》栏目的一员，我负责美罗尼夫妇中国之旅的接待工作。我们在一起度过了美丽的日子，我要感谢这些日子，因为我认识了一个勇敢、善良、幽默风趣且具有责任感的美罗尼先生，还有跟随美罗尼先生一同前来的妻子——玛丽莱娜·安达罗女士，她温柔而热情。更确切地说，我认识了一对幸福快乐的夫妇。

（音响 4：出音乐——钢琴曲）

说起美罗尼先生的中国之行应该是源于收音机吧。说到收音机，美罗尼先生有一种难以割舍的情怀，因为从孩童时代开始乃至到他现在的退休生活，收音机始终是一个不可缺少的"朋友"。

（音响 5：美罗尼）

"在我两三岁的时候，我的爸爸为了哄我睡觉，就把收音机放在我的枕头旁边，这样每晚我就抱着收音机入睡，从那个时候我就开始感知广播的无穷魅力。久而久之，收音机成为了我生活中不可缺少的朋友，直到现在依然是这样。另外，我还有一个收藏旧收音机的爱好，我家里有很多从旧货市场淘来的老式的收音机，大的、小的、高的、矮的，而且还能用呢。"

正是因为对收音机的浓厚兴趣，美罗尼先生成了一个用广播了解世界的意大利人，在那个小小的收音机里，他发现了大大的世界。他告诉我，世界上有十几个国家有意大利语广播，从拉丁美洲到亚洲，他足不出户便了解了世界上的很多事情。这一点连我都很惊讶，"原来我们有这么多意大利语广播界的同行啊"。不过，美罗尼先生对中国国际广播电台意大利语广播有着特别深厚的感情。

（音响 6：美罗尼、玛丽莱娜）

"是的，我已经听了32年中国国际广播电台的意大利语广播了。你们的电台那时还叫北京广播电台。每天早晨你们的呼号'这里是中国国际广播电台'把我叫醒，对我来说这可不是个单纯的呼号，而是像一位老朋友在跟我打招呼'早上好，你好吗？'然后开始我一天的生活，太有趣了！

我很支持我丈夫的爱好。在认识我丈夫之前，我对广播一无所知，然而现在我每天跟美罗尼一起收听你们的广播，然后分享彼此的心得，这是夫妻之间很好的交流方式。现在，我也成了你们的忠实听众。这次我丈夫获奖来中国的事情，我的亲戚朋友都为我们感到高兴，甚至还惊动了我们居住的伊莫拉城。在得知我丈夫获奖的事情之后，当地的报纸和电台都来采访我们，我们来中国的事情已经上报纸了，你看，我们已经给你们带来了报纸，而且我们回意大利之后还有报纸和电台要进行后续采访呢。"

是的，美罗尼先生已经在当地小有名气了。打开当地的报纸《Sabato Se-ra》，我看到了关于美罗尼先生的一篇题为《亲爱的朋友，我们相聚北京》的文章，当地的记者对美罗尼先生获得中国国际广播电台知识竞赛特等奖进行了专访。这里我还发现了这篇文章的题记：

（男声配音）

"阿吉德·美罗尼，57 岁，原波罗尼亚公交公司司机，现已退休。在2002 年 8 月伊莫拉恐怖事件的周年纪念之际，我们的记者就已经采访过美罗尼先生了，因为在 1980 年 8 月 2 日发生在伊莫拉城的法西斯分子制造的恐怖事件中，他勇敢地运送伤亡人员的工作给人们留下了深刻的印象"。

提起她的丈夫，玛丽莱娜掩饰不住内心对美罗尼先生的赞赏和钦佩。在我们一起度过的日子里，我还感受到了一颗善良的心，我想，是这颗善良的心使他变得更勇敢吧?! 这让我想起了美罗尼先生在以前的来信中给我讲述的他们和巴勒斯坦儿童的故事：

（男声配音）

"在意大利有一个专门救助巴勒斯坦儿童的组织，这个组织有一个美丽的名字，叫'你好，带着橄榄枝的孩子们'。我和妻子跟别的组织一起建立了伊莫拉的分会。为此，我跟妻子以及我们的同伴去过 3 次巴勒斯坦，帮助了 60 名巴勒斯坦儿童。至今，我还有很多遗憾，因为巴勒斯坦的状况不太稳定，我不能够跟帮助过的那些巴勒斯坦孩子们取得联系，但是我仍然记得我们在巴勒斯坦人民那里感受的东西：尊严、友好、生存的愿望，尤其是孩子们的笑脸。"

美罗尼夫妇一直用心在关注世界，他们有一颗勇敢和善良的心，因为有很多跟他们一样的人，我们才能够感受到一个美好的世界。作为普通的意大利人，他们的勇敢和善良感染了我。能够认识美罗尼夫妇，我是幸福的。以前，当我阅读他们来信的时候，从没想过有一天美罗尼夫妇会来到我的身边。虽然美罗尼夫妇已经跟我的父母一般年纪了，但是我们在一起却像是好朋友一样，没有了年龄和地域的界限。我很喜欢玛丽莱娜女士说的话：

（音响 7：玛丽莱娜）

"我们在一起就像是一个小小的集体，虽然只有三个人，但是我们力量却很大。这些天我们有更多的时间在一起游览了很多名胜，也分享了彼此的故事。"

（音响 8：出音乐——钢琴曲）

美罗尼先生退休前是波罗尼亚公交公司的一名司机，他十六岁就开始工作，可以说他对这个职业有着很深的感情。在北京，每当我们看见公交车或是经过公交车站，他都会显示出兴奋的样子，一边跟他的妻子和我说"你们快看啊"，一边拿起相机照个不停。此情此景，我都可以想象出他当年驾驶着公交大巴行驶在伊莫拉这座美丽城市的街道中的那份快乐。

（音响 9：美罗尼）

"北京给我最深的印象就是有秩序、有效率，真的太好了，有些出乎我们的想象。在北京，我看到了很多的公交车和出租车，挺方便的，招手就停，而且出租车司机的服务很好，在意大利我们就看不到这么多的出租车。坐地铁也很方便快捷，坐上地铁花不了很长时间我们就到了天安门。北京的交通指示灯设计得很不错，有一个计时器会告诉司机等候的时间。我来北京之前听说，一个外国人在中国是很难生活的，因为到处都是汉语。但是，我发现事实并非如此，北京有很多的中英文对照的路标一目了然，而且在去长城的路上，凭着路标我都知道如何去十三陵了呢！"

由于职业关系，美罗尼先生对公共汽车十分关注。作为女人，玛丽莱娜女士则对美丽的风景情有独钟，她还把自己的镜头对准了儿童、老人和妇女，因为在她的眼里，这些画面才是最美丽的。

（音响 10：玛丽莱娜、美罗尼）

"玛丽莱娜照了很多照片，很漂亮！"

"对！我照了很多很多照片，这些照片的内容可以说是绚丽多彩，真令我兴奋！有老人们互相搀扶的，有妈妈抱着孩子的。在中国我还看见很多外国人。这种人与人之间的和谐在我的眼里是最美的画面。"

（音响 11：出音乐——钢琴曲，美罗尼、玛丽莱娜）

"惊奇，简直无法用语言表达！真让人激动，太神奇了！"

这是我陪同美罗尼夫妇听到最多的字眼。中国和意大利都是文明古国。意大利的古罗马斗兽场、庞贝古城，还有数不清的教堂，都曾震撼了无数的中国游人。但是当美罗尼夫妇看到长城、故宫、天坛、兵马俑的时候还是会睁大了眼睛，张大了嘴巴，跟我讨论他们面前这些雄伟的建筑。中国之行为美罗尼夫妇展开了一幅幅美妙的图画。我想这正是文化的多样性带给我们人类的财富吧。

（音响 12：美罗尼、玛丽莱娜）

"长城太雄伟了，蜿蜒曲折，简直无法用语言表达，太震撼了！我终于知道为什么要把长城建在山上了，因为这里地势陡峭，要想攻破这里还真费劲啊。中国的皇帝还真是聪明啊（笑声）……"

（音响 13：出音乐——钢琴曲）

在美罗尼夫妇的眼里，我似乎还是个小孩子。在这些美丽的日子里，我们相亲相爱，更像是一个幸福的家庭：他们教我如何用刀叉吃意大利面，他们给我讲述他们的故事，我们在旅途中手挽手一起前进，我们共同享受旅途的点点滴滴。这些日子里，每当我的脑海中浮现这些画面的时候，总有一份幸福和思念在心间。对他们我有一种女儿对父母般的牵挂，我希望他们永远幸福，永远快乐！

（音响 14：玛丽莱娜、美罗尼）

"我们喜欢跟郝这样的旅行，我们在一起就像散步那样惬意。我年纪大了身体不如以前那么好，有时会觉得累，多亏我丈夫和郝时刻照顾着我。还有郝总会给我加油鼓劲，看她那股子劲，我也信心十足。谢谢你们，谢谢郝，（美罗尼）谢谢郝！"

打开随身笔记，我看到了美罗尼先生送给我的漫画。在我眼里美罗尼先生可是个全才，他喜欢听新闻，迷恋中国文化，喜欢收集旧的收音机和手表，还喜欢画漫画。玛丽莱娜女士告诉我他们家里有很多本美罗尼先生自创的作品了。而且他为人温和、幽默并且很有责任感，我想这就是吸引玛丽莱娜女士的原因吧。而玛丽莱娜女士则是一位温柔体贴的妻子。人们都说中西文化有着很大的差异，但是我却在他们的爱情里看到了很中国的东西。

（音响 15：出音乐——钢琴曲，美罗尼、玛丽莱娜）

"我觉得夫妻应该在一起共同面对生活中遇到的种种问题。尤其是男人，应该帮女人分担一些家务，这并不丢脸。我觉得夫妻两个应该多找些时间在一起，我们会手挽着手去散步，而不是像好多人那样一个人走在前面，一个人跟在后面，这样不叫夫妻。真正的夫妻应该同甘共苦，相互帮助。"

"我觉得夫妻之间最好的经验是多讨论、多沟通，而且要相互尊重，你看美罗尼特别能聊，那好，我就陪着他聊啊。"

可真是夫唱妇随啊。的确如此，他们就像美罗尼先生说的那样，总是"同甘共苦"。中国之行他们相互关心照顾，他们一起分享旅行的心得体会。看着他们在一起时的那份幸福，我也陶醉其中。一起拥有的快乐和幸福使他们保持了永远年轻、充满好奇的心。

（音响 16：美罗尼、玛丽莱娜）

"我们要用中文跟中国的朋友们问好，'你好'，美罗尼还学会了一点中文，'va bene'——'好的''si'——'好的'，'中国国际广播电台'——真聪明啊"。

相聚总是短暂的，而回忆总是美好的。不知不觉时间就这样偷偷地溜走了，美罗尼夫妇要离开中国了，短暂的旅行留给了他们美好的回忆。

（音响 17：美罗尼、玛丽莱娜）

"感谢中国国际广播电台给我们提供的这次机会使我们来到中国，我们在中国留下了美好的回忆，中国的朋友们再见了！还有，我们要在中国送去对意大利听众的问候，谢谢你们，我们是美罗尼和玛丽莱娜。"

（音响 18：出音乐——钢琴曲，男声配音）

"郝，很高兴认识了你，一个感性、有礼貌、快乐、充满好奇心而又用心思考生活的女孩。我们祝你有一个美好的未来，希望你美梦成真，一切顺利！"

读着美罗尼夫妇临行前留给我的信，一阵阵暖流涌上我心。虽然我们在一起的日子只有短短的几天，但是他们对我的理解和信任跨越中西文化的差异，留下了我们彼此美好的回忆。认识了美罗尼夫妇对于刚刚从事《听众信箱》栏目的我来说是一笔宝贵的财富：在他们身上我感受了友好，这使我明白了应该如何去做好一名意大利听众的"好朋友"，一封封的听众来信对我而言是一段段值得记忆的友谊。在此，我要再次对他们说声"谢谢"，我想此时此刻美罗尼夫妇一定坐在收音机前收听我的这期节目吧？亲爱的美罗尼夫妇，"祝你们永远幸福快乐"！

（音响 19：出音乐——钢琴曲）

简　评

这个节目也是反映国外听众对中国和国际台的热爱的主题，但与其他类似题材节目不同的是，作者把自己与中国意大利年获奖听众美罗尼夫妇在一起的亲身感受以日记的形式传播给听众。借助这一独特方式，再现了作者眼中真实而又普通的这对意大利夫妇。整个节目当中，配以乐风清新的钢琴曲，好比是作者的音乐日记，而且故事性强，非常具有可听性。特别是把美罗尼夫妇来华的故事同他们自己的人生故事巧妙融合起来，他们相亲相爱的平凡生活带给听众的不仅是感动，还有温暖。节目通过对美罗尼夫妇中国之旅的记述，充分展示了中意两国和两国人民之间超越语言和文化的深厚友谊，在娓娓道来的叙述中，拨动听众的心弦，给人以情感的愉悦。从这个意义上说，这个节目确实做到了以情感人。

留存一段记忆，铭记一份友谊
——纪念国际台法语部首位外国专家华伊兰
（2006 年 6 月 17 日播出）

何珊

（开始曲）

大家好！欢迎收听《听众信箱》。我是主持人 Lucie。

（音乐起：歌词："雨停了，日子一天一天地过，我开始想你了……"）

（音响 1：渐混）

记者： 妈妈那时候跟你提过在电台的工作吗？

华新民： 当然了！我印象中她好像天天都在说。那是她生命的全部。她跟法语部的同事们相处的都很融洽。提起他们，她总是兴致勃勃的。

（音乐渐混）

华伊兰，国际台法语部的第一位法国专家。新中国成立不久，她就随丈夫漂洋过海来到了中国，在北京体验了 26 年的中式生活。对新中国来说，她属于第一批推开虚掩的国门走进来的外国人。而她也是第一个走进国际台的法国人，是法语部的创始人之一。

来中国后华伊兰曾先后在北京的"保卫世界和平委员会"和"中国妇女联合会"工作过。1958 年 6 月，国际台法语节目正式开播，华女士从此开始坐到话筒前向几千公里之外的法国播报中国的消息。这一干就是十个春秋。今年 5 月底，这位见证了法语部成长历程的老前辈在巴黎辞世，享年 92 岁。老朋友的离去令所有人难过，今天我们就邀请到了华老师的小女儿华新民女士以及另一位法语部的创始人——当初和她共事的林希老先生与我们一起回首那个时代，缅怀逝去的前辈。

（轮船鸣笛、海浪声，渐混）

时光倒退半个多世纪，我们来到了1951年位于法国南部的马赛港口。37岁的华伊兰和自己的华裔丈夫登上了开往中国的轮船，辗转一个多月抵达北京，住进了东城区的一个胡同。对于她出生在北京的丈夫来说这是重返故土，而她自己却是来到了陌生、遥远的异乡，不过她很快就融入了这里的生活，并且一待就是26年。

（音响2：音乐《莲花私语》，渐混）

"华新民：我妈妈非常喜欢中国，喜欢胡同里的生活。在这里我们可以与自然非常亲近。院子里有棵大枣树，枣子熟了的时候，妈妈就召集我们全家用竹竿打枣子……

记者：很甜蜜的回忆啊！

华新民：的确是！当时的所有情景我现在都还历历在目。那时，妈妈在院子里拍了很多照片，还在后面加了注解。比如有张我一岁的照片，背面就写着：'女儿一岁了。今天天儿很冷，我们只能待在家里了。'"

华伊兰细心地记录着自己生活的点点滴滴：巷口捏面人的手艺人，挑着担子叫卖的小贩，胡同里谈论家长里短的邻居……她用自己细腻的笔触让"纯粹"的北京跃然纸上。很多杂志都曾发表过她的文章。日复一日，年复一年，华老享受着自己的京味生活，并在这里有了和丈夫的爱情结晶。她也渐渐地从一个引发旁人好奇心的洋媳妇变成了街坊小孩眼中的邻家阿姨。

（音乐渐弱）

在国际台，除了播音，外国专家的另一项职责是要修改中国同事撰写的法文稿，华老的文采就此有了更多的用武之地。曾和她一起工作的法语部老前辈林希先生对此有着深刻的印象：

（音响3）

"1958年我来台工作时认识了华伊兰。她严谨的工作态度给我留下了很深的印象。在她面前，任何稿子都得经过严格的审查，并以最完美的状态呈现给听众。她优美、流畅并且清晰的笔记让我受益匪浅。可以说她是我第一个真正意义上的翻译老师，也是我电台工作的启蒙老师。"

为了配合法国时间，那时候电台的工作一般都在晚上进行。华伊兰经常是凌晨才能下班，对这点感触最深的就是她的小女儿华新民。当时她还在上幼儿园，自从母亲开始去电台工作，就再也不能哄她上床睡觉了，而且她与妈妈相聚的时间也越来越少了。

（音响 4）

"我妈妈总是上晚班，一般都是凌晨两点多才回家。有位司机负责送她，这个司机非常尽忠职守，每次都是听到妈妈关了房门以后才启动汽车离开。不过妈妈凌晨回来后都很难入睡，所以就开始吃安眠药，从此再也没能摆脱这个习惯。妈妈为广播确实奉献了很多，刚开播的头一年她几乎没有休过一个星期天。"

五六十年代的中国，物质生活条件还很艰苦。一个蓝眼睛、高鼻梁的外国人却在此安心生活了 20 余载，别无所求，兢兢业业地为中国的新闻事业奉献了 10 年。从这份令人动容的真诚里，我看到了华老的高尚人格。

（音响 5：音乐《丁香花》，渐混）

"华新民：我觉得妈妈身上有很多闪光点，永远那么友善、温柔，我的妈妈是世界上最好的妈妈。

林希：她是个很热情的人，愿意和人交朋友。她回法国后我们还保持书信联系。新年的时候互寄贺卡问候。我记得她有个习惯，写贺卡之前都要在上面画出横线，为了字迹能整齐地排列。她的工作态度就此也可见一斑。"

5 月 28 日华老因病逝世，由于她在遗嘱中表示要把遗体献给医学研究，所以也没有举行葬礼。能够寄托家人哀思的只有她留下的一些遗物，其中便有一张她小心保存了几十年的和电台同事在自家小院的合影。尽管摄于 1963 年，照片已经发黄，不过依然清晰可见华老和法语部的同事们亲密地靠在一起。

（音响 6：音乐《夏日皇宫》，渐混）

"记者：听众朋友可能还不知道，华老的女儿华新民在北京也算是小有名气了。从小受到妈妈的熏陶，她对中国的胡同有着特殊的感情。现在她正执著于北京的胡同保护。

华新民：我妈妈非常支持我做的这项工作。胡同是中国乃至全世界的文化遗产，通过它可以研究建筑艺术，嗅到传统的生活气息，它就是一座鲜活的博物馆。我妈妈非常喜欢老北京的胡同，她最喜欢生活在这里的'热乎气'，喜欢这种远亲不如近邻的亲近感。"

妈妈的支持赋予了华新民更多的执著和勇气，让她更坚定地在这条路上继续前行。虽然这两代人采取了不同的方式，但都以此证明了自己对中国深厚的感情。

（音响7）

"'中法结合'是我们家庭最重要的特性。我经常会梦见自己在法国和中国之间游走，有时候醒了一时都不知道自己身处何方了。"

（音乐起《友谊地久天长》歌词："旧日朋友岂能相忘，友谊地久天长"，渐混）

在北京城东的朝阳公园矗立着为纪念中国抗战胜利所修筑的和平墙，除了用中、英、俄、法、西五种文字篆刻的北京和平宣言外，墙上还留下了许多不远万里来到中国，同中国人民并肩作战，为实现和平与发展作出不可磨灭贡献的外国人的名字。一座和平墙不可能留下所有值得纪念的人的印记。还有更多像华伊兰女士一样的外国人，他们曾经、或是正在从事着传递友谊的工作，也许并不轰轰烈烈，但他们用自己纯净的热情，联系了世界上善良的人民，这样的名字在我们心中应该有一个永远的位置……

感谢您收听本期节目，我们下期再见！

简　评

曾经在中国国际广播电台法语部工作的首位外国专家，也是法语广播的创始人之一，于2006年5月28日在法国巴黎逝世。为了纪念这位中国人民的老朋友，我部采访了华老的女儿华新民以及曾经与她并肩奋斗过的老前辈、归国华侨林希先生。通过他们的回忆和朴实的话语，向听众讲述了这位金发碧眼的法国人在新中国成立之初来到中国，支援中国对外广播事业的感人故事。

　　该报道短小精悍，结构严谨，音响效果配合得当。报道以轮船汽笛的鸣响把听众拉回到 50 多年前，以华新民的回忆为主线将这位朴实无华、兢兢业业、工作作风严谨的法国朋友的奉献精神展现在听众面前。今年又恰逢国际广播电台开播 65 周年，也是法语广播开播 48 周年，华伊兰的去世让我们感到悲痛，这篇报道是对这位友人最好的怀念。通过它留存一段记忆，铭记一份珍贵的友谊。

金门同胞的厦门生活

（2006 年 1 月 3 日播出）

林纯

听众朋友，大家好，欢迎收听《两岸同心》专题节目，我是主持人林纯。

（音响 1：琪琪弹《无忧无虑》，混入琪琪说话音响）

"我要把这首歌献给金门的爷爷奶奶！"5 岁的琪琪说。琪琪一家来自金门，在厦门生活已有五六年时间了。厦门第十幼儿园，是琪琪和她的姐姐上学的地方。记者到琪琪家的那一天，琪琪家里来了 30 多位小客人，都是她在幼儿园里的小朋友。听，他们玩得多快乐。

（音响 2：琪琪在家中玩耍音响）

琪琪的爸爸陈经武先生是位土生土长的金门人，1997 年香港回归的时候，他来到厦门寻找商机。优美的环境，相近的风俗习惯，无障碍的交流，广阔的市场前景，让陈经武先生下定决心：到厦门经营房地产。到现在，把家安在厦门的陈经武，一年中有 11 个月是待在厦门的。陈经武先生已经把厦门当成了自己的第二故乡，把厦门纳入了自己生活、出行的范围之中。

（音响 3：陈经武讲话出）

"我现在一年中在厦门停留的时间将近 11 个月，另外一个月就是回去看看父母亲，或是回公司，有些事情去交接一下。父母亲也经常来厦门看看孙女，来度假。我父母亲常常就是在哥哥那边住三个月，在姐姐那边住三个月。来厦门这边他觉得很轻松啊，早上他到员当湖畔跑跑步、散散步，晚上还到巾帼园去学跳交际舞、国标舞，我觉得他们已经融入到厦门的生活了。"

让金门人融入厦门的生活，除了"两门"之间由来已久的渊源和无尽的商机外，最值得一提的还有那条已经为 100 多万台胞提供方便的厦金航线。

（音响 4：海上渡轮的汽笛声，渐入）

2001 年 1 月 2 日，厦门与金门之间的海上直航航线正式开通，5 年来，往返两岸的客船从最初的每周 2 班，如今发展为每天 12 班；开通当年，运送旅客量不过 2.6 万人次，而今年突破了 50 万人次，通过厦金航线来往两岸的台胞已经超过 100 万人次。四十分钟的水上通道，把金门人的生活半径扩大到了厦门。

浯江钻石广场是陈经武在厦门投资的第一个房地产项目，这是一个有 400 多套房子的楼盘，60% 都被金门乡亲买走。到目前为止，金门乡亲已经在厦门购买了四千多套房产，也就是说，平均每 17 位金门人就在厦门购有一套房子。

由于金门到厦门的交通比到台湾岛内还要方便、经济，往返金厦船票只要 1200 元新台币，到台湾岛内则要三四千左右的新台币，这让越来越多金门同胞愿意到厦门消费、购物。陈经武先生介绍说：

（音响 5：陈经武讲话出）

"有一些公司行号的女孩子，以前还要到台湾岛内去购物，现在周末双休日很多人就跑到厦门来，因为厦门一方面是交通方便，机票钱再加到台湾来回吃住，你就得扣掉两三千块人民币，你把两三千块拿到厦门来又吃又买，很方便。年轻人都到厦门来买衣服，逛逛百货公司，老一辈的就过来这边做衣服、烫头发。有些老人家来这边补补牙齿，做西装，这都很多。所以说厦门已经成为金门同胞假日休闲的好去处，有些就是三五个朋友周末相约来厦门这边吃海鲜，玩一玩，然后再购物回去。"

风景秀丽、环境优美、物廉价美的厦门成为很多金门人周末休闲的好去处。环岛路、白鹭洲、会展中心、鼓浪屿……说起厦门，许多金门同胞就像说起自己家乡一样熟悉。有不少金门乡亲索性来厦门买个店面，开设专卖店之类的小店，销售工艺品、家饰、餐具等，就连金门特产金永利剪刀也在厦门设立代售点，金永利剪刀厂总经理林有忠先生说：

（音响 6：林有忠讲话出）

"厦门很热闹，很有发展空间，我们金门的酒、菜刀、贡糖、面线都会来这里展示，生意能够做得更大。而且厦金一家亲，很亲切。尤其这里讲的口音和我们都是一样的，我们来到这里就像在我们金门故乡一样，现在两地的交通这么方便，坐船四五十分钟的时间就能到达，比去台北还方便。两岸越相通，吸引的旅客越多，两岸的经济就越能得到发展。"

厦门与金门，门对门、面对面，两门同胞亲如一家。谈到旅游，走遍了世界各地的金门金环球旅行社董事长翁炳信先生，最终把落脚点选择在厦门，他说：

（音响7：翁炳信讲话出）

"（在厦门的生活）很舒适，这边的生活压力不会比台湾大。以我从事这行业来讲，我晚上常会带朋友去娱乐休闲，这边的夜生活真的比台湾精彩多了，很开心，消费又合理，消费水平比台湾省很多，省了三分之二。"

翁先生的话道出了很多金胞、台胞的心声，对于两地的旅游业，翁炳信先生有他自己独到的想法：

（音响8：翁炳信讲话出）

"我们旅游业感觉起来，厦门和金门可以作为一体的包装方式。我们感觉，金门是属于厦门的后花园，以后如果能够把福建省外的居民到厦门旅游延伸到金门，这个区块能够把它做大。"

厦门除了给金门同胞提供良好的创业、居住、消费环境以外，还为许多金门学生提供了一个很好的学习环境。近年来，许多金门高中毕业生通过参加大陆针对港澳台学生的高校招生考试来厦求学，这不仅开拓了他们的视野，也为他们今后在大陆发展打下了扎实的基础。在厦门大学英语系读大三的许殷珊同学当初就选择了这条路。

（音响9：许殷珊讲话出）

"我第一次来厦门是因为要参加厦大考试才过来的，因为同学的家长有在厦门这边，就一起过来考试。我是金门的，和厦门距离比较近，而且和台湾没什么区别啊。"

在厦门生活了三年多的许殷珊，平时除了上课之外，也和其他女孩子一样，喜欢在课余时间和朋友逛厦门的商场，尝厦门的小吃。同样来自金门、同样在厦门大学读书的洪吟秋，是许殷珊最好的玩伴，她们俩的足迹，遍及了厦门的街头巷尾。

（音响 10：洪吟秋讲话出）

"厦门的大部分地方都去过了，算是个老厦门了，都很熟悉了。小吃和台湾的都差不多，喜欢吃海蛎米线，还有肉粽，和台湾都是一样的，口味都是一样。逛街一般到中山路、厦大一条街，东西很多。平时喜欢骑脚踏车，骑到禾祥西路、火车站那里去玩。"

除了接受高等教育外，更为特别的是，有些金门家长还将孩子送到厦门读中学，希望他们更早地融入这里的生活，为未来到大陆发展铺路。金门的林美里女士就是其中的一位。林女士的先生在厦门经商，经常来往于两地的她，深刻体会到厦门城市的温馨和社会的安定，她很放心地把孩子送入了厦门康桥中学。

（音响 11：林美里讲话出）

"在厦门我不会怕，和朋友聊的时候觉得厦门的治安是最好的，在厦门我敢拿包出去四处逛，而且厦门人和金门人一样，很亲切、很热情也很好相处。"

厦门人的善良、热心，对一个从未独立生活的孩子来说，也是极大的鼓舞。初来厦门，这个在金门长大的孩子看不懂这里的简体字，但学校老师的关怀和同学的帮助，给了他极大的学习热情，孩子不仅很快地融入了班级的大家庭里，也学会了怎样独立生活。

（音响 12：林美里讲话出）

"这里的老师很照顾学生，老师、同学对他都很好。我小孩在台湾是学繁体字的，来到这边都是从头开始学的。老师会很认真教他，和他沟通，老师会和他好好地聊。只要有心读书，小孩子就会变得很好管教。"

不管是置业、经商还是旅游、购物，不管是平时休闲或是接受教育，不管是在这里安居乐业还是周末双休日往来于两门之间，金门同胞已经把厦门这个地方当成了自己的生活领域，同时也真正地融进了厦门人的生活圈，用他们的话说，"在这里，我们不是外人。"

好了，听众朋友，这一期的《两岸同心》专题节目就为您播送到这里，感谢各位收听，我们下期节目再会!

简　评

这篇采访报道写在厦金航线开通五周年之际，精心选取了经济、教育、生活等各个领域内的代表人物，从不同的角度和层面，全方位地向海外听众展示了金门同胞在厦门的生活画卷和切身感受，真实地反映了厦金"小三通"给两岸人民带来的实惠。

节目特点如下：

稿件选取了"金门同胞厦门生活"作为厦金航线开通五周年报道的切入点，以小见大，尤其通过金门同胞的现身说法来深化主题，具有很强的说服力和感染力;节目中几位人物的出场顺序错落有致，娓娓道来，善于捕捉各个人物融入厦门生活的典型细节，并通过人物间的内在联系实现巧妙过渡;内容平实，贴近实际，音响丰富，方言采访更具亲切感，可听性强。

绿叶对根的情意
——访旅美华人作家王性初
（2006 年 9 月 13 日播出）

龚铭　王红岭

（《唐人街》开始曲）

龚铭： 今天走进我们《唐人街》节目的嘉宾是现任美国《中外论坛杂志》的总编辑、《星岛日报》的专栏作家、冰心研究会的副会长王性初先生。王先生，您好！

王性初： 您好！

龚铭： 嗯，王先生我想问一下您，现在在北京初秋已经到了，都说故都的秋、北京的秋天是最美的。秋意渐渐浓了，我觉得在文章、诗词里都能找到很多（与秋天有关的词句），比如说想起杜甫的《登高》：无边落木萧萧下，不尽长江滚滚来。那么我不知道在旧金山那边，美国的西海岸那边是一派什么样的景象呢？应该也到秋天了吧？

王性初： 美国的旧金山，基本上一年没有四季，整年的气温大体是在二十几度。今天我看一看啊，窗外阳光灿烂，呵呵……

龚铭： 嗯，人家都说了加州的阳光，西海岸的阳光嘛！

王性初： 是啊，是阳光之州，旧金山的气候确实好！

龚铭： 对，我知道，你看从传统上，从历史上来说，秋天对于中国的文人来说是一个意味非常深的季节。因为大家确实会想到很多，想到过往的、感叹人生的，就是特别容易发一些哲理的思考。我不知道此时此刻，如果是用诗文或者借助什么方式，您怎么来描摹您秋天的心情呢？尤其在美国、在加州？

王性初： 我想秋天是一个令人回味的季节，因为秋天既是一个收获的季节，又是秋高气爽的季节。每次到了秋天，我们国内说的中秋节又是团圆的节日。

龚铭： 对！

王性初：月圆、人圆！特别会让人们想起故乡的亲人和故乡的一切。因为，经常在两边跑，有的时候就一直有这么一种感触，就说人真的就像鸟一样飞来飞去，所以，有的时候我一回去，一些老朋友就说，候鸟又归来了！呵呵……真的，人有的时候就像候鸟一样。

龚铭：就像我们说大雁每年都要南飞，然后再北归一样。就是因为两边都是它的家，都是它必须得到的地方，都是它繁衍生息的地方。

王性初：毕竟跟原来生我养我的地方有一种血脉的关系，不管你出国了多久，这种"根"的感觉永远都放在心灵的深处了。

龚铭：王先生，我知道您在国内的时候是福建省作家协会的副秘书长，也是中国作协的会员，到了国外您也一直没有停止创作，刚才我们说到了值此中秋将至的时候，此时此刻您的一种心情，如果我们用非常凝练的，因为有一种说法说，诗起于沉静之中得来的回味，用您的作品或一首诗来描摹您此时此刻的这种心态，您会选择一首什么样的诗呢？

王性初：这个让我想起在国内送朋友离开了祖国又回到美国的时候，我曾经写过的一首诗。

龚铭：怎么样的一首诗呢？

王性初：我给你念一念。

龚铭：好啊！

王性初：让集四方的云，一朵
        不忍飘去啊，飘去
        在这里流连、流连
        凝成一根春雨吧
        侵入久久希望的心田
        再见啊，再见
        亲人啊，亲人
        离去了，把心留在身边
        变成一滴噙在你眼角的泪
        又甜又苦，又苦又甜
        几里四海的燕，一只
        不忍飞去啊，飞去
        在这里盘旋啊，盘旋
        衔一棵故乡的小草吧

> 带回浓阴一片
>
> 绿到千载，绿到万年
>
> 再见啦，再见
>
> 离去了，把魂留在世间
>
> 祖国啊，祖国
>
> 变成一颗亮在你心中的星
>
> 又远又近，又近又远

这是那个时候送别侨胞朋友的诗，现在我觉的有的时候……

龚铭： 在送别自己。

王性初： 别人也变成来送我了，有的时候这种角色更换确实是很有意思的。

龚铭： 对！

王性初： 但是心情我觉得是一样的。

龚铭： 对。首先我觉得王先生这种发自内心的诵读很深地打动了我，再一个就像您刚才说的这种角色的变化，十多年前是您在送别朋友写了这首诗。那么今天可能经常会经历这些，在机场、在码头送别的情景，有时候会很恍惚，觉得原来可能当时写这首诗冥冥之中也是在写给自己的。

王性初： 是，有的时候又感觉到这种人生的经历，有的时候又不得不想起"命运"这两个字了。

龚铭： 真是这样。

王性初： 也是一个"命运"的安排吧。

龚铭： 但是我注意到，很多朋友在事后写到您的这段赴异国姻缘的时候有过这样的文字："从离开国门那天起，性初就意识到此去终生必有孤独相伴。"还有就说："明明是去赴一场婚姻的盛宴，却怀着一颗飘泊的心。"他们说到了一种好像相互有点矛盾的一种情绪。那么开始一种新的生活但为什么是孤独？赴一场盛宴为什么怀着一颗飘泊的心呢？

王性初： 这个我想可能很多新移民都有这样的一种心态，也就是说对故土的一种眷恋，然后又对一种新的土地的一种陌生，比如说我每年都回到国内去，我跟这边的亲人告别的时候我说我回到中国去，那么，在中国又跟国内的亲友告别的时候又说我现在回到美国去，回来回去都是回。

龚铭： 噢，都是回。

王性初： 那为什么还会觉得有一种孤独感呢？你比如说，我回到国内那儿有我的亲人，我有的时候就要去住旅馆，我家没有，我家不在国内，但是我的根在国内，但是回到了美国，我的家在这儿。

龚铭：但是根不在这儿啊！

王性初：对，又觉得是一种没有根的一种感觉，这是一种心灵上的孤独，不是说我没有了朋友，没有了亲人，不是这种的孤独；有，比如说这边也有很多文友，它是一种心灵上的飘泊感。所以这种孤独是心灵上的孤独，是一种心态。

龚铭：那就像我们一开始所说的，"万里悲秋常作客"，就是一种心灵的状态，总是在羁旅之中的状态，是吗？

王性初：所以有的时候就会感觉到人生是不是就在这种飘泊当中、过客当中过去。

龚铭：对。王先生，当您到了美国，从心灵这种角度来感受到这种孤独，我觉得作为一个作家，一定有一个非常重要的途径就是通过文字用自己的诗文来排遣这种心情或来表达这种心情。那么您记得当您到了美国，真正意识到这一点时写的第一首作品，尤其是在诗这方面第一首作品是什么样的作品吗？

王性初：记得我离开故土的时候告别了亲人，到了罗湖桥，马上要走过去了，背后就是我的故乡、我的祖国，前面就是一片陌生的土地。我写了一首诗叫《最后》。那首诗是这样写的：

最后的春天没有雨季
最后的握手没有泪滴
最后的夜晚没有鼾酣
最后的笑容没有悲戚
最后的心率必定同步
最后的祝福必定无声
最后的问候必定遥远
最后的送行必定深沉
最后的星光绝对璀璨
最后的花香绝对长久
最后的日晖绝对永存
最后的风景绝对清幽
最后的想象定有烙印

最后的预言定有谜底

最后的绿洲定有密码

最后的告别定有归期

龚铭：最后的告别定有归期。

王性初：真的，我每次回到国内，回到故土都应验了这句话：最后的告别定有归期。所以我每年一定要回去，如果不回去，说不好听我可能会崩溃了。

龚铭：王先生，您说到这段事让我想起冰心先生她有一首小诗，也是在她一次要远行的时候写的，她在船上大概是这样的，就是说往前看是一个不可知的，但是回头看却是爱之飘扬，就是那样的一种心情。其实我也试图在您的文章、您的诗词里去寻找您的心路，用我们今天话说，您的心路历程，您的心灵所走过的一种轨迹。您刚才说了这首当时踏过罗湖桥的诗，我看到了1994年11月8日您写于美国移民局的一首诗。

王性初：噢，那一首。

龚铭：对，它的名字叫做《一颗行星的自白》。给我印象比较深的是其中的这几句：

终于踏出了光阴的门槛

俯视脚下的大地

一片红白蓝的呼声

迷离了情绪　覆盖了泪滴

在没跟您交流之前我一直在揣摩，这到底是一种什么样的心绪，因为这个诗的创作地点让我有很多想法，比如说美国移民局，我很想知道这是不是您到了美国那边，有很多的事情，比如说作为一个新移民，要和移民局、要和当地的一些机构打交道，描摹的是那样的一种心态。

王性初：我记得那天的那个移民官问我为什么加入美国籍？我说我来到美国，我喜欢美国，但是要我从骨子里爱美国，我现在还做不到这一点。但是我爱中国，尽管中国还有很多不如意的地方，但是我爱中国。爱和喜欢是不同的。

龚铭：是有程度的区别的。

王性初：真的，你可以喜欢美国的很多地方。但是你能不能真正地爱上这块土地，可能还要等待很久很久。我们在中国生活了那么久，受的又是那么久、那么长的中华文化的熏染，它已经浸入到了你的血液里面，成了你的

DNA 的一部分了，所以你离不开她。

龚铭：对，我在您的作品中也感受到了这一点，中华文化已经深深地渗入到了您的血脉里，成为您身体的一部分了，成为您的DNA了！然后我看到您的诗作叫《端午节的谜语》：

正是五月的第五天

没有锣钹鼓点也没有龙舟

在异乡还过节吗

那么生疏，那么遥不可及

这又是一种心灵的强烈的感受。当端午节，当中国传统的节日到来的时候，您在异乡感受到的一种孤独！

（间奏）

龚铭：王先生，在看您的诗集的时候，落款的地方我注意到一个现象，比如说有"1995年10月5日，法国到瑞士的途中"，还有"1997年5月旧金山到悉尼的班机"以及"1999年9月14日旧金山到香港的班机"，甚至还有"写在飞机起飞跑道上"的这样的诗篇，让我想起来在咱们交流的时候您说到了一点，就是您和您的夫人都有一个共同的爱好，喜欢走遍万水千山，喜欢去旅游。

王性初：确实，到了美国之后，除了每年基本上都回中国一次到两次之外，我还经常和我的另一半到世界的其他地方去走一走。

龚铭：都是一起去。

王性初：因为她每年有假期。有假期的话，我们就选一个地方，没去过的地方去走一走。

龚铭：鲁迅先生曾经说过一句话，他说："走异路到异地寻找一种别样的生活"。那么对于一个诗人来说，这样的万水千山去走，一定是会看到一些别样的生活，包括对自己也是有影响的。

王性初：我是觉得到一些地方去走一走，去旅游旅游，能让自己放松下来。旅游确实从中可以吸收很多精神上、文化上的营养。

龚铭：您刚才说到了，其实每次如果去世界各地旅游的话，都是和自己的另一半在一起的。可是我在您的作品中更多地感受到的是一颗相对独立的心灵，而且，好像还是淡淡的一种孤独的感觉。如果我看到这个诗文，我觉得仍然好像是一个人打起行囊在周游世界，在独立地行走。

王性初： 因为有的时候，我们参加的都是老外的旅游团，他们的导游都是讲英语。说实在话，我的英语水平马马虎虎的。有的时候我的太太就给我翻译了，她现在普通话已经说得不错了，有的时候就会给我翻译一些。我在这个时候就在忙着干什么呢？我就忙着拍照，因为我对摄影很感兴趣，每到一个地方我就拍照。因为拍完、照完，拍的这些照片回来再对照买的一些旅游书，然后在对照也不懂的地方我再请教我的另一半，于是对走过的地方可能就有一个比较深的印象。

龚铭： 王先生，我对比了您在万水千山走遍的这个过程中，在旅途上、在飞机上写的这些诗文，我觉得您到其他的国家都是存着一个观察者的心态，就是说不了解，我去感受；不认识，我去看一看。但是如果您是回乡的话，在家乡或者在返回家乡的过程中写的这些文章，都有非常浓的情感的因素在里面，比如说写于五次返乡之后的一篇叫做《故土》的诗里这样的几句：

> 那里埋葬着我起始的细胞
>
> 那里埋葬着我遗弃的胎盘
>
> 还埋葬着我尿布的芳香
>
> 和我掩饰哭声的奶嘴
>
> 以及我青春痘的星星

还有像《回乡纪事》写于 2001 年的：

> 故乡的体温总是忽冷忽热
>
> 将深秋抚摸得反复无常
>
> 下半夜的梦老是清醒着
>
> 清醒地令人心烦又心痒

在比较这两种创作的时候，我觉得您一旦写到家乡的时候，您的心一下子变得柔软了，是吗？

王性初： 这种与去其他国家旅游那种心态确实完全不一样，回到了国内尽管没有家，但是它还是有回家的感觉，你到了海外完全没有这种感觉了，那完全是一个过客，是一个旅游者，也许在美国不应该有这种心态我觉得。哈哈！

龚铭： 对，有时候比如说在秋天这个季节，抬头仰望天空，如果能看到，我们常说的这个秋天的一个标志性的景色就是大雁南飞，如果看到这样的情景，在和您聊过之后，我想其实王先生在某些方面像是一只迁徙的鸟。您刚刚说到的一点就是您会经常回来，因为中国这边儿是您的根所在，美国那边儿是您的家所在，所以两边儿每年都有机会飞来飞去，如果不回来的话，您刚刚说的一句话，给我印象非常深，就是您可能会要疯掉！

王性初：真的，因为我跟有些朋友情况还不太一样。最近美国的报纸登了一个非常有意思的一个长篇文章，就是说最近在美国的一些华人许多都回到中国去，买了房子，他们打算在那边安度晚年。我的一个朋友，就是介绍我和我太太认识的那个我高中的同班同学，他在国内也买了房子，他还想以后可能大部分的时间要住在中国。但是我跟这个朋友的情况又有一些不同，我太太毕竟是在美国出生的，她好像还更适应在美国的生活，然后我就和她约定我们每年回中国一个月、两个月，她说可以啊！

龚铭：您看，在中国的诗文里有这样的句子，就是说"目击千里兮伤春心，魂兮归来哀江南。"我觉得虽然是枕着美国西海岸的波涛，其实，作为一个诗人、作为一个作家来说，可以在自己的文章里无数次地倾心于家乡的山山水水、一草一木。

王性初：对，这种情感我觉得是很正常的一种情感。当然我们不好去说其他的人，至少我自己觉得我既然现在在美国定居下来，我就有一种责任来弘扬中华文化，结合我自己的工作，我应该是有责任的，不管是向海外或者是向国内，作为中西文化的一个沟通者、一个交流者，我觉得这是我一个可以做的工作。另外，在写专栏的时候，写我对移民的一些感受，然后回到了国内，看到了国内改革开放 30 年来的一个突飞猛进的变化。另外，对国内一些不是非常理想的地方，我们要提出一个什么样的新建议？那么我觉得这都是我们海外侨胞、新移民可以做的一些工作。

龚铭：王先生，在节目快要结束的时候，我还是想请您送一首诗给家乡，因为我从您的诗集中看到很多思念故土的文章，所以在节目的最后，我想让您选择一首您的作品来送给遥遥相望的家乡。

王性初：有一首诗《我是一滴中国酒》。

龚铭：《我是一滴中国酒》，好啊！

王性初：我念一念好不好？这是我在 1995 年的时候写的。

　　　　很芳香，很甘醇的一滴徜徉在大洋彼岸
　　　　从此便有了流浪者的度宿
　　　　迁徙在不同肤色的嘴唇边
　　　　杜康的基因与饥渴的酮体的兴奋
　　　　一兴奋就兴奋了数千年

神州曲、华夏谷，中华泉的酝酿

一酝酿就酿出了茅台、峰酒，荆门高

还把那含酒的文化，促进了每一个子孙的新教中

于是这些天生的佳酿们便以创业者的海量

醉了华盛顿、醉了伦敦、醉了多伦多、醉了唐人街

醉了世贸广场、醉了凯旋门

醉了牛排，还醉了三明治、醉了比萨

醉了别人，清醒了自己，清醒是酒后的虹霓，徜徉在大洋彼岸

很芳香，很甘醇的一滴。

龚铭：对于一个在路途上的孤独的心灵来说，我觉得酒是一个特别好的东西，因为它可以让很多东西一下子变得近了，很多东西一下子变得柔软了。在中国来说，情感啊、很多话啊都在酒里了，这是酒桌上常说的。也非常感谢王性初先生接受我们《唐人街》今天的采访，祝您在美国，在旧金山，在未来的生活中创作出更多好的文章和作品来，有机会和我们《唐人街》的听众朋友们一起再分享！

王性初：谢谢！谢谢！我一定会努力。

龚铭：好，非常感谢王先生。再见！

王性初：再见！

简 评

《唐人街》的嘉宾是来自美国旧金山的华人作家王性初。上世纪 80 年代末，王性初在不惑之年为了自己的爱人，踏上了到美国发展的道路。当时，他的英文水平是零，即使如此，他还是毅然走上了这条道路。

本文通过作者对王性初先生的访谈，让听众朋友感受到了生活在海外的华人虽然家在美国，但是他们无时无刻不心系祖国的情怀。作品在对嘉宾进行访谈的同时，穿插了嘉宾自己朗诵自己做的诗，增添了节目的可听性。

精心制作的节目片花独具匠心，增强了节目感染力。另外，嘉宾在访谈中朗诵诗词时，富有深刻含义的音乐增加了节目的可听性和感染力。

国际核不扩散体制面临严峻挑战

（2006 年 12 月 8 日播出）

朱旭阳　钱慰曾　张哲　段秀杰　原丁

中国国际广播电台！各位听众，在即将过去的 2006 年，核问题频频进入世人的视野。一些国家在核领域的举动不断挑战着国际核不扩散体制的权威，更让世人对这一体制的前景感到深深地担忧。请听本台记者朱旭阳和驻瑞士站记者钱慰曾采写的年终专稿《国际核不扩散体制面临严峻挑战》：

（音响 1：艾哈迈迪—内贾德讲话，波斯语）

"西方国家应当认识到，伊朗人民不会放弃和平利用核能的合法权利！从核能中获益，是所有伊朗人民的意愿！"

这是伊朗总统艾哈迈迪—内贾德 9 月初在国内一次群众集会上的演讲。尽管联合国安理会 1696 号决议要求伊朗在 8 月 31 日之前停止铀浓缩活动，但伊朗并未加以理睬，反而"步步为营"，有计划分步骤地推进着自己的核计划。

伊朗核问题还没有解决，朝鲜在 10 月 9 日悍然进行了核试验，并马上宣布自己为"有核国家"，世界为之震惊。对此，国际原子能机构总干事巴拉迪在联合国总部发表讲话时指出：

（音响 2：巴拉迪讲话，英语）

"朝鲜本月初进行的核试验非常令人担忧。朝鲜的核试验违背了《不扩散核武器条约》，使国际社会推动核裁军的努力受到了很大的挫折。"

中国社会科学院副研究员樊吉社博士认为，伊拉克战争发生后，朝鲜、伊朗等国强烈感受到来自外部的威胁是他们进行核开发的原因之一，而他们对安全的担心并非多余。

（音响3：樊吉社讲话，汉语）

"当一个国家认定面临生死存亡的威胁时，寻求终极武器的保护也就不奇怪了。"

樊吉社同时指出，某些国家在解决防扩散问题时表现出了歧视性、选择性和双重标准的做法。美国出于自己的战略利益，不仅拒绝签署防扩散机制重要的支柱《全面禁止核试验条约》，退出《反弹道导弹条约》，今年还批准了《美印民用核能合作协议》，客观上认可了印度有核国家的地位。美国政府搞双重标准的做法遭到了国际社会的强烈质疑，也严重削弱了国际社会在防扩散问题上的凝聚力和合作意识。

此外，某些国家为了满足本国军事战略的需要，将自己的核裁军义务丢到脑后，破坏了有核国家和无核国家在签署核不扩散条约时达成的权利和义务的平衡。即将卸任的联合国秘书长安南对此表示了极大的担忧。

（音响4：安南讲话，英语）

"我们需要在核裁军和防扩散方面同时作出努力。如果有核国家和无核国家都等待对方首先采取行动，那么核裁军和防扩散将共同陷入瘫痪。"

在过去的三十多年里，国际防扩散机制为世界的和平与稳定作出了重要贡献。但由于经济全球化和科学技术的飞速发展，核技术的传播速度大大加快，核敏感材料的获取门槛进一步降低，这种状况增大了恐怖组织获得核技术和核材料的可能性。与此同时，现有防扩散体制的效用也备受质疑：一些防扩散条约要么被放弃，要么有一些关键国家退出，许多国家对防扩散机制的未来丧失了信心。对此，樊吉社认为，加强而非摧毁现存防扩散机制是实现各国相对安全的唯一可行的"次优选择"，而且当前该机制所面临的挑战并非不可战胜。

（音响5：樊吉社讲话，汉语）

"如果世界各国真正想获得安全并消除核扩散的威胁，就应该本着妥协精神重新检讨自己作出的承诺，在防扩散、核裁军和和平利用核能之间寻找一个双赢的支点，真正实现权利和义务的对等。"

分析人士指出，防扩散问题关系到整个国际社会的安全，没有一个国家能凭一己之力完成这项工作。国际社会必须凝聚共识，加强合作，共同参与，齐心协力。只有这样，建立一个摆脱大规模杀伤性武器威胁的、更加和平与安全的世界的目标才有可能实现。

简　评

伊朗核问题和朝鲜核问题一直是国际上的热点问题，并且由于这两个问题的不断升级，使得国际核不扩散机制面临严峻的挑战。在这篇不足千字的稿件中，能做到立论正确、观点鲜明、重点突出和表述得体，可以看出采编人员在国际问题上有一定的把握力度。

另外，稿件中对伊朗总统内贾德、国际原子能机构总干事巴拉迪和联合国秘书长安南的实况讲话的使用更是起到了锦上添花的作用，在印证本文表述的观点的同时，也突出了广播的特点。

博客——穿越黎以战火的沟通桥梁

（2006 年 7 月 26 日播出）

廖吉波　贺金哲　张娟　全宇虹　江爱民　汪作舟

中国国际广播电台！各位听众，现在请听本台记者廖吉波、贺金哲从特拉维夫发回的录音报道，题目是：博客——穿越黎以战火的沟通桥梁。

（音响 1：某咖啡馆播放的音乐，渐隐）

在以色列最大的城市特拉维夫的一家小咖啡馆里，回荡着悠扬的乐曲。年轻的以色列女记者莉萨·古德曼坐在咖啡馆的一角，一边抿着浓郁的咖啡，一边在手提电脑上浏览着她的黎巴嫩网友的博客文章。

黎以冲突爆发以来，莉萨在自己的博客上刊登了她的亲身经历和冲突中的一些感人故事。她还和一些黎巴嫩网友通过博客和聊天室，相互交流图片以及冲突双方的近况。

在遭受以军轰炸的黎巴嫩首都贝鲁特，27 岁的黎巴嫩青年克里斯也在浏览着莉萨博客上的内容，他时而发表评论，时而把莉萨的一些文章链接到自己的网页上来，让更多的黎巴嫩人看到。

这样的交流每天都在很多黎巴嫩人和以色列人的博客上进行着。在接受记者的现场和电话采访时，莉萨和克里斯都说，这是历史上两个敌对国家的人们在武力冲突还在进行的时候所能开展的最直接、最即时的对话。

（音响 2：莉萨讲话出，英语）

"在冲突爆发之前，我们就处于事实上的战争状态。即使是朋友，贝鲁特的人也不能给特拉维夫的人打电话，以色列人不许到黎巴嫩旅游，否则很可能会被关进监狱，但是现在网络给我们提供了一个了解彼此的窗口。"

（音响 3：克里斯讲话出，英语）

"我们没有公开的交流。大多数黎巴嫩人从来没有见过以色列人，他们都不把以色列人当作人，他们眼中的以色列就是指以色列政府，而以色列政府就是侵略他们国家、轰炸他们家园的政府。所以，现在因特网成为黎巴嫩人和以色列人直接交流的唯一方式。"

通过克里斯的博客，莉萨知道了黎巴嫩遭到轰炸后的悲惨状况，知道了普通黎巴嫩人的愤怒，这在以色列媒体上是看不到的；而克里斯则从莉萨的网站上得知，并不是所有的以色列人都支持以政府的行为，还有很多人希望对话，希望和平。

当然，他们的网站上也能见到很多相互指责的内容，有时甚至是辱骂。但是克里斯与莉萨却都对此表示理解，他们认为表达愤怒也是一种沟通的方式。

（音响4：克里斯讲话出，英语）

"即使有相互指责，这也是我们表达内心感想的方式，告诉对方自己认为对方国家做得不对的地方，以及为什么自己这样想。"

（音响5：莉萨讲话出，英语）

"人们必须释放自己的仇恨，通过博客或者面对面直接交流的方式，让那些仇恨的话语在一种中立的环境中表达出来，也就不再有暴力冲突了。"

近60年来，以、黎一直处于敌对状态。两国政府都禁止本国公民跟对方直接联系，似乎只有战场才是他们见面的唯一场所，似乎只有武器才是他们能够选择的工具。而现在，人们开始在网上讲述自己在以军轰炸或者真主党武装"喀秋莎"火箭袭击中的经历。这种交流让他们知道，生活在对方国家的老百姓也过着普通人的生活，跟自己一样有着喜怒爱恨。

（音响6：莉萨讲话出，英语）

"你会发现你们竟然喜欢同一本书，有着相同的愿望，你们的孩子喜欢玩同样的电脑游戏，这时你会很惊讶地认识到对方也是人，而当你认识这个人的时候，你就很难去杀害他。"

（音响7：克里斯讲话出，英语）

"有时候只要让人知道大家都是希望生活在和平里的人，就会有很大的帮助。让人知道你可以成为朋友，你希望去访问他们的国家，你希望从贝鲁特去特拉维夫找他们一起玩。"

这种跨国的网络交流虽然刚刚开始，但渴望和平的人们都意识到了它的力量，这些博客的访问量也大增。莉萨的个人博客在冲突前只有1000多人访问，而现在已经达到了5万。

为了更好地和黎巴嫩人交流，一些以色列人把他们的希伯来语网站改成了英文，并且呼吁不管冲突变得如何糟糕，不管大家如何仇恨对方，请让这种对话继续下去。在黎巴嫩，英文的博客也越来越多。

（音响8：克里斯讲话出，英语）

"现在两边都有很多趋于温和的人，他们呼唤和平和友爱，但问题是他们的声音还没有被听到，这也就是我们在做的事情，用博客来传播他们的声音。"

（音响9：莉萨讲话出，英语）

"或许一代人甚至更短的时间过后我们就成了自己国家的领导人，到时我们会具有更大的想象力来处理两国的关系，而不是像现在的领导人，他们并不真正关心民众的利益，只知道玩权力游戏，而且不假思索就立即作出反应。"

简 评

黎以冲突步步升级，每天关于战争的报道铺天盖地。作为前方记者，没有局限在把眼光放在黎以战况和无辜百姓遭受战争痛苦的报道中，而是寻找积极的线索，以黎以这两个敌对国家的青年在博客上进行对话，表达他们共同企盼和平的愿望为内容，是这个节目的亮点。

在黎以两国战火的硝烟中，有那么一些人，他们没有参与，没有仇恨，有的是相互的理解和宽容。他们在博客上交流，希望大家都能成为朋友，希望能生活在和平的环境里。在节目中，我们没有闻到火药味，感受到的是人情味。

共同的昨天、今天和明天

——牵系三代中国人的非洲情

（2006 年 11 月 3 日播出）

全宇虹　刘畅　刘轶瑶　张晖　时岱

（音乐，压混）

主持人：一位耄耋老人的心中难以忘怀对非洲的祝愿：

（音响 1：布克，汉语）

"我希望非洲能够繁荣富强起来。"

主持人：已过耳顺之年的中国外长李肇星坦言自己有着深深的非洲情结：

（音响 2：李肇星，汉语）

"非洲一共是 53 个国家，我到过其中的 47 个。"

主持人：年仅 11 岁的北京小朋友周木又对非洲充满着激情、向往和憧憬：

（音响 3：周木又，汉语）

"我第一次去非洲，所以特别激动，我还想再去一次非洲，因为还有好多我想知道的东西，但是还不了解呢！"

（音乐渐起，压混）

主持人：今年是中华人民共和国与非洲国家开启外交关系 50 周年。半个世纪里，中非人民风雨同舟、休戚与共，结下了血浓于水的深厚情谊。如今，中国和非洲国家相互感受着彼此前进的节奏和步伐，相互同情，相互支持，携手走向繁荣发展的未来。共同的昨天、今天和明天，把中非人民的心愿和奋斗紧紧连在了一起，下面就让我们一起来听一听三代中国人的非洲情。

（音响 4：火车汽笛声）

1976 年的 7 月 14 日，伴随着嘹亮的火车汽笛声，一辆列车从赞比亚的新卡皮里姆波希火车站缓缓驶出。坦赞铁路在这一天正式通车了。作为援建坦赞铁路的第一任中国铁路工作组组长，布克亲身经历了这一历史性的时刻。如今已是 92 岁高龄的老人依然难忘当年中国老一辈领导人作出的坚定承诺：

（音响 5：布克，汉语）

"毛主席说，先解放的国家要援助后解放的国家，这条铁路一定要修起来。刘少奇（副主席）说，当然我们困难，我们不发达，但是新独立的国家是我们革命的兄弟，我们可以帮助修。"

20 世纪 60 年代，为了摆脱贫困，独立不久的坦桑尼亚与赞比亚决定修建一条属于自己的铁路。他们曾向西方国家寻求帮助，但却遭到拒绝。坦桑尼亚首任总统尼雷尔十分为难地向中国开口求援，同样异常困难的中国却慨然应允。

美国人曾经预言，修建坦赞铁路需要 25 年的时间。中国人面对的不只是堆积如山的地质问题。

（音响 6：布克）

"（我们对）那个地方气压不适应，（我左脑）微血管堵塞。工地医院（给国内）发了个电报，说他得回国休息。那个时候正是最后阶段，你一回来六年计划要受影响，我就住（工地）医院，每天打针。"

尼雷尔总统难以忘记这位始终和工人一起忘我工作的工程总指挥。坦赞铁路通车后，又一次访华时，他点名要见布克。对尼雷尔的邀请，布克欣然应允：

（音响 7：布克）

"尼雷尔说：'你什么时候再到坦赞吗？'我说：'总统阁下，您要需要，我就去。'"

从第一次踏上非洲大陆勘测地形，到坦赞铁路正式通车，布克在非洲一待就是7年多。他和数万名中国工程技术人员用血汗建成的坦赞铁路，不仅仅是修给坦桑尼亚和赞比亚两个国家的，而是修给整个非洲的，他们筑起的是一条连接中非人民友谊的钢铁大动脉。

（音乐扬起）

铁路是有终点的，而中非人民的情谊是没有尽头的。如今，对非洲的认识、了解和憧憬，与非洲人民的感情已经浸润到孩子心中。坦赞铁路通车30周年后，2006年8月的一天，北京第二实验小学六年级二班的周木又小朋友和爸爸妈妈一起踏上了非洲的土地。这是周木又第一次走出国门，吸引她的是神秘与野性相谐、美丽与广袤相伴的大自然风光：

（音响8：周木又）

"在那儿看见了很多非洲的动物，跟咱们北京动物园看到的都不一样。非洲草原就是一座山接着一座山，然后是平原，平原里长着半人高的草，景色挺美的。"

能见到那么多野生动物怎能不让小姑娘欢喜雀跃？而让她着迷的还有非洲那动人的歌和热烈的舞：

（音响9：非洲歌舞音乐起，压混周木又的话）

"（他们）身上挂一些铃铛，跳舞的时候，叮铃铃，声音很清脆的，特别像印第安人的舞蹈。他们的歌一般就是用手鼓拍打出来的节奏，声音一般也比较低沉，听起来也比较浑厚。"

周木又为她在非洲只待了一个星期感到遗憾。小姑娘依然向往着非洲那块神奇的土地：

（音响10：周木又）

"我还想再去一次非洲，因为（那儿）还有好多我想知道的东西，但是还不了解呢！所以还想去那儿再玩一次。"

与这位年仅11岁的小姑娘相比，年过六十的中国外长李肇星对非洲再熟悉不过了。自担任外长以来，他每年第一个出访的地区就是非洲。提起在非洲的经历，李外长坦言自己有着深深的非洲情结：

（音响 11：李肇星）

"非洲一共是 53 个国家，我到过其中的 47 个，我在非洲一共常驻了 9 年。"

李外长说，非洲人民教会了他许多东西，非洲的阅历也给了他有益的磨炼。自那以后，不管到哪里，他都追踪着非洲的脚步，感受着非洲前进的节奏。

（音响 12：李肇星）

"非洲对中国的帮助可大了，千万不要忘记。要是没有非洲朋友，新中国不可能恢复在联合国的合法席位，所以在访问非洲的时候温家宝总理就告诫我们，我们为别人做了好事要忘记，别人为我们做了好事要记住。"

历史层层沉淀，感情丝丝堆积。五十年风雨兼程，中国和非洲携手走过。明天，中国与非洲将一起走向繁荣和富强。

（音响 13：李肇星）

"现在咱们中国慢慢富起来了，我们一定要争取和非洲人民一起走共同发展、共同繁荣的道路。"

简　评

历久弥坚的友情是推动中非合作不断发展的坚实基础。节目选用三个不同时代的典型人物，用讲故事的形式来表现中非关系的昨天、今天和明天，构思巧妙，生动自然。

本节目以时间为经，以情感为纬。不论是第一期中国铁路工作组组长、亲自参与修建坦赞铁路的老专家、如今已 92 岁高龄的布克，还是在非洲常驻

9 年、访问过非洲 47 个国家的中国前外交部长李肇星，或是在非洲有着独特经历的、只有 11 岁的北京小朋友周木又，他们都和非洲有着不解之缘，他们都是中非友好的见证人。他们每个人的经历，都只是中非关系发展史上的一个缩影；但正是他们在各个不同历史时期的经历，印证了中非关系的昨天、今天和明天。

电波牵手山里娃

（2006 年 6 月 1 日播出）

蔡靖蟊　李琳　朱建英　郭亚君

（音响 1：天安门广场上升旗仪式前的现场声）

今天是 6 月 1 日国际儿童节。天还没亮，在北京天安门广场等待升旗的人群当中，出现了一群身着漂亮民族服饰的孩子。他们共有 10 人，年龄在十二三岁，来自距北京几千里之外的贵州偏远山区。

迎着第一缕晨曦，国旗护卫队迈着整齐有力的步伐，从天安门城楼下缓缓地向广场走来。此时的孩子们早已按捺不住激动的心情，一个个踮起脚尖，朝着护卫队行进的方向努力地张望着。苗族小姑娘李春美就是其中的一个。今年 13 岁的她，是第一次离开父母，走出大山，来到北京这样一个陌生的大城市。小春美告诉记者，以前只有在课本上才知道天安门广场的升旗仪式，做梦都没想到今天自己也会来到这里。

（音响 2：李讲话出）

"这里是天安门，到这里看仪仗队他们升国旗是我的愿望。"

（音响 3：升旗仪式现场音响出）

国旗升起的那一刻，小春美和她的伙伴们认认真真地敬了一个少先队礼，目光一直注视着缓缓升起的国旗，嘴巴里还在小声地哼唱着国歌。

李春美和她的伙伴们住在中国西南部的贵州山区一个叫马场乡的地方。那里交通闭塞，经济落后。孩子们经常要走上一两个小时的山路去上学，中午在学校用来充饥的只是几个煮好的土豆。放学回家后，他们还要帮助家里放牛、割麦子、煮饭。所有这些，都是他们习以为常的生活。在他们眼里，大山就是世界的边界。

那么，究竟是什么原因使得李春美和她的小伙伴们能够走出大山，来到北京的呢？事情还得从一年前说起。去年 3 月，国际台的记者来到孩子们生活的贵州山区进行采访，孩子们的处境让他们十分惊讶。于是，同年7月，国际台国内部员工捐出了一些钱款救助了李春美等10名儿童，帮助他们继续学业。今年是国际台建台65周年，作为建台65周年特别活动之一，国际台决定把这些孩子接到北京过一个难忘的"六一"儿童节。为了帮助这些山区的贫困孩子们，国际台还在全台范围内发起了捐献图书、文具和现金的爱心捐赠活动。对此，台长王庚年先生说：

（音响4：王庚年讲话出）

"国内部发起的这么一个活动是一个有意义的活动，是一种爱心活动，体现出我们国际广播电台作为一个国家的重要媒体，作为一个有责任的媒体，在扩大自己宣传的影响力的同时，怎么样去回报社会，反馈社会。这么一个有意义的公益活动，应该值得推广。"

正是这次活动，才使得山里娃们终于有机会走出大山，去看看山外的世界。虽然是第一次离家出远门，李春美并没有不舍的感觉。她开心地和父母告了别：

（音响5：小春美和父母告别音响出，苗族语言）

"春美：爸爸妈妈，领导和叔叔们要带我去北京了！爸爸妈妈，再见，我在北京挂念你们，我会借叔叔们的手机打电话来给你们的。

李春美父亲：你去北京后要好好听领导和叔叔们的话，不要害羞，再见！路上好好走。"

三天前，李春美和她的小伙伴们踏上了开往北京的火车，这是他们有生以来第一次坐上火车。随着火车的飞驰，熟悉的大山渐渐变成了宽阔的平原，低矮的草房也换成了林立的高楼大厦，城市第一次清晰地出现在了他们的视线里。虽然还在火车上，孩子们就已经为窗外的另一个世界惊叹了。

（音响6：火车快到北京时孩子们的惊呼声）

5月30日下午，小春美和她的伙伴们终于来到了北京。宽阔的马路、穿梭的车流、高高的楼房，甚至电梯，都能引起孩子们的注目和欢呼。周围的一切对于他们来说都是新鲜的。每到一个地方，他们都会好奇地问这儿问那儿，迫切地想要了解这个期待已久的地方。

在中国最大的博物馆——故宫参观的时候，小春美表现出了强烈的好奇心，她一直拉着讲解员张光耀叔叔的手，紧紧地跟着他，一刻不停地问着各种各样的问题。一块写着"正大光明"的牌匾，引起了小春美的兴趣：

（音响7：李春美和张光耀对话出）

"李：正大光明？
张：你知道什么意思，正大光明？
李：不知道。
张：光明知道什么意思吗？
李：光明就是没有做过伤天害理的事。对不对？
张：对。皇帝做事要正大光明，不能……
李：不能偷偷摸摸地做。
张：对，有这意思。皇帝他要治理天下，是吧？
李：是。
张：他治理天下的时候要正大光明。
李：难怪上面写着正大光明。明白了。"

小春美告诉记者，她很喜欢这个什么都知道的张叔叔，她长大后也要像张叔叔一样，懂得很多知识。参观结束后，小春美仍然恋恋不舍。

（音响8：李春美和张光耀对话出）

"张：还想来吗？
李：还想来。
张：那一定要好好学习，争取来。来了之后我再给你讲，可能我再讲的时候你就会听得更好了。
李：是。谢谢叔叔。
张：不客气。再见。"

参观故宫，让小春美和她的小伙伴们很开心。回去的路上，孩子们一路欢歌。被孩子们公认为唱歌最好听的小姑娘罗肖肖，和小春美他们一起，把歌声传遍了整个车厢。

（音响9：孩子们歌声出，压混）

然而，最让他们感到高兴的还是去国际台的叔叔阿姨家里作客，与北京的小朋友交流。虽然生活在不一样的环境里，可孩子们之间的交流却一点没有障碍。刚一见面，他们便成了无话不谈的好朋友。

（音响10：孩子们之间对话出，渐混）

能够认识北京的小朋友，李春美非常开心。

（音响11：李讲话出）

"他们很有礼貌，我觉得一见到他们，真想和他们一起玩。他们挺好玩的，又爱讲话。（不过）他（们）回家后跟我不一样，他（们）回去只要吃点东西、做点作业就完了，我们还要做家务活。"

从北京小朋友家回来后，和李春美住在一个房间的小姑娘邓林，开始想自己的爸爸妈妈了。邓林从衣兜里掏出了一个小本子，上面记了邻居家的电话号码。在邓林她们村，有电话的人家很少。谁家要是有部电话，也就成了周围人家的公用电话。电话接通了。

（音响12：邓讲话出）

"两个人住一间，我和李春美。一天吃三顿。你们不用担心，我在这边高兴得很，人家对我们也好得很，叔叔阿姨他们对我们就像亲生的一样。"

邓林的这个电话，让小春美也开始想到了自己的爸爸妈妈。懂事的小春美告诉记者，她长大后一定要找一份能赚一千元人民币的工作。对于她来说，这些钱就可以实现自己最大的心愿了。

（音响13：李讲话出）

"我用来买衣服给爸爸妈妈，因为我爸爸妈妈他们太辛苦了，就是为了我，他们一件衣服都没有买，我最想买衣服给他们。如果我考上北京大学的话，我还要接爸爸妈妈来这里住。"

这次活动结束后，国际台还将于7月初派遣10多名青年记者，远赴山里娃生活的山区进行采访报道。

简 评

　　在中国国际广播电台的"爱心之旅"活动帮助下，一些从未走出大山的孩子们来到了向往已久的北京。他们到天安门看升国旗，他们参观故宫，他们到国际台的叔叔阿姨家里作客……在短短的几天时间里，他们经历了许多人生中的第一次。这一切对这些山里娃来说，都是一个陌生和全新的环境。

　　作者从众多的山里娃中，选取了一名叫李春美的女孩为代表，以她的经历为线索，把许多具有典型性的因素巧妙地串联起来。整个节目结构流畅，现场感强，特别是把某些场景的细节刻画得栩栩如生，给人以身历其境的感觉。

诺贝尔和平奖得主尤努斯博士的中国之行

（2006 年 11 月 2 日播出）

薛斐斐　　曹艳华　　于广悦　　杨伟明

（开始曲 26 秒）

萨拉乌丁（以下简称萨）： 亲爱的听众朋友，您现在收听的是中国国际广播电台孟加拉语部的《经济生活》节目。我是萨拉乌丁。

薛斐斐（以下简称薛）： 大家好！我是薛斐斐。

萨： 近期在中国的各大媒体上出现频率最高的词是小额信贷，人们开始对孟加拉国和孟加拉国的乡村银行有了更多了解。

薛： 这都是因为诺贝尔和平奖得主孟加拉国著名的经济学家尤努斯博士近期的中国之行。中国有学者这样评价，尤努斯博士的中国之行是一阵及时雨，打破了中国小额信贷的沉闷环境，给我们带来了一阵清风。

萨： 斐斐，你说得对。这确实是个有着特殊意义的访问。今天我和我的同事于广悦、曹艳华、薛斐斐将向您介绍诺贝尔和平奖获得者穆罕默德·尤努斯博士的中国之行，从中你还将了解到尤努斯博士创建的小额信贷在中国的发展状况。

（音响 1：掌声）

薛： 您现在听到的掌声来自 2006 年 10 月 22 日在北京钓鱼台国宾馆举办的"中国—孟加拉国乡村银行小额信贷国际研讨会"的现场。到会的各界嘉宾热烈欢迎尤努斯博士的到来。

萨： 当面带慈祥笑容的尤努斯博士缓缓步入会场时，刚刚还很平静的会场，突然掀起了一阵浪潮，大家不约而同地起立鼓掌。

薛： 我记得，那天天很冷。尤努斯博士身着孟加拉国的传统服装满脸笑容地走进会场，向大家挥手致意，就像我们的老朋友一样。此次会议的主办方给我们这些媒体记者提供了许多方便。北京的广播、电视、报刊、网站等各大媒体都派出记者采访了这次研讨会，并及时发布了相关的消息。

萨： 在此次研讨会召开前夕，尤努斯博士和他创立的孟加拉国乡村银行获得了今年的诺贝尔和平奖，这对于孟加拉国人民来说是一个振奋人心的喜讯。对孟加拉语广播部的所有工作人员来说也是一件大事。这个消息对中国小额信贷从业者们来说，也是个鼓舞人心的好消息。

薛：中国社会科学院农村发展研究所副所长杜晓山先生最早在中国引进小额信贷发展模式。在研讨会的开幕式上杜晓山评价说：

（音响 2：杜晓山讲话）

"尤努斯博士是小额信贷扶贫的先驱者和开拓者，他为世界金融事业和金融改革发展作出了杰出的贡献。他的获奖是对我国小额信贷事业发展的巨大鼓舞和鞭策。他使我们坚信我们的事业是有价值的，有益于中国和谐社会的实现，有益于世界和平的实现！"

薛：尤努斯博士创立的小额信贷在世界范围内扶贫和实现联合国千年发展目标方面发挥了积极作用。中国有句俗语：授人以鱼不如授之以渔。如何帮助贫困人口凭借自身的能力发展自己，成为扶贫的一个思考方向。

萨：相信尤努斯博士创业的故事听众朋友们都很熟悉了。从发放 27 美元给 42 个农妇，到创立一个完善的小额信贷银行，他帮助了包括乞丐在内的许多穷人摆脱了贫困。

薛：九十年代初，在杜晓山先生等致力于中国扶贫事业的人士的大力推动下，中国的小额信贷逐步发展起来。在谈到中国小额信贷发展的初期情况时，商务部国际经济技术交流中心的白澄宇处长说：

（音响 3：白澄宇讲话）

"孟加拉国可以说是最早开发小额信贷的先锋。孟加拉国的尤努斯博士是全球小额信贷的创导者和领袖。中国从孟加拉国乡村银行那里学到了大量的经验。中国最早的小额信贷机构基本都是参照孟加拉国乡村银行的模式建立起来的。"

萨：在谈到和中国早期开展小额信贷方面的合作情况时，尤努斯博士记忆犹新，他说：

（音响 4：尤努斯博士讲话，孟语）

"13 年前中国的有关部门和孟加拉国联系，并派人员来孟加拉国接受培训，从那时起我们开始了小额信贷方面的合作。后来在中国外交部的协助下，在中国的云南省等地引进了小额信贷模式。"

（间奏1：10秒）

薛：作为第一批小额信贷试点地区受益人代表，云南省麻栗坡县乡村经济发展协会秘书长侬文波先生参加了此次会议。在接受采访时，他向我们介绍了当时他们与孟加拉方面合作的情况。他说：

（音响5：侬文波讲话）

"从1994年开始，根据合同我们从孟加拉方面借了5万美元，借给当地的贫困妇女，贷款额从800到几千元（人民币）不等。当地一个贫穷农户，借了一千多元，进行苗族服装加工，现在他的服装远销越南等国，已经拥有十几万（人民币）流动资金了。"

萨：后来河南省的南召县、甘肃省的定西县等地纷纷开展了孟加拉国乡村银行模式的小额贷款业务，在扶贫方面也取得了不同程度的效果。对于在中国搭建一个初步的小额信贷框架发挥了重要的作用。

薛：但是由于国情和地理环境等各方面的差异，中国的小额信贷人还要探索适合中国国情的小额信贷发展道路。中国扶贫基金会小额信贷部主任刘冬文先生认为：

（音响6：刘冬文讲话）

"我们引进的不能说仅仅是孟加拉模式，而是一种理念。孟加拉国乡村银行的模式是成功的，但是我们更应该思考的是在中国的大环境下，发展一种适合中国国情的小额信贷扶贫模式，加强我们的自身建设，实现中国小额信贷机构的可持续发展。"

薛：在研讨会上尤努斯博士就中国的扶贫事业谈了自己的看法。他认为，通过推广小额信贷中国的扶贫前景将非常乐观。他说：

（音响7：尤努斯讲话，英语）

"2006年中国政府采取了许多措施促进小额信贷的发展。央行也组织了代表团去孟加拉国参观考察。我相信，如果中国在小额信贷扶贫方面不断前进，中国的国际影响力将越来越大，受益人数也将大幅度增加。中国将为世界的扶贫事业作出巨大贡献！"

萨：当尤努斯博士在 20 世纪 90 年代提出，到 2005 年将小额信贷覆盖全球一亿个贫困家庭的目标时，有很多人持怀疑态度；但是这个目标已提前实现。

萨：所以在这次研讨会上他充满信心地说，如果中国更加积极地参与到小额信贷事业中来，我们就可以提出更有雄心的目标，到 2015 年，帮助 1 亿 5 千万小额贷款用户摆脱贫困！

萨：尤努斯博士在华访问期间，中国外长李肇星和中国人民银行副行长吴晓灵分别与他举行了会谈。在与吴晓灵会谈时，双方达成一项初步的意向：中孟双方合作按照孟加拉国乡村银行的模式在中国开展新的小额贷款项目。

萨：这将成为中孟双方在小额信贷合作方面的一个里程碑。

（间奏 2：11 秒）

曹艳华（以下简称曹）：亲爱的听众朋友们，我是曹艳华。以上您听到的是斐斐在钓鱼台国宾馆采访到的研讨会的情况。下面我带大家到北京大学去看看那里举行的活动。当天下午，尤努斯博士莅临北大，为北大的师生带来了一场精彩的演讲。下午 2 点演讲才正式开始，但是不到 1 点半整个会场就座无虚席了。大家都在耐心等待着尤努斯博士的到来。来晚的同学，就站在了大厅的两侧，由此可见，同学们对尤努斯博士的到来给予了极大关注。

（音响 8：会场音响）

萨：两点整会议正式开始。在北大经济学院副院长孙祁祥的引导下，尤努斯博士及其家人在大家热情的掌声中步入会场。已是满头银发的尤努斯博士带着和蔼可亲的微笑，神采奕奕地同大家打招呼。他身着孟加拉传统的民族服装，深蓝色的长衫外罩着米色的马甲，看起来十分朴素。

曹：北京大学校长、中科院院士徐志宏先生发表了欢迎词，并代表北京大学为尤努斯教授颁发北大名誉教授的聘书。孙祁祥副院长说：

（音响 9：孙祁祥讲话）

"北京大学隆重举行尤努斯教授演讲会暨聘任尤努斯教授为北京大学名誉教授的仪式，以这种最庄重的方式向尤努斯教授和孟加拉国乡村银行表示我们最热烈、最诚挚的祝贺。我们很荣幸，北京大学能够作为第一所大学向他送上最直接的祝福。"

曹: 听众朋友们,你们可能不知道,在尤努斯教授获得诺贝尔和平奖之前,就已经被很多中国的读者认识了。因为他的中文版自传早在他来中国之前就出版发行了。

该书的译者吴士宏女士谈了她的感受:

(音响 10:吴士宏讲话)

"在 2003 年底,我看到一本介绍关于公益领域的社会企业家的书,他们的目标不是纯粹的盈利,而是实现大规模改善社会的目标。书中讲到在孟加拉有一个人居然把钱借给赤贫的人,而且没有任何担保和法律文件,他借的不是一家两家,而是数以百万的赤贫者。我对此非常怀疑,于是我就到书店找他的自传,一口气看完之后,我不但信服了而且有了翻译的冲动。今年 5 月这本书出来了。"

(音响 11:吴士宏讲话)

"在这本书里你不但能够看到一个人的伟大业绩,它甚至是可以去实践的一本教科书。我希望这本书能够带给公益扶贫事业之外的更多的人那种伟大的精神。我希望它能带给中国的扶贫事业和扶贫事业的从业人群更多的鼓励和实际的帮助。"

曹: 听了吴士宏女士声情并茂的发言,我理解了她翻译尤努斯教授自传的心情,也为尤努斯教授的故事而感动。作为业内人士,中国的小额信贷专家们听了尤努斯教授的发言又有何种思考呢?我们来听听中国社会科学院农村发展研究所副所长杜晓山先生是怎么说的吧。

(音响 12:杜晓山讲话)

"1993 年我们就小额信贷合作和尤努斯教授及孟加拉国乡村银行开始接触。我们的目的是让中国的贫困人口享受到信贷服务。但是 10 多年过去了,我们的成效远没有孟加拉国做得好。其中有三个原因我觉得亟待解决。第一,要解决小额信贷政策和环境需要合法地位。第二,小额信贷机构本身的能力建设问题。第三,要从根本上解决融资渠道的问题。希望通过尤努斯教授此次访华,中国的小额信贷也能由此长足的发展。"

（间奏 3：20 秒）

曹：听众朋友们，在北京大学逗留了这么久，现在让我们的主持人带大家去孟加拉国驻华使馆感受一下节日的欢乐气氛吧。

于广悦（以下简称于）：今年的 10 月 24 日恰逢伊斯兰教的重要节日——开斋节。应孟加拉国驻华大使阿史法古勒·热合曼的邀请，这天下午 1 点钟我和孟加拉语部的全体同事来到了孟加拉国驻华大使馆，与孟加拉朋友们一起欢度开斋节。一走进使馆的大门，我就发现宾客如云。不仅有在北京工作、学习的孟加拉朋友，还有来自韩国、日本、法国和非洲等国的客人。大家为能在这里见到尤努斯博士并和他合影留念而激动着。萨拉乌丁，你和尤努斯博士握手了吗？

萨：当然。不光是我，我的家人以及当天到场的每一位客人都和这位令人尊敬的先生握手了。他微笑面对所有的人，我很幸运顺利地采访到了尤努斯博士和他的夫人。

于：你知道吗？中国有句俗话：一个成功男人的背后一定有一位好女人。那么我很想知道，尤努斯的夫人在他的成功道路上给了他什么样的帮助呢？

萨：我也向她提出了这个问题。我还询问了尤努斯博士获得诺贝尔奖以后他夫人的感受。尤努斯夫人回答说：

（音响 13：现场采访尤努斯夫人的录音，孟语）

"尤努斯夫人：我非常高兴。您说，还有比这更让人高兴的事吗？长期以来，我目睹了他为这项事业付出的种种努力和辛苦。这次获奖对我来说，并不是特别意外。我知道他会得到大家的认可。

　　萨：在他获得成功的背后，您的贡献是什么？

　　尤努斯夫人：我也是个职业女性。虽然我不能把我的时间全交给他，但我从不拉他的后腿。我在城市里长大，以前从没去过农村；但为了他的事业，我经常陪着他走村串巷。农村的条件很艰苦，但这么多年我们走过来了。"

于：尤努斯博士自己如何看待这次得奖呢？
萨：他的回答很好。他说：

（音响 14：尤努斯讲话，孟语）

"这是我前所未有的经验。极少人有幸获得诺贝尔奖。我幸运地得到了。

对于这项荣誉我的同胞们比我更高兴。在孟加拉国好像每个人都获奖了一样，大家相互祝贺，分发甜点心，举办各种庆祝活动。几天来，成群结队的人们前来向我表示祝贺。我看到了大家激动的泪水。这是一个国家的荣誉。"

于：知道吗，在我得知尤努斯博士获得诺贝尔奖后这么快就到中国来访问的消息时真的很吃惊。因为获得这样一个大奖后他肯定非常忙；但他还是如期来到了北京。

萨：他的中国之行的背后是有故事的。孟加拉国驻华大使阿史法古勒·热合曼向我们介绍了有关情况。他说：

（音响15：孟驻华大使讲话，孟语）

"早在1974年我就认识尤努斯博士了。我也曾经在孟加拉国的扶贫机构工作过很长时间，所以我明白他的贡献有多大。他是个说得少、做得多的人。他做了很多事情，但从来不宣扬。当我得知他获奖的消息时，我真为他高兴。他为我们的国家赢得了荣誉。我们为他自豪。来中国访问是在他获奖之前计划好的。我也曾担心获奖后，他会很忙不能来华；但他遵守诺言，如期来了，这是非常难得的。今天早上我们一起去牛街的清真寺做礼拜。那里的中国人很快就认出了他。不分老幼都跑过来争相与他合影留念。从中可以看出，他确实用他的工作在帮助他人的同时，赢得了全世界人民的尊重。"

于：尤努斯博士通过小额信贷的方式，帮助了很多孟加拉国的贫穷妇女。在这方面孟加拉国的妇女怎么评价？

萨：就这一点我采访孟加拉国驻华大使的夫人迪勒莎女士。她说：

（音响16：孟大使夫人讲话，孟语）

"在许多人眼里，孟加拉国贫穷的妇女们一无所长，但尤努斯博士帮助她们实现了自己的梦想。作为一位女性，我知道我的女同胞们有很多长处和能力，但需要有人把她们唤醒。30年来尤努斯博士走过了一条不平坦的路，但他和他的伙伴们从来没有放弃努力。我想，一个国家要想发展进步，占国家人口总数一半的妇女是决不能被忽视的。尤努斯博士正是看到了这一点，并身体力行地去改变现状。未来他还有很多计划，我认为，他的获奖是实至名归。每年我们都要在这里欢度开斋节，但今年的开斋节因为尤努斯博士的到来格外令人难忘。"

于：在掌声、鲜花和高度评价声中，尤努斯博士结束了他的中国之行。但是中国和孟加拉国在小额信贷方面合作的新阶段才刚刚开始。我们相信，尤努斯博士的中国之行将给我国的小额信贷业带来更加蓬勃的发展机遇。

萨：我们在北京祝愿中国、孟加拉国以及全世界的扶贫和小额信贷事业有更辉煌的未来。

薛：我们祝愿尤努斯博士和像他一样为全人类谋求福祉的人们健康长寿。希望在大家的共同努力下，世界上有更多的穷人获益，绽放笑脸。

曹：亲爱的听众朋友们，请你们始终记得，在遥远的北京，中国国际广播电台始终传递着友谊和发展的声音。在此祝愿所有的听众朋友们健康幸福！尤努斯博士的中国之行特别节目到这里就要结束了。

萨：感谢大家收听这期节目。听众朋友们，再见！

简 评

《诺贝尔和平奖得主尤努斯博士的中国之行》是中国国际广播电台孟加拉语广播《经济生活》栏目中播出的一篇专题报道，具有很强的针对性，播出后不仅在听众中引起了强烈的反响，同时还受到孟加拉国驻华使馆的好评。

该节目主题鲜明、内容丰富、剪裁得当，显示出作者创作思路清晰，具有较强的驾驭素材的能力。节目在内容上突出了尤努斯博士和中国小额信贷业的合作，同时介绍了中国小额信贷工作的发展情况，展示了中孟两国在这方面加强合作的良好前景，从而在深度上更进了一层。该节目音响丰富，广播特点突出，制作精良，具有较强的可听性。

感知中国南非行

（2006 年 11 月 13 日播出）

王蕾　林琳　Paul

（开始曲）

主持人：如果您想从北京到南非的比勒陀利亚或者开普敦旅行的话，那你得先忍受一段长达一万两千公里的飞行。但是尽管中国和南非相隔遥远，双方相互交流、增进了解的愿望却不断增长，人们一直在架设各种桥梁，以便让"中央之国"和"彩虹之国"彼此不再遥远和神秘。目前正在南非举行的为期一个月的"感知中国·南非行"大型文化活动就是这样一座桥梁。您好，您正在收听的是中国国际广播电台的英文访谈节目《专家论坛》，我是主持人保罗·詹姆士，在北京向您问好。在本期节目中，请随我们一起到南非看看那里正在举行的有关中国文化的各种表演和展览。我们将邀请一名中国官员和一名南非文艺评论家，和我们谈谈 11 月 1 日至 30 日举行的大型文化活动"感知中国·南非行"以及中南关系的长远发展。

（间奏乐）

主持人：首先，为了让大家更清楚地了解 11 月 1 日开幕的"2006 感知中国·南非行"大型文化活动，我们邀请到中国驻南非大使馆临时代办周欲晓作为今天节目的嘉宾。

主持人："感知中国·南非行"大型文化活动目前正在南非举行，并在当地引起了一些反响，我想请您给我们讲讲这个活动的策划过程。当初酝酿这样一个活动并让它付诸实施是不是很困难？

周：实际上我们靠的是团队协作。中国已经在许多国家举办了"感知中国"的活动，比如美国、法国、德国、日本、泰国、澳大利亚、巴西、阿根廷、韩国等，这一次它来到了南非。中国国务院新闻办公室是这次活动的首要推动者，中国驻南非大使馆和南非艺术文化部也是此次活动的主办方。南非方面很支持这次活动，我们之间保持着很好的工作关系。所以说"感知中国·南非行"是由上述三方联合举办的。

主持人： 显然，举办"感知中国·南非行"大型文化活动的目的是让南非人更好地了解中国文化。我想请您谈一谈南非人眼中的中国，目前南非当地是否对中国文化有一些了解？

周： 的确，可以说南非人对中国有一定了解。但是在我个人看来，这种了解相对来说还很薄弱。中国和南非在1998年才建立外交关系，还不到10年时间。相比之下，中国和许多其他非洲国家的正式交往有着更长的历史。但是，南非是非洲大陆最富有的国家，当地一些人有能力到中国访问，比如去年就有5.6万的南非旅游者来中国，这表明有些人到过中国并感受到中国文化。不过总体来说，大多数南非人还要靠媒体来了解中国。然而南非当地媒体都多多少少受到西方新闻来源的影响，因为他们没有常驻中国的记者，他们得到的不是第一手的资料，而是第二手甚至第三手的资料。这就是个问题。因此我们正在举办的展览和大型文化活动就的的确确起到了帮助当地人了解中国的目的，比如中国的文艺演出是什么样的，中国都有哪些乐器等等。我不妨给您讲讲这次大型文化活动的主要内容吧。我们安排了几部分的活动，第一部分是主题午餐会，国务院新闻办公室主任蔡武在会上作了题为"深化友谊合作，促进共同发展"的主题演讲。第二部分是两个展览，一个是中国工艺珍宝展，另一个是现代中国摄影展，展出260多幅由中外人士拍摄的艺术作品，帮助人们了解现代中国风貌和中国人的生活。第三部分是文艺演出，包括唐乐舞、少林功夫、以现代方式演奏中国传统音乐的"天姿国乐"和中国历代民族服饰表演。第四部分是中国电视周，南非国家广播公司派记者到中国摄制了6集系列专题片，反映中国社会、经济、文化生活的不同侧面，由南非国家电视台向全国受众播出。我相信所有这些活动都将在某种程度上促进南非人对中国的了解。

主持人： 周代办，接下来我想请您谈谈南非和中国的双边关系。正如您所说的，中南两国正式建立外交关系还不到10年，但是有迹象表明南非正日益成为中国在非洲大陆上的重要伙伴之一。在您看来，中国和南非双边关系发展得怎么样呢？

周： 中国和南非的双边关系发展得非常好，事实上发展得非常迅速。虽然两国建交时间不长，但我们的双边关系在政治、经济、技术、社会和文化各个方面都取得了迅猛发展。比如，两国的领导人频繁互访，中国高层领导人访问过南非，南非高层领导人也到中国访问过。今年6月，中国总理温家宝就来南非访问，双方签署了包括《中南关于深化战略伙伴关系的合作纲要》在内的 13 个文件。温总理还代表中国政府向南非提供了 2000 万人民币的援助，用于南非的人力资源培训项目。如大家所知的，当前南非政府面临的最重要的一项工作是解决失业问题，官方失业率高达 26%，因此中国政府希望能在这方面帮助南非。也是在今年，南非国民议会议长姆贝特到中国访问。由于 2008 年 1 月 1 日将是中国和南非建交 10 周年纪念日，所以我们现在正在筹备互访和相关活动。此外，中南双方的经济关系也保持了良好的发展势头，南非一直是中国在非洲大陆的第一大贸易伙伴，去年的双边贸易额达到 72 亿美元，我们相信今年的双边贸易额能再次取得大幅度增长，达到 80 亿美元。此外，中国已把南非列为中国公民境外旅游目的地国。我们正在南非举行"感知中国·南非行"活动，但这种文化交流不是单向的，而是双向的。仅今年一年，就有来自南非各艺术团的 500 多位艺术家应邀到中国各地进行演出。南非有着丰富的文化遗产，中国也是如此，因此双方进行交流的潜力很大。就技术而言，中南双方也在相互帮助。中国在帮助南非进行人才培训和开展网上诊断活动，而南非在向中国出口使用清洁能源的煤液化技术，南非萨索尔公司打算今后在中国宁夏和西安两地建立大规模的煤炭液化厂，来把中国丰富的煤炭资源转化为石油制品。所有这些都表明，中南两国之间有着密切的关系。

主持人：刚刚参与我们讨论的嘉宾是中国驻南非大使馆临时代办周欲晓。非常感谢您，祝您在比勒陀利亚过一个美好的夏天。

周：谢谢你。

主持人：请不要离开，稍作休息后，我们将邀请来自南非最大城市约翰内斯堡的一位文艺评论家加入今天的节目，和我们谈谈"2006 感知中国·南非行"大型文化活动在当地有什么反响。

（节目广告）

主持人：您好，您正在收听的是中国国际广播电台播出的英文访谈节目《专家论坛》，您还可以登录我们的英文网站 www. crienglish. com 进行在线收听。我是主持人保罗·詹姆士，在北京向您问好。在本期的节目中，我们谈论的是正在南非举行的"2006 感知中国·南非行"大型文化活动。为了对此话题作出更多的探讨，我们邀请到在约翰内斯堡《星期日时报》工作的南非文艺评论家巴利·荣格参加今天的访谈。

主持人："2006 感知中国·南非行"大型文化活动目前已在南非开幕。请您给我们谈谈该活动在当地收到了什么反响？

荣格：南非的艺术和文化界对该活动反响热烈，兴趣浓厚。当然了，南非各地特别是约翰内斯堡生活着大量中国人，他们也非常高兴能够在南非当地看到如此高水平的文艺作品和歌舞表演，这确实是有史以来中国在南非举行的水平最高的文化活动。

主持人：南非当地对中国文化的了解处于什么水平？我想其了解程度恐怕无法与人们对美国文化或是欧洲文化的了解程度同日而语，是这样吗？

荣格：你说得对极了。我们对中国和中国文化的了解主要是来自在南非生活的中国人，他们一方面生活方式已经相当的西化，另一方面还保持着庆祝中国传统节日的风俗，如端午节和其他传统节日。除此之外，我们对中国文化所了解到的东西或多或少主要还是香港那边传过来的。

主持人：我想请您与我们谈一谈南非的艺术和文化。特别是考虑到南非脱离种族隔离制度有 10 年了，南非出现了追求新的学术自由和艺术自由的风尚，那么当前南非的文艺在朝什么方向发展呢？请您和我们谈谈这方面的情况好吗？

荣格：南非文艺界是两极分化的。有些人强调社会应恢复对非洲遗产、非洲传统文化的自豪感，恢复对非洲艺术家的承认。另外一些人则主张南非人应当遵循世界范围内的艺术标准。因此南非文艺界有两种走向，一种崇尚现代，另一种则要求回归传统。

主持人：这的确很有意思。荣格先生，说到南非的文艺和约翰内斯堡的文化表现形式，不知政治是否是其所强调的一个主题？还是说其中的某一部分更多地涉及到传统的因素？

荣格：历史决定了一切都带有政治色彩，荷裔白人阿非利加人当政时如此，黑人领袖纳尔逊·曼德拉和塔博·姆贝基执政后也是这样。就我的观察而言，目前在南非的音乐界和一些戏剧作品特别是舞蹈表演中，我们有一些年轻的艺术家使用的是传统的舞蹈设计、传统的音乐和传统的服饰，但他们用来表达其创作思想的媒介却是现代的、完全国际化的。我认为，随着南非对其自身认同感的加强，政治的影响正在慢慢消退。

主持人：那么南非那些年轻艺术家们的发展状况如何？南非是否正在努力振兴其文艺并培养新一代的有才华的年轻艺术家？

荣格：的确如此。几乎在南非的每一个城市都有培养年轻人的艺术学院。

在约翰内斯堡，我们有一个非常棒的小提琴乐队，叫做"流浪儿救助乐队"，他们到欧洲进行过非常成功的演出，甚至在世界知名的音乐殿堂纽约卡内基音乐厅进行过演奏。他们接受的训练和演奏的曲目都是古典主义艺术风格的，但是他们也在表演中融入了非洲音乐的特色。当人们在美国或欧洲看到该乐队出场，会很自然地把他们看作是新南非的一个象征。

主持人：最后，我们再来谈谈正在南非举行的"2006感知中国·南非行"大型文化活动。在您看来，这个活动对于在南非宣传中国有什么帮助？您认为它会产生很重要的影响吗？

荣格：我认为这次活动首先会在南非社会中的中国人那里产生影响，然后再慢慢影响到其他阶层。因为南非人接受事物是比较慢的，他们往往让别人先去发现，然后自己再去跟随。令人遗憾的是，"2006感知中国·南非行"中有许多活动都只表演两三个晚上，就很快销声匿迹了，因此有机会去欣赏它们的多是知识分子、名人和专家们。我想下一次的"感知中国·南非行"活动会赢得更多的受众，因为就现在而言，各大报纸正在对目前举行的活动进行积极宣传，力图使人们对此有所认识，但它还不会立即就产生影响。就我所知，"2006感知中国·南非行"中的中国工艺珍宝展中的玉雕、木雕作品非常受参观者的喜欢，艺术爱好者们和普通大众都知道这是目睹稀世珍宝的千载难逢的好机会。同样的，人们对现代中国摄影展也有着浓厚的兴趣。不过观看唐乐舞演出的观众中，恐怕中国人要多于南非人。但是总的来说，作为首次在南非举办"感知中国"这样的大型文化活动，这是一个非常好、非常好的开端，它开启了一个双向交流的平台，这种交流将使双方都能受益。

（结束曲渐入）

主持人：我们的嘉宾是在约翰内斯堡《星期日时报》工作的南非文艺评论家巴利·荣格。很高兴能有机会与您交谈，希望您尽情享受那些文艺表演。

荣格：保罗，非常感谢你邀请我参加今天的节目，这可是我与北京方面的第一次接触。

主持人：我们今天的《专家论坛》节目到这里就结束了，您还可以登录我们的英文网站 www. crienglish. com 进行在线收听。如果您对我们的节目有什么问题或是评论的话，欢迎您发送电子邮件到 crieng@ crifm. com。我是主持人保罗·詹姆士，我和节目制作人王蕾、林琳在北京感谢您的收听，明天见！

（结束曲渐出）

简　评

　　中国与南非虽相隔万里，但相互了解和加强交流的愿望与日俱增。举办"感知中国·南非行"大型文化活动就是增进两国友谊的一次有益的尝试。这个节目既展现了中国在文化上的软实力，也体现出中国在积极构建新型战略伙伴关系上的努力。节目整体结构严谨，层层递进，先以两国路途遥远点出"感知中国·南非行"大型文化活动的桥梁作用，继而详细讲述了整个活动的策划、开展等情况，并以一个个鲜活的实例，用事实反映了近年来两国关系的深化和友谊的加深。节目在形式上采用的是嘉宾访谈，在间奏乐的选用上别出心裁。几处间奏乐的曲风欢快、轻灵，与节目总体风格一致，特别是结尾曲的鼓乐很有非洲特色，可听性较强，而主持人与两位嘉宾的告别语很是亲切，体现了创作者的良苦用心。

在艰难中前行的阿富汗和平重建进程

（2006 年 8 月 19 日播出）

王莉　席猛

听众朋友，您好！这里是中国国际广播电台普什图语广播，欢迎您收听今天的节目。

今天是阿富汗独立 87 周年纪念日，我们对阿富汗人民致以节日的祝贺！阿富汗人民一直在为建设一个和平、发展的国家而不懈努力。现在，阿富汗战争已经结束 4 年了，在阿富汗政府和人民的共同努力下，在国际社会的大力支持下，阿富汗的和平重建进程虽然面对重重困难，历经各种挫折，但却取得了有目共睹的成就。本台记者就此在喀布尔采访了中国驻阿富汗大使刘健先生和阿富汗民众以及在阿富汗经商的中国人，他们都对阿富汗和平重建进程所取得的成就给予充分的肯定，并对阿富汗的未来充满信心。在今天的节目里，就请听本台记者王莉、席猛的详细报道。

自从 2001 年阿富汗战争结束以来，阿富汗的和平重建工作得到了国际社会的普遍肯定。中国驻阿富汗大使刘健先生认为，阿富汗和平重建进程取得了很大的成就。他说：

（音响 1：汉语）

"这 4 年中间取得的最大成就，就是根据《波恩协议》所划定的路线图，基本实现了'结束动乱，启动重建'的阶段性目标，初步走上和平发展之路。"

刘建大使认为，阿富汗和平重建成就首先突出表现在政治重建方面：先后召开了制宪大会，制定了新宪法，民选了总统，选举了议会。其中国家架构渐趋完善是最为重要的亮点，这是件很了不起的事情，得到了国际社会的普遍肯定。同时，阿富汗的经济重建、安全重建工作等方面也都获得重要进展。

根据阿富汗有关方面的统计，2005 年阿富汗的人均年收入达到 355 美元，比 2004 年提高了近一倍。今年阿富汗又制定了新的国家发展规划，它将指导阿富汗在重建各领域取得更大的成就。

阿富汗国家架构的逐步建立和完善给阿富汗人民的生活带来了可喜的变化。拉姆兹先生是阿富汗上议院新闻办公室的工作人员，他认为阿富汗人民在决定国家重大事情方面有了越来越多的权利。他说：

（音响 2：普语）

"阿富汗已经通过了新的宪法，并将在宪法的基础上继续完善三个重要的国家机构（政府、上议院、下议院）。我们现在已经建立了由人民代表组成的议会，他们可以在这里讨论国家主权，可以研究并决定国家重大问题。"

在一家电台工作的阿塔法女士对此有相同的看法，同时她对阿富汗女性在社会生活中地位的不断提高感到高兴。她说：

（音响 3：普语）

"在阿富汗议会的组成等众多变化中，一个非常有效的变化是，议会中的代表来自社会各个阶层的成千上万民众之中。议会的每个决定不是由一人决定，而是千千万万阿富汗人参与的结果。现在解决妇女工作的条件已经成熟，妇女可以参与议会的工作，也可以从事其他工作，妇女和儿童有越来越多的机会接受教育。"

在阿富汗和平重建的过程中，得到了包括中国在内的国际社会的大力支持和帮助，也有许多人来到阿富汗寻找商机。韩江是一位中国商人，来喀布尔已经一年了，他亲眼目睹了阿富汗人民为和平重建所做的努力，也看到了阿富汗的希望。他说：

（音响 4：汉语）

"我对阿富汗的未来是充满希望的。自从伦敦会议以来，阿富汗的城市建设和文化建设都在加快，我希望自己能为阿富汗的重建工作有所帮助，也为自己寻找成功的机会。"

尽管阿富汗的和平重建工作取得了很大成就，但是任务依然十分艰巨。塔利班残余势力、毒品、贫困、腐败等都对和平重建进程形成严峻的挑战。在阿富汗执行联合国维和任务的中国警官邱崇稳认为，阿富汗的和平重建进程还有很长的路要走：

（音响5：汉语）

"这四年以来，我觉得阿富汗在政治重建方面取得了很大的成就，但在安全方面还面临着很大的挑战。基地组织残余分子的威胁，很多边境地区、部分内地经常受到基地残余势力的袭击。同时，毒品也是威胁阿富汗和平进程的一大因素，尽管国际社会和阿富汗政府做了很大努力，但是世界上的大部分毒品产于阿富汗。尽管如此，我对阿富汗和平进程的前景还是充满信心。"

虽然和平进程中困难重重、挑战不断，但是任何困难都不能阻挡阿富汗走向美好未来的脚步，因为和平发展是整个世界的潮流，也是阿富汗人民殷切的希望。在喀布尔担任工程师的阿卜杜哈蒂对记者表示：

（音响6：普语）

"与过去相比，我们的生活发生了很大的变化，越来越向好的方向发展。尽管现在正在进行的工作与我们老百姓所期望的相比还有一定的差距，不过，重建工作是一个漫长的过程，国际社会也在关注我们的种种需要，我们对未来还是很有信心的。"

我们相信，在阿富汗政府和人民的共同努力下，在国际社会的大力支持下，阿富汗一定能克服前进道路上的种种艰难险阻，开创光辉美好的未来。

在节目的最后，我们为听众奉上一首阿富汗人民耳熟能详的爱国歌曲《这是我们美丽的家园》，由被誉为"阿富汗音乐之父"的阿瓦米尔演唱。这首使无数阿富汗人潸然泪下又热血沸腾的歌曲，表达了我们和听众的共同心声，我们衷心祝愿美丽的阿富汗繁荣进步，祝愿阿富汗人民幸福平安！

（音响7：阿富汗歌曲，至完）

简　评

报道国际热点新闻一直是我国对外广播宣传中的重点。阿富汗问题作为国际新闻的热点之一，长久以来一直是各国关注的目标。阿富汗战后和平重建进程开始四年来，在国际社会和阿富汗政府及人民的努力下取得了很大进展，但对于这些进展的报道大部分来自于西方媒体。这篇报道是国际台记者冒着生命危险，深入阿富汗各地，精心策划制作的一系列鲜活报道中具有代表性的一篇。节目从不同的角度，介绍了阿富汗战后重建工作取得的丰硕成果，更通过广播向世界传递了阿富汗人民对美好未来的憧憬，听后给人以巨大的激励和鼓舞。节目的主旨在于充分体现了中国作为一个大国对友好邻邦的密切关注，同时也展现了中国是负责任的大国的形象。从这个意义上说，这篇报道的内容远远大于它的形式。

中德携手共建和谐世界
——访德国驻华大使和国际台副总编
（2006 年 3 月 9 日播出）

李忠尚　谭蕾

主持人：听众朋友们，你们好！德意志联邦共和国驻华大使福尔克·史丹泽博士应邀于本周三拜访了中国国际广播电台。访问期间，大使先生与国际台副总编一起来到德语广播部播音间，共同接受了我的同事谭蕾的采访，就中德双边关系，温家宝总理的政府工作报告以及"和谐世界"等话题进行了畅谈，下面请听这次访谈的详细内容。

记者谭蕾（以下简称记）：

首先请允许我代表中国国际广播电台德语广播部对您二位的到来表示热烈欢迎和诚挚的感谢！在采访开始之前，我想还是请您二位先各自做一个自我介绍吧。

大使史丹泽（以下简称史）：

首先感谢您的邀请。我很高兴能够坐在这里和大家一起座谈，这是我作为德国驻华大使第一次来到中国国际广播电台。我是 2004 年 9 月开始驻华大使任期的，迄今为止我在中国度过了一段非常有意思而且精彩的时光。在此期间，我与中国的许多媒体都有过接触。今天又有幸亲身了解一下中国国际广播电台，我感到非常兴奋。

李忠尚副总编（以下简称李）：

大家好！我叫李忠尚，是中国国际广播电台副总编辑。借此机会，我首先想向德语广播的听众朋友们问好！我本人与德国有着很深的渊源：我曾经在德国波恩大学留过学，1984 年在那里获得了博士学位，主修哲学，辅修的是经济学和政治学。今天我也很高兴，能够和德国驻华大使史丹泽博士在这里一起座谈。

记：当然，能够邀请到您二位一同来做节目对我们德语广播部来说也是一大幸事。因为我知道，您二位平时都非常忙碌。作为大使，史丹泽博士，您要经常在中国各地和中欧之间往来穿梭。同样，李总作为新闻工作者，现在也正处于一个忙季：因为中国的人大和政协"两会"正在北京召开。"两会"不仅仅是我们媒体所报道的重要事件，它也牵动着全国百姓的心，而且，许多在华的外国人也都非常关注。大使先生，据我所知，"两会"对于驻华的外国使节是开放的。或许您也去现场聆听了温总理的政府工作报告？

史： 没有。但是政府工作报告的文字稿我已阅读过了。它包含了非常多的内容，需要花更多的时间去仔细研究。

记： 那您对报告的整体印象如何？

史： 看得出，这份报告的背后凝聚着许多的工作。认真研读报告对于了解中国今后发展的方向有着重要意义。报告中最引起我注意的是中国政府将其政策重心从单纯追求经济增长转向更多地关注百姓的生活，尤其是农村人口的疾苦。当然，这一政策调整真正实施起来还是有很大难度的，因为目前在许多的省市、乡镇，实现较大的经济增长仍然是发展的第一要务。因此，我们将非常关注报告中提及的上述政策调整如何真正贯彻下去。

记： 是的。作为新闻工作者，我们有责任向外及时报道中国的各方面发展情况，同时也有义务成为两国人民间的沟通纽带。说到这里，我也有问题要问您，李总，您刚才说到，您曾经在德国留过学，并在那里获得了博士学位，算得上是一个德国问题专家了。正因为此，您作为中国媒体界的代表参加了去年在德国柏林举行的中德对话论坛。这次论坛无疑为两国人民加深了解和促进交流提供了一次很好的契机。您能谈谈这次出席论坛的感受吗？

李： 好的。2005 年 11 月，中国国家主席胡锦涛访问了德国。访问期间，首届中德对话论坛也在柏林召开。胡主席和德国总统科勒先生共同出席了开幕式。我有幸参加了这次论坛并应邀在大会上做了一个题为"中国人眼中的德国"的发言。为了准备此次发言，我们国际台的网站"国际在线"中文子网站在 11 月初曾针对网民做了一项题为"您眼中的德国"的调查。受访者年龄在 18 至 55 岁之间，来自社会各个阶层。调查涉及多个方面的问题。从调查结果来看，中国人对德国的总体印象是好的。首先是科技进步，这是大多数中国人对于德国的第一印象。中国人对于德国的工业成果十分熟悉，尤其是德国产的汽车。在问到德国文化给中国人留下的印象时，多数受访者想到的是德国的哲学和历史。尤其是谈到德国历史时，许多中国人都认为，德国走过了一条从分裂到统一，从战争到和平的正确道路。我认为，总的看来，中国人对于德国有着一个很好的评价，尤其是涉及到统一问题。我们也十分感谢德国人民对于中国和平统一主张的一贯支持。

记：既然说到这个话题，我也想问一下大使先生。作为德国统一历史的亲历者，您对于中国的"祖国统一大业"是如何理解的？

史：众所周知，距离两德的统一已经过去15个年头了。这是一个漫长的时间段落，已经是半代人的成长历史了。我感到欣慰的是，在此期间，德国的统一也得到了我们中国朋友的支持。如我刚才所说，15年已经是一个相当的历史时段了。我们在此间曾经担心的事情，或许也是我们的中国朋友们在其统一进程中应该考虑的。他们（中国朋友们）应该看到，一个社会主义国家和一个市场经济国家的人民要走到一起所经历的困难，尽管他们曾经有着相同的历史和地域背景。这困难不是源于两种经济形态的无法调和，而是来自人们头脑中相互的无法理解。当然，15年过去了，我们欣喜地看到，今天我们德国最大的两个党派领导人都来自东德，我们的新总理是原民主德国成长起来的女政治家，也出生在德国东部。今天，经过民主选举产生的这样一个结果也再次印证了统一所带来的进步，这当然包含人们思想上的统一。

（片花5秒）

记：您刚才说到了德国去年9月刚刚经历的大选。经过大选，德国产生了由安吉拉·默克尔女士领导的两党联合政府。默克尔总理在她当政后的一次讲话中再次强调了德中关系的重要性，并表示将保持联邦政府对华政策的连续性。作为德国联邦政府在中国的全权代表，您能就总理的此番表态做一个详细的说明吗？

史：如果我们回顾德中两国关系的发展历程就不难看出，双边关系一直保持着一个不断完善的势头。而在中国改革开放政策实施以来的这二十多年间，我们两国的关系更是经历了一个迅猛的发展。我认为这其中有两个原因：一是我们两国以及两国人民相知甚多，我们有着相互友好的意愿以及相互了解的基础，这使得我们之间的合作更容易进行下去。当然，仅此还不够。我们之间还保持着良好的经济关系：德国的经济界很早就涉足中国大陆，用他们的投资身体力行地支持了中国的改革开放政策。即使在改革开放政策遭遇挫折和质疑的困难时期，德国企业家也坚守在了这里。当然，他们的决心得到了回报：他们在这里获得了丰厚的收益。反过来，中国的合作伙伴们也发现，中国改革开放政策的顺利推进也得到了德国经济界的支持。这是我们两国关系发展的一个基础。正是基于此，两德统一后德国的政治家一直致力于将德中关系的对话合作扩展到更多的领域。一开始都是围绕双边的问题，而今天我们两国开始在更多的国际问题中携手。这就是为什么我们的新政府看到了这一事实，并努力使得德中关系在业已存在的轨道上不断推进和完善。我相信，我们的中国伙伴对此亦持有同样的观点。

　　记：德国联邦外长施泰因迈尔先生不久前结束了他履新后的首次访华。我们注意到，外长先生在其访问期间多次强调了深化和扩大德中全面伙伴关系的意愿。作为新闻工作者，我们自然关心两国媒体间的交流。在此，我想请问您，李总，您如何评价中德两国媒体合作的机遇和前景？

　　李：我想说的是，中德两国新闻界的交流十分重要。我们两国媒体今后应该更好地合作，以促进我们更好地彼此了解。这一建议我在德国外长在京访问期间也当面向他表达过。外长先生也对此作出了积极回应。我知道，您，大使先生对此也十分赞同。因此我要说，今天，在国与国的关系中交流变得越来越重要。无论是我们中国人，还是德国人，不仅希望保持良好的贸易关系，而且要更好地相互理解。媒体在此间的作用就显得尤为重要。

　　记：我想不仅是媒体间的合作，今后中德双边关系将在更多领域继续发展。我们知道，今年 5 月底德国联邦总理默克尔女士即将访华。中方希望，此次访问将推动两国业已存在的定期高层互访机制继续下去。那么大使先生，德方对此次贵国总理访问有何期望呢？

　　史：我们希望不仅继续保持两国业已存在的关系，而且要使之不断完善。我们双方应该共同发出这样的信号。我相信，这将成为现实。今后我们之间的互访或许会比过去更加频繁。那将是一个积极的信号，它应该包含以下的内涵：第一，我们将继续完善双边经济关系，并将其扩展到更多的领域，例如高科技合作，这方面的工作迄今为止做得还比较少。第二，我们应该站在全球的高度，承担起共同的责任。因为德国长期以来在联合国事务中一直起着积极的作用，而中国作为联合国安理会常任理事国在国际事务中则有其特殊的使命。

（片花 5 秒）

　　记：说到在国际事务中的责任，我们已经注意到，德国作为欧盟中的重要成员，近年来一直致力于在国际事务中发挥更大的作用。中国，正如您刚才所说，作为联合国安理会五常之一，在国际政治舞台上也一直扮演着重要角色。两个国家有着许多共同关心的国际问题。您认为，两国今后在这方面将如何加强合作呢？

史：中国是亚洲大陆的重要国家，德国是位于欧洲核心的中等国家。这决定了我们两国各自视角不同，利益也有所区别。因此，如果我们要开展战略合作或者发展战略伙伴关系的话，双方就必须寻找各自利益的最大共同点并明确，我们的合作应朝着什么方向或者在哪些领域开展，才能实现共同的目标。当然，百分之百一致的利益和完全相同的目标是不存在的，因为我们毕竟是两个截然不同的国家。但是，正如我刚才所说，德国是一个长期以来有着全球责任感的国家，而中国是国际安全格局中的重要一方，两个国家关注着同样的国际问题并致力于解决这些问题，当然不是按照各自的方式，而是共同合作解决。

记：中国国家主席胡锦涛去年9月在联合国首脑会议上的发言中第一次阐述了"和谐世界"的理念，再次强调了中国致力于走和平发展道路的决心。这一理念一经提出引起了世界舆论的关注。您，大使先生是如何理解胡主席提出的"和谐世界"理念的？

史：对于我们西方人来说，一个和谐的世界是建立在世界上所有国家的人民都能享受到自由和和平的基础之上的。我想，中国领导人所提出的"和谐世界"理念旨在在联合国中倡导一种公平关系以及和平解决问题的态度。我想，这实际上就是联合国这样一个机构的宗旨，这也是我们所赞同的。

记：好了，我的问题问完了，我们的节目也已接近尾声了。大使先生和李总，再次感谢您二位接受我们的采访。

史/李：谢谢您的邀请！

主持人：听众朋友，刚才您听到的是德语部记者谭蕾对联邦德国驻华大使福尔克·史丹泽和中国国际广播电台副总编辑李忠尚的录音专访，题目是《中德携手共建和谐世界》。这次节目播送完了，谢谢收听，再见！

简 评

广播访谈节目做好不易，难就难在对象的选择、话题的设置以及节奏的把握上。在对外广播节目中，访谈节目并不少见，但比较高端的访谈非常少。作者抓住德国驻华大使访问国际台的契机，邀请在德国留学过的李忠尚副总编一起参加访谈节目，体现了很强的新闻敏感性和对嘉宾的选择力。节目访谈内容厚重，两位嘉宾的身份决定了话题的层次和水准，加上时值我国"两会"召开之际，访谈中关于"两会"的内容自然成为对"两会"报道的配合。由于主持人准备充分，表现比较从容，对访谈节奏的把握也比较准确，使得整个对话自然、流畅。虽然讨论的话题都比较"大"，但听起来并不枯燥和生硬，反而具有特殊的亲和力。这个节目的成功充分展示了优秀广播访谈节目应该具备的各种元素。

县城里的"奥运中国行"

（2006 年 8 月 8 日播出）

王海丽 咸杰 刘凯 荔逢

（开始曲"同一个世界，同一个梦想"，中文、英语、菲语，渐弱）

亲爱的听众朋友们，今天是 2006 年 8 月 8 日，距离 2008 年北京奥运会开幕还有整整两年的时间。今天，中国各地举行了很多纪念活动，我们也为你播送一期特别制作的专题节目——"县城里的中国奥运行"。

（片花 1："绿色奥运，科技奥运，人文奥运"）

中国北方的夏天，天总是亮得比较早。这是七月的一个早晨，阳光轻而易举地透过窗帘，让人产生时间上的错觉。吴凤英不知道自己醒的这是第几回了，想到今天即将到来的游行宣传奥运活动，她就压不住内心的激动。尽管活动是 8 点开始，但还不到 5 点半，她就起身开始了洗漱打扮。穿上粉色的秧歌服，略施粉黛，再在头上插上朵粉色的头花，看看镜中的自己，吴大妈脸上露出了笑容。

（音响 1：吴凤英讲话出，中文，与菲语配音混）

"嗯，早早就起来啦，睡不着，激动啊，奥运会，2008 年在咱国家举行，我现在能为奥运做些宣传，是我的幸运，也是为咱木兰县争光啊。"

吴凤英，是住在中国东北黑龙江省哈尔滨市木兰县的一位普通的中年妇女。自打 3 年前从县地毯厂退休后，她最大的爱好就是每天去扭秧歌。秧歌是中国民间一种独特的舞蹈形式，吴大妈觉得在这种古老的舞蹈形式中能让她找回年轻的感觉。可她怎么也没想到，今天她和她的秧歌会和中国奥运联系起来。因为今天，她将和她秧歌队的姐妹们一起上街用秧歌的形式来宣传奥运。头一次，她觉得 2008 年即将在遥远的首都北京举行的奥运会竟然离自己那么近，怎么能不叫她兴奋呢？

（片花2：奥运历程回顾"1896年，现代奥林匹克在法国诞生；2004年，奥林匹克回到故乡雅典；2008年，奥运圣火将第一次在中国点燃！"）

与此同时，在离木兰县直线距离127公里远的哈尔滨市，从刚到站的北京至哈尔滨的T17次火车上，走下了一群风尘仆仆的年轻人，两女六男，其中还包括了三个法国人。他们统一穿着的白色T恤上印着"奥运中国行"的字样，从背后看去，大号的旅行包遮住了半个身子，引来路人们好奇的目光。他们是来自北京的一个志愿者团体，怀着同样的奥运理想聚集在一起，计划在2008年到来之前，走遍中国包括港、澳、台的34个省、市、自治区，主要是偏远城镇，去宣传奥运知识。他们之中有记者、有白领、有自由职业者，但是在这次活动中，他们都只是满怀激情想为奥运做些贡献的年轻人。谈到这次志愿活动，领队之一郭宁说道：

（音响2：郭宁讲话出，中文，与菲语配音混）

"我们这次活动的成行源于一种冲动。举办2008奥运会作为我们国家的一项大事，是我们每个中国人的骄傲。我们作为年轻人，特想为奥运会做点什么。某天我忽然冒出一个念头，中国那么大，还有很多地方，尤其是小的县镇还并不了解奥运。同一个世界，同一个梦想，广大的农村也是中国的一部分，他们也该同他们城市里的同胞一样，分享梦想带来的喜悦。于是我们召集起了一些有共同志向的朋友，策划了这次'奥运中国行'。"

（片花3："更高　更快　更强"）

上午十点，太阳已经显示出它的威力。在木兰县等候多时的秧歌队里，吴凤英显得分外精神。而"奥运中国行"志愿团的队员们，一路急行军，也从哈尔滨赶到木兰县，与秧歌队会合了。他们手里拿着从北京带来的奥运知识宣传单，脸上挂着灿烂的笑容。

（音效：秧歌的锣鼓声渐入，渐强，与主持人声音混，淡出）

随着锣鼓的节奏，秧歌队开始在木兰县唯一的一条大街上边舞边行，而"奥运中国行"的各位队员也开始忙碌起来，他们走到街边围观的群众中去，散发着奥运知识的传单。人们纷纷伸出手来接，并对队员们报以亲切的微笑。来自法国的大、小朱利安和罗勃特成了这次宣传活动中的明星，小镇人对外国友人的热情，让他们三个情绪高涨。人们挤在他们三个周围，争先恐后地接过他们递上的传单，然后认真地看着、念着。显然，"奥运中国行"的队员们也被人们的热情感染了，三个法国人中最活跃的大朱利安说：

（音响3：朱利安讲话出，英语，与菲语配音混）

"尽管我和他们没有太多交流，可是从他们的眼中，我能看出他们对奥运会在中国举办的骄傲与自豪。有这样一群可爱的人们支持奥运会，2008年的北京奥运会又怎么会不成功呢。"

游行的队伍缓缓行进，大街上经过的车辆，也都放慢了速度，有的司机还专门摇下车窗，伸出手来，向志愿者们索要传单。一些车辆被游行的队伍挡住了，也不着急，慢慢地跟着队伍走了好远。所有这些都使秧歌队和"奥运中国行"的队员们感到自己的付出有了回报。这次"奥运中国行"志愿团的队员之一，在北京一家外企工作的王先生说：

（音响4：王先生讲话出，中文，与菲语配音混）

"很感动，尤其是看到他们笑着接过传单，向我道谢的时候，我觉得，我一夜的火车颠簸都不算什么了。能将奥运知识带到木兰县来，为奥运做一点贡献，是我的荣幸。"

（片花4：福娃主题"贝贝、晶晶、欢欢、迎迎、妮妮，北京欢迎你"）

傍晚时分，"奥运中国行"志愿团的队员们带着写有"同一个世界，同一个梦想"的条幅来到了县城的街心公园。此时的公园里，到处是晚饭过后出来散步的人，在公园中心的广场上，有人在跳健身操，有人在打羽毛球，还有人在练太极拳。很多人看到穿着白色队服的"奥运中国行"队员就立刻冲着他们点头微笑，白天的那场游行，让大家对这群来自北京的年轻人充满了好感。等到队员们展开条幅，开始支持奥运签名的活动时，人们纷纷停下各自的活动，聚到了横幅前。签名的笔在人们手中传来传去，前面的人还没签完，后面的人已经等不及了。人群中有的是妈妈握了孩子的手，一边一笔一画地写名字，一边告诉孩子什么是奥运会；有的是走路都要人扶的老人，自己握笔在条幅上签名。刚刚跳过一曲健身操的刘先生，签起字来龙飞凤舞，说起话来也是充满了豪气：

（音响5：刘先生讲话出，中文，与菲语配音混）

"这次活动很有意义，'同一个世界，同一个梦想'，奥运会的宣传深入咱这么远的县城，振奋了我们作为一个中国人的信心。2008年奥运会在中国举行，是北京人民的大事，也是我们全中国人民的大事。"

（1984年汉城奥运主题歌"Hand in Hand"渐入，与主持人声音混至结束放大完）

一天的宣传活动结束了，所有参与游行、签名的人们又都回到他们原来的生活中去了。吴凤英继续每天扭她的秧歌，志愿者们回北京继续他们的工作与生活。但是，当木兰县的居民们再次听到秧歌的锣鼓声，看到"同一个世界，同一个梦想"的字眼时，也许会想到"奥运中国行"的这群年轻人，想到两年后的那场盛大的奥运会。而那些活跃在民间的志愿者们，还将继续用他们自己的方式宣传奥运精神，表达对2008北京奥运的期盼与祝福。

简　　评

2008奥运会倒计时两周年开始即中国国际广播电台奥运频道开播的日子，国际台菲律宾语部敏感地抓住了这个新闻点，制作了本期节目。

节目的主要特点如下：

视角独特，风格清新。对于2008北京奥运这一历史性事件，报道并没有将注意力集中于显赫的公众人物而是聚焦民间，聚焦普通而可爱的民众。我们能够通过他们的采访录音感受到他们积极参与奥运的热忱。

主题突出，形式新颖。以中文、英语、菲语三种语言播报"同一个世界，同一个梦想"北京奥运主题并衬乐作为开始曲，可谓开门见山。锣鼓音效、多个片花以及"Hand in Hand"结束曲，不仅渲染了主题，并恰到好处地划分了宣传活动的时间和空间。众位采访人的谈话也很符合其身份。

群策群力，针对性强。为了配合这期节目，菲语部事前派出记者随行采访志愿团。制作过程中，中文成稿、翻译播音、配音、片花制作各个环节齐心协力，各展所长。随后，语言部开通了"北京2008奥运热线"和短信平台，听众反馈良好。

北大校园内旧房拆迁引发文物保护之争

（2006 年 2 月 24 日播出）

梁建军　常海宽　周海涛

听众朋友，欢迎收听《文化视点》节目。日前，北京著名的高等学府北京大学作出一项决定，打算对校园内的部分旧房进行拆迁。然而，这起看似普通的校园拆迁，却引发了公众的极大关注和激烈争论，校方、公众以及文物保护界的观点常常针锋相对。

（音响 1：各方面言论集成，每方说一句代表性的话）

"这个地方有一些古建筑，但已完全淹没在私搭乱建的建筑之中"；

"如果是拆了以后盖一些现代化的大楼，那样的话恐怕大多数'北大人'不能接受"；

"这件事也给我们一个启示，就是文物保护不能独善其身"。

这种情形，对当事者——北京大学校方来说是始料不及的。事件的最新进展是，北京市政府已决定暂停审批北京大学校园内的拆迁项目，并再次组织文物保护专家进行详细的论证。下面请听本台记者梁建军就这一事件发回的报道：

本月初，北京一家报纸率先报道说，为了给即将建设的"北京国际数学研究中心"腾地，北大校园内未名湖以北的两个平房区——镜春园和朗润园即将被拆迁。相关的消息迅速传播开来，据不完全统计，此后北京有十多家有影响力的媒体先后派记者到北大采访此事。

尽管时值寒假，但连日来，有相当多的人专程赶往北大，在这两处即将被拆迁的地方拍照留念。这些人当中，自然有不少北大往年的毕业生。当记者在北京大学采访时，身为北大青年教师的杨晓华先生对记者表达了他的观点：

（音响 2：杨讲话出）

"这个消息传出去以后，北大师生表示特别关注。好多同学、老师（都专程）去过这个地方。这个地方有一些古建筑，但已完全淹没在私搭乱建的建筑之中。我觉得，如果维持这种现状，与其说是保护文物，不如说是任由文物遭受损坏。我个人的观点，还是支持学校对这个地方进行环境治理。"

不过，与杨晓华先生的观点不同，在北京大学校园网站的论坛上，反对拆迁者与支持者发生了激烈的论辩，反对的声音还一度明显占优。正反两种声音，被报纸或是其他网站转载之后，引发了社会上更大范围的一场争论。

一则校园内旧房拆迁的新闻，何以引发如此激烈的争论呢？这还得从北京大学的历史说起。北京大学地处北京西郊。整个十九世纪，北京西郊是中国最后一个封建王朝——清朝的皇家园林区和皇室成员的私家园林区。闻名于世的圆明园、颐和园，都坐落在北大现址的附近。而这次北大要拆迁的朗润园和镜春园，曾经是清朝皇家成员的私家园林。以上提到的四座园林，目前都是重点文物保护单位，其中颐和园更是名列世界文化遗产名录之中。

上个世纪五十年代，朗润园和镜春园被用作北大教职工的宿舍。七十年代后，随着教职工人数的增加，住户们在这里私建起大量的平房。昔日王公贵族的宅第，被分隔，被改建，到了今天，人们已很难看到原有的园林风格了。这些临时搭建的平房，又经过了数十年的风风雨雨，很多已显得相当破败——此次北大校方打算拆迁的，主要就是园内私自搭建的简陋平房。北京大学发展规划部部长吕斌接受记者采访时说：

（音响 3：吕讲话出）

"我们这次想通过环境整治工程，对朗润、镜春两园进行彻底的环境整治。这里边的主要内容，是要拆除那些简陋的临时建筑，要通过修缮、修复历史的文物建筑，包括一些已经修复的仿古建筑和一些品质较好的、即使不是文物的历史建筑，还这两个园历史原貌。"

吕斌先生说，在拆迁前，北大校方已根据园林的原有地貌、水域特点等做了文物保护规划，并上报给文物管理部门。按照原来的规划，朗润园和镜春园整改后，将不再用于教职工居住，而成为教学科研区。

如果一切都如校方所言，那么这个已考虑到文物保护问题的拆迁规划理应得到各方的理解，为什么现在还招致如此多的反对声呢？

北京大学中文系的博士生谭五昌解释了这一疑问。他说，争论本身说明了在相当一部分人心中存在隐忧：

（音响 4：谭讲话出）

"大家有一个普遍的担心，拆了以后如果能够恢复它古色古香的建筑风貌，与整体环境协调，那我们表示认可，能接受这个事情；如果是拆了以后盖一些现代化的大楼，把整体环境破坏掉了，那样的话恐怕大多数北大人不能接受这个事情。"

公众的这种担心并非偶然。北大此次拆迁的情况，与这些年来北京城区内四合院拆迁改造的情形有些相似。砖木结构的四合院，曾是北京的传统民居，极富中国特色。但上个世纪六七十年代，在北京市人口膨胀的过程中，四合院内的住户在院内搭建起大大小小的临时平房，四合院也因此完全走了样。到了七八十年代，在城市现代化过程中，北京的大片四合院被拆除了，多数四合院的住户搬进了楼房。而幸存下来的四合院，在钢筋水泥建造的楼宇的包围下，也失去了原有的景观风貌，变得有些不伦不类……

争议的根源就在于此。人们完全有理由质疑：如果北大校园内有上百年历史的传统建筑旁，树立起一栋现代化的高楼大厦，会有协调感吗？

令人欣慰的是，中国的权力部门已开始注意倾听媒体和公众的声音了。去年，北京市政府通过专项立法，加强了对老城区的保护工作，规定每拆除一座四合院都要经过复杂、严格的审批程序。权力部门的这种态度，反过来促进了在文物保护问题上，公众敢于更多地表达自己的看法。

著名文物保护专家郑孝燮先生认为，北大校园拆迁引发的争论，正体现了一种进步。他说：

（音响 5：郑讲话出）

"老百姓文物保护意识整个来说，应该说提高了，这方面意识在加强。这件事也给我们一个启示，就是文物（古建筑的）保护不能独善其身，一定要包括它周围环境的保护。"

北大校园内旧房拆迁事件的最新进展是，北大校方召开了新闻发布会，强调拆迁过程中不会拆除任何文物建筑，也不会兴建与环境不协调的新建筑。而北京市文物保护部门随后表示，他们将再一次组织专家，进一步详细论证北大校园内的拆迁事项，以期在校方行为、民众呼声与文物保护这三者之间，找到一个最佳的平衡点。

好了听众朋友，以上我们和您聊了聊有关北大校园内旧房拆迁引发的文物保护之争。这次节目播送完了，再会。

（音响标识：校园拆迁）

简　评

文物保护是国内外公众普遍关注的话题。作者就中国著名的北京大学校园内旧房拆迁而引发的国内文物界及公众的关注和争论，对这一事件的起因及结果进行了客观的报道，从而反映出中国公众文物保护意识的提高和社会舆论的进步。由点及面，立意明确。

通过对学校老师、学生、决策方代表、文物专家等多人的采访，多层次、多角度地发表对事件的看法。既有赞成的声音，也有反对的声音；既有微观的意见，又有宏观的意见。由表及里，构思巧妙。

同时作者还考虑到节目对外的特点，在稿件中简要介绍了北京大学与众多历史遗迹的关系。

尼泊尔医生家庭的中国情

（2006 年 12 月 20 日播出）

江明　张晶

（《友谊之声》开始曲）

江：中国国际广播电台，听众朋友大家好，今天的友谊之声节目中江明和张晶向您问好！

张：江明，四年前我们在尼泊尔留学的经历你还记得吗？

江：当然记得了。留学的经历现在还历历在目，而且留学期间我们交了很多尼泊尔朋友。

张：对。今天的友谊之声节目中我们就向您介绍其中的一位朋友。

江，张：塔姆医生。

江：你还记得吗？留学期间我得过一次严重的腹泻。

张：是啊。我记得你当时吃了很多药都没有管用，后来我们的房东把塔姆大夫介绍给我们，你吃了他开的药腹泻很快就好了。

江：对。通过生病与这位尼泊尔朋友相识，也是一种缘分吧。塔姆医生不但医术高超，还会说一口流利的中文。同时他也为中尼友好事业尽着自己的一份力量。

张：那么，今天的《友谊之声》节目中咱们就介绍一下这位尼泊尔医生以及他的家庭，如何？

江：好的。

（片花 1，中文简介：他曾经在中国学习医学，学成后回到尼泊尔为无数当地人解除病痛；他酷爱中国文学，中国的很多古典诗词他都烂熟于心；他娶了一位美丽贤惠的中国太太，他们生了一个活泼可爱的儿子取名"尼华"。）

这位尼泊尔医生名叫塔姆。35 岁刚出头的塔姆，已经出现了谢顶，不过一双眼睛仍然大而有神。他笑言，头发变少是因为工作过于繁忙，压力很大，

加上吃饭时间不固定所造成的。"尼泊尔有一句谚语,医生是吃不到饭的一个
职业,刚开始当医生时因为没有经验,病人都不愿意找没有经验的大夫,所
以没有钱吃饭,现在是因为病人太多,忙着给他们看病,连吃饭的时间都没
有了。"塔姆开玩笑说。虽然很忙,但是塔姆非常热爱自己的工作,谈起自己
在中国学医的经历,塔姆说:

(音响1)

"我是1986年由尼泊尔政府公派至中国留学的,第一年在北京语言学院
学习了一年中文。第二年赴湖北医学院(现在的武汉大学医学院)学习临床
医学专业。本科毕业后,我于1992年继续在湖北医学院进修神经内科专业。
1995年取得硕士学位后,同年回到尼泊尔开始从医。"

(尼音乐起,渐混)

在尼泊尔从医的过程是漫长而艰辛的。刚回到尼泊尔时,由于是国家公
派的留学生,必须去国家医院实习。但是由于尼泊尔的医疗条件相对比较落
后,没有神经内科这个科室。所以塔姆一开始在公立医院——比尔医院当了
一年的义工。之后离开了这所医院,在朋友的帮助下开设了自己的私人诊所。
诊所设立时由于缺乏从医经验,病人很少,连基本生活都有问题,在家人和
朋友的帮助下艰难度日,可是塔姆却毫不气馁,在实践中把自己在中国学到
的推拿按摩等传统中医治疗方法和西医理论相结合,逐渐提高自己的医疗水
平。功夫不负有心人,两年后,随着病人的逐渐增多,塔姆医生的名气也越
来越大。塔姆的中国妻子张奇向我介绍说:

(音响2)

"现在有很多病人,不只是尼泊尔的,包括居住在英国、印度、不丹的尼
泊尔人都慕名来找塔姆看病。很多人刚来看病的时候都是被抬进来的,在印
度、英国、美国看病后都没有取得明显成效,抱着一丝希望,找到了塔姆,
经过塔姆在中国所学的推拿按摩等传统治疗方法,外加服用西药,病情有了
显著改善。"

在塔姆20多平方米的诊所里,墙上挂满了病人送来的锦旗,感谢塔姆的
妙手回春。一位帕金森综合症患者接受了我们的采访,他说:

（音响3）

"我今年只有36岁，却出现了手抖的症状。去很多医院看了，都没有确诊是帕金森综合症。因为一般情况下只有五十岁以上的人才会得这种病。找塔姆大夫看了之后，确诊是帕金森综合症。经过塔姆大夫的针灸治疗，外加服药，我的病情得到了很好的控制。中国的中医药太神奇了！"

除了从医之外，塔姆还在为中尼友好事业尽着自己的一份力量。在塔姆的努力下，尼泊尔斯塔尔特学院和中国武汉大学之间建立了校际交流合作关系。每年斯塔尔特学院都会挑选四五名学生去武汉大学学习医药、生物、中文等专业，武汉大学也定期指派师生来斯塔尔特学院参观访问。正在斯塔尔特学院就读的学生桑吉达说她非常想去中国留学，做一个像塔姆那么优秀的医生。

（音响4）

"对于我们来说，想争取到政府公派留学的机会是非常难的。但是现在我们可以通过民间校际合作去中国留学。我想去中国学习医学，学成之后做一个像塔姆那样优秀的医生。"

（间奏）

谈起中文说得非常流利的原因，塔姆用中文告诉我：

（音响5）

"一方面，我对学习语言有着很浓厚的兴趣。另一方面，还得感谢我在北京语言学院学习时的两位老师。他们对发音、语言的要求非常高，因此我的发音比较标准。另外还有一个重要的原因就是我喜欢结交中国朋友，抓住一切机会练习中文。"

塔姆说，他交了很多中国朋友。上至老人，下至中学生。朋友中有上课时认识的，有乘火车时认识的，有在公园散步时认识的，各种职业的都有。

塔姆家里最引人注目的就是书房里一排排堆得满满的书架，书架上摆放在显眼位置上的，是一排排的中医药书籍以及中国古典文学名著。塔姆告诉我，他对中国文化，包括佛教、道教、儒教等宗教以及中国历史、京剧、古

典音乐、中国书法都很有兴趣。尤其喜爱中国古典文学，中国的四大名著已经读了无数遍。他最喜欢的一首诗是李白的《静夜思》，

（音响 6：混入中国古典音乐"高山流水"）

"举头望明月，低头思故乡。我在中国留学时白天奔波忙碌，倒还能冲淡离愁，可是一到夜深人静的时候，心里就特别想念自己的家人和朋友。这首诗生动地反映了我们这样的海外留学生对祖国的思念之情。"

（片花 2，中文简介：他有一对可爱的儿女，能说流利的中文和尼泊尔语）

（歌声："小燕子，穿花衣，年年春天来这里。"）

他有一位贤惠的妻子，和他在尼泊尔一住就是 11 年。

（音响：我非常喜欢尼泊尔这个自然风光秀丽、人民友好的国家。）

他就是有着幸福家庭的塔姆。

塔姆有一位美丽贤惠的中国太太——张奇，祖籍河南。张奇告诉我，他们是在塔姆留学时相识、相知、相恋的：

（音响 7）

"1989 年我在西安公路学院就读，暑假时没有回家。这时候塔姆也放暑假，去西安旅游。我们学校有一些尼泊尔留学生，塔姆就住在他们那儿。这些尼泊尔留学生的一位中国老师是我老乡，请我去帮忙。于是就认识了塔姆。"

（《敖包相会》音乐混入）

张奇当时只是听说塔姆的英语很好，而英语恰恰是张奇的弱项。抱着提高英语水平的目的，张奇开始了和塔姆的交往。他们互留了通信地址，从此张奇只要有时间就用英语给塔姆写信，让塔姆修改之后寄回去。这样一通信就是六年。六年中他们对彼此的生活、学习、兴趣爱好等各方面都有了深入的了解，同时爱情的种子也在彼此心中萌发了。可是谁都不好意思首先向对方表白，最后还是张奇首先捅破了这层纸，她爽朗地笑着说：

（音响 8）

"因为他有这样一个准则，他认为男人是没有权利主动追求女人的。所以他受此限制，即使心里很喜欢也不会主动说出来。我只好主动向他表白了，这样看来，我还是算蛮现代的中国女人嘛。"

（尼音乐起，渐混）

1995 年塔姆完成了学业，他也结束了和张奇之间六年的爱情长跑，喜结良缘。婚后张奇就随丈夫一起回到了尼泊尔，至今已经 11 年了。婚后第一年，爱情结晶——一个胖乎乎的儿子诞生了。他们给他取名"尼华"，象征着中尼世代友谊。五年之后，第二个孩子——女儿米拉也诞生了。目前尼华和米拉都在尼泊尔的私立学校学习，除了上课所学的内容外，张奇还每天教他们学习中文。两个孩子的中文、尼泊尔语、英文都不错，但是在和父母交流时，他们都用中文。为了更好地让两个孩子学好中文，家里还安装了卫星电视，可以收看中国中央电视台的所有节目。五岁的米拉特别喜欢唱歌跳舞，她即兴唱了一首中文儿歌《小燕子》：

（音响 9）

"小燕子，穿花衣，年年春天来这里。我问燕子你为啥来，燕子说，这里的春天最美丽。"

（间奏）

初来尼泊尔时张奇有些不适应，主要是语言方面的问题。为了和当地人沟通，张奇到尼泊尔后就开始向丈夫学习尼泊尔语。如今，11 年过去了，张奇的尼泊尔语也越说越好了。在采访的最后，她用尼泊尔语表达了她对中尼友谊的希望：

（音响 10，混入尼泊尔歌曲《祝福》）

"我来到尼泊尔已经 11 年了，我非常喜欢尼泊尔这个自然风光秀丽、人民友好的国家。我也非常喜欢尼泊尔的美食。尼泊尔人民虽然物质生活不够富裕，可是却生活得很充实。我希望中尼友谊能够万古长青！"

江：听众朋友们，今天的《友谊之声》节目中我们向您讲述了一位尼泊尔医生以及他的家庭的故事，好，今天的节目就到这里。

江，张：再见！

简　评

《尼泊尔医生家庭的中国情》是中国国际广播电台尼泊尔语广播《友谊之声》栏目中播出的一期专题节目，具有很强的针对性，播出后在听众中引起了热烈的反响。

节目向听众介绍的这位尼泊尔医生的家庭是一个既普通而又很不一般的家庭。它不简单地是一个尼泊尔丈夫和一个中国妻子组成的家庭，它同时也是中尼两国文化相互交融和两国人民传统友谊的结晶，因此具有典型的意义。

节目用朴素的广播语言把一个尼泊尔家庭的故事向听众娓娓道来，真切动人，自然流畅，具有较强的吸引力和亲和力。

节目制作精心，音响丰富，具有较强的可听性。背景音乐中选取的中尼两国的传统音乐很好地衬托了这个中尼结合的家庭，烘托了中尼友好的主题。

优秀
文艺节目

一等奖

巴楚古音——兴山民歌
（2005 年 5 月 14 日播出）

柴均　祁璟琳　王珊珊　赵建平

（音响：兴山民歌歌声出，压混）

亲爱的听众朋友们，您听过这种音调奇特的民歌吗？这就是被誉为"荆楚音乐古化石"的兴山民歌。

（兴山民歌歌声出，压混）

2006 年年初，兴山民歌正式成为我国首批非物质文化遗产保护项目。在今天的节目里，就让我们一同探寻大山里的兴山民歌！

（音效：鸟鸣压混轻柔音乐）

兴山民歌的故乡兴山县是中国中部湖北省山区里的一个小县城。该县内大多地方沟壑幽深，山高坡陡。"讲话听得见，走到大半天"是这里大部分地貌的真实写照。正是这样封闭的地理环境，使得兴山民歌得以完整的保存下来。

（音响：歌曲《探郎》，渐混）

您现在听到的就是兴山县 71 岁的民间艺人陈家珍演唱的兴山民歌《探郎》。这是一首描写年轻的姑娘苦等情郎不回乡，便一次次到情郎家探望的情歌。

（音响：歌曲《探郎》，压混地方音乐）

陈家珍是兴山县有名的"山歌婆婆"，因为她会唱的兴山民歌最多、最地道。71 岁高龄的她如今仍能记得 300 多首兴山民歌。只要一唱起歌，老人就习惯性地把右手弯成碗状放在耳旁，双眼微微眯起，另一只手在腿上轻轻打着拍子。歌声中，时间好像倒退了几十年，年轻的陈家珍站在山间，用甜美的歌声向情郎诉说着心中的思念与哀愁。山风轻轻吹动她的发丝，把她的歌声吹向山谷的深处。

（歌声渐出，陈家珍演唱的《探郎》）

歌中唱道：

正月里啊探郎官又是新年，
我情郎哥这一去大呦半年。
又到这一天啊，
哎呀我的哥啊，
我时时在挂牵啊，
我的情郎哥，哎呀嗨呀！

（第一段放完，压混）

到了二月，姑娘又来探望情人。这一次，姑娘还是没有见到自己的情郎，她伤心地唱道：

（歌声渐出，陈家珍演唱的《探郎》）

二月里探郎官啊百花开，
我情郎哥这一去永不来喽，
有了别家女啊？
哎呀我的哥啊，你才把奴丢开啊，
我的情郎哥，哎呀嗨呀！

（第二段放完，压混）

（音效：汽车声混轻快音乐）

1982 年，在湖北省宜昌市举办的首次"山歌擂台赛"上，当时正值中年的陈家珍坐了六七个小时的汽车，第一次走出大山，在城里的大舞台上唱起了兴山民歌。

（音响：歌曲《敬酒歌》，渐出）

星星眨眼月儿明，
幺妹子斟酒陪情人。
哥哥请你再上去上坐，
妹坐对面把酒斟，
多喝几杯提精神。

（歌声渐出，放完）

您现在听到的就是"山歌婆婆"陈家珍当年的参赛曲目《敬酒歌》。陈家珍朴实的表演和兴山民歌特殊的曲调让她一举拿下了比赛的冠军。

2005年10月，陈家珍又带着自己的女儿和孙子孙女坐着飞机来到了首都北京，代表湖北省参加了"第三届中国南北民歌擂台赛"。舞台上的陈家珍身穿兴山特色的蓝花花布袄、头扎蓝色头巾和儿孙们一唱一和，一曲《五句子歌》赢得观众们的满堂喝彩。

（音响：歌曲《五句子歌》渐出，压混）

歌中唱道：

五句子歌来我皆应，
我的歌词是件件新。
唱得仙女下凡尘，
唱得小鬼忙转身，
唱得瞎子把眼睁。

（歌声渐出，放完）

陈婆婆和她的儿孙们的表演像一缕春风，让在座的评委们都为这种保存完整的古老曲调惊叹不已，并授予四项大奖。这也是"中国南北民歌擂台赛"举办以来唯一一个获得奖项最多的节目。兴山民歌为何总能在民歌比赛中脱颖而出、载誉归来呢？这是因为它特殊的音程结构和宝贵的历史价值。

（音响：兴山民歌渐出，压混）

兴山民歌最大的与众不同之处在于它奇特的音调。演唱者通常会在每一句末尾发出"噢"的一声喉音，如同公鸡打鸣，于是也有人称其为"鸡鸣歌"。四十多年前，这种奇特的音程第一次引起了原兴山县文化局局长、当地著名的民间音乐学者王庆沅先生的注意。

（音响：王庆沅讲话）

"一开始接触到兴山民歌的时候，我们都不认识它。因为在当时民间音乐的研究上还从没听过这种奇怪的音程。后来经过中国音乐研究所对兴山民歌的采集样本进行测音实验，发现它的音阶结构中含有一个介于大、小三度之间的音程，我们称之为'兴山特性三度音程'。"

（间奏：轻快音乐并压混）

在随后的研究中，王庆沅发现，在中国西南沿海流传了 800 多年的地方音乐正是由兴山地区的移民带去的兴山民歌转变来的。这就证明，兴山民歌就是 800 年前中国的本土音乐。此后的考古发现证明，兴山民歌特殊的三度音程与中国历史上西周（公元前 1066—公元前 771 年）、商代（公元前 1600 年—公元前 1046 年）的编钟的音程几乎完全吻合，这又将兴山民歌的历史追溯到了 3000 多年前。王庆沅告诉记者：

（音响：王庆沅讲话）

"国外音乐界和我国一些学者一直认为中国的音乐起源于欧洲，中国的本土音乐早已消失。然而兴山移民、考古学上的发现以及许多古代诗歌中对兴山民歌的描述证明了中国古乐并未失传，中国也有自己本土音乐。如今，这一理论在国际上已经得到认可，这是我国音乐史上的重大发现。"

（音效：山间鸟鸣、春雷声）

千百年来，兴山地区的人们劳作而歌，伴耕而唱。特别是在春雨潇潇的季节，或秋收后的晚秋，走在山间，总会听见一声声嘶哑而又苍凉的三音古歌随风飘来，有的忧伤，有的炽热，有的又是那么哀婉和悲怆。它诉说着远古祖先的故事，也诉说着山民们的喜怒哀乐。兴山县文化局的万国清主任介绍说：

（音响：万国清讲话）

"我们（兴山有种说法）叫做'无郎无姐不成歌'，说的就是兴山民歌的取材大都是以情歌为主。青年男女在山间劳作时通过唱山歌来传情达意，是我们山里特有的聊天方式。"

您现在听到的是民间音乐学者王庆沅作词，兴山县文艺团演员姚文仙演唱的兴山民歌《如今生活比蜜甜》。

（歌曲《如今生活比蜜甜》渐出，压混）

歌曲通过一对情人之间的对歌，勾画出山里人勤劳致富的幸福生活。

（歌曲《如今生活比蜜甜》渐出）

歌中唱道：

我家住在山歌乡，
姐唱歌来哥帮腔。
山歌越唱越想唱，
唱得不好多包涵，
只因生活年年强。
唱得柑橘满园香，
唱得鱼儿跳出塘，
唱得电灯满山亮，
越唱喉咙越响亮，
只因日子比蜜甜。

（歌声渐出，放完）

（音效：汽车声混音乐）

如今，一条条宽阔的公路和水路修进了大山里，年轻的山民们陆续走出大山，出外务工，留下的山民们在农间劳作时也用上了更多机械化设备。在大山里，已经很少再听到村民们当年响亮的歌声。

为了收集和保存兴山民歌的声音资料，兴山县文化局的工作人员一次次地走乡串户拜访民间艺人们。文化局局长王世昌说：

（音响：王世昌讲话）

"我们山区是个多雨的地方，有时下起暴雨，穿着鞋子走路（鞋）都会被雨水冲走。我们就打着赤脚、拎着鞋子走到村子里（拜访民歌艺人）。"

尽管兴山民歌的保护工作面临着种种困难，但令人欣慰的是，一些年轻一辈的兴山人已经开始对自己家乡的古老曲调产生了兴趣。

（音响：余长坤歌声出，渐混）

您现在听到的就是陈家珍的长孙，25 岁的余长坤演唱的兴山民歌。现在，余长坤经常在兴山县附近的神农架景区为游客们表演兴山民歌。

（音响：余长坤讲话）

"以前我是受（外婆）影响才学（兴山民歌）的。现在我知道它是一种民间艺术，是一个宝。我觉得我们年轻一辈更有责任把兴山民歌继承下去。"

（音响：歌曲《对花》出，压混）

为了让年轻一代更好地了解兴山民歌这种地方传统文化，在兴山县的黄粮小学，兴山民歌已经作为学校自选课程被正式列入每周的课表当中。

（歌曲《对花》渐出，压混）

此外，学校还针对青少年特点，组织学生老师收集和创作适合现代青少年的民歌歌词。

（音响：歌曲《兴山民歌进校园》出，压混）

您现在听到的就是兴山县的黄粮中学和小学的孩子们演唱的新编兴山民歌《兴山民歌进校园》。

（歌声渐出）

歌中唱道：

锣鼓声声震天响，
笑语欢歌满啊满山响，
兴山民歌是个宝啊，
美妙歌声传四方。
兴山民歌是个宝啊，

美妙歌声传四方。

（歌声渐出，放完）

正如歌中所唱，如今在兴山，不论老人孩子，大家都知道兴山民歌是个宝，是兴山的宝，也是中国文化的宝。就像兴山人的生活一样，经过一代又一代的传承与努力，兴山民歌正逐步走出大山，走进了更多人的视线。

（音响：陈家珍祖孙三人歌声渐出，压混）

亲爱的听众朋友，伴随着这首兴山民歌，我们今天的音乐节目就要结束了。如果您也对音乐感兴趣，如果您想亲耳听听兴山民歌，那就请您到中国来，亲自走进兴山，亲身体会一下那里的民风民韵！另外还有一个更加便捷的方法，那就是点击我们的网站：http：//esperanto.cri.cn，那里，有更多的好听的、好看的、好玩的等着您！

简　　评

兴山民歌于 2006 年初被列入我国首批非物质文化遗产名录。文艺节目《巴楚古音——兴山民歌》的主创人员为探究这种古老而原始的民间音乐，深入三峡地区的民歌发源地兴山县，走访了民歌世家、当地文化部门负责人、民间音乐学者和村民，录制了大量的原汁原味的兴山民歌，从而揭示了三千年前就存在的这种中国本土音乐的特点及其鲜为人知的历史、传承及其保护现状。

作品选材新颖，内容生动，音响丰富，制作精细，可听性强。节目播出后得到了许多听众的好评。

本节目被评为 2006 年度中国国际广播新闻奖优秀文艺节目一等奖。

二等奖

一样的原生态艺术

张松慧　楚宁

梦想从这里起飞

（2006 年 8 月 29 日播出）

（栏目固定开始曲）

亲爱的听众朋友，欢迎收听《八音盒》栏目，主持人伊娃很高兴与您相会。

亲爱的听众朋友们，青春是充满自信和梦想的，而梦想的起飞则需要一个足够宽广的舞台，这样人生才能插上梦想的翅膀越飞越高。当代中国，正在创造着越来越多的机会，为年轻人提供了实现人生价值的平台。

CCTV 青年歌手电视大奖赛就是这样一个成就梦想的舞台。它坚持"繁荣音乐创作、推出新人新作、丰富电视银屏"的宗旨，坚持公平、公正和公开的评比原则，已经发展成为中国规模最大、最权威、最具影响力和美誉度的音乐大赛。

从今年 5 月开始的第十二届 CCTV 青年歌手大奖赛，超过一亿的观众收看了直播，另外，大赛直播共计 43 场，现场每晚节目平均播出时间高达 150 分钟，这在世界文艺类节目电视直播史上也是首次，央视创造了世界直播节目的奇迹。现在请您欣赏来自本届大赛的歌曲《欢乐今宵》。

（音响 1：歌曲《欢乐今宵》，1′32″）

8 月 9 日，是个人单项决赛颁奖晚会，这是来自现场的报道。

（音响 2：歌曲《唱响中国》，2′50″）

刚才您听到的是青歌赛的主题歌《唱响中国》。"唱响中国，青春光彩，这里所有的目光都在关注未来，这里所有的掌声都在为你喝彩"，这正是青歌赛的写照。

（音响 3：中文，主持人，3′23″）

在颁奖晚会上，主持人介绍道："20 多年来，有许多歌手在青歌赛的舞台上开始他们的梦想，开始了真正的歌唱生涯。"

的确，青歌赛的舞台给许多年轻歌者带来的是一生命运的转变，甚至把他（她）们的名字刻入了时代。在以往的十一届的大奖赛中共推出了近百位富有才华的年轻歌唱家。青歌赛不愧被引为激荡青春、引领潮流、追求梦想的象征。像中国家喻户晓的歌唱家宋祖英，曾在全国青年歌手大赛专业民族唱法中获金奖，一举成名。

（歌声混出）

2003 年，她在世界著名的音乐殿堂维也纳金色大厅举办了独唱音乐会，以美妙的歌喉和优雅的风姿征服了挑剔的欧洲听众。

（宋祖英歌声，4′10″）

在今年的青歌赛中一定又有一批年轻歌手将实现他们的梦想，开始自己的歌唱生涯。请听来自个人单项决赛颁奖晚会颁发金奖的现场报道。

（音响 4：中文，主持人，5′2″）

本次比赛共设置美声、民族、通俗、原生态和组合五大个人奖项。评委们对获奖歌手寄予了不同的期望。

对美声歌手，评委指出：

（音响 5：中文，主持人，5′33″）

"世界上任何一个民族文化都兼具两种品质——民族性和世界性。希望美声歌手能用世界歌剧的艺术魅力来演绎更多的中国优秀作品，用音乐将中国和世界更紧密地联结。"

对于民族歌手，评委指出：

（音响6：中文，主持人，6′10″）

"中华民族是人类最早出现民歌的一族，现在中国的民歌存量也是最丰富的，希望这些歌手成为优秀的民歌演唱的传承者。"

青歌赛为这些热爱音乐，渴望成就梦想的年轻人提供了最好的舞台，青歌赛将是他们新一轮拼搏的开始。无论获奖与否，对于参加青歌赛的年轻人而言，得不到大奖也绝非歌唱生涯的终结，青春的信念将鼓舞着年轻的选手们继续他们的梦想之路。

亲爱的听众朋友，本届青歌赛在中国全国观众中掀起了收视热潮，在晚会现场，记者采访了一位中央民族大学的老教师，她可是青歌赛的忠实观众，她说：

（音响7：中文，采访现场观众，7′15″）

"我一直非常关注青歌赛，尤其是今年首次作为比赛项目的原生态唱法。我从事的是侗族语言的研究，今年侗族组合'蝉之歌'演唱的歌给我留下很深的印象，以前普遍认为，中国的传统音乐中无和声唱法，这次原生态歌手的演唱完全打破了这一概念。"

亲爱的听众朋友，您一定对于本次大奖赛首次设立的原生态唱法很感兴趣吧？主持人在这里邀请您关注《八音盒》下期节目——荡涤心灵天籁。

（配乐）

亲爱的听众朋友，今天的节目时间到这里就要结束了，在这里我引用一位青歌赛观众的话作为本期节目的尾声："当我看见歌手们英姿飒爽地站在青歌大赛的舞台上时，我能深深地感受到歌手们四射的青春魅力与无限的音乐魅力。当我看见所有的歌手的梦想都乘着歌声的翅膀腾飞时，我感到了时代在腾飞，我感到了自己也在腾飞。青歌大赛的舞台上竟是如此精彩，它绚烂着动人的歌声，它涂抹着充满生机的青春。"

荡涤心灵的天籁

（2006 年 9 月 7 日播出）

（栏目固定开始曲）

亲爱的听众朋友们，又到了《八音盒》节目时间，主持人伊娃很高兴与您相会。

在上期的节目中，我为您介绍了 CCTV 青年歌手电视大奖赛——一个让热爱歌唱的年轻人梦想起飞的舞台。今天我将为您着重介绍本次大赛的最大亮点——原生态唱法。对于"原生态唱法"，青歌赛组委会界定为：就是我国各族人民在生产生活实践中创造的、在民间广泛流传的"原汁原味"的民间音乐形式，用本民族、本地区的传统唱法和语言、方言及表演形式演唱。

（歌曲：《花腰调》，52″）

这就是本届青歌赛原生态唱金奖的获得者李怀秀、李怀福，来自云南一个小山寨的彝族姐弟。大赛的评委对原生态唱法的评价是"当原生态歌手从广袤无垠的乡村山寨来到青歌赛的舞台上，他们的歌声就超越了原有的音乐概念。"

（音响 1：中文，主持人，2′6″）

今年青歌赛第一次将原生态唱法作为正式的比赛项目。其实在第十一届青歌大赛落幕时，恰逢我国大力开展文化遗产的申请和整理工作，全国各地一些少数民族地区自己也在大力挖掘原生态的艺术门类，设立原生态唱法便应运而生。

音乐学学者、联合国教科文组织"人类口头和非物质遗产代表作"国际评委张振涛大力称赞青歌赛的这一创举："第 12 界青歌赛对原生态列出这么一大块节目来，这是电视媒体对民族文化在意识上的一个重大的跨越，让世界知道，中国还有这么好的东西。我们艺术研究院从 1949 年以来到今年为止，一共有 7000 个小时的民间原生态音乐的采访录音积累。联合国教科文组织把这批录音资料誉为 'MEMORY OF THE WORLD'，即 '世界的记忆'，是音像名录的极品。"

亲爱的听众朋友，接下来就让我们欣赏获得银奖的蝉之歌组合，也就是上次节目中我们说起的来自侗族的13位姑娘。她们个个都是金嗓子。

（歌曲：《大山真美好》，3′32″）

本届的青歌赛第一次设立了原生态组，观众的反响很强烈，一提到本届的青歌赛，大家首先想到的就是原生态，记者采访了几位观众，他们谈了自己对这种来自心灵肺腑，充满乡土气息和独特的地域文化特色的声音的震撼。

（音响2：中文，采访现场观众，5′17″）

"第十二届青歌大赛正在举行，不是第一次看青歌大赛，但这次深深的被青歌大赛吸引，只因为这一届多了原生态唱法。我深深的被这些来自最原始原汁原味的声音所打动。同时被他们的质朴真实和对音乐的执著和热爱所感动。"

（音响3：中文，采访现场观众，5′41″）

"今年青歌赛感到兴奋的亮点就是加入了原生态演唱法，真是令人耳目一新！选手们质朴无华，不加刻意修饰发自内心轻松随意的演唱，五彩缤纷的民族服装，像是把你带入了那葱茏青翠的远山、草原，仿佛置于民族村寨跳动的篝火旁，似乎远离了城市喧嚣、忘却了身边的烦恼……"

亲爱的听众朋友，接下来伊娃就将为您介绍这些可爱的选手。

（配乐：安达组合，6′3″）

安达组合来自内蒙古大原，总共有10人，他们的服装，乐器还有声音都非常特别。比如有一个叫羊拐的乐器是用28只羊的膝盖骨做成的，他们称为"小打"。这些独特的乐器合在一起，再听着他们低沉的声音，眯着眼睛仿佛自己来到大草原，骑着马赶着成千上万的羊群唱着歌儿。

（配乐：阿幼朵《合心我就跟你走》，7′59″）

现在您听到的是苗族姑娘阿幼朵在赛场上唱起的原生态苗族飞歌《合心我就跟你走》。阿幼朵现在最大的心愿就是希望能够把各种苗歌传到全国、全世界人民的耳朵里，让大家领略苗族民族的文化。

（配乐，淡出）

原生态的演唱真正体现了歌者与歌曲的血肉依存。原生态歌手领略着歌唱情感的激扬与静寂，他们是在用自己的全部来诠释艺术。

对于原生态的保护和发展，目前还存在一定的争议。有专家认为对原生态的发展不单单要保护它，更要发展它，这才是硬道理。要吸取这些丰富的养料，运用到艺术创作中去，丰富中华民族的音乐文化，世界的文化才会更加绚烂夺目。总之这还是一个需要进行严肃探讨和摸索的领域。

亲爱的听众朋友，在我做这期关于中国原生态歌手的节目的时候，我的耳边也一直盘旋着保加利亚民歌的美妙旋律。相信您也一样，因为保加利亚的山歌同样也是来自大自然的天籁之音，在下期的节目中，主持人伊娃将和您一起来欣赏联合国教科文组织誉为"世界的杰作"的保加利亚民歌。

保加利亚民歌——世界声乐艺术的一朵奇葩
（2006 年 9 月 12 日播出）

（栏目固定开始曲）

亲爱的听众朋友，欢迎收听《八音盒》音乐栏目，我是主持人伊娃，很高兴与您再次相会。

在上期的节目《荡涤心灵的天籁》中，我为你介绍了中国原生态歌唱在中国乐坛引起的轰动。当时在我的脑海里就盘旋起保加利亚民歌的美妙旋律。在今天的节目中，我请来了我部的专家，和我一起主持今天的节目，我们将和听众朋友们一起欣赏保加利亚民歌。

（配乐，35″）

伊娃： 诺拉，我每次听到保加利亚的民歌，都会觉得它们简直让人无法呼吸，如此高亢亮烈，又如此婉转悠扬。尤其是女声重唱的前呼后应，铺陈出了朴素又壮阔的生命力，有浓厚的巴尔干半岛风格，它们能够直接撞到听者的灵魂里头去。

专家： 是啊，保加利亚的女声重唱，世界闻名。其特点是采用自然、直接、开放的唱法，音色清彻、透明，晶莹夺目，富有表现力。音乐的风格也十分多样，既有深沉、抒情诗般的段落，又有充满诙谐、活跃气氛的舞蹈场面。

伊娃：那现在就让我们来欣赏《我美丽的小树林》（Хубаваси，моя горо）

（歌曲，59″）

伊娃：诺拉，提起保加利亚的民歌手，最著名的就是来自罗多比山区的女歌手瓦利亚·巴尔干斯卡（Валя Ђалканска）吧？她的歌《海杜丁出村了》（Излеле Делю Хайлутин）被国际空间站"Воялжър"搭载，她的歌声将在茫茫宇宙中唱响 60000 年。她也被称为"最保加利亚的歌手"。

专家：在保加利亚，她可谓是音乐史上的一颗耀眼明星。但是她说过："明星只属于天空，我只愿做这片土地上实实在在的人。"保加利亚人视她为保加利亚的骄傲。联合国教科文组织曾授予她世界公民的荣誉。

伊娃：现在我们就来完整地听这首歌。

（歌曲：《海杜丁出村了》，3′52″）

伊娃：诺拉，今年中国最权威的歌手大奖赛——CCTV 青年歌手电视大奖赛首次将原生态唱法作为正式的比赛项目，也正是通过这次比赛，原生态的歌声以及演唱者在中国大地上掀起了一股热潮。我也请你欣赏过几组来自不同民族的演唱，你是否觉得中国的原生态歌唱和保加利亚的民歌有共同之处呢？

专家：我觉得它们共同的特点就是纯朴天然，是在人类长期的生活劳动的过程中传承发展起来的，能够唱出属于本民族的地域特色和人文特色。题材一般都是翻印生活中的喜怒哀乐。所以在日趋国际化的当今，人们反而更容易被这样的歌声所打动。

伊娃：诺拉，你说得太好了，就是这样。今年的青歌赛中最引人注目的环节就是原生态的演唱，原生态已经成为今年中国热门的词语之一。很多观众都表示这样的天籁之音能够触动他们心底最柔软的地方。不过在认同应该将原生态演唱推广的同时，专家学者和热爱原生态音乐的大众也在思考这样一个问题：就是如何保护和发展？而这一点，保加利亚又是怎么解决的呢？

专家：的确，现在在世界各地，都有这样的情况，就是一些作曲家出于好意，对民间传统音乐进行"发展"，结果却适得其反，使之变得面目全非。

保加利亚很幸运避免了这种情况，最重要的就是必须要保留民间音乐的本质和活力。正如保加利亚一位著名的音乐学家艾连纳·斯多因（Elena Stoyin）所说的："我们是一个小国，但我们有很丰富的音乐传统，而且幸运的是人民都在自觉地保护它"。

伊娃：我知道有一支保加利亚国家电台和电视女声合唱团（The Mysterious Voices of Bulgaria 隶属于 The National Radio And Television Chorus）。它在西欧及美国激起了很大反响。

专家：这些女孩子都是从多山地区招募来的，土地的女儿，有着金子般响亮的音色，她们忠实地保留了祖母的唱腔。她们积极地在自己生活的民俗环境中采风，特别是向老一辈民间歌手征集歌曲，然后再把这些歌曲推荐给作曲家、编曲家去改编和再创作。

伊娃：这真是太棒了！现在我们欣赏的就是她们的歌曲。

（歌曲，7′26″）

亲爱的听众朋友，今天的节目就到这里，我想任何语言都比不上这些美妙的歌声，就让我们在歌声中说再会，谢谢您的关注，下次节目再见。

简　　评

文艺节目《一样的原生态艺术》以 CCTV 青歌赛为切入点，一开始就把听众带入第十二届 CCTV 青歌赛颁奖晚会现场，让他们欣赏我国各种风格的优美歌声，了解各地区和各民族的原生态歌曲。主持人还同保语专家一起探讨了保加利亚山歌及其特色，把保山歌同中国原生态歌曲的唱法进行比较，找出其中的共通之处，说明音乐是无国界的，艺术是人类共同的财富。

本节目音响丰富，制作精良，给人以听觉享受。节目中既有青歌赛现场主持人和评委的声音，也有观众的反映，更有获奖歌手和保知名歌手的演唱。

节目具有很强的吸引力和针对性，播出后得到了许多听众的好评。

本节目被评为 2006 年度中国国际广播新闻奖优秀文艺节目二等奖。

《理发师》

（2005 年 1 月 15 日播出）

李宁静

主持人：或许是由于电影《理发师》在拍摄过程中一波三折，或许是由于这部电影的导演、艺术家陈逸飞在拍摄过程中的不幸病逝的影响，目前，《理发师》这本书在国内异常畅销。该书作者凡一平也逐渐进入大众的视线。其实，近年来的很多优秀的影视作品都是出自他的笔下，如《寻枪》，《十月流星雨》以及《顺口溜》等。下面就请记者吴佳为您详细介绍《理发师》这本书及其作者。

（音响 1：电影《理发师》电影预告片片段，渐混）

记者：凡一平的作品以极富戏剧性的情节、简单的语言和现实主义的笔调而闻名。正因如此，国内电影导演非常喜欢把他的作品搬上银幕。《理发师》这部作品涵盖了凡一平作品的典型特点。作家以一种局外人的笔触，不带任何感情色彩地讲述了主人公陆平起伏跌宕的一生。

凡一平说，他想通过这部作品，对生活以及生命做一个冷静的反思。

（音响 2：凡一平，出中文）

"我一直在思考人的生命和命运的问题，也一直想把我对这些问题的理解落实成文字。一天，我路过一家理发店的时候，突然有了这个构思。我想，如果一个普通人，就像这个理发师，在战争时期，他的生活会是怎样的？他的命运会怎样？顺着这个思路，我着手写了《理发师》。"

（音响 3：音乐起，渐混）

《理发师》的故事发生在上个世纪四十年代抗日战争时期。理发师陆平在搭救一个姑娘时，失手打死了要对姑娘实施强奸的日本兵。陆平逃离了上海，躲到了上海附近一个叫和顺的小镇，继续做他的理发师。他的顾客什么人都有，有镇里的名流，有八路军，有国民党士兵，甚至还有日本人，理发店老板的女儿宋颖仪也是他的常客。陆平和宋颖仪虽然相爱，但宋颖仪最终按父亲的意志嫁给了一个国民党高级军官，做了姨太太。日本人战败后，陆平因给日本人理过发而将被定为汉奸，要被枪毙。宋颖仪冒险通过她的某些关系，救下了陆平，而且将他提拔为国民党军官。同时，他们不得不在爱与道德间痛苦挣扎。解放战争胜利后，陆平成为战俘，出狱后在他与宋颖仪最初相遇的理发店找到了一直在那里等待他的心上人。

（音乐渐弱）

作者凡一平对他笔下的人物做了如下分析：

（音响4：凡一平，出中文）

"陆平的一生是很荒诞的。从一个地位卑微的理发师，他一夜之间毫无来由地当上了国民党军官，紧接着又成了共产党的战俘，最后被释放，还乡重操旧业。尽管我把他放在了多灾多难的1940—1950年代的背景下，他其实仍是中国那个年代普通人命运的代表。女主人公宋颖仪其实是现实生活中少有的女性形象，是男人心目中的完美女性。她对爱情的忠诚是超乎想象的，为了爱情，她什么都敢做。"

的确，宋颖仪为了爱情付出了很多：为了考验自己是否敢于向陆平表白爱情，她冒着那个年代的忌讳，剪了个极短的头发，这在当时是好人家的女孩都不会做的疯事；她不顾一切和陆平相爱，如果被丈夫发现的话，就可能会小命不保；她甚至以牺牲肉体为代价，去拯救情人的性命；她放弃了逃往台湾继续享受官太太生活的机会，留在家乡寻找陆平。

宋颖仪对陆平无所畏惧的爱情在即将上映的电影里得到了充分的展现。但作者强调，他的作品的主旨仍是要表现人在战争中对自己的命运无法掌控的无奈。

（音响5：凡一平，出中文）

"我想要表现的是个人力量与强大的现实力量之间的差距是多么的悬殊。在这样的社会背景下，个人的力量显得如此的渺小、无助。陆平只是想和自己喜欢的女人过一种平凡的生活。可是，政治、战争和不可抗拒的命运推着他以及其他和他一样的人，随着命运大潮，做着与个人意愿相违背的事。"

下面就请大家欣赏小说《理发师》的部分节选。以下场景选自抗日战争刚刚胜利，由于替日本人理过发，陆平、理发店老板宋丰年，还有真正的汉奸高元一起被关进了监狱……

（节选）

（音响6：音乐起，渐混）

清除汉奸的运动如火如荼。在和顺监狱的一间牢房里，关着高元、宋丰年和陆平三个人。他们像拴在绳子上的三只蚂蚱，插翅难飞。

高元真诚地看着宋丰年，把求生的希望寄托在他的身上，因为他有一个做师长姨太太的女儿，这是他们活命的唯一一条小路。高元说我早就知道你有这么一个女儿，但是我没有告诉日本鬼子。我对你够不够意思？宋丰年说够意思。高元说那你要回报我才行，你懂我的意思吗？宋丰年说我懂你的意思，可我要先得救才行。我女儿要是救得了我的话，已经把我救出去了。高元说我是说万一，万一你有活命的机会，可别忘了帮我说话，救我出去，啊？宋丰年说一定。高元得到许诺，但还是不放心，因为还有个理发师的存在，是他求生的竞争者。他同样真诚地看着理发师，希望理发师把生的机会让给他。陆平说你放心，这里有三条命，我是第三条。高元说谢谢你，兄弟。

为了表明自己的诚意和谢意，高元把自己的铺位和陆平的床位做了调换，他睡在了马桶边。还有唯一一把被他长期把持的扇子，也易给了宋丰年专用。他悉心侍候宋丰年，为他赶蚊子、扇风、按摩，像一名孝子照顾父亲。

高元态度的转变，使一向对他敬畏三分的宋丰年成为监舍的老大。他充分享用着做老大的待遇。他看着左右两个懂事的小伙，多少年来没有儿子的遗憾，在监牢里得到终结。

（音乐）

行刑队11个人，站在前列的有9个，他们每人举着一把长枪，对着三个目标。

宋丰年、陆平、高元面对瞄准自己的枪口，丝毫不怀疑脚下就是生命的终点，已经没有活路可走。高元，这个平日已经看惯了日本人杀戮的汉奸第一个崩溃了。另外两个准备受刑的人倒略显平静。陆平甚至还微笑了起来。想起监狱里高元对宋丰年的一切殷勤和努力最终成了泡影，陆平不由觉得甚是惬意。他决定把这份惬意一直保留下去，直至枪响。

一队人马飞奔而来，把阎锡山的手谕交给行刑队队长。行刑队队长把手谕内容向行刑人员做了传达。9 枝长枪仍旧瞄准，所变化的是只对着一个目标。

行刑队队长手起手落，九枪齐声射出子弹，全打在高元身上。

（音乐落）

（完）

简　评

文艺节目《理发师》向听众介绍了小说《理发师》及其作者凡一平。本节目有以下几个特点：

1. 把记者采访、作品介绍、作品节选与广播剧形式有机地融合在一起，体现了广播节目的灵活性；节目节选声情并茂，使听众对作品有更加直观的了解；

2. 作品选用了该小说改编的同名电影的片花和部分电影音乐，以及故事发生年代的流行旋律，使音乐与作品相互映称，相得益彰；

3. 节目制作精美、播音清楚、可听性强，尤其是后部分作品选读，以广播剧形式出现，给人耳目一新的感觉。

本节目被评为 2006 年度中国国际广播新闻奖优秀文艺节目二等奖。

优 秀 论 文

一等奖

探索绩效管理 谋求科学发展
——从"国际在线"网站的考评机制谈起

高连忠

胡锦涛同志指出，科学发展观是指导发展的世界观和方法论的集中体现，是推动经济社会发展、加快推进社会主义现代化必须长期坚持的重要指导思想。全面落实科学发展观，涉及各个方面的工作，关键的一条，还是要健全和完善制度、体制和机制，包括健全和完善干部和政府绩效评估机制。

实践证明，党的方针政策能否落到实处，关键在于执行机构是否树立了正确的政绩观；而正确的政绩观，需要正确的政绩评估机制为导引。建立科学有效的公共部门绩效评估机制，对于科学发展观的落实至关重要。

从 20 世纪 70 年代后期开始，欧美发达国家开展了一场政府改革运动，即"新公共管理运动"。这场改革使绩效管理体系在公共部门得到建立，绩效评估在政府管理中得到广泛应用。

绩效管理突出体现公民为本、市场规律、结果导向等理念，包括战略规划、年度计划、持续性管理、绩效评估等环节。其中，绩效评估（或绩效考评）是绩效管理体系的基础工程和重要环节。在英国，20 世纪 80 年代初绩效评估常常单独使用。随着 80 年代后期绩效管理的推行，绩效评估逐渐被纳入绩效管理框架中，并"被视为绩效管理概念中的中心因素。"[①]一般认为，绩效评估包括经济（Economy）、效率（Efficiency）、效益（Effectiveness）三方面（又称 3E）指标的测定。

上世纪 90 年代以来，我国各级地方政府在行政管理体制改革过程中，积极借鉴和引进国际先进管理机制、管理技术和工具，公共部门绩效评估由此走上了实践舞台。其中，山东烟台的服务承诺制、厦门市思明区绩效评估实验等都取得了显著的成绩。近期，中组部印发《体现科学发展观要求的地方党政领导班子和领导干部综合考核评价试行办法》；2006年9月4日，温家宝总理在讲话中指出"绩效评估是引导政府及其工作人员树立正确导向、尽职尽责做好各项工作的一项重要制度，也是实行行政问责制的前提和基础。……要抓紧开展政府绩效评估试点工作，并在总结经验的基础上逐步加以推广。"②这些重要指示和举措必将为绩效评估机制的完善和推行起到积极作用。

2004年，中国国际广播电台建立了在线广播考评机制。这项考评无论是办法的制定还是具体的执行过程，都借鉴了绩效评估的部分理念和原则。以下从分析国际台在线广播考评入手，就构建适合科学发展观要求的公共部门和公职人员绩效评估体系进行探讨。

二

遵照中央领导同志指示精神，国际台紧紧围绕"一手抓好无线广播、一手抓好互联网在线广播，尽快建立现代国际广播体系"这条主线，确立了用三至五年的时间把"国际在线"办成世界知名的综合性网站的目标。从2004年4月启动在线考评之后一年多的时间里，"国际在线"网站取得了飞速的发展。据美国Alexa网站数据，2005年11月初"国际在线"全球排名已达782名，为同期中央重点新闻网站中升幅最大的网站；以最具知名度（Most Popular）指标排序，"国际在线"网站已居全球国际广播电台网站首位。可以说，"国际在线"已成长为中国最具影响力的外宣网站之一。

"国际在线"网站之所以在一年多的时间里取得如此显著的成效，根本原因在于中央的高度重视、台领导的科学决策和周密部署，在于全台各部门尤其是各语种子网站同志的努力工作。其中，在线广播考评机制的建立，在激发各语种子网站工作人员的工作积极性和创造性，在使台领导的决策和部署更加有效地转化为各子网站的生产力方面，发挥了重要的促进作用。

国际台在线广播考评办法是现代公共部门绩效评估理论与国际台实际相结合的产物。在办法制定和实施方面，借鉴了公共部门绩效评估的以下理念和原则。

三

激励、沟通、诊断是绩效管理的主要功能，公平客观、奖惩激励、反馈交流，是绩效评估的总体规则。

1. 公平客观

一个内容上和标准上公平的考评办法是整个绩效评估系统的前提和基石，内容上的公平意味着考评指标对于每个被考评部门的难度在理论上是一致的，标准上的公平意味着相同的考评信息将出现相同的考评结果。要保证考评主体不能带有个人的主观偏见，更不能任意歪曲事实，而要以事实为依据，让事实和数据说话；不能用权威或个人判断来左右，而应当用统一的标准化的衡量尺度进行测度。

国际台在线广播考评的标准、程序、结果都向全体员工公开，评委以统计数据等事实为依据、以统一明确的考评标准为准绳进行评分，将被考评者与既定标准作比较，而不是在部门和部门之间作比较，尽量避免掺入主观感性色彩。多数考评指标是页面浏览量等刚性指标，这些指标所对应的分数在打分表中自动生成，无需评委计算。这样，就减少了主观分数的权重，较好地保证了考评结果的公平和客观。

2. 奖惩激励

赫茨伯格认为，只有激励因素才会使个人更加努力地工作，从而提高组织的绩效。如果绩效评估的成绩，仅仅停留在"好"、"较好"等评价性语言的层面，还不能客观地标注各部门的实际工作成绩，也起不到拉开部门间评价或奖励差距，较难实现鼓励先进，促进落后的效果。

国际台在线广播考评每月进行一次，其结果与每个语言广播部的在线广播节目经费直接挂钩，进而与语言部每一位工作人员的收入挂钩。依据考评结果，给所有语言广播部排名次，其经费有多有少，各月之间有升有降，由于成绩不同，各部门间经费差别明显。这样的设计，不仅与精神激励相联系，而且与员工的物质利益相联系，使考评具备了激励性，达到绩效评估的目的。

公共部门绩效评估的结果，要与部门领导干部的切身利益密切相关，要作为评选先进、选拔任用、调整工资等的重要参考依据。

3. 反馈交流

绩效评估深层的作用在于诊断和沟通，通过反馈和交流达到改进绩效的目的。美国管理及预算办公室（OMB）每个季度都要公布政府各部门的绩效计分卡，计分卡上用三种颜色（绿、黄、红）一目了然地标注各部门绩效计划的完成或进展情况。一方面公众可以据此评价各部门的工作情况，另一方面有关部门可以据此进一步分析工作的差距并修正工作的着力点。

国际台在线广播考评特别注重发挥考评的交流功能。考评时大部分时间用在听取被考评方陈述和评委的讲解点评上。每次考评结束后，都要印发一期《考评报告》，一方面通报考评成绩、另一方面对于考评时成绩、表现比较突出的或带有普遍意义的问题，进行归纳总结，供语言部门借鉴；对于一个地区广播中心比较集中的成绩和问题，由该中心派出的评委在中心范围内研究解决；对于某个语言部门存在的个别问题，直接找该部门沟通，语言部门有问题，也可以直接找考评工作机构直接沟通。通过以上三个层面的沟通，使考评信息得到及时反馈，加之考评结果的公开透明，起到了促使被考评方改进工作的目的。

四

绩效评估以具体的数据说话，而不是停留在浅层的定性评价上。比如评价医院医疗水平时引入了"就诊人数"、"病床空置率"、"患者在院感染率"等指标，而不简单地说一家医院"好"或是"不好"。这些可衡量可对比的指标构成了绩效评估的示标体系（又称指标体系），设计科学的示标体系是绩效评估成功的前提。温家宝总理指出，"要科学确定政府绩效评估的内容和指标体系，实行政府内部考核与公众评议、专家评价相结合的评估办法，促进树立与科学发展观相适应的政绩观。"[③]那么，设计科学的示标体系需要遵循哪些原则呢？

1. 服务于组织目标的原则

绩效管理是围绕组织目标展开的，首先确定组织的"使命"（Mission）。根据"使命"再依次确定"愿景"（Vision）、战略目标（Goals）和年度"绩效目标"（Performance Goals）等。绩效评估就是对绩效目标的测度和衡量。

评估前，需要依据绩效目标确定评估的重点维度，然后将各个维度细化为评估的标志和标度。这些指标的确定都必须依据目标设定。

国际台在线广播发展的战略目标是，在三到五年的时间里把"国际在线"建成世界知名的综合性网站，为此提出在 2005 年之内进入全球互联网站排名 800 名的绩效目标。作为中央重点网站，这个绩效目标的达成，需要同时满足两个主体追求，即政治导向正确和页面浏览量提升。国际台在线广播考评办法正是在以上的目标和追求指导下制定的。

2. 全面性原则

绩效评估的这一原则，体现"全面"发展的要求。绩效评估认为，组织目标的实现，依赖于各个维度的评估指标同时达标。

国际台在线广播考评，根据绩效目标及其衍生的两个主体追求，确定了三个考评维度，即工作量、工作质量、工作效果。工作量维度包括文字发稿量、图片发布量、栏目数等示标。工作质量包括稿件的政治导向、新闻时效性、内容规范性、图片和音频广播节目质量等示标。工作效果包括受众反馈信息情况、页面浏览量和收听人数增幅等示标。

对地方政府实施全面性绩效评估，有利于保障经济、政治、社会、文化等全面发展，可以有效地避免一俊遮百丑，可以减少诸如重视经济发展、忽视公共卫生、农村教育等现象的发生。

3. 多变项相互制约原则

绩效评估的这一原则，体现"协调"发展的要求。如果说，全面性原则可以使考评对象发展内容不缺项，那么多变项相互制约原则可以约束考评对象发展力度不偏斜，促进考评对象的各项指标协调发展。

国际台在线广播考评办法在设计示标体系时正是遵循了多变项相互制约的原则。从整体上来讲，工作量决定一个部门节目运行经费的发放等次，工作量和工作质量得分决定经费发放的比例。因此，如果单纯强调工作量，忽视工作质量和工作效果，节目经费的总额可能会更少。从考评标准的细节上来讲，指标间相互制约的因素就更多了，比如底层栏目数与栏目及时更新之间的制约关系等等。

4. 结果导向原则

结果导向是落实全面、协调、可持续发展的重要节点。

我们可以看到这样的新闻报道：某市政府投资在郊区兴建第五个经济技术开放区；某市将建设三个 CBD；某市每年新建住宅面积 300 万平方米等等。这些报道可能都旨在展示一个地方的业绩，但都属于过程导向。在绩效管理中，它属于"经济投入"这个环节，还没有涉及到效率和效益这两个"E"。这些决策的实际效果如何，要以结果来评价。评价要涵盖方方面面的指标，尤其要考虑到经济以外的指标，比如是不是侵占了农田，是不是污染了环境，是不是真正解决了无房群体的住房问题等等。简言之，绩效评估关注的不仅仅是"你干了什么"，更多关注的是"你干得怎么样"。

结果导向原则是国际台制定在线广播考评办法的根本追求，所有的标准都是围绕增加来访人数、增加页面浏览量、提升网站影响力而制定的。考评办法中工作效果维度的指标具有相当的权重，其中包括页面浏览量增幅和收听人数等结果指标，该项在整个考评中属于刚性指标，直接影响着一个部门的得分。与以定性为主的考核相比，这样的制度设计可以说更加远离规则导向和过程导向。

5. 量化指标原则

国际台在线广播考评，最大程度地将定性指标转换成定量指标，将考评的要素和标志，用合适的标度来表示和统计。比如"新闻时效要快"是一个质量要求，考评中转换为以下表述："新闻中心发稿后 2 小时内上网的，得满分；4 小时内上网的，每条扣 0.5 分……12 小时后上网，视为漏发，每条扣 3~5 分。"其他工作质量指标也相应地进行了量化。

在传统的干部考核中，使用较多的是定性指标，具有较大的主观性。评价主体容易凭直觉、印象和随意的观察作出评定，第一印象（首因效应）、最近表现（近因效应）等因素容易对结果造成较大影响，其评语通常体现的是被考评方的态度、品格等难以量度的词汇，缺乏客观性。绩效管理中，"绩效目标"指的是以切实的、可衡量的指标表示的绩效目标水平，能够依此对实际成果进行对比，包括以数量指标、价值或比例表示的指标。也就是说，绩效评估中使用的这些指标必须是以"客观的、数量化的、可衡量的方式来表达"。[④]因此，科学发展观指导下的公共部门和公职人员绩效评估，一方面应当量化评估指标，使其工作业绩便于对比和度量、便于社会的监督；另一方面，应当以日常的阶段性的考评结果作为年度考评的重要依据，尽量减少主观色彩较浓的"个人总结列成绩、大家投票凭印象"

式的年终评选和年度考核。

把国际台在线广播考评的经验进行总结归纳，希望可以对我国公共部门普遍实施绩效评估提供几点启示和借鉴。（1）需要强化绩效评估意识，绩效评估是提高公共部门绩效的有效手段，向公众报告绩效是公共部门公共责任的具有体现。（2）要推动绩效评估活动的系统化。从国际实践看，绩效评估只是绩效管理的一个组成部分或环节，绩效评估要发挥所期望的作用，必须与战略规划、年度绩效计划、绩效监测反馈、评估信息有效利用等环节有效结合起来。（3）要推动公共部门绩效评估的制度化。国际台在线广播考评虽然成效显著，但基本属于自发的活动而非法律或法规明确其承担的责任，其可持续性具有不确定性。西方国家绩效管理成功的一个重要原因，可能就在于其立法保障。因此，推进公共部门绩效评估的制度化和规范化，是我国公共部门绩效持续性改进的现实需求。

注释：
① Loree J. Griffith, Anna C. Orgera, "Performance Management：Mapping Out the Process", P. 27.
② 温家宝：《加强政府建设 推进管理创新》，《人民日报》，2006 年 9 月 8 日，第二版。
③ 同②。
④ 财政部编译：《美国政府绩效评价体系》，第 4 页，北京，经济管理出版社，2004 年。

简 评

论文《探索广播绩效管理谋求科学发展——从"国际在线"网站的考评机制谈起》简要介绍了绩效管理在国际和国内的实践，从分析国际台在线广播考评机制入手，重点探讨了科学的绩效评估机制应遵循的总体要求和构建科学评估指标体系的各项原则。

论文有以下几个特点：

1. 文章阐述了现阶段事业单位如何建立和完善绩效评估体系，理论上有所创新。在中央强调科学发展观和正确政绩观的今天，此文对提高事业单位、尤其是现代媒体的管理水平具有重要的理论意义和现实意义。

2. 文章介绍了我台网络考评机制的建立和实施情况，分析了这项工作取得良好成果的原因，对国际台的网络考评起到了很好的促进作用。

3. 全文层次分明、逻辑性强、语言通畅。

这篇论文被评为2006年度中国国际广播新闻奖优秀论文一等奖。

二等奖

架起绚丽多彩的空中彩虹
——英语中心海外落地节目的探索历程

杨磊　李培春　林萍　金朝

一、国际台英语节目海外落地的基本情况及目前规模

国际台英语广播创办于 1947 年 9 月 11 日。目前通过短波、中波、调频、网上广播、微波及卫星线路等各种方式播出或传送各种英语节目，覆盖亚、非、欧、北美和南太平洋等地区，已发展成为全球广播。国际台英语广播每天累计播出节目时间为 330 多小时，其中海外落地节目为 138 小时，占国际台落地节目总时数的一半以上；落地覆盖地区也从最初美国华盛顿地区发展到目前的 12 个国家以及中国香港特别行政区，共 39 个城市，合作的中波或调频电台达到 75 个。

国际台英语节目海外落地发展趋势表

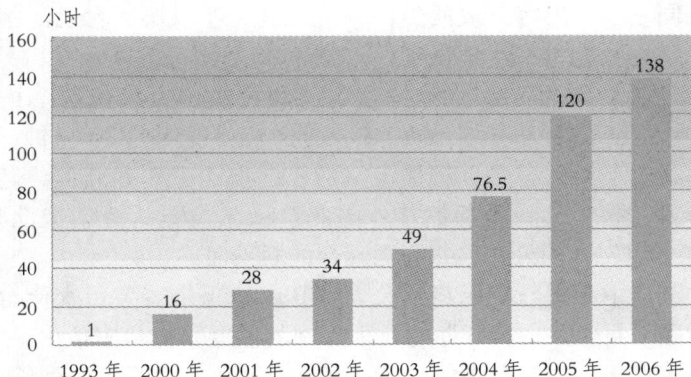

国际台英语节目海外中波和调频落地发展状况表

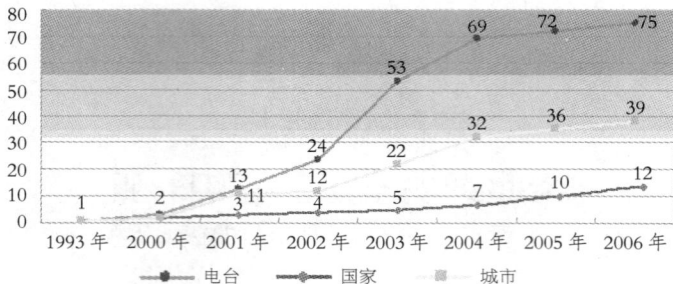

国际台英语节目落地工作经过了三个重要阶段。

1. 起步开拓阶段

由于国际台发射能力有限，国际台英语中心自 20 世纪 80 年代开始便采取各种措施，利用对象国家的地方电台播送国际台的节目，开辟国际广播对外宣传的新途径。从 80 年代开始，国际台通过多种渠道先后同 10 个国家的 15 家电台建立过联系，应对方的要求，通过电话或邮寄等方式定期或不定期地向对方寄送或传送有关中国的新闻和专稿、音乐节目，由对方从中选用播出。这便是英语节目海外落地事业发展的雏形。

20 世纪 80 年代初，英语中心开始不定期地向美国夏威夷音乐台、埃塞俄比亚和津巴布韦电台寄送中国音乐节目及介绍中国建设成就、中国文化和人民生活的专稿，最多时每月要寄送的国外电台有十几家。

1984 年 11 月英语中心正式成立寄送节目组，并与一些电台建立了固定寄送播出的合同。节目内容分成两类：一类是选一些在国际台已经播过的时事报道，每个平均长度为 3 到 6 分钟，每次寄 12 个，每月寄一次；另一类是寄送自己编制的板块节目，以便对方收到后即可播出。起初这个板块取名为《广播杂志》（Radio Magazine from Beijing），节目长度为 30 分钟，每月寄两期。为提高这个节目的质量，编播人员从已播稿中选一些新闻综述、时事报道及专题节目，整个节目重新制作，因此这项工作更具有创造性和挑战性。1989 年寄送节目工作因外台终止与国际台的联系而终止。

目前，英语中心仍与英国广播公司（BBC）保持着节目交流合作，为其提供各类专题节目，并在其开办的《你耳中的世界》栏目中播出。

由于以往节目寄送与交流模式只是友好合作，不涉及任何商业利益，对合作方不能形成有效约束，因此难以形成规模化发展。1993 年，时任国际台驻美国华盛顿记者站首席记者的王国庆同志经过多方努力与谈判，终于通过直接购买对象国电台时段的方式实现了我英语节目在美国华盛顿地区新世界电台 WUST 中波 1120AM 的落地。自 1993 年 7 月 14 日起，新世界电台 WUST 每周一至周五在当地时间 9：00～10：00 播送 1 小时由国际台提供的英语节目，节目内容包括《中国新闻》、《中国时事报道》、《中国报摘》、《中国专题》以及《学中国话》等。

由于这是国际台首次以商业合同的方式将我节目以完整的形式进入到对象国电台播出，因此 1993 年 7 月 14 日这一天在国际台节目海外落地事业发展中具有里程碑的意义。

最初受节目传输技术限制，这 1 个小时的英语节目是通过国际长途电话即时播出的，节目信号囿于通讯线路的不稳定而时好时差，在一定程度上影响了节目的收听效果；节目内容除了单独制作头尾问候及告别语以外也只是套用国际台对外短波所使用的节目，英语中心内部虽安排专人负责该节目的打包和传送，但整体规模不大。

2. 新技术运用与落地模式多样化

十几年来，特别是进入 21 世纪后，随着网络通讯等各项新技术的应用，英语中心节目海外落地工作全面铺开，开始进入飞跃式的发展阶段。落地手段也根据不同地区、不同国情以及不同发展状况而更趋灵活多样，从单一模式逐步发展为复合模式；目前英语节目落地的手段可基本归纳为以购买时段为主的境外代理、以提供素材为主的本土化"芬兰模式"、以购买整个频率为主的全频台和以网络镜像站等为主的四种不同模式。从技术运用上看，英语中心不仅从 2000 年 4 月起实现了所有海外落地节目的卫星音频同步传送，而且还通过网络镜像、有线电视网音频服务等不同方式大大拓展了节目落地的发展平台。

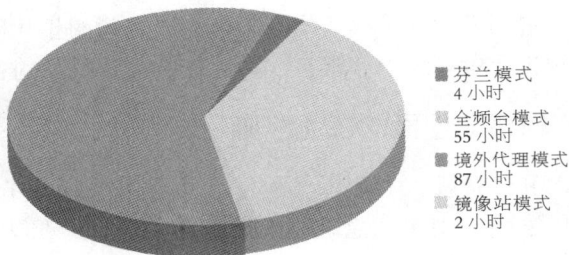

芬兰模式
4 小时

全频台模式
55 小时

境外代理模式
87 小时

镜像站模式
2 小时

国际台英语节目海外落地模式比例图

3. 海外整频率落地

如果说以购买时段为主的境外代理模式是英语中心落地节目的主要形态的话，那么国际台2006年2月28日在肯尼亚首都内罗毕开办的CRI FM91.9调频台则标志着国际台海外落地事业发展的一个新阶段。

在国际台内罗毕CRI FM91.9调频台全部19小时节目中，英语节目占13小时，为确保频率风格一致，英语中心还承担了整个频道的形象设计，包括统一的片头曲和广告语，以及所有开始曲、结束曲和整点的片头曲的制作。

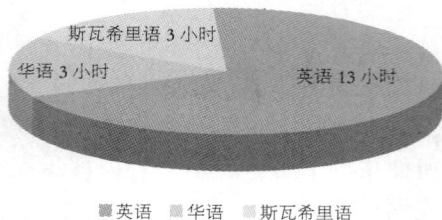

斯瓦希里语 3 小时
华语 3 小时
英语 13 小时

▨英语 ▨华语 ▨斯瓦希里语

国际台内罗毕调频91.9节目播出时间比例

二、英语中心海外落地节目的制作与播出

1. 英语海外落地节目的编辑方针

中国国际广播电台是中国唯一从事对外广播的国家电台，这一性质决定了它的所有节目应以维护国家的根本利益为其最高原则。在此基础上，英语中心制定的落地节目编辑方针是：

△积极、全面地介绍中国，客观、公正、平衡地报道世界；

△促进中外之间的相互了解，增进各国人民之间的相互理解；

△为听众提供质量高、内容丰富、针对性、可听性强的各类节目。

2. 英语广播对象地区的优先原则

在人力资源和经费投入有限的情况下，英语海外落地节目将以英语国家为重点，周边国家为特别关注点，兼顾平衡其他各国。努力把英语广播办成不同国度、不同文化背景、不同宗教信仰的听众了解中国和世界的重要窗口，并使之成为联系中外的一座特殊桥梁。

3. 英语海外落地节目制作总量

目前，英语中心每日为海外落地单独制作的完整节目共 8 小时（其中语言类节目 3 小时，音乐类节目 5 小时）；改编类节目共 9 小时（其中语言类节目 7 小时，音乐类 2 小时）；直接套播类节目共 115 小时（其中语言类节目 114 小时，音乐类 1 小时）；提供素材类节目共 4 小时；镜像类共 2 小时。

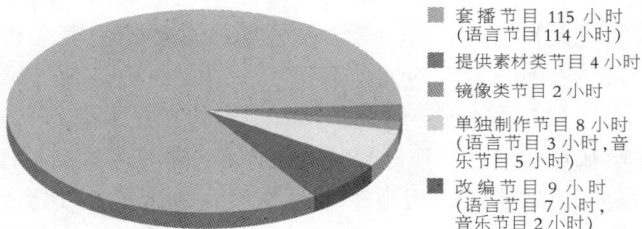

- 套播节目 115 小时（语言节目 114 小时）
- 提供素材类节目 4 小时
- 镜像类节目 2 小时
- 单独制作节目 8 小时（语言节目 3 小时，音乐节目 5 小时）
- 改编节目 9 小时（语言节目 7 小时，音乐节目 2 小时）

英语中心每日制作落地节目总量图

4. 遵循落地节目的特点和规律，加强节目针对性与贴近性

随着海外落地范围的扩大和时间的增多，原来大广播"新闻加专题"的传统模式很难适应落地节目的需要。特别是由于落地节目在一些国家的调频电台播出，我英语节目的质量因此面临更大的挑战。面对挑战，英语中心对一些重点地区的落地节目从内容、形式、板块设计等方面进行了重新编排，在确保国际台英语节目的特色的同时突出节目的地区针对性和贴近性，努力制作落地精品节目，受到了海外听众的欢迎。其中比较典型的是英语中心为澳大利亚悉尼 Radio2000 电台和肯尼亚广播公司英语台制作的两档节目。

（1）为澳大利亚听众量身定做的综合节目——《你好，澳洲！》

从 2005 年 7 月 1 日开始，国际台英语节目首次通过悉尼 Radio2000 电台成功实现在澳大利亚的落地，每周一至周日 8∶00～8∶30（北京时间 6∶00～6∶30）播出半小时的英语节目。为此，英语中心专门为澳大利亚听众量身定做了一档综合节目——《你好，澳洲！》。该节目由外籍播音员主持，其内容丰富多彩，包括（录音）新闻、录音报道、报摘、专题、每日一歌，其中新闻以亚太地区新闻，尤其是中、澳新闻为主。这一制作方针和节目编排几乎是在节目开播一周内就收到了明显效果，得到了听众好评。

在澳大利亚，有传统的英语背景的听众群体文化素质较高，但一般也是比较保守的。然而，从他们的反馈中，可以看出，《你好，澳洲!》对他们具有相当的吸引力。

首先，《你好，澳洲!》节目中有大量澳大利亚本土新闻，增强了节目的亲和力。该台在2005年7月17日给国际台发来的听众反馈报告说："两周来，贵台英语节目已经收到了不少积极的反馈，而且主要是来自当地非中文背景的听众。在7月1日第一天的节目中，我们就听到了关于澳大利亚发生水灾的报道，非常及时，几乎与澳大利亚的本土报道同步。在两周内这样的情况很多，如澳大利亚总理访美等。这样的报道首先使澳大利亚听众有了一种亲近感。另一方面，贵台新闻信息量大，涉及面广，涵盖了亚太地区的政治、经济、文化多方面的内容，节目具有很高的专业水准。"悉尼大学教授安德鲁·波林斯基对《你好，澳洲!》节目作了这样的评价："中国国际广播电台的英语新闻节目非常好，报道了大量与澳大利亚或澳中关系有关的新闻，提供了澳大利亚主流媒体漏掉而很多听众非常感兴趣的信息，所以很容易为澳大利亚听众所接受。"

其次，《你好，澳洲!》节目注重贴近对象听众的思维习惯，以对象听众能够接受的方式进行报道和传播，因而得到听众充分肯定。如65岁的退休工程师安德伦·麦金在收听了《你好，澳洲!》以后，来信谈到他对国际台看法的改变。他说："CRI的节目非常专业，完全不是我以前所想的政治宣传，没有刻意编辑的痕迹，与澳大利亚广播公司报道的风格没有多少不同，但有更多的在澳大利亚广播公司听不到的内容，如中国的东西天然气管道建设、禽流感的情况、ATP网球赛的报道等。"

（2）深受肯尼亚听众喜爱的《非洲特快》节目

2005年9月1日，国际台1小时英语节目在肯尼亚广播公司首播。英语中心对这一档节目进行周密策划，特别推出了一档5分钟全新栏目《非洲特快》，安排在周一至周五播出。这档节目面对多数肯尼亚普通听众，因此，英语中心针对他们的收听习惯与特点，确定了《非洲特快》的节目模式：以自采为主，由专人负责采访、制作、主持，每期节目就一个话题、一个故事进行深入、详细报道，如有关郑和水手后裔学中医、加纳人想到中国去旅行、埃及商人在广州开办进出口公司以及中国医疗队坦桑尼亚救死扶伤等贴近普通人生活的故事。实践证明，这一方针符合非洲听众的需求，收到了良好效果，很多听众对节目中趣味性强、内容新颖、同时又表达了中国声音的报道表示了较多的认同。

　　例如，肯尼亚听众斯蒂·瓦切拉来信说："我每天收听你们通过肯尼亚广播公司播出的《从中国到非洲》节目。其中我最喜欢《非洲特快》、《中国源》，当然还有你们详实的国际新闻。你们节目中有关中国人口老龄化问题的内容十分感人，特别是那种为老人服务的手动按钮装置，只要按动按钮，就可让监护他们的人们知道他们有什么需求，体现了中国社会对老年人的关爱。"

　　肯尼亚听众依卜拉西姆来信说："我坚持收听中国国际广播电台的原因是因为你们关于在中国的非洲人的报道很吸引我。像你们《非洲特快》节目中有关一位喀麦隆小伙子的报道使我很感兴趣。他在北京读书并获得了学位，还找了一位中国姑娘结婚，真有意思。"

　　每天收听国际台节目的听众莫基尔收听了7月7日一期的《非洲特快》节目后，就其中报道的关于中国崛起方面的问题、关于电影《无极》在拍摄过程中破坏了自然环境和青藏铁路的开通等报道来信说："今天的《非洲特快》是这档节目有史以来最精辟的！这些话题都是令我们听众很感兴趣也很关注的话题，因为通过这些话题，能让听众了解中国的最新发展。通过这样的节目，能为非洲听众提供一个最真实的中国发展变化图景，更好地帮助中国文化和非洲文化相互交融。"他还认为，《非洲特快》节目的主持人"在相关问题上所做的研究相当深入。节目短小精练，但把中国和非洲拉得更近了"。

　　肯尼亚听众史蒂芬在电子邮件中说："我每天晚上19点至20点半准时收听贵台英语落地节目。我尤其喜欢《非洲特快》栏目，它讲述的每一个故事都很精彩，从节目中我体味到了中非人民之间的深厚友谊。"

　　《非洲特快》之所以在非洲听众中取得显著效果，原因在于：第一，节目短小，内容丰富，符合非洲听众收听广播节目的习惯。该节目周一到周五每天播出一期，每期5分钟，报道领域覆盖中非政治、经济、文化、教育、卫生、旅游、科技、体育等诸方面。第二，贴近非洲人的信息需求。该节目大量报道中非友好合作关系，在华非洲人的生活、学习和工作情况，非洲华人的创业故事，中非文化交流等等。第三，形式活泼，注重时效。节目采用主持人与国际台驻非洲哈拉雷、拉各斯和内罗毕的记者连线的方式，播出第一手的前方消息。第四，充分发挥广播特点。该节目大量运用采访时录制的现场音效，使听众感到如身临其境。第五，充分利用名人效应和平民效应，提高权威性与亲民性，吸引听众。该节目至今已邀请十几位非洲国家的驻华大使、几十个从事中非友好合作项目的中方与非方人员（其中包括中国非洲问题研究会、中国非洲人民友好协会、中非商会等民间机构的官员及学者），以及几十个非洲来华留学生、商人、文艺工作者等做嘉宾，取得了很好的效果。

三、创建本土化落地的节目模式——"芬兰模式"

1. "芬兰模式"的特点

长期以来，国际台不断探讨本台节目用目标国家语言而不是用英语播出的方式。芬兰项目可以说是一种大胆的、具有突破性的节目"本土化"落地的实验。2003 年 7 月，国际台开始向合作伙伴芬兰大众媒体公司提供英语节目素材，该公司聘用当地专业人员按本国听众需求和接受习惯，用芬兰语翻译、编辑、录制成广播节目，通过当地有影响的广播媒体播出。

英语节目的这一落地方式现被称为"芬兰模式"。它有以下几大特点：第一，节目隐去国际广播电台呼号，淡化官方色彩，减少了有关方面和听众由对中国的偏见所带来的防范、抵触、排斥和冲突；第二，由当地人制作主持节目，保证了节目在语言、形态和风格等方面与当地电台其他节目的一致性；第三，节目制作部设在当地，内容更容易具有贴近性、关联性和针对性，同时与听众的交流和互动更加直接和及时；第四，由于芬兰语节目的版权归属国际台，这一项目填补了国际台没有北欧国家语言广播的空白。

随着"芬兰模式"的成功和推广，国际台还于 2005 年 8 月 29 日成功推出了"本土化"瑞典语落地节目。

2. 联合实地采访产生多重效应

为做好"芬兰模式"的本土化落地节目，国际台英语中心与大众媒体公司首创了双方联合制作节目的方式，即双方每年都进行有针对性的联合实地采访，从而更加生动地介绍中国，使节目更加贴近芬兰听众，讲述他们关注或感兴趣的故事。这一方法产生了多重良好效应。

（1）内容丰富鲜活

近年来，双方记者分别走访了云南、安徽、河南、上海和北京等地。例如，2004 年夏，双方记者选择了 25 个听众关心的选题，在北京、宁夏和贵州采风，他们制作的"黄果树瀑布节"、"贺兰山摇滚乐节"、"少数民族村长"、"北海公园的业余歌唱爱好者"、"太极拳师傅"等节目，鲜活、真切，让芬兰听众一饱耳福。在整个采访及制作过程中，双方始终密切合作，从而有效地把国际台采制节目的经验及欧洲听众的收听习惯紧密结合在一起，取得了很好的效果，得到了听众的密切关注。不少听众给芬兰大众媒体公司发来电子邮件和留言，对联合制作的中国专题节目给予了积极评价。

2005 年，英语中心与大众媒体公司记者又先后进行了两次联合实地采访，取得了丰硕的成果，为提高国际台节目在芬兰"本土化"落地的实效性进一步提供了良好的基础。

在这些联合采访中，双方记者就多项芬兰听众感兴趣的有关中国的主题制作了大量新鲜内容，如中国的野生动物保护政策与状况、中医中药、中国电影和音乐、中国的民族服装和室内设计、普通中国老百姓方方面面的生活、少数民族的风俗习惯、宗教信仰和文化教育，以及当代城市青年人的生活和价值观等，使"本土化"落地节目真正满足了芬兰听众的需求。

例如，随着传统中医理论的不断推广，越来越多的芬兰听众对中医中药产生了浓厚的兴趣。他们惊奇于传统中医理论的博大精深，也惊奇于中医药在防病治病特别是延年益寿方面的效果显著。但是对于中医的理论基础是否具有科学依据，在制作中药的选材上是否用到了动物内脏，以及西药治标、中药治本的说法是否有依据等方面，芬兰听众乃至西方国家的许多听众还是有很多疑问。带着这样的问题，芬兰记者采访了同仁堂集团公司总经理梅群先生。他向记者解释了同仁堂制药的理论基础——几千年积累下来的一套完整的、具有科学依据的中医理论，为记者释疑解惑。这个节目后来得到了许多芬兰听众的积极评价。

（2）促进采访技巧的交流

在联合采访的过程中，双方有了很多机会交流采访技巧，使我方记者能够切身体会到我们与外国同行采访的差异，吸收其中有益于我经验。这些经验之一，是芬兰记者在采访时能够根据被采访人当时回答的情况不断地调整和完善问题，使主题一步步得到深化，尤其是对一些比较硬性的采访。像在采访中国野生动物保护协会的官员时，他们常加上一些幽默诙谐的问题来活跃气氛，如"如果您有机会做动物的话，会选择做哪种动物?"等。而且，他们不仅问一些基本问题和有关政策性问题，也关心被采访人自身从事工作的经历。例如，他们问从事野生动物保护的工作人员："您为什么会从事这个工作? 以前还从事过什么工作?"这样被采访人可以谈的事情就很多，话匣子一下就打开了，本来硬性的采访也就变得更容易进行了。

芬兰同行的好经验之二，是他们在准备问题的时候多方面考虑了听众群的需求。例如，在对同仁堂的采访中，他们问到中药中是否含有动物肝脏作原材料的问题，因为这是欧洲素食主义者非常关心的话题。有些问题从来没有被注意过，但却能引出一些有趣的回答，甚至启发被采访人。

芬兰同行的好经验之三，是他们每次采访之前，都要做足充分的准备工作，掌握大量的背景知识，同时以对人的关怀和对人的共同本性的理解为基点，进行积极的独立思考。他们所提的问题非常详细和具体，由浅入深，便于采访对象回答，尤其是那些平时不善言谈的普通人，也能有话可说，敢于表达自己。

（3）有利于芬兰记者加深对中国的了解，改变他们对中国的一些偏见，促进他们在本国媒体上公正、客观地介绍中国

同国际台英语中心进行联合采访的芬兰记者都是首次访问中国，他们在采访后，都有一个共同的感受，认为这种"本土化"制作节目的方式，使芬兰听众及他们本人不仅更多地了解了中国，而且很大程度上改变了对中国的固有偏见。

2005 年 3 月 7 日至 28 日，芬兰媒体公司的尤塔女士来华与英语中心记者联手在北京和上海两地共同进行了近 20 个实地采访活动。后来她来信讲述了对这次采访的感想，她在信中说："此次行程使我们改变了很多。这种改变是积极的。通过这次联合采访，我们不但了解了中国，还更多地了解了我们自己的文化。当我们遇见了这么多的人，经历了这么多不同的事后，我们不得不反思我们自己的价值观和固有的偏见。"她还表示，通过和英语中心记者联合采访，她对中国和中国的思维方式有了更多了解，她说："从这点来讲，在我们的合作中，也许我们学到的更多。"尤塔在来信中还反映了联合采访制作的节目的播出效果，她说："报道播出后，我们收到很多听众的反馈，比以前几次（联合采访节目）更详细。尤其是关于生活在北京的老年人们的故事，使很多人非常感动，并写了很长的来信。很多人写道：'现在我知道中国人和我们是一样的。'这表明此次采访是成功的。这些简短的故事将外国听众和中国人民联系得更紧密。"

3. 不断丰富"芬兰模式"的多元样式

节目"本土化"落地模式的成功受到中央、广电总局和国际台各级领导的充分肯定和鼓励，为贯彻领导指示精神，英语中心在落地办的协调与配合

下，与落地合作伙伴芬兰大众媒体公司合作，积极探索"本土化"落地节目联合报道的新方式，大大丰富了英语中心对欧洲以及"本土化"落地节目的报道内容。

2005年8月17日至20日，第13届欧华年会在芬兰坦佩雷市举行。在本届欧华年会开幕之前，国际台节目海外落地工作办公室、英语中心与芬兰大众媒体公司负责人召开了协调会，就如何改进"本土化"节目质量以及如何加强国际台对"本土化"节目内容的指导等问题进行了讨论、协商，决定由大众媒体公司派记者尤娜作为英语中心的特约记者，为英语中心的对欧洲节目及落地节目提供本届年会的新闻报道。会议召开前，英语中心又与尤娜提前进行了多次沟通和协商，最终确定了3个重点报道主题：开幕当天现场报道、大会讨论的重点议题，以及通过西方媒体记者的眼睛，反映海外华人的生存现状。在此基础上，英语中心还及时了解会议进展，同时根据所了解的情况和前方芬兰记者的描述，多次修改报道方案，并随时提醒前方芬兰记者注意跟踪会议活动进展情况，并就采访对象人选等提出建议。

英语中心对此次报道采用了主持人和记者对话的形式，并在双方对话的同时，前方记者把手机交到被采访人手中，接受我后方主持人的采访，从而使内容更加丰富，形式更加生动，加强了现场感和可听性。本次联合报道的内容涵盖了欧华年会的主要议题以及相关的中欧文化、经济和社会交流活动，使听众对欧洲华人华侨的生活情况有了充分了解。节目通过电话连线进行录制，录制完成以后，后方负责人员认真审听，以确保节目内容符合我国的对外宣传政策。

对欧华年会联合报道的成功表明，充分利用合作伙伴资源报道当地发生的重大新闻事件，可以成为丰富国际台落地节目内容的一个重要手段。由于国际台在北欧地区尚无记者站，因此这次欧华年会以特约记者的名义进行报道，是国际台充分利用合作伙伴资源、创新落地节目形式的有益尝试。

四、英语海外落地节目成效显著

英语节目海外落地不但拓展了国际台节目的传播范围，丰富了我国对外广播宣传的手段，而且还在很大程度上改变了对外广播宣传的传统思维，有效地改善了英语广播的收听质量，大大提升了英语广播的传播效果。在英语听众的来信中，收听国际台英语落地节目的听众数量稳步上升，发展势头十分喜人。

1. 声音清晰

　　大量来信、电子邮件和电话以及国际台海外监听网、监听员的监测数据表示，中波、调频落地节目弥补了短波收听质量不稳定的缺陷，提高了听众的收听兴趣和耐心。例如，来自英国的听众布赖恩·坎多来信时兴奋地表示，他在 SPECTRUM 电台收听到中国国际电台英语节目，"声音清晰、信号稳定，它无形中大大拉进了我和贵台的物理距离"。

2. 节目的贴近性与亲和力加强

　　由于英语节目在设置时考虑到受众群体的关注点，注意外宣"三贴近"原则，因此听众收听节目时有"国际台在对我说话"的感觉。如美国听众雷·斯托尔说："听你们的节目觉得十分亲切，就好像有人在提醒你说，嘿，你嘴上有颗饭粒儿一样。听到你们报道的中国的事情，我觉得十分吸引人。"他在信中说，"我特别喜欢加拿大 CHMB1320 中波台转播的中国国际台英语落地节目《听众园地》和《文化大观》"，尤其是"你们的节目中那些充满人情味的中国农村故事"。

3. 在西方发达国家主流社会中的影响加大，突出了中国的正面形象

　　英语节目是外国人了解中国的主要窗口，由于落地节目贴近了海外听众，不少过去对中国了解很少、受西方主流媒体片面宣传的听众开始改变原来的看法。美国听众彼得说："通过收听贵台的新闻，我发现真实的中国与我想象中的中国不同。我以前认为，中国的媒体保守，没有批评时政的能力。但现在，我改变了看法，我觉得中国的报道是客观的、透明的。"曾经做过 35 年新闻工作的美国人布里尔先生曾在 1988 年来过一次中国并对中国留下了深刻印象，一直希望出版一本介绍中国的画册，但是他真正决定将这一计划付诸实施是在收听英语中心制作的"实时中国"节目、并加深了对中国的了解以后。他和儿子来到中国，从辽宁到广东，他们走访了十几个城市和城镇，回美国后立即把在中国拍摄的资料制成一本画册和一部介绍中国的记录片在美国公共电视台播出。

　　加拿大听众埃里克·沃尔顿说，自从中国国际台英语节目在当地通过中

波落地后，"现在加拿大温哥华有越来越多的人改变了对中国的先入为主的负面看法"。

澳大利亚听众兰斯·穆费特关心时事，但对中国不甚了解，听了国际台英语落地节目后说："中国的实际情况和我原来想象的很不一样，中国国际台的节目使我对中国有了新的看法。"

4. 赢得了发展中国家人民的理解和友谊

国际台英语海外落地节目紧密配合我国外交政策和路线，及时向海外听众介绍中国政府对国际事务的立场和观点，赢得了广大发展中国家听众的理解，加深了与发展中国家人民的友谊。

负责播出国际台落地节目的肯尼亚广播公司主管约翰·奥索罗先生认为，中国国际台节目的政策导向好，新闻比较注重平衡，不像有些西方媒体对非洲的宣传几乎全部是天灾、人祸、战乱。他说，肯政界和商界的不少上层人士听了国际台落地节目后改变了以前因受西方教育而形成的偏见，认为中国的声音代表了广大发展中国家的立场和利益，中国的经济发展经验值得在非洲国家推广。

肯尼亚听众马酋基莫格雷在收听国际台内罗毕 CRI91.9FM 调频台的节目后来信说："你们的节目中有大量来自中国大陆的新闻，两小时的《轻松新闻杂志》包含体育新闻、经济新闻、科技新闻、今日话题、中国音乐、报摘以及国际社会对中国的了解，这些节目都做得非常精彩。CRI91.9FM 调频台将成为肯中两国友好的桥梁，为我们方便地接收来自中国的信息开辟了重要渠道，为肯尼亚人了解中国构建了一个新的平台。"

五、扎实推进国际台英语节目海外落地事业

尽管国际台英语节目海外落地事业发展很快，并且取得了可喜的成绩，但与外国主要国际广播电台相比，差距依然较大。

应该看到，推动广播节目在海外落地是一项十分具有挑战性的工作，尤其是英语广播的重点对象多是欧美发达国家，它们目前依然对中国的广播节目进行严格限制，叩开他们的大门依然非常困难，像整频率购买这种落地方式还只适用于在对中国友好的发展中国家。因此，解放思想，大胆创新，不断创新落地手段和模式，加强国际台对外广播节目在欧美发达国家落地是十

分必要的。

1. 合理布局

从目前国际台英语节目在欧美国家落地的情况来看，合作电台的布局基本合理，对听众人口的覆盖和影响力似乎比短波节目更大一些。今后，国际台英语节目在欧美国家落地的布局可以更多地向重点城市倾斜，并在这些地区适当增加节目播出时间，或者在重点地区购买多个频率，以扩大国际台节目的影响。

2. 进一步贴近合作台的节目风格

目前国际台在欧美的英语落地节目时间基本以 1 小时为单位，而合作电台有的是 24 小时全天候广播，有的是 12 小时广播，而且性质各异，风格也迥然不同，再加上时段等因素，客观上使得国际台的英语落地节目显得比较"另类"，在风格上与合作台其他节目差异很大，与当地听众的距离感较大。因此，进一步在改进落地节目的内容、形式与编排上下功夫，加强节目的贴近性，是做好落地工作，增强实效的关键。

3. 尝试在落地国家当地制作节目

实践表明，在国内制作落地节目存在相当的局限性。首先，国际台英语落地节目的合作台基本上是各地方台，欧美地方电台的一个主要风格就是互动（CALL - IN），与听众高度贴近；其次，在国内制作落地节目难以丰富节目的表现形态和题材；第三，节目针对性难以保证，目前的我们英语落地的节目基本上是"以不变应万变"，以一套节目来面对美国不同地区，而且差异很大的听众。因此，大胆尝试和探索在国外建立多个节目制作室，是一个努力的方向。

4. 加强对落地合作伙伴的监督

随着国际台在欧美国家落地节目的增多，加强对合作伙伴的监督已逐渐成为落地工作中的一个重要环节。特别是在国外建成节目制作室后，对合作伙伴的监管应该是制作室的重要任务之一，应要求合作台定期向国际台提供听众反馈，播出报告表，或收听率等各种数据。

随着卫星、网络等各种新型传播手段的应用，国际广播受众在信息的获取方面已经呈现出了选择性、自主性和互动性。节目海外落地已经成为国际广播事业发展的必然趋势和需要。国际台英语节目海外落地将伴随全台的节目海外落地工作的大步推进，不断探索，在扩大覆盖和提高实效两方面踏上新的台阶。

简　评

　　这篇论文对二十多年来我台英语广播落地节目的发展速度、规模、模式及其效果进行了较系统的总结，探索了落地地区布局、节目设计编排以及听众特点等问题。

　　论文具有以下几个特点：

　　1. 文章将英语广播落地节目发展划分为三个阶段，并对每个阶段的发展脉络作了比较详细的叙述，同时通过图表的形式对落地地区，模式和节目制作量等重要指标进行了深入分析，从而达到较全面反映英语广播海外落地的历史和现状，对做好全台各语言部的落地节目有一定的参考价值。

　　2. 论文中的案例分析，特别是关于在美国落地节目的反馈案例分析，以及解决问题的具体建议，对今后如何针对西方国家听众制作落地节目具有很大的启发意义。

　　3. 文章叙述总结多，如何从理论上去探索发展落地节目应有的新的模式还有欠缺。

　　这篇论文被评为 2006 年度中国国际广播新闻奖优秀论文二等奖。

国际台做好入岛宣传的一点思考

范韩生

　　2005 年 3 月，中国国家主席胡锦涛以邓小平同志"和平统一、一国两制"的基本方针和江泽民同志"就现阶段发展两岸关系、推进祖国和平统一进程的八项主张"为基础，提出了中国新一代领导人解决台湾问题的新的政策措施。然而，台湾当局不顾台湾人民利益，顽固推行"台湾正名"、"去中国化"、"文化台独"，特别是"台独"分裂势力企图通过"宪政改造"进行的"台湾法理独立"的活动，严重影响着台湾的政治、文化、教育、历史等领域和台湾部分民众的思想，使台海局势和两岸关系形势非常复杂严峻。在这复杂的背景下，中央给国际台的宣传赋予一项新的任务：增加对台湾地区的广播，争取节目"入岛、入户、入心"。而在中央人民广播电台及部分地方电台已经进行对台广播半个世纪后的今天，国际台的节目怎样做到"入岛"、"入心"，这里做一思考性的探讨。

一、祖国内地对台广播半个世纪概况

　　祖国内地对台湾广播始于 1949 年 8 月 20 日。当时设在上海的华东人民广播电台（有资料称是"上海人民广播电台"）开办了对台广播，使用 5985 千赫，用普通话和台湾话（也有称闽南话）对台湾广播，每天播音半小时到一个半小时，广播面向台湾各阶层市民、从内地去台人员和国民党上层人士。1954 年 8 月 14 日该台停播。也就是这一天，北京正式成立了中央人民广播电台台播部。次日，中央人民广播电台对台广播正式播音，使用语言为普通话。1982 年 10 月 1 日中央电台又增设了一套闽南话、客家话节目。从对台湾广播机构成立之初的情况看，当时的对台湾广播，目的很明确，就是"通过电波向台湾人民介绍新中国，让他们了解社会主义，和他们探讨台湾的出路"。而更明确的政治目的，其实更在于适应当年反美反蒋、解放台湾的基本国策。应当说，最初的对台湾广播，实际上是准战争状态下的对敌广播。

　　1958 年 8 月 24 日，中国人民解放军福建前线广播电台开始播音，1984 年元旦更名为海峡之声广播电台。此外，1950 年 8 月福建电台、1982 年 2 月江苏电台、1986 年 10 月厦门电台、1988 年 10 月福州电台、1991 年 11 月华艺广播公司也先后开办了对台广播。其中 1988 年元旦上海电台成立浦江之声广播电台。用短波三个频率对台湾广播，每天播出六小时。

近年来，国际台的闽南话、客家话节目也增加了对台广播的内容，特别是通过美国镜像站（www. wcetv. com），广播覆盖台湾本岛及离岛地区。至此，内地先后开办对台湾广播的电台达 9 家，广播内容也从最初的呼吁台湾人民反抗美蒋集团、策反国民党官兵等转变为呼吁尽快实现"三通"和宣传"一国两制"政策。特别是以 1979 年发表《告台湾同胞书》为标志，中共中央的对台方针政策发生了重大改变，以往以"解放台湾"为主旨的对台政策被"和平统一"的基本国策所取代。上世纪八十年代，邓小平同志提出"和平统一"的设想，即"一国两制"，20 多年来对台政策的转变，使对台宣传路线方针发生根本改变，也使台湾同胞更乐于收听祖国大陆的广播，从广播中了解大陆对台政策、投资政策及其他方面的变化。

至于目前台湾地区拥有多少收听祖国内地广播的听众，我们无从考证。但据中国台湾网援引香港《文汇报》的报道说："2004 年 10 月 6 日，台'新闻局长'林佳龙说，目前台湾已有 30 万人口在收听内地广播，并警告岛内居民要认清大陆对台统战'入岛、入户、入心'的策略。"由此我们大致可以推断，目前，收听祖国内地广播的人数绝对在 30 万以上，占台湾总人口的七分之一强。祖国内地广播在台湾的影响已经引起台湾当局的警惕，据报道，台联党"立委"罗志明在"立法院"质询时则表示，"大陆方面以对台湾电台购买时段的方式来宣传两岸和平统一心声，显示台湾的电台已经'沦陷'了"。台"新闻局"广电处处长吴水木则表示，大陆地区的节目入台播出，必须事先经由"新闻局"许可，或是提出企划案取得"新闻局"的同意，绝对不能在节目中矮化台湾，或是宣传"一中原则"与"一国两制理念"。

据在祖国内地的台商介绍，他们了解内地对台政策、投资政策的渠道，刚开始也是收听内地广播，现在逐渐转化为收看内地电视、订阅内地报纸和上内地有关网站，收听内地广播已经不是排在第一位了。

二、目前岛内广播业基本情况

据台湾广播业者的统计资料，在 3.6 万平方公里的台湾岛上，目前有 200

多家广播电台，这些电台除了当时国民党政府去台后扶持的"官方电台"外，大多数是近二十年出现的民营电台。据统计，在过去 10 年中，台湾民众对广播的"接触率"一般都在 30% 上下，也就是说，2000 多万台湾民众中，大约 600 万人或多或少都收听过或还在收听台湾各种电台的广播，而对民营电台的接受程度略胜"官方"电台。

分类如下：

以方言为主要广播语言的：宝岛客家广播电台、新客家广播电台、乡音广播电台等；

以专业人士为服务对象的：警察广播电台、空军广播电台、渔业广播电台、教育广播电台、台北健康广播电台、女性生活广播公司等；

以娱乐为主题的：花莲调频广播电台、台北爱乐广播公司等；

以民营自称的：如人人广播电台、天南广播公司、天声广播公司、民本广播公司、民立广播公司、古都广播公司等等。

从影响力来看，较大的广播电台有 10 多个，其中北部较集中，有中国广播公司、台北之音、飞碟联播网、台湾全民广播（NEWS98）以及东森联播网等；在中区有大千电台、城市广播与好家庭古典音乐台；南区有好事联播网与大众联播网。而这些电台中最让我们熟悉的是前国民党的"中央广播电台"和现在的"中国广播公司"。

"中国广播公司"，简称"中广公司"或"中广"，1924 年 6 月在南京成立。当时的名称为"中国国民党中央执行委员会广播电台"，隶属于国民党中央宣传部，同年 8 月 1 日正式开播。1949 年 11 月迁至台湾。"中央广播电台"是国民党中央所属的对内地广播的电台，其前身是 1928 年 8 月 1 日在南京开播的"中央台"。到 1972 年，"中央广播电台"总发射功率高达 10050 千瓦，是岛内其他公、民营电台功率总和的 2.69 倍，电波有效覆盖全球各大洲。节目共有 30 余种，播音除用普通话之外，还以广东话、闽南话、客家话、上海话四种方言以及蒙古语、西藏语、维吾尔语三种少数民族语言分别播出。全天 24 小时播音。1986 年合并原"国防部"的"中央广播电台"及原"中国广播公司海外部"改制，对外呼号是"台北国际之声"及"亚洲之声"，并负责对内地的广播。2002 年 1 月 1 日起统一以"台北国际之声"的台呼，通过 18 种语言向全球各大洲播音（包括普通话、5 种方言、12 种外语）。1998 年后，该电台相继与美国家庭电台、美国之音、加拿大国际广播电台、俄罗斯国家电台、法国国家电台、英国广播公司等欧美国家的电台签署了合作协议书，进行节目、人员交流，并加入了 NAB、AIB、IMH 等国际广播组织。另外，该电台还建立了完善的网络广播收听机制，并发行了新闻电子报。

台湾广播业面临激烈的竞争局面。打开台湾的任何一家电台、电视或上台湾任何一家网站，常常可以看到，各媒体都在为一条相同内容的新闻抢头条、争独家，以吸引更多的观众。在 TVBS 电视台的大楼门前，经常会停有五、六辆小型卫星转播车，24 小时记者值班，一有线索马上跑现场，广播电台也是如此。

为应付台湾经济持续不景气，广告市场萎缩、网络广播争夺电台听众的局面，台湾广播业采取联播、联营与策略联盟的运营措施，维护广播电台的生存。联盟电台之间以协议的形式，形成经营联合、节目共享，降低成本，共生共荣。目前，比较成功的联播、联营与策略联盟网大致有六个，他们是：飞蝶联播网、台北之音联播网、大众 KISS 联播网、港都联播网、快乐广播事业机构和 TOUCH 广播网等。其中"飞蝶联播网"开办之初，就以"中广公司"为目标，确立了有龙头，有配角的"一搭七"计划，和台中真善美、苗栗中港溪、云嘉民生展望、宜兰北宜、花莲太鲁阁以及台东、澎湖地区共七家新的小功率电台，作部分节目的联播，走出本岛电台的限制。"台北之音音乐联播网"、台北之音电台与女性生活广播电台、高屏广播电台，以业务结合方式形成联网，而联播的节目以谈话性内容为主。

三、对台宣传的新要求

两岸关系发生根本变化的今天，对台宣传的基本要求应该是：风格"本土化"，内容"市民化"，播出"落地化"。"入岛"节目应贯彻"寄希望于台湾人民"基本方针，突出节目内容的新颖，加大亲情联络的范围，适应现代广播体系的建设，大力发展网络广播。

这里我们对两岸关系做一个简单的评估：随着内地通过《反分裂国家法》、胡锦涛提出"四不"政策和国民党、亲民党、新党主席先后来访，海峡两岸紧张形势略有缓和，但台独势力企图通过"宪政改造"进行的"台湾法理独立"的活动并没停止，慢性"台独"的趋势没有改变。所以，反"台独"、争民心、促统一还将是今后一个时期的艰巨任务。笔者认为，为配合中央的统一部署，国际台对台宣传应做以下四个突破：

（1）宣传理念突破以"统派"为主要工作对象的思维定势，改以"本省籍"同胞作为听众基础，重点做"新生代"的工作。

对台广播节目的受众群在哪里？答案应该是"本省籍"同胞。据资料显示，台湾"本省籍"同胞占台湾总人口的 88%，构成了台湾社会的主体和基础；台湾省籍人士掌握台湾党政军大权和主导台湾社会主流的局面已经成为现实。而在台湾当局"领导架构"或政党中，过去的由国民党去台人员为中坚的"统派"年事已高或已作古；去台人员从内地带去或在台出生的子女，后掌握大权的"少壮派"也步入暮年；去台人员的第三代，或台湾本省年轻一代，即台湾统称的"新生代"，正在政治舞台大展拳脚。尤其是经过国民党50 年来的反共教育和民进党十多年的"去中国化"教育，台湾政治势力分化严重，"统派"势力大大削弱，民众在"统派"回天无力的情况下，动摇心态不断滋生。特别是台湾青少年，他们是在与内地隔绝的年代出生，接受的是"去中国化"的教育，对内地的正面了解知之甚少。据调查，在台湾的青少年中，有超过 85% 的人从未到过祖国内地，有 65% 的人表示对大陆的社会与经济发展不了解。大力培养台湾青少年对中华民族和祖国的认同感，是我广播工作者的主要工作，也是中央赋予国际台对台广播新任务的目的。所以，对台广播的对象应从过去的定势中迅速转变。当前，中央一再重申"和平统一、一国两制"的方针，"寄希望于台湾同胞"的精神不变，要求加强对台湾人民的工作，现在指的台湾人民应是以"新生代"为主体的广大台湾同胞。

2005 年 7 月 11 日，民革中央组织的"台湾高校杰出青年参访团"一行50 人开始对祖国内地进行访问。成功大学的吕同学在临别时送给工作人员的祝福卡片上写道，"感谢民革中央的热情接待，使我们感到就像父母在身边一样"。参访团有的同学平时不爱说话，临别时悄悄留下纸条表示：台湾与内地原来可以如此亲近。有的回到学校后通过电子邮件给民革中央联络部发来一封感情真挚的信："因为爱这块土地，我们选择了来此学习，因为心灵深层的历史纠葛，藉由学习，寻找失落的根。"从上述例子可以推断，国际台对台广播的切入点，应明确定位在"新生代"上。

（2）播出语言突破传统的"普通话、闽南话全天候"覆盖的模式，应以受众群的不同语言习惯，针对不同地区，不同语言，分区覆盖，也就是"一语为主，兼盖别样"。

过去一说"对台宣传"，脱口而出的是普通话、闽南话广播，而忽略了台湾民众组成成分复杂、语言多样化这个特征。据台湾的人口调查资料显示，台湾居民的分布特点主要表现为：北部以内地移民为主，中、南部以本土民族即原住民、少数民族及内地闽南、客家先人的后代为主。从人口族群来看，闽南人为台湾第一大族群，客家人为台湾第二大族群。从语言人口看，台湾 2000 多万人口中，闽南方言系人口约占 57%，客家方言系约占 27%，其余才是闽东方言、潮汕方言、珠三角区方言、吴越方言及其他语言。由于国民党去台后进行长时间的普通话普及工作，台湾民众除讲方言外，普通话比较普及。由此可以认为，国际台对台广播，应突破一种语言全天候覆盖的模式，按不同语言分区覆盖。即在国际台现有语言的基础上，以普通话、闽南话覆盖全岛，增加客家话覆盖台湾本土民族和内地移民杂居的中、南部地区。

长期以来，以普通话、闽南话作为对台广播的语言介质的宣传模式，谈论得较多，这里不加论述，我们现在以客家话为例，论证其作为对台广播语言介质的优势。目前，华语中心客家话通过美国镜像（www. wcetv. com）已经开播了对台湾地区的在线广播节目，主要对象是内地去台人员中的客家人和台湾省籍的客家人。在台湾的客家人，和港澳地区一样，与其他语系人混杂居住，没有纯客家的县市，但有全家人居住的村落。据台《自立早报》刊载的资料，1990 年统计，在台客家人近 500 万。台湾客家人主要聚居于苗栗、新竹、桃园、花莲、彰化、高雄、屏东、台中、台东、台北、南投、嘉义、云林等 13 个县市。有资料称，苗栗县的客家人占总人口的比例最大，达到 68%；新竹次之，占 65%；桃园又次之，占 48%；花莲居第四，占 40% 以上。早年的客家人，从广东去的居多，闽西次之，江西又次之。但由于广东的客家人，好多是从闽西迁出去的，因此许多客家人可以在闽西，或者说在当年的汀州府辖地，找到他们的祖根。台湾的客家族群，是一支有巨大影响的社会力量。台湾的客属社团，数量多、形式多，有地缘性的同乡会、有血缘性的宗亲会，还有行业性、专业性组织。还有《客家》杂志社、《中原周刊社》、中原卫视、宝岛客家电台、台湾客家山歌团、台北扬声乐仙客音团等宣传文化团体；而且不少台湾头面人物乐于担任客属社团的名誉职务，如原任国民党主席的李登辉，现任副主席吴伯雄都曾担任客属社团的名誉职务。所以，国际台增加客家话作为对台广播语言介质的优势比较明显。

在台湾，以客家话为语言的广播电台如宝岛客家广播电台、新客家广播电台等是一支不可忽视的力量，特别是在台湾广播业竞争激烈的今天，这就为国际台的客家话对台广播与台湾本土客家话电台的对接创造了有利条件，使国际台节目直接在台湾落地，也为国际台节目与台湾地区客属专业电台联动，内地信息源与台湾地区客属专业电台实现共享创造了便利的条件。

（3）广播风格要突破"以情动人"、"以情感人"的煽情模式，尝试"以内容吸引人"、"以容量留住人"的"新广播"模式。

对台广播的播音风格经历了解放初的"斗争"模式，"文革"时期的"高调"模式，八九十年代的"徐曼模式"，总结起来看，对台广播已经从敌对状态的"硬"过渡到改革开放后的"软"，特别是上世纪八九十年代后更强调"以情动人"、"以情感人"，为感召国民党去台人员起到很好的效果。但是，自从台湾开放去台人员回内地探亲，台湾制造业出岛转向大陆，台湾学生赴内地求学，国民党、亲民党、新党主席先后来访后，求和平、共发展的呼声越来越大，台湾民众想从大陆广播中获得有价值的"信息"越来越成为台湾听众的共识。那么，现在再用"以情动人"、"以情感人"去感召台湾民众，已明显不适，代替的应该是满足他们的"具体需求"，特别是祖国大陆经济信息。所以，在内容、节目组成和播音风格上应作出调整。

香港凤凰卫视杨锦麟先生于 2003 年前创立的名牌栏目"有报天天读"，在台湾岛内影响甚大。其关键的地方，就是他抓住了台湾民众急于想获得内地信息，而又不喜欢内地媒体煽情过多的心理，以讲新闻的形式向听众、观众介绍"今天的信息"，播讲平实、容量大，节目除在台湾岛内，也在全球华人圈一炮打响，这种模式，有人将它称为"新的广播模式"。国际台华语广播对象原来就已兼顾港澳台地区，而真正做对台节目开始时间并不长，还没有固定的模式，在没有固定模式的"白纸"上，好设"又新又美"的模式。这个"又新又美"的模式，简单地说，就是"以信息为主要内容，以播讲为主要形式，以平实为主要特点的多语种、大容量广播"。

（4）播出要突破只有电波载体而无其他手段的旧模式，大胆运用互联网传播新技术，达到电波、讯息全面入岛，内容渐渐入脑。

自上世纪八十年代末以来，台湾政治形态发生了深刻变化。"民主"运动终结了国民党的统治，台湾当局被迫放弃戒严体制，党禁、报禁随之解除。于是，岛内媒体迅速发展，手段日益现代化。岛内媒体对内地和两岸关系信息的报道日益增多，且宣传方式也有很大转变。岛内社会的变化，使对台广播不再成为台湾民众了解大陆和两岸关系信息的主要渠道，特别是互联网技术的出现，媒体办网站成为趋势，目前，已经发展到手机广播。在这种情况下，对国际台这样的现代媒体来说，除了紧跟形势，利用最新的技术手段，发展在线广播，别无选择。

2005 年初，中央人民广播电台组团与台湾中广公司就海峡两岸广播业交流与合作交换了意见。中国广播公司副经理李建荣说："在台湾，网络成了人们获取新闻的重要途径，很多入口网站本身没有新闻，就向中广等一些大媒体获取新闻来源，全天候地向社会提供信息。因此，中广公司的中广新闻网已经成了网站重要的新闻提供者"。现在，中广公司已经开通了手机新闻，听众通过手机就已经能够轻松听到他们的广播。

国际台华语在线广播，能提供音频、视频和文字信息，华语闽南话、客家话通过美国镜像（www.wcetv.com）进行的在线广播不但深受台湾地区闽南籍和客家乡亲的欢迎，也受到海外其他地区闽南籍、客家乡亲的欢迎。虽然华语在线广播依附于传统广播媒体，节目源来自于传统媒体，但部分节目由华语中心采编人员综合，在一定程度上构建了自身的报道体系，较好地发挥了网络媒体的优势。目前，传统广播节目，特别是城市调频电台因为手机短信和电子邮件的介入而显得很有互动色彩，网络广播也开始尝试我播你听，你提我做，你我互动的格局。但大部分网络广播还是传统广播的翻版，网络上提供的音频没有起到音频真正的作用。所以，我们要在有管理的前提下，引进并改造"博客"形式，发展网络电台，真正让在线广播成为国际台与台湾听众互动的网络电台，让祖国内地的声音通过海峡两岸互动，传达到台湾同胞的耳朵里，工作做到台湾同胞的心坎上。

简　评

2005 年初，国家主席胡锦涛以小平同志确定的"和平统一，一国两制"和江泽民同志的"江八点"为基础，提出了解决台湾问题的新的政策措施。在当前海峡两岸错综复杂的形势下，反"台独"、争民心、促统一还将是今后一个时期的艰巨任务。国际台的节目如何按照中央的政策做到"入岛，入户，入心"是一个值得思考的问题。本文作者学习并研究了有关文件后，撰写了这篇论文，提出了自己的观点和建议。

论文具有以下几个特点：

1. 文章对半个世纪来祖国内地对台广播和当前台湾岛内广播业的状况作

了较为深入全面的调查研究，在此基础上提出了现阶段对台宣传应该是风格"本土化"，内容"市民化"，播出"落地化"，及"入岛"节目应贯彻"寄希望于台湾人民"的基本原则，强调大力发展网络广播，对我国际台对台广播起到了很好的指导作用。

2. 文章线条清晰、叙述流畅、涵盖面广。

这篇论文被评为2006年度中国国际广播新闻奖优秀论文二等奖。

优秀
合作节目

一等奖

一位音乐教授和他的民工合唱团

（2006 年 7 月 21 日播出）

浙江省广电集团海外中心　应玮琳　王凌

主持人：两个月前，一位杭州的音乐教授开始招收民工合唱团员，半个月后，那些喜欢唱歌的外来务工者已经能唱三声部的合唱了。这件事情引起了很多人的好奇：为什么要成立这样的合唱团？这些只是到城市来打工挣钱的外来务工人群，他们在合唱中寻找什么？

让我们跟随记者晓华去认识这位特别的音乐教授。

（音响：现场练习音乐出，压混）

记者：每个周末的早上八点到十点，在杭州西湖边的张铭音乐图书馆内，总是会传出这样的合唱练习声音。这个免费的合唱团，人数不到三十人；而其特别之处就在于合唱团的成员都是外地来的农民工。

（音响：排练音乐出，压混）

记者：排练间余，这个民工合唱团的组织者张铭向我介绍了他的音乐图书馆。

（音响：张铭声音出，数秒后记者声音混入）

张铭早年毕业于中央音乐学院，现在是浙江艺术学院讲授西洋音乐史的副教授。在这个馆内他收藏有将近 5000 张 CD 唱片，以古典音乐为主，涉及爵士乐、电影配乐和流行音乐，还陈列了许多有关于音乐的图书，馆内的每个座位上配备了高保真耳机用于音乐欣赏。

（音响：排练音乐出，压混）

如果从合唱的音准来讲，内行的人一听就知道是业余；如果走近去看，你会发现团员手里拿的都是简谱。但他们认真地听指挥的教导，认真地唱，因为这样的周末对他们来讲，是一种奢侈的新生活。那一个天地带来的快乐，是他们到这个城市来之前完全没有预料到的。

（音响：《月之故乡》音乐出，出现场唱歌声，压混）

记者：这是 33 岁的王晓东正在学的合唱曲，他说自己喜欢这首歌是因为在歌里，那些思念故乡的歌词总是让他感怀。

王晓东是河南人，曾经当过兵，退伍后到过义乌、郑州打工和学习，1999 年到杭州，至今已有 8 年。他说自己是非常偶然地看到报纸上免费招收民工合唱团的消息，然后就去报了名。他说喜欢唱歌是从军人开始的，因为通常在部队里，集合开会前，在食堂开饭前，大家总是坐在一起唱歌，后来自己在一家公司跑业务，每天在早会的时候也要唱歌，以激励自己的斗志。大半个月的合唱练习，成了他新的生活内容。

（音响：王晓东中文录音出，数秒后减弱，混英语）

"我觉得我非常喜欢唱歌，我觉得这里有个免费学唱歌的就过来了。现在只是在排练一些歌曲，乐理这块还没有详细去教，现在我们只是感受一些快乐吧。唱不出来，现在完全靠教，跟着他们慢慢学，跟着简谱都能唱，不会唱谱，一个陌生的谱给你唱，唱不下来。"

记者：他希望有一天自己所在的合唱团，可以为杭州的外来务工者演出，通过他们的歌声，把自己的快乐传递给他们，如果能做这样的贡献就挺值得的。现在每个周末的上午，他就衣着整齐地准时来到音乐图书馆排练。

（音响：排练音乐出，压混）

记者：在这个合唱团里，30 岁的和善平的情形跟王晓东是完全不同，这个个子不高，只有初中学历的安徽人，杭州是他从小到大离家最远的一个城市，坐火车到杭州要十个小时，留在这个城市两个多月，就是因为这个免费的合唱团。

（音响：和善平中文录音1出，数秒后减弱，混英语）

"我原来在家就喜欢唱歌。我过来是办事情的，在报纸上无意中发现这上面招民工合唱团我就过来了，后来我发现这里挺好的，我就决定留下来了。我现在一直在做短工，因为工作比较难找，单位一般没有双休日。最多只有一个单休日，不给请假，我留下主要是想学习的，我想要是没有时间过来，这方面的工作我就不想做了，我只有做钟点工，很难找。"

记者：性格腼腆的他，留在杭州的这两个月尽管一直收入不定，但他说自己内心很快乐。

（音响：和善平中文录音2出，数秒后减弱，混英语）

"现在我进来了，学会了对一首歌的理解和唱歌的方式和技巧、发声和呼吸，这方面我增加了不少的知识，所以我认为这是个学习的非常好的场所。（我）从小也喜欢唱歌。我非常感谢音乐书屋的主人和我们的季老师，给我们打工者创造了一个学习的平台，因为学习绝对是可以改变命运的吧，你应该相信。"

（音响：教唱现场音出，压混）

记者：对于周末这两个小时的授课，21岁的现场指挥季博士，只有十几元的报酬。这个艺术教育专业毕业，主修合唱指挥与钢琴的小季，大学毕业曾经也做了半年生意，但他说自己离开音乐很不开心，回到杭州后就进了张铭音乐图书馆。他对自己正在做的工作有很深的感情。

（音响：季博士中文录音出，数秒后减弱，混英语）

"我只希望他们能从我这儿得到乐趣，从音乐感受到世界的美。这就是我要做的事情，我觉得我做的工作是个比较神圣的工作，因为每个进来的客人他跟你是有缘的，当他从你的音乐里得到快乐的时候，这份高兴是你给予的。我觉得这批人学习能力很强，超过我的想象。有一些貌不惊人的团员，很有才气。"

（音响：《五香花生歌》清唱音出）

记者：孙传温就是季老师讲有才气的其中一个团员，他正在唱的就是他自己编曲填词的《五香花生歌》。从他住的地方到他练唱的地方，要坐一个小时的公交车，周末练习的两天，他必须比平时早起两个小时，四点多起来，先把要卖的盐水花生煮好，等中午回家后再去汽车站卖花生。孙传温说自己开始喜欢上唱歌，是从编念顺口溜开始，只有两三年时间，后来他就开始为自己的五香花生编曲，至今已经写了三十首了。

"我今年快要40了。（笑）我老家是温州泰顺的，我到杭州是来做小生意的，卖五香花生的。虽然钱不多，但够吃够用是有的。所以我想到这里，趁这个机会免费给我们讲课的，想学一点基础的东西。一个人假如有梦想就有可能实现，所以有梦想比没梦想好。我的梦想呢，我的五香花生人家觉得醇香，而我的歌声能让人们感受到人生的滋味。"

（音响：现场排练声出，压混）

记者：张铭说，他对外来民工自有情结，因为他的曾祖父1848年到杭州就是一个背米的小工，就是今天的外来务工者。

（音响：张铭录音出，数秒后减弱，混英语）

"我的曾祖父就是农民工，我就有为农民做点什么事情的感情基础。我的曾祖父在晚清的腐朽中都可以灿烂一把，今天这样的社会背景为什么不给我们的外来务工者一个灿烂的机会？这理由太充分了。我总觉得农民工中是有人才的，因为喜欢音乐是人的本能。那个农家孩子弄个笛子在那儿吹，那就是牧童短笛啊；那个农家的媳妇在河边洗着郎君的脏衣服，晚上的小河边的月光下，她就唱出小河淌水，多美！那些曲子难道是我们音乐家创造的吗？本来就是我们劳动人民自己创造的。我愿意跟他们一起分享音乐。"

简　评

一个优秀的社会生活类报道不但要故事性强，而且要别具一格。本篇报道把"教授"和"民工"这两个不同知识层次的社会群体联系在一起，立意突出，能激发起听众的好奇心。

　　节目讲述了一位杭州音乐教授组建民工合唱团的故事，从而反映了外来务工人员对文化生活的渴望与追求以及他们正在被城市所包容和尊重的趋势。可以说，一个民工合唱团其实奏响的是和谐社会的音符。

　　节目采用讲故事的方式，注意细节描述，比如，合唱团成员排练时手里拿的是"简谱"，而不是五线谱。此外，报道充分利用采集到的音响，以期刻画鲜明的人物形象，其中选用的音乐、合唱以及个人清唱等多种声音来传达丰富的意境，突出了广播特点。

一位少年感动了一座城市

（2006 年 7 月 31 日播出）

大连台　田晟　王楠　石磊

听众朋友们好！这里是中国国际广播电台华语台，又到了《中国之窗》的时间了，今天我们为大家安排的节目内容是，大连广播电台制作的录音通讯：一位少年感动了一座城市。

（出小提琴演奏混播）

2005 年夏天，大连有一位 12 岁的少年为给重病的同学募捐，拿起小提琴上街义演，一颗纯朴的爱心震撼了一座城市，在他的感召下人们纷纷伸出援助之手，挽救了一位身患绝症的男孩生命。这位少年名叫宋徽中，当年他被市民评为"感动大连的十大新闻人物"。在颁奖晚会上，大连市长含着热泪为他签名颁奖。

（校园音响，混）

宋徽中是大连市沙河口区兴文小学的六年级学生，他长着一张圆嘟嘟的胖脸，戴着一副小眼镜，说起话来憨态可掬。

（出宋徽中讲话，混）

"我觉得这是分内的事情，一个（原因）是迟云龙是我的同学，另一个原因是我是大连市的义工。这是我应该做的，没有自己是英雄之类的感觉。"

宋徽中从六岁开始就迷恋上小提琴，每天都要花费五六个小时练琴，几年下来他的琴艺在同龄孩子当中达到了出类拔萃的程度，他曾获得了辽宁省和全国"蒲公英杯"小提琴选拔赛少年组金奖。宋徽中的父母在发掘孩子艺术特长的同时，还注重培养他的道德品质，如对弱者的同情心和社会责任感。在宋徽中九岁的时候，他的父亲带着他当了大连慈善总会的一名义工，经常为残疾人进行义演。

2005年6月，宋徽中的同班同学迟云龙被确诊为再生障碍性贫血，生命危在旦夕。这个同学家境非常贫困，父母离异，他和母亲生活在一起。面对数十万元的医疗费，母亲只得含泪选择了放弃治疗。学校号召全体师生捐款，宋徽中的家里也并不富裕，他捐了5元钱。

（出宋徽中讲话，混）

"等班上同学捐款的数目和我的一比，我感到非常地过意不去。我就和爸爸说，今天学校捐款，我捐得比较少。我爸爸拿出一张报纸给我看，上面报道的是广州一个小女孩为了给她生病的妈妈筹款，到街上拉琴。我爸爸说：其实你也可以为迟云龙拉琴。我说：行，可以！"

（出宋徽中拉琴音响，混）

2005年9月10日，宋徽中的父母准备了一块白布，在上面用大字写了一封求助信，还贴了一张宋徽中全班同学的合影照片。一家人来到大连最繁华的新华书店门前，面对围观人群的疑惑目光，从未经历过这种场面的宋徽中有些犹豫起来，但是当他看到父亲鼓励的眼神时，他勇敢地拿起了小提琴。妈妈看到儿子怯生生地拉响了琴，躲在一旁，捂着脸哭了。宋徽中演奏完几首悠扬的乐曲之后，不动声色的人群中开始涌动起来，两位妇女流着眼泪走了过来，把钱放进了纸箱里。人们被感动了，捐款的人多了起来，渐渐地竟排起了长队……

宋徽中第一次拉琴募捐，得到善款近1200元人民币。第二次义演只进行了1个小时，得到捐资600元。第三次来到大连西部商业街拉琴募捐，却遇到了保安人员的误解和阻拦。

（出宋徽中采访录音，混）

"宋徽中：因为那条街不让乞讨，我就被他们赶走了。他们让我到别的地方，说这个地方不让有这种事。

记者：你当时怎么想？

宋徽中：非常不理解。

记者：听说你当时掉眼泪了？

宋徽中：嗯。"

宋徽中顶着烈日酷暑一次一次地上街拉琴，终于为患病的迟云龙同学募集了 3500 多元钱。这一消息传到了学校，他的同学和老师都被深深地感动了。宋徽中所在的兴文小学和沙河口区教委为迟云龙捐款两万多元。社会上一位好心的女士得知宋徽中的感人事迹后，慷慨捐助了五万元；还有许多不知名的市民都纷纷解囊相助。到目前为止，迟云龙同学的家里已收到捐款近十万元人民币。当提起这件事时，兴文小学的校长马淑艳感慨地说：

（出马淑艳讲话）

"宋徽中依托我们学校，学校又通过宋徽中献爱心的活动，救了这个孩子。半年以后——也就是今年（2006 年）3 月份，我们又去看了一次，一看到这个孩子，精神为之一振，要来上学，书本整理得整整齐齐的，一刹那间我和其他领导们都流泪了。我当时就说孩子救了孩子，小手拉小手。"

在兴文小学的教室里，记者见到重返校园的迟云龙同学。他性格活泼可爱，胖乎乎的脸庞上总是流露着笑眯眯的神情，根本看不出来他不久前刚生过一场重病。他告诉记者，现在他的骨髓已经恢复了部分造血功能，他的身体很有希望完全康复。

（出迟云龙讲话）

"宋徽中和同学们以及那位好心的阿姨，帮助我战胜了疾病。我要用重新获得的生命去回报社会，让爱心传递下去，我将来要当义工，帮助那些需要帮助的人。"

一个孩子帮助另一个孩子战胜了疾病，重新回到校园，然而承载着关爱的琴声却不曾停歇。2006 年 6 月末的一个傍晚，宋徽中的母亲回来告诉家人，她白天在街上看到一幕令人感动的场面：一位来自辽宁省丹东市的农村妇女，带着两个因为先天性脑瘫导致双腿残疾的双胞胎儿子，一路乞讨来到大连，他们听说北京博爱医院能治疗此病，请求大连的市民帮助他们。宋徽中被伟大的母爱深深地感动了，他决定再次拿起小提琴，走上街头为那对可怜的小哥哥募捐。

2006 年 7 月 2 日，在烈日炎炎下，宋徽中和他的父母将来自丹东的母子三人请到了大连新华书店门前，他再次拉响了爱的琴声。大连的媒体又一次做了连续报道，大连市民又一次被感动了。

2006 年 7 月 14 日傍晚，大连电视台等几家媒体为丹东的双胞胎残疾兄弟举办了专场募捐义演。在宋徽中和大连的几家媒体努力下，来自丹东的残疾兄弟得到了大连市民、企业和社会团体的捐款超过十万元。日前那位母亲带着两个儿子已踏上了去北京的列车，为实现让孩子站起来的梦想迈出了可喜的一步。

（出宋徽中讲话，出小提琴乐曲混播）

"我将来的理想是搞一个慈善基金会，这样可以帮助更多的人。"

现在，宋徽中正伴随着充满爱心的琴声踏上他的人生之路，同时也不知不觉地带动着众多善良的心灵，一道去实现爱心助人这个远大的目标。

朋友们，以上您听到是大连广播电台制作的录音通讯：《一位少年感动了一座城市》。写稿：田晟，录音合成：石磊，是由王楠为你主持的。今天的《中国之窗》就到这里，再会。

简　评

衡量一个民族成熟与否，在于这个民族成员的社会责任感、道德水平和公民意识的高低。尽管助人为乐是个永恒的主题，但发生在一个 12 岁少年的身上却难能可贵。一个 12 岁的少年，着实令人感动，也很有新闻价值。

本文讲述的是小学生宋徽中为帮助患有再生障碍性贫血的同班同学而到街头拉琴募捐的故事。他的善良激发了广大市民的爱心，从而帮助同学重返课堂。此后，他用自己的琴声再次激发起爱心捐助活动，和整个城市一起重温一家有难大家帮的社会风尚。

因此，人们会联想到，中华民族优良的传统并没有因为市场经济而离我们远去。中国正在致力于发展经济，中国正在大力提倡构建和谐社会。只有在物质和精神建设上双丰收，我们才能真正称得上崛起和强大。现在有无数中国人正在为实现这一目标而努力，其中就包括这位 12 岁的少年。

作品真实自然，文字朴素流畅。如果能将有关宋徽中平时学琴、作义工的内容后移，从而使报道更加开门见山地介绍他进行爱心捐助的起因，则报道会更能吸引听众。

自发守护长城二十年的普通农民张鹤珊

(2006 年 6 月 19 日播出)

河北人民广播电台新闻频率

(《中国之窗》开始曲)

听众朋友您好,欢迎您收听《中国之窗》。今天的节目由中国河北人民广播电台采编制作,我是主持人青云。

(出歌曲《长城谣》,压混)

听众朋友,2006 年 6 月 10 日是中国的第一个"文化遗产日"。万里长城是中国人民奉献给全世界的宝贵遗产。两千多年来,长城以其巍峨的雄姿和遒劲的气势盘旋纵横在中国北部,被誉为中国的脊梁。在漫长的历史长河中,历经无数次战火摧残和风雨侵蚀,很多地段的长城损坏严重。近年来,中国各级政府和越来越多的中国人重视对长城的保护,今天的节目我们一起来认识一位二十多年矢志不渝地热爱长城、保护长城的普通农民,他的名字叫张鹤珊。

(出音乐《长城谣》,压混)

张鹤珊的家乡是中国河北省抚宁县一个叫做城子峪的山村。站在村子里朝前方远眺,就可以看到不远处连绵起伏的长城。城子峪村始建于中国历史上的明代,是一位叫做戚继光的将军带领士兵守卫边关时建立的。村民们都是当时防守长城的士兵,都是从中国的其他地方征召来到这里的,后来他们的子孙就接替他们继续在长城上守护,一代接一代,几百年来生生不息。张鹤珊说,他们是地地道道的长城的子孙。

(出录音)

"现在根据地方志记载,我们这块儿第一次修长城的墙是明洪武十四年,公元 1381 年。五百年前,这个地方就是边关了。当时我们是浙江带过来的人，都是那时候的后裔。"

从小在长城下长大，抬头望满眼都是长城，长城在村民的生活中刻下了深深的烙印。张鹤珊说，我们都是听着长城的故事长大的。

（出录音）

"小时候我父亲总给我讲这个，我们当地叫瞎话，老人讲瞎话，都是讲长城的瞎话，长城的民俗啦、建筑啦、修长城的（故事）啦，什么都有。"

听着长城的故事长大，长大后就一天到晚地往长城跑。长城上留下了张鹤珊和小伙伴们的足迹，也留下了他们童年的美好回忆。

（出录音）

"印象特清楚，小时候，那时候也没别的玩，藏猫，抓特务，都是上长城。"

在张鹤珊的记忆中，小时候家乡的长城保存得还是比较好的。可是后来随着人为地对长城的破坏，许多珍贵的文物被损坏，张鹤珊看在眼里急在心头。特别是后来发生的一件事，对他产生了强烈的触动。

（出录音）

"1978年，《抚宁文艺》有个编辑跟我上长城上看一看。我说的那块碑（当时）给推倒在楼里面了，但没全砸碎。那个编辑对文物有点研究，他就对我说，鹤珊，我给你念，你把这个碑文抄下来吧，将来这个碑肯定得要没有了。当时我还没那意识，也没想那么远。到1980年以后我再上那个山上去，这个碑真就没了。从那一天开始我一看哪，长城必须得保护了，不能再破坏下去了，因为文物是毁一件少一件。"

强烈的触动使张鹤珊意识到，保护家乡的长城已经是刻不容缓的事情，就是从那个时候，他开始了自发地对长城的保护，一做就是20多年。

（出录音）

"我就想这个长城啊，必须得有人保护，这是祖先留下来的，你必须得让子孙后代们看到有这个长城啊。这长城的墙要是没有了，你跟别人说什么呀，不能毁坏在咱们这一代人手上，还得往下交啊。"

（出音乐《长城谣》，压混）

二十多年来，无论是刮风下雨还是酷暑严寒，张鹤珊几乎每天都要走上十几公里的山路，把周围的长城巡视一遍。每次去时一把砍柴用的斧子、一条用来装垃圾的编织袋是必不可少的工具。有时候带上点凉开水，有时候还带上二两白酒，一边走一边哼着小曲，老张就这样快快乐乐地出发了。看到有人在长城上翻长城砖抓蝎子、挖药材，或是赶着羊群到长城上吃草，他就上去制止他们，让他们到远离长城的地方去；看到长城上的排水沟堵塞了，就把它疏通开；看到有小树、灌木从长城上长出来，就把它砍去，以免它们长大了影响长城；看到有的长城砖脱落了，就把它们码好；看到有游客丢在长城上的垃圾，就把它捡起来。这一趟走下来最少需要四个多小时，如果赶上事情多，可能就需要一天的时间，为此忍饥挨饿是经常的事。山里的天气多变，很多时候出发时还是晴空万里，到了山顶上却突然下起了雷阵雨或是冰雹，老张就赶紧钻到最近的城楼里面躲一躲。

山路崎岖，沟沟坎坎，非常不好走，即使是像张鹤珊这样走惯山路的人不小心也会摔跤。有的地方甚至连路都没有，只能在荆棘丛中穿行。二十多年来，为保护长城，张鹤珊不知道摔了多少回跤，磨破了多少双鞋，穿坏了多少身衣服。

（出录音）

"那罪遭的，钻在那里面，鞋穿多少不知道。衣服挂的，有时候穿长袖衫（出去）回来剩半截袖。裤子经常从这儿开到这儿，没好地儿。"

路上的辛苦还好克服，最大的困难还是村民的不理解。因为到长城上放羊、翻蝎子、挖药材是当地村民主要的副业，所以一开始村民们都对张鹤珊的行动意见很大。

（出录音）

"一开始有意见，意见老大了。一开始跟我叫板，说长城也不是你们家的，我翻不翻你管着了。放羊的也说，我爱赶哪儿赶哪儿，说啥的都有。"

面对村民们的不理解，张鹤珊所能做的只能是一遍一遍地劝说。张鹤珊不厌其烦地劝说，不辞辛苦地去做，使村民们发自内心地敬佩。渐渐地，破坏长城的人越来越少了，帮助张鹤珊一起守护长城的人越来越多了。

村民李振芳说：

（出录音）

"早先村民们普遍地保护古遗物的意识都不强，有意无意之中对长城的破坏性的行为比较多。通过老张的宣传和实际行动，现在老百姓对这都挺有认识的。现在一块石头、一块砖头都没人动，在这方面老张功不可没。"

（出音乐《长城谣》，压混）

破坏长城的人越来越少，但是张鹤珊保护长城的行动一天也没有减少，还是每天天一亮就出发到长城上去。从去年开始，老张还喜欢上了摄影。每次到长城上巡视，他都要带上照相机，为心爱的长城拍上几张照片。在老张的镜头里，不同季节、不同角度的长城或雄奇俊美，或大气磅礴，或缤纷绚烂，或婀娜多姿，无不给人留下深刻的印象，至今他拍摄的照片已经有1000多张。

在保护长城的过程中，张鹤珊还对长城研究产生了浓厚的兴趣。虽然他只有高中文化，但是却对长城的历史、文物、考古等方面知识如醉如痴。为了买到一套有关家乡长城的史书，他拿出了祖传的十几枚古钱币跟人家交换。为了取得研究长城的第一手数据，他和儿子拿着米尺，一米一米地丈量每一座城楼的长、宽、高，修订了史书上的一些错误。至今他写的几篇论文都在中国长城学会的会刊上发表，在长城研究界受到好评。2002年2月，他被批准加入了专家学者云集的中国长城学会，成为长城学会成立十几年来第一位农民会员。

中国长城学会秘书长董耀会先生对张鹤珊给予了高度评价。

（出录音）

"有一批热爱长城的人，长期生活在长城脚下的老百姓，像张鹤珊呀，他们跟长城有很深的感情，长期以来在不断地为长城的保护做工作，这些人才是真正保护长城的长城。在张鹤珊他们身上体现出来的一种朴素的爱家乡、爱祖国、爱民族的感情，都凝聚在爱长城这一个点上，这份朴素的感情是很珍贵的。"

张鹤珊保护长城的行动也引起了很多外国朋友的关注，至今已有来自美国、瑞典、挪威等十几个国家的一千多名外国友人来到张鹤珊家，听他讲长城的故事，领略古长城的魅力。

（出歌曲《长城长》，压混）

如今张鹤珊每天仍然奔走在长城上，他说，他最大的愿望就是：

（出录音）

"希望更多的人了解中国的长城，爱护长城，最后都站到保护长城的行列中来。"

在张鹤珊的带动下，儿子张晓光也参加到了保护长城的工作中。他告诉记者：

（出录音）

"通过我父亲的带动，我对长城更加了解了一些，增加了这方面的保护意识，对它比较感兴趣。有信心把保护长城这个工作做好，继续做下去，绝对不能让它后继无人。"

（歌扬起）

好，听众朋友，感谢您收听了今天的节目，再会。

简　评

《自发守护长城20年的普通农民》以优美的语言讲述了河北省一位生活在长城脚下的普通农民张鹤珊，不辞辛劳，二十多年自发守护身边的长城的故事。

长城是古老中国的象征，即使在海外也可以说家喻户晓。所以，如何保护长城这一题目同样会贴近海外听众，尤其是华人听众。通过张老汉保护长城，并将这一重任传递给下一代的故事，反映出我们生活中的许多百姓对古老文化遗产的重视，这与在其他报道里出现的破坏文物的行为形成鲜明对照。

　　节目采访深入，主人公语言朴实，所配音乐烘托主题，增强了可听性。但如果记者能够跟随张老汉巡视一趟长城，录制下他"哼着小曲"、用斧头"砍去"生长在长城中的灌木、驱赶在长城吃草的羊群、"制止"一些人在翻长城砖抓蝎子等各种音响，并在节目中使用，那无疑会增加节目的现场感，并使听众在脑海里勾勒出一幅幅张老汉守护长城的画面。

日本侨民的"感激之旅"

（2006 年 7 月 13 日播出）

辽宁台 　那其灼 　李崇 　李诗琪 　周秀梅

主播：各位听众：您现在收听的是中国国际广播电台华语台《中国之窗》节目。

今年 6 月 25 日，180 多名当年从辽宁省葫芦岛港口遣返的日本侨民回到葫芦岛港。60 年前，作为战败国的侨民，他们正是从这里被遣返回国。60 年过去了，当时的青少年如今已是花甲古稀。当他们再次回到这里，心中对宽容、友善的中国人民充满无限感激。请听辽宁电台记者那其灼、李崇、李诗琪采制的报道：日本侨民的"感激之旅"。

6 月 25 日，在辽宁省葫芦岛市葫芦岛码头举办了一场特殊的纪念活动——"葫芦岛百万日侨大遣返 60 周年回顾暨中日关系展望论坛"。从早上开始，天空就下起了小雨，港口里此起彼伏的海浪将在岸边久久不愿离去的几位日本老人的思绪带回到 60 年前。

1931 年"九一八"事变之后，日本侵略军为了占领辽宁西部地区，派出飞机对辽宁省西部进行了狂轰滥炸。1945 年日本投降后，就是这个曾经遭受过日军侵略、践踏的地方，却成为战后日本侨民和战俘遣返的出发地，它见证了百万日侨遣返的全过程。从 1946 年至 1948 年三年时间，滞留东北的 105 万日本侨民和战俘从东北各地分期分批集中到葫芦岛，从这里归国。

由于战争刚刚结束，遣返过程中有无数的日本侨民和战俘处在饥饿和伤病的危难之中，无私大度的葫芦岛人民在这样的时刻伸出了援助之手，历史也在这里为中国人民的宽容和善良留下了一座人道主义的丰碑。

转眼六十年过去了，当这些日本侨民重新回到葫芦岛，他们心中浮现的不仅仅是那段痛苦的往事，更多的是对中国人民的感激之情。今年 69 岁的青柳就是当年的日本侨民，他凝视着无边的大海，回想过去离开这里踏上故乡土地的情景。59 年来，老人感慨着：葫芦岛一直是他最难以忘怀的地方。

"历史是很残酷的，当时他九岁，他很担心自己能不能回到日本，所以当坐上（回到日本的轮）船的时候，非常非常开心。非常感动！对他来说，这是（他）第二次生命开始的地方。"

川上高义当年从葫芦岛遣返回国时还是个 14 岁的孩子，而如今 74 岁的他已经成了两鬓斑白的老人。再次踏上葫芦岛港，川上先生独自绕开码头，走到海边，捡起几颗石子小心地装在了口袋里。60 年的沧桑变化，岸上的一切早已变了模样，但海边的石子依旧见证着那段刻骨铭心的往事。

"已经过了这么多年，他感觉葫芦岛的变化很大，比较亲切的人很多。回想起以前的事，他说，我真的很想说'以前这样的事'再也不要发生了。"

坐落在黑龙江省牡丹江畔的石头村，60 年前，是一个只有不到一百户人家的小村子，今年 82 岁的马俊强老人，至今还记得发生在 1945 年 10 月 11 日的事情。

"那天下午来了百十个学生（没有大人）。他们到了（村子）就说饿，找饭吃，后来，老百姓就供他们饭吃，住了一宿，第二天才走的。这个事就出于咱们中国人的善良吧。"

当年 15 岁的日本中学生田原和夫，后来成了一名作家。1995 年，他根据自己在石头村的经历写成了纪实文学《满苏边境——15 岁的夏天》。在书中，他抒发了自己对中国人民的感激之情。

"当时我们有 100 多人，即便按每三个人分到一家，也要动员四十户的农户，对于一个贫困的农村来说，四十户简直是全力以赴了。这样也确实难为他们了。第二天，又给我们准备了早饭，饭后我们才走的。我们走的时候每个人的心中都充满了感激之情。"

如今住在名古屋的退休大学教授间濑收芳是田原和夫当年的伙伴，60 年后，当 75 岁的间濑收芳回忆起在石头村的经历时，这位老人仍然是泪流满面，泣不成声。

"我们得到石头村村民的无私照顾，才得以生存下来，石头村村民的厚爱，我们永远都不会忘记。后来听我的同学说，留我们住的老人也有小孩，看到房间住不下，就将自己的小孩送到别人家，却收留我们日本孩子住在家里的火炕上。当时两位老人看到我们的样子都很吃惊，热心地问这问那，老奶奶又端来一盆温水，给我擦洗双腿，一直到擦暖为止。老奶奶善良的心通过双腿温暖了我的心。"

在这次活动中，当年一些亲自参与了日侨遣返工作的中国人也重新回到了葫芦岛。现年 83 岁的陶甄生在东北，长在东北。1946 年，陶甄成为一名检察官，参加遣返日侨的工作。他告诉记者，在这场大遣返中，许多日本人得到了中国人的宽恕。

"我们中国的传统文化，以德报怨，对日本人是怎么个态度呢？就是以德报怨，给以人道和宽恕，感动了日本人。"

今年 83 岁的王黎老人，当年与父亲王荫南共同参加了抗日救亡活动，被日军视为眼中钉。1944 年，父亲王荫南被侵华日军秘密杀害，而王黎本人也被关进日军监狱，在日本投降后他才得以重获自由。而就是这样一个同日本侵略者有着国恨家仇的中国人，在战争的伤痛还没有痊愈的时候，毅然参与到了遣返日本侨民的工作之中，并把他们安全地送上了回国的道路。

"有的人问我说，你有国难家仇，你为什么那时候能（用）平常心参加这个工作呢？（我觉得）没有必要个人报复。我们中国还是顾大体、识大局，把这个（遣返）工作做得很圆满。"

王黎的这段特殊的经历感动着每一位到场的日本朋友，他们争着与王黎老人合影。而王黎先生也将自己的一幅国画作品送给了专门从日本来葫芦岛参加这次活动的日本前首相村山富市。

在中国，60 岁被称为花甲，在日语里则被叫做"还历"，有周而复始之意。随着这些当年的日本侨民重回故地，人们再次审视那段历史，其中的痛苦和感激，都见证和诠释着战争的罪恶和中国人民的善良。

日本前首相村山富市是对中日关系有特殊影响力的人。1995 年二战结束 50 周年之际，村山富市以日本首相的身份发表了"8·15 谈话"，就日本曾经犯下的历史错误，表示"深刻反省和由衷道歉"。他是日本历史上第一位以首相身份向二战亚洲受害国口头道歉的人，他承认日本过去"通过殖民统治和侵略给亚洲国家和人民造成了损失和痛苦"。在"葫芦岛百万日侨大遣返 60 周年回顾暨中日关系展望论坛"上，他再次出现在中国人民和被遣返回国的前日本侨民面前。

"葫芦岛在60年前将日侨遣返回国，有了中方的照顾他们才能够平安回国，我的感动很深。首先这个事实我希望让更多的人知道，知道这个事实之后就会增加对中国的友谊。前事不忘，后事之师。我们中日两国要面对共同的时代，所以了解过去是我们今后相处的重要基础。所以我想把60年前遣返日侨的善举让更多的年轻人、孩子们能够知道。这样也能够为打开中日关系发挥作用。"

这段特殊的经历已被载入史册，并永存在人们的记忆里。这记忆中无论是痛苦还是感激，都见证和诠释着中国人民的善良和宽容，以及160多万日本侨民们的那份感动；同时，它也再次印证和丰富着人类从痛苦的历程中得出的共同结论，那就是：仇恨和战争是人类的毁灭之道，只有宽容与和平才能使全人类变成一个相亲相爱的大家庭。真诚地希望这段尘封的往事能够化作警示的钟声，永远鸣响在人们的耳畔。

这次《中国之窗》节目播送完了，感谢您的收听。

简 评

2006年是"葫芦岛百万日侨大遣返"60周年。本节目在这样一个特殊的年份，向听众展示了这段鲜为人知的历史故事。

这一节目视角比较独特。虽然以日军侵华为历史背景，但节目超越了同题材稿件对战争的残酷和仇恨的简单描写，而是选择了中国人民帮助日本侨民返回祖国的故事，从这一侧面凸现了中国人的宽容和善良以及战争带给两国人民的灾难。

该节目以国际视角，采访了众多当年的日本移民，音响典型生动，具有说服力。音乐使用恰到好处，很好地烘托了报道的气氛。

瑞典人寻访安徽探源古茶

(2006 年 12 月 31 日播出)

安徽台　朱彪军　王斯伟　钱叶荫　刘恒怡　詹旭　丁麟生

(出"中国之窗"开始曲)

听众朋友，您现在收听的是中国国际广播电台华语台的《中国之窗》节目，今天为您安排的是中国安徽人民广播电台采制的专题报道：瑞典人寻访安徽探源古茶。

(出上海欢迎现场音响，混入)

2006 年 8 月 30 号，瑞典"哥德堡号"仿古木船沿着海上"丝绸之路"成功驶抵中国上海。9 月 3 号上午，安徽省池州市市长方西屏亲自向"哥德堡号"船长彼得·卡林赠送了 100 罐当地的传统名茶"雾里青"，每个装茶叶的青瓷罐上都有"哥德堡号"船型标志。

"哥德堡号"是一艘 18 世纪来自瑞典东印度公司的商业帆船，在当时是最先进的远洋帆船。它三次把瑞典的珠宝、钟表等货物运送到中国，又把中国的茶叶、瓷器、丝绸、香料等运到欧洲。经过整整 30 个月的航行，1745 年 9 月 12 号，瑞典"哥德堡号"商船第三次满载着中国商品，驶回自己的家乡哥德堡港。但不幸的是，"哥德堡号"在离家乡港口 800 米处触礁沉没了，部分船载商品经过多次打捞而获得保存，其价值竟相当于当年的瑞典国民生产总值。

历史上对"哥德堡号"的打捞曾经有过几次，到了上世纪 80 年代又有了一次。现在"哥德堡号"仿古木船的形象代言人麦士·拉尔森是当时最先下海的潜水员之一，他们有了惊人的发现。

(出英语录音，汉译压混)

"我们在古'哥德堡'的残骸中发掘出最初船载货物 370 吨旧茶，装满古茶的瓷瓶打包在木箱里。有天晚上，我们用打捞上来的古茶搞了一个茶会，我发誓真是那样，那种滋味真是难以言说。"

这 370 吨茶叶，其中一部分就是来自安徽的传统名茶"雾里青"。一系列的海洋考古发掘和研究工作，从 1986 年开始，一直持续到 1992 年，由此打开了一扇历史之门。拉尔森说：

（出英语录音，汉译压混）

"从 20 世纪 90 年代初，我们有了这样一个念头：带着这些打捞上来的中国茶叶、中国瓷器和丝绸回到中国，并且寻找它们的源头。"

他们还有一个梦想：再造一艘与"哥德堡号"一样的古帆船，沿着同样的航线再次远航中国。上世纪末开始，据水下考古发掘出的古船残件和有关文献，集聚无数瑞典人的激情奉献，按传统工艺手工再造"哥德堡号"商船的工程开始了，不多久这就成为了瑞典的国家行为。耗时十年之后，2005 年 10 月 2 号，"重生"的"哥德堡号"所有的 26 面船帆都鼓满海风，开始了它的首次"中国之旅"，2006 年 8 月 30 号停靠到了上海港。

停泊在黄浦江上的"哥德堡号"仿古帆船犹如一个梦幻，记者在船上采访了第二船长冈那尔。

（出英语录音，汉译压混）

"就像几个世纪前的航程一样，我们新的'哥德堡号'也一样要努力适应季风、洋流和各种恶劣气候。让我欣慰的是它在海上航行一帆风顺。我和我的船员都为能参与这次历史性的航行而深感荣幸。"

（出仙寓山地区的黄梅调茶歌，混入）

"雾里青"是安徽传统名茶，其古老的制作工艺曾一度失传。安徽农业大学茶叶系詹罗九教授和他的同事们苦心研究 20 年之后，几年前成功复活了"雾里青"茶的古法制作工艺，甚至连当年盛装茶叶的青花瓷瓶也根据文献资料烧制了出来。

"雾里青"的原产地在池州市石台县的仙寓山。由于"雾里青"茶对土质和气候有着严格的要求，其生产商、安徽天方茶业集团在这里仅能开辟出300 亩的顶级"雾里青"茶原料基地。在接受安徽省池州市长赠送的"雾里青"新茶之后，瑞典朋友就来到仙寓山寻访。返回上海没多久，他们意犹未尽，"哥德堡号"茶叶商务经理杨·努迪克和形象代言人麦士·拉尔森又在2006 年 11 月上旬再次来到云雾缭绕的仙寓山。这时候，茶树已经开花了，不多的几个茶农在采摘当年最后的茶叶。

努迪克和拉尔森带来海底打捞出的古"雾里青"茶，手里拿着 260 多年前的古茶，眼里看着茶树上鲜活的叶片，他们在时空感觉方面有些恍惚。拉尔森随手采下茶花一朵，对记者说：

（出英语录音，汉译压混）

"300 多年前，人们在这里手工采摘茶叶，今天，古老的劳作方式依旧，只不过以前的人是现在这些人的祖先。此时此刻我站在这样的一个古老茶园，手里拿着茶花，我感到 300 多年的历史穿过我的身体，我的谦卑与崇敬之情油然而生。"

（出拉尔森的歌声）

在下山的路上，兴致丝毫不减的拉尔森唱起了水手们在大海航行中唱过的一首歌曲。

在仙寓山深处，有一条曾经繁华的茶商古道，当年闻名中国的"徽商"就是经由这条古道将这里的茶叶与外面的世界连到了一起。这条古道边上有一幢粉墙黛瓦的民居——翠屏居，它的好几代主人都是远近闻名的茶叶商人。现在，安徽天方茶业集团正在运作把这幢建筑搬迁到瑞典去开一个地道的中国茶馆，而在原址上也将回迁一栋瑞典古木屋还是用来开茶馆。安徽天方茶业集团董事长郑孝和说：

（出录音）

"那么下一步我们可能想在瑞典甚至在欧洲开个连锁专卖店，'雾里青'的连锁专卖店，销售我们的'雾里青'茶，这可能是下一步更大的合作。"

努迪克说：

（出英语录音，汉译压混）

"260 年前沉没的古商船将哥德堡市附近的海域变成了世界上最大的茶壶，而如今瑞典'哥德堡号'与安徽的合作使得瑞典人有可能坐在哥德堡城内天方茶馆里品尝'雾里青'茶。"

拉尔森指着一张"哥德堡号"仿古木船航程图介绍道：

（出英语录音，汉译压混）

"我们从哥德堡出发，经过西班牙的加的斯、巴西的累西腓、南非的开普敦、澳大利亚的弗里曼特尔、印尼的雅加达，跨越五大洲来到中国。"

记者看到海图上的航程线路真像是一带飞动的丝绸。詹罗九教授也拿出一张古安徽茶商使用的老地图，上面标出的行商路线也是灵动飞扬。拉尔森说：

（出英语录音，汉译压混）

"你知道，在18世纪，中国是世界上最大的经济体，当时全球贸易市场当中超过1/3是中国的，中国现在又要到那个状态了。"

现在"哥德堡号"已经开始了返程的航行。到2007年七八月份，"哥德堡号"到达最后一个停靠站——英国伦敦的时候，池州市将派一个代表团登上"哥德堡号"护送那100罐"雾里青"茶叶回到瑞典哥德堡市，以使开始于260多年前的航行划上一个完美的句号。

池州市副市长刘国庆对记者说：

（出录音）

"我对'哥德堡号'的重建与远航中国充满敬意，对其中蕴涵的浪漫情怀表示理解。我很高兴地得知从原'哥德堡号'商船中打捞出260多年前产自我们这里的茶叶。从皮特船长那里看到了这些古老的茶树树叶，我感觉到很神奇，很欣慰！我更希望我们能与瑞典方面延续、发展和丰富几个世纪前就曾经有过的友好往来和商贸关系。"

听众朋友，刚才您收听的是中国安徽人民广播电台采制的专题报道：瑞典人寻访安徽探源古茶。播音：叶茵；录音合成：杨高。

简　评

2006年，瑞典"哥德堡号"仿古商船抵达中国，停靠广州、上海，再续中瑞两国传统友谊，得到国内媒体的广泛报道。难能可贵的是，本篇报道却独辟蹊径，寻找到与安徽直接相关的一个切入点——"雾里青"茶，开始讲述瑞典人与安徽人延续 200 多年的"茶缘"。

本节目逻辑清晰，围绕"雾里青"叙述了一个完整的故事。上世纪 80 年代，瑞典潜水员意外地打捞出产自安徽的"雾里青"。90 年代，瑞典人产生寻找茶叶源头的念头。"哥德堡号"停靠上海，安徽池州市长赠茶。随后，"哥德堡号"代表赴安徽寻访。目前，安徽正在运作搬迁古宅至瑞典并开茶馆。此后，池州代表团将抵达欧洲，护送"雾里青"回到瑞典。

该作品采访深入，运用了从船长到船员、从市长到经理不同角色的人物音响。在不到 10 分钟的时间中，它却展现出强烈的戏剧性。而这一具有戏剧性的故事的系列发展，都紧紧围绕"安徽"这个角度，这是节目的最为成功之处。

从四条腿到四个轱辘

——北京残疾人出行条件和方式的变化

（2006 年 8 月 1 日播出）

北京台　刘兴宇　孟洋

（出《中国之窗》栏目曲）

各位收音机前的听众朋友，您好！欢迎收听中国国际广播电台华语台的《中国之窗》，这次节目是由北京人民广播电台为您制作的，我是主持人兴宇。

两天前，第四届全国特殊奥林匹克运动会隆重开幕，这次特奥运会的主题是"关爱、自强、同行"；而这三个词语也绝对是残疾人朋友生活当中的主题。今天节目中的主人公就是这样。今年年初，在北京市西城区残疾人联合会的一次联欢会上，我们采录到这样一段音响。

（录音）

"赵姐，我今天自己开汽车来的，我不能喝酒。"

（众人欢呼声）

"你看现在这变化多大呀，你自己开汽车来的呀……"

这位引得旁人欢呼的女士叫丁宝明，两岁时她因为患脊髓灰质炎，也就是我们常说的小儿麻痹症，左腿不能正常行走了。从拄着双拐到驾车出行，丁宝明的感触很深。

（录音）

"当我开上汽车以后，好像我的脚底下就长轮子了。虽说我现在也是四只腿：二只腿，二只拐，可是我现在没什么太大用的腿现在变成了四个轱辘。那天我从建国门走到通县高速的出口，哇，才用了十分钟，我都不敢相信！！"

开上私家车是丁宝明出行的最新变化，要是在从前，她的出行和大家一样，也是借助公共交通的，不过那时的记忆并不美妙。

（出公交车进站音响）

（录音）

"一想车站那么多的人，一来车就呼地往上拥，那真是很可怕的。"

于是出于对自身安全的考虑，丁宝明每次乘坐公交车，都需要有专人陪伴。

（录音）

"如果我要是上车门的时候，陪伴我的人就得给我拉一下。那车呀，它三个台阶，特别地高。我们这拐棍，得先拿下来一个，这手要去拉那个公交车门的扶手。陪伴的人还得给我往上推一下。"

乘坐公交车对于我们健全人来说是相当便利的，可是对于丁宝明来说却有着我们想象不到的麻烦。那么在北京另外的一种公共交通工具——地铁，对于丁宝明来说是不是会更方便一些呢？先来听听我们的记者孟洋在地铁站现场的体验。

（出地铁音响）

"记者：我现在是在建国门站，你要是从地铁建国门站的C口进到环线的地铁站台，需要下95级台阶，这对于像丁宝明这样的残疾人来说是非常困难的。

丁：到现在我能回忆起坐地铁，可能也就坐了两、三次。从地铁口要往下走，那台阶是很高很高的。而且走到上地铁有很远的距离，所以也很害怕。"

面对公共交通的障碍，不得不让丁宝明寻求别的出行方式，当她看到有的肢残人骑自行车的时候，她决定也要试一试。

（自行车音响）

"二零的（自行车）那时候是，学了没几天，还真能走了。因为我的左腿是一点用都没有，那个车要往左边那一偏，真干摔，整个人和车就趴下了。当时给刮墙上，肉就翻开了。所以那时就从内心里有一个渴望，就是我应该有一个代步工具了，我要出去！！"

1986 年，在先交全款，领号，等货之后，丁宝明最终拥有了一辆售价 1900 元的残疾人代步摩托车。钱是家里人用积蓄加上东拼西借凑出来的，她对当时的情景记忆犹新。

（录音）

"真的，哎呀，这回我可长腿了。因为在我没开残疾人专用摩托车之前，真的，说心里话，我根本不敢说我是北京人，因为我哪儿都不认识。我就知道我们家甘家口，什么三里河，展览馆那儿，再远的地方我就不知道。那时候说德胜门，我就说，哎哟，很遥远很遥远。"

从甘家口到德胜门，不足五公里的路程，对于庞大的北京来说，实在是很近的距离。有了代步的摩托车，距离不再遥远，丁宝明也开始享受人生的快乐。

（录音）

"最远我们去过北戴河，我们几个残疾人一起开着残疾人专用摩托车去的。天天早上去鸽子窝看日出去，我们的残疾人专用摩托车都直接开到沙滩上去，特别地方便特别地美。"

进步是明显的，但也并非十全十美。慢慢地，问题随之而来。

（录音）

"它没有倒档，它那个方向有的时候不对，你老得麻烦别人，说，麻烦您，给我拽一下这车。再一个它是烧那个混合油，汽油、机油呀要配比合适，然后那个大桶再往机油箱里去灌。"

从丁宝明驾驶残疾人专用摩托车开始，十多年过去了，这种代步工具的性能没有显著的变化。直到 2003 年，出于环保的考虑，汽油机油分开，设置了倒档的残疾人摩托车终于上市了。虽然车子有了进步，但是天气带来的问题还是克服不了的。

（录音）

"冬天我的这个腿呀，血脉不通，非常地凉。我就里头穿着毛裤，外头穿上棉裤。脚上穿着毛袜子，再买了一双大军靴，特别笨重。这样开残摩，寒风那种凛冽呀，都能吹透。所以后来我就又特意做了一个小被子，盖在腿上膝盖这块。"

驾驶残摩的岁月，也是逐渐成长的岁月。丁宝明通过自己的努力，成了一家服装有限公司的总经理。同时，社会对于残疾人出行的理解也在加深。公共交通部门开始努力改善残疾人出行的条件。我们的记者孟洋在现场体验中带回这样的报道。

（出公交车音响）

"我身旁的这块站牌就是去年底开通的从西直门到北京站的无障碍公交专线，25 辆低底盘的客车只有一级踏步，最低的离地面只有 170 毫米，而且起步加速都很平稳，不会有前冲后缩的感觉。"

除了台阶降低，运行平稳之外，异常洪亮的电脑报站语音提示，车厢前外形更大、字体更鲜艳、格外醒目的电子显示屏让聋哑人、盲人和视力听力较弱的老人也能够更加方便地乘车。虽然这条线路对于散落在全北京市的残疾人来说，不过是杯水车薪，但好在有了一个开始。

同样，在北京相对较老的一线和环线地铁站，我们也看到了一些变化。地铁站的卫生间降低了洗手盆的高度，在如厕位增设了栏杆、扶手；地面全部铺设盲道；站内电话高度降至一米，使坐在轮椅上的残疾人也能打电话；还有残疾人靠触摸感觉来乘坐地铁的专门标志。另外在有一些站点，还看到一种在全国率先使用的叫作"轮椅爬梯"的现代化无障碍乘坐工具。这种设备如同一辆铲车，把轮椅铲进车内，只要一按按钮就开始启动爬楼。而在北京新建的地铁站台，直升电梯等残疾人设施已经全部在设计时就考虑进去了。

除了公共交通以外，2003 年年底，公安部施行的一项新措施中规定，像丁宝明这样的左下肢残疾者，终于可以考取自动档小轿车驾驶执照，驾汽车上路了。

（录音）

"这个消息一出来，简直在我们残疾人圈子里面就沸腾了。我2月1号开始学的交规，到3月17号就拿本了，桩考路考这些都是一次完成。"

去年11月，丁宝明有了自己的轿车。曾经需要别人陪伴出行的她，现在也开始帮助别人了。

（录音）

"春节前我们残疾人联欢什么的，天气非常冷。散会之后他们说要打车回去，我就说别打别打，咱这儿有车，我给你们一个一个送到家。他们就说，哎呀，真的呀，坐丁宝明的车。"

丁宝明说，由于常年开残摩的关系，驾驶汽车并不困难。但是出行的时候还会面对一些新的烦恼。

（录音）

"最大的问题就是停车，就是一到商场、医院呀，就是要办事的地方，就是要去的地方跟我们停车的地方距离太远，就是我们下车以后要走很远的距离才能到我们的目的地。"

我们的记者孟洋在现场体验采访时也关注到这一细节。

（录音）

"这是北京长安街旁一座大型购物中心的停车场，在这里有三个残疾人专用停车位，旁边就是坡道，残疾人可以非常方便地进入购物中心。到去年底，北京城八区已经在部分商场、医院、饭店等重要位置设置了32个这样的停车位，只能由残疾人专用。"

如今，展望将来的出行，丁宝明也有自己的心愿。

（录音）

"我就想有关部门能设计出一些便宜一点的，在手上制动，完全就是用手来操纵的这种汽车，因为这样的话，（残疾人使用）面就更大，残疾朋友能享受的人群更多。等什么时候我们这些残疾朋友都能开上汽车，真的就不受风吹雨打的罪了。"

丁宝明的经历可以说是北京残疾人出行方式改善的一个缩影。这种改善也体现在其他方面，例如北京市现在几乎每条街道都铺设了盲道，大多数建筑都修建了坡道等等。而正在建设中的北京奥运场馆则全都是无障碍场馆。

我想，像丁宝明这样的人越来越多了，我们才更有理由说，这个社会实现了我们一直追求的并为之努力的健全人与残疾人的平等。

好了，感谢您收听今天的《中国之窗》，这次节目是由北京人民广播电台为您制作的，主持人兴宇感谢您的收听，再会！

简　评

一个国家弱势群体的生活状况，可以反映该国的文明和进步程度，同时也是海外听众关心、关注的话题之一。本篇报道选取了残疾人的一个"点"，即出行方式的变化，以期折射出北京残疾人生活条件整体改善的这个"面"。

本节目通过残疾人丁宝明出行代步工具的变化，向海外听众传递了两个信息。一、私家车在中国城市逐渐普及，也让许多肢残者不再单纯依靠拐杖，开始享受速度、享受方向盘后的快乐。二、故事以小见大，引申出政府对残疾人群体的关心，努力改善出行条件。例如，在地铁、车站、商场停车场、公厕等公共场所，积极为残疾人创造方便，并在交通政策上也有所体现。通过这些具体细节，反映了、强化了政府对残疾人的人文关怀这一积极的主题，营造了温馨、和谐的社会氛围。

在节目制作上，除了采访对象外，还加入记者的现场体验，增强了节目的立体感。主人公丁宝明说话自然大方、风趣幽默，也使节目更加生动。

整个报道可听性和感染力较强，是一档适合海外听众收听的好节目。

二等奖

海归村官章文琼
（2006 年 10 月 22 日播出）

浙江台　张星　陈永松　潘玲

（开始曲）

2006 年秋天的早晨，浙江省温州市永嘉县小坑村，一个山清水秀的小山村在晨光中苏醒，28 岁的章文琼像往常一样被公鸡打鸣声而不是被手机铃声叫醒，这个村子的大多数地方还没有手机信号。

村子离温州市区只有三小时车程，虽然有半个多小时要在坑洼的泥路上颠簸，但比起前几年已经好很多了，因为在章文琼来到小坑村之前，汽车根本不能开进村子，村子通到外界里的交通基本靠步行。修路是章文琼来到村子之后所做的重要事情。

章文琼是谁？他从哪儿来？章文琼是一个爱穿 T 恤牛仔裤、理着平头、外形时尚阳光的年轻人，他在三个多月前刚被选为小坑村村长；而在这之前，他在大都市上海和天津工作；再之前，他在英国留学五年，获得伦敦研究生管理学院 MBA 学位。

从海外归来成为中国农村的村官，章文琼认为其中的原因很简单。

（出录音）

"身为小坑村出来的人，对那个地方或多或少有一种家的感觉。就是因为我的村子在那边，我的家在那边，所以我才那样做。"

连有线电视信号都接收不到的村民并不知道自己选出了中国第一个从海外归来的村官，他们只是希望这个年轻人能给落后闭塞的山村带来变化。

那么，章文琼能够给小坑村带来变化吗？在今天的《中国之窗》中，我们一起来认识这位有志于中国新农村建设的浙江"海归"村官章文琼。

（片头）

2006 年中国农历清明时节，章文琼回小坑村扫墓，章氏祖辈生活在这里。上个世纪 80 年代，章文琼的父亲外出谋生，赚到钱后把全家接到城里定居，那时候章文琼才七岁。

少小离家老大归。生活在城市、留学西洋的章文琼却仿佛坐上了时空穿梭机，思绪回到了以前。

（出录音）

"我第一次回来，看到那样一种状态之后，感觉面貌没什么改变，脏的地方还是那么脏，旁边有那个养猪、养牛的，吃饭的时候照样那么臭，那种厕所，全部是露天的，我们这种在城市呆了几十年再回去的人根本习惯不了，冲击非常大。"

小坑村不具备符合基本标准条件的卫生、饮水设施，根源就是一个字：穷。村民们除了在贫瘠的山坡梯田上种一季水稻之外，没有别的收入，一年辛苦劳作，平均收入只有 2100 多元人民币。于是，年轻人纷纷外出打工，村里只剩下老人和小孩。"穷"字似乎牢牢钉住了小坑村。

此情此景，让重情重义的章文琼觉得很不好受，因为他感觉他和村里人有着血肉相连的亲情，他不想眼睁睁地看着亲人过这样的日子，于是他和家里人商量，作出一个重大决定：

他决定拿出自己这几年在英国暑假期间打工以及回国后赚来的 100 万元人民币，捐献给村里改善环境和生活条件。

对于这件好事，村里却有一个人有不同想法，这个人就是当时的村长章厚进。62 岁的老村长不但要留住他的钱，还想留住他的人，更要留住他的心。但是，用什么方法才能留住这个年轻人的心呢？

老村长章厚进决定提前结束任期，说服章文琼回村参加选举，接自己的班。章厚进对记者说：

（出录音）

"他在这里搞建设，没有村长这个职位，高兴来就来，不高兴来就去，我村长让给他，他就安心在这里。"

从城市到农村，从海归到村官，章文琼说这个决心很不容易下，直到有一天，他在报纸上看到了一则报道。

（出录音）

"说是贵州状元村，一直以来陆陆续续出了 500 多个大学生，没有一个回去的，村子依然是那么穷，依然是那个村子，我看了那则报道后感触非常大，也就是几分钟时间我就下定了决心：我觉得我不应该跟他们一样啊，我跟他们是不一样的，我应该回去。"

章文琼决定回去，他辞去了天津市一家公司创意总监的职务，2006 年 7 月 27 日回小坑村参加村委会主任的选举。在 400 位有选举权的村民中，他得到了 385 张赞成票，有一些在外打工的村民还专程赶回家来投他一票。

章文琼说自己从这 385 张赞成票中读到了一个特别的信息。

（出录音）

"我感觉他们在我身上寄予了很大的很大的希望，希望回来能给他们带来改变。（那你觉得自己能为他们带来改变吗？）我想可以，没有问题，我能为他们带来改变。有些人开餐馆会赚钱，有些人为什么老是开老是亏呢，就是方式不对。我们小坑村肯定有资源让它们走上一条富的路的，比如说他们都知道毛竹可以卖钱，但为什么没有去卖呢，有可能条件限制，但不管什么原因他们就是没有去做，但我想我有信心去做。"

上任不久，章文琼就向村民们阐明了小坑村发展的目标和步骤。

（出录音）

"我想通过三个步骤走：一个是基础建设，另外一个是经济建设，还有一个是后续的保障体系建设。人家说仓廪实而知礼节，衣食足则知荣辱，在村子里就是做一个农民也要做新型的农民，新社会新时代下的农民。"

村民们期待这个有知识、有能力的年轻人为他们带来变化，领着他们走一条全新的道路，眼下，章文琼交出了这样一份成绩单。

（出录音）

"记者：上任了一个多月，已经做了什么？

章：现在我们村的自来水管系统已经全部铺设完毕，有些地方已经开始通水了；在我回来之后花了一个多月把路灯弄好了。

记者：接下来最要着手做的一件事是什么？

章：着手要做的还是公厕为主，等公厕做完了就是以经济建设、发展生产力为主，养本地鸡，有可能会发展竹木产业，我们乡村竹子在山林里面非常多，现在当作原材料卖都卖不出去，我想通过一定的加工方式，工艺品、餐具、餐盘什么的进行加工，附加值会高得多。

记者：你的 MBA 背景对你有帮助吗？

章：帮助呢也是非常大的，至少说在操作的规范性方面、逻辑方面，比蛮干要强一点，比较合理化一点，少走弯路。"

章文琼说自己的心已经留在这个村子里了，建设新农村需要他的知识和能力。这是沉甸甸的责任和压力，但同时也是非常宝贵的人生经验。年轻的章文琼也确实想通过这种方式来证明自己的能力，实现自己的价值。

而在村民们眼里，村长就是领头人，选对、选好了带头人，好的生活就会有指望。当初主动让贤的老村长章厚进对这个年轻人的起步动作就很满意。

（出录音）

"以前年轻人都到外面去了，家里只有老年人，现在公厕啊，路灯啊，自来水啊，工作都上来了，很好，现在很好，评价很好。"

前任村长说到这儿，边上几位村民也毫不掩饰对年轻村长的信任和赞赏。

（出录音）

"村民1：反正我们的村长章文琼，他干得挺好的，值得我们骄傲的。

村民2：发展不要说去年和今年比，我想去年（2005 年）春节和今年（2006 年）春节还一样，今年春节和明年春节我看肯定不一样，更不一样。"

如何带领一村人走向富裕，是章文琼的头等大事。他说自己白天忙工作，晚上还要算账、和村民拉家常，根本没有时间娱乐，所以村里暂时不能上网、收不到有线电视信号，种种的不方便并没有给他带来很大的困扰。

章文琼希望在小坑村的面貌有所改变之后，吸引更多有文化、有能力的年轻人回去接他的班，让这个偏僻的小山村走上一条生生不息的发展之路，真正成为社会主义新农村。

为此，章文琼还诚恳地邀请记者到时候再来小坑村采访。

（出录音）

"我希望你到了我们村子：路是平的，环境是干净的，功能是完善的，经济是发展的，村民是向上的。"

日出而作，日落而息，章文琼继续着他的村官生涯，温暖明亮的阳光洒落大地，等待收割的稻田金黄醇厚。又一个工作日开始了，年轻的"海归"村官章文琼踏上弯弯曲曲的乡间小路，前面的路还很长，但他知道自己已经出发。

刚才您听到的是由浙江电台制作的《中国之窗》节目。代表本期节目编辑潘玲，记者张星、陈永松感谢您的收听。再见！

简　评

建设有中国特色的社会主义新农村，使城市与农村居民在和谐的主题下共同发展，是2006年中国对外报道的主流选题。《"海归"村官章文琼》的主创人员注意避免主流题材的空洞和概念化，积极尝试从鲜明生动的人物形象入手，讲述了中国第一个海归村官的成长故事。

作品语言平实，故事性强。

"百岁" 熊猫 "巴斯" 的传奇故事

(2006 年 1 月 20 日播出)

福建台　郭福佑　罗华　高一青

(《中国之窗》开始曲)

听众朋友，您好！您现在收听的是中国国际广播电台华语台《中国之窗》节目，今天节目由中国福建东南广播公司制作。

(出歌：《巴斯，巴斯祝福你》)

2005 年 12 月 18 号这一天，福州大熊猫研究中心一直回荡着这首名为《巴斯，巴斯祝福你》的歌曲。来自四川、北京、香港、澳门等地的 200 多名嘉宾聚集在这里一同庆祝熊猫明星巴斯的 25 岁生日。人们用发行"巴斯"个性化邮票、评选熊猫爱心大使等丰富多彩的活动表达了对这只相当于人类百岁高龄的熊猫祝福。

在为"巴斯"共贺生日的观众里，有一对老人特别引人注目，他们就是"巴斯"的救命恩人——四川宝兴县的李兴玉夫妇。李兴玉一看到"巴斯"眼圈就红了，她第一句话就是"我们都老了"。她救"巴斯"时才 30 多岁，"巴斯"当时 4 岁，一晃 21 年过去了！这一次李兴玉特意带来了宝兴县的竹子、泉水和苹果，她要让"巴斯"尝尝家乡的特产。这位让"巴斯"重生的大娘，亲自执刀为巴斯切开了蛋糕。尽管年事已高，但是巴斯体态匀称，毛色发亮、黑白分明，至今各项机能良好，真不愧是"熊猫美女"。

看到已经 25 岁高龄的"巴斯"仍健康地存活着，李兴玉老人十分高兴。

(出录音)

"巴斯，巴斯，妈妈来看你了，你好！快吃，快吃，看到没有，家乡的亲人来看你来了，都来看你，我心里非常高兴；它长得郡么强壮，我非常高兴……"

(后混)

李兴玉说，自从 21 年前她救起巴斯的时候，就注定了她和巴斯的缘分，她有四个子女，这么多年来她一直把巴斯当做是自己第五个孩子，尽管二十多年过去了，但是当时的情形仍然历历在目……

1984 中国农历正月十一下午 2 点许，天还下着雪。37 岁的李兴玉和侄儿石家明在家附近的河滩上刨地种菜，突然看见远处的河道中间漂来一团黑白的东西，定睛一看——大熊猫！她们赶紧趟水到河道中央，把熊猫从水中捞起，抱到岸上。

李兴玉把熊猫放在河边的菜地里，脱下棉衣把熊猫捂着，用玉米秆生火，慢慢把它烘干。三个小时过去了，熊猫才逐渐恢复意识，在菜地里爬动着。李兴玉马上回到家里拿来煮好的玉米糊糊喂它吃下去。熊猫吃饱了，力气恢复了，就爬到十几米开外的一棵树上，死活不肯下来。

当时天色已黑。当地村民和乡政府的干部，生怕熊猫被冻坏了，就在树下烧火守候了一夜。

第二天，大伙把它送到 40 公里外的蜂蛹寨自然保护区饲养场调养。

因为熊猫是从巴斯沟上漂流下来的，当年又是 1984 年，这只熊猫取名"巴斯"。

1985 年，巴斯来到福州。据福州大熊猫研究中心主任陈玉村介绍，大熊猫刚到福州的时候，曾出现气喘、厌食、不喜欢活动等各种不适反应。几番摸索，他们最终总结出一整套在低海拔、低纬度、高气温地区饲养大熊猫的经验，包括：为大熊猫制定严格的饮食、运动、防疫等标准，通过系统的驯化，让大熊猫逐渐适应生存环境。

随后经过他们精心的饲养和严格的科学训练，熊猫"巴斯"成为当今世界大熊猫"体操冠军"，她能晃板、投篮、举重，还能够给家乡的姐妹打电话，它也曾多次出国表演，1987 年赴美国圣地亚哥访问半年，轰动了美国西海岸。上世纪 90 年代初，"巴斯"又应邀参加第 11 届亚运会文展活动和全国春节联欢晚会，被誉为"友谊天使"、"体操冠军"。

1990 年"巴斯"成为亚运会的吉祥物"盼盼"的原形，憨态可掬的形象不仅征服了全国人民，同时也赢得了全亚洲人的好感。

熊猫明星"巴斯"在科学研究中还保有许多的第一，是最早不用人工麻醉、不用捆绑就能够自然采血、输液的熊猫；是第一只被发现患有高血压的熊猫。对"巴斯"的治疗为科研人员开辟了对熊猫相关疾病进行对症诊疗的新领域。2002 年福建省东南眼科医院与福建总医院的医生和专家共同协作，成功摘除"巴斯"的白内障。这又是成功应用手术摘除大熊猫白内障的第一例。就在"巴斯"奇迹的背后，包含着不少人的默默付出。

在熊猫界，25 岁就相当于人类的百岁了，随着"巴斯"步入老年，它和人类一样患上了不少疾病，甚至一度生命垂危，福建南京军区总医院的医护人员一次又一次延续着"巴斯"的生命。

福州大熊猫研究中心主任陈玉村告诉记者：

（出录音）

"每当给熊猫作体检或是紧急疾病发生的时候，只要给院长打个招呼，院长就说，没有问题，你就直接指挥好了。你看整个医院都交给我们指挥，这不是一般的思想感情。给熊猫看病，往往要调动七八个科室，科室的主任都停下自己的工作去拯救大熊猫。这里，他们所作的事情都是分文不取，一弄就是几个小时，B 超、拍片全部都是免费的。这样社会上的帮助多了，就能够帮助大熊猫过得更好些，存活的时间更长些。"

今年 63 岁卢维燮老人这次成为福州年纪最大的熊猫爱心大使。现在居住在南京的他对大熊猫情有独钟，二三十年前他就开始搜集有关熊猫图案的各种物品，数量达到上千件。从 2001 年第一届福州熊猫文化节举办以来，卢老先生就不远千里，将自己收藏的火花、磁卡、纪念章、邮票、信封等十个主题的熊猫珍品全部捐献给了福州熊猫世界，创办起了全世界第一个熊猫艺术馆。

（出录音）

"比如说那里有个无嘴熊猫的石头很大，是结晶体的，是全国著名画家陈大伟收藏的。后来我说回家要办熊猫艺术馆，他说那块就送给你了。你既然把自己的藏品都贡献出去了，我也把这东西送给你。所以很多画家受我感动，他们也愿意送给我。有时候是用钱买的，有时候靠一种朋友感情去支持。"

卢维燮说熊猫是中国人民的骄傲，百岁"巴斯"更是福州人民的骄傲，宣传熊猫文化是他一生的心愿。

澳门大熊猫保育协会会长何伟添偕夫人彭永丽也前来为巴斯祝贺生日，彭永丽不久前刚被评选上福州"熊猫爱心大使"。何伟添为了祝福熊猫"巴斯"的生日积极筹资在澳门印制了画册《大熊猫在中国东南沿海的移地保护》青少年读本。何先生说："巴斯"能够活到 25 岁，证明我们中国在大熊猫保护的科研方面有很高的水平。

（出录音）

"熊猫一般是只活 12 年，'巴斯'能够活到 25 岁，证明我们中国在大熊猫保护的科研方面，有着很高的水平，这值得我们向世界各地推广这方面的经验。"

（再出歌《巴斯，巴斯祝福你》，渐混）

刚才我为您介绍了熊猫明星"巴斯"的传奇故事，今天的节目到这里就结束了，主持人罗华在福州感谢您的收听，再会！

简　评

《"百岁"熊猫"巴斯"的传奇故事》以福州大熊猫研究中心为 25 岁高龄的熊猫"巴斯"过生日为切入点，用平实的叙述方式，叙述了这只大熊猫"明星"与人类之间发生的可爱、有趣的经历，展示了人们对大熊猫的特别关爱，也表达了人与自然、动物和谐相处的良好愿望。

作品语言生动、行文流畅。

走上国际讲坛的农家女

（2006 年 1 月 10 日播出）

广西台 杨俊英 闰汉祥 韦薇

（出开始曲）

听众朋友，您好。这里是中国国际广播电台华语台《中国之窗》节目，今天的节目请听中国广西人民广播电台制作的录音报道《走上国际讲坛的农家女》。

（出演讲录音：good morning！ my name is Lisa and I'm a little nervous. I'm a simple country ... 渐低压混）

在 2005 年世界旅游组织旅游可持续性发展指标国家研讨会上，一个略带羞涩的中国广西壮族自治区桂林市阳朔县的农家女子走上了研讨会的讲坛，用熟练的英语娓娓动听地向与会者讲述自己发展旅游致富的成功经验。在众多发表演讲的各国旅游界官员、知名专家学者里面，这位登上世界旅游组织讲坛的第一位中国农家女非常引人注目。她就是我们今天故事的主人公、中国广西壮族自治区桂林市阳朔县两家酒店的老板——李莎。

带着对李莎的好奇，记者专程来到阳朔县采访这位传奇女子。

（出现场音：李莎与老外在店里愉快交谈。压混）

一推开李莎酒店的大门，我们就被一阵愉快的交谈声所吸引。店里的咖啡桌旁，穿着绿军装，扎着两条麻花辫的李莎正用流利的英文跟两名外国游客聊着天。环顾四周，我立即被酒店颇具传统而又极富个性的装修所吸引。两排铺着贵州民间工艺蜡染布的桌椅，一盆烧得正旺的炭火，使得面积不大的整个店堂传来一股融融的暖意。酒店的右面墙被主人别出心裁地设计成了镂花橱窗，里面摆满了中国上世纪六、七十年代文化革命期间时兴的《毛泽东选集》"红宝书"和毛泽东纪念像章，合起来估计有上万件之多。这些收藏品与李莎当时身穿军衣、军帽，戴着红袖标的老照片，都透露出了主人的人生经历和那段特殊的年代给主人留下的深刻印象。

我们的采访就从李莎的第一家餐馆聊开了。1985 年，刚刚二十出头的李莎，不甘心一辈子为人打工，凭着一股子闯劲，同丈夫向家人借了 600 元人民币，率先在阳朔县城开了一家私人餐馆，从此开始了自己的事业。

虽然当时的餐馆只是一个简易的工棚，但由于李莎经营有道，从不欺瞒客人，加上"农民味"十足，因而生意十分红火。半年后，李莎还清了 600 元的借款；但事业的蒸蒸日上并没有让李莎快乐起来。因为在上个世纪 80 年代的中国农村，农民的观念里做生意还不是一件光彩的事情。

（出录音）

"有一些朋友和同学就在背后说，干这种事情很丢人的。说实在话，心里也有一些压力的，自己感觉到自卑，还有一些人说得过分的话，就说看她的命相脸相就是伺候人的相，当时自己的眼泪也是往肚里面吞。"

1986 年，迫于周围的压力，从未出过远门的李莎和丈夫负气登上了开往中国云南省的列车。

以后的四年中，他们辗转了云南省的昆明、丽江、大理等几个城市，这期间，李莎和她的丈夫当过高级酒店的服务员，自己也经营过家庭餐馆。生活的磨砺教会了李莎许多经营之道，而对人生的感悟，和对周围人的宽容与理解，则是李莎在这行程中最大的收获，这使李莎在今后的酒店经营中受益匪浅。

1989 年，李莎和丈夫回到了阳朔县，在西街重新开起了酒店。为了突出自己的独特风格，李莎决定用自己的名字为酒店命名，叫"李莎酒店"。这时的阳朔，西方的自助旅游者越来越多。这些被闹市的喧嚣和快节奏的工作搅得身心疲惫的西方人，在阳朔找到了休憩的港湾，往往一住就是好几个月。在与西方游客的接触中，李莎发现他们很思乡，总想在异乡吃到自己家乡的口味，于是李莎就把这些外国人带进自己的厨房，让他们教自己做比萨饼、牛扒、鸡扒和汉堡包。在这期间，李莎学会了英语、法语、德语、日语、俄语、以色列语等语言的日常用语。

李莎把酒店当成了自己的家，她像家长一样照顾着来店里的每一位客人，使外国游客体验到了一个东方文明古国的家庭式的温馨。一次，一位丹麦的游客埃瑞克在入住李莎酒店期间得了急性阑尾炎，需要马上动手术。孤身一人的埃瑞克顿时陷入了困境。此时，李莎给予了他亲人般的温暖。

（出录音）

"我就陪他们到医院去，帮他签字，做了阑尾炎手术，做了手术继续在这里住了一个星期，我每天中午，每天早上都帮他们送饭，坚持了一个星期，等他出院，送他上飞机，到香港，然后回国。"

温馨的服务让许多外国游客多年来把李莎酒店当成自己在中国、在阳朔的一个家，而李莎则是这个家里当之无愧的家长。澳大利亚的游客 LEE 向记者描述了住在李莎酒店的感觉：

（出录音，压混）

"很亲近很温暖，她就是我们的妈妈。"

李莎也非常享受当"妈妈"的感觉。

（出录音）

"大部分来这里的客人，我都记不得名字，但是我都可以叫他 BABY，大BABY，小 BABY。"

人性化的经营让李莎旅馆名扬海外，澳大利亚出版的一本权威的旅游专业书《孤独星球》上对李莎酒店的介绍足足有一页。美国前总统卡特、法国前总统密特朗都慕名光顾过李莎酒店。李莎告诉我们：密特朗总统的到来成为了她酒店经营中的一件趣事。

（出录音）

"密特朗总统来到了我们店。那天，我觉得我们的店非常正常地经营着，为什么外面有一大堆警官，我们感到很吃惊，非常恐慌，为什么？而且叫我们把我们的散客请出去，我还不知道是怎么回事呢？然后过了十多分钟，把散客请出去后，他（翻译）说法国总统密特朗点名要来你这里。"

随着中国改革开放政策的深入推进，越来越多的外国游客认识了阳朔这个秀丽的山城小县，现在每年在西街旅游居住的外国游客达数十万人。而西街上的家庭旅馆和酒店也越开越多，到目前为止已有一百多家。日益激烈的市场竞争让李莎意识到自己在专业知识上的不足。她通过自学取得了大专文凭，平时稍有空闲就大量地阅读管理方面的书籍。每年冬天，阳朔进入旅游淡季的时候，李莎还会跟丈夫一起到全国各地乃至世界各国游历，增长见识，开阔视野。

如今，李莎的生意越做越大，结交的游客朋友也越来越多。每天她的电子邮箱里总会被来自世界不同国家的几十封邮件塞满。2006 年农历新年前后，一家三星级标准的李莎大酒店也即将开张。

今天的李莎已经从一个普通的农村妇女成长为拥有两家酒店的农民老板。在阳朔县，像李莎这样依靠旅游资源致富的农民还有很多。据统计，阳朔民居旅馆已有 180 多家，床位达到 6000 多张，民居餐馆也有 300 多家。乡村旅游的发展改变了农村经济落后的面貌，2005 年阳朔县旅游总收入达到 6 亿元人民币，旅游业已经成为了拉动阳朔县经济发展的强劲动力。阳朔县旅游局局长刘洪发说：

（出录音）

"旅游业在阳朔县域经济当中，占有非常重要的地位，旅游为龙头的第三产业占全县 GDP 会超过 35%，旅游三产对财政的直接贡献率将会突破 51%。"

（出李莎与游客唱法国民谣歌曲，压混）

时近中国农历春节，李莎和客人们一边唱着外文歌，一边挂起了中国传统的红灯笼。此时此刻，此情此景让人忘却了她们之间有着不同的肤色，不同的母语。喜庆的红灯笼映着李莎秀丽的脸庞，欢声笑语中，李莎许下了自己的新年愿望。

（出录音）

"我是同西街一起成长起来的，是中国的改革开放让我走上了旅游致富的道路。我的愿望是有更多的农民跟我一样通过旅游业成为有钱的老板。"

刚才您收听到的是由中国广西人民广播电台制作的录音报道《走上国际讲坛的农家女》。撰稿杨俊英，编审闭汉祥，播音瑞祺，感谢您的收听，再会。

简　评

　　《走上国际讲坛的农家女》通过一个普通农家女艰苦创业、发家致富的故事，反映了中国富裕起来的一代农民有着很高的精神追求，同时也折射出中国旅游业市场的勃勃生机。节目中女主人公的形象鲜活生动、淳朴善良。

　　作品文笔流畅，朴实真切。

晋南大地春意浓

——温家宝总理赴山西农村视察

（2006 年 4 月 5 日播出）

山西台　李夫丁　杜斌　田野

（混乐）

位于中华腹地的山西省是中华文明的发祥地之一。因为春秋时代为晋国的中心，所以，山西也简称"晋"或"三晋"。

就在不久前，中共中央政治局常委、国务院总理温家宝来到晋南农村视察，这已经是他连续五年来山西了。3 月 17 号到 18 号的两天时间里，温家宝总理白天深入到田间地头、村户农庄，晚上与县乡村基层干部和农民代表进行座谈，拉家常、算细账、话发展，了解中央惠农政策的落实情况，同时，也把总理亲民、爱民、为民的形象印在了老百姓的心中。今天的《中国之窗》就请您收听由中国山西人民广播电台制作的节目："晋南大地春意浓"——介绍温家宝总理在山西农村的考察情况。

（混乐）

三月的晋南大地，草木吐翠，桃花绽红。17 号下午，温家宝总理一下飞机，就前往位于晋南的夏县农村。路途中他不断从车窗向外望，农民们有的在麦地里锄地、松土、浇灌，有的为棉田整地、施肥，到处是一派繁忙的春耕景象。不一会儿，车在夏县禹王乡禹王村附近的一处麦田停下来，温家宝总理走进麦田的田埂。这块麦田刚刚浇灌过，绿油油的小麦已经没过脚面。在附近劳作的农民们看见温家宝总理出现在田地里，全都围拢上来。温总理与一位叫史范定的老人聊了起来：

（出录音）

"温总理：今年麦子的墒情还好吗？

史范定：好！

温总理：浇了一遍水吗？

史范定：浇了。

温总理：补贴钱拿到手了吗？

史范定：拿到了。

温总理：农业税不收了吧？

史范定：不收了。

温总理：去年还收吗？

史范定：去年也没有收。

省委书记张宝顺：我们山西提前一年。

温总理：现在还交什么费？你告诉我。

史范定：现在也就没有其他费了。

温总理：三提五统都没了，什么费都没了，这一年就不用交什么钱了？

史范定：笑，群众都欢迎，（笑）唉呀，农业税历史上都没有过不交税。（笑）"

农民增收是"三农"问题的核心。怎样才能开辟农民增收的新途径？这是温家宝总理始终在思考的一个问题。

在夏县南大里乡南师村村民李建佑的院子里，温总理和闻讯赶来的乡亲们围坐在一起，就农业生产、生活中遇到的困难和问题与农民细细地算起了成本账。

（出录音：）

"温总理：我听懂你们的意见了，一呢，水利跟不上去，井越打越深，（对对对）电费越来越高，（就是）第二呢，就是农资价格高，化肥的价格高，这两个就造成种棉花种粮的成本高，对不对？

百姓：对！

温总理：收益少。挣钱呢多数都靠打工，打工挣的钱盖房子，我说得对吧？

百姓：对！

温总理：小病看得起，大病看不起，家里要宽裕，孩子能上学，家里要困难，上不起学。我说得对吗？

百姓：对！（笑）

温总理：怎么办呢？我们一起努力，你比如这两年把税免了，把费也免了，再过一年，把孩子的学费也免了，说话算数！（大家笑）

温总理：到 2008 年以前，我们争取把合作医疗都办了。你们掏十块钱。

国家掏四十块钱，然后都记到你的账户上，大病统筹，好不好？

百姓：好!"

建立农村新型合作医疗是解决农民看病难、看病贵的重要途径。这项工作进展情况如何？温家宝总理十分关心。当他来到永济市许家营村一间不大但很整洁的卫生所时，便与这里的所长许拴锁交谈起来。

（出录音）

"温总理：你觉得搞合作医疗好不好？

许栓锁：好!

温总理：你对合作医疗清楚怎么搞法吗？

许栓锁：听广播，国家补助四十块钱，剩下就是个人掏十元。

温总理：是这样的。也就是说，现在的财政和经济条件还不高，但总比没有强。"

温总理告诉大家，到2008年以前，要在广大农村普遍实行合作医疗，纳入个人账户，实行大病统筹。政府还要帮助把乡镇卫生院建好，每个村里都要有卫生所。要做到小病不出村，大病能上医院治疗。温家宝与随行的工作人员说：

（出录音：温总理）

"我们在农村三件事，第一件事是给农民免税费；第二件事是给孩子上学，义务教育免学费；第三个就是合作医疗。现在呢又要有两件事，一个就是基础设施建设，实际上它的覆盖面很广，从交通电力通信到水利，改善生产条件、生活条件；第二件事呢就是农村其他社会事业发展，包括科技、教育还有文化，村村通广播影视，这几件事情办好以后，我想政策效应会越来越显现。农民有一段休养生息的时间，积极性就高了。"

农村义务教育也是温家宝总理多次提到的问题。来到夏县和永济县，他都没有忘了在繁忙的日程里加进一项内容——那就是看望孩子们。

（出朗诵声：白日依山尽，黄河入海流，欲穷千里目，更上一层楼。）

（压混）

在永济市卿头镇许家营学校初中一年级班，温家宝询问孩子们的家庭情况、学习情况和交纳学费情况，勉励孩子们越是困难就越要有志气，好好学习，把家乡建设好。

（出录音）

"温总理：永济是个有名的地方，有历史传统，文化底蕴，但是这个地方的经济还需要发展，永济发展的担子将来就落在你们身上了，要把这个地方建设得更好，不仅让人家知道永济的历史，还应知道永济的现代。一个有悠久历史的永济，还应该是一个发达的永济、现代文明的永济。这就得靠知识，知识里头有力量，有将来你们学习的本领，希望同学们好好学习，将来把永济建设好，好不好？

齐声：好！"

（鼓掌）

温家宝说，教育是一个国家现代化的基础，为农民办的几件大事当中，最具长远意义的就是实行免费义务教育。无论是城市还是农村的孩子，都有平等受教育的权利。

（出录音）

"温总理：我看我们在农村办理的事情当中，最有长远意义的就是实行免费的义务教育，知道这个政策吗？

学生：知道！

温总理：困难的孩子要补助书本费，再困难的孩子还要补助寄宿费。这样就是都能够让大家接受教育，如果说社会和谐、社会公平，最根本的就体现在人人都有受教育的权利。"

（混乐）

温家宝总理十分关心贫困户的生活。每到一个地方他都要问，这个村有没有特别困难的农家，有的话带我去看看。两天时间，温总理到过山西省夏县、永济、临猗三个县市的六七个村子看望群众。每到一个村子，他总是选院门和住房看上去比较简陋的人家进去。

温总理和农民群众总是那样的亲密，无论在农家、地头，还是在医院、学校，他总是认真地听取介绍，一一和群众握手。在永济市许家营村，村民们听说温总理来看望大家了，都聚拢在一起，看不见的就登在土坡上，温家宝主动走上去，向大家握手问好。

（出录音）

"温总理：今年不再交税费，知道吗？

百姓：知道。

温总理：到明年孩子上学就不再交学杂费知道吗？

百姓：知道，知道。这两天看电视人大'两会'知道的。

温总理：我在那作报告，你看到了吗？

百姓：看到了，看到了。

温总理：你们赞成我讲的话吗？

百姓：赞成！

温总理：那我又得了好几张票。（票还多着呢）谢谢你们支持。"

（压混掌声百姓回答的声音……）

（混乐）

送走了日理万机的温家宝总理，他的身影却深深地印在了晋南农民的脑海里，他的声声问候，句句关怀像春回的阳光温暖着百姓的心。

感谢收听由中国山西人民广播电台制作的《中国之窗》节目：《晋南大地春意浓——介绍温家宝总理在山西农村的考察情况》。

听众朋友，再会。

简　评

2006 年 3 月，两会刚刚结束，温家宝总理就亲赴山西农村考察，为落实中央的惠农政策而深入到田间地头。作品先声夺人、用情感人，采用了大量的现场音响，通过多段总理与农民的对话，展现了总理亲民、爱民、为民的形象。

作品音响丰富，制作精良。

"中国爱心老人"姜达敖的故事

(2006 年 11 月 4 日播出)

无锡台　张振杰

(开始曲)

女：海内外的听众朋友们，你们好。我是周宓。

男：我是林彤。伴随着开始曲优美、熟悉的旋律，我们又相会在《太湖明珠·无锡》节目中。

女：150 万元人民币，足以改变一个人的人生；150 万元人民币，用在成百上千个急需帮助的人的身上，也许就能改变他们中每个人的命运。

男：中国江苏省无锡市宜兴市高塍镇里一位名叫姜达敖的花甲老人，16 年中拿出自己的工资、奖金和个人积蓄 150 多万元人民币，资助弱势群体 1300 多人。

女：今年姜达敖不仅获得了"中国公益事业十大慈善大使"的荣誉称号，还获得了中国唯一的"中国爱心老人"的称号。

男：在今天的《太湖明珠·无锡》节目里，请听录音通讯《"中国爱心老人"姜达敖》，为你讲述无锡老人姜达敖 16 年如一日扶贫帮困的故事。

(间隔乐)

女：听众朋友，今年 66 岁的姜达敖出生在江南小镇——无锡市辖区的宜兴市高塍镇一个贫寒的家庭，自小饱受饥寒之苦。在浙江长兴中学读书的时候，花不起 9 角钱的车费，假日回家来回都是步行。有时还因交不起伙食费而被学校停了伙食，偷偷躲进宿舍掉眼泪。好容易读完了高中，考上了杭州大学，又因为家里再也供不起他读大学，大学二年级的时候他不得不中断了学业。

男：回家后，姜达敖当过代课老师，做过电工，拖过板车，还先后当过 18 年搬运工。1978 年，他和妻子王腊华用苦力挣来的汗水钱，携手创办了华都环保企业，通过多年的艰苦创业，近两年来逐渐发展成为年产值上亿元的华都集团。对于贫穷有着刻骨铭心感受的姜达敖，在脱贫致富以后，首先想到的是扶困济危，回报社会。他说：

（出录音）

"我是党的富民政策的受惠者，我（19）91年脱贫以来就开始关注弱势群体，现在我们中国有2360万在贫困线以下的弱势群体，我作为先富起来的人，有责任有义务来帮助他们。"

女： 1991年冬天，姜达敖了解到高塍镇一些老人丧失了劳动能力，生活难以自理；供销社改制后，一些老职工生活十分困难。他就与妻子王腊华商议，每年从个人积蓄中拿出3万元，分赠给生活困难的老人和28户特困家庭，一直到现在。

男： 从那以后，姜达敖踏上了扶贫帮困之路。从丧失劳动能力的老人到受灾群众，从下岗工人到贫困大学生，从患病女工到敬老院，从家乡到大江南北，凡是看到的、听到的、了解到的需要帮助的人，他都会伸出援助之手。

女： 2002年初夏，姜达敖到中国西北地区一家污水处理厂办事时，偶然听说西北农业科技大学有些贫困学生，吃的是从家里带来的杂粮面"锅盔"。"锅盔"就是烤熟的干粮，类似新疆的烤馕，可以长期存放。姜达敖听到贫困学生长期靠"锅盔"充饥，他心里隐隐作痛，立即与这个学校的领导联系，挑选了13名品学兼优的特困生，为他们提供每人每年1000元人民币的专项助学金，连续4年。

男： 其中有一位来自陕西省渭南地区的学生叫雷婉宁，家乡遭了水灾，母亲又跌断了脊梁，真是雪上加霜，家里再也无力供她上大学。无可奈何之下，雷婉宁含泪递交了退学申请。没想到的是，这时姜达敖的助学金如及时雨般赶到了，雷婉宁终于可以不用辍学回家了。2006年，雷婉宁已顺利完成了本科学业，并考上了中科院的研究生。对于姜达敖的无私资助，雷婉宁热泪盈眶地说：

（出录音）

"其实姜伯伯给我们最大的就是精神上的鼓励，给我们以希望，让我们看到社会上还有那么多关心他人的好人；而且让我们自己也感受到有一份责任，就是说以后有一天自己如果强壮了，也应该想着他人。"

女：听众朋友，除了西北农业科技大学的特困生之外，姜达敖常年资助的各地特困生有 80 多个，他们中有中国对外经贸大学的特困生，有北京希望工程的中小学生，还有不少是他家乡宜兴高塍镇的中小学生。

男：现在，姜达敖资助的学生中已有不少顺利完成了大学本科学业，有的考上了研究生，有的出国留学，有的当了大学教师，有的被英国路透社、香港汇丰银行等录用，也有的进了大使馆工作……

女：看到受助学生一个个成为栋梁之材，姜达敖心里比什么都高兴。

（出录音）

"听了他们那么多好消息，老实说，我比喝了二两酒还高兴，我深深地感到我对他们的资助是值得的。"

男：2005 年 1 月，姜达敖到南京参加江苏省第八届精神文明建设新人新事颁奖大会。会上了解到的一件事引起了他的关注：连云港市东海县的村民丁照前，为保护人民财产，在与歹徒搏斗时英勇牺牲了，留下了妻子和年仅 3 岁的孩子以及 4 位老人，家庭十分困难。

女：姜达敖当即在大会上把自己获得的 5000 元奖金一分为二，3000 元捐赠给了印度洋海啸的难民，2000 元捐给丁照前的妻子金雪言，并决定把丁照前的儿子认作干孙子，每年承担孩子 5000 元的生活学习费用，直到长大成人。

男：丁照前牺牲后，家里全靠妻子金雪言种两亩薄田维持生计，实在过不下去，他的母亲拖着病体外出捡垃圾补贴家用。所以，姜达敖的资助对这个陷入困境的家庭来说，无疑是雪中送炭。丁照前的妻子金雪言激动地说：

（出录音）

"照前走了，感觉一个顶梁柱塌了，感觉就是过不下去了，后来听到姜伯伯这个好人，我一下子感觉到生活又充满了光明，对明天感觉又美好了。因为有姜伯伯在千里之外在关心我们、资助我们，我应该好好地活下去。所以我感谢姜伯伯又一次给我生命，给我再次活下去的勇气。"

女：在家乡宜兴，姜达敖关心残疾人杜水华的事已经传为美谈。

男：杜水华是宜兴高塍镇邱新村的农民，2001 年做瓦工活时不慎从高空坠落，伤害了中枢神经，成了高位截瘫的残疾人。祸不单行，同年 5 月，他

27 岁的独生子突遭车祸身亡，儿媳改嫁，家中只留下杜水华和他体弱多病的妻子、80 岁的老娘和一个未满周岁的孙子。

女：这一连串的打击使杜水华痛不欲生。就在这时，姜达敖来了。

（出录音）

"我知道这一情况后，马上来到他家里，给他 3600 元钱安慰他，阴天下雨还经常打电话给他，询问怎么样。我知道他几次想走绝路，用电线绕在脖子上想电死自己，很着急。先是送东西慰问他，每个礼拜去一次。后来想想不是个办法，光靠输血解决不了问题，就千方百计给他办了一个烟杂商店，使他能够长期生活下去，让他感到自己能够自力更生了。"

男：如今，这家小店每年能有 1 万多元的收入，杜水华一家的生活不用愁了。对生活重新充满希望的杜水华，为了表达自己的感激之情，特意把小店命名为"爱心商店"。杜水华说：

（出录音）

"我一度就想自己一死了之，家里的情况我真的不忍心看下去。姜厂长每年逢年过节总会带着东西来看我，安慰我，常说，老杜你要有勇气活下去，你不要想不开，有共产党有人民政府在。姜厂长真的是个好人。"

女：听众朋友，像雷婉宁、金雪言、杜水华这样受到姜达敖帮助的人和家庭还有很多。近几年来，他几乎每天都会收到来自全国各地的求助电话和信件，还有直接找上门来的。对于这些，有着一副菩萨心肠的姜达敖在核实了情况后，能帮则帮。

男：而姜达敖自己的生活却非常俭朴，平时经常穿着一双布鞋，吃饭只要一碗面就可以了，在有些人看来他有点"小气"。但在帮助有困难的人时，他少则几百元，多则上千元，从不心疼。在他的心目中，钱不过是一串数字，只有用于帮人家排忧解难时，才有意义，他才感到快乐与满足。

女：也有人不理解他，说他沽名钓誉，还有好心人劝他不要把自己的钱财全捐光了。对那些闲言碎语，他不屑一顾；对于那些好心的劝告，他报以一笑。

男：姜达敖说：

（出录音）

"假如没有改革开放，哪有我姜达敖今天！社会给了我机遇，我理当回报社会。何况人生在世，白天三顿饭，夜里一张床，能耗费多少？150 万，虽然足以改变一个人的命运，但如果用在众多急需帮助的人身上，也许就能改变成百上千人的命运。"

女： 18 年搬运工的艰苦生涯，加上脑部 2 次大手术留下的后遗症，使姜达敖常常感到体力不支。特别是每到阴雨天，总会头皮发麻，两腿僵直，上楼梯时只能扶着栏杆一步步往上挪，但他每天还要骑上半小时自行车锻炼身体。他说，"过去我说生命不息，回报不止；现在我要改说珍惜生命，回报社会，因为还有很多人需要我。"他说：

（录音）

"我帮助弱势群体以来，我的座右铭是'生命不息，回报不止'，自从去年到今年我出了两次事故，一次摔了一跤，差点摔死；第 2 次在长春赞助吉林省孤儿学校的儿童回来在飞机上发生眩晕症，差点老死在飞机上，我现在改变了我的座右铭，就是'珍惜生命，回报社会'。因为我身后有 86 个长期（受）援助的学生，26 个贫困家庭都要靠我打工来的钱，给他们生活费、学费。假如我倒下去的话，那么这些人怎么办，我就不能实现自己的诺言来帮助他们，所以现在我首先要锻炼身体，把身体搞好，延长工作时间来回报社会，帮助弱势群体。"

男： 现在，姜达敖常常想的一件事就是：他的爱心的接力棒是否能代代相传下去。让这位老人感到欣慰的是，在他的感召下，他的家人和他曾经资助过的学生已经接过了爱心接力棒。

女： 姜达敖的儿子姜祝明今年将自己经营的吉林中超电缆乒乓俱乐部在长春的比赛门票收入等 23 万元，分别捐赠给了吉林省的孤儿学校、贫困老人。姜达敖的妻子王腊华筹集 8 万元钱设立了"华都爱心基金会"，用于帮助贫困职工和学生。他资助过的对外经贸大学十多名学生，也跟高塍镇上的 32 名中小学特困生、北京希望工程的十名中小学生开展了"结对手拉手，爱心代代传"活动。

男： 其实，姜达敖每年的工资奖金加上子女的孝敬不到 12 万元，他算不上什么大款，比他有钱的人多的是，在慈善捐款的排行榜上，捐款几百万甚至几千万的不乏其人。然而，可贵的是，他能 16 年如一日，把自己所有的工资、奖金和个人积蓄，几乎全部用在了资助贫困群众上，北京、江苏、甘肃、陕西、吉林等地到处留下了他雪中送炭的脚印。姜达敖说：

（《爱的奉献》歌曲压混，出录音）

"我只要还活着一天，我就要用最大的能力帮助别人，继续做奉献爱心的有心人，一直到永远。"

女：海内外的听众朋友，今天的《太湖明珠·无锡》节目到这儿就结束了，主持人林彤、周宓代表编辑张振杰感谢各位收听，我们下次节目再见。

（结束曲）

简　评

2006 年，姜达敖老人获得了"中国公益事业十大慈善大使"的称号，还获得了中国唯一的"中国爱心老人"的称号。作者从捐款助学、扶贫帮困和爱心接力等多个方面，运用简洁的段落、朴实的语言讲述了姜达敖老人的爱心故事，反映了他高尚的思想情操。

作品人物典型，细节饱满。

情满"天路"

（2006 年 11 月 9 日播出）

青海台　涂维君　金玲　王雅萍　陈志强

听众朋友，您好！这里是中国国际广播电台华语台的《中国之窗》节目。

听众朋友，今年 7 月 1 号，青藏铁路二期工程格尔木至拉萨段建成通车，一列列满载国内外旅客的高原列车，奔驰在千里青藏线上，列车乘务人员用真情、真爱、真心，为旅客营造了一个个和谐、温馨的"流动之家"。

今天的《中国之窗》节目，请听中国青海人民广播电台采制的录音报道：情满"天路"。

（出列车广播录音，压低混播）

"旅客朋友们，我们的列车从格尔木车站缓缓开出了，列车运行的前方到站是安多车站，到达安多车站的时间是 17 点 06 分。旅客朋友们，从格尔木到拉萨，列车将在海拔 4000 多米的路段上运行，在翻越唐古拉山时，海拔将高达 5072 米，这时空气中的氧气含量将十分稀薄，由于缺氧，有人会出现头疼、头晕、胸闷、气短等高原反应，为了保障大家的身体健康，列车的供氧系统会自动地整仓加氧，进行弥漫式供氧……"

听众朋友，10 月 17 号清晨，青藏铁路公司开往拉萨的 N917 次旅客列车缓缓驶出了格尔木火车站。随着一轮朝阳从地平线冉冉升起，列车车厢里开始变得热闹起来，旅客们纷纷走下铺位，拿起摄像机、照相机，围在车窗旁，对着戈壁滩、大草原和一座座雪山冰峰，不停地摄像、拍照，青藏高原雄浑壮丽的景色，让他们兴奋不已。

（出录音，压低混播）

"大家好！我是十二号列车的乘务员，我的胸章号码是 13041。下面由我为大家带来一段我们特别为大家推荐的有氧健身操，有氧健身操可以放松血液循环，有效抵御高原反应。请大家走出车厢跟我一起做，来，大家开始，第一节，一二三四，做深呼吸……"

为了把列车营造成舒适、温馨的旅客之家，让每一位旅客都快快乐乐度地过旅行时光，平平安安抵达目的地，青藏铁路公司拉萨车组的干部职工，动了不少脑筋，想了很多办法。他们根据列车运行途中旅客的实际需要，推出了"雪域风情、保健亲情、家庭温情和观光闲情"四大类共三十多个服务项目。在这些服务项目中，无论是车厢环境的布置、餐车菜谱的设计，还是对需要特殊照顾的旅客进行爱心护理，教旅客学藏语、学健身操，都考虑得非常细致周密，甚至为小旅客准备的拖鞋的颜色和式样，也考虑得仔仔细细，安排得妥妥当当。旅客们从登上列车的那一刻起，始终都会感受到来自乘务人员的深切关怀。

在列车 8 号车厢，记者遇到一对来自广东的正在度蜜月的新婚夫妇，说起这趟雪域高原之旅，新娘子小袁抑制不住内心的激动。

（出录音）

"新娘：结婚一生就一次嘛，就去远一点、去特别一点的地方，就是挑战一下喽。

记者：来之前做过什么准备吗？心里有没有紧张？

新娘：没有，很兴奋啊！我老公一直担心我会不会太兴奋，兴奋过头了，因为这边实在太美了。"

在这对新人铺位边的桌子上，一束插在水杯中的红红的玫瑰花，格外引人注目。新郎李向荣告诉记者，他们旅行团昨天晚上从西宁上车后，列车乘务员听说其中有一对是正在度蜜月的新婚夫妇，很快送来了一束玫瑰花表达祝福，这让他俩惊喜万分，感动不已。

青藏铁路是世界上海拔最高的铁路，由于海拔高，气温低，空气中的含氧量稀薄，许多来自平原和沿海地区的旅客会出现不同程度的高原反应，照顾好这些旅客，是列车乘务人员的一项重要工作。

11 号车厢乘务员赵慧宁，给记者讲了这样一个故事：

（出录音，混播）

"10 月 11 号，我们车厢有一个泰国旅游团，18 位旅客，平均年龄都在四十岁以上，年龄最大的 73 岁。当时我和我的对班就商量对他们进行重点巡视，来回问他们有没有什么不适。头一天晚上还行，没什么事情，第二天到了海拔高的地方，就有人突然反映说不舒服，难受，喘不上气来，胸闷……"

赵慧宁告诉记者，这位泰国旅客名叫那差，今年 73 岁了。当列车翻越唐古拉山时，老人躺在铺位上，嘴唇发紫，脸色很难看，列车员便急忙打开吸氧孔让他吸氧，同时用对讲机把情况反映给了列车长。列车长和医生很快赶了过来，给他测体温，量血压。原来老人是患了重感冒，体温达到三十八度六。人到了海拔高的地方，体温超过三十八度，就有可能引起肺水肿、脑水肿等高原病。这让列车员们很担心，赶紧给他吃了感冒药，用酒精擦身，并打了一针。听说老人一天都没吃东西了，列车长又赶紧跟餐车联系。这时餐车正供应午饭，人特别多，又只有两个炉灶，列车长说无论如何要腾一个炉灶出来，给老人熬点粥，餐车厨师很快腾出一个炉灶，熬了姜汤和一大碗粥端了过来。老人说他不想吃，列车员小赵就一勺一勺地喂给他吃。最初老人还有点不好意思，但看到乘务人员都充满真情，就吃了一些，还喝了一小碗姜汤。之后，车长和列车员一直守在他的身边，每隔半个小时给他量一次体温，让他吸一次氧。后来老人出了一身汗，体温也终于降下来了……

故事讲到最后，小赵显得有些动情，她说：

（出录音）

"老人这个时候就说，感谢乘务组的同志们，非要拿出一百块钱，说这是我们泰国人的一点心意，我们在泰国都是这样的，你必须拿上，否则我们会过意不去的。我们当时就说，这都是我们应该做的，你们的健康，你们平平安安地到达拉萨，就是我们最高兴的。他们泰国 18 个客人都纷纷过来，说感谢你们列车组给我们带来了平安，带来了健康。"

"旅客的健康、平安，就是我们最高兴的事儿。"这是所有青藏线旅客列车乘务人员共同的心声。

说起美不胜收的千里青藏线，说起列车乘务人员的热情服务，几位来自祖国宝岛台湾的游客，真是感慨万千。

（出录音）

"记者：走青藏线有什么印象？

台湾游客：印象非常好！很愉快，很开心。四年前我就来过西藏，这次来就是为了坐高铁，走青藏线。草原很宽阔，一看就很漂亮。又下雪，又下雨，还有那些山头，一个一个都不一样，很漂亮。风景非常好，牛呀、羊呀，山头都是雪。哦，你看到了没有？那都是牛羊，很多很多的。我回到台湾就要做广告，你要给我广告费，对不对？（笑声）

记者：对列车的设备和乘务人员的服务满意吗？

台湾游客：满意，非常好，真的非常好！

台湾游客：尤其这一趟的列车长，最亲切了，说话非常客气。服务员也蛮不错的。

台湾旅客：真的，很好！我们要倒茶的时候，她马上来了，说我给你倒，这边那边的，让人感受很多。

台湾游客：能够坐上世界上这么高远的铁路，我们真的是非常幸运和荣幸。青藏铁路是世界上最伟大的一条铁路，我们在台湾看到电视广告，我们都很想来。现在大陆有这样一条青藏铁路和那座长江大坝，还有种种的建设，真的，我有一个感想，国家进步得很快，太快太快了。

台湾游客：真的很高兴！进步得太多太多了。"

（出列车广播歌曲录音，混播）

"啊，我们把祝福酿成美酒，啊，我们把祝福酿成美酒，让太阳的芳香留在你的心里。高原的山上，有许多祝福的话，像洁白的云层编织着吉祥的哈达，哦，远方的客人，远方的客人，我们把所有的祝福拧成哈达献给你，啊，我们把祝福拧成哈达，啊，我们把祝福拧成哈达，让留恋的记忆留在我们的心里，留在心里……"

千里青藏线，处处见真情。
我们相信这美好的记忆，会永远留在每一个旅客的心里。

（歌声扬起，止）

听众朋友，今天的《中国之窗》节目播送完了，写稿徐维君、金玲，播音沈红，录音合成向阳，谢谢收听，再会。

简　评

　　青藏铁路的开通，人们的目光大多集中在铁路沿线本身，而该节目把目光投在了铁路客运线上的车厢内。《情满"天路"》讲述的是高原列车车厢内的乘务人员，用真情和亲情营造了一个个和谐温馨的"流动之家"的故事。节目还从另一个角度打消了人们对于进入西藏的恐惧心理。

　　作品视角独到，行文流畅。

爱心门铃引出的故事

（2006 年 5 月 2 日播出）

黑龙江台　李晓萍　赵研均　王丽娜　董丽敏

各位听众，您好！这里是中国国际广播电台华语台的《中国之窗》节目，欢迎您收听这次由黑龙江人民广播电台采制的节目：《爱心门铃引出的故事》。

（门铃声，"我这一按，他就听到了……"压混渐隐）

连日来，在中国黑龙江省省会城市哈尔滨市地德里小区的一栋居民楼里，九十岁高龄的林日贤老奶奶总是情不自禁地按响自己床边那连接邻居王广君家的特殊门铃。她惦念、思念那个没有血缘，但却胜似亲儿，十多年如一日关心照料自己的王广君，盼望他早日病愈回家。

（出林奶奶录音）

"他有这个病我心里可难过了。我也盼望他回来，想起来我就哭。他和我说，春暖花开时就好了，所以我在家等着他。我满心想着广君。"

老人思念的王广君是哈尔滨市司法局万家劳教所的管教员。他是林日贤老奶奶的邻居。一九九五年搬到地德里小区居住不久，王广君发现耄耋之年的林日贤老夫妇的子女不在身边，生活起居很困难，就主动承担起了照料二老的义务。七年前，王广君担心行动不便的老人发生意外不能及时知道，就在林日贤老奶奶的床边安了一个门铃按钮，而门铃另一端直接通到他家里。

王广君家所在社区的王艳姝主任讲了这样一件事。

（出录音）

"这个门铃刚安上的时候，在一个半夜林阿姨就把门铃按响了。按响之后王广君马上就过来了，就问林阿姨说，怎么了大娘有什么事吗？林大娘就说了，不好意思，我就是想看看这门铃管不管用。"

2002年的一天凌晨，王广君家骤然响起了铃声，原来是林奶奶的老伴病危。广君和爱人急忙赶过来，他们一边联系救护车，一边通知其子女。老人过世后，他们又像亲生儿女一样给老人送终。

一说起王广君的好，林奶奶就滔滔不绝。

（出录音）

"他照顾（我）那是多了。我说广君灯灭了，他给我调理后就着了。我要有病有灾他能过来看我，晚上不放心也看看我他再走，有办不了的事他给我办。（深夜）我把头磕破了，他顾不得穿衣服穿个内衣过来了，这就知道他对我的心情，关心我，他着急。"

他们居住的地德里社区王爱武主任讲了这样一件事。

（出录音）

"王广君家在2004年想换个大点的房子，林日贤因为这个还病了一场，王广君了解林大娘是因为这个病了，从此就再也没提换房的事儿。"

可是现在，十多年来一直关爱林奶奶的王广君却不幸患了肺癌，并且已经骨转移，生命危在旦夕。这样一个好心人遭遇不幸的消息通过黑龙江人民广播电台等新闻媒体播报后，哈尔滨不少人市民都感动得落下了热泪。

他的邻居周女士告诉记者：

（出录音）

"王广君这个人实在是个太好的一个人啊！提起他我都挺心酸的。（哭）他处处为别人着想，帮助别人，他平凡而高尚。我想会有奇迹出现的，我们盼望他早日回家。"

一位收听了王广君爱心故事的孙女士说：

（出录音）

"我从开始到后来都是流着眼泪听这个节目，这没有血缘的爱，王先生能做到这点非常受感动。通过电台这个节目，弘扬中华民族传统美德，让全社会都来人人关心，互相爱护，这也是我们构筑和谐社会的一个基础。"

王广君病危的消息在社会上传开后，哈尔滨及全省各地一些群众纷纷通过各种方式表达他们对王广君的崇敬、关爱之情。一段时间以来，王广君的家人接到了数不清的祝福短信和问候的电话，许多人还捧着鲜花，拿着各种慰问品和钱到医院探望王广君及家人。

哈尔滨市第一五六中学的刘畅和李路遥两位同学，前些天带着鲜花和三百多名大学生的祝福签名，到医院看望王广君叔叔。她们说，她们收听了王叔叔的报道后，既感动又难过。于是她们利用业余时间到哈尔滨两所大学征集了祝福签名。现在，她们把这签名送来，就是想让王广君叔叔知道，社会上很多人都在关心他，祝福他。

（录音）

"昨天去工大和商大，学校广播也说了这事儿，他们都在那抢着签，祝王叔叔早日康复。春天到了，是一个万物复苏的季节，希望王叔叔的病能有好转。"

从医院出来，两位同学又去看望了王叔叔一直照顾的林奶奶。她们说，她们今后要替王叔叔照顾林奶奶。

（出录音）

"奶奶，以后我们当你的孙女，啊，谢谢，经常来看你，帮助叔叔来照顾你，谢谢。"

齐齐哈尔市王先生得知好人王广君不幸患病后，给黑龙江电台打来电话说：

（出录音）

"太惋惜了。我打电话意思是寻思看看跟他联络地址，给他捐点钱，我祝愿王广君早日恢复健康，度过这个难关。"

伊春市一位女士误听说王广君得了尿毒症，她说这样的人令人敬重，她要把自己的一个肾捐献给王广君……

在王广君住院期间，哈尔滨市政府、道里区政府领导及社区领导都前往看望慰问,希望医院尽最大努力医治减少他的病痛。日前,哈尔滨市司法局下发了向王广君学习的通知。哈尔滨市司法局党委书记齐家民说:

(出录音)

"全局系统向他学习,学习广君同志牢记党的宗旨,全心全意为人民服务的这样一种精神,学习他立足本职,几十年如一日的奉献精神。"

王广君的同事说起他是满口赞扬声:

(出录音)

"有这么一件事比较让我难忘。我们大队有个学员叫何旭东,教养期间他家没人来看他,一到冬天没棉衣服的情况下,王广君就从家里拿来棉衣棉裤棉鞋之类的(给他),都非常感动。"

听说王广君病重,一位被管教的学员心痛地说:

(出录音)

"王管教他真的像父亲一样。从王管教身上也受到很多教育。从我本人来说,我愿意好好改造自己,也对得起这样一个好管教对我的帮助。"

黑龙江大学的一名姓张的学生说:

(出录音)

"广君叔做的是一件非常平凡的事,但我感觉平凡中孕育着伟大。一个人做一件好事容易,但是长时间做好事非常难。如果能像广君叔这样做到把自己的爱心献给每个人,我想我们的社会就会变得更加和谐。"

(音乐,压混)

王广君曾对林奶奶说,春暖花开时我就好了。可是,春天来了,他却依然没有脱离危险。王艳姝主任告诉记者:

(出录音)

"病危通知书已经下了,在这种情况下他说,我还有一个90岁的老娘没有送走，我的任务还没有完成，让我们在场的人都哭了。"

　　王广君说的 90 岁的老娘就是林奶奶。近日，王广君把照顾林奶奶的任务托付给了女儿王琦。这些天一直护理爸爸的王琦难抑心中悲痛，又无法对病痛中的爸爸表诉，于是她给爸爸写了一封信，信中写道："爸，25 年的养育之恩，如浩瀚的湖海。现在，您才让女儿真真切切地体味到了即将失去如山般父爱的痛苦还有一万个不舍的理由。从小到大，您的正直，您的宽厚，还有您的善良，都深深感染着女儿。您虽平凡，但您的精神使我无限富有。我觉得能够成为你的女儿是我这辈子最值得骄傲的事。这些天，病床上的您，说过的最多一句话就是'哪怕再给我十年的时间，我还可以为社会作一些贡献。'听了您这话，我的心特别酸。您为女儿做得太多了，而面对您的渴望，女儿却无能为力。爸，您放心吧，我会照顾好妈妈还有林奶奶，做社会的有用之材。……"

　　王广君患病期间，不少人纷纷接替他照顾林奶奶。人们还向更多的孤寡老人及需要帮助的人伸出了友爱之手。春天来了，王广君播撒的爱心种子正在萌芽开花……

　　听众朋友，感谢您的收听，再会。

简　评

　　这是发生在黑龙江省哈尔滨市的一个真实而感人的故事。故事的主人公在奉献爱心的同时，自己又遭遇了不幸，可他得到了来自社会的更多人的关心和爱护。作者及时捕捉到了这个生动的典型进行报道，很好地反映了中国社会人与人之间互爱互敬的和谐风尚。

　　作品音响丰富，语言流畅。

说英语、教英语的农民李双芳

（2006 年 8 月 16 日播出）

甘肃台　李争艳　于福江　肖波

　　听众朋友们，你们好！欢迎收听《中国之窗》节目。这一期节目是由甘肃人民广播电台为您采制的。

　　听众朋友，不知您是否见过或者是听说过一个叫李双芳的农民。也许有人是在 2005 年元月份中央电视台的一期节目《小崔说事》中见过李双芳；也许有人是在网上，通过这样一条消息：《自创"英语庄稼"，甘肃农民苦学十年练就流利英语》而认识了李双芳；也许还有很多人并不知道这位普通人……今天就让我们一起去重新认识、了解和走进他吧。

　　李双芳是中国甘肃省白银市靖远县北滩乡的一位普通农民。2004 年 3 月，李双芳走入兰州大学参加英语考试，结果他以优异的成绩获得全国公共英语等级考试一级证书。作为甘肃省唯一一位来自农村的农民自学英语考生，李双芳独创的英语学习方法和他十多年自学苦练学习英语的事迹马上被媒体报道，李双芳也开始频繁出现在甘肃省内多所高校大型英语讲座的讲台上。然而，这之后没有多久，李双芳就回到了家乡靖远县。前不久，记者来到了靖远县师范学校李双芳小学生英语学习班，见到了正在给孩子们上课的李双芳。

（出录音压混）

"This is a teacher. This is a boy. This is a girl. What's his name? His name is Li Ming. What's her name? Her name is Jenny. "

　　与去年作客中央电视台时的李双芳相比，此时的他看起来还是那么充满自信、豪爽和乐观。见到记者，他的第一句话就是："你们是怎么找到我的？"我说："想找就能找到"。听了我的回答，李双芳先是一愣，随即就哈哈一笑对我说："OK，我们开始采访"。

（出录音）

"记者：你学习英语的过程是很困难的，是吗？

李：对，我读书的经历比较曲折，当时家里太困难，我爸爸放羊，妈妈喂鸡。上了高二我就辍学了，辍学以后在煤矿打工，在艰苦的环境下学英语。"

李双芳兄弟姐妹共有9人，其中李双芳和哥哥李对芳还是孪生兄弟。这个多子的贫困农民家庭，无法一年供李双芳和孪生哥哥两个同时上高中，李双芳只好辍学。李双芳的辍学换来了孪生哥哥上大学，哥哥在西北师范大学期间的学费全都是由李双芳打零工挣到的。李双芳用自己背煤的钱给哥哥买的一件中山装，让远离家乡、现在浙江宁波的哥哥终生难忘。

（出电话录音）

"我弟弟辍学以后就背煤，那时候我弟弟在所有的元旦、春节就在煤矿里给人家捡煤。我弟弟最好的童年就，唉……我考上大学以后，昂贵的学费交不起，我弟弟背煤，加上给人家做衣服、捡垃圾，这些收入就供我读书。我穿过的一件衣服是我终身难忘的，是我弟弟用他背煤的钱给我买的第一件衣服，买了以后，我们两个就……想起来是我印象最深的，我现在心情是比较难受的，（哭泣）我，我不想讲给你听……"

如今的李双芳日子过得依然很苦，有时候李双芳一家四口只花2块钱买两斤葱，一根葱就一顿饭这样吃上一个星期，买包方便面对他们来说是改善生活。

在10多年的英语自学中，李双芳没有听过一盘磁带，手里只有一本哥哥用过的英语书。他甚至一直都不知道自己说的英语是对、是错，直到2004年3月，他在兰州大学参加考试，见到了外籍教师。

（出录音）

"我当时很怀疑，我不知道是对是错。在兰大，我见到老外，我就说：Hello, nice to meet you. I am Li shuang—fang, I am a farmer. I study English so many years, I do not know that my English learn of how, please tell me? 我说，我学习英语这么多年，我不知道我的英语学得怎么样？结果他们听完以后说，

你的发音不错呀。"

也就在那一天，李双芳被媒体发现，并进行了报道，李双芳成了小有名气的人。然而，李双芳并没有留恋让他能够名利双收的大城市，而是回到了他土生土长的小县城。

（出录音：李）

"当时我从靖远来到了兰州，这是很令人自豪的事情，那么现在又从兰州回到了靖远，当时有顾虑，怕人笑话，也是斗争了很长一段时间。"

经过激烈的思想斗争，李双芳最终还是决定回到家乡从事英语教学。让李双芳作出这个决定的还得归于他上初二时的英语老师——李胜。李双芳说，那时候他学习并不好，很自卑，被人瞧不起，是李胜老师改变了这一切。有一次，李胜老师让李双芳背课文。

（出录音）

"当时，我站起来背，同学们都说：李双芳还会背课文，惊奇呀。李胜老师说：Very good, sit down please. 那时候，那句话太值钱了。老师一句表扬的话可以成就一个人的一生。如果那个时候，老师说我是个笨蛋，那我肯定就是一个笨蛋。"

正是由于老师一句鼓励的话，才有了李双芳"要做中国九亿农民的英语代表"的信心。2004 年，新时代的农民李双芳刻苦学习的事迹被报道后，许多人在网上留言，发表看法。这之后，已经回到靖远的李双芳，并不知道这些。当通过我们李双芳第一次听说这些来自外面的消息时，他非常高兴。

（出录音）

"记者：当初你跟大家说：你的目标是要做中国九亿农民的英语代表，这句话也曾感动过许多人。我在新华网上看到有一位网民这样写道：我作为一个大学英语教师，深感佩服；还有一位网民留有这样的一句话：中国农民，好样的。还有很多，不知你听了这些是怎样想的？

李：当时我说我是中国九亿农民的代表，其实我从一个侧面给农民鼓劲。因为首先自己是个农民，对农民发自内心的同情。第二个，说老实话，农民自己不争气。好多农民的娃娃不爱上学，并不是穷得供不起上学，是他自己不爱读书。我看到很多农民的娃娃不爱读书，就感到很痛心。我就更应该给农民朋友信心，特别要让咱们农民的孩子看到希望。我做一个带头的人，把我自己个人的努力变成社会的财富，带动更多的人创造一个幸福的人生大道。在这个时候，我就跟大家说我是九亿农民的代表。"

李双芳被媒体大量报道后，他由一个农民变成一个名人，很多人、公司找到他。

（出录音）

"当时他们跟我谈，跟我合作的目的就是为了钱。我动过心，确实有时候直到现在我都面临着经济困难，但是我又告诉大家我又确实不需要钱，因为我可以改善家里的环境、解决温饱问题，我想把更多的精力用在做事上，我就果断地拒绝了。尽管也犹豫过，怎么不犹豫呢？"

回到靖远，经过两年的英语教学，李双芳意识到"一切从娃娃抓起"的重要性和紧迫性。于是，从今年开始，他只办小学生英语班。

（出录音）

"我今年把初、高中班停了，只办小学班，虽然说收入大大减少了，但是看到孩子的进步，自己觉得很幸福、很快乐。"

李双芳说，要看到自己教育的收获，只有默默地伴随着这些孩子的成长等待十年。

（出录音）

"李：我这些孩子收获可能在 10 年以后，不像教初、高中，中考考了多少分，我希望我在 10 年以后再收获。

记者：现在是你十年历程的新起点。

李：对，对，这应该是个新起点。应该说是多半年以后的选择，收获在十年以后。

记者：我们也希望这些学生能够沿着你既定的目标奔跑。"

（出录音）

（李双芳的学生们演唱歌曲《奔跑》）

"随风奔跑自由是方向，追逐雷和闪电的力量，把浩瀚的海洋装进我胸膛，即使再小的帆也能远航。"

（压混出黄征歌曲《奔跑》）

"我们想漫游世界，看奇迹就在眼前，等待夕阳染红了天，肩并着肩许下心愿。随风飞翔有梦作翅膀，敢爱敢做勇敢闯一闯。哪怕遇见再大的风险，再大的浪，也会有默契的目光。"

听众朋友，今天的《中国之窗》就进行到这里。采编李争艳、于福江；播音肖波。欢迎您接着收听中国国际广播电台华语台下面的节目。

简　评

《说英语、教英语的农民李双芳》讲述的是一位靠自学成才而在甘肃省内小有名气的农民李双芳，主动回报家乡，教书育人的经历。节目中作者运用大量的音响素材，表现了这位出身贫寒、信念坚定、责任感强、既普通又具有典型意义的农民形象，展现了中国当代农民自强不息的精神风貌。

作品语言精炼，风格独特。

宋承儒与长海号子

（2006 年 12 月 6 日播出）

辽宁台　李然　向莹　朱丹阳

（长海号子音响，混）

男：哎，这是什么声音啊？怎么听起来像渔船上喊的号子啊？

女：你猜得没错，是渔船号子。

男：可是，这船号子我听过不少啊！像川江号子、船工号子、搬运号子……可是对这种号子还真是有点陌生。

女：这种号子叫长海号子，这种渔船号子曾经在我们辽宁省大连市长海地区非常流行，而且在 2006 年还被评为辽宁的非物质文化遗产了呢！

男：没错。可是现在，会唱这种船号子的人是越来越少了，这让我们也觉得有些遗憾。

女：所以，今天的节目就要给大家讲讲辽宁省大连市长海县的渔民号子。

（出大海音乐，混）

男：人们一提到大海，就会想到她的神秘、她的美丽、她的深邃、她的富饶，它是海岛渔家世世代代赖以生存的源泉。

女：是呀，千百年来，在人与海的对话中，有一种声音曾经坚强的存在，它伴随勤劳善良的渔家人在风浪中无畏艰险，勇往直前，那就是渔民号子。

男：一声歌吼开天地。号子是人类最早的语言，最早的文字，也是最早的音乐形式。

女：号子堪称音乐史上最古老的活化石，它产生于原始性集体劳动中，是一种直接伴随劳动歌唱的民歌。

男：当人们在做一些强度大、危险度大的劳动时，喊着号子，可以鼓舞斗志，集中精神，协调动作，调节呼吸。

女：数千年来，劳动号子伴随着劳动大众在与自然搏斗中发挥了巨大的社会功能，创造了人类战胜自然的一个又一个奇迹。

男：号子是人与自然和劳动相结合又相碰撞而产生的最早的精神、艺术之花。因此，它具有永恒的历史文化价值。

女：100 多年以前，为了加强渔业生产，长海县的渔民将原有的渔船改制加大，在海上作业中，船工要担负拔锚、撑大篷等笨重的体力劳动，为了团结一致、统一节奏，一种有着渔家特色的劳动号子产生了。

（音响，号子，混）

男：你猜猜喊这些号子的人已经多大年纪了？

女：呦，这个可考住我了。听他们的声音那么有力量，四五十岁应该差不多。

男：这些曾经喊过号子的壮汉，现在都变成了年逾古稀的老人，刚刚听到的那位领号子的老人已经 80 多岁了，其他的人也都六七十岁了。

女：还真是听不出来。

男：长海渔民号子多以一人领，众人合的歌唱方式进行，它的曲调以粗犷奔放、紧凑有力的"哆、咪、唢"为主，随着劳动内容、强度和动作节奏的变化而变化，根据不同种劳作分为不同的类型。

女：当时所有的船员都会喊号子，号子在渔民的新老交替中一代代传了下来。

男：可是进入 20 世纪 80 年代，机械化大马力渔船取代了简陋的木帆船，先进的机械化作业代替了原始的集体人工捕捞，海上作业的人们已经不再喊号子了。为了不让渔家特有的旋律消失，作为土生土长的海岛人，作曲家宋承儒从 20 世纪 70 年代开始就一直收集、整理、研究长海渔号。

女：宋承儒来自辽宁省大连市长海县普通的渔民家庭，在和渔民、大海的接触中对渔船号子有了更深的体会。在过去没有录音条件的情况下，一个小小的记事本成了他的宝贝，老宋踏遍了整个长山群岛，用小小的记事本记录着风格各异的渔船号子。

（出长海组歌，混）

男：这是宋承儒在 23 年前，用非常简陋的设备记录下来的珍贵的声音资料。老宋说，直到现在，当他听到这些声音的时候，他依然非常地感动。

（出长海组歌，混）

女：长海渔民号子源于真实的劳动中，具有顽强的生命力，散发勃勃生机。这些记录长海县渔民号子的音像资料被宋承儒视为永久的纪念。

男：老宋说，他对渔船号子如此着迷，主要是源于他的父亲。他的父亲是大长山岛有名的船老大，而且生性好唱。

女：宋承儒说，他永远也忘不了，父亲临终的前一天让11岁的他搀扶着，绕着小渔村放声唱起秧歌调的情景，那是父亲以歌唱的方式向人世间告别，歌声里充满了对生命的留恋。

（出音响）

"父亲长年在海上劳累，积劳成疾卧床不起，临终的前一天，扶着我走出门外，引吭高歌，听着这撕心裂胆的长鸣，我幼年的心灵似乎有些大彻大悟。"

男：也许，他的血脉里早已融进了父亲的音乐因子，从小就会吹拉弹唱，乡亲们都认识他。

女：从那以后宋承儒曾经多次利用去渔村慰问演出的空闲时间，去各只渔船上寻访老渔民们。

男：有人不理解宋承儒为什么对这些原始的音乐如此痴迷，他说这些由虚拟叹词组成的曲调，更接近纯音乐的本色，更能表现渔民的心境和生命的野性。

女：渐渐地，宋承儒已经深深迷恋上了渔民号子。其中歌曲《美丽富饶的长山岛》高潮处完全由渔号表现，是渔歌作品的代表，开创了渔民号子的在艺术中再现的高潮。

（出歌曲《美丽富饶的长山岛》，混）

男：几十年来，宋承儒创作了多部优秀的以渔号的旋律为基调的作品，渔号给他的艺术创作提供了源源不断的灵感。

（出音乐，混）

女：曾经海面上那渔号满天的情景化为历史的片断，渐渐封存在老一辈渔民的记忆中。

男： 现在，大部分号子头都已故去，现在在长海会喊号子的也不过几十人。

女： 岁月流转，但那段经历、那些旋律永远埋在了老人们记忆最深的地方，不会褪去。

男： 曾经的那种力量，曾经的那种声音在老一辈渔民的表露中保留了下来。

女： 长海渔民号子是记录着几百年来渔民文化的不朽史诗，是民族民间文化的瑰宝。

男： 相信在宋承儒老人和社会各界的共同努力下，那寓意深刻、悠长抒情的长海号子不仅会铭记在人们的内心深处，更会在历史文化遗产中永远绽放它那绚丽的色彩。

（音乐起）

简　评

长海号子流行于大连市长海地区，是长海地区渔家特有的劳动号子，也是中国辽宁省的非物质文化遗产。《宋承儒与长海号子》讲述了作曲家宋承儒为传承长海号子走访渔家，并创作大量具有长海号子特点歌曲的故事。作者收集了大量珍贵的音响资料，生动地展现了长海号子那优美的旋律，以及它曾经带给人们的无穷力量。

作品音响丰富，节奏明快。

附　录

中国国际广播新闻奖
2005 年度优秀对外广播节目评选委员会名单
（30 人）

评委会主任：王庚年（国家广电总局党组成员、中国国际广播电台台长、高级编辑）

副主任：陈敏毅（中国国际广播电台副台长、高级编辑）

秘书长：马博辉（中国国际广播电台总编室主任、译审）

委　员：（按姓氏笔画排序）

于晓莉（女）（中国国际广播电台华语中心合作交流部主任、播音指导）

马为公（中国国际广播电台副总编辑、高级编辑）

王汝峰（中广协会评奖专家组成员、高级编辑）

王冬梅（女）（中国国际广播电台副台长、高级编辑）

王向东（中国国际广播电台俄东中心副主任、译审）

孔令保（中国国际广播电台台领导、高级编辑）

冉　丽（女）（北京人民广播电台外语广播台长、播音指导）

印永清（天津人民广播电台副总编辑、高级记者）

白日升（中国国际广播电台一亚中心副主任、译审）

末　永（女）（中国国际广播电台日语部专家、NHK 广岛电视台）

关　锐（中国国际广播电台西亚非中心副主任、译审）

关世杰（北京大学新闻与传播学院国际传播学教授）

刘建明（清华大学新闻传播学院国际传播学教授、博导）

许华珍（女）（中国国际广播电台英语中心副主任、译审）

安晓宇（中国国际广播电台二亚中心副主任、高级编辑）

吴　煜（女）（中广协会评奖办副主任、主任编辑）

邹福兴（中国国际广播电台编委会成员、译审）

何劲草（中国国际广播电台华语中心主任、高级编辑）

周小普（女）（人大新闻学院广播电视系主任、教授、博导）

林少文（中国国际广播电台新闻中心副主任、译审）

骆红秉（中国国际广播电台总编室副主任、高级编辑）

骆东泉（中国国际广播电台编委会成员、译审）

杨　飚（四川广电协会秘书长、新闻传播学教授）

胡　安（中国国际广播电台西班牙语专家）

唐鹤鸣（中国国际广播电台编委会成员、高级编辑）

柴　均（女）（中国国际广播电台西拉中心副主任、译审）

Fergus Thompson（中国国际广播电台英语环球广播中心专家）

中国国际广播新闻奖2005年度
优秀对外广播节目评选获奖作品目录

一、优秀栏目
一等奖（6件）

1. 《文化大观》　　　　　　　　　　英语中心　李宁静　沈汀
2. 《中国时事》　　　　　　　　　　　　　　　　　新闻中心
3. 《听众信箱》　　　　　　　僧伽罗语部　王晓东　英德拉南德
4. 《龙行天下》　　　华语中心　刘丽斌　李红　包涛　田巍　张意　时岱
5. 《中国少数民族》　　　　　国内部　台林珍　年永刚　邢博
6. 《中非彩虹》　　　　　　　　　　豪萨语部　雷霞　汪渝

鼓励奖（3件）

1. 《黄海明珠·中国烟台》
　　　　　　烟台台　许常青　于建涛　刘路　门海连　梁红伟　李添鄘
2. 《今日北京》　　　　　　　　　　　　　北京台　戴蔚然
3. 《学汉语》　　　阿尔巴尼亚语部　王蕾　郑重序　张卓　鲁日迪

二、创新节目（1件）
1. 广播剧《选择》　　　　　　　　　　　　　　　印尼语部

三、优秀特别节目
一等奖（3件）

1. 白杨树讲述的故事　　　　日语部　王丹丹　王小燕　周莉　谢宏宇
　　　　　　　　　　　付颖　林叔孟　夏文达　齐鹏　朱丹阳
2. 聚焦中韩贸易　　　　　　　　　　华语中心　范韩生　包涛
3. 太空奇遇话神州
　　　　　俄语部　范冰冰　金钟　刘玉明　王德禄　苏怡　尼古拉

二等奖（5件）

1. "神舟六号"载人航天飞行特别节目
　　　　　　　　　　　　　　　俄语部　范冰冰　苑听雷　罗欣　伊格尔
2. 宽容　　　　　辽宁台　陈夕　刘险峰　那其灼　朱丹阳　陈红　罗宁
3. 中国城乡妇女生存状态的差别　英语中心　姚咏梅　李培春　吴曼玲
4. 2005中国的声音　　　　　　华语中心　时岱　赵健　陆鹰威　张意
5. 纪念越南语广播开播55周年
　　　　　　越南语部　于瀛　吴兆英　武丽义　苏志城　李慧莹　薛声延

三等奖（9件）

1. 见证友谊　　　　　　　　　　　　　法语部　何珊　SYVILAI
2. 永远的万隆精神　　　　　　　　　印地语部　杨漪峰　胡唯敏
3. 浓厚的友谊　圣洁的感情　　阿拉伯语部　李利娟　王玮珠　艾哈迈德
4. 友谊彩桥架两国　电波传情连你我
　　　　　　　　　　塞尔维亚语部　田宇　郭志家　王牧
5. 日本侵略军轰炸兰州纪实　　　　甘肃台　李莉　何军　晓丹
6. 植根于青城的红莓花　　内蒙台　乌日妮勒　赵宇　张平　雪齐　马俊
7. 正义的使者王选和她的正义事业
　　　　　　　　　　浙江台　邓冲　潘玲　应玮琳　方雨　王斌
8. 我在联合国当大使
　　　　　华语中心　时政部　殷立青　张晖　刘轶瑶　吴倩　葛怀宇
9. 无论你在何方　让我们相约圣诞　　保加利亚语部　杨慧　卡琳娜

四、优秀系列节目

一等奖（3件）

1. 胜利的回忆
　　　　　俄语部　赵雪予　苑听雷　徐延民　马骏　王学俭　郭亚杰
2. 为了永久的和平　　　　　　　　　　　　　　　　　日语部
3. 中国人的网络生活　　　　　　世界语部　祸璟琳　赵建平

二等奖（4件）

1. 跨越汉语之桥，走近中国文化
　　　　　　　　　西班牙语部　涂小玲　李娟　俞彤　丹尼尔

2. 中印友好知识竞赛

　　　　　　　　印地语部　唐远贵　杨漪峰　赵玉华　胡唯敏　陈学斌

3. 中国青年志愿者在老挝　　　　　　　　　　　　老挝语部　张硕　乌敦

4. 牢记历史　珍爱和平

　　　　　　　　华语中心　弥亚牛　李媛　王红岭　李杰　金玉　胡群

　　　　　　　　　　　黄晓东　衣鹭霞　肖珍荣　赵亮　龚铭

　　　　　　　　　　　　　钟毅　赵健　郭彦　陆鹰威

三等奖（7 件）

1. 阿伊汉访华记事　　　　　　　　　土耳其语部　曹莹　魏秋芬

2. 福建名城知识竞赛　　　　　　　　柬埔寨语部　徐晓霞　周志敏

3. 聚焦第二届中国—东盟博览会　　　　　　　泰语部　卫葩　郑元萍

4. 中欧、中美贸易摩擦系列报道

　　　　　　　　　　　国内部　卫宁　龚万鹏　徐朝清

5. 新疆百姓系列　　　　　　　　　新疆站　胡志坚　李光明　张雷

　　　　　　张孝成　台林珍　年永刚　杨晓梅　邢博

6. 《西藏自治区成立 40 周年》　　　　　　总编室　骆红秉　台林珍

　　　　　　　　　邹浩宇　何满洪　周云　邵建光

　　　　　　　　唐远贵　鲁灵珊　旺堆　索朗达杰

7. 关注青岛　　　　　德语部　青岛台　李雪蓉　袁丹　隋春艳

五、优秀新闻

一等奖（4 件）

1. "神六"系列报道　　　　　　　　国内部　耿庆庆　陈濛　卫宁

2. 十届全国人大三次会议闭幕　《反分裂国家法》顺利通过

　　　　　　　　时政部　刘轶瑶　张霁苍　王冬梅

3. 新闻连续报道：朝核第四轮第二阶段会谈　　　英语中心　邱维

4. 以色列单边行动计划系列录音报道

　　　　国际部　贺金哲　廖吉波　刘双燕　李支援　步晶晶　贾延宁

二等奖（7 件）

1. 中国国际救援队工作出色赢得赞誉

　　　　　　　　国际部　陈翔　袁奇　房志栋　邹浩宇

2. 中共十六届五中全会召开研究未来五年国民经济和社会发展规划

　　　　　　　　　　　　　时政部　刘轶瑶　殷立青　张霁苍

3. 中国央行调整人民币汇率　　　　　　　　　英语中心　涂赟

4. 海外华侨华人纷纷表示支持通过《反分裂国家法》

　　　　　　　　华语中心　郭彦　王红岭　王彤　李锐青　李均

5. 新闻性报道：聚焦财富　登陆北京　　　英语中心　林琳　迟文杰

6. 中国正在不断完善对罪犯人权的保护　　时政部　吴佳　葛怀宇　张晖

7. 十年来十一世班禅已成长为众望所归的藏传佛教领袖

　　　　　　　　　　　　　国内部　穷达　台林珍　杨晓梅

三等奖（12 件）

1. 泰国、印尼等国分别举行海啸一周年纪念活动

　　　　国际部　吴若蕾　张雯雯　赵新宇　牛卫东　袁奇　邹浩宇

2. 巴震后重建国际会议在伊斯兰堡开幕　国际部　李昱　步晶晶　贾延宁

3. 第四轮北京六方会谈第二阶段会议通过《第四轮六方会谈共同声明》

　　　　　　国际部　潘晓英　刘轶瑶　刘双燕　李支援　江爱民

4. 埃及沙姆沙伊赫发生系列爆炸造成重大伤亡

　　　　　　国际部　石凌　耿海艳　邓淑敏　贾延宁　汪作舟

5. 中国确诊 2 例人感染高致病禽流感　防疫措施进一步加强

　　　　　　　　　　　国内部　易歆　肖丽林　杨晓梅

6. 新闻性连续报道：特等奖听众访华特别报道　阿尔巴尼亚语部　张燕

7. 新闻性报道：神六回家　　　　　　　英语中心　李培春　张燕

8. 布什：中国人前所未有的机遇　　　　　　英语中心　李永敬

9. 新闻连续报道：目标为世界第一港的洋山深水港即将亮相上海

　　　　　　　　　　　　　　　　英语中心　张晓羽

10. 中国决定明年初彻底取消农业税　时政部　刘轶瑶　马晓冬　殷立青

11. 英国主流媒体首次在中国制作时政辩论节目

　　　　　　　　　　　时政部　张晖　殷立青　彭丽

12. 缅怀历史　展望未来——记万隆会议 50 周年纪念活动

　　　　　　　　　　　时政部　张晖　盛玉红　林少文

　　　　　张雯雯　李树坤　杨漪峰　赵鹏程　贾延宁

六、优秀评论

一等奖（1 件）

1. 中国亚太问题专家谈首届东亚峰会　　　　　国际部　张娟　潘晓英

二等奖（2 件）

1. 到底谁该对高油价负责　　　　　国际部　张玲　邓淑敏　汪作舟
2. 落实科学发展观　关注民生民意　国内部　周海涛　安晓宇　陈敏毅

三等奖（3 件）

1. 为何不宜为安理会改革设定时限　国际部　刘双燕　刘素云　李支援
2. 国共两党对话为两岸创造和平、双赢的契机

　　　　　　　　　　　　　　　　国内部　郭胜昔　王玉清　安晓宇
3. 上海的体育经济　　　　　　　　　　　　　英语中心　张晓羽

七、优秀专题报道

一等奖（12 件）

1. 好大一棵树　　　　　法语部　邓颖平　宋成卫　李高翔　韩艳蓉
2. 为了同一片蓝天　　　　　　朝鲜语部　韩昌松　朱正善　徐昌述
3. 中国宗教领袖介绍中国宗教状况　共话构建和谐社会

　　　　　　　　　　　　　　　　　　　　国内部　张军勇　张霁苍
4. 快乐才是家　　　　　　　　　西班牙语部　王觉眠　达尼埃尔
5. 为师之道　　　　　　　　　　　　　华语中心　包涛　龚铭
6. 城市漂流记　　　　　英语中心　林少文　宁妍　廖吉波　王静
7. 中国文化节受到美国各界人士的欢迎　　　文艺部　郭翌　郝秀竹
8. 我台俄语听众心系"神六"　　　　俄语部　范冰冰　苑听雷

　　　　　　　　　　　　　　　　　　　　　　　赵雪予　徐延民
9. 草原卫士　　　　　世界语部　张平　王觉眠　靳可　谢玉明

　　　　　　　　　　王玉琴　赵建平　刘俊芳　祁穗峰　宝龙
10. 一场特殊的毕业典礼

　　　　　柬埔寨语部　翟茜茜　李庆莉　周红心　张艳萍　伍书锦
11. 患难见真情　　　　　　　　　　　　　　英语中心　魏瞳
12. 一群学习汉语的保加利亚孩子　　　　保加利亚语部　顾芳

二等奖（19件）

1. 巴金——世界语之友　　　　　　　　　　　　　世界语部　王芳

　　　　　　　　　　　　　　　　　　　　　赵建平　刘俊芳　祝昕

2. 两个巴西人来中国应聘的故事

　　　　　　　　　　　　葡萄牙语部　喻慧娟　朱婧　王鲁　李菁

3. 两岸情牵　四海同声　　　　　　　华语中心　鲍冬青　陈国胜

　　　　　　　　　　　　陈宏昌　龚铭　金玉　陆鹰威　何劲草

4. 北京大力发展公共交通　　　　　　　　　　　　英语中心　史春永

5. 经济发展呼唤商业伦理道德　　　　　　　　　　英语中心　涂赟

6. 漫步亚洲最大的航空博物馆（上、下）　俄语部　盛晶晶　尼古拉

7. 养蜂人的生活——辛苦并满足着　　　　　日语部　孟群　任春生

8. 政协委员谈中国艾滋病的形势和防治工作

　　　　　　　　　　　斯瓦希里语部　徐晨　杜顺芳　约瑟芬

9. 让所有的贫困孩子都能享受到义务教育

　　　　　　　　　　　越南语部　周剑峰　唐远贵　薛声延

10. 沼气生态家园建设在广西　　　　老挝语部　陈强　刘发丁　覃海芳

11. 百褶裙演绎彝族女子一生　　　　　　国内部　台林珍　邢博

12. 伊拉克政治重建进程在曲折中前进　国际部　靳力希　郑磊　蒋生元

13. 感动中国——记著名摄影师焦波和他的爹娘

　　　　　　　　　　　文艺部　刘思恩　郝秀竹　常海宽

14. 从水果市场的变化看中国——东盟自贸区建设

　　　　　　　　　　菲律宾语部　王乐　咸杰　于熙君　拉蒙

15. 为了天空飞翔的小鸟　　　　　　　华语中心　钟庆　云崖　龚铭

16. 让红砖碧瓦见证我们的友谊

　　　　　　　　　　意大利语部　金京　张瑾　李抱岳　PAOLO

17. 走进雅鲁藏布江大拐弯　　　　　　西班牙语部　田野　SALVI

18. 赛吉奥的梦之旅　　　　　　　　　葡萄牙语部　国丹　朱婧

19. 照片的故事　　　　　　　　法语部　丁宁　杨晓岚　SIVILAYS

三等奖（30件）

1. 胜利属于伙伴关系　　　　　　　　德语部　眭卫　尹京辉

2. 外交官井出公使的北京生活　　　　日语部　任春生　孟群

27. 满腔热血卫中华　　　　　　　　　　　　华语中心　熊雪

28. "蜀山之后"四姑娘山　　　　　华语中心　钟庆　云崖　龚铭

29. 治理塔河　造福百姓　　　　　　英语中心　张晓羽　吴佳

30. 海啸灾区民众期盼更加美好明天　国际部　吴若蕾　赵新宇　张雯雯

　　　　　　　　　　　　　　　　牛卫东　全宇虹　江爱民　步晶晶

八、优秀文艺节目

一等奖（1 件）

1. 烟花三月下江南·西湖听雨　华语中心　龚铭　栾月　史国普　范茜

二等奖（2 件）

1. 中国电影百年纪念专题《追寻歌声的记忆》　文艺部　郭翌　杨子丽

　　　　　　　　　　　　刘咏梅　井晓慧　郝秀竹　李媛　弥亚牛

2. 聆听中国——大型中国民乐系列节目　　　塞尔维亚语部　曲慧斌

三等奖（2 件）

1. 天上那一轮月亮　　　　　　　越南语部　周剑峰　李慧莹

2. 向天而歌——太行盲艺人的故事　　　　英语中心　李宁静

九、优秀直播节目

一等奖（2 件）

1. 神舟六号成功发射　英语中心　赵晓华　李培春　金朝　耿庆庆　保罗

2. 十届人大三次会议通过《反分裂国家法（草案）》　　　　华语中心

十、优秀论文（空缺）

十一、优秀合作节目专题

一等奖（8 件）

1. 大碗敲出美妙音符　　　　　　　　　广东台　陈晓　陈文丹

2. 超化吹歌寂寞吟唱　　　　　郑州台　朱奕安　马松林　佳敏

3. 陶行知故里的平民学校

　　　　　　安徽台　朱彪军　王斯伟　詹旭　丁麟生　杨勤生　叶茵

4. 杭州湖滨街道的四大"银行"　　浙江台　邓冲　潘玲　方雨　王斌

5. 一位中国妈妈的故事

　　　　　　　　陕西台　邢玉琳　陈秀燕　朱继锴　李华中　张岩　海茵

6. 北京老人的空竹情结

　　　　　　　　北京台　李剑　臧轶洁　李月梅　李培春　吴佳

7. 法兰西友人的苗乡情　　　广西台　梁肖德　闭汉祥　杨俊荣　黄春平

8. 农民王淑荣一封来信的奇妙作用

河北台　杜岩卿　宋桂芬　王成树　张彦斌　张颖　王鹏　范凤娟　丁浩

二等奖（13 件）

1. 红嘴鸥来到昆明二十年　　　　　昆明台　蒋明阳　何方　方南

2. 多元家庭的和睦生活

　　　　　　　　西藏台　达穷　罗布次仁　次忍德吉　刘晓地　旺珍

3. 大钟回家　　　　　　天津台　李贺　于霁丹　周滨　赵振华　隋怡

4. 为三峡珍稀植物安"新家"　　　　重庆台　赵钰　刘虹　魏勤

5. "魔幻少年"边金阳　　　　　大连台　田晟　石磊　王楠

6. 中国男孩洪战辉

　　　　　　湖南台　赵庆丰　彭叶青　彭琴　邓红梅　罗琳　卢莎莎

7. 网络妈妈的故事

　　　　江西台　杨伊文　周良明　周青松　丁旭　刘云龙　余立　刘海涛

8. 徐州市对家庭暴力说"不!"

　　　　　　　　徐州台　杨晓燕　张红敏　周波　赵艳　文莉

9. 共同守护的秘密　　　　山东台　唐耀文　翟志玲　潘兵　袁新萍

10. 八里店镇农民的新生活

　　　　　　　湖州台　沈建辉　费新江　曹勤　冯红　陈鸣霞

11. 丁克家庭　　　　　　　　　南京台　张勇　姚咏梅

12. 山沟里的"洋媳妇"　　　烟台台　许常青　于建涛　刘路　李添祎

13. 情迷常州　　　　　　　常州台　李兰萍　徐清　姚咏梅

三等奖（21 件）

1. 天尾村，见证日本从这里开始侵略海南岛

　　　　　　　海口台　吴清洲　田秀龙　林开秀　李多幸　葛玉

2. 郑州百年德化街　　　郑州台　张珂　朱奕安　马松林　佳敏　达明

3. 收藏文物的段生魁　　　　昆明台　李晓玲　何方　曾毅　尹莉

中国国际广播新闻奖
2006 年度优秀对外广播节目评选委员会名单
（28 人）

评委会主任：王庚年（国家广电总局党组成员、中国国际广播电台台长、高级编辑）

副主任：陈敏毅（中国国际广播电台副台长、高级编辑）

夏吉宣（中国国际广播电台副台长、译审）

委　员：（按姓氏笔画排序）

于晓莉（女）（中国国际广播电台华语中心合作交流部主任、播音指导）

马为公（中国国际广播电台副总编辑、高级编辑）

马博辉（中国国际广播电台总编室主任、译审）

马瑞峰（辽宁人民广播电台新闻台总监、高级记者）

王汝峰（中广协会评奖专家组成员、高级编辑）

王冬梅（女）（中国国际广播电台副台长、高级编辑）

孔令保（中国国际广播电台台领导、高级编辑）

白日升（中国国际广播电台一亚中心副主任、译审）

安晓宇（中国国际广播电台二亚中心副主任、高级编辑）

关　锐（中国国际广播电台西亚非中心副主任、译审）

李培春（中国国际广播电台英语中心副主任、副译审）

李支援（中国国际广播电台新闻中心副主任、高级记者）

邹福兴（中国国际广播电台编委会成员、译审）

陈彩霞（中国国际广播电台印尼语专家）

何劲草（中国国际广播电台华语中心主任、高级编辑）

张彦斌（河北人民广播电台新闻频率副总监、高级编辑）

张富生（中国国际广播电台纪检组长、译审）

庞　亮（中国传媒大学研究生院博士、讲师）

林少文（中国国际广播电台新闻中心副主任、译审）

保　罗（中国国际广播电台英语环球广播中心专家）

赵德全（中国广播电视协会评奖办主任、高级编辑）

骆东泉（中国国际广播电台编委会成员、译审）

唐鹤鸣（中国国际广播电台编委会成员、高级编辑）

柴　均（女）（中国国际广播电台西拉中心副主任、译审）

朝仓浩之（中国国际广播电台日语部专家、日本海电视台）

评奖办公室主任：马博辉

副主任：胡　木

中国国际广播新闻奖
2006 年度优秀对外广播节目评选获奖作品目录

一、优秀栏目（5 件）

1. 《九州方园》　　　　　　　　英语中心　王凌　王璐　赫霏　宁妍
2. 《空中导游》　朝鲜语部　李仙玉　金泰根　白日升　林凤海　朴银玉
3. 《中非彩虹》　　　　　　　　豪萨语部　靳利国　陈利明　殷立青
4. 《客家天地》　　华语中心　张木元　熊雪　张敏东　肖珍荣　李杰

鼓励奖

《听友信箱》　　　　　　　　　　　华语中心　于姗　余凌宇

二、创新节目（2 件）

1. 中国与东盟系列特别节目　　　　　二亚中心　广西人民广播电台
2. 胡锦涛主席出访肯尼亚　　　　　　　新闻中心　英语中心
　　　　　　　　　　　　　　　　　华语中心　西亚非中心

三、优秀特别节目（11 件）

一等奖（2 件）

1. 超越国界的故事　　　　　华语中心　钟庆　李静　赵健　闫瑞桃
2. 难忘的记忆　　　　　　　日语部　王小燕　傅颖　周莉

二等奖（3 件）

1. 中俄睦邻友好合作条约签署五周年特别节目（上、中、下）
　　　　　　　　　　　　　俄语部　范冰冰　刘岩　王德禄
2. 与德国同庆世界杯　　　　德语部　吕熙茜　陈苇　孔杰
3. 万象调频台广播特别节目　　　　　　　　　　老挝语部

三等奖（6 件）

1. 同西语广播在一起的日子
　　　　　　西班牙语部　田野　涂小玲　俞彤　胡敏　刘沙　国宇翔

2. 清凉世界尽欢颜——2006 年泼水节特别节目　　　　　　　　　　泰语部
3. 他永远向我们微笑——纪念周恩来总理逝世 30 周年（上、下）
　　　　　　　　　　　　　　　　　　　　　　　　　新闻中心时政部
4. 中国入世五周年　　　　　　　　　英语中心　林琳　王蕾　Paul
5. 2006 年中秋特别节目《月圆情更圆》　　　　　　　　　　华语中心
6. 我和 CRI——建台 65 周年特别节目　豪萨语部　雷霞　汪渝　陈利明

四、优秀系列节目（14 件）
一等奖（3 件）
1. 战胜艾滋，让我们共同努力！
　　　　　　　　英语中心　周婧　王静　赵晓华　朱彧婷　李东
2. 走近人口较少民族系列　新闻中心　李琳　蔡靖矗　朱建英　台林珍
3. "中印友好年"系列节目　印地语部　唐远贵　杨漪峰　胡唯敏
二等奖（4 件）
1.《华文教育在海外》　　　　　　　　　华语中心　刘丽斌　时岱
2. 中巴建交 55 周年系列节目
　　　　　　乌尔都语部　赵俏　叶枫　陈翔　刘晓辉　薛晓云　朱熹
3. "反盗版百日行动"系列报道
　　　　　　新闻中心　梁建军　刘思恩　李晓萍　郭翌　常海宽
4. 中非论坛北京峰会系列报道　　　　　　　　　　　　　新闻中心
三等奖（7 件）
1. 中土建交 35 周年特别节目　　　　　土耳其语部　夏勇敏　闫伟
2.《世居新疆的中国穆斯林》
　　　　　　西亚非中心　殷立青　李建国　石晶　尹婷婷
3. 飞速发展的中国电子商务　　　　　　俄语部　李洁　王学俭
4. "国际禁毒日"系列节目
　　　　　　二亚中心　陈强　蒙龙　于瀛　陈鸿燕　王晓峰
5. 难忘的旅程　　　　　　　　匈牙利语部　高俊荣　安心　林琳
6. 纪念建台 65 周年特别节目　　　　　　　　　　　　　新闻中心
7. 中国国际广播电台老挝万象调频台开播　　　　　　　　华语中心

五、优秀新闻（22 件）

一等奖（4 件）

1. 录音新闻：温家宝驳斥所谓中国在非洲搞新殖民主义论调

　　　　　　新闻中心　郭胜昔　于小青　石凌　金锦哲　段秀杰

2. 新闻性系列报道："多哈连线"　　　　印地语部　杨漪峰　胡唯敏

3. 中国穆斯林启程赴麦加朝觐　　　　新闻中心　王玉清　卫宁　郭威

4. 电波传友谊　声音架彩虹　　　　新闻中心　翟磊　李涛　时岱　张晖

二等奖（7 件）

1. 中国与印度重启边贸通道

　　　　　　新闻中心　姜鲲　牛卫东　赵新宇　江爱民　王玉清　张娟

2. 35 分钟生死救助　　　　烟台台　许常青　梁红伟　王靖雯　于建涛

3. 萨达姆被执行绞刑　　　　英语中心　杨勇　郑晨光　赫霏

4. 六方会谈第二阶段会议通过《主席声明》　　　英语中心　武毅秀

5. 两岸同胞汇聚曲阜　共同参加"祭孔大典"

　　　　　　华语中心　王红岭　郭彦　马晓叶

6. 中国修改法律规定明年起将死刑核准权统一收归最高人民法院

　　　　　　新闻中心　刘轶瑶　高胜慧　肖景贤

7. 第十五届亚运会系列节目："来自多哈的报道"

　　　　　　朝鲜语部　金泰根　宋辉

三等奖（11 件）

1. 第一架两岸货运直航包机抵达上海　　　　英语中心　陈思梦

2. 胡锦涛提出两岸关系和平发展的四点建议

　　　　　　华语中心　郭彦　李天胜　王彤

3. 中国射击队夺得多哈亚运会首枚金牌　　　　体育部　徐军　彭延媛

4. 印度孟买火车连环爆炸事件至少 140 人死亡

　　　　　　新闻中心　赵新宇　尚娟　王增丽

5. 保尔森说，反对对中国产品征收处罚性关税

　　　　　　新闻中心　张哲　刘伟　李纳新　贺金哲

6. 中巴举行联合反恐军演　　　　新闻中心　龚万鹏　徐朝清

7. 超强台风"桑美"袭击中国南方各省

　　　　　　新闻中心　宫宝龙　彭建军　姜鲲　王玉清

8. 中外人士赞扬首届世界佛教论坛是一个和平与和谐的论坛

　　　　　　　　　　　　泰语部　何喜玲　蔡建新　任芊　李丹丹

9. 中国拟立法将内外资企业所得税税率统一为25%

　　　　　　　　　　　　　新闻中心　刘轶瑶　冷奇丰　蔡耀远

10. 科学发展观将成为衡量中国共产党执政能力的重要标准

　　　　　　　　　　新闻中心　吴倩　高胜慧　蔡耀远　郭亚君　林少文

11. 被索马里武装组织劫持的韩国渔船安全抵达肯尼亚

　　　　　　　　　　　　新闻中心　谢意　隋艳霞　辛省志　张玲

六、优秀评论（4件）

一等奖空缺

二等奖（2件）

1. 工业遗产必须得到保护

　　　　　　　　　　华语中心　田巍　鲍冬青　时岱　张意　无锡台

2. 宽容不能没有原则　　　　　　　　　新闻中心　张娟　潘晓英

三等奖（2件）

1. 热烈祝贺泰国普密蓬国王登基60周年

　　　　　　　　　　　　泰语部　蔡建新　林钦亮　何喜玲

2. 亚洲人士应出任下一届联合国秘书长　新闻中心　张敏　张娟　潘晓英

七、优秀专题报道（61件）

一等奖（12件）

1. 京味儿茶馆演绎京味儿文化　　　　　　　英语中心　李宁静

2. 山里的娃娃　　　　　　　　　法语部　吴辛欣　张弘　Camille

3. 嘎查达乔玉芳和她的牧民们　　　　　世界语部　柴均　张平　靳可

4. 为了他们的嘱托　华语中心　李天胜　包涛　谢小影　林静青　弥亚牛

5. 相隔万里路　浓浓中非情

　　　　　　　新闻中心　郑磊　弥亚牛　刘轶瑶　江爱民　张晖　申旭

6. "嘻唰唰抄袭事件"引发中国音乐界对版权保护的思考

　　　　　　　　　　　　新闻中心　井晓慧　刘咏梅　周海涛

7. 你好北京！你好首尔！（上、下）

　　　　　　　　　　朝鲜语部　韩昌松　李海玉　金锦哲　朱正善

8. 日本战犯重返抚顺战犯管理所　　　　　　　　日语部　谢宏宇　刘非

9. 中日乒乓国手 50 年重聚首　　　　日语部　王丹丹　李轶豪　朝仓浩之

10. 你好，爱因斯坦　　　　　　　　　　　　　　德语部　邱静

11. 用生命歌唱的人们

　　　　　　世界语部　祸璟琳　宋成卫　应响州　韩艳蓉　肖恒刚

12. 探访唐山地震孤儿　　　　　　　新闻中心　朱建英　李琳　郭亚君

二等奖（18 件）

1. 北京人的"沐浴"生活　　　　　　　　　　　英语中心　武毅秀

2. CRI——我的中国亲人　　　　　塞尔维亚语部　郭志家　曲慧斌　王牧

3. 中意环保合作的典范　　　　　　意大利语部　张帆　Viera Sassi

4. 在一起　　　　　　　　　　　　　　　　　意大利语部　郝妍

5. 留存一段记忆，铭记一份友谊　　　　　　　　法语部　何珊

6. 金门同胞的厦门生活　　　　　　　　　　　　华语中心　林纯

7. 绿叶对根的情意　　　　　　　　　　　　　　华语中心　龚铭　王红岭

8. 国际核不扩散体制面临严峻挑战

　　　　　　新闻中心　朱旭阳　钱慰曾　张哲　段秀杰　原丁

9. 博客——穿越黎以战火的沟通桥梁

　　　　　　新闻中心　廖吉波　贺金哲　张娟　全宇虹　江爱民　汪作舟

10. 共同的昨天、今天和明天

　　　　　　　新闻中心　全宇虹　刘畅　刘轶瑶　张晖　时岱

11. 电波牵手山里娃　　　　　新闻中心　蔡靖矗　李琳　朱建英　郭亚君

12. 诺贝尔和平奖得主尤努斯博士的中国之行

　　　　　　孟加拉语部　薛斐斐　曹艳华　于广悦　杨伟明

13. 感知中国南非行　　　　　　　　　英语中心　王蕾　林琳　Paul

14. 在艰难中前行的阿富汗和平重建进程　　　普什图语部　王莉　席猛

15. 中德携手共建和平世界　　　　　　　　　　德语部　李忠尚　谭蕾

16. 县城里的"奥运中国行"　　　菲律宾语部　王海丽　咸杰　刘凯　荔逢

17. 北大校园内旧房拆迁引发文物保护之争

　　　　　　　新闻中心　梁建军　常海宽　周海涛

18. 尼泊尔医生家庭的中国情　　　　　　尼泊尔语部　江明　张晶

三等奖（31 件）

1. 一位汉族干部眼中的塔吉克族　土耳其语部　尹婷婷　夏勇敏　殷立青
2. 走进享誉京城的"九门小吃"　　　　　　　　波斯语部　马宁
3. 北非花园摩洛哥　　　　　　　阿拉伯语部　石凌　戴贝　蔡静莉
4. 以中非合作论坛为契机肯尼亚积极开拓中国旅游市场

   斯瓦希里语部　韩梅

5. 罗语教授冯志臣（上、下）　　　罗马尼亚语部　张芊　吴敏
6. 中国乡村医疗状况不断改善　　　　　波兰语部　侯宇博　陈蒙
7. 架中捷友谊彩桥——记三位捷克作家的《跨越长江之桥》

   捷克语部　刘宏　张攀

8. 祝福中国海峰，期待 2008 年与他决战　俄语部　刘岩　毕维伟
9. 绿色奥运，中意共同的心愿　　意大利语部　陈坚 Gabriella Bonino
10. 电卡给百姓生活带来的便利　　阿尔巴尼亚语　曲宁　爱迪生
11. 信息架起农民致富的桥梁　　　世界语部　王芳　王珊珊　赵建平
12. 走进伟人故里，缅怀中山精神　华语中心　李海锋　何满洪　黄坚志
13. 小蟋蟀里的大经济　　　　　　　　　马来语部　胡星
14. 他们拥有两个家——中国和印尼　　印尼语部　马宁宁　金锋
15. 金边在博览会上绽放魅力　　　柬埔寨语部　翟茜茜　周红心　马小青
16. 中国第三位国际象棋世界棋后——许昱华　体育部　陆毅　任灏瑜
17. 黎以冲突进一步升级　　　新闻中心　廖吉波　贺金哲　郑磊　潘晓英
18. 世界经济在机遇和挑战中前行

    新闻中心　盛玉红　刘伟　李秀琴　张哲

19. 泰国有个二人转拉拉队　　　　　　　泰语部　许平平
20. 新加坡美术馆藏东南亚美术精品展在京举行　　缅甸语部　叶岚
21. 中国实施新修改的《义务教育法》确保免费义务教育普惠全国

    新闻中心　刘轶瑶　时岱　张晖

22. 爱心编织的美丽谎言　　　　　新闻中心　易歆　蔡靖矗　王玉青
23. 怒江大峡谷中的天籁之音　　　新闻中心　李琳　蔡靖矗　台林珍
24. 聋哑人有了"翻译机"　　　　　新闻中心　耿庆庆　卫宁
25. 祈愿中东和平的中国画家冯少协

    新闻中心　刘思恩　梁建军　常海宽

26. 一位中国商人的尼泊尔情愫　　　　　　　　尼泊尔语部　张晶　朱梅
27. 中国人眼中的印度电影　　　　　　　　　　印地语部　毕玮　黄慎
28. 2006，我们把微笑留给多哈　　　　　　　阿拉伯语部　杨番
29. 自主创新已成为中国国有企业的发展动力
　　　　　　　　　　　　　　普什图语部　王亨　余海芳　陈杰
30. 罗马尼亚总统与中国学生面对面　　罗马尼亚语部　张芊　楚群力
31. 巴基斯坦震后重建有序进行　　乌尔都语部　陈翔　赵俏　纳维德

八、优秀文艺节目（7件）

一等奖（1件）

1. 巴楚古音——兴山民歌　世界语部　柴均　祃璟琳　王珊珊　赵健平

二等奖（2件）

1. 一样的原生态艺术（上、中、下）　　保加利亚语部　张松慧　楚宁
2. 《理发师》　　　　　　　　　　　　英语中心　李宁静

三等奖（4件）

1. 圣诞的意义——"平安夜"音乐特别节目　　　　菲律宾语部
2. 听春晚，聊过年
　　　　　　华语中心　何劲草　赵健　李媛　段纯　胡群　陈惠婷
3. 娱乐魔方　　　　　　　　　　　　　日语部　闵亦冰　王洋
4. 中国越南并肩齐进　　　　　　　越南语部　于瀛　李慧莹

九、优秀直播节目（2件）

1. 胡锦涛、连战再次会谈　　　英语中心　李培春　赵晓华　金朝
2. 中非论坛北京峰会开幕式　　　　　　阿拉伯语部

十、优秀论文（6篇）

一等奖（1件）

1. 探索绩效管理　谋求科学发展　　　　　　　俄东中心　高连忠

二等奖（2件）

1. 架起绚丽多彩的空中彩虹　英语中心　杨磊　李培春　林萍　金朝
2. 国际台做好入岛宣传的一点思考　　　　华语中心　范韩生

三等奖（3件）

1. CRI 多媒体融合的利弊分析　　　　　　　　　　　华语中心　何劲草等
2. 论新闻接受的社会心理及其对国际广播的指导意义

　　　　　　　　　　　　　　　　　　　　　　　塞尔维亚语部　曲慧斌

3. 浅谈地方电台如何做好对外宣传广播专题节目　　　烟台台　许常青

十一、优秀合作节目（29件）

一等奖（6件）

1. 一位音乐教授和他的民工合唱团

　　　　　　　　　　　　　　　浙江省广电集团海外中心　应玮琳　王凌

2. 一位少年感动了一座城市　　　　　大连台　田晟　王楠　石磊
3. 自发守护长城二十年的普通农民张鹤珊　河北人民广播电台新闻频率
4. 日本侨民的"感激之旅"　　　辽宁台　那其灼　李崇　李诗琪　周秀梅
5. 瑞典人寻访安徽探源古茶

　　　　　　安徽台　朱彪军　王斯伟　钱叶荫　刘恒怡　詹旭　丁麟生

6. 从四条腿到四个轱辘　　　　　　　　北京台　刘兴宇　孟洋

二等奖（9件）

1. 海归村官章文琼　　　　　　　　浙江台　张星　陈永松　潘玲
2. "百岁"熊猫"巴斯"的传奇故事　　福建台　郭福佑　罗华　高一青
3. 走上国际讲坛的农家女　　　　　广西台　杨俊英　闭汉祥　韦薇
4. 晋南大地春意浓　　　　　　　　山西台　李夫丁　杜斌　田野
5. "中国爱心老人"姜达敖的故事　　　　　　无锡台　张振杰
6. 情满"天路"　　　　青海台　徐维君　金玲　王雅萍　陈志强
7. 爱心门铃引出的故事　　黑龙江台　李晓萍　赵研均　王丽娜　董丽敏
8. 说英语、教英语的农民李双芳　　甘肃台　李争艳　于福江　肖波
9. 宋承儒与长海号子　　　　　辽宁台　季然　向莹　朱丹阳

三等奖（14件）

1. 抚顺棚户区的新生活　　　辽宁台　周涛　宋明辉　于琼　王凌
2. 天山，为爱作证　　　　　　　　新疆台　季琳萍　窦星明
3. 走近红嘴　　　　　　　吉林台　赵宝玲　王春兰　刘春梅
4. 独一无二的长沙简牍博物馆　　　湖南台　赵庆丰　彭琴　陈铁夫
5. 西安市"欢乐社区声连声"　　陕西台　王韩钢　毛武群　朱继凯

6. 好人丛飞　　　　　　　　　　　辽宁台　张巍巍　尚军　向莹　王凌

7. 新华村的银器闻名遐迩　　　　　　　　昆明台　谌佳霖　方南

8. 世外桃源布依民族村　　　　　　　　　贵州台　何亚玲　吴晓龙

9. 铁路修到我家乡　　　　　　　西藏台　普布多吉　张乾舫　任友明

10. 成吉思汗陵和达尔扈特人　　　　　　　　内蒙古台　哈斯

11. "外教"苏珊的故事　　　烟台台　许常青　边恒博　于建涛　刘路

12. 长征，从这里出发！

　　　江西台　刘照龙　何华英　吴立芳　汤云柯　杨伊文　钱洪霞

13. 爱心铺就雨萌路　　　　　　　　　　天津台　陈艳　周滨

14. 四川巴塘弦子

　　　四川台　张阿佩　程沿　傅琦　余闵　翁妮　刘晓梅　马英

十二、特别奖（2 件）

1. 青藏铁路开通特别报道　　新闻中心　华语中心　英语中心　技术中心

2. 中俄友谊之旅　　　　　　　　　　　　　新闻中心　俄东中心

国际台节目获亚广联（43 届）"对外广播节目奖"

由我台新闻中心和英语中心联合制作的名为《他的童年因禽流感而改变》的专题节目，夺得第 43 届亚广联 2006 年度的对外广播类大奖。

2006 年 11 月 7 日晚，在中国中央电视台举行的亚广联年度奖项颁奖晚会上，国际台台长王庚年出席了颁奖晚会，并为国际台的获奖节目颁奖。

《他的童年因禽流感而改变》通过记录中国首例人禽流感病例——湖南省 9 岁男童贺俊尧发病前后的真实故事，反映了禽流感疫情对中国社会产生的深远和复杂的影响，折射出普通中国人在这场灾难中所经历的心路历程。

亚广联是亚太地区广播电视领域的国际组织，其年度大奖自 1964 年设立以来每年颁发一次，现已成为亚太地区广播电视领域的最重要的奖项之一。

（国际广播学会）

国际台节目获亚广联（44 届）"对外广播节目奖"

2007 年 11 月 3 日在伊朗首都德黑兰举行的亚洲及太平洋地区广播联盟（简称亚广联）第 44 届大会颁奖会上，我台选送的专题节目《气候变化——摄氏四十四度五》获亚广联"对外广播节目奖"。

《气候变化——摄氏四十四度五》由我台新闻中心和英语中心共同采制完成。

全球气候变暖正日益影响着人们的生活和工作。2006 年 8 月，重庆出现最高摄氏 44.5° 的罕见高温和五十年不遇的特大干旱，给当地社会生活带来极大影响。新闻中心抓住这一典型事件，派出四名记者深入重庆城市和乡村，进行了为期一周的追踪采访。记者查阅了有关资料十几万字，采访人物数十个，共采集了原始音响素材四十多小时，制作成初步的成品节目。此后，英语中心对节目进行编译和制作，丰富了节目的内容和形式，进一步突出了对外广播的节目特点。

（国际广播学会）

国际台五件作品获第十六届中国新闻奖

中国记协主办的全国优秀新闻作品年度最高奖——第十六届中国新闻奖评选结果 18 日揭晓。国际台有五件作品获奖。

日语部王丹丹、王小燕、周莉、谢宏宇和付颖的作品广播专题《白杨树讲述的故事——留在中国大地的日本人墓园》获一等奖；新闻中心国内部耿庆庆、蔡靖骉、邢博和郭胜昔的作品广播消息《中国第二次载人航天飞行获得圆满成功》获二等奖；英语中心李永敬的作品广播消息《布什：中国人享有前所未有的机遇》获三等奖；英语中心林少文、赵晓华和杨磊的广播直播《连战北京大学演讲直播》获三等奖；新闻中心集体创作的新闻专栏《中国时事》获新闻名专栏奖。

（国际广播学会）

国际台四件作品获第十七届中国新闻奖

第十七届中国新闻奖评选结果近日揭晓。由我台报送的作品荣获一、二、三等奖各 1 个，由全国政协报送的我台作品获三等奖 1 个。

由我台推荐的新闻中心王玉清、龚万鹏、卫宁、沈汀制作的《他的童年因禽流感而改变》荣获广播专题一等奖；新闻中心郭胜昔、于小青、石凌、金锦哲、段秀杰制作的《温家宝驳斥所谓中国在非洲搞新殖民地主义论调》获广播消息二等奖；新闻中心李琳、蔡靖骉、朱建英、台林珍制作的《走进人口较少民族系列》获广播系列三等奖。

由全国政协推荐的我台罗马尼亚语部张芊、豪萨语部辛昱慧、新闻中心徐朝清（编辑）的作品《从政协一个界别的工作情况看中国政协作用的发挥》获广播专题三等奖。

（国际广播学会）

国际台张晖同志获第八届长江韬奋奖

由中华全国新闻工作者协会主办的全国优秀新闻工作者的最高人物奖——第八届长江韬奋奖评选结果揭晓,中国国际广播电台新闻中心时政部主任张晖同志获第八届长江韬奋奖。

(国际广播学会)

国际台有五件作品获第十六届中国新闻奖人大新闻奖

第十六届中国新闻奖复评暨第十六届人大新闻评选工作 2006 年 6 月已经结束。我台有五件作品获奖。

由新闻中心刘轶瑶、环球资讯广播部洪琳、张杰勇制作的《安全生产法执法检查报告现场直播》获特别奖;由俄东中心盛晶晶的广播专题类作品《人大与人民之间的桥梁——中国人大网》获一等奖;由华语中心郭彦、王红岭、王彤的广播消息《海外华人华侨纷纷表示支持通过〈反分裂国家法〉》获二等奖;由新闻中心周海涛的评论《"两会"评论:落实科学发展观关注民生民意》获二等奖;由新闻中心易歆的专题《新闻专题:人大代表认为,中国应尽快解决社会分配不公问题》获二等奖。

(国际广播学会)

国际台有三件作品获第十七届中国新闻奖人大新闻奖

第十七届中国新闻奖复评暨第十七届人大新闻奖评选工作 2007 年 9 月结束。我台有 3 件作品获奖。

由新闻中心集体创作的《热点聚焦》（共 8 篇），荣获广播系列报道项目一等奖；

阿尔巴尼亚语部曲宁的《一个意大利记者的"人大"报道》和新闻中心刘轶瑶、时岱、张晖的《中国实施新修改的〈义务教育法〉确保免费义务教育普惠全国》节目，获广播新闻专题项目二等奖。

（国际广播学会）

国际台三件作品获 2006 年度全国政协好新闻奖

由我台新闻中心易歆、安晓宇的作品《中国民主党派以人民政协为重要平台参政议政》获广播专题一等奖；新闻中心葛怀宇的作品《贾庆林表示中国政协要为构建社会主义和谐社会作贡献》获广播消息二等奖；闫伟的作品《一位政协委员的提案诞生了全国"爱耳日"》获广播专题二等奖。

（国际广播学会）

国际台一件作品获 2007 年度全国政协好新闻奖

我台罗马尼亚语部张芊、豪萨语部辛昱慧两位作者的作品《从政协一个界别的工作情况看中国政协作用的发挥》获广播专题一等奖。

（国际广播学会）

国际台三件作品获中国广播影视大奖
2005、2006 年度广播电视节目奖

近日，由中国广播电视协会主办的中国广播影视大奖 2005、2006 年度广播电视节目奖评选工作已圆满结束，我台有三件作品荣获中国广播电视大奖 2005、2006 年度广播电视节目奖优秀对外广播新闻奖。

由我台推荐的新闻中心郭胜昔、于小青、石凌、金锦哲、段秀杰制作的《温家宝总理驳斥所谓中国在非洲搞新殖民主义论调》，新闻中心郑磊、弥亚牛、刘轶瑶、江爱民、张晖、申旭制作的《相隔万里路　浓浓中非情——五十年回望中非友谊》以及一亚中心日语广播部谢宏宇、刘非制作的《日本战犯重返抚顺战犯管理所》三篇作品荣获中国广播电视大奖 2005、2006 年度广播电视节目奖优秀对外广播新闻奖。

（国际广播学会）

国际台两人获 2007 年中国播音主持 "金话筒奖"

我台英语中心沈汀的播音作品《他的童年因禽流感而改变》获"金话筒奖"广播播音作品奖；法语部熊伟因主持播音《山里的娃娃》获"金话筒奖"广播播音员主持人奖。

（国际广播学会）

国际台一件作品获第四届全国法院新闻 "金天平奖"

新闻中心吴倩制作的《上海合作组织各成员国积极开展司法合作》获广电专题类二等奖。

（国际广播学会）

国际台四件作品获首都女记协第十一届（2007）好新闻奖

俄东中心王牧、曲慧斌的作品《成果丰硕的2006——中国·塞尔维亚关系年度回顾》；俄东中心莫莉《治沙老人高林树的故事》；西亚非中心高山的作品《牛思迪和他的迷你比萨店》；二亚中心《越中友谊是越南的宝贵财富——"中国—东盟合作之旅"记者团专访越南国家主席阮明哲》四件作品获首都女记协第十一届好新闻奖。

（国际广播学会）

国际台一名记者获2007年全国"扫黄打非"先进个人

新闻中心国内部记者李晓萍为2007年全国"扫黄打非"先进个人。

（国际广播学会）

国际台两件作品获第八届中医药好新闻奖

新闻中心易歆、阳燕的作品《中医专家解说中药的毒性》获二等奖；英语中心魏曈的《中医疗法——非洲艾滋病患者的福音》获三等奖；另外，中国国际广播电台在第八届中医药好新闻评选活动中精心组织，成绩突出，荣获优秀组织奖。

（国际广播学会）

国际台两件作品获2007年度"五·一新闻奖"

新闻中心肖丽林、朱建英、时岱的作品《佟丽华和他创办的进城务工农民法律援助工作站》和刘东伟、徐朝清的作品《中国工会参与调查非法用工加强维护工人权益》获二等奖。

（国际广播学会）

编　后　记

组织对我台乃至全国优秀广播节目的评选并将获奖作品编辑出版，是国际广播学会重要的工作之一。从"中国国际广播新闻奖"评选工作的启动伊始，承办这一工作的中国国际广播电台就高度重视评选程序、评选标准的规范，重视评奖工作的严格、统一管理，重视加强专家评委会阵容的遴选，以确保这一奖项评选的权威性与公正性。

这里要感谢马为公、孔令保、邹福兴、骆东泉、何劲草、孙建和、白日升、柴均、关锐、李培春、李支援、庞亮、于晓莉、关来顺、黎惠娟等同志对作品的简评。

本书的编辑过程中，关来顺、黎惠娟同志参与了大量编辑工作，温飚同志也对本书的修订、校正提供了帮助，在此一并致谢。由于时间紧迫以及我们的水平有限，其错误和不妥之处在所难免，敬请同志们不吝指教。

编者

2008 年 6 月

图书在版编目（CIP）数据

中国国际广播新闻奖2005～2006年度获奖作品
选 / 陈敏毅主编. —北京：中国国际广播出版
社，2008.8
ISBN 978-7-5078-2901-3

Ⅰ.中… Ⅱ.陈… Ⅲ.广播新闻-作品集-中国-
当代 Ⅳ.I253

中国版本图书馆CIP数据核字（2008）第111325号

中国国际广播新闻奖2005～2006年度获奖作品选

主　　编	陈敏毅	
责任编辑	徐丽丽　赵　芳　刘东成　姚　兰	
版式设计	国广设计室	
责任校对	徐秀英	
出版发行	中国国际广播出版社（83139469　83139489[传真]）	
社　　址	北京复兴门外大街2号（国家广电总局内）	
	邮编：100866	
网　　址	www.chirp.com.cn	
经　　销	新华书店	
印　　刷	三河市鑫利来印装有限公司	
开　　本	787×1092　1/16	
字　　数	825 千字	
印　　张	61.75	
印　　数	1500 册	
版　　次	2008 年 8 月 北京第一版	
印　　次	2008 年 8 月 第一次印刷	
书　　号	ISBN 978-7-5078-2901-3 / G·1187	
定　　价	130.00 元	